선교와 돈
전 세계적 현실과 도전

Missions and Money
Global Realities and Challenges

Missions and Money
Global Realities and Challenges

Copyright © 2022 Global Mission Leadership Forum(GMLF)

Korean Edition published by Duranno Ministry, Seoul 2022.
Translated and published by permission.
Printed in Korea.

선교와 돈

전 세계적 현실과 도전

지은이 | 김진봉·마이클 G. 디스테파노·조나단 J. 봉크·J. 넬슨 제닝스·이재훈 외 49인
옮긴이 | 정순욱
초판 발행 | 2022. 3. 30
등록번호 | 제1988-000080호
등록된 곳 | 서울특별시 용산구 서빙고로65길 38
발행처 | 사단법인 두란노서원
영업부 | 2078-3352   FAX | 080-749-3705
출판부 | 2078-3331

책 값은 뒤표지에 있습니다.
ISBN 978-89-531-4184-1 03230

독자의 의견을 기다립니다.
tpress@duranno.com   www.duranno.com

· 성경은 개역개정판을 사용했으며 다른 역본은 별도로 명시했습니다.

ⓒ 저자와의 협약 아래 인지는 생략되었습니다.
이 출판물은 저작권법에 의해 보호를 받는 저작물이므로 무단 전재와 무단 복제, 무단 사용을 할 수
없습니다. 이를 어길 시 법적 조치를 할 수 있음을 알려드립니다.

두란노서원은 바울 사도가 3차 전도여행 때 에베소에서 성령 받은 제자들을 따로 세워 하나님의 말씀으로 양육하던 장
소입니다. 사도행전 19장 8-20절의 정신에 따라 첫째 목회자를 돕는 사역과 평신도를 훈련시키는 사역, 둘째 세계선교
(TIM)와 문서선교 (단행본잡지) 사역, 셋째 예수문화와 경배와 찬양 사역, 그리고 가정·상담 사역 등을 감당하고 있습니다.
1980년 12월 22일에 창립된 두란노서원은 주님 오실 때까지 이 사역들을 계속할 것입니다.

선교와 돈

전 세계적 현실과 도전

김진봉 · 마이클 G. 디스테파노 · 조나단 J. 봉크 · J. 넬슨 제닝스 · 이재훈 외 49인

두란노

차례

제1부 성경 강해

제2부 사례 연구

제4부 간증 ───────────────────────

인사말

이 책은 2021년 11월 9~12일 평창에서 열린 KGMLF 2021 선교리더십포럼의 결과물이다. 각 장은 포럼에서 발표된 성경 강해와 사례 연구, 워크숍 내용을 담고 있다. 이 책의 기고자 대부분은 투자나 자금 관리, 기금 마련 분야의 전문가가 아니다. 선교사나 목사, 행정가로 소명 받은 사람으로 돈과 사역의 교차점에서 일어나는 복잡한 현실 문제를 몸소 겪은 이들이다. 사역에서 돈 때문에 겪는 도전만큼 큰 어려움도 없을 것이다. 바울은 젊은 제자 디모데에게 이렇게 상기시켰다. "돈을 사랑함이 일만 악의 뿌리가 되나니 이것을 탐내는 자들은 미혹을 받아 믿음에서 떠나 많은 근심으로써 자기를 찔렀도다"(딤전 6:10). 자신의 인생 사역을 꾸준히 이어 가려면 돈이 넉넉해야겠지만, 돈에는 위험한 윤리적 바이러스가 교묘히 따라붙기 마련이어서 이로 말미암아 청지기적 성실성과 책임감이 파괴될 수도 있다.

포럼 주최 측과 온누리교회 지원팀은 전 세계적인 코로나19 대유행에 따른 어려움에 대처해야 했다. 온누리교회 이재훈 목사는 아래 인사말을 통해 포럼의 현장 참석자들과 화상 회의 접속자 모두를 환영하면서 이번 행사의 의의를 잘 설명했다.

코로나 팬데믹 상황에도 불구하고 제6차 한국글로벌선교리더십포럼(KGM-LF)을 개최할 수 있게 되어 기쁘고 감사하게 생각합니다. KGMLF는 2011년에 시작되어 2년마다 한국과 세계 선교 리더들이 한곳에 모여 선교의 도전과 책무성에 대한 광범위한 주제들을 탐구해 왔습니다.

2021년 KGMLF의 주제는 '선교와 돈'입니다. 돈은 21세기 선교에 있어 가장 복잡하고 시급한 도전입니다. 이 도전은 물질적·사회적 불평등이 심한 세상에서 교회의 충실하고 효과적인 봉사에 심오한 의미를 지닙니다. 화폐 자체는 하나님이 주신 선물이지만, 우리가 그것을 악하게 만들 수도 있고 선하게 만들 수도 있습니다. 이에 이번 6차 포럼에서는 선교사 개인은 물론이고 교회와 선교기관과 단체의 헌금과 재정 사용에 대해 신학적·경제적·사회적으로 그 시스템을 조사하고 이해하며 평가하는 유익하고 의미 있는 시간이 될 것입니다.

격년제로 개최되고 있는 제6차 KGMLF 콘퍼런스의 준비 상황을 보면서 KGMLF가 성장하고 발전해 온 여러 방식에 대해 감사드립니다. 생각지도 못한 코로나 팬데믹 가운데서도 하나님은 우리에게 함께 모여 생각과 경험을 나눌 수 있는 시간과 공간을 허락해 주셨습니다. 카이로스의 시간에 하나님의 방법으로 세상이 운영되고 있다는 것을 다시 한번 깨닫습니다. 거리두기와 여행 제한 등의 어려움과 장애는 이번 포럼을 오히려 대면과 비대면의 하이브리드 방식의 포럼으로 개최하게 하는 기술적 진보를 이루게 했습니다. 이 또한 하나님의 은혜입니다.

급속도로 변화하고 있는 오늘날의 세계에서 선교지와 파송 교회의 환경도 급변하고 있습니다. 당연히 선교를 위한 도구와 전략도 변화하고 있습니다. 이제 한 교회나 단체가 이런 상황을 극복하는 것은 불가능한 일이라고 생각합니다. 전 세계 교회는 불확실성의 시대에 하나님을 신뢰하며 정기적으로 만나 함께 협력해야 합니다. 전 세계 교회가 만나서 이 변화하는 시대에 하나님의 선교를 위해 서로를 통해 배우며 서로를 세워 주고 함께 협력하며 도와야 합니다. 이런 이유들로 말미암아 KGMLF는 다수의 세계 교회와 서구 교회가 다양한 선교 문제를 협력하고 논의하는 데 매우 중요한 도구가 되리라고 믿습니다.

이번 포럼이 있기까지 헌신과 수고를 아끼지 않은 조나단 봉크 박사님과 넬슨 제닝스 박사님, 김진봉 박사님께 감사드립니다. 또한 이번 6차 포럼을 위해 숙소와 시설을 제공해 주신 아시안미션의 정재철 이사장과 이상준 대표께도 감사드립니다. 온누리교회는 앞으로도 KGMLF가 세계 교회를 섬기는 유익한 포럼이 되도록 최선을 다하겠습니다.

포럼의 가시적 성과 중 하나가 바로 이 책이다. 삶과 사역에서 돈 때문에 발생하는 복잡하고도 광범위한 문제와 관점을 모두 다룬 것은 아니지만, 이 책에 실린 각 사례 연구와 워크숍은 우리 삶과 사역의 온전함과 존속 가능성, 책임성을 굳게 지키도록 실제적인 격려를 해준다. 이를 따른다면 이 세상을 떠날 때 사도 바울처럼 이렇게 말할 수 있을 것이다.

지금 내가 여러분을 주와 및 그 은혜의 말씀에 부탁하노니 그 말씀이 여러분을 능히 든든히 세우사 거룩하게 하심을 입은 모든 자 가운데 기업이 있게 하시리라 내가 아무의 은이나 금이나 의복을 탐하지 아니하였고 여러분이 아는 바와 같이 이 손으로 나와 내 동행들이 쓰는 것을 충당하여 범사에 여러분에게 모본을 보여준 바와 같이 수고하여 약한 사람들을 돕고 또 주 예수께서 친히 말씀하신 바 주는 것이 받는 것보다 복이 있다 하심을 기억하여

야 할지니라 행 20:32-35

나의 하나님이 그리스도 예수 안에서 영광 가운데 그 풍성한 대로 너희 모든
쓸 것을 채우시리라 하나님 곧 우리 아버지께 세세 무궁하도록 영광을 돌릴
지어다 아멘 빌 4:19-20

조나단 J. 봉크

서문 1

항상 기뻐하라 쉬지 말고 기도하라 범사에 감사하라 이것이 그리스도 예수 안에서 너희를 향하신 하나님의 뜻이니라 살전 5:16-18

전 세계를 휩쓴 코로나 팬데믹은 2년마다 진행되는 KGMLF(한국글로벌선교리더십포럼)에 적지 않은 영향을 미쳤다. 35명이 넘는 글로벌 지도자들이 코로나 사태로 한국에 올 수 없게 되어 처음으로 대면과 비대면이 결합된 방식으로 행사가 진행되었다. 이번 포럼의 주제로 '선교와 돈(Missions and Money)'을 제안한 당사자인 세계적인 선교 전문가 조나단 봉크 박사도 한국에 올 길이 막혀 캐나다에서 밤을 새우며 화상으로 참여할 수밖에 없었다. 그런데 감사하게도 이번 행사에 초청된 60여 명의 한국 참가자는 2018년 동계올림픽이 열렸던 아름다운 평창에 마련된 행사에 참석할 수 있었다.

모든 상황을 전적으로 주관하시는 전지전능한 하나님께 걱정 대신 기쁨을, 염려 대신 감사의 기도를 믿음으로 드렸을 때 코로나 위기가 KGMLF에 놀라운 축복의 기회가 될 줄은 상상조차 하지 못했다.

"어떻게 평창 KGMLF를 하이브리드 방식을 통해 성공적으로 마칠 수 있었느냐?"라는 질문을 여러 차례 받았다. 이 질문에 대한 답변은 "전적인 하나님의 은혜"라고 말할 수밖에 없었다. 더 자세하게 설명하면 훌륭한 시설을 사용하도록 후원과 지원을 아끼지 않은 아시안미션

정채철 이사장과 이상준 실행 대표의 헌신이 있었다. 그리고 온누리교회 이재훈 목사의 겸손함과 최선을 다한 후원, 21세기 세계 선교의 흐름을 직시하는 탁월한 리더십이 있었기에 가능했다. KGMLF를 성공적으로 마칠 수 있었던 것은 아시안미션과 온누리교회의 아름다운 동역이 있었기 때문이다. 또한 오랫동안 필자의 영적·학문적 멘토로 함께 KGMLF를 섬기고 있는 조나단 봉크 박사와 시설 센터에서 힘든 10일간의 자가격리를 마친 뒤 평창 포럼에 참석한 넬슨 제닝스 박사의 헌신적 노력과 섬김은 참으로 큰 축복이 아닐 수 없었다.

시간대가 다른 여러 대륙에 살고 있는 글로벌 기고자들과 한국 시간에 맞춰 화상으로 발제하고 실시간으로 질의응답을 하고, 50편이 넘는 각기 다른 영어 페이퍼를 한국어와 영어로 동시에 통역하여 화상으로 송출해야 한다는 기술적이고 인력적인 많은 도전이 있었지만 그 모든 것을 잘 감당할 수 있었던 것은 온누리교회에 속한 40여 명의 스태프의 헌신과 수고 덕분이었다.

많은 참여자가 보낸 피드백에서 그들의 전문적인 노력과 사랑의 노고에 대해 "믿을 수 없을 정도로 놀라웠다"라고 표현했다. 그것이 가능하도록 2년 동안 쉼 없는 수고를 감당한 2000선교본부 본부장인 김홍주 목사의 리더십에 존경을 표한다. 또한 포럼 실무를 전체적으로 책임졌던 이경희 목사의 세심한 행정력과 겸손히 섬기는 모습에 감사를 표한다. KGMLF 2021 웹사이트와 e-book 제작을 통해 전 세계 800명이 넘는 접속자를 비롯해 많은 사람이 화상으로 KGMLF 2021 현장 포럼을 시청할 수 있게 전문적인 수고를 아끼지 않은 반유석 간사에게도 고마움을 전한다. 그리고 하이브리드 포럼이 가능하도록 온누리M센터

노규석 목사의 지원과 전문적 노고를 아끼지 않은 10여 명의 스태프에게도 감사드리고, 통역과 국제 소통에 노력을 아끼지 않았던 권은영 선교사에게도 감사를 드린다. 또한 바쁜 일상을 접고 참석자들에게 맛있는 간식과 건강한 음료로 쉼을 제공해 준 한숙영 권사를 비롯한 함께한 멤버들과 KGMLF 포럼 현장 녹음에 헌신해 준 CGNTV 관계자들에게도 감사를 드린다. 마지막으로 이름도 빛도 없이 섬긴 많은 사람과 참석자로 초청되어 통역과 사진 촬영 등으로 섬긴 여러분께 깊은 존경과 감사를 표하고 싶다.

평창 KGMLF 포럼을 마친 직후 필자가 관심을 가지고 여러 차례 참석한 '정신 건강과 선교 콘퍼런스(Mental Health and Mission Conference)'를 위해 미국으로 출국했다. 200여 명의 멤버케어 전문가를 비롯해 여러 선교단체 대표들과 교수들(대부분 미국인)이 참석했는데, 그동안 KGMLF에서 출간한 영문 서적에 큰 관심을 보였다. 적지 않은 사람들이 그 영문 서적을 통해 한국 교회와 선교에 대해 배울 수 있었다고 하면서 KGMLF가 지속적으로 발전하기를 바란다고 격려했다.

이런 이유로 KGMLF는 편집과 번역, 출판에 심혈을 기울이고 있다. KGMLF 2019에 이어 이번에도 수십 편이 넘는 논문을 번역하는 일에 최선을 다한 정순욱 박사에게 깊은 감사를 전한다. 그리고 모든 영어 원본 페이퍼 편집에 탁월한 능력을 보여준 마이클 디스테파노 박사의 노고에 경의를 표한다. 천재적인 언어 능력을 가진 그가 1,000시간 넘게 편집에 최선을 다하는 것을 보면서 왜 미국 출판사가 기대를 가지고 KGMLF 책을 출간하려고 하는지 그 이유를 알 수 있다. 또한 KGMLF 2021의 책이 세상에 나오기까지 50여 명의 저자의 땀과 수고, 그들의 학문적 기여를 기억하고자 한다. 그들 모두가 '선교와 돈'의 저자이자 이번 KGMLF 2021의 주역이다.

마지막으로 KGMLF 2015부터 영문 책 출판에 힘써 준 윌리엄캐리 출판사와 멜리사 힉스에게 깊은 감사를 드린다. 2013년부터 한국어 책 출간에 최선을 다해 섬기고 있는 두란노서원의 관계자들에게도 감사를 드린다. 그리고 이 자리를 빌어 2011년 첫 KGMLF 때부터 여러 모양으로 큰 힘이 되어 주고 있는 필자의 장모이신 김숙희 권사님과 아내인 정순영 선교사, 아빠의 일을 항상 솔선수범해서 돕는 요한과 요셉 두 아들에게도 고마움을 전한다.

이번에 출간되는 KGMLF 책을 통해 교회 지도자와 선교사, 주님을 따르는 모든 성도가 '선교와 돈'과 관련해 하나님이 원하시는 세계 선교를 위해 구체적이고 실제적인 방향과 책무를 가질 수 있기를 소원한다. 이 시간에도 이름도 빛도 없이 자신의 안위나 생명보다 오직 주의 나라와 택한 영혼들의 구원을 위해 혼신의 힘을 다해 복음을 전하는 동역자들을 진심으로 존경하며, 갓 세상에 나온 KGMLF 2021 책이 여러분의 삶과 사역에 작은 힘이나마 도움이 되기를 바랄 뿐이다.

김진봉
GMLF 대표
KGMLF 코디네이터

서문 2

대부분의 사람에게 '돈'은 관심사다. 오늘날 경제 중심 사회를 사는 사람과 기업은 돈이 필요하고, 어떻게든 돈을 획득하려고 하며, 이를 잘 관리할 줄 알아야 한다. 교회, 선교단체, 선교사도 예외는 아니다.

2021년 11월 평창에서 개최된 제6차 KGMLF는 '선교와 돈'이라는 중요한 주제를 다루었다. KGMLF의 기본적 특징 가운데 하나는 한국인과 외국인 참가자가 서로 동등한 입장에서 상호작용을 한다는 것이다. COVID-19의 제약으로 직접 참석하지 못한 대부분의 외국인 참가자는 사전 녹화된 동영상과 실시간 온라인 접속을 통해 참여했다. 이책은 포럼에서 이뤄진 성경 연구와 사례 연구, 워크숍, 논찬, 간증 등을 담았으며, 일부 내용은 포럼 중 이뤄진 토론을 바탕으로 수정되었다.

KGMLF가 가진 또 하나의 기본 가치는 '책무성'이다. 이번 포럼의 진행과 그 결과물인 이 책(한국어와 영어로 출간)의 출간 과정은 부제인 '온전함, 존속 가능성 및 책무성(Integrity, Viability, [and] Accountability)'에 걸맞게 진행되었다. 주제인 '선교와 돈'을 다루는 데 있어 이 세 가지 키워드는 (그 나름대로 광범위하긴 하지만) 유용한 틀을 제공했다. 만약 특별한 가이드라인 없이 선교 지도자들이 모여 돈과 관련한 주제로 논의를 진행했다면 십중팔구 이야기의 초점이 흐려지고, 결국 어떻게 하면 돈을 더 모을 수 있을까 하는 자기중심적인 내용으로 흘러갔을 것이다.

이번 포럼에서는 통찰력 있는 성경 강해와 구체적인 사례 연구, 실용적인 워크숍, 도전적인 논찬이 이뤄졌다. 그 결과 오늘날 한국과 세계 여러 나라의 선교계가 직면한 돈 관련 쟁점을 심도 있게 다룬 논문집이 탄생했다. 이 논문집은 안이한 답변이나 틀에 박힌 해결책을 내지 않는다. 기금 마련, 선교학교 등의 기관 후원과 운영, 재정 관리, 사회구조적 정의, 환경 영향, 문화적 가치 등에 대해 선교사와 선교사를 파송하는 이들, 선교사를 받아들이는 이들이 보다 적절하고 구체적 질문을 던질 수 있게 돕고자 한다.

한국과 여러 나라의 선교 전문가들이 참여한 이 논문집은 주제인 '선교와 돈'에 얽힌, 드러나지 않은 여러 맥락을 다양하게 탐색한다. 기고자들과 그들이 내놓은 성찰은 선교라는 상황 가운데서 더욱 단련되었다. 당신이 누구이든, 어디서 누구를 섬기든지 간에 이 책이 제공하는 자료는 민감하고도 중요한 재정 문제를 다루는 데 유용한 지침이 될 것이다.

J. 넬슨 제닝스

제1부

성경 강해

01
하나님 앞에서 온전한 모금 활동[1]

역대상 29:1-19

크리스토퍼 J.H. 라이트(Christopher J.H. Wright)

모두 알다시피 큰 프로젝트에는 큰 자금이 필요하기 마련이다. 특히 주 되신 하나님을 위한 큰 프로젝트에는 그분의 백성이 전심으로 그 부름에 응답해야 한다. 이전에 경험한 하나님의 구속에 대한 감사, 앞으로 있을 하나님의 선교에 대한 헌신을 담아야 한다. 본문은 바로 그런 이야기를 하고 있다.

본문 내용은 성경에 기록된 대대적인 모금 행사 가운데 두 번째 사건이다. 첫 번째 사건은 광야에서 성막에 필요한 각종 재료를 모아 달라는 모세의 요청이다(출 35장). 두 번째인 오늘 본문은 낡은 이동식 장막 대신 세워질 예루살렘 성전에 필요한 모든 자재를 마련하기 위한 다윗의 요청이다. 두 사건 모두 그분의 백성 가운데 거하시는 하나님을 나타내는 중심 건축물을 세우려고 했다.

---

1 우리말의 온전함에 해당하는 원문의 영어 단어 integrity는 성실함, 정직함, 통합성, 온전함 등 다양한 뜻을 가진다. 이 글에서는 맥락에 따라 유동적으로 번역했음을 밝혀 둔다(옮긴이 주).

우리는 이것을 단순한 건축 프로젝트를 위한 모금 활동이라고 생각해서는 안 된다. 그들은 누구였으며, 하나님은 왜 그들 가운데 거하기를 원하셨는가? 그들은 하나님이 아브라함에게 하신 약속대로 열방을 향한 그분의 사명을 위해 만들고 부르신 이스라엘 백성이다. 그리고 모세가 하나님께 고백했듯 이스라엘을 다른 나라와 구별 짓는 유일한 특징은 유일하고 참되신, 살아계신 하나님이 그들 가운데 임재하신다는 것이었다(출 33:16). 성막과 성전은 가시적이고 유형의 방식으로 하나님의 임재를 나타내는 상징이었다. 따라서 이 상황은 이 땅에서 그들의 사명과 하나님의 선교를 위해 하나님이 그분의 백성 가운데 거하시도록 하기 위한 기금 마련의 자리였다.

우리는 이 이야기를 통해 같은 목적으로 추진되는 각종 모금 활동에 대해 교훈을 얻을 수 있다. 사역 모금을 하는 이유는 무엇인가? 우리 없이 하나님은 아무것도 하실 수 없다고 생각하기 때문이 아니다. 하나님이 우리 안에서, 우리를 통해 이 땅에서 일하심을 알기 때문이다. 우리는 '구조'를 만든다. 그것은 물리적 구조일 수도, 단체라는 구조일 수도 있다. 하지만 그 일을 하는 것은 우리의 편의와 안정, 효율만을 위한 것이 아니다. 우리가 그 일을 하는 것은 하나님이 그 구조 안에 거하시도록 해서 우리 가운데 거하시는 하나님이 그분의 목적을 이 땅에서 성취하시도록 하기 위함이다.

본문 1-9절은 다윗이 대대적인 헌금의 날을 지키면서 하나님을 향해 어떤 마음을 품는지 보여준다. 또한 10-19절은 다윗의 위대한 찬송과 겸손한 기도의 내용을 들려준다.

1. 하나님을 향한 다윗의 마음(1-9절)

다윗은 앞 장인 역대상 28장에서 이 프로젝트를 이렇게 소개한다.

이에 다윗 왕이 일어서서 이르되 나의 형제들, 나의 백성들아 내 말을 들으라 나는 여호와의 언약궤 곧 우리 하나님의 발판을 봉안할 성전을 건축할 마음이 있어서 건축할 재료를 준비하였으나 대상 28:2

이어 그 성전을 지을 사람은 다윗 자신이 아니라 솔로몬이라고 하나님이 말씀하셨다고 전한다. 그럼에도 다윗은 계획을 세우고 자금을 모으는 일에 착수한다. 그는 진심을 다했다. 뒤에도 나오지만, 다윗은 하나님이 그의 마음을 꿰뚫어보고 계심을 잘 알고 있었다. 앞에 나온 아홉 개 구절의 묘사에서는 두 가지가 두드러진다.

지도자들이 솔선하다

영광스러운 성전 건축 계획이 실현되려면 실제로 후한 헌금이 필요했다. 그 헌금이 누구에게서 시작되었는지 주목하라. 헌금에 앞장선 것은 가장 많은 재물과 권한을 가진 사람들이었다. 그들은 호소에 그치지 않고 솔선수범했다. 다윗은 자신의 재산을 바쳐 모범을 보였다. 그가 어떻게 부자가 되었는지 궁금할 수도 있지만(신명기 17장 17절의 왕들을 향한 경고를 생각하면 더욱 그럴 것임), 핵심은 그가 뻐기거나 하지 않고 이렇게 선포한다는 것이다. "내가 이미 내 하나님의 성전을 위하여 힘을 다하여 준비하였나니"(2절). 이어 그는 다른 사람들에게 함께하자고 호소한다. "오늘 누가 즐거이 손에 채워 여호와께 드리겠느냐"(5절). [2] 물론 여호와께 드린다는 것은 하나님의 처소를 위한 헌금을 포함한다(바울의 말처럼 마게도냐 신자들은 헌금하기 전에 먼저 자신을 주께 드렸다[고후 8:5]).

나는 이어지는 6절을 무척 좋아한다. 가문의 지도자들, 이스라엘 모든 지파의 지도자들, 천부장과 백부장과 왕의 사무관을 비롯해 지역사회의 지도자들이 합류했다. 그들이 바친 방대한 헌물을 모두 계수하고 나서 "백성들은 자원하여 드렸으므로 기뻐하였으니"(9절)라고 말한다. [3] 그렇다 보니 백성들은 지도자들을 본받으려는 동기와 영감을 받게 되었을 것이다. 반면 우리 교회와 기관에서는 정반대의 일이 자주 일어나고 있다. 즉 성도들이 많은 헌금을 하는 것을 보고 지도자들이 기뻐한다! 그러나 성경 본문에서는 지도자들이 많은 헌금을 하는 모습을 보고 회중이 기뻐한다. 이것이야말로 본받을 만한 모습이 아닐까 싶다. 필자가 소속된 런던 랭함플레이스 올소울즈교회에서 교회평의회가 주요 건축 프로젝트를 진행하기로 결의하고 나서 가장 먼저 한 일은 자기 자신, 즉 모든 평의회 회원에게 헌금과 서약을 요청하는 것이었다. 그러고 나서 회중에게 헌금을 요청했다. 지도자의 솔선수범은 어려운 일이 아니다. 사실 그것은 동기부여를 하는 좋은 방법이자 바람직한 실천 방안이다. 과연 교회 지도부의 모든 구성원, 선교부나 사역 이사회의 모든 구성원이 사역에 헌신적으로 기부한다고, 비전과 사명에 직접 '투자'한다고 근거 자료를 보이며 자신 있게 말할 수 있는가?

2　영어 NIV역에서는 "Now, who is willing to consecrate himself today to the LORD(이제 이날에 기꺼이 자기 자신을 주께 봉헌할 사람은 누구입니까)?"로 되어 있다. 저자는 '자신을 주께 봉헌한다'는 표현이 성전 헌금을 암시하는 것임을 언급하고 있다(옮긴이 주).

3　영어 NIV역에서는 "The people rejoiced at the willing response of their leaders(그들의 지도자들이 기꺼이 호응한 것에 대해 즐거워했다)"로 되어 있다(옮긴이 주).

'자원하여' 그리고 '성심으로' 드리다

본문에서 단어 '즐거이'와 '자원하여'가 얼마나 자주 나오는지 보았을 것이다. 히브리어로는 같은 단어가 5, 6, 9(2번), 14, 17절에서 6번 나온다. 그리고 그것을 강조하기 위해 히브리어 단어 '마음'은 9, 17(2번), 18, 19절에서 5번 나온다. 성경 본문에서 이 표현이 11번이나 쓰인 것은 다음 핵심 메시지를 전달하기 위해서다. 즉 이 헌금은 압박감이나 죄책감, 의무감 때문에 마지못해 또는 강요로 드려선 안 된다는 것이다. 이것은 공동체가 진심을 다해 참여하는 자유롭고 자발적인 응답이었다. 또한 다윗의 호소에 대한 응답일 뿐 아니라 여호와께 드리는 헌신에 근거한 봉헌이었음을 주목해야 한다(5, 9절). 다윗은 확실히 좋은 모범을 보였다. 그는 자신에게 초점을 맞추지 않았다("나랑 같이 할 사람? 매칭 기프트[4] 할 사람 있나요?"). 오히려 그는 사람들의 관심을 즉시 주께 돌린다. 다윗의 말과 행동은 모든 백성에게 영적 반응을 불러일으킨다. 그래서 그들은 하나님께 드리는 헌신을 새롭게 다짐하면서 그들 가운데 계신 하나님의 처소를 위해 후한 헌금을 드린 것이다. 우리의 모금 활동에서도 이런 일이 일어나도록 기도해야 마땅하다.

마게도냐 신자들이 하나님의 은혜에 감사하는 마음으로 후한 헌금을 드린 이야기를 바울이 전할 때 앞에 나온 성경 말씀을 염두에 두지 않았을까 싶다.

형제들아 하나님께서 마게도냐 교회들에게 주신 은혜를 우리가 너희에게 알리노니 환난의 많은 시련 가운데서 그들의 넘치는 기쁨과 극심한 가난이 그들의 풍성한 연보를 넘치도록 하게 하였느니라 내가 증언하노니 그들이 힘

---

4 매칭 기프트(matching gift)는 다른 사람이 낸 금액에 맞춰 동일한 금액을 기부하는 방식을 말한다(옮긴이 주).

대로 할 뿐 아니라 힘에 지나도록 자원하여 이 은혜와 성도 섬기는 일에 참여함에 대하여 우리에게 간절히 구하니 우리가 바라던 것뿐 아니라 그들이 먼저 자신을 주께 드리고 또 하나님의 뜻을 따라 우리에게 주었도다 고후 8:1-5

이처럼 이스라엘 백성이 대대적으로 감사헌금을 드린 일은 지도자들의 솔선수범과 백성들의 자원하는 마음으로 이뤄졌다. 간략한 배경 설명에 이어 10-19절에 나오는 다윗의 기도를 보면, 하나님을 높이는 찬송(10-13절)과 겸손한 기도(14-19절)로 나뉜다.

2. 다윗의 찬송(10-13절)

다윗은 기도 앞부분에서 하나님께 속한(동시에 우리와 기꺼이 나누시는) 것을 노래하고, 뒷부분에서 우리에게 속하지 않은(그러나 우리가 하나님께 드릴 수 있는) 것을 생각한다.

10-13절은 시의 형식을 갖췄으며, 그 구조를 보면 핵심 메시지를 찾는 데 도움이 된다. 이 시는 동심원 구조로 되어 있다. 바깥쪽 원(10, 13절)은 찬양과 감사의 틀이다. 그다음 안쪽 원(11상반절, 12하반절)이 있는데, 여기서 핵심 단어는 위대하심과 권능, 능력이다. 그리고 가장 중심에 왕과 통치자로서 하나님의 다스리심에 초점을 맞춘 기도가 있다(11하반절, 12상반절).

> 10 우리 조상 이스라엘의 하나님 여호와여 주는 영원부터 영원까지 **송축**을 받으시옵소서
>   11 여호와여 **위대하심과 권능**과 영광과 승리와 위엄이 다 주께 속하였사오니 천지에 있는 것이 다 주의 것이로소이다

여호와여 주권도 주께 속하였사오니 주는 높으사 만물의 머리 이심이니이다

12 부와 귀가 주께로 말미암고 또 주는 만물의 주재가 되사 손에 권세와 능력이 있사오니

모든 사람을 **크게 하심과 강하게 하심**이 주의 손에 있나이다

13 우리 하나님이여 이제 우리가 주께 감사하오며 주의 영화로운 이름을 **찬양**하나이다

즉 다윗이 드린 찬송의 핵심은 이스라엘의 하나님 여호와는 왕이시며 만유를 다스리신다는 하나님 나라의 고백이다(11하반절-12상반절).

본문에서 다윗이 왕으로서 말하고 있음을 기억하라. 게다가 그의 아들 솔로몬은 곧 왕으로 기름 부음을 받을 예정이다(22-25절). 그러나 모든 인간의 주권과 권세, 영광은 참 왕이신 주님께 경배해야 한다. 그것은 주기도문에서 "나라와 권세와 영광이 아버지께 있사옵나이다"라는 고백과 같다. 주기도문의 이 표현은 다윗의 찬송에 근거했음이 분명하다. 다윗은 자신의 왕권을 초월한 왕권의 존재를 인정하고 있으며, 그의 고백은 다른 시편에서도 나타난다.

우리의 모든 헌금과 모금 활동은 이 고백을 전제로 해야 한다. 하나님이 모든 사람과 천지 만물을 다스리신다는 위대한 우주적 진리에 비추어 우리가 드리는 헌금을 바라보아야 한다. 우리가 푼돈을 모아서 드려야만 비로소 하나님이 세상에서 일하실 수 있는 것이 아니다. 오히려 우리가 드리는 모든 것은 어떤 의미에서 파생적이다. 우리는 이미 하나님의 소유와 통치 아래 있는 어떤 것에 참여하기 위해 헌금하는 것이다. 모든 프로젝트와 사역 자금은 하나님의 나라에서 흘러나오며, 하나님 나라를 위해 쓰인다.

다음은 동심원 중앙에 위치한 주제인 왕이신 하나님이 소유하신 것과 그분이 주시는 것이 무엇인지 살펴보자.

하나님은 모든 것을 소유하신다(11상반절)

"천지에 있는 것이 다 주의 것이로소이다." 왕이신 하나님은 그분의 통치 영역인 창조 질서 전체의 궁극적 소유자이시다. 우리는 여호와 하나님이 우주 만물을 소유하신다는 이 고백이 얼마나 놀라운 사실인지 종종 잊어버리곤 한다. 이 고백은 성경 여러 곳에 등장한다. "땅과 거기에 충만한 것과 세계와 그 가운데에 사는 자들은 다 여호와의 것이로다"(시 24:1), "하늘과 모든 하늘의 하늘과 땅과 그 위의 만물은 본래 네 하나님 여호와께 속한 것이로되"(신 10:14).

이 고백에 담긴 시사점 중 일부를 설명하겠다.

- 생태학: 지구는 우리가 아닌 하나님의 소유다. 그러므로 우리는 그분의 소유를 책임 있게 다뤄야 한다. 하나님을 사랑한다면서 그분의 소유물을 쓰레기 취급하는 일은 있을 수 없다. 그런데 많은 기독교인이 환경에 무관심하거나 기후 위기와 관련한 환경 운동에 적극적으로 반대하고 있다.

이 땅은 그리스도를 통해 창조되고 유지되고 구속받는다.[5] 우리는 그리스도의 창조와 구속과 상속의 권한으로 그리스도의 것을 남용하면서 하나님을 사랑한다고 생각해서는 안 된다. 우리는 세상의 원리가 아니라 주님을 위해 이 땅을 돌보고 책임감을 갖고 그 풍성한 자원을 정당하게 사용해야 한다.

---

5 골 1:15-20; 히 1:2-3

예수님이 온 세상의 주님이시라면, 우리는 그리스도에 대한 우리의 관계를 이 세상에서 삶의 방식과 분리할 수 없다. 그리스도의 주 되심이 모든 창조 세계를 포괄하는 것이기에 "예수는 주님이시다"라는 복음 선포는 창조 세계 전체를 향한다. 그러므로 창조 세계를 돌보는 것은 그리스도의 주 되심을 나타내는 복음적 이슈다.[6]

• 선교: 지구는 다른 어떤 신의 소유가 아니라 여호와 하나님의 소유다. 신약의 표현대로 나사렛 예수는 온 땅의 주님이시다. 본문의 구절은 예수님이 지상명령을 주실 때 "하늘과 땅의 모든 권세를 내게 주셨으니"(마 28:18)라고 하신 위대한 말씀의 배경이기도 하다. 지구상의 어느 지점도 하나님의 소유가 아닌 곳이 없다. 그러므로 우리는 하나님의 이름으로 선교하러 가는 곳마다 그분의 소유지 위를 걷는 셈이다. 우리는 소유주 되신 분의 이름을 믿고, 모든 것의 주인이신 그리스도의 정당한 주권을 인정하며 두려움 없이 나아가야 한다.

그래서 다윗은 하나님이 왕으로서 소유하신 천지만물에 대해 먼저 언급한 후 다음 내용을 송축한다.

하나님은 권세와 능력을 주신다(12하반절)

하나님은 그분의 백성을 통해 많은 것을 이루고 싶어 하신다. 솔로몬을 통해서는 성전을 건축하려 하셨다. 하나님은 솔로몬 왕에게 그 일

---

6 "The Cape Town Commitment", Part 1.7A, Lausanne Movement, 2021, https://lausanne. org/content/ctcommitment#capetown. 우리말 내용은 https://lausanne.org/ko/content-ko/ctc-ko/ctcommitment-ko#p1-7을 참조하라.

을 할 능력을 주셨고, 사람들은 자원을 모아 드렸다(그 자원도 원래 하나님의 것이었다). 어떤 과업이나 도전, 사역(또는 사명)이든 하나님은 그것을 할 수 있는 능력과 자원을 제공하신다는 것을 알 수 있다. 이것은 '기독교적인' 일뿐 아니라 삶의 모든 영역에 적용된다. 모든 것을 소유하신 하나님은 필요한 모든 사람에게 값없이 주신다.

같은 맥락에서 사도 바울은 하나님이 우리에게 주신 최고의 선물인 그분의 독생자에 대해 다음과 같이 말한다. "자기 아들을 아끼지 아니하시고 우리 모든 사람을 위하여 내주신 이가 어찌 그 아들과 함께 모든 것을 우리에게 주시지 아니하겠느냐"(롬 8:32).

앞서 말한 두 가지 요점을 합하면 다음과 같다.

Q. 무엇이 하나님의 것인가?
A. 존재하는 모든 만물이 하나님의 것이며, 우리가 가진 모든 것도 거기에 포함된다.
Q. 하나님은 무엇을 주시는가?
A. 우리에게 필요한 모든 것을 주신다.

하나님은 우리가 가진 모든 것을 소유하실 뿐 아니라 우리에게 필요한 모든 것을 주신다.

그러므로 다윗이 찬양과 감사로 시작하고 끝맺는 것은 당연하다. 우리가 드리는 헌금과 모금 활동은 하나님께 대한 감사에서 우러나와야 하며, 하나님 나라를 섬기기 위해 사용되어야 한다. 그러므로 다윗이 다른 말을 하기 전(우리가 종종 그러하듯 헌금한 이들에게 감사를 표현하기 전) 하나님께 찬양과 경배와 감사를 드리는 것이 마땅한 일이다.

3. 다윗의 겸손한 기도(14-19절)

이제 다윗의 기도 후반부를 살펴보자. 찬송에 이어 겸손한 간구의 기도가 나온다. 모금 활동에 대한 기쁨의 열매인 헌물을 하나님께 드린 사람들의 행동으로 초점이 옮겨 간다. 이에 대해 다윗은 네 가지 놀라운 특징을 지적한다. 이것은 특권이다. 이것은 역설이다. 이것은 하나님을 기쁘시게 한다. 그리고 이것에는 결연한 의지가 따라야 한다.

헌금은 특권이다(14상반절)

이 대대적인 모금 행사에 대해 다윗이 보인 첫 번째 반응은 놀람이다. 그는 "내가 누구이기에, 우리가 누구이기에?"라고 묻는다. 이것은 하나님이 다윗과 언약을 맺으시고 영원한 나라를 약속하셨을 때 그의 입술에서 나온 반응과 같다. "여호와 하나님이여 나는 누구이오며 내 집은 무엇이기에"(대상 17:16). 그때 다윗은 하나님이 자신을 택해 그런 약속을 하신다는 사실에 놀라고 경탄했다. 그런데 이번에는 하나님이 그의 선물을 받으신다는 사실에 놀라고 경탄한다.

하나님께 드릴 수 있고 하나님의 일을 할 수 있다는 것은 특권이다. 그것에 대해 우리는 마땅히 경이롭게 느껴야 한다. 그것은 잡일이나 의무가 아니며, 떠맡겨지거나 강요당하는 것이 아니라 믿기지 않을 만큼 놀라운 특권이다. 도대체 우리가 누구이기에 하나님은 그분을 위한 기증자와 후원자에 우리를 포함시켜 주신다는 말인가? 하나님께 드리는 것은 인정, 칭찬, 명예 등을 기대하며 기증자 명단, 명판이나 헌액, 건물에 자기 이름을 올리는 행위와 무관한 일이다.

사실 우리가 드릴 수 있는 능력과 의지는 그 자체로 하나님의 은혜의 선물이며, 우리가 그 일에 참여할 수 있다는 사실 그 자체에 감사해야 한다. 마게도냐 신자들은 그렇게 생각했다. 바울은 "이 은혜와 성도 섬기는 일에 참여함에 대하여 우리에게 간절히 구하니(고후 8:4)"라고 말한다.

여기서 모금 활동을 사람들에게 알리는 방식과 관련해 유념할 점이 있다. 사람들이 뭔가를 베풀 때, 특히 큰 액수의 기부를 할 때 그것을 칭송하는 분위기로 흐르기 쉽다. 여기서 잠깐! 오해하지 않기를 바란다. 물론 우리는 사역과 비전을 마음에 품고 주님의 일에 후하게 드리는 사람들에게 감사하고 그들의 헌신을 인정해야 한다. 그러나 하나님께 드릴 수 있다는 것 자체가 엄청난 특권과 축복임을 사람들에게 상기시켜 주어야 한다. 또한 만물을 소유하고 다스리시는 하나님이 우리에게 그분을 위해 '기부'하라고 초청하신다는 사실이 얼마나 놀라운 일인지 깨닫도록 해야 한다!

어떤 식으로든 하나님을 섬길 수 있다는 것에 대한 특권, 놀라움, 감사, 경탄의 감각을 절대 잃어버려선 안 된다. 그것은 모두 우리를 향한 하나님의 놀라운 은혜와 관대하심에 대한 응답이다.

헌금은 역설이다(14하반절-16절)

영국에서는 크리스마스나 생일에 들을 수 있는 표현이 있다. "모든 것을 가진 사람에게 도대체 뭘 주어야 하는가?" 이 말은 상대방이 엄청난 부자라는 뜻이 아니다. 필요한 것을 다 갖춘 채 큰 어려움 없이 사는 것 같은데 어떤 선물을 해야 상대가 좋아하고 고마워할지 모르겠다는 뜻이다. 그렇다면 다음은 더욱 어렵다. 모든 것을 가지신 하나님께 우리는 무엇을 드려야 하는가?

본문 14하반절-16절에서 다윗은 방금 11절에서 하나님께 대해 말한 것에 대한 역설을 숙고한다. 물론 그날은 좋은 날이었다. 사람들은 많은 것을 아낌없이 드렸다. 하지만 돌이켜 보면 그들이 실제로 드린 것은 무엇인가? 하나님이 이미 소유하신 것을 드렸을 뿐이다! "우리가 주의 손에서 받은 것으로 주께 드렸을 뿐이니이다 … 이 모든 물건이 다 주의 손에서 왔사오니 다 주의 것이니이다"(14, 16절).

　"이방 나그네와 거류민들"(15절)이라는 표현이 어색하게 들릴 수 있다. 이는 "우리를 잘 모르시죠?"라는 뜻이 아니다.[7] 이는 레위기 25장 23절의 표현으로, 하나님이 이스라엘 백성에게 주신 땅과 이스라엘 사이의 관계를 설명한 것이다. 그것은 하나님의 땅이었다. 지구 전체가 하나님께 속한 것으로 하나님은 "토지는 다 내 것임이니라"고 말씀하셨다. 이스라엘 백성은 세입자로서 하나님의 땅에서 살았다. 즉 그들은 거기에 거주하긴 했지만 소유하지는 않았다. 하나님 앞에서 이스라엘 백성은 그들의 지역사회에서 외국인 신분으로 거주하는 거류민과 마찬가지였다. 즉 이스라엘 백성은 궁극적으로 하나님이 소유하신 땅을 빌려 사는 세입자와 같다.

　그러므로 다윗은 하나님의 세입자가 이미 그분께 속한 것 외에 땅주인이신 하나님께 뭘 드릴 수 있겠느냐고 묻는 것이다. 이것은 가구와 가전이 갖춰진 집이나 아파트에 세 들어 사는 것과 같다. 집주인의 생일에 주인이 세입자를 위해 벽에 걸어 둔 그림 가운데 하나를 떼어 생일 선물로 준다. 그것은 무슨 선물인가? 세입자인 우리는 그저 집주인의 물건을 그에게 주었을 뿐이다!

　하나님은 그것을 우리에게서 받으신다. 우리는 하나님이 이미 소유하고 우리에게 맡기신 것을 하나님께 드리는 것뿐이다. 이것이 기독교 헌금의 역설이다. 우리의 관대함은 우리를 향하신 하나님의 관대

---

7) "거류민들"(15절)은 영어 NIV 성경에서는 'strangers(낯선 사람들)'로 되어 있다(옮긴이 주).

함에 대한 응답일 뿐 아니라 애당초 하나님이 우리에게 주신 것을 사용한 것뿐이다.

이런 작동 원리는 우리 자신만의 이익을 위해 모든 부를 창출한다고 생각하지 말라는 모세의 경고에도 나타난다. 그렇게 할 수 있게 하신 하나님을 잊어선 안 된다! "그러나 네가 마음에 이르기를 내 능력과 내 손의 힘으로 내가 이 재물을 얻었다 말할 것이라 네 하나님 여호와를 기억하라 그가 네게 재물 얻을 능력을 주셨음이라…"(신 8:17-18). 그러므로 우리가 드리는 헌금은 자랑이 아니라 은혜에 대한 반응이어야 한다. 그 은혜는 우리가 가진 모든 것의 실제 소유주이신 하나님의 세입자로서 우리가 그분의 땅에서 살아가며 누리는 은혜다.

따라서 헌금은 특권이자 역설이다. 이어지는 세 번째는 다음과 같다.

헌금은 하나님을 기쁘시게 한다(17절)

정직한 마음으로 드리는 헌금은 하나님을 기쁘시게 만든다. 역대상 29장 17절은 존 스토트가 가장 좋아했던 구절 가운데 하나로 그는 설교와 가르침에서 자주 이 말씀을 인용했다. "나의 하나님이여 주께서 마음을 감찰하시고 정직을 기뻐하시는 줄을 내가 아나이다."

하나님은 정직과 성실을 기뻐하신다. 즉 우리의 헌금이 자신의 은행 잔고를 반영할 때가 아니라 우리 마음과 동기의 진실성을 반영할 때다. 그리고 이것은 모금 활동의 윤리와 그 결과에도 적용된다.

아나니아와 삽비라를 생각해 보라. 그들은 헌금을 했지만 겉으로 내세운 관대함과 실제로 행한 일의 진실성 사이에 정직함이 결여되어 있었다. 또한 자신의 생활비를 '모두' 바친 과부와 양적 측면에서 훨씬 많이 드렸지만 실제로 드릴 수 있는 것의 극히 '일부'만 헌금한 부자를 비교해 보라.

따라서 '정직함'은 솔직함뿐 아니라 일관성을 뜻한다. 겉모습과 현실 사이, 즉 우리의 말과 행동 또는 교회에서 고백하는 내용과 직장이나 가정에서의 행동 사이에 모순이 없어야 함을 말한다. 또한 모금 활동과 마케팅에서 우리가 말하거나 주장하는 내용의 진실성을 뜻한다.

우리가 드리는 헌금의 액수가 아니라 그분 앞에 드린 우리 마음의 정직과 성실을 하나님은 기뻐하신다. 모금 활동을 하는 사람들은 다윗이 "오 주님, 주님은 (우리와 마찬가지로!) 매우 큰 선물을 기뻐하신다는 것을 압니다"라고 말하지 않고 "주님은 선물이 크든 작든 정직함을 기뻐하십니다"라고 말했음에 주목해야 한다.

크기에 감명을 받는 우리와 달리 하나님은 정직에 관심을 가지신다. 우리는 외모를 보지만("내가 하나님께 얼마나 드리는지 보십시오") 하나님은 마음을 보신다("너가 자기 몫으로 얼마나 많이 남겼는지 보려무나").

17절은 더 많이 돌려받기 위해 하나님께 드리는 것, 즉 어떤 '번영 복음'처럼 부자가 되기 위해 헌금하는 태도를 정죄한다. 그런 가르침은 성경 말씀을 왜곡한 것으로, 탐욕을 성스럽게 포장한 것에 불과하다.

이제 다윗이 지적한 마지막 특징을 살펴보자.

헌금은 결연한 의지를 가져야 한다(18-19절)

다윗은 백성과 솔로몬을 위한 기도로 끝맺는다. "주님의 백성이 마음 가운데 품은 이러한 생각이 언제까지나 계속되도록 지켜 주시고"(새번역, 18절). 다윗은 이번 일이 왕의 감정적 호소에 백성들이 반짝 반응하고 마는, 본능적 이기심으로 돌아가 쉽게 잊어버리고 마는 일회성 봉헌이 되지 않기를 원했다. 그는 주께 드리는 헌금이 마음의 습관으로 자리 잡고, 결연한 의지가 뒷받침된 생활과 행동 양식이 되기를 원했다. 그는 사람들이 자신의 모금 프로젝트처럼 결연한 의지와 계획을 가지고 반응하기를 바랐다.

"마음 가운데 품은 생각"은 "여호와께서 사람의 … 마음으로 생각하는 모든 계획이 항상 악할 뿐임을 보시고"(창 6:5)라는 말씀에 나오는 표현과 같다. 창세기의 이 말씀은 탐욕과 자기중심적 교만, 경쟁을 포함해 모든 인간이 악으로 향하는 암울한 경향에 대한 부정적 평가다. 모든 인간이 가진 이런 성향을 거스르는 막강한 힘은 바로 결연한 의지로 기부 습관을 기르는 데서 나온다. 마음과 생각과 손의 후함은 탐심과 우상 숭배의 독을 물리치는 강력한 방부제 역할을 한다. 그리고 우리의 헌금이 체계적이어야 하고, 소득에 비례해야 하고, 규칙적이어야 하며, 특히 즐거움으로 해야 한다는 바울의 가르침을 생각나게 한다.

이제 요약하고 마무리하고자 한다.

첫째, 다윗은 먼저 하나님의 왕국을 송축함으로써 자기 헌금의 날을 올바른 관점으로 바라보았다. 하늘과 땅의 모든 것은 만물을 다스리시며, 우리가 가진 모든 것을 소유하시고, 우리가 그분의 뜻을 행하는 데 필요한 모든 것을 주시는 하나님의 것이다.

둘째, 모든 것이 우리가 아니라 하나님께 속한 것이기에 그분께 드릴 수 있다는 것 자체가 특권이자 역설임을 알아야 한다. 하나님께 드리는 것은 하나님의 은혜에 대한 감사의 반응이다. 우리가 정직한 마음으로 응답할 때 하나님은 기뻐하신다. 또한 헌금은 우리가 하나님의 땅 위에서 사는 동안 결연한 의지가 뒷받침된 생활 습관으로 자리 잡아야 한다.

하나님이 우리에게 자원하는 마음과 풍성한 마음으로 그분의 은혜에 응답할 수 있는 은혜를 주시기를 바란다.

02
하나님의 은혜를 맡은 청지기의 책임[1]

고린도후서 8:16-9:5

크리스토퍼 J.H. 라이트

그리스의 이방 교회에서 예루살렘의 가난한 신자들을 위해 모금을 했다. 이 헌금에 대해 바울이 고린도와 로마에 있는 신자들에게 메시지를 보냈는데, 이는 기독교 헌금에 대한 가르침과 권고에 사용되곤 한다. 헌금은 은혜에 근거한 동기에서 해야 하고, 복음에 대한 순종에서 중요한 부분이며, 그 영적 열매가 무엇인가 하는 가르침에 이 메시지가 사용되고 있다.

그러나 바울이 신학적으로 중요하게 여긴 이 헌금을 그가 얼마나 신중하고 책임감 있게 다루었는지를 통해 교훈을 찾으려고 하는 시도는 상대적으로 드물다. 본문은 고린도후서 8-9장이지만 고린도전서 16장과 로마서 15장에서도 바울은 이 헌금에 대해 언급한다. 이들 구절에

---

1 본 내용은 원래 2013년 코네티컷주 뉴헤이븐의 OMSC에서 열린 KGMLF 회의에서 발표되었다. 현재 다음 책에 수록되었으며, 허가를 받아 여기에 수정 게재한다. Christopher J.H. Wright, James Cousins 공저, *The Shortfall: Owning the Challenge of Mininstry Funding* (Carlisle: Langham Global Library, 2021).

서 우리는 선교 사역에서 돈을 다루는 지침이 될 중요한 원칙 다섯 가지를 찾아낼 수 있다.

1. 재정 관리는 은혜와 순종을 다루는 청지기직이다

하나님의 백성이 드리는 헌금에 관한 메시지를 전할 때 우리는 하나님의 은혜에 대한 열매, 복음에 대한 인간 순종의 증거 두 가지를 다룬다. 이것은 고린도후서 8-9장에서 분명하게 나타난다. 하나님께 예물로 드려진 돈은 단순한 '물건(동전, 지폐, 온라인 송금)'으로 여겨서는 안 된다. 헌금은 매우 영적인 것이며 신성한 위탁물이다. 헌금은 하나님께 대한 우리 인간의 응답이며, 그 헌금을 다루는 것은 하나님의 은혜와 신자들의 순종에 대한 우리의 청지기적 책무다. 이 얼마나 엄청난 책무인가!

바울은 고린도후서 8장 1-7절에서 마게도냐 신자들에 대해 '은혜'라는 단어를 4번이나 사용했으며, 다시 한번 "우리 주 예수 그리스도의 은혜"(9절)에 대해 언급한다. 바울은 "그들이 먼저 자신을 주께 드리고"(5절)라고 말하며 마게도냐 사람들의 연보가 주께 대한 응답이었다고 기록한다. 그들은 자발적으로 헌금을 하고자 했다. 오히려 그들이 헌금할 특권을 요청했다. 그들에게 헌금을 요청할 필요가 없었던 것이다. 이어 바울은 이 '은혜로운 일(act of grace)'을 한 것은 그들 안에 있는 하나님의 은혜 때문이라고 덧붙인다. 받은 은혜를 다시 나눈다는 것은 강력한 은혜의 역사다.

바울은 헌금을 감독하고 관리하도록 디도를 보냈다. 6절을 보면 '그러므로'로 시작되는데, 바울의 말뜻은 다음과 같다. "이 헌금은 하나님의 은혜에 대한 중요한 증거이자 새로운 이방인 신도들의 삶에서 맺은 복음의 열매다. 따라서 나는 이 책무를 감당할 가장 신뢰하는 리더를 보낸다. 이것은 중대한 임무이기에 교회의 사도들을 대표하는 디도에게 이 '은혜로운 일'을 합당하면서도 철저하게 처리하도록 부탁했다."

이처럼 후한 헌금은 은혜의 행위일 뿐 아니라 순종의 행위이기도 했다. 바울은 이 둘을 하나로 묶으면서 다음과 같이 말한다.

> 이 봉사의 직무가 성도들의 부족한 것을 보충할 뿐 아니라 사람들이 하나님께 드리는 많은 감사로 말미암아 넘쳤느니라 이 직무로 증거를 삼아 너희가 그리스도의 복음을 진실히 믿고 복종하는 것과 그들과 모든 사람을 섬기는 너희의 후한 연보로 말미암아 하나님께 영광을 돌리고 또 그들이 너희를 위하여 간구하며 하나님이 너희에게 주신 지극한 은혜로 말미암아 너희를 사모하느니라 고후 9:12-14

바울은 왜 그들의 헌금이 복음을 통해 촉발된 순종임을 강조한 걸까? 그들이 이방인이었기 때문이다. 예루살렘의 유대인 신자들은 할례를 받지 않고 모든 율법을 지키지 않는 이 이방인들이 정말로 하나님의 자녀인지 여전히 확신하지 못했다. 그들은 정말로 하나님의 언약 백성일까? 이 의문에 대해 바울은 사실상 이렇게 응답한다. "이방인인 여러분이 유대인 신자들의 필요를 채우기 위해 헌금한 것은 우리가 서로 그리스도 안에 사귐이 있다는 증거다. 복음에 대한 여러분의 순종은 그 자체로 복음의 진리, 즉 유대인과 이방인이 메시아 예수 안에서 하나라는 증거다. 다른 편지에 쓴 것처럼 서로 원수 되었던 이들이 이제 십자가로 화해하게 되었다. …" 여기에 드러난 심오한 신학적 의미를 놓쳐선 안 된다. 바울은 복음의 영적 마음 자세에 대해 말하고 있으며, 그것이 현실 가운데서 표현되고 실증되는 방법 중 하나가 돈이 될 수 있다고 말한다. 이 헌금은 이 이방인들이 복음의 핵심과 화목하게 하는 능력을 이해하고 기꺼이 순종하기로 결심했다는 증거였다.

책임성, 성실성, 투명성에 대한 바울의 관심이 단지 로마 총독이나 그들을 지켜보는 다른 사람을 만족시키기 위한 것이 아니라는 점부터 살펴보겠다. 그가 책임성, 성실성, 투명성 문제를 고려한 것은 하나님의 은혜와 복음에 대한 순종이라는 신성한 위탁물을 다루고 있었기 때문이다. 단체나 교회에서 기금 마련이나 회계, 예산 책정 등을 할 때 그런 점을 염두에 두는가? 그것은 하나님과 그분의 백성 앞에서 가져야 하는 심오한 영적 책임이다.

2. 재정적 요청에는 체계적인 사전 계획이 필요하다

바울이 헌금을 거두는 일을 얼마나 철저하게 준비했는지 살펴보자. 고린도전서 16장에서 그는 이전에 말한 내용을 다시 언급하는 것으로 준비에 차질이 없도록 한다.

성도를 위하는 연보에 관하여는 내가 갈라디아 교회들에게 명한 것같이 너희도 그렇게 하라 매주 첫날에 너희 각 사람이 수입에 따라 모아 두어서 내가 갈 때에 연보를 하지 않게 하라 내가 이를 때에 너희가 인정한 사람에게 편지를 주어 너희의 은혜를 예루살렘으로 가지고 가게 하리니 고전 16:1-3

바울은 두 번째 편지에서도 그가 준비를 얼마나 중요하게 생각하는지 보여준다.

성도를 섬기는 일에 대하여는 내가 너희에게 쓸 필요가 없나니 이는 내가 너회의 원함을 앎이라 내가 너희를 위하여 마게도냐인들에게 아가야에서는 일 년 전부터 준비하였다는 것을 자랑하였는데 과연 너희의 열심이 퍽 많은 사람들을 분발하게 하였느니라 그런데 이 형제들을 보낸 것은 이 일에 너희를 위한 우리의 자랑이 헛되지 않고 내가 말한 것같이 준비하게 하려 함이라 혹 마게도냐인들이 나와 함께 가서 너희가 준비하지 아니한 것을 보면 너희는 고사하고 우리가 이 믿던 것에 부끄러움을 당할까 두려워하노라 그러므로 내가 이 형제들로 먼저 너희에게 가서 너희가 전에 약속한 연보를 미리 준비하게 하도록 권면하는 것이 필요한 줄 생각하였노니 이렇게 준비하여야 참 연보답고 억지가 아니니라 고후 9:1-5

바울의 의도가 무엇인지 알겠는가? 그는 이 모금 활동이 모두에게 지갑을 꺼내라고 다그치는 감정적 호소로 전락하지 않도록 애쓰고 있다. 그는 모두가 지갑을 열 때까지 음악을 연주하고 헌금 주머니를 또다시 돌리는 식의 모금 행사를 원하지 않았다. 그렇게 감정을 조작해 헌금을 내게 만드는 상황을 의도적으로 피하고 있다. 그는 신자들이 '현장'에서 압박감을 느끼는 상황이나 심사숙고하지 않고 얼떨결에 반응하는 분위기를 조성하지 않으려고 했다. 바울은 그의 모금 활동과 교회의 헌금이 신중하게 기도로 준비되기를 원했다. 우리도 그래야 한다.

헌금을 내는 사람들이 바울의 요구처럼 체계적인 기부 습관을 갖도록 격려해야 한다. 먼저 헌금은 계획적이어야 한다(자신이 언제 얼마큼 헌금할 것인지 스스로 정해야 한다). 규칙적이어야 한다(주별 또는 월별로 돈을 따로 모으도록 해야 한다). 소득에 비례해야 한다(많이 가졌다면 더 많이 헌금해야 한다). 투명해야 한다(여러 사람이 감독해야 한다). 마지막으로 공개적이어야 한다(공지되고 기록되어야 한다). 이 모든 준비와 감독 체계가 자리 잡도록 바울은 미리 신중하게 계획을 세우고, 이 프로젝트를 위해 심사

숙고했을 것이다.

책임성은 일이 진행된 다음에 생각하는 것이 아니다. 행사가 끝나고 나서 "이렇게나 많은 헌금이 모이다니 굉장하네! 이제 이 헌금을 어떻게 사용할지, 계수는 누가 할지, 누가 은행에 입금할지, 누가 회계를 맡을지 결정해야겠네"라고 말하면서 챙기기 시작하는 것은 책임성 있는 행동이 아니다. 이런 일은 미리 계획을 세워 두어야 한다. 또한 책임성은 문제나 의문점이 발생했을 때 대응하는 것 이상이어야 한다. 즉 책임성은 시작할 때 이미 자리 잡고 있어야 한다. 바울은 사실상 "보라. 이것이 우리의 계획이다. 우리가 당신에게 요청하는 것은 이것이고, 당신이 요청받은 것을 했을 때 우리가 할 일은 이것이다"라고 말한 것이다. 이 모든 절차는 공동 책임이다. 이것은 바울이 여러 교회와의 재정적 관계에서 책임성을 수립하는 중요한 방법이었다. 또한 그들과 바울 자신을 위한 일이기도 했다.

3. 재정적 유혹을 극복하려면 '수가 많은 편이 안전하다(safety in numbers)'는 원리가 적용되어야 한다

돈이 있는 곳에는 유혹이 따르기 마련이다. 물론 이것은 기독교인에게도 예외는 아니다. 따라서 돈을 다룰 때는 한 명보다 많은 사람을 연관시켜 그런 유혹에 빠지지 않도록 보호하는 것이 현명하다. 이런 방식은 바울의 사역 전반에 적용되었다. 바울은 위대한 전도자이자 설교자, 서신서의 저자였으며 그 밖에도 여러 가지 일을 했음에도 대체로 혼자 일하지 않았다. 그는 지도자로서 실라나 바나바, 디모데, 디도 등과 팀을 이루어 일했다. 바울은 자신이 오롯이 혼자 남겨졌을 때 매우 괴로워했다. 디모데후서 4장 16절을 보면 모든 사람이 자기를 버렸다는 가슴 아픈 표현이 있다. 그는 그 상황을 무척 힘들어했다. 그는 팀을 이루어 다른 사람과 함께 일하기를 갈망했다. 그것이 교회를 그리스도의 몸으로 생각하는 그의 핵심적 개념이었으며, 그의 선교적 실천에도 그대로 적용되었다.

따라서 바울은 자신의 모금 활동으로 거둔 헌금을 다룰 때 여러 사람이 연관되어야 한다고 강조한다. 그들이 누구이며, 정확히 몇 명인지 파악하기는 어렵다. 그들의 이름을 모두 알지는 못하지만 분명히 작은 팀을 이루어 활동했다.

먼저 고린도전서 16장 3-4절을 보면 바울은 "너희가 인정한 사람에게 편지를 주어 너희의 은혜를 예루살렘으로 가지고 가게 하리니"라고 말한다. 이들은 고린도 교회의 신자들이 신뢰하고 선택한 사람들이었다. 그런 다음 바울 자신도 그 일에 함께하겠다고 제안한다. "만일 나도 가는 것이 합당하면 그들이 나와 함께 가리라"고 덧붙인다. 이처럼 바울은 그 돈을 혼자 책임지는 것이 아니라 다른 사람들과 함께 그 중책을 감당하기 원했다. 물론 이 편이 더 안전하기도 했을 것이다. 혼자 무방비 상태로 돈주머니를 가지고 가기보다 여럿이 함께 여행하는 편이 낫다. 또한 그런 경우 서로를 지켜볼 수 있어 신뢰감을 높일 수 있다.

고린도후서 8장 16-24절을 보면 바울과 고린도 교회가 선택한 사람들 외에 적어도 세 명이 추가된다. 바울은 디도를 언급한 데 이어 이렇게 덧붙인다. "또 그와 함께 그 형제를 보내었으니 이 사람은 복음으로써 모든 교회에서 칭찬을 받는 자요 이뿐 아니라 그는 동일한 주의 영광과 우리의 원을 나타내기 위하여 여러 교회의 택함을 받아 우리가 맡은 은혜의 일로 우리와 동행하는 자라"(18-19절). 여기에 다시 한번 덧붙인다. "또 그들과 함께 우리의 한 형제를 보내었노니 우리는 그가 여러 가지 일에 간절한 것을 여러 번 확인하였거니와 이제 그가 너희를 크게 믿으므로 더욱 간절하니라"(22절).

다시 말하지만 우리는 이 형제가 누구인지 모른다. 그러나 바울은 그를 신뢰할 만하다고 여겼다.

바울과 함께 몇 명이 동행했는지 정확히 알 수는 없다. 중요한 점은 한 명보다 많은 사람이 관여했다는 점이다. 바울과 고린도 교인들이 선택한 사람 외에 최소 세 명 이상이 함께했다. 그리고 그들은 믿을 만한 사람으로 모두에게 받아들여지고 알려졌다. 그들은 바울에게, 서로에게, 그리스 북부와 남부에 있는 적어도 두 도시에 있는 교회 공동체에 대해 책임을 졌다. 이것은 강력한 수준의 책임성이다.

한편 그리스도인이라면 다른 그리스도인이 돈에 대해 정직하다고 믿어야 한다고 말할 것이다. 물론이다. 그러나 바울은 다수를 통한 보호장치를 구축하는 지혜를 보여준다. 신자도 여전히 죄인이며 돈은 강한 유혹이 되기 때문이다. 바울은 신뢰하는 형제자매도 곁길로 새기도 한다는 것을 알고 있었다. 그리고 슬프게도 그의 몇몇 서신서 끝부분에 그런 사람들에 대한 이야기가 적혀 있다. 그는 이전 동료들 가운데 몇 사람이 세상을 사랑한 나머지 그를 버리고 떠났다고 썼다(딤후 4:10). 바울은 훌륭한 사람일지라도 상호적 책임 관계라는 보호장치가 필요하다는 사실을 알고 있었다.

바울은 돈을 다룰 때 다수의 필요성을 주장했는데, 이것은 교회와 기독교 단체가 받아들여야 할 매우 현명한 원칙이다. 현재 소속되어 있는 랭함플레이스 올소울즈교회에서는 헌금 계수를 절대 한 사람에게 맡기지 않는다. 헌금을 교회 사무실로 가져오면 최소 두 명, 때로는 서너 명이 그 방에 있다. 그다음 문을 닫고 헌금을 함께 계수하면서 서로를 확인하는 것이다. 물론 우리는 서로를 신뢰한다. 아무도 헌금을 훔칠 것이라고 의심하지 않는다. 그러나 돈을 다룰 때는 개방성과 검증

가능성이 필요하다. 의심이 들어설 여지를 주어서는 안 되는 것이다.

지금 속해 있는 단체(랭함파트너십)를 비롯해 많은 기독교 단체가 한 사람의 서명만으로 유효한 큰 금액의 수표 발행을 허용하지 않는다. 은행 계좌와 재정을 관리하려면 두 사람의 서명이 있어야 한다. 이것 역시 현명한 실천 방안이다.

높은 위치에 있는 리더의 명예와 권위에 의문을 제기하는 것이 금기시되는 국가나 문화에서는 이 원칙을 어떻게 적용해야 할까? 특히 리더에게 돈에 대한 책임을 어떻게 물을 수 있을까? 일부 아시아 문화권에서는 리더에게 도전하거나 이의를 제기하는 것이 옳지 못하다고 생각한다. 그 리더가 나이 많은 남성일 경우 더욱 그렇다. 자칫하면 관계가 깨지고 체면이 깎일 수도 있다. 높은 위치에 있는 기독교 지도자는 '아랫사람'이 의문을 제기할 수 없는 존재로 여겨지는 경우가 종종 있다. 그렇다면 적절한 책임성을 보장하기 위해 무엇을 해야 할까?

지도자가 자발적으로 나서서 교회나 단체에 이렇게 말하는 방법밖에 없다. "재정 관리에 동참해 줄 것을 부탁드립니다. 재정 문제를 다루거나 자금을 조달하고 지출 방법을 결정할 때 저와 함께 업무를 맡을 사람을 임명해 주기를 간곡히 요청합니다. 돈이 어떻게 모이고, 사용되며, 회계 처리가 어떻게 이뤄지는지를 다른 사람들이 저와 함께 살펴보기를 원합니다. 모든 것이 투명하고 명예롭게 진행되고 있다는 사실에 대해 교인과 직원, 기부자 모두 전적으로 만족할 수 있기를 바랍니다. 그리고 교회와 단체가 제게 부여한 권위에 따라 이것을 제도화하려고 합니다. 저는 그런 규약과 책임 정책에 자신을 복종시키기로 선택할 것입니다."

즉 권위를 가진 리더가 자발적으로 돈 문제에 대해 다른 사람들이 리더를 조사하도록 자신을 내맡기는 권한을 행사하는 것이다. 이것은 전적으로 성경적이다. 리더 자리에 있는 사람이 솔선해서 투명성과 책임성의 본을 보이면서 지도력을 발휘해야 한다는 뜻이다. 리더가 자발적으로 이렇게 행동한다는 것은 직원과 동료에게 "저를 믿지 못하고 있군요"라고 말하는 것이 아니다. 오히려 "제가 여러분의 신뢰를 저버리는 일이 생기지 않도록 하고 싶습니다. 모든 유혹을 피하고 싶습니다. 스스로 완전히 투명하기 위해 신뢰할 만한 다른 그리스도인 형제자매들과 제 책임을 나누기로 선택합니다"라고 말하는 것이다. 이는 사도 바울의 모범을 따르는 행동이다. 바울은 얼마든지 "사도니까 나를 믿어라. 이 돈은 내가 직접 관리하겠다"라고 말할 수 있었지만 그러지 않았다. 그는 모든 일이 정직하게 진행되도록 다른 사람들이 자기 옆에 있어야 한다고 사도적 권위를 가지고 주장했다. 재정적 유혹과 추문은 여러 사람이 관여하는 책임을 통해 크게 줄일 수 있다.

4. 재정적 책임은 하나님과 사람 앞에서의 투명성을 요구한다

바울은 예루살렘에 헌금을 전달할 팀 구성원에 대해 말하고 나서 이 일을 여러 사람이 관여하는 방식으로 다루려는 이유를 설명한다. 바울은 "이것을 조심함은 우리가 맡은 이 거액의 연보에 대하여 아무도 우리를 비방하지 못하게 하려 함이니 이는 우리가 주 앞에서뿐 아니라 사람 앞에서도 선한 일에 조심하려 함이라"(고후 8:20-21)고 말한다. 이 말씀은 모든 문화에 적용되는 원리, 즉 특정 문화나 배경에 국한되지 않는 성경적 모델로서, 도전적이면서 반드시 필요한 내용이다. 이 말씀을 인쇄해 액자에 넣은 뒤 기독교 단체의 재정 업무를 보는 모든 사무실 벽에 걸어야 한다고 생각한다. 그렇게 해보지 않겠는가?

바울이 세운 모든 계획은 신중하게 진행되고 비용도 많이 들었을 것이다. 대여섯 명이 그리스에서 예루살렘으로 여행하는 비용은 바울 혼자 가는 비용보다 당연히 많이 들 수밖에 없었다. 그 당시의 여행 비용은 오늘날과 비교해도 더 적게 들지 않았다. 따라서 헌금을 위해 바울이 세운 계획에 반발하는 사람이 있었을 수도 있다. "왜 이렇게 많은 사람을 보내느냐? 이런 '간접 비용'에 헌금을 낭비해서야 되겠느냐?" (오늘날에도 회계 감사 비용에 대해 이런 불평이 나오곤 한다.) 그러나 바울의 말은 사실상 다음과 같은 뜻이다. "이 비용은 그만한 가치가 있습니다. 이 소중한 헌금을 우리가 떼어먹었다거나 잘못 사용했다는 비난을 받을 여지를 두어서는 안 되기 때문입니다. 우리가 하는 일이 나중에 비난받을 일이 없도록 저는 하나님과 사람들 앞에서 완전히 투명하고 싶습니다."

고린도후서 8장 21절이 그리스도를 따르는 각 사람의 좌우명이 되고 각자의 마음에 새겨지기를 바란다. "이는 우리가 주 앞에서뿐 아니라(우리 모두 그렇게 하고 싶어 함) 사람 앞에서도 선한 일에 조심하려 함이라." 만약 모든 기독교 단체가 바울의 이 기본 원칙을 지키려고 전심을 다한다면 얼마나 큰 변화가 일어날까? 또 그렇게 한다면 기독교 단체 내에서 사기나 절도, 관리상의 실수 같은 추문을 얼마간 예방할 수 있지 않을까? 수직적 책임과 수평적 책임 모두 필요하다. 우리는 주님 안에서 서로를 믿을 수 있어야 하지만 주시하고 있는 세상의 눈에도 비난의 여지를 남기지 않기를 원한다.

5. 재정적 신뢰성은 그리스도에 대한 사도적 영예다

상향과 하향 책임성에 대해 잠시 생각해 보자. 우리는 이사회와 기금 재단, 기부자, 정부, 사법기관 등에 대해 상향 책임을 지고 수혜자, 즉 사역에서 실질적 혜택을 받는 사람들, 그러니까 현장에서 우리가 섬기는 사람들에 대해 하향 책임을 진다고 생각하는 경향이 있다.

그러나 실제로 우리의 책임 방향은 그 반대다. 예수님은 "내가 진실로 너희에게 이르노니 너희가 여기 내 형제 중에 지극히 작은 자 하나에게 한 것이 곧 내게 한 것이니라"(마 25:40)고 말씀하셨다. 우리의 상향 책임은 예수께 있으며, 따라서 예수께서 언급하신 위치에 있는 사람들을 향한다. 우리가 '수혜자'를 위해 무엇을 하든 그것은 바로 예수께 하는 것이다. 사역을 통해 섬기는 대상은 실제로 우리에게 예수와 동등하다. 그러므로 그들에 대한 책임은 실제로 예수께 대한 책임, 즉 '상향' 책임이다. 사역을 통해 다른 사람을 섬길 때 우리는 그리스도를 섬기는 것이다. 그들을 섬기는 것이 예수를 존중하는 것이다. 이것이 바로 우리의 일차적 책임이다.

이제 우리 재정을 관리하는 사람, 돈을 다루는 사람을 생각해 보자. 바울은 여러 구절에서 이 일을 믿음직스럽게 수행하는 것은 단지 사람 앞에서 투명성의 문제가 아니라 그리스도께 영광을 돌리는 일이라고 말한다. 물론 정직하고 성실한 업무 수행은 중요하다. 그러나 무엇보다 그리스도의 존귀와 영광을 위해 하는 것이 중요하다.

우선 고린도후서 8장 18-19절을 보라. 헌금을 맡아 관리하던 사람들은 누구였는가? 바울은 "또 그와 함께 그 형제를 보내었으니 이 사람은 복음으로써 모든 교회에서 칭찬을 받는 자요 이뿐 아니라 … 여러 교회의 택함을 받아"라고 했다. 즉 이 사람은 이미 주님을 영화롭게 하고 복음을 영화롭게 하는 삶을 살았던 존중받는 인물이다. 그러므로 바울과 고린도 교인들은 그를 믿고 돈을 맡길 수 있었으며, 그가 돈을 다루는 방식을 통해 주님과 교회에 영광을 돌리게 될 터였다. 정직한 재정은 그리스도께 영광을 돌리는 것이다(부정직은 그리스도의 영광을 가린다는 뜻도 된다).

이어 바울은 요점을 더욱 강조한다. "디도로 말하면 나의 동료요 너희를 위한 나의 동역자요 우리 형제들로 말하면 여러 교회의 사자들이요 **그리스도의 영광**이니라 그러므로 너희는 여러 교회 앞에서 너희의 사랑과 너희에 대한 우리 자랑의 증거를 그들에게 보이라"(고후 8:23-24).

'사자'로 번역된 헬라어 단어는 실제로 '사도들'을 뜻하는 아포스톨로이다. 신약에서 이 단어가 넓은 의미로 사용될 때는 교회의 기둥인 열두 사도(가룟 유다를 제외한 열두 제자, 사도행전에 나오는 맛디아 그리고 사도 바울) 외의 다른 사람들도 포함했다. 약간 느슨한 의미에서 단어 아포스톨로스는 사절이나 교회가 신임한 대리인을 뜻한다. 당시 사도의 위임을 받아 여러 교회를 순회하는 사람들이 있었는데 디도, 디모데, 바나바, 안드로니고, 유니아(롬 16:7) 등이었다. 바울은 아포스톨로이, 즉 이 큰 재정적 선물을 예루살렘으로 가져가도록 위임받은 교회의 선택된 대표들이 바로 "그리스도의 영광"(고후 8:23)이라고 말한다.

얼마나 큰 칭찬인가! 회계사나 경리 담당자를 이렇게 부르다니 정말 멋진 일이다! 사람들은 그들을 신뢰하고 돈을 맡겼다. 그 신뢰를 성실하게 감당할 때 그들은 그리스도의 영광이 될 뿐 아니라 교회의 인정을 받아 마땅하다. "너희는 여러 교회 앞에서 너희의 사랑과 너희에 대한 우리 자랑의 증거를 그들에게 보이라"(24절).

또 다른 예는 에바브로디도다. 빌립보서 2장 25-30절에서 바울이 그에 대해 어떻게 말하고 있는지 보자. 그는 "그러나 에바브로디도를 너희에게 보내는 것이 필요한 줄로 생각하노니 그는 나의 형제요 함께 수고하고 함께 군사 된 자요 너희 사자로 내가 쓸 것을 돕는 자라"(빌 2:25)고 말한다. 여기서 '사자'로 번역된 헬라어 단어 역시 아포스톨로스다. 에바브로디도는 바울과 같은 의미의 사도는 아니었지만 사절, 대표자,

교회의 신뢰받는 사자였기에 '사도적' 역할을 했다. 나중에 바울은 "내게는 모든 것이 있고 또 풍부한지라 에바브로디도 편에 너희가 준 것을 받으므로 내가 풍족하니 이는 받으실 만한 향기로운 제물이요 하나님을 기쁘시게 한 것이라"(빌 4:18)고 말한다. 이 말씀은 바울이 궁핍할 때 빌립보 교회가 준 재정적·물질적 선물을 에바브로디도가 어떻게 다루었는지를 묘사하고 있다. 바울은 에바브로디도의 섬김이 바로 복음의 사역이었다고 말한다. 그 섬김은 그리스도와 교회를 사랑했기 때문에 이뤄졌다. 바울은 에바브로디도가 교회와 바울을 위해 일하다가 거의 죽을 뻔했다고 말한다. 그러므로 바울은 이렇게 말한다. "그를 존귀히 여기라. 그가 한 일은 그리스도를 위해 한 것이다."

바울은 에바브로디도의 역할이 사도적 영예였다고 말한다. 즉 하나님의 종을 섬김으로써 하나님과 그리스도를 섬긴 것이다. 교회의 헌금을 다루는 에바브로디도 같은 사람은 그리스도께 영광을 돌리기 때문에 존경과 존중을 받을 자격이 있다. 요컨대 신약의 에바브로디도와 다른 사람들처럼 신뢰성 있고 정직하며 근면하게 재정을 관리하는 것은 그리스도를 영예롭게 하는 일이다. 우리는 그 일을 그리스도를 위해 해야 한다. 그것은 책임을 놀랍도록 관계적인 관점으로 보게 만든다. 즉 우리의 책임은 교회나 단체, 기부자나 수혜자와 연관될 뿐 아니라 그리스도 바로 그분과 연관된다는 사실이다.

개인적인 이야기로 마무리하겠다. 런던 근교의 올네이션즈 크리스천 칼리지의 교장이었을 때 개인적인 영향을 미치는 문제가 발생했다. 그래서 나의 운영 방식과 내가 내린 결정에 대해 해명해야 했다. 이는 결코 쉬운 일이 아니었다. 누군가가 나의 업무에 고개를 들이밀고 샅샅이 살펴보는 것은 기분 좋은 일이 아니다. 양심에 거리끼는 일이 전혀 없더라도 여전히 불편한 마음이 든다. 대학과 관련해 잘못한 것이 없다는 것을 알긴 했지만 마음에 들지 않더라도 그들의 질의를 받아야 했다.

당시 대학의 이사장은 평소 존경해 마지않는 현명하고 경건한 형제였다. 하루는 그가 조용히 사무실에 와서 이렇게 말했다. "크리스, 책임은 무거운 짐이 아닙니다. 그것은 일종의 선물입니다. 책임은 우리 이사회가 교장인 당신에게 주는 선물인 거죠. 우리가 책임을 묻는 것은 당신의 유익을 위해, 그러니까 당신을 보호하기 위해 그런 것입니다. 그것은 우리가 당신에게 강요하는 것이 아닙니다. 당신을 사랑하기에, 당신이 그리스도 안에서 형제이기에, 합당한 책임을 기대함으로써 당신의 올곧음을 확증하기 원하기에 당신에게 주는 선물입니다."

개인적으로 그것이 책임이라는 벅찬 도전을 바라보는 매우 유용하고 긍정적인 방법이라고 생각했다. 책임을 위협이나 모욕, '추궁당하는 굴욕'으로 여기기보다 오히려 자신을 존중하고 하나님께 영광을 돌리는 방편으로 여기게 되었다.

하나님이 우리에게 온전한 정직과 성실함으로 살아가고 일할 수 있는 용기를 주시도록 기도한다. 또한 서로에 대하여, 주께 대하여 책임을 다하고, 책임을 다할 것을 기대함으로써 서로를 존중하기 바란다.

03
하나님의 주권 아래 우리 사역의 존속 가능성

전도서 11:1-6

———

크리스토퍼 J.H. 라이트

서론

수년 전 《내가 이해할 수 없는 신(The God I Don't Understand)》이라는 제목의 책을 썼다.[1] 전도서에 굳이 제목을 붙인다면 '내가 이해할 수 없는 세계' 정도가 적절하지 않을까 싶다. 사실 전도서와 하박국을 함께 다룬, 이 같은 제목의 책을 집필 중이다. 전도서와 하박국은 서로 다른 이유로 세상을 당혹스럽고 고통스러운 곳으로 여긴다.

전도서의 저자(책 서두와 마지막 부분에 등장하는 화자)는 '코헬렛(전도자)'이라고 부르는 사람을 소개한다. 이는 특정한 인물의 이름이 아니라 교사나 철학자, 구루, 컨설턴트처럼 어떤 직업이나 역할에 가까운 단어다. 큰 갈등에 휩싸인 코헬렛은 살아계시고 한 분이신 참 하나님에

---

[1] 국내에는 《성경의 핵심 난제들에 답하다》(전성민 옮김, 새물결플러스, 2013)로 번역 출간되었다 (옮긴이 주).

대한 신앙고백의 틀 안에 사는 이스라엘 사람이다. 또한 잠언에서 보는 지혜의 전통을 이어받은 '지혜자' 중 한 사람이다. 그는 자신이 **알고** 있는 진실과 주변에서 **보는** 현실을 조화시키려는 과정에서 무척 힘들어 한다.

사실 '힘들어 하다'는 너무 약한 표현이다. 그는 삶의 의미를 찾으려고 노력하지만 처절한 당혹감과 좌절감을 느낀다. 긴 탐구 여행을 시작하지만 모든 노력은 허무와 무의미로 끝난다. 전도서 전체에 메아리치는 원어 단어 '헤벨(חֶבֶל)'은 무의미함(인생에 아무 의미도 없음), 일시적인 것(연기처럼 결국 다 사라짐), 부조리한 것(어떤 것은 그저 미쳤음), 수수께끼(어딘가에 의미가 있지만 찾을 수 없음) 등을 뜻한다.

그러나 그는 살아계신 창조주 하나님에 대한 성경적 믿음을 포기할 수 없고 세상이 원래 이렇게 의도되지 않았을 거라는 확신을 버릴 수 없다. 이 세상은 엉망으로 돌아가지만 하나님은 여전히 그곳에 계시며, 이 모든 것을 다스리고 계신다. 기본적으로 코헬렛은 창세기 1-2장과 창세기 3-11장 사이의 긴장 가운데 살고 있다.

창세기 1-2장은 기본적으로 생명은 선하며 하나님 창조의 선물(생명, 노동, 성, 음식, 음료)을 선한 것으로 여기고 즐겨야 한다는 굳은 확신을 준다. 실제로 그는 전도서에서 그 점을 7번이나 열정적으로 강조할 정도로 확신하고 있다. 그 점이 거듭 강조되는 구절을 단순한 쾌락주의(먹고 마시고 즐기자, 쾌락은 실제로 삶의 의미이자 핵심이니까)로 해석해서는 안 된다. 그것은 냉소주의(내일 죽을 테니 먹고 마시고 즐기자)도 아니다. 창세기 1-2장에서 창조된 세상의 진리를 믿음으로 고백한 것이다. 삶은 좋은 것이며, 하나님은 우리가 그것을 즐기는 것을 인정하신다. 코헬렛은 그것을 믿는다.

그러나 동시에 우리는 창세기 3-11장의 세계에 살고 있다. 그 세계는 인간의 죄와 사탄의 악이 인간 삶의 모든 구석구석에 침투하고, 역사와 세대를 거쳐 확대되고, 사회와 문화를 오염시키고, 피조물에 해를 끼쳐 만신창이가 되어 버린 세계다. 코헬렛이 이해할 수 없는 세계가 바로 그곳이다. 허무하고 부조리하고 부당하고 불가사의한 것이 너무 많고, 그 끝에는 모든 기쁨과 성취를 무의미하게 만드는 죽음의 궁극적 현실이 기다린다(그가 볼 수 있는 한에서 그렇다).

솔직히 말해 코헬렛에 공감할 수밖에 없지 않은가? 창조의 선함에 대한 믿음(그와 우리의 공통적인 믿음)에 덧붙여 신약성서에 기록된 그리스도의 죽음과 부활의 영광, 죽음에 대한 승리와 모든 악의 멸망에 대한 미래의 소망이 있더라도 우리는 여전히 이 타락한 세상에서 살아가야 한다. 세상의 많은 일이 모호하고 예측하기 어렵고 결함투성이로 보인다. 또한 역사를 보더라도 모든 것이 그저 일시적이고 잠정적인 것처럼 보이는데 도대체 어떻게 자신 있게 일을 해나갈 수 있겠는가? 이것은 소위 기독교적 사역에 해당하는 목회와 선교에서도 마찬가지다. 우리가 여러 프로젝트를 통해 달성하려고 하는 것이 과연 지속성이 있을까? 과연 그 열매가 오래 유지될까? 성공을 확신할 수 있을까? 우리의 선교적 노력이 끝까지 살아남을까? 개인적으로 이것이 코헬렛이 자신의 글을 마무리하는 전도서 10-12장에서 최선을 다해 대답하려고 애쓰는 질문 가운데 일부라고 생각한다.

앞서 말했듯이 코헬렛은 이스라엘 지혜문학의 전통을 이어받았음을 기억해야 한다. 그 전통 전체를 관통하는 것은 근본적인 이중성이다. 다음 세 가지의 이분법적 대립항은 지혜의 전통에서 항상 다뤄지는 근본 요소이며, 우리는 두 가지 중 하나를 선택하라는 요구를 받는다.

현명한 --- 어리석은

의로운 --- 사악한

경건한 --- 불경건한

　상반된 이 세 가지의 속성은 각각 인간 삶의 지적·도덕적·영적 차원에 해당되는 것으로 서로 연결되어 있다. 이스라엘 사람들은 현대 사회에서 흔하게 볼 수 있는 학문과 윤리와 신앙을 서로 분리하지 않았다. 지혜로운 사람은 윤리적으로 올바른 길을 선택한다. 그들은 겸손히 하나님께 순종하려고 하기 때문이다. 반면 하나님을 거부하는 사람은 사악한 길을 선택한다. 그리고 그것은 궁극적으로 치명적이고 어리석은 행위다.

　이것이 '여호와를 경외하는 것이 지혜의 첫째 되는 원리'인 이유다. 우리가 이 세 가지 영역에서 하나님의 인도를 받으려면 살아계신 하나님과의 합당한 관계 안에 있어야 한다. 여호와를 경외하는 것은 우리 삶을 지혜와 의와 경건의 길로 인도하고, 우매함과 사악함과 불경건함의 길을 피하도록 도와준다.

　코헬렛은 그 세계관을 알고 전반적으로 수용한다. 그는 그 세계관을 표현하는 많은 잠언을 잠언서에 기록했다. 그러나 솔직히 인생에는 그처럼 단순한 이분법적 대립관계를 무력화시키는 경우가 많다고 느낀다. 그런 대립항적 구도가 제시하는 것보다 훨씬 복잡하고 불확실한 일들이 생길 수 있다고 말한다. 그래서 지혜와 의와 경건의 기본 진리를 받아들인다고 해도 여전히 혼란스러운 질문이 전도서의 마지막 부분까지 이어진다.

　전도서에서 코헬렛은 대체로 '두 갈래 길'의 지혜 세계관을 반영하는 전통적 잠언 모음을 제공한다(9:17-10:20). 그러나 곳곳에 논평(그의 '대안적 팩트'라고 해야 할까)을 추가해 명백하거나 확실해 보이는 것에 대해 의문을 품게 한다. 인생은 항상 뜻대로 되지 않는다. 우리는 두 갈래 길에서 어느 것을 선택해야 하는지 알고 있다. 하지만 때때로 좋지 못한 일이 일어나곤 한다. 예를 들어 다음과 같은 일이다.

1. 좋지 못한 일이 일어난다(9:17-10:20)

때로는 우매자가 권력을 휘두른다(9:17-10:7)

9:17 조용히 들리는 지혜자들의 말들이 우매한 자들을 다스리는 자의 호령보다 나으니라

18 지혜가 무기보다 나으니라 그러나 죄인 한 사람이 많은 선을 무너지게 하느니라

10:1 죽은 파리들이 향기름을 악취가 나게 만드는 것같이 적은 우매가 지혜와 존귀를 난처하게 만드느니라

2 지혜자의 마음은 오른쪽에 있고 우매자의 마음은 왼쪽에 있느니라

3 우매한 자는 길을 갈 때에도 지혜가 부족하여 각 사람에게 자기가 우매함을 말하느니라

4 주권자가 네게 분을 일으키거든 너는 네 자리를 떠나지 말라 공손함이 큰 허물을 용서 받게 하느니라

5 내가 해 아래에서 한 가지 재난을 보았노니 곧 주권자에게서 나오는 허물이라

6 우매한 자가 크게 높은 지위들을 얻고 부자들이 낮은 지위에 앉는도다

7 또 내가 보았노니 종들은 말을 타고 고관들은 종들처럼 땅에 걸어 다니는도다

9장 17-18상반절은 누구나 수긍할 만한 명백한 진리로 시작한다. 18하반절과 10장 1절도 마찬가지로 납득된다. (우리가 보기에) 좀 멍청한 사람이 다른 사람들의 잘한 일을 망치는 경우 "맞아, 그런 사람이 꼭 있다니까!"라고 말한다. 어리석은 한 번의 행동, 어리석은 한 명의 바보, 상처를 주거나 자신감을 빼앗는 말 한 마디, 거짓말하는 정치인 한 명 때문에 그동안 인내하며 쌓아 온 지혜가 한순간에 무너질 수 있다. 하나의 사소한 어리석음이 여러 가지 훌륭한 업적을 망가뜨릴 수 있다.

오른쪽과 왼쪽(10:2-3)은 '두 갈래 길'을 설명하는 명확한 이분법적 대립항이다. 우매자는 습관적으로 잘못된 것을 선택하면서 자신이 얼마나 우매한지를 모두에게 드러낸다. 이 점 역시 납득할 수 있다.

그러나 정치 세계는 상황이 그렇게 명확하지 않을 수 있다. "평정심을 유지하며 하던 일을 계속하라(Keep Calm and Carry On)"[2]는 것이 적절한 조언처럼 들려도(4절), 우리는 결국 우매한 자에게 지배당할 수 있다(5-6절). 오늘날 여러 나라에서 이 말이 얼마나 잘 들어맞고 있는지 모른다. 그리고 체제 전복(아마도 혁명에 따른)도 불의 위에 부조리를 추가하는 것에 불과할 수도 있다(7절). 요즘에도 그런 예를 종종 보게 된다.

누구든지 보편적 지혜의 유익에 수긍할 수 있다. 그러나 우매자가 정치적 요직을 차지하면 이상하면서도 달갑지 않은 광경을 보게 된다.

때때로 사고가 일어난다 (10:8-15)

8 함정을 파는 자는 거기에 빠질 것이요 담을 허는 자는 뱀에게 물리리라

9 돌들을 떠내는 자는 그로 말미암아 상할 것이요 나무들을 쪼개는 자는

---

2 2차 세계대전 당시 영국 정부가 만든 구호이며, 간혹 영국의 권위주의를 풍자하는 뜻으로 인용되기도 한다(옮긴이 주).

그로 말미암아 위험을 당하리라

10 철 연장이 무디어졌는데도 날을 갈지 아니하면 힘이 더 드느니라 오직 지혜는 성공하기에 유익하니라

11 주술을 베풀기 전에 뱀에게 물렸으면 술객은 소용이 없느니라

12 지혜자의 입의 말들은 은혜로우나 우매자의 입술들은 자기를 삼키나니

13 그의 입의 말들의 시작은 우매요 그의 입의 결말들은 심히 미친 것이니라

14 우매한 자는 말을 많이 하거니와 사람은 장래 일을 알지 못하나니 나중에 일어날 일을 누가 그에게 알리리요

15 우매한 자들의 수고는 자신을 피곤하게 할 뿐이라 그들은 성읍에 들어갈 줄도 알지 못함이니라

8절은 '사필귀정'을 언급하는 전통적 잠언이다. 구덩이를 파는 것은 악을 계획하는 것에 대한 은유이지 싶다. 담을 허는 것은 남의 집을 도둑질하는 것을 뜻한다. 따라서 이 두 가지 속담은 남을 해하려는 사람은 오히려 예기치 못한 재앙의 맞바람을 맞을 수 있다고 경고한다. 인간 법정에서 판사가 선고하지 않더라도 그의 범죄에는 어떤 형태로든 징벌이 뒤따를 것이다.

그러나 다음 구절은 예기치 못한 나쁜 결과가 나쁜 행동에만 뒤따르는 것이 아님을 암시하는 듯하다. 일상적인 일을 착실하게 행하며 사는 것은 전적으로 합법적 일임에도(9절) 우발적 사고가 일어날 수 있다. 그리고 전문 기술(예를 들어 뱀 마술사 같은)로 성공할 수 있더라도 항상 안전하다는 보장은 없다. 언제든 일이 잘못될 수 있고 때로는 그것이 치명적으로 작용할 수도 있다(10-11절). 사실 다음 순간 우리에게 돌이나 도끼가 날아올지도 모른다. 어떤 일이 언제 일어날지 알 수 없는

것이다(9절). 우리가 떠난 후 무슨 일이 일어날지도 알 수 없다(14하반절). 예상치 못한 일은 일어나기 마련이고, 우리는 그것을 현실로 받아들일 수밖에 없다.

때로는 돈이 곧 힘이다(10:16-20)

16 왕은 어리고 대신들은 아침부터 잔치하는 나라여 네게 화가 있도다
17 왕은 귀족들의 아들이요 대신들은 취하지 아니하고 기력을 보하려고 정한 때에 먹는 나라여 네게 복이 있도다
18 게으른즉 서까래가 내려앉고 손을 놓은즉 집이 새느니라
19 잔치는 희락을 위하여 베푸는 것이요 포도주는 생명을 기쁘게 하는 것이나 돈은 범사에 이용되느니라
20 심중에라도 왕을 저주하지 말며 침실에서라도 부자를 저주하지 말라 공중의 새가 그 소리를 전하고 날짐승이 그 일을 전파할 것임이니라

이 구절은 대체로 책임감이 투철한 사람들이 현명하고 정직하게 통치할 때 얻어지는 혜택에 대한 것이다(16-17절). 그런 문화에서는 부지런히 일함으로써 게으름에 따르는 위험을 피할 수 있다(18절). 여기까지는 좋다.

유쾌한 이야기에 이어 19절에는 다음과 같은 말씀이 나온다. "돈은 범사에 이용되느니라."**3** 약간의 현금을 항상 소지하는 편이 낫다는 순박한 뜻이 아니라면 이것은 엄청나게 냉소적인 표현이 아닐 수 없다! 이는 세상 어디나 부정부패가 만연해 있다는, 전도서 전반에 걸친 코헬

---

3 영어 NIV 역에서는 이 문장이 "Money is the answer for everything(돈은 모든 것의 답이다)"라고 표현되어 있다(옮긴이 주).

렛의 관찰과 일치한다. 사람들은 돈이 충분하면 얼마든지 원하는 것을 가질 수 있다, 돈만 많이 준다면 무슨 일이든 할 수 있다고 말한다. 이것은 확실히 정치와 인생의 많은 부분에서 현실로 통한다.

결국 부자와 사기꾼이 모든 혜택을 챙겨 간다면 착하고 성실한 정부와 정직한 노력을 칭찬한들 무슨 의미가 있겠는가. 조심스럽게 행동하려면 차라리 입을 다물고 있는 편이 낫지만(20절), 그럼에도 이 질문은 많은 사람이 좌절, 분노, 혐오감을 느낄 때 던지는 매우 의미 있는 것이다.

예상치 못한 일은 기어이 일어난다. 우리는 불의의 사고와 완고한 우매함이 존재하는 세상을 살아간다. 그러면 어떻게 해야 할까? 코헬렛은 전도서를 긍정적인 메시지로 끝내고자 한다. 그래서 마지막 두 장에서 그는 경건한 기회주의라고 부를 수 있는 것을 칭송한다. 그다음에는 인생의 좋은 것을 즐기라고 적극 권면한다. 그와 동시에 하나님이 우리의 창조주이자 궁극적인 심판자이심을 기억하라고 한다. 이것은 목회와 선교에 쏟는 노력이 과연 얼마나 존속될 수 있는가 하는 문제를 바라보는 건전한 틀이라고 생각한다. 물론 이 틀에다 신약에 나오는 더 친숙한 동기와 확신을 얼마든지 추가할 수 있다.

2. 경건한 기회주의(11:1-6)

1 너는 네 떡을 물 위에 던져라 여러 날 후에 도로 찾으리라

2 일곱에게나 여덟에게 나눠 줄지어다 무슨 재앙이 땅에 임할는지 네가 알지 못함이니라

3 구름에 비가 가득하면 땅에 쏟아지며 나무가 남으로나 북으로나 쓰러지면 그 쓰러진 곳에 그냥 있으리라

4 풍세를 살펴보는 자는 파종하지 못할 것이요 구름만 바라보는 자는 거두
  지 못하리라
5 바람의 길이 어떠함과 아이 밴 자의 태에서 뼈가 어떻게 자라는지를 네가
  알지 못함같이 만사를 성취하시는 하나님의 일을 네가 알지 못하느니라
6 너는 아침에 씨를 뿌리고 저녁에도 손을 놓지 말라 이것이 잘 될는지, 저것
  이 잘 될는지, 혹 둘이 다 잘 될는지 알지 못함이니라

이것은 사업하는 사람들이 좋아하는 친숙한 말씀이다. 랭햄 문서 사
역(Langham Literature)의 프로그램 책임자이자 출판인인 친구 피터 콴트
(Pieter Kwant)도 성경에서 가장 좋아하는 말씀 중 하나가 이 구절이라
고 한다.

1절은 "돈이 있으면, 무역에 투자하여라. 여러 날 뒤에 너는 이윤을
남길 것이다"(새번역)라고도 번역된다. 이는 해상무역에 대한 은유로 생
각된다. 전통적 번역인 "너는 네 떡을 물 위에 던져라"(개역개정)는 강
에서 오리에게 먹이를 주는 것처럼 들리기 때문이다. 이 말씀의 요지
는 투자하고, 연관된 위험을 감수하고, 가능하면 분산 투자를 하고(2하
반절), 결국 좋은 수익을 거둬야 한다는 것이다. 뭐, 여기까지는 좋다.

이어지는 말씀을 보면 10장의 분위기처럼 삶의 전반적 무작위성과
예측 불가능성을 줄줄이 묘사한다. 어떤 것에 대해서는 확신할 수 있다
(구름과 비, 3상반절). 반면 어느 나무가 언제 쓰러질지, 바람이 어디서 어
떻게 불어 오는지 등 확실히 알 수 없는 것도 있다(3하반절-4절).

그래서 코헬렛은 5절에서 결정적으로 중요한 신학적 요점에 이른
다. 우리 인간의 지식에 한계가 있음을 전도서 전체를 통해 확실히 증
명해 보였다. 세상에는 결코 확실히 알 수 없는 것들이 있다. 그는 바
람의 경로나 어머니의 자궁에서 아기가 어떻게 자라는지 우리가 알 수

없다는 점을 들어 재차 설명한다(5상반절, 그가 기상 등 과학과 산부인과 등 의학이 발전하기 이전에 이 글을 썼음을 기억하라). 우리는 이것(임의성과 예측 불가능성을 포함해)을 이해할 수는 없지만 그래도 하나님의 손에 있다고 강조한다. 그 모든 것은 "만사를 성취하시는 하나님의 일" 가운데 일부다(5하반절).

이것은 훌륭하고 긍정적인 말씀이다. 온 세상과 생명과 우주와 만물이 다 하나님께로부터 나왔다. 따라서 하나님의 궁극적 목적을 다 이해할 수 없더라도 하나님이 어떤 식으로든 그곳에 계시고 관여하심을 믿을 수 있다. 너무 무작위적이고 예측 불가능해 보이는 일에도 말이다. 그리고 코헬렛은 그 확신이 주는 안도감을 가지고 삶에 뛰어들 수 있고, 결과에 대해 하나님을 신뢰하면서 일할 수 있다고 주장한다.

"하나님의 일"(5절)을 강하게 확신한다면 인생의 예측 불가능성으로 말미암아 위축되는 대신 오히려 이를 기회로 바꿀 수 있다(6절). 모험적으로 살아야 한다! 그리고 빈둥거려선 안 된다. 적극적으로 대담하게 부지런히 살아야 한다. 투자도 해야 한다("씨를 뿌리고"). 이것이 성공할지, 저것이 성공할지, 아니면 둘 다 잘될지, 둘 다 실패할지 알 수 없지만 어쨌든 도전해야 한다.

코헬렛은 분명 서두에 보여준 미래의 불확실성에 대한 허무주의적 숙명론에서 좀 더 강력한 기회주의로 옮겨 갔다. 이전의 비관적 분위기에서는 "무슨 일이 일어날지 모르기 때문에 무얼 한들 아무 의미가 없다"라고 불평했지만 이제는 "무슨 일이 일어날지 모르니 일어나서 무언가를 해야 한다"라고 격려한다.

목회와 선교를 감당하는 다양한 기독교 단체의 리더라는 위치에서 하나님을 섬기는 이들의 개인적인 헌신에 이 본문을 적용할 때 우리는 5절과 6절을 묶어 생각해야 한다. 우리는 모든 노력의 결과를 100%

확신할 수 없다(6절). 그러나 "만사를 성취하시는"(5절) 하나님의 주권은 확신할 수 있다. 교회와 세상을 위한 선교적 결단을 굽히지 않으시는 하나님은 이루시고자 하는 바를 이루실 것이다. 우리는 기도하는 마음으로 계획하고, 실행할 수 있는 모든 "물 위에 던지는 일"(1절)과 "씨를 뿌리는 일"(6절)을 하고 나서 그 결과와 수확을 하나님의 손에 맡겨 드려야 한다.

또한 올바른 기독교적 기회주의와 실용주의가 있다는 말도 덧붙여야 할 것 같다. 예수님은 제자들에게 주인이 "문을 두드릴" 때 항상 응답할 준비를 하라고 가르치신다(눅 12:35-48). 바울은 지혜의 전통 목소리로 다음과 같이 말한다. "그런즉 너희가 어떻게 행할지를 자세히 주의하여 지혜 없는 자같이 하지 말고 오직 지혜 있는 자같이 하여 세월을 아끼라 때가 악하니라"(엡 5:15-16). 이 말씀에 대해 코헬렛은 공감하며 고개를 끄덕일 것이다. 목사와 설교자는 "때를 얻든지 못 얻든지 항상" 준비되어 있어야 한다(딤후 4:2). 즉 언제 기회가 찾아오더라도 바로 일할 준비가 되어 있어야 한다.

마지막으로, 하나님은 참으로 "만사를 성취하시는"(5절) 분이기 때문에 우리가 궁극적으로 의지할 유일한 분은 하나님이시다. 코헬렛은 이 말씀 이후 전도서 끝까지 이런 태도를 유지한다. 우리의 창조주이시자 궁극적 심판자이신 하나님의 주권을 염두에 두고 우리에게 기뻐하고 기억하라고 권한다.

3. 기뻐하고 기억하라(11:7-12:7)

일곱 번째이자 마지막으로 코헬렛은 하나님의 세상에서 삶의 선함이라는 주제로 돌아간다. 이해할 수 없는 악과 혼돈, 서서히 다가오는 불가피한 죽음에도 불구하고 말이다. 그는 인생을 즐기되 앞으로 닥칠 일을 염두에 두고 책임감 있게 살아가라고 말한다.

삶을 책임감 있게 즐겨라(11:7-10)

7 빛은 실로 아름다운 것이라 눈으로 해를 보는 것이 즐거운 일이로다

8 사람이 여러 해를 살면 항상 즐거워할지로다 그러나 캄캄한 날들이 많으리니 그 날들을 생각할지로다 다가올 일은 다 헛되도다

9 청년이여 네 어린 때를 즐거워하며 네 청년의 날들을 마음에 기뻐하여 마음에 원하는 길들과 네 눈이 보는 대로 행하라 그러나 하나님이 이 모든 일로 말미암아 너를 심판하실 줄 알라

10 그런즉 근심이 네 마음에서 떠나게 하며 악이 네 몸에서 물러가게 하라 어릴 때와 검은 머리의 시절이 다 헛되니라

이 말씀은 매우 긍정적이다. 비록 죽음의 어두움과 허무가 스며들어 있지만 말이다(8하반절). 지금의 삶을 기쁘게, 마음이 원하는 대로 살아야 한다(9상반절). 이것은 어떻게든 마음대로 살아도 된다는 허가증이 아니다. 오히려 각 사람에게는 개인적인 은사나 재능, 직업, 취향이 있음을 인정한 것이다. 그러므로 자신의 마음을 따라야 한다. 자신이 사랑하는 것을 위해 도전해야 한다!

비관과 불안에 굴복해선 안 된다(10절). 이 말은 많은 비관과 불안을 품고 살아온 자기 자신에게 다짐하는 말처럼 들린다! 결국 젊음과 힘은 그 자체로 불가사의한 것이다. 일시적이고 때로는 나중에 후회를 가져온다는 뜻에서 말이다. 그러나 젊은 시절에는 그 모든 축복과 기회를 즐겨야 한다. 전도서 3장 1-8절에서 젊음은 하나의 '때'다. 영원하

지도 않고 그 자체가 목적이 아닐지라도 가치 있는 무언가를 '위해' 존재하는 시간이다. 젊음을 소중히 여기되 '영원한 젊음'을 숭배하는 식으로 우상화시켜선 안 된다.

이 말씀의 대부분은 잠언 1-9장에서 지혜의 전통 형식으로 젊은이들에게 주어진 조언과 비슷하다. 그러나 코헬렛은 여기에다 진지한 주의 사항을 적어 넣는다. 삶을 마음껏 즐기되 하나님께 대한 책임이 있음을 기억해야 한다고 말이다. "그러나 하나님이 이 모든 일로 말미암아 너를 심판하실 줄 알라"(9하반절). 하나님의 심판이 기다리고 있다. 그러므로 준비해야 한다. 현재를 즐기되 미래를 바라봐야 한다. 아모스가 말한 대로 하나님을 만날 준비를 하되 두려울 것이 없도록 살아야 한다.

이것이 요점이며, 코헬렛은 전도서를 마치기 전에 이 확신을 꼭 고백하고 싶어 한다. 이는 앞서 살펴본 9장 1-3절의 암울한 생각과 비교된다. 9장 1-3절은 아마도 그의 여정에서 가장 힘든 시기였을 것이다. 당시 그는 절망에 차 있었다.

이 모든 것을 내가 마음에 두고 이 모든 것을 살펴본즉 의인들이나 지혜자들이나 그들의 행위나 모두 다 하나님의 손 안에 있으니 사랑을 받는지 미움을 받는지 사람이 알지 못하는 것은 모두 그들의 미래의 일들임이니라 모든 사람에게 임하는 그 모든 것이 일반이라 의인과 악인, 선한 자와 깨끗한 자와 깨끗하지 아니한 자, 제사를 드리는 자와 제사를 드리지 아니하는 자에게 일어나는 일들이 모두 일반이니 선인과 죄인, 맹세하는 자와 맹세하기를 무서워하는 자가 일반이로다 모든 사람의 결국은 일반이라 이것은 해 아래에서 행해지는 모든 일 중의 악한 것이니 곧 인생의 마음에는 악이 가득하여 그들의 평생에 미친 마음을 품고 있다가 후에는 죽은 자들에게로 돌아가는 것이라

코헬렛은 "어떤 식으로 사는 것이 중요한가?"라고 묻는다. 현명하게 살았든, 종교적으로 살았든, 도덕적으로 살았든 결국 무슨 차이가 있는가? 궁극적으로 의인과 악인 사이에 다른 점은 무엇인가? 최후에는 정의가 구현될까? 9장에서 그는 어깨를 으쓱하고 "아무도 모른다"는 말과 함께 질문에 대한 답을 보류시킨다.

그러나 이제 코헬렛은 자신의 확고한 믿음을 주장한다. **"그렇다. 그것은 정말 중요하다"**라고 말이다. 어떤 식으로 살았는지에 따른 차이는 실재하며, 구체적 결과를 가져온다. 하나님이 최후의 심판자가 되실 것이며, 바로 이 영원한 진리의 빛 안에서 우리의 모든 삶과 일, 즐거움을 향유해야 한다.

우리는 이것을 부정적으로 받아들여선 안 된다. 코헬렛은 예전의 냉소주의로 되돌아간 것이 아니다. 이것은 일종의 '스포일러' 식의 비아냥이 아니다. 젊은이들을 향해 "이봐, 실컷 즐기라고. 하지만 나중에 대가를 치르게 될 거야"라고 비꼬는 것이 아니다. 그는 현재의 모든 순간을 최대한 즐기며 충만하게 사는 삶으로 초청하고 있다. 지금 여기 그리고 궁극적인 미래까지, 심지어 죽음 너머까지 하나님 임재의 실재를 주시하며 사는 삶을 살아가라고 초청한다. 하나님은 최종적으로 우리 삶을 평가하고 심판하실 분이다. 그러므로 하나님께 굴복하는 삶을 살아야 한다. 그것은 삶을 망치는 것이 아니라 풍요롭고 고상하게 만드는 길이다.

다시 말하지만, 하나님을 온전히 의식하며 살아가는 삶과 노동 가운데서 누리는 기쁨을 기록한 이 말씀은 신약의 가르침과 일치한다고 말할 수 있다. 바울이 골로새 교인들에게 전한 말씀은 코헬렛의 말을 그리스도를 중심으로 반복하는 듯하다. "또 무엇을 하든지 말에나 일에나 다 주 예수의 이름으로 하고 그를 힘입어 하나님 아버지께 감사하라 … 무슨 일을 하든지 마음을 다하여 주께 하듯 하고 사람에게 하듯 하지 말라"(골 3:17; 3:23; 전 9:10 참조). 코헬렛은 삶을 즐기고 불안을 없애라고 말한다. 바울은 "주 안에서 항상 기뻐하라", "아무것도 염려하지 말라"고 말한다(빌 4:4-7; 살전 5:16-18 참조).

그러나 코헬렛의 조언은 단순히 "미래를 기억하라"는 것에 그치지 말고 과거, 즉 성경의 위대한 이야기에 나오는 과거를 처음부터 기억하라고 한다.

자신이 속한 이야기를 기억하라, 시작과 끝(12:1-7)

"너는 청년의 때에 너의 창조주를 기억하라"(12:1)는 친숙한 구절이다. 이 말씀은 노년이 되면 하나님을 잊어도 된다는 뜻이 아니다! 이 말씀의 핵심은 세상을 만든 분이 누구신지, 우리에게 생명을 준 분이 누구신지를 기억하는 것이 우리의 인생 전체(그것도 아주 일찍부터 마지막까지)에 영향을 주어야 한다는 뜻이다. 뒤이어 나오는 서글픈 시는 서서히 늙어 가는 과정과 피할 수 없는 죽음의 순간을 묘사한 것으로 보인다. 그러나 여기서 창조주에 대해 말하고 하나님을 심판자로 말함으로써 코헬렛은 부활하신 그리스도께서 말씀하신 대로 알파와 오메가요 시작과 끝이신 하나님으로부터 시작하고 그분으로 마치는 위대한 성경의 내러티브 안에 인간의 짧은 인생을 놓았다. 코헬렛은 이런 관점을 더 파헤치고 확장하려고 하지 않는다. 아마도 그에게는 이 도전이 너무 어렵고 난해해서 지쳐 버린 듯하다. 그러나 성경 전체에 대한 더 큰 조망을 가지게 된 우리는 이런 관점을 통해 큰 확신을 얻는다.

우리가 주님을 위해 바친 노력의 결과를 평생 보상받지 못할 수 있다. 이 예측할 수 없는 세상에서 전도서 11장의 모험적 낙관주의를 가지고 살아야 할 수도 있다. 그러나 우리는 떡을 물 위에 던지고 씨를 뿌린다. 그렇게 하는 것은 "만사를 성취하시는 하나님", 곧 태초에 세상을 창조하셨고 마지막에 만물을 그분의 공의롭고 자비로운 심판 아래 두실 하나님의 주권적 통치 아래에 우리가 있음을 알기 때문이다. 우리는 바로 이 이야기의 일부분이다. 하나님이 그분의 영광을 위해 우리를 이 이야기 속으로 부르셨다.

그래서 우리는 공동 기도서에 있는 오래된 기도문을 따라 함께 기도할 수 있다.

오 주님, 우리가 하는 모든 일에서 주님의 가장 은혜로운 은총으로 인도하시고 주님의 끊임없는 도움으로 우리를 나아가게 하시며, 주님 안에서 시작되고, 계속되고, 끝나는 우리의 모든 일을 통해 주님의 거룩한 이름에 영광을 돌리게 하시고, 마침내 주님의 자비하심으로 영원한 생명을 얻게 하소서. 우리 주 예수 그리스도를 통하여, 아멘.

제2부

사례 연구

04
신앙 기반 단체와 선교에 대한 투자:
전아프리카교회협의회의 사례를 중심으로

브라이트 G. 마우도르(Bright G. Mawudor)

1. 서론

전통적인 자금 제공자의 재정 지원 감소로 교회 관련 단체(CRO)의 재정 위기가 속출하고 있다. 특히 개발도상국이 더욱 심각하다. 대부분의 단체에서 순자산이 줄어드는 동시에 만성적이고 수습 불가능한 예산 적자가 함께 나타나고 있다. 이런 기금 감소는 세계적인 경기 침체와 북반구의 국내외 우선순위 변화에 따른 것이다. 이런 변화는 사용 가능한 후원금의 규모와 성격에 영향을 미쳤다.

지역 기금 마련 전략을 성공적으로 수립한 CRO조차도 빈곤의 절박한 요구와 지역 기금 조달자가 사회적 요구에 부응해야 하는 필요성 때문에 더는 안주할 수 없게 되었다.

범아프리카 기독교 연구 및 자문기관인 CORAT(Christian Organizations Research Advisory Trust)가 수행한 "아프리카 교회와 교회 관련 단체의 사회 사역의 지속 가능성" 연구에 따르면 인터뷰에 응한 17개 CRO 중 18%가 어느 정도 지속 가능하다고 응답했고, 82%는 간신히 버티고 있거나 위기가 임박하다고 응답해 많은 CRO의 지속 가능성이 절박한 문제임을 보여준다.[1]

1996년 전아프리카교회협의회(AACC, All Africa Conference of Churches)는 173개 회원 교회의 요청에 따라 '아프리카 교회의 지속 가능성'에 대한 국제 심포지엄을 개최했고, 참가자들은 아프리카 교회의 의존성 위기 극복을 위한 결단을 촉구했다. 더 나아가 AACC는 아프리카의 교회 지도자들이 "아프리카 교회의 재정적 성장을 방해하는 고르디우스의 매듭을 끊을 방안의 개념과 실행안을 수립할 것"을 촉구했다.[2]

2009년 막대한 재정을 보유한 뉴욕의 트리니티 성공회 교회는 여섯 명의 아프리카 성공회 주교에게 아프리카 성공회의 재정적 지속 가능성 방안을 조사하도록 의뢰했다.

한편 21세기 들어 아프리카의 교회와 관련 단체들은 빈곤, 가뭄, HIV/AIDS로 고통받는 사회를 사회경제적·정치적으로 개발하기 위해 더 큰 재정 자원을 요구하는 커다란 난관에 직면해 있다.

필자는 25년 동안 국가와 아프리카 전체 차원에서 교회와 관련 단체의 지도력 개발과 자원 관리 분야에서 일해 왔다. 그 과정에서 아프리카 교회가 현상 유지를 위해 외부 자금에 크게 의존한다는 점에 대해 항상 고민했다. 이런 의존성은 주교를 비롯한 여러 지도자를 범교회적 걸인의 위치로 추락시켰다. 필자가 아프리카 전역의 교회를 방문하면서 확인한 것에 따르면 후원금 삭감으로 말미암아 그간 후원금

---

1 CORAT Africa, *Sustainability of Church Related Organisations* (Kenya: CORAT Africa Library, 2008).

2 AACC, *Church Leaders Conference on Sustainability of the Church* (Kenya: AACC, 1996).

에 기대어 진행되던 프로젝트가 중단되고 사람들이 일자리를 잃는 사례가 있었다.

이런 질문이 나올 수 있다. "왜 어떤 교회는 자립하고, 어떤 교회는 자립하지 못하는가?" 아프리카 대륙은 엄청난 잠재력을 지니고 있지만 그 잠재력이 번영으로 이어지지 못하고 있는 실정이다. 힘겨워하는 아프리카를 특징짓는 것은 풍요가 아니라 극도의 빈곤이다.[3]

이런 도전에 부응하여 일부 아프리카 교회는 사회사업과 신도들의 경제적 성장을 중시하면서 새로운 수입원으로 눈을 돌리고 있다. 이런 주도적 노력 없이는 갈수록 가난해지는 사람들에게 그리스도를 선포하기 어려울 것이다.[4]

이미 케냐 성공회와 케냐 감리교회 등은 부동산 개발과 게스트하우스 등 사회적 창업 활동에 착수했다. 또한 소기업의 기독교 사업가들은 그들의 사업을 통해 비즈니스의 모든 측면에 기독교적 가치를 '체화'하려고 노력한다.

현재 많은 아프리카 교회와 관련 단체는 '변하든지 아니면 망하든지'의 양자택일의 기로에 있다. 절대 변하지 않으리라고 여겨졌던 현실은 사실 변화를 거듭하는 중이다. 이제껏 무엇을 해 왔는지 돌아보고, 우리가 하는 일의 방법과 이유를 진지하게 살펴봐야 할 때가 되었다.

주요 교단의 통계 자료를 보면 분명하게 문제가 드러난다. 교인 수는 줄어들고, 재정적으로 어려움을 겪고 있다. 교회 출석률이 떨어졌고, 선교 헌금이 줄어들었다. 과거에 통했던 방식이 지금은 소용없는

---

3 J. N. K. Mugambi, *The Church and the Future of Africa: Problems and Promises* (Kenya: AACC, 1997).

4 Catholic Bishops Conference, *The Future of the Church in the 21st Century* (Kenya: AACC Library, 2002).

것이 되고 말았다.

아프리카와 서방 세계에서 지역 교회의 재정 환경이 지난 50년 동안 극적으로 변한 것은 사실이다. 신흥 시장의 경쟁, 세계화, 기술 등의 요인으로 세상이 광속으로 변화하고 있지만 교회를 정의하는 지평 그리고 이와 연관된 예산 책정, 기부 약정, 십일조 등 재정적 관행은 이런 변화에 뒤처지고 있다."[5]

AACC

AACC는 1963년 4월 우간다 캄팔라에서 열린 제2차 아프리카교회 총회에서 창립됐다. 여러 국가가 독립하고 식민주의의 족쇄를 풀고 있는 아프리카 대륙의 혁명적인 순간에 아프리카 사람들과 발걸음을 같이하자는 것이 이 총회가 추구한 주요 목표 가운데 하나였다. 당시는 많은 아프리카인이 여전히 자유를 위해 싸우면서 민족의 자결과 존엄을 위해 투쟁하던 시기였다.

이후 AACC는 발전을 거듭해 아프리카 최대의 기독교 에큐메니컬 운동으로 자리 잡았다. 1억 4,000만 명 이상의 아프리카 그리스도인을 대표하는 개신교, 성공회, 정교회, 토착 교회로 구성된 가장 큰 협회다. 아프리카 42개국 교회, 교회 전국 평의회, 신학 및 평신도 훈련 기관, 기타 기독교 단체 등 193개 회원 단체로 구성되어 있다.

또한 AACC는 젠더, 여성과 청소년 / 평화, 봉사 및 개발 / 아프리카 연합에서의 옹호 활동 / 신학, 종교 간 관계와 교회 리더십 개발 등의 프로그램을 펼치고 있다.[6]

---

5 W. Dick, *Sustainability of the Church in the 21st Century* (UK: 2010).

6 "AACC Programmatic Pillars", Programmes: Our Focus, All Africa Conference of Churches, 2019, http://aacc-ceta.org/en/programmes.

AACC의 의존성

AACC는 오랜 시간이 지나서야 재정 자립을 고려하기 시작했다. AACC는 발족 후 60년 가까이 프로그램 제공에 있어 해외 파트너의 보조금에 크게 의존하다 보니(거의 80%) 재정 자립을 위한 내부 메커니즘이나 전략이 거의 없었다.

필연적으로 이런 의존성은 AACC에 중대한 문제를 불러왔다. 2002년 AACC는 재무 관리와 전략의 취약성, 기부금 감소, 프로그램 질적 저하, AACC 브랜드에 대한 충성도 약화, 혁신 부족 등 다양한 이유로 재정 위기에 봉착했다. 운영 방식의 대대적 혁신 없이는 붕괴에 직면할 수밖에 없었기에 시급한 대책이 필요했다.

AACC의 쇄신 전략

AACC 지도부는 신속하게 대응책을 강구했다. 2003년에는 다음 네 가지 주제를 중심으로 한 '쇄신 전략'이 개발되었다.

- 브랜드 갱신: AACC는 새로운 모습을 갖춰 이미지 쇄신을 해야 했다. 이는 단체에 대한 신뢰도가 떨어져 더는 의미가 없다고 생각하게 된 회원과 파트너, 일반 대중을 위한 것이었다.
- 지속 가능한 재무 전략 개발: 이것은 쇄신 전략의 핵심으로, AACC의 갱신과 활력 회복은 프로그램 활동을 통해 일관되고 안정적인 회원 서비스를 제공하는 역량에 전적으로 의존하고 있기 때문이었다.
- '파트너' 자금 조달 의존도 감소와 핵심 간접비 충당: 신앙 기반 단체(FBO, Faith Based Organization)를 위한 프로그램으로 자금 조달 능력을 개발하면 프로그램 활동에 안정성을 부여하고 원활하고 일

관성 있는 진행이 가능해진다.

- 2025년까지 AACC를 '기부자' 단체로 만드는 야심 찬 계획 개발: 단
  체의 지도부는 상급 단체인 AACC가 기부자가 되어 회원 단체의 활
  동을 지원할 역량을 갖춰야 한다고 생각했다. FBO가 고정관념을
  버리고 필요 자원을 자급자족해야 한다는 이 사고방식은 당시 성
  장하던 에큐메니컬 철학의 일부였다. 이것은 의존의 '사슬을 끊고'
  참된 자유 획득을 추구하는 아프리카 대륙의 추세와도 일치했다.

AACC 회복을 위한 청사진

쇄신 전략의 핵심 주제를 도출한 다음 AACC는 목표 달성을 위한 청
사진을 제시했다. AACC가 이전에 누렸던 영광을 회복하고, 미래 아프
리카 대륙 발전의 중심축 역할을 하는 자립적인 에큐메니컬 단체로 성
장하기 위한 노력이 시작되었다. 이를 위해 다음과 같은 조치를 취하기
로 했다.

- 조직 감사와 건강 검진: 단체의 문제가 뭔지 파악하기 위해 지배
  구조, 권한, 조직 체계와 구조, 자원, 자산 매핑과 평가, 경영 관리
  등을 점검하는 포괄적인 '건강 검진'을 받았다. 이 과정을 통해 기
  부자에 기대어 '문제를 해결하는' 전통적인 기부자 접근 방식 대신
  기부자가 권한을 부여하는 촉진적 접근 방식으로 바뀌었다는 것
  이 분명해졌다. 당시 AACC의 주요 목표는 효과적이고 전략적인
  재정 지속 가능성 계획을 개발하고 실행하여 이런 근본적 변화를
  통해 궁극적으로 재정 독립을 달성하는 것이었다.
- 시스템 점검과 정책 매뉴얼 개발: 기존 시스템이 AACC의 성장과
  복지를 어떻게 방해하는지 질문하면서 재정 규정과 절차, 조달,

인적 자원 등 AACC의 전체 거버넌스 구조를 포괄한 정책 매뉴얼
을 새로 개발했다.

- 비즈니스 연속성 계획 개발: AACC는 장기 지속 가능성을 추구했
  고, 이를 실현하기 위한 실행 계획이 필요했다.
- 예산과 현금 흐름 예측: 이것은 AACC의 비즈니스와 투자 벤처를
  위한 비즈니스 모델 개발, 목표 관리를 위해 필요했다.
- 자산 개발을 통한 재무 지속 가능성의 청사진 개발: AACC는 토지
  와 건물의 형태로 막대한 자산 기반(부록 3)을 가지고 있었기 때문
  에 지도부는 이 자산 개발에 집중하기로 결정했다. 또한 2025년
  에는 AACC가 기부 단체가 될 수 있으리라고 예측했다.
- AACC의 투자 부문 전담 '전략사업부(SBU, Strategic Business Unit)'
  설립: AACC를 대표해 상업적 임무인 투자와 사업을 운영하려면
  전략사업부가 최적의 모델이라고 생각되었다. 이 모델의 장점은
  사업과 투자에서 자체 역량과 강점을 개발하고 상업적 원칙에 따
  라 운영된다는 것이었다. AACC의 장기적 자급자족 목표를 달성
  하려면 이 방법이 가장 가능성이 높았다.

SBU는 두 사업 단위로 구성된다.

① 부동산: 이것은 7층, 65,000제곱피트(약 1,800평) 면적의 임대 사무
  실, 도시의 주요 지역에 위치한 다섯 채의 독립형 방갈로, 4개 아
  파트로 구성된다. 2002년 12월 당시 이들 자산의 초기 가치는 180
  만 달러였고, 2009년 9월 기준 시장 가치는 미화 350만 달러였다.
  그 밖에 토고(서아프리카)에 임대 사무실, 아디스아바바에 4층짜리
  건물이 추가되었다.

[그림 1] 케냐 나이로비에 위치한 AACC의 임대 사무실(일부)

[그림 2] 에티오피아 아디스아바바에 위치한 AACC의 임대 사무실(일부)

이들 부동산은 2013년 1월부터 2019년 9월까지 AACC의 선교 사업비에 약 150만 달러를 기여했다(부록 1 참조).

② DTCC/호텔: 데스몬드 투투 콘퍼런스 센터는 106개 객실을 갖춘 호텔이다. 원래는 학생 기숙사였다. 지도부는 부지 중 하나를 매각하고 그 수익금을 투자해 2005년 우선 기숙사를 개조해 23개 독립형 객실과 1개 회의실을 만들었다. 처음 2년간의 운영이 성공적이었음을 확인하고 나서 AACC는 은행을 통해 미화 20만 달러를 대출받아 게스트하우스를 확장해 회의실 2개와 객실 42개를 추가했다. 10년간 운영한 결과, 처음에는 게스트하우스로 시작했으나 현재 3성급 호텔로 자리 잡았다. 이 시설은 독립형 호텔 객실 106개와 1,000명을 수용할 수 있는 콘퍼런스 홀, 50명을 수용할 수 있는 콘퍼런스 홀 5개, 소모임실 3개, 체육실, 400~500명을 수용할 수 있는 레스토랑, 최첨단 화상 회의 시설 등으로 구성되었다. 이 시설은 AACC의 대표를 역임한 데스몬드 투투(Desmond Tutu) 대주교의 이름을 따서 명명되었다. 그는 아프리카 대륙의 피스메이커로서 탁월한 봉사 활동을 펼쳤다. 호텔에는 직원 52명이 근무하고 있으며, 경영진은 재무위원회를 통해 이사회에 보고한다. 호텔 운영으로 발생한 수익은 AACC의 핵심 임무와 프로그램 활동 지원에 사용된다. 2013년부터 2019년 9월까지 호텔은 AACC의 프로그램 활동 지원에 총 40만 4,000달러를 후원했다(부록 2 참조).

• 투자 부문(SBU) 운영을 위한 'AACC 투자신탁유한회사' 등록과 별도의 이사회 구성: AACC의 상업 부문과 에큐메니컬 활동을 엄격히 구분하기 위해 지도부는 두 가지 활동 영역을 분리하고 각각

[그림 3] AACC의 호텔(일부)

독립적으로 운영할 필요성을 느꼈다. 이로써 AACC의 선교 사업이 상업적 요구에 영향을 받거나 흔들리지 않을 수 있게 되었다.

• '아프리카의 존엄을 위한 캠페인' 출범 - '회원당 1달러': 이는 AACC 재무의 기증자 의존도를 줄이려는 또 하나의 시도였다. 이 계획에 따라 회원 교회는 이 단체의 선교 사업을 위해 교인당 매년 미화 1달러를 모금하도록 권장했다. 조성된 자금은 특별 이자가 발생하는 은행 계좌에 입금되어 6개월마다 재정위원회에 보고된다. 이 노력을 통해 지금까지 미화 20만 달러를 모금했다.

기증자 후원금과 SBU 비교

쇄신 전략, 부동산과 호텔 사업에 진출한 AACC 벤처의 순 효과는 부록 3과 4에서 볼 수 있듯 파트너 후원금 의존도가 76%(2013년)에서

38%(2019년 9월)로 감소했다.

아프리카 대륙의 큰 단체를 이곳까지 인도하신 하나님께 영광을 돌릴 수밖에 없다. AACC를 기부 단체로 만들겠다는 비전은 여전히 진행 중이다.

운영 지침

우리는 신앙 기반 단체인 AACC가 관여하는 상업 활동이 최고 수준의 윤리와 정직성에 따라 실행되기를 원했다. 이를 위해 우리가 가르치는 도덕과 성실을 몸소 실천하는 모범을 보여야 했다. 따라서 비즈니스와 투자 활동에 적용할 네 가지 지침을 공표했다. 이 운영 지침은 오늘날까지도 AACC의 비즈니스와 상업 벤처의 기초가 되고 있다.

- 정기적인 위험 매핑과 분석: AACC는 영리 기업을 운영할 때 발생하는 평판 리스크에 대해 경계해야 했다. 이것은 새로운 위험을 정기적으로 평가하고, 이를 완화하기 위한 상쇄 조치를 취해야만 가능하다.
- '3E' 개념: AACC는 최대의 경제 가치 창출을 위해 3E 개념을 개발했다.
  — 경제(economy): 모든 기회에서 비용을 최소화하는 신중함
  — 효율(efficiency): 낭비를 최소화하고 최대 결과를 달성하도록 자원을 활용함
  — 효과(effectiveness): 가능한 한 목표를 완벽하게 달성하도록 조직을 운영함
- 모든 지출에서 '가격 대비 가치' 개념 보장: 제한된 가용 자원을 사용하여 지출된 금액 대비 가능한 최고 가치를 창출하도록 한다.

적은 금액이라도 사용할 때는 신중해야 한다.

- 투명성: 이것은 AACC의 사업과 투자 거래가 공개적으로 진행되도록 하는 원칙이다. 숨기거나 감추는 것이 없어야 한다.

2. 도전

- 선교에 대한 전략적 투자가 가능하다고 조직의 최고 지도부/집행 기관의 사고방식 변화시키기
  자신들의 생존이 전적으로 기부자 후원금에 달려 있다고 여기던 조직이 믿음을 가지고 스스로 자급자족에 대한 책임을 지도록 만들기 위해선 비약적인 믿음의 도약이 필요했다. 최고지도자들 사이에는 회의론, 불안감, 미지에 대한 두려움이 있었다.
- AACC의 일반 프로그램 활동에서 어떻게 투자 부문을 분리해 운영할 것인가
  영리 기업을 운영하려면 고유한 기술과 집중이 필요했다. 이것은 AACC의 핵심 사업을 산만하게 만들거나 훼손하지 않고 수행되어야 했다. 따라서 역량 강화 세미나를 실시하여 운영 주체들이 이 점에 대해 민감해지도록 했다.
- 사업 경영과 투자 부문(SBU) 관련 운영 리스크 관리
  상업 부문이 독립적으로 운영되더라도 조직의 최고경영진은 SBU의 모든 상황을 파악하고 있어야 했다. 비윤리적 행동에 따른 비즈니스 스캔들의 위험성은 항상 존재한다. 실수로라도 그런 일에 관여하는 경우 AACC의 이미지가 실추될 수 있다.
- 높은 투자수익률 유지와 투자의 윤리적 가치 보장
  신앙 기반 단체로서 AACC의 모든 상업 벤처는 항상 최고 수준의

무결성을 통해 관리되어야 한다. 이런 운영 원칙에 따르면서도 달성 가능한 최고 수익률을 어떻게 추구할 것인가 하는 점은 전략사업부의 항구적 과제로 남아 있다.

3. 교훈

우리는 6년간 비즈니스와 투자를 경험하는 과정에서 기본적이면서도 강력한 교훈 몇 가지를 배웠다.

- 인간성을 유지하면서 사업을 하는 것은 가능하다. 비즈니스는 인도적인 방식으로 이뤄질 수 있으며, 이 방식을 통해서도 높은 수익을 낼 수 있다.
- AACC의 경험은 신앙 기반 단체가 더 나은 세상을 위해, 즉 경제가 공동선에 봉사하도록 돕기 위해 종교적 가치와 경제적 가치를 가지고 투자할 수 있음을 실증한 셈이다.
- 2013~2019년 전략사업부가 프로그램에 기여한 총 금액은 거의 미화 200만 달러에 달했다. AACC가 SBU를 통해 이루고자 했던 목표는 큰 성공을 거두었다.

4. 향후 전략과 기대

AACC의 네 가지 운영 지침은 중심축으로 남아 있으며, 전략사업부 이사회는 이를 기반으로 한 운영을 지속적으로 검토한다. 장·단기적으로 AACC는 다음과 같은 사업과 투자 계획을 가지고 있다.

- 임대 부동산에 태양광 패널을 설치하여 전기 비용을 50% 절감한다.
- 나이로비 내의 자산 개발을 위해 파트너를 찾는다.
- 기증자 의존도를 0으로 줄이되 상호 관심 프로그램에 대해 기증자와 파트너 관계를 맺는다.
- 잉여 기금의 상당 부분을 아프리카의 빈곤 감소와 사회적 가치 창출 프로그램에 사용한다.
- 투자를 선교 추진 수단으로 활용하는 것에 대해 아프리카 내 교회들의 모범이 된다.

5. 결론

21세기는 각 단체가 시대의 도전 과제에 부응하기 위해 조직을 재설계하도록 요구한다. 일, 돈, 평화, 자유, 건강, 행복 등 삶의 많은 영역에서 우리 삶은 예전과 같을 수 없음을 알고 있다.

국내 또는 내부 문제로 말미암아 기부자의 태도가 급변하는 등의 어려움을 견디면서 신앙 기반 단체가 진로를 유지하려면 예측 가능한 현금 흐름과 재정적 독립이 필수임이 분명해졌다. 신앙 기반 단체가 핵심 임무를 더 잘 수행하고 공익을 증진시키려면 재정적 안정성과 독립성, 든든한 사회적 기반이 필요하다.

오늘날 대부분의 신앙 기반 단체는 사회 변화, 전통 분야 내의 경쟁자, 기부자의 후원 감소, 기부자의 피로 등에 따른 경제적 역풍으로 어려움을 맞고 있다. 교회의 선교 지속 역량을 점진적으로 압박하는 이런 상황 가운데서 교회의 기금 마련 방법에 대한 새로운 사고, 새로운 신학적 사고, 선교 유지를 위해 내부 강점과 자원을 최대화하는 성장 전략이 요구된다.

필자는 이 논문에서 AACC의 자산을 부동산과 숙박 산업에 사용한 사례를 중점적으로 살펴보았다. 이런 결과는 아프리카의 신앙 기반 단체에게도 추천할 수 있는 내용이다. 아프리카의 신앙 기반 단체들이 유휴 상태로 방치된, 개발 가능한 광대한 땅을 가지고 있음은 널리 알려진 사실이다. 신앙 기반 단체가 토지의 경제적 사용을 최대화하는 전략을 세울 수 있다면 선교 사업을 할 자원이 '없다'는 고정관념을 분명하게 종식시키고 유럽과 북미에 있는 창립 교회나 모교회에 대한 의존도를 줄여 나갈 수 있다.

AACC의 사례는 많은 증거를 보여준다. 사실 외국 자금에 대한 과도한 의존은 도덕 철학의 삼자 원칙, 즉 자립(自立), 자전(自傳), 자치(自治)에 위배된다. 또한 그것은 수혜자의 창의성과 혁신의 결핍을 반영한다. 신앙 기반 단체는 소득 기반을 다변화하고, 부의 창출을 위한 경제적 권한 위임 프로그램을 수행하고, 회원과 아프리카 대륙 내 여러 구성원의 기업가 정신을 장려함으로써 의존도를 줄일 수 있는 엄청난 잠재력을 가졌다. 이제 그것을 실행에 옮기려는 의지만 있으면 된다.

부록 1. 전략사업부 사업 결과(부동산 부문)

출처: AACC 재무제표(회계 감사 완료)

	부동산				
연도	수입	지출	영업 이익	선교 및 프로그램 지원	순수익
2013	76,841,784	(25,735,822)	51,105,962	(9,443,586)	41,662,376
2014	72,460,089	(23,702,825)	48,757,264	(18,689,730)	30,067,534
2015	76,732,195	(23,899,515)	52,832,680	(36,283,213)	16,549,467
2016	83,534,609	(32,707,080)	50,827,529	(49,535,787)	1,291,742
2017	89,815,698	(41,588,125)	48,227,573	(38,263,238)	9,964,335
2018	91,790,642	(30,898,862)	60,891,780	(48,713,424)	12,178,356
2019 (8개월분 감사 제외)	72,142,550	(23,560,605)	48,581,945	(29,190,879)	19,391,066
누적 합계	399,384,375	(147,633,367)	251,751,008	(152,215,554)	99,535,454
미화 환산	3,993,844	(1,476,334)	2,517,510	(1,522,156)	995,355

부록 2. 전략사업부 사업 결과(DTCC)

출처: AACC 재무제표(회계 감사 완료)

	콘퍼런스 센터				
연도	수입	지출	영업 이익	선교 및 프로그램 지원	순수익
2013	107,761,105	(73,152,002)	34,609,103	(2,360,897)	32,248,206
2014	118,675,043	(86,974,109)	31,700,934	(4,672,432)	27,028,502
2015	125,147,472	(97,771,155)	27,376,317	(9,070,803)	18,305,514
2016	115,216,482	(100,760,405)	14,456,077	(12,383,947)	2,072,130
2017	103,529,183	(88,812,711)	14,716,472	(9,565,810)	5,150,662
2018	85,451,244	(89,873,413)	(4,422,169)	–	(4,422,169)
2019 (8개월분 감사 제외)	80,492,917	(71,100,005)	9,392,912	(2,348,228)	7,044,684
누적 합계	736,273,446	(608,443,800)	127,829,646	(40,402,117)	87,427,529
미화 환산	7,362,734	6,084,438	1,278,296	404,021	874,275

부록 3. 결산 내역

출처: AACC 재무제표(회계 감사 완료)

범주별 총 운영 수입	2013	백분율	2014	백분율	2015	백분율	2016	백분율	2017	백분율	2018	백분율	2019	백분율
수입원	232,609,206	76%	133,114,476	71%	109,407,325	58%	112,890,632	65%	129,175,820	40%	147,284,810	43%	96,981,890	38%
파트너 기부금	2,871,805	2%	2,822,028	2%	2,917,555	1%	2,306,454	1%	2,963,365	1%	4,364,333	1%	1,716,645	1%
전략 사업부	184,602,889	17%	191,135,132	18%	201,879,667	28%	198,751,091	33%	193,344,881	59%	177,147,548	52%	152,635,467	60%
기타 수입	11,107,698	2%	1,174,045	9%	1,553,411	13%	1,140,397	1%	699,520	0%	11,516,363	3%	1,364,507	1%
총수입	431,272,598	100%	328,245,681	100%	315,757,958	100%	315,088,574	100%	326,183,586	100%	340,313,054	100%	252,698,510	100%

부록 4. 파트너 기부액과 전략사업부 수입 비교(총수입 대비 백분율)

출처: AACC 재무제표(회계 감사 완료)

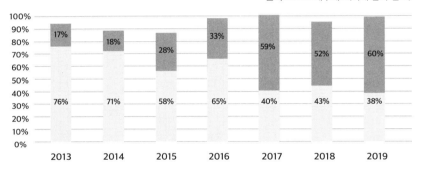

부록 5. AACC 자산 개발 전략(2009~2025년)

자금 흐름 차트(현재 검토 중)

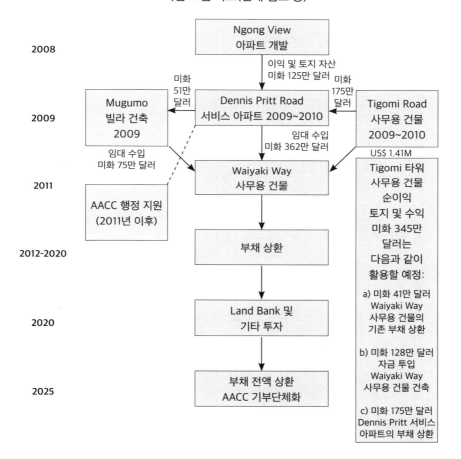

출처: 2008년 AACC 사업계획서(수정)

논찬

제프리 리(Jeffrey J. Lee)

1. 의존성 문제

한 번 값없이 주면 감사히 받는다.

두 번 주면 은근한 기대감을 갖는다.

세 번 주면 예상하게 된다.

네 번 주면 권리라고 생각한다.

다섯 번 주면 의존성을 갖게 된다.

-밥 럽튼[1]

나와 아내는 아프리카 대륙에서 8년을 사역했다. 우리는 해외 원조, 국제 개발, 심지어 비즈니스 선교 사역에서도 의존성이 만연해 있음을 똑똑히 보았다. 의존성은 일종의 속박이다. 의존성은 자신의 상황이 자선 없이는 절망적이며 그것을 바꿀 수 없다고 생각하게 만든다. 이

---

1 Robert D. Lupton, *Toxic Charity: How the Church Hurts Those They Help and How to Reverse It* (New York: HarperCollins Publishers, 2011), 130.

것은 예수 그리스도를 통해 우리를 온갖 속박에서 자유케 하신 하나님의 뜻에 비춰 볼 때 불행한 일이다.

럽튼이 원조에 대해 쓴 앞의 글은 빈곤층에 대한 것이지만 중산층에게도 적용된다. 코로나19의 영향으로 많은 미국인이 실업 수당과 경기부양 지원금을 받았다. 월스트리트저널은 "실업 수당이 너무 관대해 많은 곳에서 근로자들이 직장으로 복귀하기보다 실직하는 편이 낫다고 상사에게 말하고 있다"라고 보도했다.[2] 자선 활동 때문에 일할 의욕이 꺾이고 있다니 얼마나 슬픈 현실인가! 이는 일을 통해 벌 수 있는 것보다 지원금의 가치가 더 크기 때문이다.

2. AACC 사례 연구의 요점

AACC 사례 연구는 무척 반가운 내용이었다. 지도부가 의존성 문제를 올바로 파악하고 단호하게 해결했기 때문이다. 필자가 AACC 사례 연구에 관심을 갖게 된 이유는 이 이야기가 결국은 자립에 대한 것이기 때문이다. 자립의 가치는 필자가 속한 SfK(Synergy for the Kingdom) 네트워크가 추구하는 핵심 목표로, 우리가 섬기는 비즈니스 선교 조직에서도 이를 육성하려고 노력하는 중이다.

또한 AACC의 사례는 비즈니스 선교 사역을 통해 경제 생활의 개선, 더 나은 자존감과 희망을 가져오는 총체적 변화를 추구하는 모습을 잘 보여준다. 이 사례 연구에서 가장 감동적인 부분은 다음과 같다.

---

2 Eric Morath, "Coronavirus Relief Often Pays Workers More Than Work", *The Wall Street Journal*, April 28, 2020, https://www.wsj.com/articles/coronavirus-relief-often-pays-workers-more-than-work-11588066200.

인식과 행동

AACC 지도부는 외부 지원의 감소 추세에 따른 심각성과 자립의 필요성을 절실히 깨달았다. AACC는 단호하게 행동을 취했는데, 행동은 결과로 이어지는 기회를 가져올 수 있다. 일본 속담에 "행동 없는 비전은 백일몽이고 비전 없는 행동은 악몽이다"라고 했다.

동기와 참여

지도부는 단순히 행동 계획을 수립하는 데서 그치지 않았다. 워크숍을 통해 이해관계자를 설득하고 동기를 부여했다. 사명에 대한 명확한 비전과 설득력 있는 로드맵을 제시했다. 동기부여에 참여가 따르지 않으면 아무 효과가 없는데, AACC는 교인 1인당 1달러 모금을 목표로 '아프리카의 존엄을 위한 캠페인'을 시작했다. 정말 놀라운 일이었다.

파트너십과 거버넌스

사람들은 무사태평한 시기에는 혼자 가려는 경향이 있다. 그러나 AACC는 신생 조직과 기존 조직의 시너지를 추구하는 쪽을 택했다. 그들은 전통적인 FBO(신앙 기반 단체)의 경영진과 사업 부문을 맡은 전략사업부(SBU)를 명확하게 구분하고, SBU는 별도의 이사회를 둔 독립된 기관으로 운영했다. 강력하고 기강이 바로 선 거버넌스가 없으면 의도가 아무리 좋아도 결과는 평범하기 쉽다. 구현 단계에서 저항과 비판에 직면했을 테지만 그들은 이 난관을 슬기롭게 극복했다.

결실

그들의 노력이 맺은 결실은 지도부가 처음에 가졌던 신념이 옳았음

을 입증해 보여주었다. 교회 지도자들과 교인들의 '할 수 있다'는 정신
이 고양되었고, 그리스도의 이름으로 많은 선행이 이뤄졌으며, 모든 이
해관계자에게 희망을 주었고, 그들의 존엄을 회복시켜 주었다. 무엇보
다 AACC는 럽튼이 말한 의도는 좋지만 '독성을 가진 자선'의 굴레에서
해방된 FBO의 선례를 남겼다.

3. 더 깊은 연구를 위한 질문

앞서 언급한 내용은 훌륭하지만 사례 연구에 추가되거나 더 자세한
설명이 있으면 좋지 않을까 싶어 몇 가지 측면을 정리해 보았다.

일의 다면적 의미

영적인 일은 단순한 노동 이상의 것으로, 여기에는 예배와 봉사도
포함된다. 단어 '일'은 창세기 2장 15절에서 에덴동산을 경작하고 돌보
라고 아담이 부름을 받았을 때 쓰였다.[3] 일의 히브리어 어근은 bd(עבד)
이며, 이는 노동을 뜻한다. 이것은 우리가 일반적으로 알고 있는 일의
뜻이다.

그러나 bd는 하나님의 백성을 보내어 예배하게 하라는 하나님의 메
시지를 모세가 바로에게 전달할 때도 나온다.[4] 여기서 bd는 '예배'라는
뜻을 가진다. 또한 여호수아 24장 15절에도 나온다.[5] 여기서 bd는 '섬

---

3 "여호와 하나님이 그 사람을 이끌어 에덴 동산에 두어 그것을 경작하며 지키게 하시고"(창
  2:15).
4 "그에게 이르기를 히브리 사람의 하나님 여호와께서 나를 왕에게 보내어 이르시되 내
  백성을 보내라 그러면 그들이 광야에서 나를 섬길 것이니라 하였으나 이제까지 네가 듣지
  아니하도다"(출 7:16).
5 "만일 여호와를 섬기는 것이 너희에게 좋지 않게 보이거든 너희 조상들이 강 저쪽에서 섬기던
  신들이든지 또는 너희가 거주하는 땅에 있는 아모리 족속의 신들이든지 너희가 섬길 자를

기다'로 번역된다. 하나님은 항상 일하시고 예수님도 아버지 하나님처럼 일하셨다(요 5:17).[6] 예수님의 제자로서 우리는 예배와 봉사에서도 예수님의 모범을 따라야 한다.

영적인 일에 대해 이 같은 미묘한 차이를 잘 이해했다면 여전히 교회 내에 있는 성속의 구분을 피할 수 있었을 것이다.[7] 예배와 봉사로서의 일이라는 포괄적 접근 방식에서 필자는 일 가운데서 하나님을 예배하고 섬기는 BAM(Business as Mission) 또는 비즈니스 선교 사업을 제안한다. 비즈니스 선교는 일자리, 재화와 용역을 만들어 사람을 섬길 뿐 아니라 그 과정에서 하나님의 선하심을 드러낸다.

다양한 형태의 소명

소명을 성직이나 목회 사역에 국한시켜 생각하는 사고방식은 성속을 구분하는 이원론적 세계관에 뿌리를 둔 것이다. 그러나 하나님 백성의 보편적 소명은 모든 일에서 하나님을 경배하고 영화롭게 하는 것이다.[8]

요셉의 경우를 보라. 그는 처음에 노예로 부름을 받았다. 이는 예기치 못한, 전혀 원하지 않는 역할이었다. 이어 보디발의 시종, 교도소 간수의 조수를 하다가 마침내 바로의 2인자로서 나라를 다스리는 총리로 부름을 받았다. 어떤 상황에서 부름을 받았든지 간에 요셉은 자신의 일을 통해 하나님께 영광을 돌렸다. 자신이 선택했든 일방적으로 맡겨졌든 다양한 역할에서 하나님을 영화롭게 하라는 하나님의 최우선적 소

오늘 택하라 오직 나와 내 집은 여호와를 섬기겠노라 하니"(수 24:15).

6 "예수께서 그들에게 이르시되 내 아버지께서 이제까지 일하시니 나도 일한다 하시매"(요 5:17).

7 "Role of the Church in Wealth Creation", Lausanne Movement, September 12, 2017, https://lausanne.org/content/role-church-wealth-creation.

8 "그런즉 너희가 먹든지 마시든지 무엇을 하든지 다 하나님의 영광을 위하여 하라"(고전 10:31).

명에 충실했던 것이다.

의도적 통합

우리는 성부와 성자, 성령 삼위일체 하나님, 세 분이면서 본질과 본성에서 한 분이신 하나님을 경배한다. 하나님은 세 위격(다양성)과 그분의 신성(통일성)에 대한 유일무이한 온전함이 동시에 유지될 수 있음을 보여주신다.

SBU의 거버넌스와 경영진의 불필요한 간섭을 피하기 위해 AACC가 예방 조치를 취한 것은 칭찬할 만하다. 그러나 조직이 성숙해지려면 교회 사역과 사업 부문이 분리된 현재의 구조를 점차 통합하는 방향으로 발전시켜야 한다.

AACC가 사역과 사업을 장기적으로 또는 영원히 분리된 상태로 둔다면 일은 예배, 봉사와 별개라는 잘못된 개념을 영속화시킬 위험이 있다. 성속의 구분을 극복하기 위해 이 두 영역은 연합되어야 한다. 성속의 구분은 인간이 만들어낸 인위적 부산물인 반면, 하나님의 설계는 총체적이고 통합적이다.

05
미조람 장로교회의 헌금 방식

조상리아나 콜니(Zosangliana Colney)

"그렇게 가난한 교회가 어떻게 그처럼 많은 선교사를 후원할 수 있을까?"라는 조나단 봉크 박사의 질문에 대한 답변[1]

1. 서론

지리적 환경

인도 북동쪽 국경 지역에 위치하고 산세가 아름다운 미조람주는 지리적·경제적·문화적으로 인도의 다른 지역과 분리되어 있다. 인도는 미조람주를 '산업적으로 낙후된' 지역으로 간주한다. 인도에서 두 번째로 높은 문해율을 가지고 있음에도 미조람 인구의 대부분은 빈곤하다. 제대로 된 도로와 전기 공급 등 사회기반시설도 미흡하다.[2] 인도 연방

---

1 Jonathan J. Bonk, "Good News from a Distant Land", *The Hearth: A Newsletter for the Friends of OMSC* 16 (Fall 2004), 1.

2 Russ Bravo, ed., *Inspire* (London: Christian Publishing & Outreach, 2006), 19.

의 23번째 주인 미조람은 동남쪽으로 미얀마, 서쪽으로 방글라데시와 국경을 접하고 있다. 또한 북쪽으로는 인도의 아삼주, 마니푸르주와 접해 있다. 면적은 21,087km²이며 인구는 109만 7,206명에 불과하다 (2011년 통계).[3] 연중 기온은 섭씨 20~31도로 쾌적하고 온건한 기후다.[4]

주민의 특징

미조람의 첫 선교사는 두 명이었다. 그중 한 사람인 J.H. 로레인은 이렇게 기술한다. "루샤이족(미조람인)은 뛰어난 지성을 가진 몽골계 산악부족으로, 인도와 미얀마 북부(상미얀마) 사이 분수령을 형성하는 산악 지역에 거주한다. 티베트 동남부와 중국 서부 근처에 살았을 것으로 추정되는 그들의 조상은 수 세기에 걸쳐 남서쪽으로 이동해 현재 거주지에 정착했다. 그들의 언어는 티베트-버마어족에서 파생된 아삼-버마어족에 속한다. 1890년 인도 정부가 그 지역을 병합하기 전까지 그들은 외부 세계에 용맹한 머리 사냥 종족으로만 알려졌으며, 그들의 잇따른 습격은 낮은 언덕과 평야에 사는 동부 벵골과 아삼의 평화로운 이웃에게 공포심을 안겨 줬다."[5]

미조람이 처음 알려졌을 당시 그들은 야만성으로 악명을 떨쳤다. 그들은 종종 인접 평야에 사는 주민들을 습격했다. 1871년 1월 27일 머리 사냥 원정에서 그들은 아삼주 카자르 지역에 있는 알렉산드라포레 재배지의 관리자인 제임스 윈체스터를 살해하고 그의 다섯 살 난 딸 메리를 생포했다. 이 소식을 접한 영국 정부는 군대를 파견해 메리를

---

3 Directorate of Economics and Statistics, *Statistical Handbook of Mizoram 2018* (Aizawl: Government of Mizoram, 2018), 1.

4 *Statistical Handbook,* 18. Mizos were known formally as Lushai (Lusei, the largest subtribe of the Mizos) by Westerners.

5 J.H. Lorrain, *Dictionary of the Lushai Language* (Kolkata: The Asiatic Society, 1940), v.

구출하고, 머리 사냥 행위를 금지하고, 미조람 지역에 법과 질서를 확립했다.

기독교의 전파

영국의 원정대가 길을 개척한 덕분에 기독교 선교사가 미조람에 발을 들여놓을 수 있었다. 1891년 웨일스 장로교(당시 웨일스 칼뱅주의 감리교) 선교사 윌리엄 윌리엄스 목사가 미조람에 도착했다. 그는 미조람에 복음의 씨를 뿌린 최초의 기독교 선교사였다. 그는 본국의 교인들에게 편지를 보내어 미조람을 선교지로 채택하도록 권고했고, 자신도 미조람으로 다시 돌아가 사역하기를 갈망했다. 총회는 윌리엄스의 제안을 받아들이기로 결정했고 미조람의 사역자로 그를 택했으나 안타깝게도 1892년 4월 21일에 사망하고 말았다.

놀랍게도 리즈의 독실한 백만장자인 로버트 아싱턴이 윌리엄스의 꿈을 이루기 위해 나섰다. 잃어버린 영혼에 대한 열정을 품은 그는 인도 북동부에 선교사를 파송하기 위해 아싱턴 원주민 선교부(Arthington Aborigines Mission)를 세웠다. 결국 미조람 최초의 선교사 제임스 허버트 로레인 목사와 프레드릭 윌리엄 새비지 박사가 1894년 1월 11일 그곳에 도착했다.[6] 그들은 미조람에 정착한 최초의 기독교 선교사였지만 1897년에 그곳을 떠났다.[7]

교회

1897년 웨일스 장로교회는 미조람 선교를 위해 윌리엄 윌리엄스 목

---

6 Chhangte Lal Hminga. *The Life and Witness Of The Churches In Mizoram* (Lunglei: The Literature Committee, Baptist Church of Mizoram, 1987), 48.

7 Hminga, 52.

사를 대신해 데이비드 에반스 존스 목사를 파송했다. 그는 1897년 8월 31일 미조람에 도착해 먼저 들어간 두 선교사와 잠깐이지만 함께 일했다. 로레인 목사와 새비지 박사는 1897년 말에 미조람을 떠났고, 존스 목사는 미조람 장로교회의 설립자가 되었다. 1899년 6월 25일 미조람에서 최초로 두 명이 세례를 받았으며, 1951년까지 이 지역의 기독교 인구는 83.01%에 이르렀다. 현재 미조람 내의 그리스도인 비율은 약 90%다.

인도 장로교단 소속 미조람 장로교회(MPC) 총회는 현재 미조람주 전체 인구의 절반 이상인 61만 2,804명의 교인이 있는 미조람 내 최대 교단이다.

1966년에 일어난 반란으로 서양 선교사들이 미조람에서 쫓겨났고, 1968년에는 모든 외국 선교사가 그 지역을 떠났다. 그후 현지 성직자와 목사들이 교회의 필요와 요구 사항을 챙기기 시작했다. 미조람주민들은 기독교를 받아들이자마자 이웃 주와 국경 너머로 복음을 전파하는 책임을 떠맡았다. 지역 교회를 섬기는 사역과 미조람을 넘어 복음을 전하는 사역이 나란히 지속되었다.

미조람 장로교회는 여러 지역에서 그들 고유의 헌금 방식을 채택했다. 2018~19년 당시 이 교회에는 총 61만 2,804명의 등록 교인 가운데 세례(입)교인이 43만 1,056명이었다. 당시 교회의 세례(입)교인 1인당 연간 평균 헌금액은 1,224루피(한화로 환산하면 2만 원 내외-옮긴이 주)였다.

미조람 장로교회는 재정 자립(Self-Supporting), 자치(Self-Governing), 자전(Self-Propagating)을 이룬 '삼자교회(Three-Self Church)'다. 2019/20 회계연도에 교회의 총 지출액은 33억 3,821만 8,277루피, 총 수입액은 40억 1,200만 3,571루피로 재정적으로 자립했다. 교회는 585명의 안수 목사와 교회에서 월급을 지급하는 3,940명의 사역자들을 통해 자체적으로 운영되고 있다. 교회는 외부 후원금 없이 인도 안팎에 2,741명의 사역자를 파송해 선교하고 있다는 점에서 자체적 전파를 하는 중이다. 어떻게 미조람 교회가 이런 성과를 이뤘는지 살펴보자.

2. 헌금 방식

고(故) 사이아이탕가 목사는 이렇게 말했다. "선교사들은 처음부터 우리에게 자립을 가르쳤다. 그들은 현지 전도자 후원을 위한 '하나님 나라(Pathian ram) 헌금'을 가르치고 소개했다."[8] 또한 미조람 공동체는 후한 기부를 하는 공동체다. "미조람 사회의 원칙 가운데 하나인 'Sem sem dam dam, ei bil thi thi'는 '공평하게 나누어 모두 함께 살자, 이를 지키지 않는 자 저주받아 죽으리라'는 뜻이다."[9] 이처럼 미조람 사람들은 선교사와 조상으로부터 후한 나눔의 교훈을 배웠다. 20세기 초 이들 교회의 역사에 대해 J. 메이리언 로이드 목사는 이렇게 썼다. "교회의 임명을 받고 봉급을 받는 사역자 수가 점차 증가했다. 일반적으로 목회자와 전도자는 헌신적으로 섬기고 박봉으로 일하면서 교회의 주요 재원인 '하나님 나라 헌금'에 꾸준히 십일조를 드렸다."[10] 2007년 미국 인도선교회(Mission India USA)의 도널드 채프먼 부회장은 이렇게 말했다. "그 지역 1인당 연평균 소득이 150달러임을 고려하면 미조람 교회는 가난한 교회다. 그러나 이 교회는 인도의 주요 도시에 떼 지어 다

---

8 Rev. Saiaithanga, *Kohhran chanchin* [History of the church] (Aizawl: Mizo Theological Literature Committee, 1993), 35. Translation mine.

9 C. Lalkima, *Social Welfare Administration in a Tribal State: A Case Study of Mizoram* (Guwahati: Spectrum Publication, 1997), 138.

10 J. Meirion Lloyd, *History of the Church in Mizoram: Harvest in the Hills* (Aizawl: Synod Publication Board,1991), 215.

니는 거지처럼 손을 내미는 '실리추구형 교인(rice Christians)'이 모인 교회가 아니다. 미조람 교인들은 뭔가 얻기 위해 예수님을 따르는 것이 아니다. 그들은 가난하지만 외국 후원금으로 말미암아 불구가 되는 것을 피했다. 그들은 복지 혜택을 주는 교회가 아니다. 이미 풍족한 축복을 받았다고 여기고 모든 가정의 식사 자리에서 볼 수 있듯 아낌없이 주고 나눈다. 이들은 '밥을 얻어먹는' 교인이 아니라 '밥을 퍼 주는' 그리스도인이다."[11]

십일조(십 분의 일)

미조람 교회는 그 조직 구조상 사역과 재정을 중앙에서 일원화하여 관리한다. 미조람 교회의 대부분 교인은 전체 수입 가운데 10분의 1인 십일조를 드리는 베푸는 그리스도인이다. 헌금 과정은 체계적이다. 각 교인은 자신의 십일조를 목회 사역, 선교(전도 사역), 지역 교회 사역 세 가지로 자유롭게 분배할 수 있다. 교회가 추천하는 배분 비율은 5:3:2로, 십일조 가운데 약 50%는 목회 사역, 30%는 선교, 20%는 지역 교회 사역에 드린다는 뜻이다. 각 지역 교회는 지역 사역을 위해 20%만 보유한다. 80%에 달하는 목회 헌금과 선교 헌금은 모두 총회 본부로 보내진다. 2019/20 회계연도에 목회 사역을 위해 드려진 헌금 총액은 14억 3,936만 2,700루피, 선교(전도) 사역 헌금 총액은 9억 231만 2,901루피였다.[12] 미조람 교인들은 십일조 외에 선교사 후원, 쌀 한 움큼 모으기 등으로 많은 헌금을 드린다. 그중 일부를 다음에서 설명하겠다.

---

11 Donald Chapman, "Rice Churches" (unpublished reports of his visit to Mizoram, 2007).

12 Synod Finance Committee, *Annual Statement of Accounts 2019-2020* (Aizawl: Presbyterian Church of India, Mizoram Synod, 2020), 1.

쌀 한 움큼

이것은 이들 고유의 토착화된 헌금 방식이다. 미조람 주민은 일반적으로 하루 두 끼를 먹는다. 밥솥에 가족이 먹을 쌀을 담고 나서 한 움큼을 퍼내어 전용 통에 따로 담는다. 이렇게 모은 쌀은 일주일에 한 번 교회에 드리고, 이 쌀을 판다. 이런 식으로 총회에 모인 쌀 한 움큼의 2019/20 회계연도 판매 수익은 1억 8,912만 4,196루피에 달했다.[13] 미조람 장로교회는 이 헌금 방식의 100주년을 기념하는 행사를 열었다. 1910년 미조람 교회는 Mission Veng 교회 건축 기금이 필요했을 때 이 헌금 방식으로 시작했다. 여성회에서는 몇 움큼의 쌀을 모아 판매한 수익금을 교회 건축 헌금으로 드렸다.[14] 오늘날까지 이 모금 활동(수집, 판매, 회계 등)의 관리는 교회의 여성회에서 담당한다. J.M. 로이드 목사는 이렇게 썼다. "1913년 그들(여성회)은 이(한 줌의 쌀 모으기) 자금으로 최초의 성경 여성(여성 전도자)을 임명했다."[15] 미조람의 그리스도인들은 쌀 한 움큼 헌금을 통해 다음과 같이 고백하고 있다. "우리에게 매일 먹을 양식이 있는 한, 매일 하나님께 드릴 것이 있다." 도널드 채프먼 박사는 미조람을 방문했을 때 한 움큼의 쌀을 모으는 모습을 보고 이렇게 썼다. "우리는 예배드린 후 여러 가정을 방문했다. 나는 인도 북동부에 위치한 작은 주의 가난한 교회가 어떻게 그처럼 많은 선교사를 보내고 그토록 관대할 수 있는지 지켜보며 이해하고 싶었다. 첫 번째 집에서 그 집 아주머니는 9리터짜리 플라스틱 양동이를 보여주었다. 겉에는 미조람 언어로 '주님의 몫'이라고 쓰여 있었다. 식사 때마다 그 아주머니는 이 플라스틱 통에 '주님의 몫'인 쌀을 따로 담아 둔

---

13 *Annual Statement*, 1.

14 Lloyd, *History of the Church*, 145.

15 Lloyd, 163.

다. 그것은 한 줌에 담길 만큼 적을 수도 있고 가족의 재정 상태에 따라 훨씬 더 많을 수도 있다. 그러나 모든 가정에서 주님은 식사 때마다 그분의 몫을 받으신다. 그런 다음 토요일 아침에 자원 봉사자들이 각 가정에서 쌀을 모은다. 매월 여성 한 명이 토요일에 자원봉사를 하며 자신에게 배정된 10~12가정을 방문해 가정별로 기부한 양을 장부에 기록하고 등에 멘 바구니에 쌀을 짊어지고 가서 수집하는 곳에 전달한다. 수집하는 곳은 도시 여러 군데에 있다. 장로교단에서만 매년 약 5,500톤의 쌀이 수집된다."[16]

선교사 후원 헌금

교인들에게 선교사 후원을 위해 월 1,000루피씩 헌금하도록 권장한다. 2019/20 회계연도의 선교사 후원 기금의 총 수입은 3억 8,518만 6,429루피에 달했다. 개인과 가족, 소그룹, 교제 모임 등은 이 정책에 따라 선교사를 지원한다. 이 헌금은 선교와 전도를 위한 것인데, 특히 선교사의 봉급을 위해 쓰인다. 가장 많은 선교사를 후원하는 다섯 개 지역 교회와 후원 선교사 수는 다음과 같다.

	지역 교회명	후원 선교사 수
1	Chhinga Veng Church	700
2	Chanmari Veng Church	580
3	Bungkawn Church	525
4	Khatla Church	500
5	Zarkawt Church	465

---

16 Chapman, "Rice Churches", 3.

선교 텃밭/농장

여러 지역 교회는 선교와 전도 사역 지원을 위한 텃밭이나 농장을 가지고 있다(대체로 이를 '선교 텃밭'이라고 부른다). 조나단 봉크 교수는 "시골 지역의 미조람 교회는 텃밭, 농장, 티크나무 농장 전체를 선교에 바치는 경우가 많다"라고 인정했다.[17] 이 텃밭/농장은 대부분 바나나, 오렌지, 생강, 차, 티크나무, 포도, 벼 등 환금성 있는 지역 농산물을 생산한다. 이 농산물의 판매 수익금은 선교 기금으로 사용된다. 텃밭의 개간과 관리는 교회 선교위원회를 통해 이뤄지며, 필요에 따라 공동 작업을 조직한다. 예를 들어 Kulikawn West 장로교회는 도시에서 3마일 떨어진 곳에 선교 텃밭을 두고 있다. 텃밭의 땅은 교회의 과부 교인인 Siamkungi 여사가 기부한 것이다. Hrangkhama는 80세에 은퇴할 때까지 16년간 자원해 텃밭을 가꾸었다. 텃밭은 차량이 접근할 수 없는 곳에 있어 Hrangkhama는 수확물을 직접 만든 지게에 지고 집으로 가져왔다. 여러 지역 교회에는 이처럼 선교 사업을 지원하는 텃밭이 있다. 이 텃밭과 농장에서 나오는 수입은 미미하지만 선교 후원 헌금으로 사용된다.

선교 장작

농촌 지역에서는 취사 연료로 장작이 사용된다. 숲에서 장작을 모으는 일은 주로 여성의 몫이다. 그들은 집으로 돌아오는 길에 마을 입구에 지정된 장소에 장작을 기부해 매월 판매한다. 자이레마 목사는 이 방식에 대해 "선교 장작은 경제적 압박감 없이 헌금을 드릴 수 있는 방식이다"라고 말했다.[18] 숲에서 장작을 모으는 데는 초기 자본이 필요하

---

17 Bonk, *Good News*, 3.

18 Rev. Zairema, *God's Miracle in Mizoram* (Aizawl: Synod Publication Board, 1978), 34.

지 않기 때문이다. 수집된 장작은 지역 교회의 선교위원회가 책임을 지고 선교 사업 후원을 위해 판매한다.

선교 병아리

대부분의 미조람 마을 가정은 닭을 키웠다. 선교 정신을 가진 교회 성도들은 갓 부화한 병아리 중 일부를 '선교 병아리'로 떼어놓는다. 이 병아리가 다 자라면 팔아 그 값을 선교 후원 헌금으로 드린다. 어린 시절에 한 여성이 선교용 닭을 팔기 위해 어머니를 찾아온 일을 기억하고 있다. 우리가 얼마를 지불하든 그 돈이 선교 헌금에 쓰일 거라는 사실을 알았기에 어머니는 후한 값을 쳐주셨다. 선교 헌금 수령·계산팀에 있던 아버지는 닭을 판 그 여성이 낸 선교 헌금이 어머니가 닭을 산 금액과 일치했다고 알려주셨다. 일부 교회에서는 방법을 조금 달리하여 연초 교인들에게 달걀을 나눠주고 연말에 다 자란 닭을 모은다. 달걀이 부화해 일 년간 닭으로 성장하기를 기다리는 것이다!

'선교용' 상자

일부 지역 교회의 선교위원회에서는 '정부 공정 가격 매장'에 '선교용'이라고 적은 상자나 용기를 보관한다. 이곳은 각 가정이 정부로부터 쌀, 설탕 등을 저렴한 가격으로 배급받는 곳이다. 이곳에서 사람들은 자신의 몫에서 약간의 쌀을 기부할 수 있으며, 판매 수익금은 선교 기금으로 사용된다.

토지와 식물을 따로 떼어놓음

농부들은 선교를 위해 땅의 일부를 별도로 지정해 놓기도 한다. 그렇게 지정된 땅에서 생산된 농산물은 선교 사업을 위해 따로 보관한다.

마찬가지로 정원사는 선교를 위해 특정 과일 식물(예를 들면 오렌지)을 구별해 놓는다. 그 식물의 열매는 선교 사업을 위해 따로 보관한다. 선교 식물을 가꿔 온 이들 가운데 다수는 그런 식물이 같은 텃밭에 있는 다른 식물보다 항상 더 많고 더 좋은 품질의 열매를 맺는다고 말했다.

주일 급여 또는 식사 제공

일부 지역 교회는 교인, 특히 공무원이 주중 일요일 하루에 해당하는 급여를 헌금하도록 권장한다. 이 헌금은 교회 문 앞에 놓인 상자에 담긴다. 마찬가지로 어떤 가정에서는 주일 식사나 주일 고기를 헌금한다(고기 값을 선교 헌금으로 드리기 위해 고기 없이 주일 점심을 먹는다). 이 시스템은 정기적이고 지속적인 모금 방식은 아니다. 주로 교회 건축 등 선교 현장의 특정 프로젝트에 사용된다.

달란트 증식

교인들 가운데 자원하는 사람들은 선교 후원을 위해 회계 담당자로부터 일정 금액의 돈을 받아 이를 증식한다. 지정된 기간이 지나면 잉여금과 함께 원금을 반환한다. 원금은 회계 담당자에게 반환되고 잉여금이나 이자는 선교 헌금으로 드려진다.

선교 현장 가상 방문

교인들은 보통 퇴근 후 저녁 시간에 선교 현장 가상 방문을 위해 교회 건물이나 교인 가정에 모인다. 그들은 특정 선교지 방문에 필요한 경비를 가져온다. 일부 선교지(델리, 러크나우, 파트나 등)는 미조람에서 멀리 떨어져 있고, 일부(바락, 트리푸라 등)는 가깝다. 멀리 떨어진 선교 현장을 방문하고자 하는 사람들은 더 많은 금액을 헌금한다. 아마도 왕복 항공료 등이 포함된 금액일 것이다. 그렇게 모인 돈은 선교 후원금으로 사용된다. 일부 회원은 이 선교 현장 가상 방문을 위해 교통비 외에 숙박비와 식비도 낸다.

선교사 접대

교인들이 가상으로 선교사를 접대하는 경우도 있다. 자원하는 가족은 며칠 동안 선교사에게 숙박을 제공하도록 지명된다. 여행 경비와 며칠 간의 식비와 숙박비를 호스트 가족이나 개인이 낸다. 호스트가 제공한 금액은 선교 사업 후원에 사용된다.

로밍 박스

로밍 상자 또는 방문 상자(Bawm inleng)의 겉면에 'Ka lo leng e, thlarau bo chhandam nan engzatnge min pek veih dawn le?'라는 글이 쓰여 있다. 이 문장을 해석하면 다음과 같다. '안녕하세요, 나는 당신을 찾아왔습니다. 잃어버린 영혼을 구원하기 위해 내게 얼마를 주시겠습니까?'[19] 사람들은 자원하는 헌물을 상자에 넣고, 그 상자는 다음 집으로 전달된다. 로밍이나 방문이 완료되면 상자를 열고 받은 금액을 교회 선교비로 지급한다.

3. 결론

미조람 지역 교인들의 다양한 모금 체계와 방식을 설명하려면 시간과 공간이 부족할 지경이다. 여기서 강조하고 싶은 것은 우리를 위해

---

19 S. Nengzakhup, *Amazing Mizo Missions* (Bangalore: SAIACS Press, 2012), 58.

자신의 생명을 내어주신 분께 우리가 기꺼이 드릴 마음이 있다면 가난 때문에 주님을 섬기지 못할 일은 없다는 것이다. 유라시아교회선교협회 이사인 Chye Ann Soh 목사는 미조람 지역 그리스도인들의 후한 헌금에 대해 이렇게 말했다. "그들은 가난하지만 쌀이든 장작이든 음식이든 가진 것 가운데 십 분의 일을 따로 구별해 선교를 후원한다. 자기들은 부족하게 살더라도 복음 전파를 위해 그렇게 하는 것이다."[20] 사람들이 주님을 섬기도록 동기부여를 하는 것은 가난이나 부유함이 아니라 주님의 사랑과 선물에 기꺼이 보답하려는 마음이다.

숙고를 위한 질문

1. 미조람 교회의 헌금 방식을 다른 교회도 따라 할 수 있을까? 아니면 특정 문화에서만 가능한 것일까?
2. 이 헌금 방식의 강점과 약점은 무엇인가?

---

20 Bravo, *Inspire*, 20ff.

논찬

권성찬

미조람 장로교회(이후 MPC)가 선교 재정을 모금한 훌륭한 사례를 나누어 주어서 감사드린다. 이 사례는 전통적인 선교 파송국이나 선교지의 교회 모두 새겨들어야 할 이야기라고 생각한다. 콜니 목사가 강조하듯이 "가난이 주님을 섬기는 일에 변명이 될 수 없으며", "주님을 섬기는 일에 동기부여를 하는 것은 가난이나 부요함이 아니라 주님의 사랑과 은혜에 보답하고자 하는 의지"다. 발제는 성공 사례의 핵심을 잘 정리해 주었다. 이 응답에서는 발제를 간단히 요약하고 성공 요인들을 살펴본 후에 우리가 반추해 봐야 할 몇 가지 생각을 제안하려고 한다.

1. 요약

발제에 따르면 MPC의 선교 재정 모금이 성공한 것은 세 가지 주요 요인의 조화에서 비롯된다.

첫째, 선교사들이 채택한 삼자 원리의 방향이 성공을 이끌었다. 발제에 따르면 미조람에 온 선교사들은 시작부터 미조 성도들이 자급하도록 가르쳤다. 콜니 목사는 이렇게 설명한다. "미조람 장로교회는 재정적으로 자급하며 자치, 자전하는 소위 삼자교회다." 1890년 중국에서 선교하던 존 네비어스가 한국에 초대되어 자신의 삼자 원리를 나누었고, 한국에 온 선교사들이 후에 네비어스 원리라고 부르게 되는 그 원리를 수용했다. 그 결과 초기 한국 교회도 미조 교회가 경험한 비슷한 과정을 겪었다.

둘째, 주는 것에 관대한 미조 사회의 문화가 선교사로부터 배운 것을 가속화시켰다. 초기 선교사들을 통해 소개된 자급 원리를 미조 성도들이 잘 수용할 수 있었던 것은 그들이 가진 환대 문화에서 비롯된다. 콜니 목사는 "미조 성도들은 선교사들과 그들의 선조에게서 관대하게 나누는 가르침을 배웠다"라고 말한다. 비록 그 사회가 외부 사회와 비교해 경제적으로 열악한 상황이었지만 미조의 성도들은 하나님 나라 확장을 위해 자신들이 가진 것을 나누었다.

셋째, 재정 모금의 상황화된 방법이 또 하나의 성공 요인이다. 콜니 목사는 미조 교회가 활용한 13가지 방법을 소개하면서 그 외에도 더 있다고 말한다. 이런 다양한 방법은 그들의 창의성뿐 아니라 하나님 나라를 위한 헌신을 말해 준다. 그것들은 성도들이 실행할 수 있도록 잘 상황화되었다.

2. 분석

이제 앞서 제시한 성공 요인을 당대의 관점에서 평가해 보고자 한다.

선교사가 자신의 모국이나 외부에서 자금을 들여오는 이유는 자급 원리를 모르기 때문이 아니다. 그보다는 자신들이 마주하게 될 선교지의 상황이 그런 원리를 적용하기에 아직 이르다고 생각하기 때문이다. 그 원리를 적용하기 전에 마중물이 필요하다고 말한다. 그런 상황에서 원리를 실행하고 유지하려면 용기가 필요하다. 이는 선교사가 단기적으로 가시적 성과를 내려 하기보다 긴 호흡으로 바른 선교의 방향을 이해했을 때 가능하다. 그런 면에서 이것을 실행한 초기 미조람 선교사들에게 경의를 표한다.

미조의 성도들도 마찬가지다. 복음을 접한 초기에는 사역에 필요한 재정을 외부에 기대는 것을 당연하게 여긴다. 복음을 전하고 사역에 필요한 재원 마련을 자신들의 책임으로 생각한다는 것은 쉽지 않은 일이다. 몇 년 전 솔로몬 군도의 성공회 대주교를 만나 그 지역의 성경 번역 사역에 대한 협력을 논의한 적이 있다. 대주교는 자신이 사역하는 지역의 회중이 선교를 외부의 누군가가 와서 대신해 주는 것으로 알고 있어서 그 인식이 바뀌기 전에 무엇인가를 더 한다는 것이 무의미하다고 말했다. 미조 사회에 이미 환대 문화가 있었다고 해도 더 잘사는 나라에서 온 선교사의 재정에 기대는 것이 더 쉬운 선택이었음에 틀림없다. 그럼에도 미조 성도들은 하나님 나라를 향한 책임을 스스로 취했다. 이 일은 칭찬받아 마땅하다.

미조 성도들이 선교 재정을 마련하기 위해 실행한 여러 상황화된 방법은 선교사들이 실행한 자립 원리와 미조 성도들의 자원함이 있었기에 가능했다고 생각한다. 선교지 재정 모금에서 현지 참여를 고취하기 위해 외부기관들이 사용하는 일반적인 방법 가운데 하나가 소위 '매칭 펀드'다. 그러나 현지 성도들이 준비되지 않은 상황에서 사용할 경우 외부로부터 최대한의 자금을 받기 위해 돈을 빌리는 등의 부작용이 일어나기도 한다. MPC의 경우 나누고자 하는 성도들의 자원함이 여러 상황화된 방법에 녹아 있다. 각 성도가 자신의 십일조를 목회나 선교, 지역 교회 사역 등 여러 사역에 나누어 헌금할 수 있는 자유를 가졌다는 사실이 자기주도적이며 자원함으로 이루어지고 있다는 사실을 말해 준다. 미조람의 사례를 통해 그들이 실행한 여러 방법뿐 아니라 어떻게 근본적인 원리가 그들의 상황에 적용되었는지에 대해서도 많은 교훈을 얻을 수 있다.

3. 반추와 질문

앞서 언급한 세 가지 중요한 요소가 잘 통합되어 MPC는 선교 재정을 스스로 마련하는 데 성공을 거두었다. 그 세 가지 요소를 다시 요약하면 다음과 같다. 첫째, 개척 선교사들의 바른 방향과 인내다. 둘째, 미조 성도들의 나누려는 의지다. 셋째, 자원함에 기반을 둔 상황화된 방법이다.

콜니 목사는 이 미조 모델이 다른 곳에도 적용 가능한지, 아니면 미조에만 특별히 가능한지 묻고 있다. 그 질문에 답하기 전에 다음 질문을 통해 미조의 사례를 조금 다른 관점에서 보고 싶다. "이것이 지속 가능한가?" "만일 그렇다면 무엇이 지속 가능하게 만드는가?" "미조 사회가 가진 환대 문화에 기반하여 지속 가능한가?" 세 가지 성공 요인을 지목하긴 했지만 그 세 가지가 지속될 수 있는 것은 아니다. 초기 선교사들은 더는 존재하지 않으며, 미조 사회가 계속 선교사를 받으리라고 기대하지도 않는다. 환대 문화 역시 계속되는 것은 아니다. 세대가 바뀌면 변할 가능성이 있다. 미래의 경제 성장이 그런 문화적 변화에 영향을 줄 수도 있다. 그런 상황에서는 상황화된 방법이 더 이상 작동하지 않을지 모른다. 이는 한국 교회가 경험한 일이다. 바벨론 강가에서 과거를 추억하는 유대인처럼 한국 교회도 믿음의 선조들이 하나님 나라를 위해 헌신했던 때를 그리워하고 있다.

이 지점에서 우리는 진정한 의미에서 삼자 원리를 가능하게 하는 또 다른 원리를 생각해야 한다. 그것은 폴 히버트가 '자신학화'라고 부는 네 번째 원리다. 자신학화에 대한 정의는 각자 다를 수 있기 때문에 논의가 다른 곳으로 흐르지 않기 위해 이 용어를 히버트가 처음 물었던 그 질문으로 제한하고자 한다. "신생 교회들은 스스로 성경을 읽고 해석할 권리를 갖는가?"[1] 선교사와 문화와 방법이 통합된 MPC 사례의 성공이 지속되려면 자치, 자급, 자전뿐 아니라 스스로 하나님의 말씀을 읽고 해석할 수 있는 능력을 가져야 한다. 그렇게 할 때 하나님의 선교에 지속적인 참여가 가능해진다.

콜니 목사는 재정 모델의 장단점을 묻고 있지만 필자는 MPC의 성도 스스로가 이런 성공이 자신들이 말씀을 스스로 읽고 해석한 결과인지에 대해 물어야 한다고 생각한다. "우리 행동은 성경에 기반한 하나님의 선교에 대한 깊은 이해와 그것에 참여하고자 하는 헌신에서 비롯된 결과인가?" 만일 그들이 "그렇다"라고 답할 수 있다면 이 사례는 선교 재정 마련의 가장 훌륭한 사례가 될 것이다. 그러나 대답하기를 주저한다면 이 모델은 동일한 문화와 조건이 존재하는 기간에만 유지될 수 있을 것이다.

MPC의 모델이 한때 성공적인 모델로 기억되기보다 주님이 오실 때까지 하나님의 선교에 지속적으로 참여하고 살아있는 교회로서 세계 교회에 도전을 줄 수 있기를 기도하면서 논찬을 마친다.

---

1 Paul Hiebert, *Anthropological Insights for Missionaries* (Grand Rapids: Baker Book House, 1985), 196.

06
선교와 돈: 글로벌 관점에서 본 기독교 재정

지나 A. 즐로우(Gina A. Zurlo)

　전 세계 기독교인을 100명으로 나타낸다면(2020년 세계 기독교 인구는 25억 명으로 추산됨), 19명은 하루 미화 100달러 이상으로 생활하고, 63명은 하루 10~100달러, 18명은 하루 10달러 미만으로 생활할 것이다. 2020년 기독교인의 총 소득은 32조 5,000억 달러였는데, 기독교의 소득이 가장 집중된 곳은 유럽(36.5%)이었고 북미(29.7%)가 그 뒤를 이었다. 유럽과 북미에는 전 세계 기독교인의 33%가 거주하며 그 외 대다수는 아시아, 아프리카, 라틴아메리카, 오세아니아에 거주한다. 돈과 관련해 세계 기독교 인구에는 상당한 불평등이 존재한다. 즉 북반구에는 돈, 남반구에는 기독교인이 있는 셈이다. 본 사례 연구는 《세계기독백과사전(World Christian Encyclopedia)》(3판)의 자료를 인용해 기독교인의 부가 전 세계에 어떻게 분포되어 있는지, 기독교인이 돈을 어디에 사용하는지, 이것이 세계 선교 운동에 잠재적으로 어떤 영향을 미치는지 등을 포함한 세계 기독교인의 재정 상황을 살펴보고자 한다. 특히 선교사 파송의 중심이 북반구에서 남반구로 옮겨 가면서 선교와 돈 문제가 중요한 문제로 대두되고 있다. 대부분의 기독교 자원이 함께 이동하지 않는다면 '역선교'는 무엇을 의미할까?

1. 1900~2020년의 세계 기독교

기독교의 중심이 북반구에서 남반구로 옮겨 가는 추세는 여러 문헌에 언급되어 있으며, 《세계기독백과사전》 3판의 주요 연구 결과이기도 하다. 20세기 동안 기독교는 세계 인구 대비 거의 같은 비율을 유지했지만(1900년 34.5%, 2020년 32.3%) 내부 구성은 극적으로 달라졌다.[1] 1900년 당시 전체 기독교인의 82%가 북반구, 즉 역사적으로 '기독교 세계 (Christendom)'에 해당하는 유럽과 북미에 살았다. 1970년까지 북반구 기독교인의 비율은 감소하여 57%가 되었고 1980년경에는 50% 이하가 되었다. 2020년 현재 남반구 기독교인은 전 세계 기독교인의 67%를 차지하며 2050년까지 77%에 이를 것으로 예상된다. 남반구의 전체 인구(62억 명)가 북반구(11억 명)보다 훨씬 많다는 점도 중요한 조건이다.

1900년 당시에는 전 세계 기독교인의 1.7%만 아프리카에 살았지만 2050년에는 약 39%가 아프리카에 살게 될 것이다. 2018년 아프리카는 라틴아메리카를 제치고(유럽은 2014년에 추월) 기독교인이 가장 많은 대륙이 되었다. 1900년에 기독교인이 가장 많았던 10개국 중 남반구 국가는 브라질뿐이었다. 그런데 2020년에는 상황이 크게 바뀌어 기독교인이 가장 많은 10개국 중 8개국이 남반구에 속해 있다.

---

1 이 내용은 다음 자료를 참조했다. Todd M. Johnson and Gina A. Zurlo, *World Christian Encyclopedia,* 3rd ed. (Edinburgh: Edinburgh University Press, 2019), 432.

[그림 1] 대륙별 기독교인 인구(2020년)

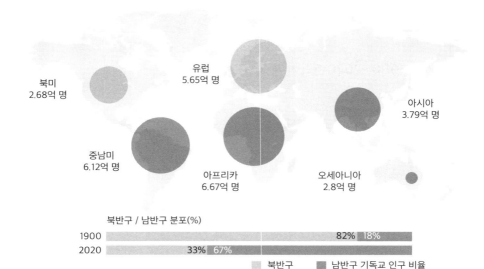

북반구 / 남반구 분포(%)

1900   82%   18%
2020   33%   67%

■ 북반구   ■ 남반구 기독교 인구 비율

출처: Todd M. Johnson and Gina A. Zurlo, *World Christian Encyclopedia*, 3rd ed. (Edinburgh: Edinburgh University Press, 2019), 4.

[표 1] 국가별 기독교인 수(1900년과 2020년)

국가	기독교 인구(1900)	국가	기독교 인구(2020)
미국	73,712,200	미국	244,312,534
러시아	62,544,600	브라질	193,859,446
독일	41,533,000	멕시코	128,229,027
프랑스	40,731,100	러시아	117,847,582
영국	37,125,000	중국	106,030,000
이탈리아	32,903,000	필리핀	99,576,796
우크라이나	28,501,000	나이지리아	95,357,701
폴란드	22,049,500	콩고민주공화국	85,120,101
스페인	18,794,670	에티오피아	67,491,215
브라질	17,319,000	인도	67,356,000

출처: Todd M. Johnson and Gina A. Zurlo, eds., "World Christian Database"(Leiden/Boston: Brill, accessed January 2021, www.worldchristiandatabase.org).

남반구로의 이동은 단지 인구통계학으로 그치지 않는다. 기독교인이 사용하는 언어가 바뀌고 있다. 라틴아메리카에서 기독교인 수가 늘면서 스페인어는 1980년에 이미 전 세계 기독교인의 주요 언어가 되었다. 오늘날 가장 많은 기독교인이 사용하는 언어에는 브라질에서 사용하는 포르투갈어와 중국어(만다린)가 포함된다. 이런 변화는 기독교인과 다른 종교인 사이에 긍정적인 상호작용 가능성이 커졌음을 뜻한다. 북미와 유럽의 교회들은 이주로 말미암아 종교적·인종적 다양성이 증가하는 현상을 경험하고 있으며, 이는 때때로 종교인에 대한 오해와 공포를 불러일으키기도 한다. 남반구의 기독교인은 오랫동안 다양한 종교를 접하며 살아왔기에 종교가 다른 이웃에게 환대를 베푸는 모범을 보여줄 수 있다. 이와 동시에 남반구의 기독교 전파는 다른 종교와 충돌하기도 한다. 예를 들어 아프리카의 사헬(Sahel)은 북방의 이슬람교와 남방의 기독교의 접경 지역이다. 이런 상황은 북반구의 기독교인들이 누리는 상대적인 안전과 대조를 이루지만 초대교회가 겪은 핍박을 상기시키기도 한다.

기독교인의 인간적 필요도 변화하고 있다. 20세기 기독교는 대체로 삶의 질이 낮은 곳에서 급성장했다. 사회경제, 건강, 젠더 관련 데이터를 살펴보면 북반구와 남반구의 기독교인 사이에 큰 격차가 드러난다. 남반구는 대부분 빈곤과 부실한 건강 관리 등 심각한 문제를 안고 있다. HIV/AIDS로 가장 큰 타격을 입은 보츠와나, 짐바브웨, 에스와티니도 기독교가 번성하는 나라다. 가난한 지역에서 기독교가 성장한다는 것은 그들이 성경을 다르게 읽을 뿐 아니라 다르게 경험한다는 것을 뜻한다. 남반구의 많은 교회에서는 성령에 대한 강조, 치유의 기적, 마귀의 권세로부터 구원 등을 흔하게 접한다. 북반구의 기독교인이 상대적으로 풍요롭고 안전한 생활을 하는 반면, 남반구의 기독교인은 가까스로 생존하고 있다. 사람들의 사회적 필요를 충족시키는 문제는 기독교의 전도, 신학, 사역의 중요한 부분이다.

세계 기독교는 선교 없이는 존재할 수 없으며, 이런 선교의 양상도 변화하고 있다. 누가 선교사인지에 대한 개념은 20세기 초 이후 상당히 발전해 이제는 선교사가 몇 명인지 가늠하기가 훨씬 더 어려워졌다. 서방 국가의 경우 장기 선교사 파송은 감소 추세에 있지만 1980년대와 1990년대 이후 단기 선교사, 특히 해외에서 1주일 미만의 시간을 보내는 청년 단기 선교사가 폭증했다. 이들은 자신의 문화적 맥락을 떠나 봉사 중심의 프로젝트를 수행한다. 선교사라고 할 때 우리는 국경을 넘어 2년 이상의 기간을 보내는 기독교인으로 정의하며, 단기 국제 선교사나 자국에서 봉사하는 국내 사역자는 포함하지 않는다. 오늘날 선교의 두드러진 경향은 자국 사역자의 증가인데, 그중 많은 사람이 자국 내에서 타 문화권 사역을 한다. 아프리카와 아시아에는 각각 200만 명에 달하는 자국 사역자가 있고, 라틴아메리카에는 90만 명이 넘는 자국 사역자가 있다.

북미(선교사 14만 3,000명)와 유럽(선교사 8만 900명)은 오늘날에도 여전히 많은 외국인 선교사(53%)를 파송하지만 브라질, 한국, 필리핀, 중국도 다수의 선교사를 파송하고 있다. 이것은 부분적으로 남반구보다 북반구에서 해외 선교에 더 많은 자원을 투입할 수 있고, 서방의 해외 선교 역사가 더 길기 때문이다. 그러나 브라질은 예외다. 대부분의 브라질 선교사는 라틴아메리카, 미국과 유럽 등지에서 사역하는 가톨릭 신자다.

기독교 선교사는 모든 지역에서 모든 지역으로 파송되지만 다음의 지도를 보면 선교사의 대다수가 현재 기독교가 우세한 국가에 입국하는 양상이 보인다. 실제로 기독교인이 가장 많은 나라가 가장 많은 선

[그림 2] 선교사 파송 및 입국 국가 순위(2020년)

출처: Todd M. Johnson and Gina A. Zurlo, *World Christian Encyclopedia*, 3rd ed. (Edinburgh: Edinburgh University Press, 2019), 32.

교사를 받고 있다. 초청이 선교사 파송의 주요 수단임을 고려하면 이것은 일리가 있다. 또한 기독교 인구가 많은 국가에서 더 많은 후원이 이뤄지고 있는데, 타 종교인에게 기독교를 소개하는 것이 선교의 목적이라는 측면에서 보면 모순이다. 극적인 예로 기독교인이 대다수인 브라질이 총 2만 명의 선교사를 받은 반면, 이슬람교인이 대다수인 방글라데시는 단지 1,000명의 선교사를 받았다.

남반구에는 세계 기독교의 새로운 '중심'이 곳곳에 생겨나고 있지만 서구 기독교는 점차 쇠퇴의 길을 걷고 있다. 남반구로의 이동은 기독교 자원의 실태에 대한 중요한 질문을 제기한다. 과연 기독교 자원도 함께 이동하고 있을까?

2. 세계 기독교의 재정

기독교 활동의 기본 자원은 돈이다.[2] 그리스도인은 다른 어떤 자원보다 돈을 더 정확하게 계산하곤 한다. 돈은 교단, 교회, 선교, 전도에서 중요한 역할을 한다. 다음 표는 세계, 대륙, 유엔 지역별 전체 인구, 소득, 재산과 기독교 인구, 소득, 재산에 대한 데이터를 보여준다. 기독교인의 소득은 한 국가의 1인당 국민총소득에 기독교 인구를 곱해 계산한다. 2020년 세계 기독교의 총수입은 미화 48조 6,000억 달러다. 기독교 소득이 가장 높게 집중된 지역은 유럽(36.5%, 전 세계 기독교 인구의 22.4%)이었고, 북미(29.7%, 전 세계 기독교 인구 10.6%)가 그 뒤를 이었다. 전 세계 기독교인의 26.5%가 거주하는 아프리카는 전체 기독교인 소득의 4.9%만 가지고 있다.

기독교인의 부는 유엔대학-세계개발경제연구소(UNU-WIDER)가 측정한 순자산 또는 가구당 재산을 기준으로 계산한 값이다. 국가별 1인당 순자산에 해당 국가의 기독교 인구를 곱해 해당 국가의 기독교인이 보유한 유동 자산을 추정한 것이다. 북미는 전체 기독교 부의 대략 절반(48.7%)을 차지하며 유럽은 37.5%다. 아프리카는 전체 기독교 부의 0.7%, 아시아는 5.6%, 라틴아메리카는 4.6%를 보유한다([그림 3] 참조).

---

2 이 내용은 다음 자료를 참조했다. Todd M. Johnson and Kenneth R. Ross, *Atlas of Global Christianity* (Edinburgh: Edinburgh University Press), 296-297; Todd M. Johnson and Gina A. Zurlo, *World Christian Encyclopedia*, 3rd ed. (Edinburgh: Edinburgh University Press, 2019), 941.

[표 2] 세계 연간소득과 부의 분포 (2020년)

(금액 단위: 10억 미국 달러)

	인구						기독교 인구						교회 관련 법제 연간 관련 봉세 SUS
	인구	%	소득	%	재산	%	기독교 인구	%	소득	%	재산	%	
아프리카	1,352,622,000	17.4	6,022	5.1	2,654	0.8	667,169,000	26.5	2,404	4.9	1,149	0.7	1,824,613,000
동아프리카	457,440,000	5.9	910	0.8	228	0.1	303,183,000	12.0	601	1.2	146	0.1	508,606,000
중앙아프리카	178,959,000	2.3	475	0.4	192	0.1	149,426,000	5.9	395	0.8	165	0.1	225,792,000
북아프리카	246,049,000	3.2	2,317	2.0	1,085	0.3	11,672,000	0.5	109	0.2	23	0	64,345,000
남아프리카	67,595,000	0.9	782	0.7	858	0.3	55,818,000	2.2	641	1.3	705	0.4	404,733,000
서아프리카	402,579,000	5.2	1,539	1.3	291	0.1	147,070,000	5.8	657	1.4	109	0.1	621,137,000
아시아	4,623,454,000	59.3	57,531	48.8	107,953	33.6	378,735,000	15.0	4,998	10.3	9,074	5.6	4,234,800,000
중앙아시아	73,821,000	0.9	786	0.7	226	0.1	5,609,000	0.2	114	0.2	19	0	106,523,000
동아시아	1,663,619,000	21.3	29,913	25.4	90,222	28.1	128,787,000	5.1	2,440	5.0	7,281	4.5	1,812,092,000
남아시아	1,935,616,000	24.8	12,513	10.6	7,196	2.2	76,147,000	3.0	489	1.0	318	0.2	362,699,000
동남아시아	669,016,000	8.6	7,407	6.3	4,978	1.5	153,102,000	6.1	1,555	3.2	1,041	0.6	1,547,856,000
서아시아	281,382,000	3.6	6,912	5.9	5,331	1.7	15,090,000	0.6	399	0.8	415	0.3	405,630,000
유럽	743,390,000	9.5	24,072	20.4	86,044	26.8	565,416,000	22.4	17,737	36.5	60,601	37.5	18,896,314,000
동유럽	290,776,000	3.7	6,306	5.4	4,756	1.5	244,778,000	9.7	5,259	10.8	3,870	2.4	3,909,715,000
북유럽	105,863,000	1.4	4,452	3.8	20,695	6.4	74,184,000	2.9	3,148	6.5	14,397	8.9	4,708,376,000
남유럽	151,553,000	1.9	4,671	4.0	20,366	6.3	120,547,000	4.8	3,739	7.7	16,243	10.0	3,457,099,000
서유럽	195,197,000	2.5	8,644	7.3	40,227	12.5	125,908,000	5.0	5,591	11.5	26,091	16.1	6,821,123,000
중남미	664,474,000	8.5	9,054	7.7	8,054	2.5	611,964,000	24.3	8,330	17.1	7,410	4.6	5,192,427,000
카리브제도	44,679,000	0.6	391	0.3	208	0.1	37,719,000	1.5	327	0.7	173	0.1	282,718,000
중앙아메리카	184,127,000	2.4	2,676	2.3	2,326	0.7	176,298,000	7.0	2,560	5.3	2,226	1.4	1,524,064,000
남아메리카	435,667,000	5.6	5,987	5.1	5,519	1.7	397,947,000	15.8	5,443	11.2	5,011	3.1	3,385,645,000
북미	369,159,000	4.7	19,849	16.8	108,057	33.6	267,944,000	10.6	14,450	29.7	78,714	48.7	21,234,162,000
오세아니아	42,384,000	0.5	1,318	1.1	8,842	2.7	27,606,000	1.1	730	1.5	4,802	3.0	1,209,836,000
호주/뉴질랜드	30,233,000	0.4	1,271	1.1	8,797	2.7	16,363,000	0.6	688	1.4	4,761	2.9	1,139,825,000
멜라네시아	10,909,000	0.1	41	0	39	0	10,069,000	0.4	36	0.1	35	0	59,631,000
미크로네시아	541,000	0	3	0	2	0	501,000	0	2	0	2	0	3,975,000
폴리네시아	701,000	0	4	0	4	0	673,000	0	4	0	4	0	6,404,000
세계 합계	7,795,482,000	100	117,847	100	321,604	100	2,518,834,000	100	48,648	100	161,751	100	52,592,000,000

출처: Todd M. Johnson and Gina A. Zurlo, *World Christian Encyclopedia*, 3rd ed.(Edinburgh: Edinburgh University Press, 2019), 941.

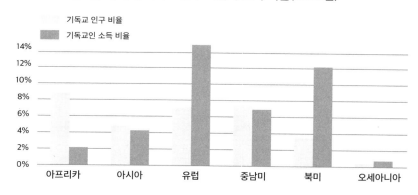

[그림 3] 세계 기독교 인구 비율과 소득 비율(2020년)

출처: Todd M. Johnson and Gina A. Zurlo, eds., "World Christian Database" (Leiden/Boston: accessed January 2021, www.worldchristiandatabase.org).

전 세계 기독교인의 소득과 부의 분포는 격차가 매우 크다. 기독교인 대다수는 그럭저럭 지내거나 넉넉하게 살지만 상당수는 가난하며 일부는 절대 빈곤에 처해 있다. 약 3억 2,500만 명의 기독교인이 세계 29개 최빈국에 살고 있다. 그중 97%가 아프리카에 살고 있다. 다음은 세계 기독교인 인구와 소득 분포의 차이를 나타낸다([그림 4] 참조).

[그림 4] 기독교 인구와 기독교인 소득(2020년)

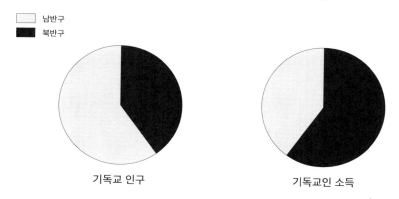

출처: Todd M. Johnson and Gina A. Zurlo, eds., "World Christian Database" (Leiden/Boston: accessed January 2021, www.worldchristiandatabase.org).

기독교인 소득의 큰 차이에도 불구하고 교회는 대부분 재정적으로 자립하며 교인들의 지역 자원에 의존하고 있다. 가장 가난한 기독교인의 개인 소득은 연평균 약 1,300달러인 반면 기독교 교회는 연간 총 18억 달러의 소득으로 각종 목회와 구호 프로그램을 운영한다. 물론 개인이 가진 부의 불균등한 분배는 국가 간뿐 아니라 국가 내에서도 존재한다. 가난한 그리스도인은 상대적으로 부유한 동료 그리스도인과 같은 나라의 국민이다.

기독교인의 소득과 부를 계산하면 자연스럽게 기독교인이 재정 자원으로 무엇을 하는지, 즉 기독교인의 기부 잠재력 대 실제 기부에 대해 살펴볼 수 있다.[3] 여기서 기부 잠재력은 기독교인 소득의 10%로 정의된다. 기독교인의 기부 대상(세속적 대의명분, 교회, 교단, 파라처치 단체 등)을 파악할 수 있는 자료를 구할 수 없어 기독교인의 소득 대비 기부 비율은 추정치임을 밝혀 둔다. 미국에서 기독교적 대의명분에 대한 기부 추정치로 기독교인 소득의 2.3%를 사용하여, 각 국가에 더 높거나 낮은 비율을 할당하고 최소 비율은 0.5%로 설정한다.[4] 이렇게 계산하면 기독교 인구, 소득, 기부 등을 대륙별로 비교할 수 있다([그림 5] 참조). 예를 들어 아시아에는 전 세계 기독교인의 15%가 거주하며, 이들은 전 세계 기독교인 소득의 10%만 벌고, 모든 기독교 기부금의 6%를 기부한다. 부유한 대륙 가운데서 오세아니아와 북미는 전 세계 기독교

3 Todd M. Johnson, Gina A. Zurlo, and Albert W. Hickman, "Embezzlement in the Global Christian Community", *The Review of Faith and International Affairs* 12, no. 2 (2015), 74-84.

4 "Giving USA 2012: The Annual Report on Philanthropy for the Year 2011: Executive Summary", GUSA (Giving USA Foundation), 2012, accessed March 23, 2015, http://www.jjco.com/resources/pdf/2012_Giving_USA_Report.pdf. GUSA(Giving USA Foundation). 2012. 지수에 포함되지 않은 국가에는 해당 유엔 지역에 가중 평균이 할당된다(대륙별 가중 평균이 할당된 오세아니아 국가는 제외함).

소득 비중보다 더 큰 비중으로 기부하지만 유럽의 기부 비중은 기독교 소득 비중보다 적다.

[그림 5] 지역별 기독교 인구와 소득, 기부 비교(2020년)

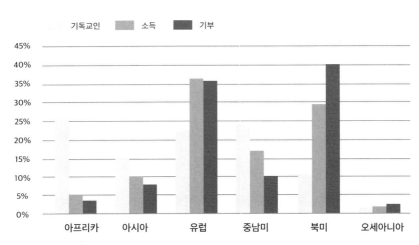

출처: Todd M. Johnson and Gina A. Zurlo, eds., "World Christian Database"(Leiden/Boston: accessed January 2021, www.worldchristiandatabase.org).

기독교 지출의 대부분(아마도 80% 이상)은 기부자 본국에 있는 교회의 목회 사역에 사용된다. 훨씬 적은 금액이 국내 선교나 파라처치 단체 후원에 사용되며, 가장 적은 금액이 해외 선교에 사용된다. 그러나 이 돈의 대부분은 기독교인끼리 사역(해외 선교의 경우)이나 이미 기독교 인구가 많은 부유한 국가 내의 사역(국내 선교의 경우)에 사용된다. 그 결과 기독교인의 총지출에서 극히 적은 액수가 실제로 기독교의 메시지를 듣지 못하는 사람에게 쓰인다. 이런 조사 결과는 앞서 언급한 선교사 파견, 입국 관련 자료와 일맥상통한다. 가장 많은 돈과 가장 많은 기독교인을 가진 국가가 가장 많은 자원(돈과 인력)을 받는 셈이다.

[그림 6] 교회 기부 대 파라처치 기부

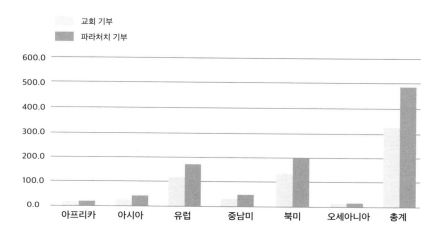

출처: Todd M. Johnson and Gina A. Zurlo, eds., "World Christian Database"(Leiden/Boston: accessed January 2021, worldchristiandatabase.org).

선교와 돈에 관련된 마지막 변수는 슬프게도 금융 사기다.[5] 비영리단체, 특히 자원이 부족한 자원봉사 조직으로 시작된 단체는 금융 사기 퇴치에 어려움을 겪는다. 이런 어려움은 전 세계적인 문제로 여러 문헌을 통해 조명되고 있다. 이들 단체의 선교 중심 비전은 너무 근시안적이어서 기본적인 재정 문제를 소홀히 한다. 또한 비영리단체는 직원들이 조직의 자선 목표를 공유한다고 가정한 채 그들을 더 신뢰하는 경향이 있다. 횡령 사고를 겪은 자선단체는 평판이 훼손되지 않도록 신속하고 조용히 처리하려고 한다. 대부분의 비영리단체 사기는 보고되지 않는다. 사기는 교회에서도 발생한다. 특히 기독교인은 신앙 공

---

5 Todd M. Johnson, Gina A. Zurlo, and Albert W. Hickman, "Embezzlement in the Global Christian Community", *The Review of Faith and International Affairs* 12, no. 2 (2015), 74-84.

동체 내에서 신뢰를 악용하는 친분 사기에 취약하다. 종종 신뢰받는 목사나 지도자가 '회색 지대'에 속하는 애매한 방법으로 자금을 유용하는 경우 명망 있는 지도자와의 갈등을 피하고 싶은 교인들은 조용히 넘어가기 일쑤다. 미국 공인사기심사관협회(ACFE)의 조사 결과를 기독교 헌금에 적용하면 연간 횡령 금액은 총 526억 달러로 추산된다. 이는 전 세계 교회의 해외 선교비 469억 달러를 초과하는 금액이다. 대부분의 횡령 사례는 비공개로 처리되거나 조용히 덮어진다. 그러나 매년 100만 달러가 넘는 많은 도난 사건이 적발되어 언론에 공개된다. 최근 발생한 기독교 기금의 대규모 횡령 중 다수가 미국과 유럽에서 여러 교회와 파라처치 단체의 회장이나 임원, 회계, 목사 등을 통해 발생했다. 또한 다단계식 사기에 가해자와 피해자로 연루된 다수의 기독교 지도자가 있었다. 기독교 선교에 쓰이는 금액보다 기독교 단체에서 훔친 돈이 더 많은 현실은 수십 년간 지속되었으며, 앞으로도 변하지 않을 것 같다.

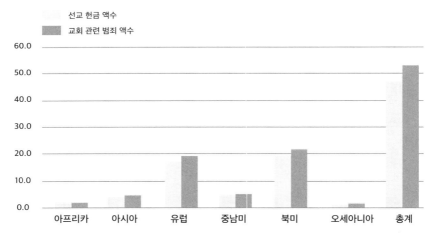

[그림 7] 선교 헌금 대비 교회 관련 범죄 액수

출처: Todd M. Johnson and Gina A. Zurlo, eds., *World Christian Database*(Leiden/Boston: accessed January 2021, worldchristiandatabase.org).

'역미션'이 아닌 '역재정'

세계 기독교계는 불편한 현실로 가득 차 있다. 북반구 기독교인의 안정은 세계 다른 지역의 기독교인이 겪는 절박한 궁핍과 대조된다. 아프리카, 아시아, 라틴아메리카의 기독교인은 유럽과 북미의 기독교인보다 의사 수가 적고 유아 사망률이 높으며 기대 수명이 낮고 HIV와 말라리아 발병률이 높다. 예를 들어 아프리카 여성은 종종 교육, 노동력, 의료 접근성에서 불리한 위치에 있다. 중국과 인도는 경제력을 강화하고 있지만 아시아의 도시 여러 곳은 세계 최악의 오염에 시달리는 중이다. 중동의 기독교인 중 다수는 21세기 들어 전쟁과 분쟁을 피해 그 지역을 떠났다. 라틴아메리카의 빈곤은 만연하다. 국민 대다수가 기독교인인 아이티는 서반구 인간개발 지수에서 최하위를 기록했다. 폴리네시아, 멜라네시아, 미크로네시아의 섬나라 기독교인은 기후 변화와 해수면 상승과 관련해 그들의 삶을 위협하는 현실을 두려워하고 있다. 전 세계 기독교인에게 주어진 기회와 선택권의 극심한 불균형은 지구상 모든 기독교 공동체가 직면한 도전이다.

기독교 인구가 남반구로 이동했음에도 불구하고 전 세계 기독교인의 개인 자산 대부분은 주로 북미와 유럽 기독교인이 보유하고 있다. 이것은 세계 기독 형제자매 간에 또 다른 심각한 불평등을 드러낸다. 북반구 교회는 그들의 돈으로 무엇을 해야 할까? 단순히 남반구로 보내는 것은 답이 아니다. 20세기식 선교적 참여도 확실히 끝났다. 남반구의 기독교인은 선교의 책임을 맡아 가장 발길이 뜸한 지역(예를 들어 중앙아시아의 동아시아인)에 복음을 전하고 있다. 또 다른 이들은 옛 식민 지배국에 새로운 신앙을 가져오고 있다(예를 들어 서유럽에 사는 사하라 사막 이남 지역 출신 아프리카인들). 디아스포라는 선교의 면모를 바꾸고 있으며, 누가 선교사이고 누가 선교사가 아닌지의 경계를 모호하게 만들고 있다. 역선교(선교가 '모든 곳에서, 모든 곳으로'라면 말이 안 되는 용어)가 21세기 선교의 최신 추세라면 이에 동반되는 '역재정'이 일어나지 않고 있음은 확실하다. 상당한 재정 자원 없이도 선교 사역 수행이 가능할까? 기독교가 계속 남쪽으로, 더 가난한 지역으로 이동함에 따라 교회는 국지적·국가적·지역적 주도권과 책임을 왜곡하지 않는 전 지구적 나눔을 위한 체계를 개발해야 한다.

필자는 미국 복음주의 대학에서 선교와 세계 기독교 과정을 가르치면서 '누가 선교사인가'에 대한 브레인스토밍을 진행했다. 기독교적 신념을 가지고 해외 단체에서 일하는 기독교인과 본격적인 선교사의 차이가 무엇인지 물었다. 식민주의, 제국주의, 인종차별주의 등 세계 선교와 관련된 모든 '~주의'을 해체하고 나서 한 학생은 "그건 돈이지요!"라고 내뱉었다. 강의실에 잠시 정적이 흘렀고, 곧이어 많은 학생이 이에 동의했다. 그들은 기독교인이 해외에 나가 '사역'을 하기 위한 풀타임 후원금을 모금한다면 선교사라는 결론을 내렸다. 이것은 20세기 서양 백인이 대체로 선교를 이해하는 방식이다. 과연 지금도 이런 관점이 유효할까? 정말 돈이 전부일까? 아니면 21세기 세계 기독교의 현실에 더 적합한 타 문화 사역 모델을 기독교 역사에서 발견할 수 있을까? 예수님 당시 모든 기독교인은 아시아인이었고, 기독교가 시작되어 923년까지 전체 기독교인의 절반 이상이 남반구에 거주했다. 그 후 천 년 이상 북반구의 기독교인이 기독교 인구 통계를 지배했다. 16세기 종교개혁 당시 전체 기독교인의 92%가 유럽인이었다. 20세기에 극적인 전환으로 대다수의 기독교인이 다시 한번 예수님 당시와 마찬가지로 남반구에 살게 되었다. 이런 추세가 계속된다면 우리는 미래를 이해하기 위해 기독교의 먼 과거를 되짚어 보아야 할 수도 있다.

숙고를 위한 질문

1. 세계 기독교에 존재하는 재정 자원의 불균형 증가 추세를 인식하고 이에 대응하려면 어떤 방안이 필요할까? 심각해지는 불균형 문제에 대한 신학적·선교학적·실제적 대응 방법은 무엇일까?

2. 서구의 기존 선교사 파송 방식 같은 막대한 재정 지원이 없다면 선교의 의미와 방법은 어떻게 변할까?

3. 선교에 대한 기독교 재정 기부금은 일반적으로 매우 적으며, 선교 기부금보다 교회에서 사기로 잃은 금액이 더 많다. 충격적이긴 하지만 과연 그것이 큰 문제가 될까? 선교와 돈은 떼려야 뗄 수 없는 관계가 되어야만 하는 것일까? 돈 없는 선교가 가능할까?

논찬

조대식

1. 전반적 의견

지나 즐로우의 발제는 기독교인 재정의 큰 그림을 보여주고, 중·장기적 추세를 가늠하게 해주는 의미 있는 분석 내용이라고 생각한다. 특히 120년 기간의 추세 자료와 대륙별 추세는 부의 불균형에 대한 큰 그림을 조망하는 데 유용한 분석이다.

기독교인의 수와 소득, 헌금을 대륙별로 구분한 것 그리고 교회와 선교 재정의 오남용과 부정에 대한 통계도 유용한 내용이다. 아울러 '역선교와 역재정', 선교사의 개념 변화에 대한 문제 제기도 시의적절하다고 생각한다.

이런 지나 즐로우의 분석에 기초해 앞으로 추가로 고려할 필요가 있다고 생각되는 요소들을 다음과 같이 제시한다.

2. 글로벌 기독교인 수와 재정 추이

지나 즐로우가 분석한 남반구와 북반구 간 기독교인 인구, 재정의 불균형과 격차는 자연스러운 결과라고 생각된다. 이는 두 그룹 사이 국가 전체 부의 격차이기도 하고 종속 변수이기 때문이다.

향후 기독교인의 재정 추이를 분석하는 데 세 가지 변수를 추가해야 한다고 본다. 첫째, 세대 변화에 따른 기부 트렌드 변화다. 이것은 성도가 기부할 때 기성세대는 교회와 선교단체에 헌금을 집중하는 데 반해, 젊은 세대로 갈수록 기부가 분산되는 경향이 있다. 젊은 세대는 세상 속 NGO와 시민사회 활동에 기부하는 경향이 있는데, 이는 성도가 기부하는 재정의 일부가 교회 밖의 세상 속 NGO나 시민사회단체로 이동하고 있기 때문이다.[1] 한국의 경우 10여 년 전부터 이런 변화가 나타나고 있다. 이는 젊은 세대의 가치관 변화, 교회와 선교단체의 재정 투명성에 대한 낮은 신뢰도 때문인 것으로 추정된다.

둘째, 국제 사회의 빈곤과 불평등 문제 해결 방식의 변경이다. 2000년 대 들어 국제 사회는 과거의 국가별 대응 방식에서 유엔 중심의 총체적 대응으로 방식을 변경했다. 2000년부터 15년 단위로 유엔 주관으로 수립한 공동 목표(MDG 목표 2000~2015년, SDG 목표 2015~2030년)를 중심으로 공동 대응하고 있다. 이 유엔의 목표는 선교 사역의 핵심인 봉사와 긍휼 사역의 내용과 중첩되며, 전통적 선교 사역에 직·간접으로 지대한 영향을 미치고 있다. 따라서 이 변수를 고려하지 않은 기독교인 기부와 활동은 그 의미가 퇴색될 것이다.

셋째, 공공 부문의 사회 복지 재정의 증가 추세다. 한국의 경우, 정

---

1 한국의 경우, 최근 2017년 기부 총액은 13조 원 규모(개인 기부 8조 3,000억 원 / 법인 기부 4조 6,000억 원, 국세청 통계 연보 2008~2018년)다. 교회와 선교단체의 정확한 통계는 없다.

부와 공공 부문의 사회 복지 재정이 급속도로 증가하고 있어 전통적인 종교기관과 NGO의 비중이 상대적으로 축소되는 추세임을 감안해야 한다. 최근 수년간 복지 부문이 연간 국가 예산에서 3분의 1 수준을 차지할 만큼 확대 추세에 있다(2018~2019년 개략적으로 정부 연간 예산 총 약 500조 원 규모에서 복지 부문이 약 150조 원 규모에 도달함).

3. 코로나 이후 재정 변화의 추이

기독교인이든 국가 전체이든 남반구와 북반구 간 격차는 단기간에 해소될 수 없는 문제이고, 코로나19 이후 상당 기간 격차 해소 속도는 더 느려질 것으로 전망된다. 실제로 코로나19 이전 격차 해소 속도보다 코로나19 이후 변화와 격차 해소 속도가 지연되는 현상이 나타나고 있는데, 이는 최근 유엔기구인 UNDP 분석에도 나타난다.[2]

4. 선교사의 개념 변화 추이

누가 선교사인가 하는 지나 즐로우의 질문은 선교에 필요한 재정을 어디에 의존하고 조달하느냐 하는 기준에서 제기한 문제다. 전통적인 서구 백인 중심의 선교 개념으로 재정 전체를 모금에 의존하는 전통적 선교사 개념의 변화는 이미 한국에서도 일어나고 있다. 이런 변화는

---

2 자료: 70여 개국의 빈곤 감소 추세가 코로나19로 수년간 지연될 전망이다. In that case, under the moderate scenario the aggregate global MPI across the 70 countries could increase from 0.095 to 0.125 in 2020, which is the same value as around 2015 (see figure 13). This increase in deprivations because of COVID-19 would set poverty reduction back by 5.2 years, with an additional 237 million people falling into multidimensional poverty across the 70 countries(Charting pathways out of multidimensional poverty: Achieving the SDGs, UNDP, 2020, Page 15).

국내에서 이중직 목회, 자비량 목회 논의와 함께 일어나고 있는데, 해외 선교 재정을 전적으로 교회나 교인들에게 의존하는 기존 모델은 더 이상 적용될 수 없다는 인식이 확산되고 있다.

2000년대 들어 한국의 다수 교회가 교회 기반 NGO를 설립했는데, 이는 선교 재정을 전적으로 교회 성도에게 의존하는 모델을 벗어나는 경향에 대한 증거다. 2000년대 들어 나타나는 이런 현상의 유일한 이유가 재정적 이유 때문만은 아니지만, 재정의 한계와 이동을 반영한 측면이 있다. NGO는 세상 자원을 담는 중요한 도구로 부상하고 있으며, 선교의 주요 수단으로 필요성이 증가하는 추세다. 예를 들어 한국국제개발협력 NGO의 재정 규모는 2019년 경우 1조 7,000억 원 수준인데, 이는 정부의 무상 원조 규모에 상응하는 규모다.[3]

5. 교회와 비영리 부문의 투명성 요구 증대

회계 비리와 재정 투명성 문제와 관련해 한국의 경우, 교회 안의 선교단체나 선교사의 부정 사례가 세상 속 단체의 회계 비리 등 부정 사례와 비교해 빈도수에서 덜 자주 노출된다. 이는 지나 즐로우가 분석한 원인(성도들이 목회자와 마찰을 피하기 위해 재정 불투명성 문제를 제기하지 않는 경향)이 한국에서도 동일한 원인으로 작용하고 있는 것이다. 그러나 전반적으로 교회에 대한 사회의 신뢰도는 매우 낮은 수준이다.

한편 세상 속 비영리기관의 회계 부정 사건은 최근 3~4년간 높은 빈도수로 노출되고 있으며, 이런 사고가 노출될 때마다 교회와 선교단체에 대한 대중의 부정적 인식도 함께 높아지고 있다. 이로 말미암아 비

---

3 2019 국제개발협력 CSO 편람, 19쪽, KCOC(한국국제개발협력 민간협의회)와 KOICA (한국국제협력단) 발간 자료.

영리 부분 전반에 대한 대중의 투명성 강화 요구가 높아지고 있으며, 이에 따라 정부의 규제가 강화되는 추세다. 비영리 부분에 대한 규제 강화는 자연스럽게 교회에 대한 재정 투명성 요구로 이어지고 있다.

07
예수원: '믿음 재정' 사례 연구

벤 토레이(Ben Torrey)

1. 서론

이 논문은 믿음 재정에 대한 개념을 탐구한 것이다.[1] 그것이 무엇을 의미하는지, 예수원 공동체가 어떻게 이해하고 있는지, 그 기원과 현재 시행되는 모습은 어떤지 그 결과를 살펴보겠다.

강원도 태백시 태백산맥에 위치한 예수원은 소명 지향적인 기독교 공동체로, 기독교 신앙과 삶의 실험실이 되고 중보기도에 전념하기 위해 설립되었다. 이곳은 1965년에 영국 성공회 신부인 대천덕(Reuben Archer Torrey III)과 그의 아내 현재인(Jane), 자녀들을 비롯해 많은 한국인이 뜻을 모아 설립했다. 이 논문의 저자인 벤 토레이는 설립자 부부의 아들이다. 그는 초창기 십대 나이로 이곳에 참여했으며, 2005년 아내 리즈(Liz)와 함께 다시 돌아왔다. 벤과 리즈 토레이는 예수원의 회

---

1 아처 토레이 신부는 믿음 재정을 영어로 faith mission이라고 표현했다.

원이다.

이 글에 사용된 자료는 예수원 문서와 소책자, 대천덕 신부와 현재인의 글, 저자가 나눈 대화와 개인적 경험의 회상 등이다.

2. 믿음 재정의 개념

예수원의 회원들이 이해하는 믿음 재정은 다른 사람의 도움을 구하거나 모금 활동을 하지 않고 물질적 공급을 위해 하나님을 신뢰하는 삶을 사는 방법이다. 이것은 개인과 단체 모두에게 해당된다. 회원 가입 신청이 승인되려면 회원 회의에서 3분의 2 이상의 찬성을 받아야 하는데, 이런 믿음 재정의 삶을 살아가고자 하는 신청자의 결단을 확인한다. 믿음 재정은 개인 차원이든 단체 차원이든 돈을 벌거나 선물 받는 것을 금지하지 않는다. 강연이나 교육 작업을 통해 회원이 받는 금액은 공동체의 공동 기금으로 들어간다. 개인 선물은 개인이 보관한다.

예수원 설립 당시 대천덕 신부는 이곳이 기독교적 삶을 실험하는 장소가 되기를 원했다. 초기 안내 책자에 그는 이렇게 썼다. "1965년에 설립된 예수원은 중보기도 [및] … 교육센터를 위한 장소로 봉헌된다. 이곳에 있는 세 개의 과학 실험실에서 성경, 전통, 생활의 '3D 신학'을 가르친다(세 개의 과학 실험실은 1. 그리스도인과 하나님의 관계 2. 그리스도인과 동료 그리스도인의 관계 3. 그리스도인과 세상의 관계를 가리킨다)."

첫 번째 실험실의 목적은 개인이 하나님을 의지하는 것에 대한 성경의 약속을 신뢰할 수 있다는 가설을 테스트하는 것이다. 믿음 재정은 그 테스트의 중요한 부분을 차지한다. 이 실험실의 기초가 되는 몇 가지 성경 구절이 있다. '예수원 공동체 원칙과 습관'[2]에는 다음과 같이 적혀 있다.

> 목표 지향적인 공동체로서 우리는 경제 생활에 체계적으로 참여하기 위한 효과적인 방법이 있다고 믿지만 이것이 우리의 주요 관심사는 아니다. 우리의 주된 관심은 하나님의 뜻을 행하고 그의 나라와 그의 의를 구하는 것이다(마 6:33; 눅 12:33). 우리가 하나님의 사업에 참여하면 하나님은 우리에게 살 곳, 의복, 교육 및 기타 모든 실제적인 필수품을 마련해 주실 것이다.[3]

이 내용은 마태복음 6장 33절을 참조한 것이다. 이 부분은 25절(여기서 인용하기에는 너무 긴 구절)에서 시작해 청중에게 그들의 육체적 필요에 대해 하나님을 신뢰하라는 예수님의 권고로 끝난다. 이 구절 전체는 믿음 재정에 대한 예수원 공동체가 가진 관점의 기초를 이룬다. 그리고 '효과적인 방법…'에 대한 설명은 소득 창출 활동을 나타낸다.

믿음 재정은 앞서 언급한 대로 다른 사람에게 도움을 청하기보다 모든 일에서 하나님의 공급하심을 구함으로써 이 구절, 이와 유사한 성경 말씀을 실천하려는 시도다.

3. 믿음 재정의 기원

예수원에 적용된 믿음 재정은 대천덕 신부의 가르침과 앞서 언급한 '세 개의 과학 실험실' 중 첫 번째 실험실에서 이 개념을 테스트하고자

---

2 예수원에서의 삶을 어떻게 살아야 하는지에 대해 회원들이 계발하고 적용한 권위 있는 문서다.

3 예수원 공동체 원칙과 습관(Jesus Abbey Community Principles and Customs), Section 3: Main Principles of Community Life; Sub-section C. Group Finances, fifth paragraph (unpublished translation by Deberniere Torrey). 이후로는 Principles and Customs이라고 표시한다.

하는 그의 열망에서 발전했다. 이 개념은 그의 선조로부터 이어받은 전통과 그의 삶이 가진 배경과 경험에서 비롯되었다. 그는 자서전《개척자의 길(Way of the Pioneer)》에서 다음과 같이 썼다.

두 가정(그의 외할아버지인 프랜시스 로레인 맬러리Francis Lorain Mallary와 친할아버지인 루벤 아처 토레이 시니어Reuben Archer Torrey Sr.의 가족) 모두 믿음으로 사는 법을 알았다. 그리고 두 가정 모두 수중에 돈이 다 떨어지고 없을 때가 있었는데, 그때마다 빚을 얻거나 하나님이 허락하시지 않은 일을 하거나 후원금을 요청하는 쪽과 하나님이 일용할 양식을 주시도록 맡기는 쪽 가운데 하나를 선택해야 했던 경험이 있다.[4]

그의 할아버지인 R. A. 토레이 시니어는 조지 뮐러의 영향을 많이 받았다. 뮐러의 책《The Life of Trust》를 읽은 후 그는 "1888년 가을에 자신과 가족의 모든 필요를 위해 하나님을 신뢰해야 한다는 확신을 갖게 되었다. … 이 모험은 극심한 갈등을 가져왔다."[5] 토레이는 자신의 필요나 업무를 위해 돈을 빌리거나 누구에게도 자금을 요구하지 않기로 결심했다.

대천덕은 대학에서 하나님에 대한 의존과 순종의 여정을 시작했다. 그는 스스로 만족할 때까지 하나님의 존재를 증명하기 위해 대학에서 2년 넘게 실험을 수행했다. 이 이야기는《개척자의 길》에 자세히 나와 있다. 또한 결혼 생활과 사역에서 그것을 실천했다.

---

4 대천덕, 양혜원 옮김,《개척자의 길》, 홍성사, 2001, 13-14쪽.

5 Roger Martin, *R. A. Torrey: Apostle of Certainty* (Murfreesboro, TN: Sword of the Lord Publishers, 1976), 77.

이 일이 있은 지 얼마 되지 않아 나는 정치적 입장 때문에 일자리를 잃었다. 우리는 마치 옛적 엘리야처럼 까마귀가 날라다 주는 음식을 먹으며 지내야 했다. 하나님이 우리를 먹이기 위해 사용하신 '까마귀'는 우리의 처지를 우연히 알게 된 흑인 형제자매들이었다. 부자 친구들은 우리가 어려움에 처해 있는지조차 모르고 있었다. 우리는 한 번도 굶지 않았다. 재인은 그때 신실하신 하나님께 모든 것을 의뢰하기 위해 필요한 훈련을 받았다고 말한다.[6]

대천덕 신부가 글로 남긴 수년에 걸친 경험, 가족 안에서 전해진 이야기와 필자가 직접 겪은 많은 일 가운데서 그는 하나님의 뜻에 순종한다면 하나님이 자신의 필요를 채워 주시리라고 확신했다. 그는 자신의 가족을 넘어 더 큰 맥락인 공동체에서 이것을 테스트하고 싶었다. 이것이 그가 예수원을 설립하면서 하려고 한 일이다.

대천덕 신부는 자서전에서 예수원의 설립 과정을 자세히 설명할 때 현재 위치한 땅을 얻는 과정에서 겪은 시련에 대해서도 적고 있다. 그는 땅을 얻는 과정에서 경험한 놀라운 상황을 언급한 후 다음과 같이 썼다.

그때부터 지금까지 우리 삶은 기적의 연속이었다. 우리는 한 번도 돈을 달라고 요청한 적이 없었고 돈이 부족하다는 사실을 사람들에게 말한 적이 없었는데도 하나님은 항상 필요한 것을 공급해 주셨다.[7]

예수원의 기도 생활과 하나님이 사람과 재정을 공급해 주신 이야기를 적으면서 그는 처음에 품었던 열정을 유지하지 못했던 한 청년에

---

6 대천덕, 173쪽.
7 대천덕, 203쪽.

대해 이렇게 적었다.

> 그 젊은이가 길이 꺾인 부분을 지나 시야에서 사라졌다. 그런데 다른 한 사람이 언덕을 올라 우리 쪽으로 오는 것이 보였다. 그는 내가 서 있는 곳까지 오더니 인사를 하고서 "일하러 왔습니다"라고 말했다. 하나님을 찬양하라! 그런 일이 오늘날까지 반복되고 있다. 누가 떠났을 때 그 사람의 자리를 채울 수 없으리라는 생각에 아무리 낙담이 되어도 하나님은 그의 자리를 대신할 누군가를 보내 주셨을 뿐 아니라 넘치도록 채워 주셨다.[8]

4. 믿음의 길을 배우다

믿음 재정에 대한 개념을 확인하는 실험을 기획하는 것과 그것을 실제로 실행하는 것은 전혀 다른 문제다. 예수원은 처음부터 외상이나 빚 없이 현금 기반으로 운영되었다. 우리는 출애굽기 16장의 만나를 모으는 마음으로 하루하루 하나님의 공급하심을 신뢰했다.[9]

하나님이 수년 동안 어떻게 예수원의 필요를 채워 주셨고, 그것이 기도에 대한 응답이었음을 소식지와 기도 편지를 통해 널리 알리는 것이 대천덕 신부가 믿음 재정을 실천하는 방법 가운데 하나였다. 그는 초창기 소식지를 통해 어떤 필요가 있는지 광고하지는 않지만 구체적 정보를 알려 달라는 요청에는 답을 했다. 다만 기부 여부를 결정하기에 앞서 주님의 인도하심을 구하도록 부탁했다.[10] 소식지와 안내 책자에는 항상 예수원에 재정적으로 기부하는 방법에 대한 정보가 제공되

---

8 대천덕, 205쪽.

9 *Principles and Customs*, Group Finances.

10 최근 3년 사이에 필자가 읽은 내용으로, 현재는 분실되었다.

었다. 믿음 재정의 또 다른 중요한 원리는 주님의 인도를 받기 위해 특정한 필요 사항을 위해 구체적으로 기도하는 것이었다. 그는 여러 일에 꼭 필요한 금액을 놓고 구체적으로 기도하곤 했다. 그리고 들어온 금액을 그와 같은 여러 필요에 나누어 지출했다.

공급을 위해 하나님께 의존하기를 배우는 과정은 계속 반복되어야 했다. 각종 문서와 서신에 나와 있는 원리를 배우는 것은 어려운 과정이었다. 현재인은《예수원 이야기: 광야에 마련된 식탁》에서 어렵게 배운 교훈 한 가지를 언급했다. 다음은 12장 '징계'에서 발췌한 내용이다.

… 또 마을 사람들은 우리와 함께 일하며 집 짓는 일을 돕고 싶다고 하면서 … 임금은 아무 때나 주어도 된다고 말했다. 그런데 그들이 일하려면 건축 자재가 있어야 했기 때문에 우리는 돈을 빌려서 자재를 샀다. 이번 경우에도 매달 말일에는 빚을 갚을 수 있을 것 같았다. 그러나 1968년 12월 그 토요일 밤, 빚을 다 갚지 못한 채 몇 달이 지났다는 사실이 명백하게 드러났다. 처음부터 하나님이 "돈이 있는 만큼만 일하고 빚지지 말라"고 말씀하신 것을 알고도 어떻게 이런 일이 일어나도록 내버려둘 수가 있었을까? 혼란스럽고 불편한 마음으로 우리는 일이 어떻게 진행되어 왔으며, 언제부터 빚이 쌓이기 시작했는지 알아보기 위해 대천덕의 일지를 뒤졌다. … 우리는 우리가 빚을 지게 되는 방향으로 잘못 움직였을 때마다, 또 돈을 빌리도록 설득당했을 때마다 축사에서 이상한 사고가 생겼다는 사실을 알게 되었다.

이런 일련의 예상치 못한 사고들을 통해 하나님은 이미 우리에게 경고하고 계셨는데도 우리는 '단순한, 그러나 손해가 큰 우연의 일치'라고만 생각했을 뿐 주의를 기울이지 않았다. 그러나 이제는 우리의 실수를 명백하게 보게 되었다. … 하나님이 이 일을 기뻐하지 않으시는 그분의 마음을 사람이 아니라

소에게 나타내신 것은 감사한 일이었다. 이제 우리의 실수를 직면하고 바로 잡아야 했다. 우리는 그다음 날부터 외상으로 물건을 사지 않기로 했다. 우리는 가지고 있는 금액만큼만 사기로 했다.[11]

현재인은 이런 결단이 그다음 날 어떻게 시험대에 올랐는지 계속해서 적어 나갔다. 그 결단을 꿋꿋이 지켜 나가자 필요한 자금이 채워졌다. 때로는 전혀 예상치 못한 곳에서 들어오기도 하고, 마감 시간이 임박해서 채워지는 경우도 종종 있었다. 그들은 빚을 다 갚고 현재인의 병 치료를 위해 가족이 미국행 여비로 쓸 수 있을 만큼 충분히 받았다. 대천덕은 이 경험을 회상하며 1969년 1월 4일 일지에 다음과 같이 썼다.

한 가지는 분명한 것 같다. 나는 1968년 예산에 관한 지침을 어겼다. 나는 주님으로부터 큰일을 기대하라는 말씀을 받았다고 믿었고 1만 9,000달러의 '정규' 수입과 1만 달러의 특별 수입을 합해 총 2만 9,000달러의 예산을 세웠다. 전년도 수입은 1만 7,000달러 정도였다. 그런데 올해 실제 수입이 1만 5,000달러에 그쳤다. 작년 총액 대비 12% 감소해 내가 기대한 금액의 약 50%에 불과했다. 내가 '믿음'이라 생각하고 무모한 계획을 세운 탓에 그만큼의 적자를 본 것이다.

교훈 1. 원래 믿음의 기초로 돌아가자. 빚은 지지 말자. 애당초 이 원칙을 고수했다면 우리는 2년 더 일찍 부흥을 경험했을 것이다. 우리는 넉넉하게 살아남았을 것이고, 빚도 없었을 것이다.

교훈 2. 나는 추가 건물이 필요하다고 믿었다. 아니, 꼭 갖고 싶었다. 그런데

---

11 현재인, 양혜원 옮김, 《예수원 이야기: 광야에 마련된 식탁》, 홍성사(2판), 2019, 91-92쪽.

지금 보니 거의 사용하지도 않고 있다. 작업장 다락방 대신 스튜디오 다락방만으로도 충분했을 것이다.

교훈 3. 새해에는 50명이 될 것이라는 예언도 이뤄지지 않았다. 앨버트 형제가 우리를 다른 길로 이끌었기에 망정이지, 아니었으면 우리는 50명을 채울 수는 있었겠지만 동시에 영적·재정적 재앙을 만났을 것이다.[12]

며칠 후 그는 이렇게 썼다.

집에 돌아온 후 나는 아내와 재정 상황에 대해 이야기했다. 주께서 연말까지 우리를 구제해 주지 않으신 걸 보면 내가 인도를 잘못 받았다는 결론을 내려야 한다.[13]

여러 해 동안 하나님의 공급하심에 대한 놀라운 예가 많았는데, 여기에 나열하기에는 너무 많다. 현재인의 《예수원 이야기: 광야에 마련된 식탁》뿐 아니라 젭 브래드퍼드 롱(Zeb Bradford Long)이 쓴 《Growing in Friendship with Jesus》의 1권 "예수의 친구이자 동역자인 루벤 아처 토레이, 한국 예수원 설립자"에 잘 기록되어 있다.[14] 예수원 공동체는 하나님의 많은 축복을 누리며, 계속 하나님을 의지하며 성장했다. 그러나 대천덕 신부의 일기장에서 거듭 증명된 것처럼 그답지 않은 실수를 저지르기가 너무 쉬웠다.

외상 거래나 빚을 지는 부분에서 하나님의 공급하심을 신뢰하고 하나님의 뜻에 반하는 유혹을 물리치는 법을 배워 나가는 한편 예수원의

---

12 Archer Torrey, *Unpublished Journals*, 8, entry for January 4, 1969.

13 Torrey, *Unpublished Journals*, entry for January 9, 1969.

14 Black Mountain, NC: Presbyterian and Reformed Ministries International, 2003.

소명에 직접 적용되는 기본 원칙이 있었다. 처음부터 대천덕 신부는 공동체가 자립할 것과 자신의 풍부함을 가지고 선교사와 기타 활동을 지원할 것을 목적으로 삼았다. 그러나 일이 그렇게 풀리지는 않았다. 십일조는 다른 일과 필요를 위해 철저하게 따로 떼어 두었지만, 선교사나 기타 사역을 온전히 지원할 수 있을 만큼의 재정적 풍요는 기대하기 어려웠다. 공동체는 하루하루의 공급에 의지하며 살림을 이어갔다. 그러면서 대천덕 신부는 예수원의 주요 업무는 자립이 아니라 기도라는 결론에 도달했다. 그 내용이 《개척자의 길》에 기록되어 있다.

나는 하나님이 우리를 기도의 집이 되라고 부르셨으므로, 우리가 자립하기 위해 할 수 있는 일을 다 하되 하나님이 지금 우리에게 공급해 주실 것을 믿고 우리의 우선적인 임무, 즉 기도와 중보의 임무를 계속해야 한다고 지적했다. 이것이 공식 노선이라는 것이 분명해지면서 우리는 아주 좋은 사람 몇 명을 잃어야 했다. 그들이 떠나는 것은 정말 아쉬운 일이었지만, 기도가 우선이라는 입장을 양보할 수는 없었다.[15]

5. 현재와 미래

대천덕은 2002년 8월 6일, 현재인은 2012년 4월 5일에 주님의 부르심을 받았다. 그후 예수원은 전환기를 맞았지만 계속 믿음 재정의 원칙에 충실하려고 노력했다. 믿음 재정의 문제에 있어 회원들이 개인적으로나 공동체적으로 어려움을 겪었지만 예수원은 그 원리에 따라 잘 운영되었다.

---

15 대천덕, 223쪽.

도전

예수원 공동체는 초창기부터 전혀 예상치 못한 손님을 섬기는 사역을 지침으로 삼았다. 예수원은 성 베네딕도 규칙서[16]의 정신을 따라 모든 손님을 그리스도처럼 여기고 맞이하려고 노력했다. 예수원 2년 차에 한 무리의 기자가 그 지역의 큰 동굴을 향해 가고 있었다. 그들은 짐을 지고 가던, 당시 십대였던 필자를 보았다. 그중 한 사람이 말을 걸어왔고 예수원이 있는 외딴 계곡에서 몇몇 외국인과 한국인이 함께 살고 있다는 이야기를 들었다. 그리고 얼마 후 그가 예수원을 찾아와 대천덕 신부를 인터뷰하고 전국 일간지에 그 기사를 실었다. 그 일을 계기로 많은 사람이 예수원을 찾아오기 시작했다. 이후에도 대천덕 신부의 글과 강연의 영향으로 계속 손님이 찾아왔다. 절정기였던 1990년대에는 3일 이상 체류하기 위해 찾아오는 방문객이 매년 1만 명에 달했다.

체류비를 청구하지 않았지만 그들은 공동체 수입의 주요 원천이 되었고, 그런 상황은 수년간 이어졌다. 손님이 도착하면 오리엔테이션이 이루어지는 게스트 부서 사무실에 기부 상자가 있다. 기부를 요청하거나 권하지 않아도 손님들은 기부를 하고 싶어 한다. 상자는 그들의 편의를 위해 제공된 것이다. 토요일마다 상자를 열어 기부금을 계수하고 주일 아침 성찬예배 때 제단에 봉헌한다.

수년간 손님들부터 유입된 이 헌금은 공동체에 하나의 과제를 던졌다. 과연 우리는 하나님을 얼마나 신뢰하고 있으며, 손님에게 얼마나 많은 기대를 걸고 있는가 하는 문제였다. 때로는 하나님을 신뢰하는 대신 의도적으로 손님을 늘리려고 하거나 손님이 감소하면 낙담하는 것

---

16 The Rule of St. Benedict was one of several community rules that Fr. Torrey used as guides or inspiration when establishing Jesus Abbey. The reference to guests is from chapter 53 of the Rule. '성 베네딕토 규칙서'는 대천덕 신부가 예수원을 설립할 때 안내서와 영감을 얻기 위한 자료로 사용했다. 손님에 대한 언급은 규칙 53장에서 가져온 것이다.

처럼 보일 때가 있었다. 다른 때는 손님을 위한 사역이 공동체 구성원과 예수원 생활에서 일부 부담이 되었다. 또한 평의회(운영 관리를 위해 매년 선출됨)가 손님 문제로 나머지 공동체 가족들과 충돌하는 것처럼 보이는 경우도 있었다. 그러나 2020년 이런 상황에 근본적 변화가 일기 시작했다. 이 변화가 장기적으로 이어질지는 두고 봐야 한다.

손님 없음

코로나19 팬데믹으로 예수원은 2020년 3월부터 손님을 받지 않고 있다. 그러면서 긍정적 효과가 나타났는데, 그중 하나는 공동체의 아이들[17]이 예수원의 기도와 작업 생활에 더 많이 참여하게 된 것이다. 과거에 그들은 수많은 손님에게 압도되어 자기들끼리 지내는 경향이 있었다. 공동체의 전반적 분위기는 훨씬 더 친밀해지고 자연스러워졌다.

또 다른 긍정적 효과는 공동체 가족들이 정기적인 단체 기도와 예배 일정뿐 아니라 개인 또는 소그룹으로 기도하는 데 더 많은 시간을 보내게 되었다는 점이다. 오가는 손님들을 돌보거나 상대하지 않아도 되자 더 많은 자유 시간을 누리면서 이렇게 되었다.

마지막으로, 손님은 없지만 공동체의 전반적인 경제적 형편에는 큰 어려움이 없다. 이는 믿음 재정에 대한 공동체의 다짐에 힘을 실어주는 듯하다. 한 해 동안 기부할 손님이 없고 서점에서 판매된 품목이 거의 없지만 공동체는 음식, 일상 운영, 수도와 광열비, 심지어 돈이 많이 드는 유지와 보수에 필요한 모든 자금을 가지고 있다. 하나님은 손님이라는 수단 없이도 예수원을 재정적으로 지켜주시려는 것 같다.

---

17 예수원 공동체에는 약 30명의 회원과 소수의 신입 회원이 있는데, 독신 성인과 유아에서 십대에 이르는 자녀를 둔 가족으로 구성되었다.

전망

팬데믹이 끝나면 개인 피정과 영적 회복을 위해 예수원을 찾는 단기 손님이 다시 증가할 것이다. 그 인원 수가 과거만큼 많을지는 두고 봐야 알 수 있다. 인원 수가 크게 늘지 않더라도 경제적 영향은 별로 없겠지만 많은 손님이 찾아온다면 이전과 마찬가지로 믿음에 대한 도전이 될 것이다. 공동체 가족들, 특히 자녀를 둔 가족들은 손님이 다시 찾아오기 시작하더라도 지난 일 년 동안 공동체 문화에 생겨난 긍정적 변화가 그대로 유지될 수 있기를 희망한다.

설립자 대천덕 신부가 50여 년 전에 구상한 믿음 재정의 이상과 문화는 회원들의 마음과 정신에 깊이 뿌리를 내렸다. 필자의 생각에 이것은 한동안 바뀌지 않으리라고 본다.

논찬

―――

김인수

　예수원의 믿음 재정은 한국 교회에 널리 알려진 신앙 방식이고, 공동체에 몸담은 필자에게도 영감을 주었다. 예수원의 설립자인 아처 토레이 신부의 아들인 벤 토레이 신부의 이 귀한 글을 읽고 논평하게 되어 감회가 새로우며, 그리스도인과 교회의 진정성을 찾고 있는 이 시대에 하나님께 의존함이 실제적이라는 것을 보여주는 도전이 된다고 본다. 예수원의 믿음 재정에 대한 원칙 고수와 경험은 과격한 자본주의 시대에도 하나님은 살아계시며 진정한 제자도의 선명한 행적을 보여주는 것 같아서 큰 위로가 된다.

1. 소명에 적합한 재정 정책

　기독교 사역자와 기관은 그 소명에 맞는 재정 원칙을 찾고, 그 원칙을 내면화하는 것이 바람직하다고 본다. 예수원과 허드슨 테일러, 조지 뮐러처럼 믿음 재정의 방식이나 바울의 방식, 모라비안 공동체, 최근의 BAM(Business As Mission)이 실천하는 자비량 모델 등 다양하다.

어떤 재정 정책이 더 나은 것이냐 하는 논의는 자신들의 신앙고백과 사역의 내용에 따라 다르겠지만 무엇보다 소명과 그 소명의 성장에 따른 재정 원칙의 수립과 실행이 중요하리라고 본다. 그런 면에서 예수원의 믿음 재정은 그 소명에 맞게 실천되어 왔다고 본다. 자원이 부족하고, 사람이 부족한 산골짜기에서 오직 하나님을 의지하고, 믿음을 과학 실험에 비교해 그 가능성과 결과의 풍성함을 체득한 것은 매우 흥미로우면서 실천적인 기독교의 모범 사례가 될 만하다. 기독교 신앙의 가장 기본적인 주제인 '개인과 하나님과의 관계', '개인과 공동체와의 관계', '공동체와 세상과의 관계'에 대한 치열한 실험 정신과 그 결과는 예수원뿐 아니라 모든 신앙인에게 주는 선물이 되었다.

'어떻게 믿음으로 살 것인가'라는 단순하면서도 정직한 질문은 예수원 설립자의 기도와 삶에서 이끌어낸 원동력일 뿐 아니라 그 이전 믿음의 선조 때부터 이어져 내려온 전통이기도 했다. 기독교 사역에 있어 소명은 외적인 사업 성장과 재정 운영, 많은 직원과 통계적으로 입증되는 성과로 평가되기보다 그 사역 과정에서 얼마나 하나님의 개입하심과 은혜가 있었는가 하는 것이라고 본다. 그런 면에서 기독교 사역은 재정 원칙에 있어 가능한 보수적 입장, 즉 돈으로 일하려는 태도와 돈의 효율성으로 일을 쉽게 하려는 입장보다 더디지만 하나님의 함께 하시는 증거들과 하나님을 의존하는 태도가 우선시되어야 할 것이다.

예수원은 처음 의도했던 자급자족과 그에 따른 풍성함으로 선교사를 지원하고 여타 사역도 했으면 하는 바람이 있었지만, 결국 우선적 사역이 기도임을 깨닫고 그 소명에 스스로를 제한한 것은 바른 입장을 취했다고 본다.

2. 부채에 대해

예수원도 의도하지 않았지만 건축 과정에서 빚을 지게 되고, 그런 이유로 하나님의 경고를 받기도 했다. 그러나 빚을 지면서 일하고 사는 것이 결코 하나님의 의도가 아님을 깨닫고 빚을 내지 않고 다시 하나님을 의존하기 시작했을 때 재정적 어려움이 해결되었다는 간증이 있다. 현대 사회에서는 빚을 내어 쓰는 것이 자연스러운 일이 되었다. 현재 한국 교회 붕괴의 구조적 문제는 과도하게 빚을 내어 건축하면서 외형적 확대를 해 왔다는 것이다. 교회가 교인과 헌금의 증가, 그로 말미암은 부채 상환을 낙관했기 때문이다. 믿음만 있으면 하나님이 돈도 주시고 부자도 되게 하신다는 태도가 아니라 주어진 재정으로 단순하면서 소박한 삶을 고수하고, 믿음을 지켜 나가려는 태도가 더 바람직한 신앙이자 사역의 순수성을 지켜내는 방식일 것이다. 빚을 내는 행위는 미래를 낙관하는 자기과신과 자신이 미래를 통제할 수 있다는 자기중심적 태도에서 비롯된다. 이것은 결국 믿음마저 붕괴시킬 수 있다.

그동안 근대 국가와 교회는 공생공영(共生共榮)의 지상 목표를 향해 달려왔다. 그러나 이제는 공생공영이 아니라 공생공빈(共生共貧)의 삶, 비록 가난하지만 함께 살아가는 삶으로 전환하면서 그 가운데서 공생공락(共生共樂, conviviality)의 삶을 키워내야 하는 시대가 되었다. 교회와 기독교 기관들은 그들 자신이 빚을 지는 삶의 방식이 아니라 오히려 가난한 사람들의 빚을 갚아 주는 희년의 삶을 실천해야 하겠다.

3. 믿음 재정에서 믿음의 삶으로

예수원의 '믿음 재정'에 대한 실험이 이제 용기를 가진 형제자매에게 '믿음의 삶'으로 나아가도록 격려하는 길이 되었으면 한다. 믿음이 살아있고, 하나님을 의지하는 진정한 신앙 운동이 일어나기를 소망해 본다.

첫째, 믿음 재정에서 믿음의 삶으로 나아가기 위해 무엇보다 선교사와 사역자는 안정된 급여에 의존하는 것이 아니라 안정된 공동체를 건설하는 것이 더 지혜롭고 견고성을 유지할 수 있다는 사실을 인식했으면 한다. 우리의 진정한 안정감은 돈과 물질을 많이 소유함으로써 이룰 수 있는 것이 아니라 함께 신뢰하면서 살아갈 수 있는 신앙 공동체의 건설이 절실한 과제임을 인식할 필요가 있다. 지금 믿음 재정이 아니라 믿음의 삶을 일으켜야 하는 시대적 요청이 있다고 본다. 그런 면에서 자본과 개인의 능력에 지배되는 도시보다 흙에 기반을 둔 농촌에서의 공동체적 삶이 장기적으로 안정적이다.

필자가 섬기는 민들레공동체의 경우 식량 자립, 경제 자립, 에너지 자립, 교육과 문화의 자립, 신앙과 양심의 자립이라는 5대 자립을 추구하면서 살아가고 있는데, 농촌은 그나마 유리한 조건이 될 수 있다고 본다. 예수원 같은 산골에서는 영성을 담아내면서 보다 창의적이고 혁신적인 공동체 기업을 고려해 볼 수도 있다.

둘째, 가난한 사람의 비중이 더 많아지는 공동체 건설이다. 교회든 선교 현장이든 공동체든 그 회원 가운데 가난한 사람의 비중이 더 늘어나는 것은 매우 건강한 징표로 볼 수 있다. 그것은 우리가 예수님처럼 가난한 사람의 친구가 되어 그들에게 복음을 전하는 삶을 산다는 증거가 되기 때문인데, 남아공의 크와시자반투 공동체(Kawasizabantu Mission)가 좋은 모델이라고 할 수 있다.

셋째, 공동체와 기관의 공공성을 강화시켜 나가야 믿음 재정에서 믿음의 삶으로 나아갈 수 있다. 교회와 선교단체, 기독교 기관은 투명한 재정 운용, 책임 있는 직무 수행, 원활한 의사소통과 거버넌스를 위해 단체의 명확한 비전과 목표, 문서화된 지침을 마련해야 한다. 수많은 종교기관이 영적 열정으로 시작해서 번성했지만 그 끝이 세속화되고 붕괴되는 것은 이런 공공성의 약화가 그 원인이다. 믿음으로 산다는 것은 하나님께 우리의 모든 일용할 거리를 의존하겠다는 것이다. 하지만 그 과정에서 정의롭고 공평하고 자비로운 하나님의 마음과 손길을 붙들어야 한다.

넷째, 믿음 재정에서 보다 적극적인 믿음의 삶으로 나아가기 위해 노동에 대한 이해가 확장되어야 한다. 사도 바울은 '믿음의 역사'를 '사랑의 수고', '소망의 인내'와 함께 하나님 아버지 앞에서 끊임없이 기억하는 거라고 했다(살전 1:3). 믿음과 사랑, 소망은 믿는 사람이 추구하는 가장 귀한 가치이자 영적인 의미다. 하지만 이 믿음과 사랑, 소망에 붙는 단어는 역사와 수고, 인내로 말 그대로 힘겹게 일하고, 체력 소모가 따르는 노동을 하고, 오래 버티는 삶을 견지해야 한다는 신체적 의미와 함께 쓰고 있다.

무엇보다 믿음의 삶은 믿음의 역사(일, 노동)와 동행하고 있다. 현대 기독교가 신영지주의(Neo-Gnosticism)의 습관에 빠져 매사에 영적인 삶을 강조하지만 진정한 삶은 믿음과 삶의 일치라는 온전한 삶에서 찾을 수 있다.

다섯째, 믿음 재정에서 믿음의 삶으로 나아갈 때 우리는 예언의 요소, 하나님 말씀의 격려를 존중해야 한다. 소명은 주어진 시점에서 변함없이 동일한 사역을 하기도 하지만 대부분의 소명은 발전하고 확장되고, 때로는 변화하기도 한다. 이는 소명을 실현하는 개인과 공동체의 성장과 함께 소명도 변화한다는 뜻이다. 이때 우리는 주어진 예언을 분별하고 신중하되 믿음으로 확증할 수 있어야 한다. 예언은 배의

키와 같아서 믿음의 공동체가 나아갈 방향을 이끄는 매우 결정적 역할을 할 수 있다.

4. 결론

예수원의 믿음 재정에 기초한 공동체의 삶은 돈이 돈을 벌게 하는 극단적 형태의 자본주의 사회에서, 돈이 아니면 살아갈 수 없다는 물질 우상의 시대에서 하나님을 신뢰함으로써 삶이 가능하다는 것과 무엇보다 믿음과 재정이 함께 갈 수 있다는 본보기를 보여준 귀한 사례다. 이것은 여전히 교회와 선교 현장의 믿음 선교를 가능케 하는 고백이기도 하다. 사역의 재정적 형태는 그 사역의 소명과 직결되어 있고, 소명에 적합한 재정 원칙과 운용 방안을 찾아야 한다. 소명에 근거한 재정 원칙은 소명에 근거한 삶이 가능하도록 우리를 이끌 것이다.

이와 관련해 빚은 우리가 신뢰할 수 있는 유일한 존재로서 하나님의 인도하심을 배제하고, 미래를 자신이 통제할 수 있다는 잘못된 믿음으로 이끌어 마침내 하나님도 교회도 저버릴 수 있는 위험성을 내포하고 있다.

가난한 사람에게 복음을 전하신 예수님과 제자들의 전통에 따라 우리도 가난한 사람의 생활양식을 존중하고, 보다 단순하고 소박한 삶, 직접 노동의 소중함을 익혀야 하겠다. 무엇보다 빚을 지는 삶이 아니라 가난한 사람의 빚을 갚아 주는 기독 공동체의 출현이 더욱 소중한 때다.

예수원의 믿음 재정에 대한 실천은 이제 우리에게 '믿음 재정'에서 한 걸음 더 나아가 '믿음의 삶'으로 나아가는 과제를 주었다고 본다.

08
신뢰성과 투명성, 책무를 통해 본
GMS 구조와 재정 운용 정책 고찰

―――――

김진봉

한국은 1910년 영국 에든버러에서 열렸던 세계선교사대회 때만 해도 동아시아 한쪽에 위치한 은둔의 나라에 불과했다. 그리고 한국 교회의 역량도 미미하기 그지없었지만 1903년 원산부흥운동, 1907년 평양대부흥운동, 1909년부터 전개된 100만명구령운동 등을 거치며 세계가 주목하는 선교 지향적인 교회로 준비되었다. 앤드루 월스는 2017년 KGMLF 포럼에서 초기 한국 교회의 모습을 다음과 같이 평가했다.

"그러나 하나님은 한국 교회를 세계 선교의 특별한 곳으로 조용히 준비시키시고 … 보고서는 우리가 성경을 읽으면서 이해관계를 뛰어넘는, 재정적으로 자립할 뿐 아니라 헌신되고 훈련되고 잘 양육된 사역자들이 모인 교회를 세우는 것에 대한 일견을 제공한다."[1]

---

1 Andrew Walls, "Migration in Christian History" in Jonathan Bonk & Jinbong Kim et all., eds., *People Disrupted: Doing Mission Responsibly among Refugees and Migrants* (Littleton Willian Carey Library, 2018), 36.

이처럼 초기 한국 교회의 놀라운 부흥 운동 사건이 채 한 세기도 지나지 않아 한국 교회에서 파송한 2만 명이 넘는 선교사가 지구촌 구석구석에서 사역하고 있다.[2] 사실 한국 선교의 괄목할 만한 성장은 선교의 모판이라고 할 수 있는 한국 교회의 성장과 맥을 같이한다. 그리고 한국 교회의 선교 부흥은 각 교단의 선교부와 여러 선교단체의 노력과 무관하지 않다. 그 가운데 1912년 9월 설립된 대한예수교장로회총회(GPCK, General Assembly of Presbyterian Church in Korea)는 초창기부터 선교사를 파송했다. 현재는 GPCK 산하기관으로 세계선교회(GMS, The Global Mission Society)가 그 교단의 선교를 책임지고 있는데, 2021년 1월 기준으로 101개국에 2,574명의 선교사를 파송한 단체이기도 하다. 여기서는 한국에서 가장 큰 선교단체인 GMS에 대한 간략한 변천사, 그 조직과 재정을 살펴보고자 한다. 그리고 GMS의 재정 운용에 있어 투명성과 신뢰성, 책무 측면을 다룬 후 GMS 선교사들이 응답한 설문조사를 통해 바람직한 GMS의 구조와 재정 정책, 운용에 대해 제언하려고 한다.[3]

1. GMS의 변천사

GMS 출범 이전 교단의 선교부

GPCK가 보낸 선교사는 1969년 이전까지 18명에 불과했고, 선교를

---

2 Steve Sang-Cheol Moon, The Protestant Missionary Movement in Korea: Current Growth and Development, *International Bulletin of Missionary Research* 32, no. 2 (April 2008), 59.

3 여기서 인용된 자료는 GMS 웹사이트(https://gms.kr)와 GMS가 2018년 9월 6일 발행한 '정관 선거관리규정 운영 규칙 본부 운영 세칙'과 2020년 9월 3일 제23회 이사회 정기 총회에 참석한 선교사들이 보낸 것임을 밝혀 둔다.

전적으로 담당하는 상설 기구도 없었다. 그러나 1981년 제66회 교단 총회 이후 선교 업무를 주관하는 상설 기구로 선교국이 생겼고, 1991년 제75회 교단 총회에서 선교부 산하 조직으로 '한국예수교장로회 총회 해외선교위원회(OMSGAPCK, Overseas Missionary Society of General Assembly of Presbyterian Church in Korea)'를 조직하고 첫 선교국장으로 SIM 나이지리아 선교사 출신인 강승삼 목사를 발탁했다. 그후 1991년 168명의 선교사에서 5년 후인 1995년에는 734명의 선교사를 보유한 단체가 되었고, 선교비는 1991년 8억 원에서 1995년에는 100억 원이 훨씬 넘는 규모로 증가했다. 선교부원과 선교사를 파송한 교회로 구성된 OMSGAPCK는 선교 후원금과 회비를 내어 조직을 운영해 나갔다. 그리고 1994년에는 시니어 선교사 53명이 모여 '총회 선교 규정'을 보완했다. 따라서 당시 총회 내 선교부가 있기는 했지만 명목상의 조직일 뿐 실제로는 OMSGAPCK가 선교 업무를 담당했다고 볼 수 있다.

GMS 출범과 조직, 이사회

1998년 교단 총회는 GMS를 출범시켜 총회 산하의 비영리법인으로 독립시켰다. GMS 조직은 크게 이사회와 본부가 있다. 본부는 교단 내 산하 노회와 지역 교회를 동원하고 후원 교회와 후원자를 개발하고 선교 현지 사역의 원활한 업무를 지원하는 실무 상설 기구다. 또한 그 본부는 정책, 재정, 센터 후원 개발, 국제, 의료 복지를 담당하는 행정원과 선교사 심의 훈련, 자녀, 여성, 윤리, 비즈니스, 문화 사역, 멤버케어 등을 담당하는 사역원으로 나뉜다. 그런데 GMS 발족과 함께 중요한 변화는 이사회 제도를 도입한 것이다. 즉 선교사를 파송한 교회 파송 이사와 노회 파송 이사로 구성된 이사회는 GMS의 최고의결기관인 동시에 법적 대표권을 가지게 되었다.[4] 다시 말해 그 이사회에서 모든 선교 정책을 결정하며 본부를 통해 집행과 감독 등 교단의 선교 사업을 관장할 뿐 아니라 필요한 예산을 세우고 집행하고 결산한다. 그런데 연 1회 이사회 정기총회에서 GMS 선교 사업의 중요한 결정을 할 때 선교사를 대표하는 정회원 수가 없다는 것은 안타까운 일이다.[5]

GMS 재정과 선교사 재정

GMS의 재정도 크게 두 가지로 구분할 수 있다. 선교사들이 모금한 선교사 후원금과 GMS 본부와 조직을 운용하는 데 필요한 경상비다. GMS 선교사 후원금의 규모는 2020년 기준 427억 원이 넘는다. 그리고 선교사들이 모금한 금액 가운데 그들을 위한 여러 적립 기금과 GMS 본부를 운용하는 데 필요한 경상비는 연 30억 원 정도다.

• 선교사 재정

GMS 선교사로 임명을 받기 위해선 본회가 정한 선교사 기초 생활비와 사역비를 모금해야 한다.[6] 그 선교비 모금은 전적으로 선교사에게 책임이 있다 보니 선교비가 모금되지 않으면 선교사 파송에도 어려움이 따른다. 필자(김진봉)도 1994년 2월 총회세계선교회 선교사로 파송을 받기 전 2명의 자녀를 포함해 4인 가족이 아프리카에서 필요한 매월 미화 2,400달러에 대한 선교비를 모금했다. 코로나 전염병 사태로 교회들의 재정이 감소하는 가운데 선교사들의 선교비도 줄어들고 있

---

4 https://gms.kr/bbs/board.php?bo_table=670&wr_id=23 참조.

5 총회 상비부인 선교국에서 GMS로 독립했던 초기에 이사회 총회에 선교사 15인 이상이 정회원으로 참여했다. 그러나 2001년 10월 GMS 선교사대회 이후 선교사 이사 정회원 수를 없애버렸다.

6 https://gms.kr/bbs/board.php?bo_table=670&wr_id=23 참조.

지만 선교 모금의 일차적 책임은 선교사에게 있다는 것이 GMS 정책이다. 선교사가 모금한 재정은 GMS 본부의 은행 구좌(선교사 가상계좌)로 입금된 후 본부를 통해 선교사에게 송금되고, 모금된 선교비 가운데 선교사를 위해 여러 기금으로 적립해 본부에서 관리한다.

• GMS 경상비

앞서 언급한 것처럼 GMS가 운영하는 경상비가 연 30억 원 정도라고 했는데, 그 수입원은 크게 세 가지다. 첫째, 이사들의 회비다. 둘째, 선교사 회비 그리고 보조금과 헌금이다.[7] 먼저 약 30억 경상비 가운데 선교사로부터 매월 원천 징수되는 회비는 22회기 기준으로 15억 원이 넘는다.[8] 그리고 이사들이 낸 회비는 약 7억으로 일반이사 10만 원, 실행이사 15만 원, 임원 이사는 20만원으로 구분해 낸다. 그런데 이사들의 회비는 선교사 회비처럼 원천 징수가 아닌 자율에 맡기고 있어 납부율은 40% 전후다. 그리고 이사들이 낸 7억 원 가운데 2억 원은 이사장 판공비와 임원 수련회비, 이사회 각종 회비와 정기총회비로 지출되므로 순수 경상비는 5억 원에 그치고 있다. 따라서 GMS 선교사들 중에는 경상비 수입원의 대부분을 감당해야 하는 선교사들의 책무와 이사들의 회비 납부에 대한 구조적인 불공정을 지적하는 선교사들이 있다.

이 논문의 마지막 부분에서 GMS 구조와 재정 운용에 대한 선교사들의 설문조사에 대한 의견을 소개하겠다. 대한민국은 2016년 9월부

---

7 GMS의 정관 23회기 제9장 제21절에는 "본회의 재정은 이사회원들의 회비, 헌금 및 총회 지원금으로 충당된다"라고 명시되어 있는데, 정작 그 재정 재원의 과반수 이상을 차지하고 있는 선교사 회비에 대한 언급은 없다.

8 GMS 선교사들의 월 회비는 독신은 66,000원이고, 부부는 92,400원, 자녀 1명을 둔 부부는 112,200원, 자녀 2명 이상인 부부는 125,400원이다. 1999년 11월까지 부부(자녀 2명 이상) 기준으로 38,000원이었던 월 회비가 현재는 125,400원으로 증가했다.

터 청탁금지법인 '김영란법'이 시행되고 있다.[9] 이 법은 투명하고 공정한 사회를 만들자는 취지로 만들어졌다. 그렇다면 세상의 빛과 소금으로 살아가야 할 기독교 공동체와 조직의 운용은 더욱 투명하고 공정함이 마땅하다.

- 선교사 기금(적립금)

선교사 기금은 선교사가 모금한 후원금 가운데 선교사를 위해 여러 항목으로 나누어 적립하고 GMS 본부가 관리하고 있는 것이다. 실버 적립금(106억 원), 퇴직 연금(132억 원), 안식년 여행 기금(34억 원), 상호 복지 기금(12억 원)과 공동 기금(1억 원) 등 그 총액이 300억 원이 넘는다. 공동 기금은 어려운 선교사를 위한 무이자 대출금과 같은 것이다. 상호 복지 기금은 선교사의 상해와 질병 치료, 비상 사태 관리 대책을 위한 기금이다. 안식년 여행 기금은 선교사가 안식년과 위급할 때 경비로 사용할 수 기금으로, 매월 4인 가족은 192,000원이고 독신은 6만 원을 본부에 적립한다.[10] 실버 적립금과 퇴직 연금은 선교사의 노후를 위해 매월 적립한 기금을 이사회에서 자체적으로 관리하고 운용하다가 2011년 2월부터 하나은행의 한 상품으로 계약해 퇴직연금으로 전환되었다. 그런데 2017년 8월부터 그 은행의 퇴직연금 중단 사태가 발생해 지난 3년 6개월 동안 선교사 퇴직연금 반환 소송이 진행되었고, 최근 확정 판결을 받았다.[11]

---

9 https://en.wikipedia.org/wiki/Improper_Solicitation_and_Graft_Act 참조.

10 자세한 내용은 2018년 9월 8일 이사회 총회에서 결의된 "Article of Association & Management Regulations Headquarters Bylaws", 146-150쪽 참조.

11 2020년 10월 13일, 수원지방법원 제15민사부는 판결문(조정안)을 공시했고, 2020년 11월 3일 판결을 확정했다. 확정일로부터 2주 이내에 하나은행은 금액을 계산하여 GMS에 통보했다. 그러나 해지 절차에 대해 은행 측에서 개인연금의 특성상 개별 동의서를 100% 받아야 한다고 강력하게 주장해 장시간의 에너지가 소모될 것으로 예상된다. 또한 낮은 이자와 소송 과정에서 소모된 2억 이상의 변호사 비용과 인지세를 선교사 기금에서 지출한 것에 대해서도 책임 논란이 일 것으로 보인다.

앞서 언급한 것처럼 GMS는 한국을 넘어 세계에서 손꼽히는 거대한 규모를 지닌 선교단체다. 파송된 선교사의 숫자만 두고 비교한다면 미국의 남침례회 선교부(IMB, The International Mission Board) 다음으로 많은 선교사를 파송한 단체일 것이다.[12] 그러나 많은 선교사와 엄청난 재정을 가지고 있는 선교단체라는 것만으로 하나님이 기뻐하시는 단체라고 말할 수는 없다. 따라서 다음 장에서는 GMS 구조와 재정 운용을 성경에서 강조하고 있는 신뢰성과 투명성, 책무의 측면에서 살펴보겠다.

2. GMS의 신뢰성과 투명성, 책무

2019년 KGMLF에서 미국의 링크케어센터 대표인 브렌트 린퀴스트는 조직 건강성의 여섯 가지 특징을 다음과 같이 발표했다.

첫째는 서로 신뢰하는 환경, 둘째는 솔직하고 정확한 의사소통, 셋째는 서로 연결되고 권한과 책임이 부여된 구성원, 넷째는 정책뿐 아니라 우선순위와 목적에 집중하기, 다섯째는 웰니스 균형, 여섯째는 평가와 변화."[13]

급변하는 21세기 환경에 적응해 발전하기 위해서는 조직 건강성이 필수적이다. 특별히 GMS와 같은 거대한 선교단체가 조직의 건강을 유

---

12 IMB is a Baptist Christian missionary society affiliated with the Southern Baptist Convention. https://www.imb.org/fast-facts/ 를 보면 2020년 12월 31일 기준으로 3,558명의 필드 선교사가 소속되어 있다.

13 Jonathan Bonk & Jinbong Kim ed., *Missionary Mental Health and Accountability: Support Systems in Churches and Agencies*, (Littleton William Carey Publishing, 2019), 199-200.

지하려면 더욱 신뢰성과 투명성을 바탕으로 한 책무를 잘 이행하는 단체가 되어야 한다.

GMS의 신뢰성

린퀴스트는 조직의 건강을 나타내는 특징 중 첫째가 '신뢰성'이라고 했다. 조직의 신뢰성 문제는 조직을 운영하는 사람과 조직을 운영하는 방식에 대한 신뢰성을 다 포함한다. 예를 들어 GMS가 2011년 '안식년 여행 기금' 중 10억 원을 전용해 그 기금의 목적에서 벗어나 미국에 연락사무소 명목의 부동산을 구입한 일이 있다.[14] 만약 그런 결정을 내릴 때 선교사들의 참여가 있었다면 그 일은 성사되지 않았을 것이다. 즉 GMS 조직을 운영하는 방식의 문제다. 그러나 그 일을 추진한 일부 이사와 선교사들이 법정 소송까지 가는 안타까운 일이 발생한 것은 GMS를 운영하는 사람에 대한 불신을 보여준 것이다. 2015년 속초에서 열렸던 KGMLF 포럼의 영문 책 출판을 위해 추천사를 보낸 크리스토퍼 라이트는 교회와 선교 지도자에게 다음과 같이 조언한다.

우리는 모든 교회와 선교 지도자에게 우리 사역을 소개할 때 진실을 다 밝히지 않으려는 유혹에 대항하라고 요청한다. 근거 없는 통계로 보고서를 과장하거나 이익을 위해 진실을 왜곡하면 우리는 부정직한 사람이 되고 만다. 우리는 하나님이 정결케 하는 정직의 물결로써 그런 왜곡과 조종, 과장을 끝내 주시도록 기도해야 한다."[15]

---

14 관련 기사들을 참조하라. http://www.igoodnews.net/news/articleView.html?idxno=32945, http://news.kmib.co.kr/article/view.asp?arcid=0005321022.

15 Jinbong Kim ed., *Megachurch Accountability: Critical Assessment through Global Case Studies* (Pasadena, Willian Carey Library, 2016), x.

이 논문을 위해 일부 GMS 선교사에게 설문조사를 의뢰했는데, GMS가 대한 신뢰성 관련 질문에서 응답자의 52%는 "전혀 아니다", 20%는 "아니다"로 답변해 응답자의 72%가 GMS 조직에 대한 신뢰성이 없다고 했다. 구약성경을 보면 사무엘이 하나님께 받은 선지자와 사사의 사역을 마무리하며 온 이스라엘 백성 앞에서 연설하는 내용이 나온다. 그는 "내가 여기 있나니 여호와 앞과 그의 기름 부음을 받은 자 앞에서 내게 대하여 증언하라 내가 누구의 소를 빼앗았느냐 누구의 나귀를 빼앗았느냐 누구를 속였느냐 누구를 압제하였느냐 내 눈을 흐리게 하는 뇌물을 누구의 손에서 받았느냐"(삼상 12:3)라고 질문한다. 그러자 이스라엘 백성이 "당신이 우리를 속이지 아니하였고 압제하지 아니하였고 누구의 손에서든지 아무것도 빼앗은 것이 없나이다"(삼상 12:4)라고 답했다. 하나님의 종에 대한 이스라엘 백성의 전적인 신뢰를 엿볼 수 있는 장면이다.

GMS가 신뢰성을 회복하기 위해서는 GMS 조직을 운영하는 방식의 변화가 시급하다. 앞서 린퀴스트가 말한 것 가운데 이사진과 선교사 간의 의사소통이 수직적 상하관계가 아니라 주님이 교훈하신 겸손의 마음과 종의 자세를 가진 민주적인 의사소통의 채널이 제도적으로 설치되어야 한다. 그것을 위한 최선의 방법 가운데 하나는 이사회 회원 구성에 있어 교회 파송 이사와 선교사를 대표하는 이사의 비율이 같아야 하고, GMS의 재정 운용을 선교사에게도 투명하게 공개하는 것을 GMS 정관에 명시해야 한다. 그리고 모두가 인정할 수 있는 외부 전문가(기관)를 통해 선교사 기금을 잘 관리한다면 GMS에 대한 신뢰성이 크게 회복될 것이다.

GMS의 투명성

투명성은 '숨길 것이 전혀 없는 것, 즉 다른 사람들의 눈에 정직하고 믿고 신뢰할 수 있는 것'을 뜻한다. 그 어떤 것도 숨길 수 없는 전지전능하신 하나님 앞에서 그리고 평생을 통해 이스라엘 백성의 눈과 귀로부터 자유로울 수 없던 사무엘이 가진 삶의 투명성은 우리에게 시사하는 바가 크다. GMS의 재정 규모는 한국 선교단체 가운데 최대다. 이사회 총회의 결정을 통해 수십 억의 지출이 결정되고 집행된다. 한 나라의 최고 권력을 가졌던 사무엘은 사역 기간 얼마나 많은 뇌물 공세의 유혹이 있었을까? 사실 돈에 대한 유혹이 얼마나 큰지에 대한 것은 예수님을 따르고 싶었던 한 청년이 가진 재물이 많아서 결국 근심하며 돌아갔다는 교훈을 통해 잘 알 수 있다(마 19:22). 크리스토퍼 라이트는 하나님이 맡겨 주신 재물을 관리하는 청지기인 교회와 선교단체 지도자들이 재정에 대해 투명해야 한다고 강조하면서 몇 가지 중요한 교훈을 준다.[16]

물질적 유혹이 있기에 '제도적 안전장치'가 필요하다. 고린도전서 16장과 고린도후서 8장에서 바울은 돈을 다룰 때 여러 사람이 참여해야 한다는 것을 강조하고 있다. 필자가 OMSC에서 근무할 때 적은 액수의 수표를 발행하는데도 두 명의 서명이 필요했다. GMS의 경우에는 재정에 전문적 지식이 있는 선교사들을 비롯해 대표성을 띤 선교사들이 이사회에 참여하는 것이 좋은 안전장치가 될 것이다.

물질적 책무는 하나님과 사람 앞에서 투명성을 요구한다. 바울은 "이것을 조심함은 우리가 맡은 이 거액의 연보에 대하여 아무도 우리를 비방하지 못하게 하려 함이니 이는 우리가 주 앞에서뿐 아니라 사람 앞에

---

16 Jonathan Bonk ed., *Accountability in Missions: Korean and Western Case Studies* (Eugene, WIFE and STOCK Publishers), 44-52.

서도 선한 일에 조심하려 함이라"(고후 8:20-21)고 말했다. 이 부분에서 크리스토퍼 라이트는 대단히 의미 있는 설명을 하고 있다. 즉 바울 시대의 문화는 한국처럼 수직적 문화였기에 그 문화를 따랐다면 "나 바울은 대장이고 사도니 돈을 주고 경호원을 붙여 주면 내가 예루살렘으로 가져가겠으니 그냥 나만 믿으십시오"라고 했을 것이다. 그러나 그는 여러 사람이 동행하면 많은 추가 경비가 들겠지만 어떤 비난거리 없이 투명하게 일을 처리하는 것이 중요하기에 반문화적으로 행했다는 것이다.

물질에 대해 투명하지 못한 것은 하나님의 진리를 모독하는 행위다. 뇌물과 부패는 사람의 눈을 멀게 한다. 그것은 지도자들이 계속되는 나쁜 일들을 보고도 눈감게 하고 순결한 사람들의 참된 필요에 눈을 멀게 한다. 또한 사역은 부패하며 왜곡되고 어두워진다. 성경이 하나님께 대해 언급한 가장 중요한 특성은 그분은 진리의 하나님이시기에 부패하실 수 없고, 뇌물도 받지 않으신다는 것이다. 우리는 다음과 같은 냉랭한 선포를 듣게 될 것이다. "너희 죄가 반드시 너희를 찾아낼 줄 알라"(민 32:23). 우리가 행하는 어떤 사역이든 다른 사람 앞에서 투명하게 하고, 우리 활동과 업무 처리에 대해 그들이 인정하게 하고, 그들의 비평에 열린 마음을 가질 정도로 겸손할 때 가장 안전하다.

GMS가 출범한 후 이사회의 '재정 운용'에 대해 여러 가지 잡음이 일었던 것이 사실이다. 남다른 '클린 재정'으로 잘 알려진 한국기독교100주년기념교회는 2005년부터 매월 결산 내용을 공개해 성도는 물론 일반인도 세부적 내용을 꼼꼼하게 확인할 수 있다.[17] 일 년에 수백억이 넘는 예산을 결산하고 있는 GMS도 그 교회처럼 파송 교회와 선교사에게 투명하게 공개해 사무엘이 보여준 것처럼 하나님과 사람 앞에 조금

---

17 http://news.kmib.co.kr/article/view.asp?arcid=0923393909 기사 참조.

의 부끄러움도 없는 단체가 되기를 바란다.

GMS의 책무

성경에 나오는 달란트 비유(마 25:14-30)는 책무가 무엇인지를 잘 설명해 주고 있다. 즉 주인은 종들에게 달란트를 나누어 주고 나서 그들이 맡은 일을 어떻게 완수했는지 계산했다. 다시 말해 맡겨진 임무나 책임에 대한 결과를 하나님과 사람들 앞에서 계산하는 것이 책무라고 정의할 수 있겠다. 여기서 GMS가 코로나19 사태를 맞아 잘 대응한 사례와 선교사를 위해 급하게 감당해야 할 몇 가지 책무를 살펴보겠다.

① 코로나 비상상황본부 운영

코로나19 사태가 닥쳤을 때 GMS는 2020년 4월 2일 코로나 비상상황본부를 발족해 위기 상황에 대처하기 시작했다. 이 일이 가능했던 것은 GMS 이사회의 신속한 대처 능력과 GMS에 연관된 총회 소속 교회들의 적극적 지원이 있었기 때문이다. 실무에 관여했던 김정한 목사는 '코로나 긴급대책 비상상황본부'에 대한 6,000페이지가 넘는 자료를 정리했는데, 간략한 내용은 다음과 같다.[18]

- GMS 전체 선교사와 자녀의 숫자(한국 사역 제외) 4,909명 중 940명 입국
- 코로나바이러스에 감염된 선교사 27명(1명 소천함), 자녀 14명
- 자가격리를 위한 숙소(숙박비, 식사, 광열비) 제공은 377명, 자체 해결은 580명
- 341세트 구호품 전달과 1,400여 유닛 1회 10만 원 지원, 어려운

---

18 김정한 선교사가 2021년 1월 GMS 이사진에게 보고한 문서에서 인용했다.

자는 2회 지원

- GMS가 가입한 보험에서 미지급되는 코로나 치료 비용 지원
- 심리적 안정을 위해 전문 기관, 전문가의 도움을 받아 맞춤형 멤버케어 제공
- 현장 선교사의 필요를 위해 341세트 긴급 구호품 지원과 자가 진단 키트 긴급 지원
- 교회와 단체, 개인의 후원금 5억 6,918만 3,016원 모금(2021년 1월 7일 기준)

이 보고서를 보면 2020년 4월부터 지금까지 코로나 위기를 잘 극복할 수 있도록 최선을 다해 수고한 GMS 이사진과 본부 직원들, 많은 교회와 성도의 헌신이 돋보인 아름다운 책무의 열매라고 할 수 있다.

② 선교사 자녀를 위한 책무

코로나19 사태에 성실히 책무를 다한 GMS는 다른 선교단체에 모범이 되었다. 그러나 2,000명이 넘는 GMS 선교사 자녀들을 위한 활동적인 전문 부서가 없다.[19] 선교사 자녀도 월 1만 3,200원의 회비를 내고 있는데, 두 명일 경우 연 31만 6,800원으로 10년이면 3,000달러 정도의 큰 금액이다. 한 선교사는 "금액의 많고 적음에 대한 문제가 아니라 이제 다시 생각해 보아야 한다. 말로만 MK를 생각한다고 할 것이 아니라"[20]고 하면서 그들을 위한 성실한 책무를 요청하고 있다. 만약 코로나19

---

19 GMS에 멤버케어 부서가 있고 일 년에 한 번 MK수련회와 대학생을 위해 장학금 수여가 있지만 GMS의 규모를 생각할 때 전문가로 구성된 'MK 부서' 설립과 적극적인 예산 지원이 시급하다.

20 2020년 10월 19일 GMS 선교사회 웹진인 "선교사 자녀 월회비, 이대로 좋은가?"에서 인용했다.

사태가 진정된다면 GMS의 코로나 비상상황실은 필요 없게 될 것이다. 그러나 천하보다 귀한 GMS 선교사 자녀들이 자살하고(2020년 2명), 그들이 말하지 못할 여러 어려움을 당하는 것을 감안할 때 실제적인 대책이 필요하다. '제3 문화 아이들'로도 불리는 선교사 자녀들에 대해 정순영은 다음과 같이 말한다.

선교사 자녀들도 다양한 도전에 직면해 있다. 그들의 우울증과 자살률은 그들이 모국으로 귀국한 첫해 이후 계속 증가한다. 정체성의 위기, 소외감, 상실감과 슬픔, 소속감의 결여 등과 관련된 제반 문제는 선교사 자녀와 제3 문화 아이들이 가진 다문화적 성장 배경과 잦은 이사 등의 특징과 연관되어 있다.[21]

김영옥도 한국 교회와 선교단체가 선교사 파송 숫자에만 지나치게 집중해 왔다고 비판하면서 교회와 선교단체가 선교사 멤버케어 개발에 재정과 시간을 투자해야 한다고 강조한다.[22] 따라서 GMS는 2,000명 넘는 선교사 자녀를 위한 명목상의 기구가 아니라 전문가들로 구성되어 실제적 노력과 적극적 투자를 통해 맡겨진 책무를 이행해야 할 것이다.

③ 선교사 은퇴를 위한 책무
2013년 1월 KGMLF 소논문을 위해 346명의 선교사를 대상으로 은

---

21 Soon Young Jung & Donna Kaiser, "Transcultural Kids: Implications for the Care of Missionary Children", in Jonathan Bonk et all., eds., *Family Accountability in Mission: Korean and Western Case Studies* (New Haven, OMSC Publications, 2013), 275.

22 Young Ok Kim, "God's Wounded Servants: Exploring the Lived Experience of Trauma", in Jinbong Kim et all., eds., *Missionary Mental Health and Accountability: Support Systems in Churches and Agencies* (Littleton William Carey Publishing Willian Carey Publishing, 2019), 166.

퇴와 관련된 설문조사를 실시했다. 그때 "은퇴 후 노후 생활이 어려운가?"라는 질문에 응답자의 36%가 "매우 어렵다", 52%는 "어렵다"라고 답변했다.[23] 그런데 최근 GMS 선교사 대상으로 "은퇴 후 예상 재정적 수입에 만족하느냐?"라는 질문에 응답자의 35%가 "전혀 아니다", 35%가 "아니다"라고 답변했다. 다시 말해 적어도 은퇴할 선교사의 70%가 어려운 노후 생활을 예상하고 있다. GMS가 독신 선교사의 숙소를 월문리센터에 조성하고 있는 것은 다행스러운 일이지만 2,500명이 넘는 선교사 은퇴를 위한 전문적인 상설 기구의 발족과 함께 실제적인 은퇴 정책에 대한 책무도 필요하다.

3. 선교사 설문조사를 통해 본 GMS

구글 설문조사를 통해 GMS 구조와 재정 운용에 대한 선교사들의 의견을 구했다. 지난 2020년 12월 15일부터 2021년 3월 15일까지 약 3개월 동안 설문조사에 응답한 214명의 답변 일부를 정리하면 다음과 같다.

"GMS 이사회 조직과 운영에 신뢰가 있으십니까?"라는 질문에 53% 이상이 부정적으로 답변했으며, GMS가 정책을 세울 때 응답자의 75% 이상이 선교사의 의견이 잘 반영되지 않기에 GMS 이사회 총회 때 선교사의 참여가 필요하다고 89%가 답변했다. 또한 GMS 재정 정책과 운용에 대한 질문에서 72% 이상이 투명하지 않다고 응답했다. 그리고 선교사 기금 운용의 불만족도도 70%가 넘었다. 응답자 가운데 87% 이상이 GMS 선교사 기금 운용을 전문가들이 관리해야 한다고 했다. 마지막으로 GMS 재정 보고를 선교사에게 공개해야 한다는 질문

---

23 Jinbong Kim, "Korean Missionary Retirement Survey" in Jonathan Bonk et all., eds., 259-273.

에 64%가 "매우 그렇다", 30%가 "그렇다"라고 응답했다. 즉 94%가 넘는 선교사가 GMS 재정 정보를 선교사에게도 투명하게 공개해야 한다는 답변에 대해 GMS의 이사진은 물론이고 상위기관인 총회도 심각하게 받아들여야 할 것이다. 필자가 이중 멤버로 속해 있는 WEC 인터내셔널 한국 본부는 매년 총회에 참석한 모든 선교사에게 재정 결산을 투명하게 보고하고 있다. 그리고 필자가 20여 년 넘게 교제를 나누고 있는 고신총회세계선교회(KPM) 소속 선교사는 자신이 속한 교단 선교부의 리더십과 재정 정책을 매우 신뢰하고 있다고 했다.[24] 따라서 GMS가 이 두 선교단체처럼 재정 정책에 대한 투명성과 신뢰성을 회복하기를 바란다.

4. 결론과 제언

필자가 대한예수교장로회(합동) 목사선교사로 임명되어 서부아프리카 선교지에 파송 받았을 때(1994년)만 해도 GMS라는 현 조직이 없었다. 하지만 하나님의 놀라운 은혜로 지난 2018년 6월 GMS 20주년 선교대회에 조나단 봉크 박사를 강사로 모시고 은혜롭게 진행했다. 이처럼 하나님께서 GMS를 크게 축복하셨고 세계 곳곳에 2,500명이 넘는 선교사를 파송한 한국 최대의 선교단체가 되었다. 그러나 미디안 군대를 물리치기 위해 3만 2,000명이나 2만 명의 용사가 필요했던 것이 아니라 하나님의 뜻에 전적으로 순종할 수 있는 300명이면 충분했다. 그분이 맡기신 일에 사무엘처럼 투명하게 그리고 반드시 해야 할 책무를 감당할 때 GMS을 향한 신뢰성이 높아질 것이다. 그러므로 다음과 같

---

24 책 부록에 있는 KPM의 리더십 구조와 재정 정책에 대한 내용을 참조하라.

은 제언으로 이 글을 마무리하고자 한다.

1. 이사진과 선교사 간 의사소통이 수직적 상하관계가 아니라 주께서 교훈하신 겸손의 마음과 종의 자세를 가진 민주적인 의사소통의 채널이 제도적으로 설치되어야 한다. 또한 이사회와 본부 구조에 있어 선교사 대표와 외부 전문가가 포함되어야 한다.

2. 모든 예산의 결정과 집행, 결산에 대해 외부 전문가가 검증한 보고서를 파송 교회는 물론 선교사에게도 공개하는 것을 GMS 정관에 명시하고 실행해야 한다. 경상비 재원 마련에 불합리성을 개선하고 불필요한 지출을 줄여야 한다. 또한 이사회와 선교사들이 내는 회비 책정을 비롯해 경상비 구조에 대한 신뢰를 바탕으로 한 합리적인 동의가 있으면 좋겠다.

3. MK 전문 부서, 은퇴 준비 전문 부서 등에 대해 선교사 대표가 포함된 준비팀을 만들어 GMS 책무에 시급히 필요한 것이 무엇인지 논의한 후 실행해야 한다.

4. 이사 대표, 선교사 대표, 본부 대표, 외부 전문가로 구성된 'GMS 평가 및 발전위원회'를 발족해 급변하는 세계 선교 환경에 맞는 GMS의 변화와 발전을 도모한다.

5. GMS의 지난 발자취를 분야별로 심도 있게 연구·발표하는 포럼의 정례화, 문서 보관을 전적으로 담당하는 전문 부서의 발족이 필요하다.

논찬

캐런 쇼(Karen Shaw)

　　김진봉의 논문 〈신뢰성과 투명성, 책무를 통해 본 GMS 구조와 재정 운용 정책 고찰〉을 읽고 예전 생각이 났다. 1990년 MECO(Middle East Christian Outreach) 팀의 일원으로 남편과 중동에 처음 파송되면서 이 논문의 이야기와 비슷한 경험을 했다. 전체 기금을 모으기 위해 팀원 각자에게 동일한 모금액이 할당되었지만, 본부와 본국 직원은 60%만 모금하면 되었고, 현장 선교사는 100%를 모금해야 했다. 우리는 100%가 훨씬 넘는 후원금을 확보했음에도 첫해에는 12개월 중 7개월 동안 생활비가 삭감되었고, 한 달은 아예 아무것도 받지 못했다. 반면 본국과 본부 직원은 급여 전액을 받았다. 후원금이 모자라서 현장을 떠나야 하는 선교사가 있던 반면, 본국 직원은 일자리를 유지하면서 선교사가 모금한 재정에서 월급을 챙겼다. 업무의 효과성에 대한 실제적 책임은 지지 않으면서 그들은 선교사들에게 자원인 동시에 부담이었다. 예상할 수 있듯 많은 사람이 이에 대해 크게 분개했다.

　　대략 15년이 지난 뒤 새 지도부는 선교단체의 재정 구조 개선안을 제시했다. 그들은 기존 구조가 불공정하고 비효율적이라고 했다.

MECO는 구조 조정을 거쳤고, 선교사들의 모금액은 지정 기금으로 적립되어 필요에 따라 인출할 수 있게 되었다. 선교사들의 필수 모금액은 각자 선택한 생활 방식과 사역의 필요에 따라 달라졌다. 기본 운영비 충당을 위해 본부가 모금액의 10%, 국제 사무실이 5%를 가져갔지만 본국과 해외 사무직 직원의 급여는 행정 수수료, 직원 각자 모금한 개인 후원금, 특별 기부금, 기타 수입 등으로 지급했다. 현장 선교사들은 본국과 국제 사무실의 부족을 채워야 하는 책임을 지지 않게 되었다. 지도자들은 본국과 국제 사무실 직원들에게 자신과 선교사를 위해 후원금을 마련하는 방법과 그렇게 모금한 재정을 늘리는 방법을 가르쳤다. 그 결과 선교사들은 행복할 수 있었다. 그러나 본부 사무실의 일부는 살아남지 못했고, 결국 MECO는 더 큰 단체에 흡수되었다.

GMS와 관련된 어려움에 대해 공유하고 그 단체의 의사 결정과 재정 정책으로 말미암아 흔들린 신뢰의 수준을 파악해 준 것에 대해 저자에게 감사한다.

필자의 첫 번째 반응은 학문적이다. 이 설문조사가 어떻게 진행되었는지 자세히 알고 싶다. 물론 단어 수 제한으로 다 쓸 수 없었을 테지만 설문 대상자에게 설문을 어떻게 소개했는지, 어떤 방법론을 사용했으며, 어떻게 분석을 진행했는지 알면 도움이 되었을 것이다.

두 번째 반응은 문화적이다. 한국은 수직 사회로 알려져 있다. 저자는 선교단체의 의사 결정과 재정 구조의 평등화를 옹호했다. 이런 변화는 한국 문화의 변화를 어느 정도 반영한 것일까? 즉 선교 사업에 자금을 지원하고, 기도하고, 그 외의 방법으로 도움을 줄 사람들이 이런 변화를 얼마큼 이해하고 받아들일까? 한편 선교사를 받아들이는 호스트 국가에서는 이런 변화를 얼마큼 이해할까? 물론 선교는 선교사들이 섬기는 모든 국가와 문화의 관심사를 충족시킬 수 없지만, 호스트 국가의 현지 교회 지도자들이 선교를 깊이 이해하고 함께 일할 수 있도록 선교사와 선교 지도자가 협력할 때 이 점을 고려해야 한다.

세 번째 반응은 일종의 궁금증이다. 저자의 논문은 수개월 전에 작성되었다. 설문조사의 결과 그 뒤에 어떤 일이 일어났는지 알고 싶다.

필자의 마지막 반응은 목회적이자 선교적이다. 한 사람이 예수께 와서 "내 형을 명하여 유산을 나와 나누게 하소서"라고 말했다. 예수님은 공평을 요구한 이 주장이 근거가 없다고 하지 않으셨다. 오히려 예수님은 불평하는 사람에게 "삼가 모든 탐심을 물리치라"고 경고하셨다.[1] 저자의 논문은 본질적으로 권력과 돈에 대한 것이다. 이 두 가지는 모든 조직이나 관계에서 가장 분열적인 요소다. 권력과 돈은 하나님 나라의 도구도, 사탄의 도구도 될 수 있다. "억압받는 사람들은 해방을 위해 애쓰는 대신 스스로 억압자가 되는 경향이 있다"라고 한 파울로 프레이리의 지적은 너무나 맞는 말이어서 오히려 진부한 표현이 되었다.[2] 필자는 GMS의 선교사들에게 이사들에게 책임을 묻고 있는 것과 동일한 수준의 책무성을 그들 스스로 기꺼이 부담할 의향이 있는지 자문해 보기를 권한다. 결국 선교는 선교사가 아니라 하나님 나라가 최우선이다. 두 가지 예를 들어 보겠다.

우선 사역을 체험적으로 이해하는 사람들이 결정을 내려야 한다는 점에 진심으로 동의한다. 그러나 과민반응이 있어서는 안 된다는 점에서 우려가 된다. 목회자와 장로들이 GMS 이사회를 구성하도록 선택된 이유는 선교에 교회를 참여시키고, 선교사를 재정적으로 후원하는 본국 교회에 대한 진정한 지지와 응답을 확보하기 위함이라고 생각한다. 한 목

---

1 눅 12:13-15.

2 Paulo Freire, *Pedagogy of the Oppressed*, trans. M. B. Ramos (New York: Continuum, 1982), 45.

사는 교회에 대한 일부 선교사의 태도를 이렇게 냉소적으로 묘사했다. "돈을 주세요, 기도해 주세요. 그리고 옆으로 비켜 주세요."[3] 선교 결정의 중심이 파송 교회로부터 멀어진다면 한국 교회의 선교 교육과 세계 선교에 대한 목회자의 열정을 유지할 책임을 과연 선교사들이 얼마나질 수 있을까? 또한 선교사들은 누구에게 의미 있는 책임을 질 것인가?

둘째, 돈과 관련해 선교사들은 이사들에게 기대하는 만큼의 신뢰성과 투명성, 책임감을 현지 교회에 대해서도 보이려고 하는가? 선교의 대상이 되는 지역 교회는 선교사와 여러 사업 앞으로 배정된 돈의 사용 방식에 대해 어느 정도 발언권을 갖게 될까? 선교사들의 생활 방식이 현지인의 '옳고 그름'에 대한 인식에 미치는 영향을 선교사들이 민감하게 받아들일 수 있을까?[4] 선교학적·영적 관점에서 볼 때, 정의를 향한 선교사들의 외침은 하나님 나라를 위한 전략적인 요청이어야 한다. 그것이 아무리 정당하다고 해도 단순히 더 큰 파이 조각을 위한 요구여서는 안 된다.

저자와 이 귀중한 연구에 기여한 GMS 관계자들에게 진심으로 감사하며 이 글을 마치겠다. 전 세계의 더 많은 기관이 자신의 영혼을 깊이 들여다보는 자기성찰에 참여하면 좋겠다! 필자가 성찰을 위해 제기한 질문은 저자의 작업에 대한 비판이 아니라 GMS를 비롯한 많은 선교단체가 그것을 통해 유익을 얻고 우리 주님이며 구주이신 예수 그리스도를 섬기면서 하나 되고 성과를 내기 위해 자기반성을 지속하기를 바라는 마음의 표현이다.

---

3 Rick and Kay Warren, Saddleback Church newsletter, accessed 2007, since removed from the Saddleback website, http://www.saddleback.com/peaceplan.

4 이 주제를 깊이 있게 다룬 자료는 다음과 같다. Jonathan Bonk, *Mission and Money: Affluence as a Western Missionary Problem* (Maryknoll: Orbis, 1991), especially 45-58; Karen Shaw, *Wealth and Piety: Middle Eastern Perspectives for Expat Workers* (Littleton: William Carey, 2018), especially xix-xx, 70-72, 84-86, 99-102, 117-120, 134-137, 148-150, 172-182.

09
선교와 교육

앨리슨 하월(Allison Howell)

단어 '교육'은 어린이, 십대 또는 성인이 모여 정식 교육을 받는 구조화된 학교 환경을 뜻한다. 기독교 선교 역사상 언제나 학교가 설립되어 비공식과 공식 학습을 제공해 왔다. 오늘날 선교와 교회는 다양한 교육기관을 계속 설립해 운영하고 있다. 여기에는 유아 센터, 초등·중등·고등 교육기관, 훈련 센터(기술, 직업, 컴퓨팅 또는 기술 개발에 중점을 둠), 언어학습 센터, 성경학교, 신학대학과 신학교 등이 포함된다. 일부 선교사는 신학 연장 교육(TEE, theological education by extension)에도 참여하고 있다. 한국 교회와 선교에서는 '학교 사역'의 역할을 중요하게 여긴다.

필자는 가나에서 38년 이상 사역하면서 교육기관 두 곳의 설립 과정에 참여하고 그곳에서 가르쳤다. 첫 번째 교육기관인 BTC(Bible Training Centre)는 가나 북부의 Good News Bible Church와 동역하는 SIM(Serving in Mission) 선교사들이 설립한 초등교육기관이다. 두 번째 교육기관인 가나 남부의 Akrofi-Christaller Memorial Center for Mission Research and Applied Theology는 가나의 신학자 크와메 베디아코(Kwame Bediako) 교수가 설립한 고등교육기관이다. 이곳은 2006년에 ACI(Akrofi-Christaller Institute of Theology, Mission and Culture)가 되었고, 대학원 학위를 수여하는 신학대학으로 인증을 받았다. 두 교육기관 모두 각각의 수준과 역량에 따라 오늘날까지 운영되고 있다.

이 논문은 '선교와 교육'을 주제로, 존립 가능하고(viable) 지속 가능하며(sustainable) 유용한(useful) 교육기관의 설립에 대한 사례 연구를 제시한다. 특정 교육기관에 초점을 맞추기보다는 필자가 선교지에서 경험하고 지켜본 여러 분야(신학 교육, 기근 구제, 1차 의료제도 수립, 물 공급과 위생 프로젝트, 재식림 시도)와 가나를 비롯한 여러 지역에서 교육을 실천한 사람들의 통찰을 기반으로 이 글을 작성했다.[1] 이런 사역에 대한 절차 매뉴얼은 존재하지 않았다. 낯선 상황에 봉착한 선교사로서 우리는 좌충우돌하면서 일을 진척시켰다. 되는 일도 있었지만 안 되는 일도 많았다. 그러나 이런 사역을 통해 배운 원칙과 교훈 중 일부는 존립 가능하고 지속 가능하며 유용한 교육기관을 설립하는 데 중요한 시사점을 제공한다.

본 사례 연구는 교육기관 설립에 따른 몇 가지 도전에 초점을 맞추고 '왜, 무엇을, 어떻게' 등의 질문을 다룬다. 이 질문에 대한 대답 가운데 일부는 교육기관 전반에 적용된다. 다만 성경/신학대학 설립 절차에 대해 다른 점은 별도로 언급하겠다. 결론 부분에서는 교육에 대한 선교와 교회가 다양한 단계에서 교육에 참여할 때의 한계와 강점을 살펴보고, 몇 가지 숙고할 질문을 제시할 것이다.

---

1 이메일을 통해 통찰을 공유해 준 여러 친구에게 감사한다. Mrs. Bethany Kapezya (DR Congo, November 24, 2020), Mrs. Annette Levy (Japan, December 30, 2020) and Professor Stephen Adei (Ghana, December 31, 2020) and WhatsApp messages to the author from Rev. Francis Kupoe (Ghana, December 7, 8, 11, 14, 15, 28, 2020) and Rev. Vasco Pwakechega (Ghana, December 16, 24, 27, 28, 29, 2020).

1. 도전

선교사들은 정규 교육이 부족하다고 생각하면 '필요를 충족'하기 위해 신속하게 '무언가를 해야 한다'는 유혹을 받는다. 더욱이 필자는 선교사들이 모교회나 선교단체에 신속하게 긍정적 결과를 보고해야 한다는 압박으로 힘들어 하는 모습을 자주 보았다. 기독교 지도자들을 훈련하기 위해 학교나 성경학교를 급히 세우는 것이 현명한 선택처럼 보일 수 있다. 그래서 그들은 자금을 요청하고, 건물을 짓고, 교사를 찾는다. 적절한 교사가 없을 경우 '설립자'는 현지 언어와 문화에 대한 지식이 전혀 또는 거의 없는 외국인을 고용하기도 한다.

신중한 준비가 부족하고 토지와 교육 관련 법규를 잘 모르면(BTC에서 그런 일이 있었음) 교육기관을 유지하기 어려울 수 있고, 도입한 교육 과정으로 말미암아 불이익을 받을 수 있다. 선교기관이나 선교사는 자신이 교육 시설의 '소유자'임을 뒤늦게 알게 되는 경우도 있다. 선교사가 갑자기 선교지를 떠나거나 은퇴할 경우 너무나 복잡하게 얽힌 문제로 교육 시설의 존립 가능성, 지속 가능성, 유용성이 불안해질 수 있다.

사람들에게 '필요'하다고 생각하는 훈련의 유형과 교육 방법, 내용, 동기, 결과에 대한 선교사들의 인식은 그들 개인의 경험뿐 아니라 궁극적으로 소비주의적 세계관을 조장하는 '교육'에 대한 관점을 반영할 수 있다. 그들이 선호하는 모델과 내용은 서구의 소비자 교육을 반영한다.

과거 일부 복음주의 선교단체는 고등교육 수준의 훈련을 제공할 필요가 없다고 여겨 초등학교만 설립했다. 어떤 사람들은 여성을 '주부'로만 간주하고 고등교육을 받을 능력이 없다고 보는 문화적 관점 때문에 기본 수준을 넘어선 교육을 받지 못하게 했다. 이런 관점과 반대로 필자는 2021년 1월에 거행된 ACI의 졸업식에서 많은 여성이 여러 단계의 학위를 취득하고 그중 여럿은 우등으로 졸업하는 모습을 보며 뿌듯함을 느꼈다.

교육기관이 존립하기 위해선 실현성이 있어야 하고, 출발이 성공적이어야 하며, 생존할 수 있어야 한다. 교육기관의 지속 가능성은 설정, 수명과 재정적 자율 역량에 달려 있다. 교육기관이 유용성을 가지려면 설립이 이루어지는 대상 국가 또는 단체에 유익을 끼쳐야 한다. 더 중요한 것은 기독교 선교의 관점에서 복음의 전반적인 과업과 연관되어야 하고, 학습자의 삶이 변화되는 것으로 이어져야 한다.

2. 왜?

학교와 학교 사역

필자가 보기에 선교단체와 교회가 학교를 설립하고 운영하는 이유는 다음과 같다.

- 해당 국가의 기존 학교가 부적절하다고 생각해 그 국가의 필요를 채우기 위해서다.
- 법적으로 허용되는 나라에서 전도와 기독교 학교 설립을 하기 위해서다. 왜냐하면 기독교인과 비기독교인 모두 자녀를 학교에 보낼 것이기 때문이다.
- 지역사회의 사람(기독교인을 포함)에게 좋은 일자리를 제공한다는 맥락에서 '개발' 프로젝트 또는 사회적 개입을 시작하기 위해서다.
- '상업적' 벤처로서 선교와 교회를 위한 수입을 창출하기 위해서다.
- 유아 교육, 언어 교육(예를 들어 프랑스어 사용 국가에서 영어 교육), 농

업, 목공, 미장, 컴퓨터, 미용 등의 기술과 기능 기반 교육 같은 전문 교육 영역을 개발하기 위해서다. 기독교 교육이 학습 과정에 포함되기도 한다.

이 같은 이유 외에 기독교 선교에서 학교를 설립하는 이유는 무엇인가? 교육은 인간의 기본적인 욕구이다. 대부분의 부모는 자녀가 교육받기를 원한다. 특히 부모가 교육 기회를 누리지 못한 경우에는 더욱 그렇다. 또한 교육은 더 나은 고용 기회를 제공한다고 여겨진다.

만약 선교단체나 교회, 설립자가 생각하기에 하나님의 선교가 인간의 필요에 대해 사랑의 봉사로 응답하는 것이라고 이해한다면 학교를 설립하는 일은 예수 그리스도 복음의 중요한 부분이 된다. 법이 허용하는 경우 기독교 학교의 설립은 학교의 전반적인 정신과 교과 과정의 일부로 예수 그리스도의 복음을 공개적으로 선포하고 기독교 신앙과 학생들을 제자로 양육하는 기회를 제공한다. 학교가 추구하는 목표는 교육에서부터 놀이 시간에 이르기까지 학교의 모든 활동에 그리스도를 반영하는 동시에 높은 학업 수준을 촉진하여 학생들이 좋은 도덕성과 경건한 성품을 계발하도록 하는 것이다.

복음의 공개적 선포를 허용하지 않는 나라에서 선교단체가 학교 설립에 참여하는 것은 여전히 교육에서 경건의 모범을 보일 기회를 제공한다.

성경과 신학 교육

사람들이 복음에 반응할 때 성경과 신학 교육 과정을 만드는 것이 중요하다. 그들은 일관되고 용감하며 헌신적인 지도자들을 통해 가르침을 받아야 하기 때문이다. 그리고 그 지도자들은 성장하는 교회를 섬기기 위해 맡은 역할을 효과적으로 해내도록 훈련받은 자격을 갖춘 사람이어야 한다. 이렇게 학문적·영적으로 양성된 사람들은 복음을 전하고, 교회 성장에 기여하고, 사랑의 봉사로 인간의 필요에 응답하는 비전을 갖고, 불의에 대해 기꺼이 예언자적으로 말하고, 하나님의 사명 가운데 일부로서 만물을 돌보는 일을 감당하게 될 것이다.

3. 무엇을?

'무엇을?'이라는 질문은 '왜?'라는 질문과 밀접하게 연결된다. 선교단체나 교회, 설립자는 학교와 신학교를 설립하여 무엇을 이루려고 하는가? 국가, 교회, 공동체를 위한 전반적 전략은 무엇인가? 기관 설립에 관련된 사항에는 무엇이 있는가?

교육기관의 존립 가능성은 여러 핵심 요소에 의존한다. 선교단체나 선교사, 교회는 기관을 설립하기 전 잠재적 동료와 함께 다음 주요 사항을 조사하고 검토해야 한다.

기관(학교)의 정신과 비전, 사명

기관의 정신과 비전, 사명은 무엇인가? 특히 선교단체나 선교사가 떠난 이후 어떻게 유지할 것인가?

이사회(협의회)

이사진은 자신의 역할이 학교, 대학, 신학교의 정신과 비전의 수호자로서 한마음이 되어 조직의 비전과 방향을 설정하는 데 도움을 줄 뿐 사사건건 감독하는 마이크로 매니저가 되는 것이 아님을 이해해야 한다. 그렇다면 이사들은 이 비전을 어떻게 유지해 나갈 것인가? 그들도 훈련을 받아야 하는가?

학교, 재산, 기반시설의 소유권

학교(건물)의 '소유자'는 누구인가? 이 문제는 해당 국가의 법률에 따라 처음부터 잘 정립되어야 한다. 학교(대학)와 설립자 간의 관계는 정관에 뚜렷하게 명시되어야 한다. 그렇지 않으면 학교가 성공하고 나서 복잡한 문제가 발생할 수도 있다.

해당 국가의 현행 교육제도

해당 국가의 교육 관련 법규는 어떠한가? 각 국가의 교육 시스템은 확립된 교과 과정, 일정, 기말고사(자격 시험), 자격증(수료증) 등으로 구성되어 있다. 또한 자녀들이 국가의 고등교육 시스템에 입학할 수 있도록 준비시키는 국내 학교의 교과 과정과 자국 밖에서 고등교육을 받을 수 있도록 하는 국제 교과 과정 가운데 하나를 선택해야 할 수도 있다. 해당 국가에서 성경(신학) 기관에 적용되는 법규는 무엇인가?

학교(대학/신학교)의 표적 인구

교육기관의 표적 인구는 어떻게 되는가? 기존 학교의 수와 위치, 교육에 대한 지역사회의 시각은 어떤가? 중산층과 엘리트 등 독특한 고객에게 서비스를 제공한다면 이 그룹에게 기독교 학교는 다른 학교에 비해 얼마큼 매력적인가? 성경(신학) 학교를 세울 때 먼저 세워진 유사한 기관이 있는가? 또한 있다면 어떻게 차별화할 것인가?

자원

① 토지 취득: 토지 소유자는 누구인가? 목표는 확장이 가능할 정도

의 충분한 토지를 확보하고, 관련 정부기관과 협의하여 토지를 확보하고 등록하는 것이다. 또한 학교 설립자와 토지 소유자, 기타 관련 당사자 간에 필요 서류와 공식 설계안에 서명을 받아 두어 향후 토지 소유자의 자녀가 문제를 일으키지 않도록 해야 한다. BTC의 경우 선교사들은 토지와 소유권 등기 과정을 이해하지 못했다. 그 결과 토지에 대한 법적 권리를 바로잡는 데 따른 복잡한 문제와 막대한 비용을 교회가 떠안아야 했다.

② 기반 시설: 학교에 어떤 건물이 필요한가? 기존 시설을 사용할 수 있는가, 아니면 새로운 시설을 지어야 하는가? ACI는 가나 최초의 바젤선교신학교의 낡고 허름한 건물에서 출발했다.

어떻게 해야 건물을 주변 환경과 조화를 이루도록 설계할 수 있는가? 이를 위해서는 지역사회의 사람들을 참여시키고 오래 사용할 수 있는 지속 가능한 구조를 구축해야 한다.

사람들이 자녀를 기관에 보내고 싶은 마음이 들게 하려면 어떤 시설과 가구, 교재, 컴퓨팅 자원, 놀이기구를 제공해야 하는가?

③ 인적 자원: 기관의 운영과 유지·관리에 적합한 인원을 선별해야 한다.

— 교원: 몇 명이 필요한가? 어디서 충원할 것인가? 기독교인 교사는 어떻게 평가되는가? 고등 신학기관 설립에 필요한 자격을 갖춘 직원을 어디서 데려올 수 있는가? 교사는 주께 헌신하고 양질의 교육을 제공하며 사심 없는 봉사를 해야 한다. 이런 의미에서 모든 교직원은 학생들을 돌보는 '교목'이다.

— 행정 직원: 몇 명이 필요한가? 어떤 역량을 갖춰야 하는가?

재정

토지 취득, 건물, 가구, 컴퓨터 자재, 인터넷 접속, 채용과 직원 급여를 위해 재정이 필요하다. 직원에 대한 사회보장제도 법규는 어떻게 되어 있는가? 기독교 기관이 "주님을 위해 일한다"고 하면서 낮은 임금을 준다면 유능한 직원을 고용하기 어려워 역효과가 날 수 있으며, 직원들이 급여로 생존하기 어려울 정도라면 악덕 기업이 될 수도 있다.

학교는 장기 프로젝트이며 자원이 희박한 국가에서 학교의 존립 가능성은 자금 조달 방식에 달려 있다. 어떤 상황에서는 지역사회 주민들이 자녀를 그곳에 보내기 전 새 학교의 진행 상황이 어떻게 되는지 시간을 두고 지켜볼 수 있다.

교육기관을 설립하고 장기적으로 유지하기 위한 자금 출처는 다음과 같다.

① 국가 안팎에서 다른 사람들의 지원: 해당 국가 내에서 은행 대출이 가능할 수도 있다. 특히 SIM의 경우처럼 선교사의 이동이 일어나는 기관은 외국의 지원에 의존하기가 어렵다.

② 학생 수업료: 교육기관의 운영 비용을 모두 학생 수업료로 충당하는 것을 목표로 삼는 것이 이상적이다. 학생 수가 많다면 이것이 가능하다. 학생 수가 적으면 학교 운영을 유지하기가 어려워진다. 이것은 성경(신학) 기관이 비용을 충당하기 위해 더 높은 수업료를 부과할 수밖에 없어 특히 우려되는 점이다. 국내의 다른 교육기관이 더 저렴한 비용으로 프로그램을 제공할 경우 학생들이 그쪽을 선호할 위험이 있다(ACI가 직면한 위험이 이것이다).

③ 동문: 동문은 기관 유지를 위한 재정의 원천이 될 수 있고, 기금 마련에 협력할 수도 있다.

④ 교회: 학교가 교회 교단과 연결되어 있는 경우 해당 교회는 학교

를 위한 기금을 마련할 수 있다.

⑤ 시설 임대: 학생들의 수업료를 보완해 주는 약간의 수입을 제공할 수 있다.

관리

기관을 운영하고 부지와 건물을 관리하려면 어떤 능력을 가진 인력이 필요한가? 선교사들이 그 기관에서 일하고 있다면 그들은 전형적인 작업 환경에서 일어나는 사안을 파악할 만큼 현지 언어와 문화를 잘 이해하고 있는가?

교수법(교육학)과 학습에 대한 접근 방식

교육과 학습에 대해 어떤 접근 방식을 가지고 있는가? 토착적인 학습 방법에 대해 어떤 이해가 있는가? 교육 방식은 최첨단, 최선의 것을 반영해야 하고 전적으로 기독교적 접근 방법에 입각해 학생의 학습과 복지에 중점을 둬야 한다. 이미 널리 보급된 휴대전화, 컴퓨터와 인터넷 접속은 글로벌 교육과 학습 접근 방식의 일부로 간주된다. ACI는 코로나19 때문에 온라인 학습을 수용할 수밖에 없었다.

교과 과정(커리큘럼)

① 초등학교와 고등학교: 해당 국가의 교과 과정은 어떻게 되어 있는가? 학교는 이 교과 과정을 준수해야 한다는 지침을 받곤 한다. 일부 학교는 국제 교과 과정을 제공할 수도 있다. 그러나 기독교 학교는 핵심 사명을 반영하는 구성 요소가 있어야 하며, 기독교 세계관을 교과 과정에 통합해야 한다. 기독교적 관점을 교육 과정에 통합하려면 많은 작업이 필요하다. 이것은 주제에 성경 구절을 넣는 것 이상의 일이다.

개별 과목에 연관되는 기독교적 개념을 인식해야 하며, 소비주의적 분위기를 조장해선 안 된다. 주간 교과 시간표에는 아침 경건회(예배), 멘토링(제자훈련) 시간 등이 포함될 수 있다.

② 성경(신학) 훈련: 선교단체(교회별) 맥락, 상황과 훈련 수준에 따라 성경(신학) 기관의 유형과 교과 과정은 달라진다. 거주 풀타임(파트타임), 온라인 또는 신학 연장 교육이 될 것인가? 자격증, 수료증 또는 학위 수여를 할 수 있는 교육 과정으로 인증을 받았는가? 인증기관은 어디인가?

선교사들이 타 문화적 맥락에서 성경적(신학적) 내용을 전달할 때 그들이 받은 훈련 유형이나 그들의 모교회가 추천하는 내용을 재현하려고 한다는 것이 문제다. 즉 신학은 '고정'되고 변하지 않는다고 전제하고 그들은 모국에서 설계하고 가르치는 과정을 '수입'한다. 많은 과정이 온라인으로 제공되는 오늘날에는 이런 함정에 빠지기 쉽다.

ACI의 크와메 베디아코는 신학 교과 과정의 재설계를 돕기 위해 '선교를 위한 새로운 아프리카 신학과 기독인 교육 모델'[2]을 개발했다. 베디아코는 자신의 논문을 발표하기 전부터 이미 ACI의 강사들이 이 모델을 사용해 교육 과정과 신규 프로그램을 개발하게 했다. 예를 들어 신학과 선교학 석사 과정이 개발되었다. 이는 먼저 기독교 사역 전문가 양성을 위해, 더 높은 수준의 신학 연구를 하기 원하는 사람들을 위한 가교 프로그램으로 개발되었다. 필자가 교육자, 선교사, 관찰자, 가나 교육에 대한 비평가로서 이 모델이 학생들에게 미친 결과와 영향을 통해 볼 때 이 모델은 학교에 적용될 수 있을 뿐 아니라 아프리카

---

2 Kwame Bediako, "The African Renaissance and Theological Reconstruction: the Challenge of the Twenty-first Century", *Journal of African Christian Thought(JACT)* 4, no. 2 (December 2001), 29-33.

라는 맥락을 넘어 전 세계적 보편성을 지닌다는 것을 깨달았다. 이 모델은 교육 과정 설계상 중요한 네 가지 구성 요소가 서로 겹치는 형태로 나타난다.

- 시대의 징조를 분별해 교사와 학생들이 자신이 속한 시대의 의미와 자신의 역할을 파악할 수 있게 한다. 이 시대의 한 가지 징후는 전 세계의 모든 종 가운데서 가장 침략적이고 파괴적이며 탐욕스러운 인간이 지속 불가능한 수준으로 세계의 자원을 소비하고 있다는 것이다.
- 역사와 전통은 시대의 징조를 이해하는 도구로, 다양한 상황에 처한 학생들이 자신의 이야기를 초기 기독교 역사와 최근 기독교 역사 모두와 연결된 더 넓은 기독교 이야기의 일부로 이해하도록 한다.
- 콘텍스트는 '맥락화'를 허용하지만 그것이 독립적이고 지배적인 목표는 아니다. 인위적이고 추상적인 '상황' 신학을 쓰기보다는 복음과 문화의 관계에 대한 깊은 이해를 발전시키려는 것이다. 이때 성경이 문화와 전통을 해석하는 기준이 된다.[3]
- 선교와 변화를 향한 마음 자세는 학생이 그저 '학위 취득'이라는 목표 달성을 넘어 '사역'과 '선교'의 이분법을 깨도록 한다. 학생에게 목회 사역은 교회에서 하나님의 백성을 세우고, 그들이 가족과 지역사회에서 증인이 되도록 준비시키며, 소비자가 아니라 하나님의 동반자로서 만물을 유지하도록 하는 하나님의 사명에 온전히 참여하는 것을 포함한다.

---

3 Kwame Bediako, "Scripture as the Hermeneutic of Culture and Tradition", *JACT* 4, no. 1 (June 2001), 2-11.

베디아코는 이 네 가지 핵심 요소가 신학 교육의 세 가지 핵심적 특징인 살아계신 하나님, 성경, 믿음과 영성에 겹쳐진다고 한다. 베디아코의 모델은 다음과 같이 나타낼 수 있다.

[그림 1] 베디아코 모델

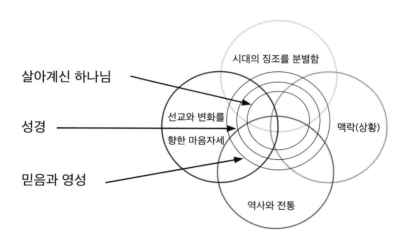

4. 어떻게?

앞서 교육기관을 시작하기 위한 준비의 중요성에 대해 알아보았다. 지금부터는 실제로 학교 사역과 성경(신학) 훈련 기관을 설립하는 방법에 대해 알아보고자 한다. 이런 사역을 설립할 수 있는 주체는 다음을 포함한다.

- 교회
- 교회 공동체
- 열정적인 기독교인 그룹

- 열정적인 개인
- 현지에 이미 설립된 선교단체

설립 형태는 다음과 같을 수 있다.

- 비영리 단체
- (비영리) 개발 프로젝트

어떤 경우이든 학교(대학, 신학교)를 설립하려면 선교사(설립자), 법적 등록을 위한 정부 당국, 호스트 국가의 지역사회 사람들, 해당 기관의 이사회(협의회) 간 협력이 필요하다. 이를 위해서는 사람들과의 관계, 신뢰 구축이 필요하다.

교육기관을 시작하고 발전시키는 단계 전반에 걸쳐 기도는 매우 중요한 요소다. 배경 조사도 필수 사항이다. 학교(대학, 신학교)는 큰 재정을 필요로 하지 않으면서 소규모로, 비공식적으로 시작할 수도 있다. 한편 선교사(설립자)와 그 파트너는 보다 공식적인 기관 설립을 위해 자원을 확보하려고 노력해야 한다.

직원 채용도 지속 가능성의 일부다. 적임자를 고용하려면 시간이 걸린다. 이때 채용 후보자에 대한 철저한 배경 조사는 매우 중요하다. 이것을 잘하면 나중에 시간 낭비와 심적 고통을 줄일 수 있다. 교직원의 정기적 훈련은 학교의 정신과 비전에 대한 헌신을 새롭게 하는 데 중요한 역할을 한다. 학교(대학, 신학교)가 다문화적인 도시에 위치하거나 다문화적 배경을 가진 교직원과 학생이 있다면 반드시 문화 지능을 갖춰야 한다. 교직원과 학생은 다른 사람과 좋은 관계를 맺어야 하는데, 이는 기관의 성과와 지속 가능성에 영향을 미친다.

필자의 관찰에 따르면 기관이 발전함에 따라 다음과 같은 일을 위한 업무 절차를 마련할 필요가 있다.

- 프로그램과 직원의 퀄리티 보증
- 적절한 커뮤니케이션, 보고와 인증을 통한 책임성 강화
- 직원이 어린이(학생)를 학대하는 일이 없도록 안전과 보호장치 마련(이것은 성경이나 신학기관에도 필요함).
- 교직원과 학생이 감정을 긍정적으로 관리하고 분쟁을 조기 해결하도록 돕기 위해 갈등 해결, 회복적 정의, 공정성, 감성 지능 제고
- 직원과 학생이 만물을 돌보는 책임을 인식하기 위한 환경(생태) 지능과 갱신 활동 제고

5. 한계와 강점

일반적으로 존립 가능하고 지속 가능하며 유용한 교육기관을 만드는 데는 한계가 있다. 한 가지 예로 정부에서 기독교인이나 선교단체가 교육에 참여하는 것을 제한하는 경우다. 또 다른 예는 국가의 교과과정이 번영과 소비주의적 이상을 조장하여 세계의 자원에 대한 파괴적인 태도를 더욱 악화시키는 경우다. 그러나 그 외에는 대부분 선교단체(설립자)의 정책이 고집스럽고 모호하며 이해할 수 없기 때문에 발생한다. 또한 인간관계를 잘 유지하지 못하고 관련 당국, 지역사회, 교인들과 의견을 조율하지 않고 문화적 차이를 극복하지 못해 발생한다. 선교사들이 문화적으로 적응하지 못할 때 호스트 국가의 사람들은 그들의 행동이 부적절하다고 생각한다.

이런 문제가 악화되면 신흥 교회가 그들의 희망이 이뤄지지 않는

것에 대해 분노와 좌절감을 느끼는 결과로 이어질 수 있다. 특히 선교 단체(설립자)가 기관을 재정적으로 계속 지원하고 운영할 것으로 그들이 기대하고 있었다면 더욱 그럴 것이다. 필자는 BTC에서 그 같은 일을 목격했다.

다른 한계의 예는 다음과 같다.

- 목사(선교사)의 열의가 지나친 나머지 학교를 '전유'한다. 즉 그들은 학교를 자신과 동일시해서 그들이 떠나거나 죽으면 학교도 무너진다.
- '기독교(교회 학교)'를 순전히 상업적 동기로 운영한다.
- '교회'에 대해 낮은 금액의 사용료를 청구하고, 그 결과 비용을 회수하지 못한다.
- 기독교적 메시지를 줄이는 조건으로 돈을 '기부'하는 외부 단체를 받아들인다
- 부적합한 교사를 고용하고 재교육하지 않는다

필자는 기독교적 감화는 고사하고 오히려 나쁜 영향을 끼치는 기관으로 전락한 기관들을 보았다. 그들은 겉으로 얄팍하게나마 기독교를 표방하지만 기독교적 본질을 전혀 찾아볼 수 없는 곳이 되어 버렸다. 그런 일은 명확한 비전이 없으면 기독교 학교가 문제투성이의 소굴로 변질될 수 있음을 보여준다.

교육의 방법, 내용, 동기, 결과가 소비주의 복음과 서구 소비자 교육을 조장한다면 기독교 교육의 존립 가능성과 유용성은 심각하게 제한된다. 성경 대학이 오로지 학생 유치와 수입 증대를 위해 비즈니스 과정이나 경영학 학위를 도입한다면, 이런 주제를 복음이 어떻게 해석하

는지를 전혀 고려하지 않기 때문에 기독교적 또는 신학적 요소는 뒷전으로 밀려난다.

반대로 하나님 선교의 타당한 측면으로써 선교가 교육에 참여하는 것에는 장점이 있다. 오랜 역사를 통해 교육이 복음 전파와 교회 성장, 기독교 학교와 신학기관에서 훈련받은 이들의 자신감과 인식 증가에 얼마나 큰 기여를 했는지 알 수 있다. 기독교 학교는 학생들에게 기독교 세계관을 가르치고 기독교인 부모의 관점을 뒷받침하는 귀중한 기회를 제공한다. 교육자로서 교사가 주님을 위해 일하고 기독교 교육의 비전에 따를 때 교육의 질이 어떤지가 기독교 학교에서 드러난다. 학생들은 기독교 공동체에서의 삶을 경험할 기회가 주어진다. 탁월함을 목표로 하면 비기독교인도 자녀를 기독교 학교에 보내는 것이 가치 있다고 생각한다.

기독교 학교에서 아이들을 교육하거나 신학대학에서 성인을 훈련시키는 것의 장단점이 무엇이든 간에 그것은 특권이자 막중한 책임이다. 하나님은 자녀를 학교가 아니라 가정에 주신다. 학교는 가족과 협력하여 자녀를 교육하는 도덕적 계약을 맺었다. 학교는 어린이를 넘어 선교를 확장하는 훌륭한 기회다. 신학 훈련을 받는 학생은 하나님의 선교 사업을 위한 잠재적 동반자가 된다.

기관 설립의 궁극적 사명은 섬김의 대상이 되는 어린이나 기독교 지도자만을 위한 것이 아니다. 그 사명은 교육의 동기, 방법, 결과를 재고하고 선교의 맥락에서 교육을 통해 제자도와 하나님을 섬기는 것을 포함한다. 이 사명을 이루려면 하나님 아버지와 주 예수 그리스도와 성령에 대한 산 믿음과 하나님의 선교에 대한 전적인 헌신이 요구된다.[4] 따

---

4 하나님의 선교 다섯 가지 특징에 대한 논의는 다음을 참조하라. Andrew F. Walls and Cathy Ross, eds., *Mission in the Twenty-first Century: Exploring the Five Marks of Global*

라서 ACI의 교과 과정은 학생을 통해 그런 열매를 맺도록 설계되었다. 더 나아가 교수진과 기타 교직원이 성장하고 변화하고 봉사하고 예배하는 하나님 백성 공동체의 구성원으로서 선교에 동참하고 있다는 사실을 자주 상기시켜 준다.

숙고를 위한 질문

1. 교육기관 설립에 선교기관이 참여할 경우 어떤 어려움과 한계가 따른다고 생각하는가?
2. 왜, 무엇을, 어떻게 등의 질문을 고려할 때 존립 가능하고 지속 가능하며 유용한 학교(대학, 신학교)를 만들기 위해 어떤 특징을 갖추는 것이 중요하다고 생각하는가?
3. 베디아코의 모델은 교육의 동기와 방법, 결과를 어떻게 재구성하는가? 또한 그 모델은 학생이 삶에 대해 소비주의적 관점을 가지고 졸업할 가능성을 줄이는 데 어떻게 기여하는가?
4. 학생들이 이 지구의 영적·물리적 갱신에 책임 있는 기여자가 되도록 하려면 학교, 대학 또는 신학교의 전체 교과 과정과 활동에 어떤 특징을 포함시켜야 하겠는가?

Mission (Maryknoll, NY: Orbis, 2008) for a discussion on the five marks of God's mission.

논찬

홍현철

선교 현장에서 쌓은 오랜 경험을 바탕으로 교육 선교의 주요 문제들에 대해 사려 깊게 제시한 앨리슨 하월 박사에게 감사의 마음을 표하며, 이 글이 교육 선교의 분야에 많은 도움이 되리라고 기대한다.

선교사는 선교 현장에서 어떠한 사역을 하든지 가르치는 일에 참여할 가능성이 높은데, 학교와 교육기관을 세우는 교육 선교를 하게 될 경우 오랜 시간 준비가 필요하며, 재정 마련과 함께 지속 가능성 여부가 매우 중요한 요소 중 하나로 여겨진다.

앨리슨 하월은 지속 가능성이라는 관점에서 선교지에서 교육기관을 설계하도록 하는 청사진을 제공하고 있다. 또한 선교 현장의 여러 어려움에도 불구하고 이 사례 연구는 교육 선교를 설계하고 세워 나가는 것은 현지 학생과 가족에게 중요한 가치가 있으며, 하나님 나라의 관점에서 중요한 위치를 차지하고 있음을 보여준다.

지금부터는 저자가 언급한 내용 가운데 두 가지 부분을 좀 더 추가해 다루려고 한다.

1. 선교사로서 교육기관을 설립할 때 고려할 사항

발제자의 글에서 선교사에게는 교육 선교의 성과를 빨리 수행하려는 유혹이 있으며, 선교의 성과를 보고해야 하는 압박이 있고, 이것이 어떻게 부정적 결과를 가져오는지 지적하고 있다.

한국 선교사들 가운데도 교육기관 설립과 관련해 물론 성공적 사례도 많지만 교육 선교의 가능성만 보고 학교의 현지화에 대한 준비 없이 급하게 성과만 내려다가 실패한 경우도 있다. 또한 그들이 선교 현장을 떠나야 할 때 학교의 지속 가능성에 지장을 초래하기도 한다.

따라서 학교와 관련된 선교 사역을 시작하려고 할 때 왜 하게 되는지에 대한 이유 점검과 교육 선교의 현지화를 어떻게 이룰 것인가에 대한 고민은 아무리 강조해도 지나치지 않다.

그다음으로 고려할 것은 현장의 진정한 필요를 파악하는 것이다. 현장의 필요보다 선교사의 필요가 주요 동기로 자리 잡을 때 결국 어려움에 부딪히게 된다. 이런 진정한 필요는 저자의 지적대로 단순한 수요와 공급의 원리, 효율성에 따라 좌우되는 것이 아니라 선교적 가치를 통해 실행되어야 하며, 학생의 생애에 영향을 끼칠 수 있는 교육적 가치의 측면에서 필수적으로 고려되어야 한다. 이것은 문상철 박사의 2014년 선교 교육 현황 보고서에도 잘 드러나 있다. 한국의 교육 선교에서 가장 긍정적인 부분이 무엇인지 묻는 질문에 한국의 선교단체 대표와 행정가의 62.5%가 교육의 혜택을 받지 못하는 학생을 교육하는 것이라고 대답했다.[1] 이는 교육기관 선교를 생각할 때 경제적 소비의 원리가 아닌 선교 현장의 진정한 필요에 따른 전인적 선교의 가치에 중

---

1 문상철, 《한국 교회의 교육 선교 현황과 발전 방안》, GMF Press, 2014, 60쪽; https://krim. org/report-2014.

점을 두었음을 알 수 있다.

2. 지속 가능성 점검

다른 문화권에서 학교를 처음 시작할 때는 비전과 정책을 계속 유지하기가 쉽지 않다. 다른 문화권에서는 예상치 못하는 많은 문제가 존재하며, 이런 문제를 적절하게 다루지 않으면 문제가 계속 이어져 지속 가능성이 낮아진다. 반면 원활한 운영을 위해 환경에 적응하다 보면 초기의 비전과 정책이 모호해질 가능성이 높다. 따라서 지속 가능성을 고려할 때 설립 초기의 정신이 잘 유지되도록 노력해야 한다. 이런 측면에서 다음 몇 가지 요소는 기관 설립 초기부터 중요하게 다룰 필요가 있다.

재정 자립의 문제

한국 선교사들의 교육 선교에서 가장 부정적인 면으로 언급된 것은 바로 재정 자립의 문제였다. 많은 선교단체 대표와 행정가들이 이 부분을 걱정스러운 눈으로 바라본다는 것을 알 수 있으며, 이런 문제를 해결하기 위한 가장 좋은 대책은 "현지의 교육적 수요를 파악하고 적정 규모의 학교를 운영하는 것이다"라고 대답했다.[2] 이는 선교사가 현지의 교육적 수요를 객관적으로 파악하고 적절한 규모의 학교를 운영하는 것에 실패했을 때 재정 자립에 많은 어려움을 겪게 된다는 것을 명심할 필요가 있음을 알려준다. 재정 자립의 어려움은 지속 가능성을 낮출 뿐 아니라 부족한 재원 마련을 위해 설립 초기의 비전과 정책을 조금씩 양보하게 만들 가능성이 높다.

---

2 앞의 책, 61쪽.

법률과 정부 규제의 한계 인식

저자는 아프리카 가나의 성경훈련센터(Bible Training Centre)의 예를 들어 땅이나 정부의 규제에 대한 신중한 판단의 결여가 막대한 비용 지출을 초래한 원인이 되었다고 지적한다. 선교사가 교육 시설을 선교 현지에 설립할 때 사역의 타당성과 가능성에만 집중하기 쉽고, 한계보다 가능성에 초점을 맞추는 경향이 있기 때문에(의도적이든 비의도적이든) 후원자나 선교 본부에 그들의 계획이 가진 한계를 명료하게 밝히지 못하는 경우가 종종 있다. 특히 자국 내에서 교육기관을 설립할 때는 생기지 않는 문제가 선교 현장에서는 외국인이기 때문에 교육법과 일반법 등의 영역에서 제약이 생길 수 있다. 특히 현지인 조력자나 파트너가 되는 기관의 계약만 의지하다 보면 해당 지역과 국가의 정책이나 법률에 소홀할 수 있는데, 이를 간과할 경우 이후 문제가 더욱 커지게 된다.

학교의 비전이 유지되는 공동체적 환경의 중요성

저자가 기독교 가치관이 포함된 교과 과정을 통해 기독교적 가치가 있는 삶을 경험하는 것을 강조하는 데 동의한다. 이 교육 사업이 선교 사역의 한 형태로 중요한 위치를 지속적으로 유지하려면 교과 과정에만 의지할 것이 아니라 학교생활 전반에서 학생과의 긴밀한 관계 형성이 유지되도록 설계되어야 한다. 이런 긴밀한 관계 형성을 위한 설계는 복음 전파의 기회를 창출할 수 있다.

선교 사역에 제한이 있는 나라에서 학교를 통해 학생에게 기독교적 세계관의 영향을 끼치려면 이런 긴밀한 관계를 기반으로 하는 공동체적 환경 조성이 매우 중요하다. 이런 공동체적 환경을 마련하는 것은 교과 과정만큼이나 많은 노력이 필요하며, 어쩌면 그 이상의 가치를 지닌 것으로 평가될 수 있다. 따라서 선교사, 교사, 현지인 동역자, 학생과 가정이 함께 학교의 비전과 정신을 공유하는 공동체적 환경을 만드는 데 특별히 노력을 쏟아부어야 한다.

누가 지속해 나갈 것인가

오랜 시간이 지나고 나서 누가 지속해 나갈 것인가 하는 문제는 지속 가능성의 주체에 대한 문제이며, 리더십 이양의 문제이기도 하다. 선교사에 의존하는 비율이 높으면 높을수록 이양 문제는 쉽지 않다.

지속성을 위해서는 눈앞에 닥친 교사 확보에만 중점을 두는 관점을 넘어서야 한다. 장기적으로 현지인 교육 지도자를 어떻게 양성할 것인가 하는 과제는 어쩌면 현재의 교사 확보보다 더 중요한 문제다. 따라서 이양과 지속 가능성을 고려할 때 설립 초기부터 현지인의 적극적 참여가 가능하도록 해야 한다.

저자는 현지인과 함께 일하는 학교 운영에서 문화적 민감성(문화 간 지능)의 필요성과 함께 문화적 갈등 해결에 대한 기관의 체계적인 대비도 마련할 것을 제안한다. 이 제안에 하나 더 추가하면, 이런 시스템도 현지인과 함께 만들어가는 과정이 필수적이라는 점이다. 특히 학교의 중요한 일을 결정하는 과정 가운데 현지인의 목소리가 잘 반영되는지에 대해 성찰적 태도로 시스템을 점검할 필요가 있다. 이는 선교사가 자칫 잘못하면 빠지기 쉬운 자문화 중심주의(ethnocentrism)와 가부장적 온정주의(paternalism)의 함정에 빠지지 않았는지 계속 조심할 필요가 있기 때문이다.

책무의 관점

발제자의 사례 연구에서는 기관의 발전 과정상 여러 관리적 책임을 다루고 있다. 필자는 여기에 상호 책무(mutual accountability)의 관점에서 더 깊이 다룰 필요가 있다고 본다. 리더십 이양과 모금, 소유의 문제 등은 선교사 개인의 관점보다 선교단체와 파송 교회 등 상호 책무의 관점에서 다루어져야 한다. 선교사의 개인적 관점에서만 진행하여 어려움을 겪기보다는 선교단체가 선교사의 계획에 대해 지속 가능성 측면에서 더욱 면밀히 검토하고 선교단체와 선교사, 후원자가 함께 책무를 지는 것을 고려해야 한다.

현지 교육에 대한 책무도 선교지 현장의 주요 관계자(stakeholders, 현지 지도자나 교회, 가족)와 함께할 필요가 있다. 재정뿐 아니라 교과 과정도 그들과 함께 개발할 필요가 있다. 이때 선교사는 현지 수요자들의 요구만 듣는 것이 아니라 전인적인 교육과 성경적 관점이 반영되도록 하는 모델을 만드는 데 노력해야 한다. 이런 측면에서 저자가 '성경(신학) 훈련' 부분에서 소개한 크와메 베디아코의 모델은 적절한 도움을 준다. 한 가지 덧붙이면 지속 가능성을 위해서는 이런 모델을 기준으로 어떻게 평가 시스템을 만드는가 하는 문제도 중요하다.

3. 결론

교육기관을 설립하는 선교사는 책임감과 함께 선교 사역에 대한 성찰적 태도의 접근이 필요하다. 이 분야에 헌신하는 것은 앞서 언급한 여러 문제가 있음에도 저자의 말대로 신학대학의 성인이든 기독교 학교의 어린이든 간에 기독교 가치관으로 그들을 훈련하고 교육하는 것은 그것의 강점과 약점에 상관없이 '특권'이자 '큰 책임'이기 때문이다.

앞으로 앨리슨 하월 박사의 연구처럼 교육 선교를 위한 기관 설립에 대한 비평적이면서도 입체적인 평가, 개선해야 할 부분에 대한 다각적인 연구와 논의가 많이 생겨나기를 기대한다.

10

부동산 등기:
전후 일본 내 신학교 설립을 위한 공동 노력의 핵심 요소

J. 넬슨 제닝스(J. Nelson Jennings)

제국주의 일본의 패망과 그 이후의 미국 군정시대는 일본 교회와 기독교 선교기관에 새로운 기회와 도전을 안겨 주었다. 일본의 교회는 전쟁 이후 도처에 퍼진 가난, 대대로 이어온 역사를 갱신해야 하는 만만찮은 현실에 직면했다. 서양 선교기관은 일본을 영적·정치적·경제적으로 어떻게 재건할 것인지 고민하며 전략을 짰다. 그런 불안정한 시대적 상황 가운데 새로운 신학교의 부동산 등기 문제가 발생했다.

1. 동경기독신학교의 설립 결정

이 위기의 배경은 동경기독신학교 신설을 위해 협력한 세 기관의 역사에 뿌리를 두고 있다. 요코하마해안교회는 1872년 설립된 일본에서 가장 오래된 교회다. 1948년 말에 이 교회는 전쟁 중에 정부 주도로 조직된 일본기독교단을 떠나기로 결의했다. 이 교회를 이끄는 와타나베

렌페이 목사는 곧 하세가와 신타로 목사와 연락을 취하고 성경에 충실한 새로운 장로교회를 세우는 안건에 대해 논의했다.[1]

무교회주의 배경에서 자란 하세가와는 1936~1946년 미국에 머물면서 페이스신학교를 졸업하고 장로교 교제권에 속하게 된다. 1949년 4월, 하세가와가 도쿄 서부 호리노우치에 위치한 그의 아버지 집에서 인도하던 학생 사역은 호리노우치기독교회가 되었다. 와타나베의 요청도 받았고, 사역 훈련을 필요로 하는 젊은 신자들도 있었기에 하세가와는 미국 장로교 해외선교독립위원회(IBPFM)의 일본 선교부에 있는 페이스신학교 동문에게 연락해 새로운 신학교 설립에 대해 논의했다.

IBPFM은 1933년 미국 북장로교의 해외 선교부로 침투한 '모더니즘'에 반대하는 교인들의 주도로 설립되었다.[2] 곧이어 정통장로교단(OPC)과 성서장로교단(BPC)이 생겨났다. 페이스신학교는 BPC 관련 기관 가운데 하나였으며, 이들 기관은 모두 교회의 공식적 통제로부터 독립하고 배교 행위로부터 벗어나려는 특징이 있었다.

J. 고든 홀드크로프트[3]는 일본의 통치 아래 한국에서 30년간(1910~1940년) 사역했고, 1948년 2월 필과 제인 폭스웰 선교사가 일본 중남부의 미에켄에 처음 도착했을 당시 IBPFM 사무총장이었다. 그로부터 일 년이 채 지나기 전에 존 영 선교사 부부를 포함한 5명의 IBPFM 선교사가 합류했다. 홀드크

---

1 Yamaguchi Yoichi, 《東京基督神學校 草創期史(*Tokyo Kirisuto Shingakko Sosokishi, Early history of Tokyo Christian Seminary*)》, comp. Shimokawa Tomoya (Chiba, Japan: Tokyo Christian University, 2003), 6-7. This and subsequent translations mine.

2 Edward H. Rian, "The Independent Board", chap. 6 in The Presbyterian Conflict (Committee for the Historian of the OPC, 1992). Available online at The Orthodox Presbyterian Church, accessed December 7, 2020, https://www.opc.org/books/conflict/ch6.html.

3 Keith Coleman, "Missionary-Statesmen of the Bible Presbyterian Church", *WRS Journal* 11, no.1 (February 2004), 15-16, accessed December 28, 2020, https://www.wrs.edu/assets/docs/Journals/2004a/Coleman%20-%20Missionary-Statesmen.pdf.

로프트와 마찬가지로 존 영은 일본의 통치 아래 한국과 일본, 만주에서 오랜 기간 살았다.[4] IBPFM 일본 선교부의 구성원인 이들 선교사는 첫 수개월 동안 언어 학습, 어린이 사역 시작, 대체 장소 탐색, 새로운 BPC 일본 설립 검토 등의 활동을 했다.[5]

IBPFM 일본 선교부는 기존 개혁, 장로교 교회와의 협력을 일찍부터 모색했다. 특히 IBPFM(그중에서도 홀드크로프트와 영)이 고수하는 기준인 배교로부터의 분리, 성경의 무오성, 신사참배의 완전한 거부 등을 준수하는 교회를 찾고자 했다. 초기의 유력한 후보는 새로운 일본기독교개혁교회(CRCJ)로, 영의 기록을 보면 다음과 같다. "모두 합해 약 20개의 교회와 목사로 구성되었고, 모두 큰 배교 조직인 일본기독교단에서 탈퇴한 이들이다."

그러나 IBPFM 선교사들과 맺은 핵심적 사역 파트너십은 페이스신학교 동문인 '로이' 하세가와(영어권 사람들은 하세가와 신타로 목사를 이렇게 불렀음)를 통해 이루어졌다. 1949년 9월, IBPFM 일본 선교부는 "웨스트민스터 신조를 모범으로 삼는 독립적인 신학교 설립에 협력할 것"을 결정하고 영 선교사 부부를 시작으로 가급적 빨리 도쿄로 이사하기로 했다.

2. 동경기독신학교 설립 시도

얼마 후 요코하마해안교회와 호리노우치기독교회의 지도자들과

---

4 "Biographical Sketch", John M.L. Young Manuscript Collection #042, PCA Historical Center, accessed January 6, 2021, https://www.pcahistory.org/mo/youngjml.html.

5 John M.L. Young to IBPFM General Secretary J. Gordon Holdcroft, January 18, 1949; Letter 2, File 340-30, John M.L. Young Manuscript Collection, PCA Historical Center, St. Louis, Missouri. 이 논문에서 IBPFM과 영 선교사 관련 내용 가운데 상당 부분은 이 문헌을 참고했다.

영, 폭스웰은 호리노우치에서 만나 새로운 교회(교단)의 이름을 일본기독장로교회(CPCJ)로 결정했다(이는 와타나베의 제안을 따른 것이다). 일본인들은 이어지는 2주 동안 교단 설립을 위한 계획 회의를 여러 차례 소집했다.

얼마 지나지 않아 영은 선교사들이 새로운 교단에 참여하지 않을 것이라고 말했으며, 일본인들은 이를 아쉬워했다.[6] 일본 교회 지도자들은 단념하지 않고 11월 20일 일요일 해안교회에 모여 CPCJ를 새로 설립했다. 당시 와타나베 목사의 요약 발언이다. "이 새로운 교회의 입장은 성경 중심이며, 조직에 있어 장로교이며, 신학적으로는 칼뱅주의이고, 복음 전파를 강조한다. 그러나 교회는 결코 편협한 교파주의를 고집하지 않을 것이다." 또한 새로운 CPCJ는 전쟁 이전의 일본기독교회 헌법의 수정본을 채택했다.[7]

이와 더불어 선교사들을 포함해 기본적으로 동일한 사람들이 계획하여 한 달 전인 10월 16일 호리노우치의 하세가와 집에서 새로운 동경기독신학교(TCTS)를 설립했다.[8] TCTS의 설립 목적에는 충성되고 세상과 타협하지 않는 '전도자를 키우고', '원어를 통해 성경의 정확한 의미'를 전달하는 교사를 양성하고, 웨스트민스터 신조에 기반을 두고, 독립적인 이사회를 두는 등의 내용이 포함되었다. 와타나베는 이사회 의장이었으며, 다른 이사회 구성원은 하세가와, 해안교회의 장로 오무라 하루오, 영, 폭스웰이었다. 하세가와는 교장이었다.[9] 교수진에 대해 영은 홀드크로프트에게 이렇게 설명했다. "이사회와 교수진은 지금은

---

6 Yamaguchi, 《草創期史(Early history)》, 7.

7 Yamaguchi, 17-18.

8 Yamaguchi, 12-15; Anne E. Wigglesworth, "The History of the Japan Christian Theological Seminary", The Bible Times 10, no. 1 (1960), 16-17.

9 Yamaguchi, 《草創期史(Early history)》, 12-15.

동일한 사람들로 구성한다. 신학교 설립을 위해 동역할 만큼 충분히 신뢰할 수 있는 사람이 없기 때문이다."

일본 선교부가 도쿄로의 이전을 결정한 것, 신학교 설립을 위해 미국에서의 기금 모금이 시작된 경위가 본 사례 연구의 핵심이다. 기금 모금과 구입할 부지를 찾는 일은 몇 달 동안 계속되었다.

3. 첫 번째 결렬

TCTS 설립에 참여한 세 기관 사이에 신뢰가 깨지면서 협상이 결렬되었다. 이듬해 봄이 되자 해안교회의 와타나베 목사와 오무라 장로는 신학교를 떠났고 CPCJ는 해산되었다.[10] 와타나베가 떠난 후 신학교 이사회 회장이 된 하세가와와 호리노우치기독교회는 또 다른 새로운 교회를 재빨리 합류시켜 이름을 약간 바꿔 일본그리스도장로교회(CPCJ)를 다시 세우는 데 성공했다.[11]

결렬된 가장 확실한 이유는 와타나베와 신학교, 특히 존 영과의 신학적 차이 때문이었다.[12] 선교사들이 새로운 CPCJ에 참여하지 않기로 한 결정은 와타나베에게 의구심을 품게 했을 것이다. 마찬가지로 1948년 5월에 설립된 BPC처럼 분리주의적이지 않은 일본개신교연맹[13]에 와타나베와 해안교회가 (하세가와와 함께) 가입한 것은 영과 IBPFM에게 의구심을 품게 했을 것이다. TCTS와 CPCJ의 설립 목적에서 드러나는 강조

---

10 Yamaguchi, 18-20.

11 Yamaguchi, 《草創期史(Early history)》, 20; 〈教會沿革(Kyokai Enkaku, Church history)〉, 《堀ノ内キリスト教會(Horinouchi Christian Church)》, accessed January 5, 2021, http://horichurch.main.jp/enkaku.html.

12 Yamaguchi, 《草創期史(Early history)》, 18-20.

13 Yamaguchi, 21.

점의 차이는(전자는 웨스트민스터 표준을 강조하고, 후자는 약한 칼뱅주의 입장과 전쟁 이전의 일본기독교회의 지속성을 강조했음) 두 강력한 지도자가 가진 신학적 신념의 차이를 부각시켰다.

영은 홀드크로프트에게 보내는 편지에 이렇게 썼다. "와타나베가 우리와 같은 입장을 취하지 않기 때문에 그가 신학교 이사회와 교수진을 그만두게 된 것은 주님의 역사하심이라고 생각합니다. 그 점에 대해 하나님께 감사드립니다." 홀드크로프크도 비슷한 내용의 답장을 보냈다. 와타나베의 경우 신학교 이사회와 교수진(선교사)의 압박을 받으면서 관점의 차이가 더욱 두드러졌고, 와타나베 자신도 생활과 전도에 있어 해안교회의 전통이 계속되기를 바랐기 때문에 "신학교와의 모든 관계를 일소하고 백지 상태에서 다시 시작하는 것이 최선이다"라고 결론을 내렸다. 그것은 호리노우치기독교회와 함께하는 새로운 CPCJ의 모험(두 번째 결렬)에도 해당되었다. 그들도 신학교처럼 생각했기 때문이다.[14]

신학교 부동산 등기 문제는 첫 번째 TCTS 결렬과는 직접적 관련이 없었지만, 얼마 후 일어날 사건의 배경이 되었다.

4. 두 번째 결렬과 부동산 등기

TCTS와 와타나베의 해안교회가 갈라서자마자 영은 TCTS 그룹의 가장 중심적인 인물이며 이사회의 신임 의장인 하세가와에 대한 우려를 제기하기 시작했다. "우리는 신학교의 방향과 신학교 기금 모금과 관련해 로이(하세가와)와 선교부 사이의 관계를 명확하게 해야 할 필요가 있다"라고 말했다. 영과 홀드크로프트는 이전 몇 달 동안 하세가

---

14 Yamaguchi, 19.

와의 변덕스러움, 분노 표출, 국수주의 등에 대해 종종 우려를 표명하곤 했다. 그들은 하세가와가 IBPFM이 선호하는 분리주의적 집단 외에 미국과 일본의 여러 교회와 관계를 유지하고 싶어 한다고 느꼈다. 그 같은 배경에는 기금 모금이 한 가지 이유였을 수도 있다. 그 과정에서 하세가와는 신사 참배를 정죄하는 명확한 입장을 취하지 않았던 것으로 보인다.

특히 TCTS와 관련해 학교의 토지와 건물을 누구의 이름으로 등기하고, 그것을 어떻게 결정할 것인가 하는 문제는 가장 뜨거운 쟁점이었다. IBPFM은 기금 모금을 누가 했느냐가 등기 명의자를 정하는 중요한 기준이라고 보았다. 신학교 부지와 건물을 위한 기금의 대부분은 IBPFM 측 인맥을 통해 미국 기부자(종종 지정 헌금으로)에게서 모금되었기 때문에 IBPFM 미국 본부와 일본 선교부는 구입한 신학교 부지를 IBPFM 일본 선교부 명의로 등기하는 것뿐 아니라 기금 사용에 대해서도 결정권을 가지고 있다고 여겼다. 1950년 9월에 이르러 이런 여러 상황이 응집되어(상세한 설명은 아래에 있음) 결국 1951년 봄 IBPFM 일본 선교부와 하세가와 간의 TCTS 협력 사역은 결렬되고 말았다.

하세가와는 1950년 6~11월 미국에서의 모금을 위해 일본을 떠나 있었다. 그가 일본을 떠난 직후 TCTS 교수진은 하세가와가 항상 반대했던 예비 동경성서대학을 설립하기로 의결했다. 더 나아가 9월 초 TCTS 이사회와 교수진은 IBPFM 일본 선교부와 연계하여 신학교 기숙사를 짓고 이를 선교부 명의로 등기하기로 결정했다. '신학교 이사회 명의로 등기할지 여부'는 하세가와가 귀국한 후 논의하기로 결정했다. 하세가와는 9월 말 홀드크로프트와의 만남에서 이런 결정을 알게 되었고, 즉시 선교사들에게 편지를 보내 신학교가 토착적인 일본 현지 교회를 위한 '연합적 노력'이 되어야 한다고 했다. 하세가와는 TCTS가 교단적 통제를 받지 않으면서 (외국) IBPFM 일본 선교부 명의가 아니라 CPCJ 명의로 등기되어야 한다고 믿었다. 하세가와는 "소유권에 대해 상호 합의가 이뤄질 때까지 신학교 기숙사 건축을 연기해 달라"고 요청했다. 이 요청에 대해 영은 홀드크로프트에게 보낸 편지에서 단호하게 말했다. "지금 연기하기에는 너무 늦었고, 더군다나 연기할 이유가 없다고 본다. 우리 이사회가 건물의 기금을 마련했다면 우리 명의로 등기하는 것이 당연하지 않은가?"

하세가와와 IBPFM의 관계는 향후 몇 개월에 걸쳐 악화되었다. 홀드크로프트는 부동산 보유를 포함해 TCTS의 책임 범위에 대한 서면 합의가 없었기 때문에 혼란이 발생했다는 점을 강조했다. 11월에 일본으로 돌아온 하세가와는 '일본인의 손에 의한 일본인의 전도'라는 명제를 깊이 확신했다.[15] 이런 상황에 대해 영은 "로이가 돌아왔을 때 다른 분위기였다"라고 말했다. 영과 홀드크로프트가 하세가와의 '변덕스러움'을 문제 삼았듯 하세가와도 새로운 교단과 TCTS의 통제에 대한 IBPFM의 정책이 '변경된 것'을 문제 삼았다. 하세가와는 홀드크로프트에게 수사적 질문을 던졌다. "당신은 토착적인 현지인 기관을 세우고 그것이 잘 자라도록 돕기를 진정으로 원합니까, 아니면 (최근 편지에서 볼 수 있듯이) '이사회가 완전히 통제할 수 있는' 꼭두각시 기관을 설립하기 원합니까?" IBPFM의 집행위원회는 "도저히 (하세가와와) 함께 학교를 운영할 수 없겠다고, 그리고 (TCTS는 IBPFM) 이사회의 통제 아래 둘 수밖에 없겠다"라고 느끼기 시작했다. 영은 "우리(일본 선교부) 없이는 신학교를 시작할 수 없다"는 하세가와의 최초 호소에 동의한 바 있지만 이제는 "하세가와 없이도 신학교를 운영할 수 있다는 점은 명백

---

15 Yamaguchi, 《草創期史(Early history)》, 22.

하다"라고 믿었다. 그러나 동시에 "우리는 그것을 원하지 않는다. 우리는 이 사역을 함께 발전시키는 조화로운 협력을 원한다"라는 기대를 표명했다.

'미국의 막대한 (재정적) 지원'은 어쩔 수 없는 중요한 현실이었다. 미국의 후원으로 운영되는 TCTS 같은 학교를 아는 학생과 교수진, 다른 일본인들에게 이 점은 너무나 명백한 현실이었다. 이런 이유로 일본인 주도로 시작된 사업의 주도권은 조용히 IBPFM으로 넘어갔다.[16] 이런 지원은 미군정 아래 현실이었다. 이런 배경이 있었기에 그다지 부유하지도 않은 IBPFM 일본 선교부가 "실제 신학교 건물과 거기에 딸린 식당, 부엌, 학장 부부를 위한 방 두 개, 도서관 등"을 지을 계획을 세울 수 있었다. 미국에 기반을 둔 IBPFM과 전후 극심한 가난 가운데 있던 일본 그리스도인(일본과 미국 양측에 재정적 연결고리를 가진 하세가와도 포함) 사이의 재정적 격차 때문에 IBPFM은 두 가지 방법으로 '토착적인 현지인 기관'을 세우고자 하는 약속을 호소할 수 있었다. 한편 IBPFM이 표방한 TCTS의 궁극적 목표는 신학교가 일본인의 소유가 되고, 일본인이 운영하는 것이었다. 그렇다고 (이미 크고 역사적인 해안교회와 결별한) CPCJ에 기금과 소유권을 단순히 넘겨주는 것은 '진정한 토착화인 자립'의 원리에 어긋나며, "신학교의 소유권과 운영권을 단순히 로이에게 넘겨주는 것에 불과하다"라고 말했다.

1951년 5월 16일 TCTS 교수회의에서 하세가와는 "현재 교수진 밑에서 계속 가르칠 수는 없다"라고 공표했다.[17] 이후 이틀 동안 TCTS 교수진, IBPFM 일본 선교부, TCTS 이사회는 투표를 통해 다음과 같이 결의했다.

---

16 Yamaguchi, 28.

17 Yamaguchi, 30.

- 신학교 이사회를 시게아키 후지이 목사[18]와 영, 폭스웰로 재구성한다.
- TCTS와 동경성서대학을 폐교한다.
- 일본기독신학교(JCTS)와 일본성서대학(JBC)을 즉시 설립한다. 이두 기관이 사용하는 시설은 (1) IBPFM 일본 선교부 명의로 등기되며, (2) 지금까지 신학교와 성서대학에서 사용하던 모든 시설을 사용한다.

또한 5월 23일 하세가와는 아버지의 호리노우치 집에서 동경신학교를 새롭게 설립했다. TCTS와 동경성서대학의 교수진(하세가와는 제외)은 그대로 JCTS와 JBC에서 가르쳤다. 반면 학생들은 어느 쪽에서 학업을 계속할 것인가를 놓고 나뉘었다.[19]

5. 결렬의 요약과 분석

첫 번째 결렬에 대한 반응과 그 결과, 분석은 앞서 잠깐 언급한 것과 같다. 재차 강조하는 요점은 와타나베(해안교회)가 TCTS를 떠남에 따라 신학교 이사회와 교수진 내의 일본인 구성과 폭넓은 지지를 크게 약화시켰다는 점이다. 이런 약화는 결국 두 번째 결렬, 즉 하세가와와 TCTS의 다른 사람들과의 관계 악화에 직접적 영향을 미쳤다. 실질적으로 하세가와 혼자 남아서 IBPFM 일본 선교부와의 관계, 그중에서도 특히 TCTS 부동산 등기 문제를 다뤄야 했기 때문이다.

---

18 후지이는 미에현에서 도쿄로 이주한 CRCJ 목사로, 영의 '각 선교 사업을 가르치는 도우미이자 통역자'로 이사했다.

19 Yamaguchi,《草創期史(Early history)》, 30-31.

와타나베가 TCTS와 분리되는 상황에서 하세가와와 영은 '엄격한 성경적 신앙'에 대한 신념 덕분에 하나가 되었지만 결국 하세가와와 IBPFM 일본 선교부 사이의 몇 가지 차이점이 표면으로 드러났다. 영이 공표한 바에 따르면 하세가와는 기독교 대학을 시작하는 것에 반대했으며, 이사회 구성원의 대다수가 선교사이기 때문에 TCTS의 자율성이 침해를 받는다고 비판했다. 반면 선교사들은 일본의 토속 종교인 신도(神道) 문제를 강하게 지적하고 BPC형 분리주의를 지지했다. 이런 설명과 함께 문제의 핵심은 영과 하세가와 사이의 '적대감'에 있었다고 지적한 통찰력 있는 분석도 있다. 영은 BPC의 '분리주의, 반모더니즘, 반공산주의'를 열렬히 옹호한 인물로 일본 신도 종교의 우상숭배 요소를 반대했다.[20] 영은 하세가와가 같은 입장을 취해 줄 것을 바랐지만, 그런 요소들은 하세가와를 더 멀리 밀어내는 결과를 가져왔다.

본 사례 연구에서는 방금 요약한 쟁점과 연결되어 TCTS 부동산 등기의 여러 측면이 하세가와와 IBPFM 일본 선교부 사이의 긴장 상황을 더욱 부채질하여 결국 공식적 결렬로 이어졌다는 것을 설명하고 있다.[21] IBPFM은 '세계적 차원에서 강력하고 전투적이고 대담한 전도 활동'의 일환으로, 그들이 보기에는 '여전히 이교도이며 봉건주의 국가'인 일본에 와서 분명하면서도 타협하지 않는 입장을 보였지만 이를 구현하기 위한 명확한 전략은 없었다. 일본의 새로운 기독장로교회의 지도자인 와타나베 렌페이 목사와 하세가와 신타로 목사는 일본에 새로 도착한 IBPFM 일본 선교부에게 IBPFM의 전도 사명을 실천할 명확한

---

20 Yamaguchi, 31-32.

21 하세가와에 대한 영의 부정적 의견에 대한 깊이와 범위는 1950년 9월 기숙사 건설과 IBPFM 일본 선교부 명의로 등기하기로 한 결정에 대한 하세가와의 반대에서 표면적으로 드러난 것이다.

전략과 일본의 파트너십을 제공했다. 와타나베와 하세가와가 IBPFM 의 명확하고 타협하지 않는 입장에 완전히 부합하지 않았을 때 선교사 들은 우선 와타나베를, 뒤이어 하세가와를 '완전히 신뢰'할 수 없다고 판단했다. 하세가와와 IBPFM 사이에 생겨난 불신은 신학교 운영, 특 히 재산 소유권에 대한 문제로 그 골이 더욱 깊어졌다.

특히 중요한 것은 일본 선교부가 TCTS 부동산 구입을 위해 미 국-IBPFM 자금(하세가와가 모금한 액수보다 큰)을 확보했기에 TCTS의 공 동 운영권이 점차 IBPFM 쪽으로 기울어졌다는 점이다. 이 점은 TCTS 의 첫 신축 건물을 IBPFM 일본 선교부 명의로 등기하기로 의결하면서 확고해졌다. 선교사들은 새로운 기숙사는 "무슨 일이 있더라도 반드시 IBPFM를 통해 신학교에 '빌려주는' 형식이어야 한다"고 믿었으며, 그 렇게 하세가와에게 설명하려고 했다. 관련된 다른 일본인들도 "그것을 촉구하고 밀어붙였다"라고 말했다. 그럼에도 토착적인 일본 장로교회 를 지원하기 위한 현지인 신학교 설립을 도우려는 일본 선교부의 진정 한 의도는 IBPFM과 일본 선교부가 새로운 TCTS 부동산에 대해 행사 한 재정적·법적 통제 때문에 일시적으로 좌절되었다.

6. 후기

JCTS는 1950년 12월부터 1953년 11월까지 첫 세 건물을 완공했으 며, 모두 IBPFM 일본 선교부 명의로 등기했다. 각 건물은 미국 기부 자의 이름을 따서 명명되었다.[22] 1952년 IBPFM 일본 선교부는 자발적 으로, 특히 세금 문제를 고려하여 "새로운 [1951] 종교법인법[23]에 의거

---

22 Wigglesworth, "The History", 17-18.

23 "Religious Corporations Act", accessed December 22, 2021, http://www.japaneselawtranslation.

한 정관을 수용"하기로 의결했다. 1960년에는 "일본 법률 기준에 맞추라는 정부 관리의 초기 권고에 따라" 일본 선교부는 '일본장로교선교부(JPM)'로 법인명을 변경했다. 또한 이사회의 정관은 외부, 즉 IBPFM의 외부이사 대신 내부에서 이사회를 구성하도록 개정되었다.[24] 이 정관 개정은 일본 선교부가 (BPC의 고통스러운 분열로 말미암아) IBPFM과 분리되어 JCTS 부동산을 둘러싼 줄다리기가 이뤄지던 중에 진행되었다. 이런 변화는 IBPFM과 그쪽에 동조하는 이들의 분노를 불러일으켰지만,[25] 선교사들은 이에 대해 다음과 같이 언급했다. "아마도 지금부터 100년 후 우리는 이것이 상처 없이 일본에서의 전도 활동을 계속하기 위해 허락된 가장 특이한 섭리였다고 말할 수 있을 것이다." IBPFM 이사회와 선교사들 사이에서 불화의 골이 깊어지는 상황과 일본에서의 지속적인 신학교 사역에 대한 법적 보장 상황은 선교부의 부동산 등기를 둘러싼 의사결정 절차와 등기 명의 선택의 중요성을 다시 한번 입증해 보여주었다.

마지막으로 중요한 점은 토착적인 신학교 설립이라는 선교사들의 목표가 점차 실현되었다는 것이다. 주로 JCTS나 미국에서 교육을 받은 일본인 이사회와 교수진은 1960년대와 1970년대에 리더의 자리를 맡았다. 또한 1978년 성결교단은 JPM 재산의 JCTS 부분을 매입했고, JCTS는 다른 캠퍼스로 이전했다.[26]

---

go.jp/law/detail/?id=3898&vm=04&re=02&new=1

24 JPM Archives, Chiba, Japan.

25 J. Philip Clark, "To Answer Your Questions on Japan", *The Free Press*, October 19, 1961, 6-9.

26 三交沿革史編纂委員會(Three Schools Historical Development Compiling Committee), 《東京キリスト教學園のあゆみ(*Tokyo Kirisutokyo Gakuen no Ayumi*, The life of Tokyo Christian Institute)》(Chiba, Japan: Tokyo Christian Institute, 1989), 111-113.

숙고를 위한 질문

1. TCTS 설립에 참여한 세 기관의 역사는 TCTS 부동산 등기와 관련해 발생한 갈등에 어떤 요인으로 작용했는가?
2. TCTS 부동산 등기와 관련해 일어난 결렬을 피하기 위해 세 단체는 각각 어떻게 해야 했을까?
3. TCTS 부동산 등기 문제는 다른 방식으로 처리될 수 있었을까? 과연 어떻게 해야 했을까?

논찬

정지문

J. 넬슨 제닝스 박사의 사례 연구에 대해 논찬의 기회가 주어진 것을 매우 영광스럽게 생각한다. 제닝스 박사는 일본 교회 지도자들과 한 미국 선교단체의 협력 관계가 무너진 동경기독신학교(TCTS) 부동산 등기에 대해 매우 의미 있는 사례 연구를 해주었다. 제닝스 박사는 동경 기독신학교의 설립에 있어 모체가 되는 세 단체가 왜 충돌하여 해산하게 되었는지 그 주된 이유를 잘 설명하고 있다. 세 단체가 격돌하게 된 이유에는 각 그룹의 책임 한계를 분명히 하는 협정서가 부족했다는 문제도 있었지만 주된 요인이 신뢰의 문제였다는 지적에 크게 동감한다.

사역과 삶에서 동료와 배우자를 신뢰하는 것이 얼마나 중요한지를 다시 한번 생각하게 된다. 그리고 관계에서 신뢰를 쌓으려면 긴 시간이 필요하다는 사실을 새삼 깨닫게된다. 사실 신학교 건물을 누구의 명의로 등기하느냐는 단순히 이름만의 문제가 아니라 신뢰의 문제인 것 같다. 신뢰 부족은 결국 주도권 쟁탈전으로 끝나고 만다. 팀으로 시너지를 내기 위해서는 하나님의 많은 은혜와 긴 시간이 필요하다. 또 제닝스 박사는 협약 단체 사이의 책임 한계를 분명히 하는 문서가 부족했다는 점도 서로의 불신감을 증폭시켰다고 했다.

동경기독신학교 설립에는 세 기관이 관련되었다. 첫 번째는 일본에 세워진 첫 기독교 교회인 해안교회다. 그들은 일본 최초 교회로서의 전통을 지켜 나가기를 원했다. 두 번째는 '일본 선교는 일본인의 손으로'라는 것을 강조한 하세가와 목사였다. 그는 무교회주의 배경을 가졌고 미국의 페이스신학교 출신으로 후일 장로교에 속하게 되었다. 세 번째는 IBPFM였다. 이 단체는 일본 토착 종교인 신도를 배격하고 현대주의와 공산주의를 강하게 반대하는 전투적 배경을 가지고 있다. 그리고 성경의 무오성과 배교로부터의 분리를 강조하며 진리를 위해 싸우는 귀한 간증이 있다. 두 명의 일본인 리더와 그들의 교회에는 분명한 전략과 일꾼이 있었다. 모체가 되는 세 단체는 서로를 잘 보완해 주는 것 같았지만 신학적 차이가 있었고, 본질적으로 사역자를 어떻게 양성할 것인가에 대한 인식의 차이도 있었다. 무엇보다 영 선교사와 하세가와 목사 사이에 불신의 문제가 있었다. 그래서 고통스러운 헤어짐으로 끝이 나고 말았다.

하나님은 하나님 나라를 세우는 데 있어 각 그룹을 축복하셨지만, 그들은 한 가지 목적을 위해 함께 일하는 데는 성공하지 못했다. 하나님을 신뢰함에도 서로를 신뢰하지 못했다. 하나님의 목적을 위해 우리를 하나로 부르신 하나님은 신실하시며 우리를 팀으로 부르신 목적을 이루시리라고 얼마나 신뢰할 수 있는가? 필자도 8년 전 교회를 개척할 때 선교사들 사이에 존재하는 교회에 대한 인식의 차이를 극복하지 못해 상호 보완적 팀을 조직하는 대신 각자 따로 일하는 편을 선택한 적이 있다.

사도행전 15장에서 선교팀을 조직할 때 마가를 포함시킬 것인가 여부를 두고 바울과 바나바 사이에 다툼이 생겨 서로 갈라선 적이 있다.

우리는 교회를 세우는 과정에서 그런 갈등을 피할 수 없는 것 같다. 그러나 하나님은 주님을 사랑하는 사람들의 인생에서 일어나는 모든 일을 합력하여 선을 이루시는 분이다. 나중에 바울은 디모데에게 편지를 써서 마가를 데려오라고 한다. 그 사람은 도움이 된다고 했다. 만약 IBPFM이 그들의 입장을 주장하는 대신에 겸손히 일본 교회에 도움이 되는 태도를 가졌다면 서로 갈라서지 않았을 것이다. 필자는 프로젝트를 실행하는 것보다 신뢰 관계가 더 필수적이라고 생각한다. 일반적으로 신뢰 관계를 구축하려면 긴 시간이 필요하다. 건강한 신뢰 관계가 형성되지 않으면 프로젝트는 와해되기 쉽다. 세 단체가 부동산 등기를 누구의 명의로 할 것인가를 두고 며칠 또는 한 주간 겸손히 주님의 인도를 함께 구하는 시간을 가졌다면 서로의 좋은 점들을 발견하게 되고, 또 다른 스토리가 전개될 수도 있지 않았을까? 주님의 주권이라는 깃발 아래서 서로를 신뢰할 때 우리는 하나님 앞에서 자신의 권리에 대해 죽기가 한결 쉬워진다. 사실 주님과 함께 십자가에서 죽지 않으면 팀 사역은 성공하지 못한다.

IBPFM은 자신들이 필요한 자금을 모았기에 부동산을 IBPFM 명의로 등록하는 것이 적절하다고 생각했다. 선교사들은 그것이 오히려 자생적인 일본 교회에 도움이 된다고 여겼다. 반면 하세가와 목사는 신학교 등기를 IBPFM 이름으로 하되 5년이나 10년 동안이라는 단서를 붙여 동의해야 한다고 생각했다. 일본 선교는 일본인의 손으로 하는 것을 강조하면서 미국으로부터 오는 자금을 받는 것은 모순적이라고 생각한다. 한국 선교를 위해 초창기 한국에 왔던 선교사들은 안수를 받은 목회자가 아니었고, 한국은 당시 서양에 거의 알려지지 않은 나라였다. 그래서 서양 교회에서 받은 지원이 일본에 비하면 미미했다. 그래서 한국에 온 선교사들은 처음부터 자립을 강조했고, 한국의 그리스도인들이 교회를 세우기 위해 희생하도록 가르쳤다. 역설적으로 서양 교회의 무관심과 궁핍이 하나님의 보살핌 안에서 한국에서 교회를 세우는 데 큰 축복이 되었다.

결론적으로 필자는 넬슨 박사가 동경기독신학교 설립에 따른 갈등 문제를 신뢰의 관점으로 통찰한 것에 대해 감사하게 생각한다. 빌립보서 2장 3-5절 말씀이 생각난다. 우리는 주님과 다른 사람들을 섬기기 위해 부름을 받았다. 다른 말로 표현하면 우리는 다른 사람들이 주님을 성공적으로 따르고 현지 교회에 도움이 되도록 하기 위해 부름을 받았다. 사실 우리는 선교 현지에서 동료 간에 일어나는 많은 갈등을 보아왔다. 주님을 신뢰하면서도 자신의 권리에 대해 죽지 않는다면 우리는 그런 와해를 피할 수 없다. 아브라함은 세상 앞에서의 간증을 위해 조카 롯이 원하는 땅을 먼저 선택하도록 양보했다. 그는 간증을 선택했고, 하나님은 그의 기업이 되셨다.

11
돈과 자립: 한국 개신교회와 선교를 위한 네비어스 방법의 도전적 원리

옥성득

본 논문은 한국의 네비어스 방법(이하 NM)이 1879년부터 1920년까지 발전을 이룬 역사와 1930년부터 현재까지 선교학적·학문적 해석에 대해 논의하고자 한다. 특히 3자(자립, 자전, 자치) 원리 가운데 제1 원칙인 자립에 초점을 맞춘다. 또한 NM 개정을 둘러싼 서울(언더우드)과 평양(모펫) 사이의 논쟁을 살펴봄으로써 한국에서 NM의 토착화 과정을 조명하고자 한다. NM에 대한 여러 주요 해석을 평가한 결과, 자립은 쇠퇴하는 현대 한국 개신교에 적용 가능한 영속적 원칙이라는 결론을 내렸다.

1. 역사와 계보

역사의 첫 번째 부분에서는 NM의 자립 원리가 가진 본래 의미를 찾는다. 여기서 우리는 NM과 그 자립 방법의 총 네 가지 계보를 살펴보려고 한다. 계보 1에서는 1880~1890년 중국 산둥의 네비어스 방법, 1872~1910년 만주의 로스 방법을 설명한다. 계보 2에서는 서울의 언더우드 방법(1885~1910년)과 평양의 모펫 방법(1894~1910년)을 설명한다. 각 계보는 자립의 DNA를 유지하되 그 적용 과정에서 변형되었다.

계보 1: 중국의 네비어스-로스 방법, 1880~1890년

본 논문에서는 기존의 NM 역사 편찬 방식과 달리 두 개의 신조어인 로스 방법(Ross Method, 이하 RM)과 네비어스-로스 방법(이하 NRM)를 사용한다. NRM은 한국 북서부에 도입되었고, 뒤이어 1890년에 NM이 서울로 전달되었다.

산둥: 네비어스 방법 중 자립 원리

존 리빙스턴 네비어스(1829-1893년)는 문명 대신 그리스도를 옹호했다. 네비어스는 선교 사역이 세 단계를 거친다고 생각했다. 작은 교회가 모인 두 번째 단계에서 "선교사가 해야 하는 특수한 일은 독립적이고 자립적인 기독교 기관을 세우고 현지인 사역을 일으키는 것"이었다. 마지막 단계는 "이교로부터의 진정한 회심과 토착 기독교 교회의 설립"이었다.[1] NM의 목표는 토착 교회의 개척을 통해 한 지역이나 국가에 신속한 복음화를 이루는 것이었다. 그는 사역을 "처음부터 독립적이고 자립적으로 만들려고 노력했다. 시골의 그리스도인들은 예배 장소를 스스로 마련했다. 대체로 집 안의 넓직한 방을 그런 용도로 사용했다. 그리고 인근 지역 어디나 전적으로 자발적 원칙에 따라 적극적인 사역이 이뤄졌다."[2] 1880년에 그는 새롭게 고안한 혁신적 체계를

---

1 J.L. Nevius, *China and the Chinese* (New York: Harper & Brothers, 1869), 336, 352-353, 370.

2 Helen S.C. Nevius, *The Life of John Nevius* (New York: Revell, 1895), 381-382.

열 가지로 요약했다. 그중 첫 번째는 "'고용 체계'와는 다른 '자발 체계' 가 가장 중요한 특징이다".[3]

네비어스는 1885년 11월과 12월에 선교 학술지《The Chinese Recorder》에 선교 방법과 관련된 논문을 연재했다.[4] 그 내용은 1886년 《Methods of Mission Work》에 부록으로 다시 실렸다.[5] 새로운 체계 는 기존 체계와 동일한 목적을 갖고 있었다. 바로 '중국인에 의한 중국 복음화'였다. 1876~1878년 기근 구제 사업 당시 2만 달러 이상을 나눠 주고 7만 명 이상의 사람을 도왔기 때문에 외국인이 돈이 많다는 인상 을 남겼다. 기존의 고용 체계는 돈만 바라는 태도를 부추기는 경향이 있었다. 이 때문에 무언가를 얻기 위해 교회를 찾는 '쌀 기독교인(rice Christians)'이 늘어났고, 대가 없이 이뤄지는 자원봉사는 줄어들었다.

만주: 로스 방법

1872년 만주 개신교 선교를 개척한 존 로스(John Ross, 1842~1915년)는 한국 선교의 개척자일 뿐만 아니라 한국 장로교 선교 방식의 설계자이 기도 하다. 그는 만주에서 삼자 원리를 실천했다(삼자원리는 1879년 이후 한국에 소개되었다). 그는 장차 한국으로 갈 선교사를 위한 한국어 교재 《Corean Primer》(1877년)를 출판한 후 성경을 한국어로 번역하기 시작

---

3 J.L. Nevius, "Mission Work in Central Shantung", *The Chinese Recorder* 11 (October 1880), 357-364.

4 J.L. Nevius, "Principles and Methods Applicable to Station Work, Letter I", *The Chinese Recorder* 16 (November 1885), 421-424; Nevius, "Letter II", *The Chinese Recorder* 16 (December 1885), 461-467.

5 First edition, *Methods of Mission Work* (Shanghai: Presbyterian Mission Press, 1886); second edition, *Methods of Mission Work* (New York: SVM, 1899); third edition, *The Planting and Development of Missionary Churches* (New York: BFMPCUSA, 1899); fourth edition, *Planting and Development of Missionary Churches* (Philadelphia: Presbyterian and Reformed Publishing Co., 1958).

했다. 로스는 한국어로 된 복음서의 최초 번역가이자 발행인, 배급자였다. 1887년 그는 한국어 신약전서를 완성했다. 한국어 성서 배포가 한국인 권서인(勸書人, colporteur)을 통해 이뤄졌듯, RM 또는 NRM은 토착 언어와 자전의 요소가 강했다.

대부분의 이전 연구는 네비어스와 로스 사이의 밀접한 관계를 인식하지 못했다. 1898년 로스는 《The Chinese Recorder》의 편집자에게 편지를 보내어 자신의 방법이 네비어스와 그의 글을 통해 배운 것이었음을 고백했다.[6] 로스는 1887년 9월 서울에 처음 조직된 장로교회를 보기 위해 방문한 동안 네비어스를 만나 그의 방법에 대해 배웠던 것이다.

1903년 로스는 《만주선교방법론(Mission Methods in Manchuria)》을 출판했다. 이 책에서 그는 만주 교회가 1874년 세 명의 침례 신자로 시작해 30년 후에 3만 명 이상의 교인으로 성장한 원리와 방법을 설명했다. 1906년 2판에서 로스는 의화단이 벌인 외세배척운동에 따른 디오클레티아누스적인 극심한 박해가 삼자 원칙의 적절성을 시험하고 정당화했다고 강조했다. 로스는 묵던(Mukden, 중국 선양의 만주식 명칭-옮긴이 주)의 사례가 '신속하게 이뤄진 세계 복음화'의 본보기가 될 수 있다고 믿었다.[7]

로스는 선교회가 큰 도시에 자리를 잡고 전략 본부의 역할을 하면서 순회 선교 방식을 택하도록 권장했다. 선교사들은 약 2~30킬로미터 떨어진 지역까지 감독할 수 있었고, 20개나 되는 지점을 일 년 동안 여러 차례 방문할 수 있었다. 각 지점에는 유급 중국어 전도사가 있었

---

6 John Ross, "Missionary Methods", *The Chinese Recorder 29* (May 1898), 247.

7 Ross's Reply (#164) to the Questionnaire of the Commission I, The World Missionary Conference, 1910 (Day Mission Collection, Yale Divinity School Library).

다. 로스는 자기 전파에 더 중점을 두면서 네비어스보다 더 많은 유급 전도자를 고용했다. 로스는 더 낮은 급여로 좋은 조사를 고용할 수 있었다. 외국인 선교사를 최소로 유지하면서 중국인을 통한 전도를 최대로 확대하는 것이 그들의 기본 원칙이었다.

계보 2: 한국의 언더우드-모펫 방법, 1885~1910년

중국의 NM과 NRM은 1885년부터 1910년까지 한국에서 언더우드-모펫 방법으로 발전했다. 1900년 언더우드는 "지금 우리의 선교가 따르는 체계는 원래의 네비어스 체계와 정확하게 같지는 않다"라고 말했다.[8] 1884년과 1885년에 경험이 적은 젊은 선교사 알렌, 언더우드, 헤론, 미스 엘러스가 서울에 도착하여 정부의 전도 금지 정책을 두고 논쟁을 벌였을 때 그들은 뉴욕의 북장로회 해외선교부 서기 프랭크 F. 엘린우드 박사와 이웃나라 중국과 일본 선교 기지에 있는 노련한 선교사들에게 조언을 구했다. 그리하여 황해 건너 산둥의 존 L. 네비어스, 압록강 건너 묵던의 존 로스, 대한해협 건너 요코하마의 제임스 C. 헵번 박사(1815~1911년)가 그들의 멘토가 되었다.

서울: 언더우드의 NM 중 자립 원리

1885년부터 서울에서 사역한 최초의 장로교 성직자 선교사인 호러스 G. 언더우드 목사(1859~1916년)는 열정적인 전도자였다. 그는 선교 방법을 놓고 호러스 N. 알렌 박사(1858~1932년)와 충돌하기도 했다. 1884년 9월 최초의 상주 개신교 선교사로 상하이에서 서울로 온 알렌

---

8 H.G. Underwood, "The Working of Self-Support in the Fields: Korea", *Ecumenical Missionary Conference, New York, 1900*, vol. 2 (New York: American Tract Society, 1900), 301.

은 1884년 12월 갑신정변으로 중상을 입은 민영익(민비의 조카)을 치료해 주었다. 1885년 4월 알렌은 조선 정부가 설립한 서양식 병원인 광혜원(제중원)의 초대 의사로 부임했다. 알렌은 언더우드와 존 W. 헤론 박사의 불법적인 직접 전도를 반대했다.

1887년 9월 27일 서울에서 언더우드가 14명의 성도와 함께 첫 교회를 조직했을 때 선교 정책과 방법의 갈등을 해소하기 위해 로스 박사를 초대했다. 14명의 성도는 노춘경을 제외하고 모두 로스의 가르침과 서상륜이 전해 준 로스의 누가복음과 요한복음 번역본을 통해 개종했다. 언더우드는 로스를 만난 후 NM을 공부하고《Methods of Mission Work》(1886년)를 읽고 한국 전도자들을 훈련시켰다.[9]

1890년 6월 언더우드는 네비어스 부부를 서울로 초대했다. 부부는 2주 동안 7명의 젊은 선교사를 지도했다. 미국 북장로회 한국 선교부는 1891년 2월 '정관 및 부칙'에서 NM을 채택했다. 이후 선교회는 한국으로 새로 파송되는 모든 선교사에게 네비어스의 소책자《Methods of Mission Work》[나중에《The Planting and Development of Missionary Churches》(1899년)로 제목이 바뀜]를 선물했다. 한국 선교의 규칙은 네비어스가 제시한 계획보다 훨씬 더 철저하게 자립하는 것이었다. 1893년 장로교 선교협의회(4개 선교부로 구성)는 수정된 NRM을 채택했다. 교회 성장에 대한 '토착' 사역자들의 기여도는 중국과 일본보다 한국이 더 높았다.

자립의 좋은 예는 1894년 황해도 소래의 교회 건축이었다. 한 과부가 큰 헌금을 했고, 양반집의 여인이 조개를 잡아 팔았다. 어떤 사람은 목재를, 어떤 사람은 목재를 운반할 소를 기증했다. 일꾼을 위한 곡식

---

9 H. G. Underwood to F. F. Ellinwood, July 10 and August 25, 1888, Letters and Reports of the Korea Mission, PCUSA, Presbyterian Historical Center, Philadelphia.

을 기증하기도 했고, 일부는 자원하여 일을 했다.[10] 한국 최초의 기독교 예배당은 전적으로 자립 원리에 따라 지어졌다. 소래의 본을 받아 서울 정동의 한국인들은 1894년에 예배당을 짓기 시작했다. 교회의 젊은 성도들은 정부가 임시 콜레라 병원으로 사용하던 언더우드 휴양소에서 '적십자 콜레라 봉사단'으로 자원하여 봉사했는데, 정부가 지불한 품삯을 교회 건축을 위해 헌금했다. 부지와 지붕을 제외한 모든 비용을 한국인이 부담했다.

평양: 모펫 방법, 1880~1890년

1890년 1월 서울에 도착한 새뮤얼 A. 모펫 목사(1864~1939년)는 서북 지방에 토착 교회를 세우기 위해 평양으로 이주해 새로운 선교 기지를 열기로 결정했다. 그는 서울에서의 정치적 갈등과 선교사 간 다툼에 불만이 있었다. 모펫은 1890년 6월에 네비어스 박사를 만나고 나서 1891년 선양(묵던)에서 로스 박사를 만나 로스 방법을 배웠다.[11] 이때 제임스 S. 게일도 함께했다(게일은 의주까지는 서상륜과 동행했고, 다시 선양까지는 백홍준과 동행했다). 1894년 모펫은 7명의 한국인 세례 교인과 함께 평양에 새로운 선교 기지를 세웠다. 이곳은 세계에서 가장 토착적인 선교 기지 중 하나였다(건물도 한국식이었다).[12] 1898년 1,000여 명의 교인이 평양에서 중앙장로교회 건축을 시작했다. 그래함 리 목사가 한국인 목수들을 감독하면서 1,500석 규모의 교회를 완공한 것은 1901년이었

---

10 Underwood, "The Working of Self-Support", 303.

11 S.A. Moffett, "Evangelistic Tour in the North of Korea", *Church at Home and Abroad* 5 (October 1891), 330; Moffett, "An Evangelistic Tramp through North Korea", *The Herald and Presbyter*, January 13 & 20, 1892.

12 J.Hunter Wells, "Northern Korea", *The Assembly Herald* 7, no. 5(November 1902), 442-443.

다. 한국인이 비용 가운데 3분의 2를 내고 나머지 3분의 1은 선교사들과 미국에 있는 그들의 친구들이 기부했다. 이것은 도시에 있는 큰 교회의 관행이 되었다.

1909년 모펫은 '우리 사역의 위대한 두 원리인 사경회 제도와 자립'은 원래 그 발상이 네비어스에게서 나왔다고 말했다. 그는 "이런 발상을 발전시키는 과정에서 현지 조건과 다양한 상황에 맞게 방법을 적용한 경험이 큰 변화를 가져왔다"라고 말했다.[13] 언더우드가 말했듯이 한국선교회의 방법론은 완전히 조직화된 교회를 한국인에게 강요하지 않았다. 한국인의 건축 능력과 보편적인 가옥 양식에 따라 교회 건축을 계획했다. 유연한 교회 조직과 한국식 교회 건물을 갖춘 자립은 '토착화의 초석'이 되었다.[14] 따라서 한국 네비어스 방식의 전체 체계는 헨리 벤(1796~1873년)의 온건한 성공회보다 루퍼스 앤더슨(1796~1880년)의 회중주의에 더 가까웠다. 그러나 스코틀랜드 계몽주의 선교 이론과 NM의 결합인 NRM은 이런 지역 교회 중심성과 개인의 구원 우선순위를 보완해 주었다.

NRM에는 몇 가지 독특한 한국적 특징이 있었다. 자립 원리의 주요 목적은 선교회의 지원 없이 지역 교회를 세우는 것이었다. 그래서 대부분의 초기 예배당은 작은 초가집이나 기와지붕집이었다. 일부 교회는 증축하거나 신축할 때 'L' 자 모양으로 지어져 한쪽은 남자, 다른 한쪽은 여자가 사용했다.

NRM의 모토인 '최대 토착민, 최소 선교사'는 잘 훈련된 교인들이 자

---

13 S.A. Moffett, "Evangelistic Work", *Quarto Centennial Papers Read Before the Korea Mission of the PCUSA* (Pyeng Yang: 1909), 18.

14 George Paik, *The History of Protestant Missions in Korea* (Pyongyang: YMCA Press, 1929), 151-152.

원봉사 전도사로 활동한 덕분에 실현될 수 있었고, 이를 위한 가장 효과적인 수단 가운데 하나가 사경회 제도였다. 1907년 1월 평양의 사경회에서 대부흥이 시작되어 일 년 만에 한국의 모든 교회를 휩쓸었고, 만주와 중국으로 퍼져 나갔다. 또한 1898년 황해도 사경회에서 자발적인 새벽기도회를 시작했고, 부흥의 열기가 가라앉은 1909년에 길선주는 이를 교회의 자발적 프로그램으로 만들었다.[15]

NRM 수정에 대한 논쟁, 1897~1920년

한편 언더우드는 햅번의 기독교 문명론을 수용하고 이를 NRM과 결합시켰는데, NM의 개정 또는 유지를 두고 벌어진 다음의 세 가지 논쟁에서 그 내용을 볼 수 있다. 첫 번째 논쟁은 '신문 문제'였다. 1897년 언더우드는 《죠션그리스도인회보》을 창간했으며(1905년 《그리스도신문》으로 제호가 바뀜-옮긴이 주), 사람들의 계몽을 위해 비즈니스와 정치, 심지어 담배 농사와 같은 주제도 다뤘다. 정부는 이 신문을 구독하고 수령과 관리에게도 보냈다. 모펫은 그런 세속적인 신문에 반대해 전도를 위한 기독교 신문을 발행할 계획이었으나 하나의 타협안으로 모펫의 친구인 제임스 S. 게일이 1902년에 편집자가 되었다.

언더우드와 모펫의 두 번째 논쟁은 '병원 문제'였다. 1900년 언더우드는 일본인 병원과 경쟁할 수 있는 두 명 이상의 선교사로 구성된 연합병원을 설립하려는 올리버 R. 에이비슨 박사의 계획을 지지했다. 1904년 뉴욕의 루이스 H. 세브란스의 기부를 받아 캐나다 건축가 헨리 D. 고든의 감리 아래 동아시아 최고의 현대식 기독교 병원 중 하나가 세워졌다. 고든은 존 D. 웰스 기독교지도자학교(경신중·고등학교

15 Sung-Deuk Oak, *The Making of Korean Christianity* (Waco: Baylor University Press, 2013), 292-293.

의 전신-옮긴이 주) 건물과 선교사들의 집을 포함해 선교부 건물을 여러 채 지었다. 이들 건물과 기관은 현대화하는 수도에 적응한 NM의 개정판인 언더우드-에이비슨 방법의 상징이었다. 서울의 교육과 의료 사업에서는 문명론과 제도주의를 수용했고, 농촌 전도 사업에서는 NM을 유지했다.

이런 변화는 1909년부터 감리교인들이 세브란스병원과 의과대학의 연합 의료 사업에 합류하고, 1915~1916년 조선기독교대학이 설립되면서 가속화되었다. 1910년대 장로교 선교사들은 '대학 문제'에 적극적으로 참여했다. 문제는 단일 연합 대학의 위치(서울 또는 평양)와 대학 교육의 성격이었다. 언더우드와 에이비슨은 서울에 대학을 설립했다. 이때 평양 숭실연합대학의 교감이자 감리교인인 아서 L. 베커의 도움과 뉴욕의 장로교, 감리교 선교부의 지원을 받았다. 이들의 선교학적 이해는 도시 청년을 위한 교육이라는 현대적 관점으로 발전했다. 이들의 목표는 기독교 교양 교육을 통해 국가 지도자와 기독교 엘리트를 양성하는 것이었다.

이와 대조적으로 평양의 선교사들(교육 분야의 윌리엄 M. 베어드, 의학 분야의 J. 헌터 웰스 박사, 건축과 영성 분야의 그래함 리 그리고 이들의 지도자인 S.A. 모펫 등)과 대다수의 장로교 선교사는 토착식 교회 건물, 기독교 가정을 위한 신문, 전도에 집중하는 소규모(의사 1인) 선교 병원, 기독교인 자녀들을 위한 미션 스쿨, 교회 지도자들을 위한 기독교 대학 등을 옹호했다. 그들은 1920년까지 NRM과 자립을 유지했다.

2. 해석

1930년부터 다음 네 개의 학파 학자들이 네비어스 방법의 해석을 놓고 경쟁했다. 곧 감리교회의 기구주의(Institutionalism)를 비판한 보수적 장로교회의 승리주의, 보수적 장로교회에 자치가 부족하다고 비판한 진보적인 장로교인, 자치 원리와 민족주의의 연관성을 주장한 정치역사학자, 자급 원리와 자본주의의 연관성을 주장한 경제역사학자가 등장했다.

감리교회의 기구주의를 비판한 보수적 장로교회의 승리주의

NM에 대한 최초의 선교적 해석은 1930~1940년대에 나타났다. 그 해석은 장로교의 성공과 감리교의 실패 같은 교파적 차이에 초점을 맞췄다. 평양의 장로교인 찰스 A. 클라크는 장로교가 우세하게 된 것은 NM 덕분이라고 주장했다. 그는 감리교와 연결된 민족주의, 자유주의 신학(사회복음), 혼합주의(토착화)의 방법을 비판했다.[16] 그는 《선교 사업을 위한 네비어스 계획(The Nevius Plan for Mission Work)》의 개정판에서 자신의 주장을 강력하게 확증했는데, 1936년 장로교 교인이 감리교 교인보다 5배나 많았기 때문이다.[17]

1947년 남감리교 선교사인 찰스 D. 스톡스 목사는 감리교가 장로교에 비해 성장이 느린 이유를 분석하고 1910~1930년 감리교인이 줄어든 것은 직접 전도 대신 교육, 의료, 여성에 대한 지나친 강조와 투자, 이런 기구적 사역에 대한 이사회의 지원 부족이 원인이라고 주장했다.[18]

---

16 Charles A. Clark, *The Korean Church and the Nevius Methods* (New York: Revell, 1930), 234.

17 C.A. Clark, *The Nevius Plan for Mission Work*, 2nd. ed. (Seoul: Christian Literature Society, 1937).

18 Charles D. Stokes, "History of Methodist Missions in Korea, 1885-1930" (PhD diss., Yale University, 1947).

보수적 장로교회에 자치가 부족하다고 비판한 진보적인 장로교인

전성천은 한국 목회자들의 낮은 교육 수준을 유지하는 정책이 한국 교회의 '고립주의'를 낳았다고 주장했다.[19] 달리 말하면 한국의 저학력 목회자들은 권위주의로 교회를 다스렸고, 이런 위계적인 성직주의가 교회 분열을 낳았다는 것이다.

첫째, 한국의 신학 교육 수준은 1897년 북미주해외선교대회[20]와 1900~1910년 열린 세계선교대회 등에서 채택된 comity(영토 분할)와 유사한 정책을 가진 다른 선교지보다 특별히 낮은 것도 아니었다. 둘째, 장로교에는 1900년까지 한국인 장로가 없었고, 1907년까지 한국인 목사가 없었다. 그러나 이것이 반드시 자치의 부재를 증명하는 것은 아니었다. 지방 교회와 단체는 선교사가 적절히 보살필 겨를도 없이 빠르게 성장했다. 일 년에 한 번밖에 방문할 수 없었기 때문에 지방 교회는 한국인 영수(안수를 받지 않은 개교회의 설교자), 순회 교회와 소그룹 20~30개에는 조사(안수를 받지 않은 순회 전도사)를 임명해야 했다. 이 영수와 조사는 회중에게 설교와 목회 사역을 할 수 있는 자치권을 가지고 있었다.

자치 원리와 민족주의의 연관성을 주장한 정치역사학자

1945년 이후 한국 민족주의의 메타 서사 아래 강위조, 박정신, 재클린 박 등은 한국 교회의 민족주의에 대한 NRM의 기여를 강조해 왔

---

19 Chun Sung-chun, "Schism and Unity in the Presbyterian Churches of Korea" (PhD diss., Yale University, 1955), 71.

20 "현지인 개종자가 교육을 받기 위해 유럽이나 미국으로 오지 못하도록 막아야 한다" (Foreign Missions Conference of North America, *Report of the Meeting of the Conference of Foreign Missions Boards in Canada and in the United States*, vol. 5 [New York, 1897], 13).

다.[21] 그러나 대표적인 민족주의자인 안창호는 1907년 부흥운동에 반대했다. 그의 샌프란시스코와 평양 조직은 NM과 아무 상관이 없었다. 그리고 1907년까지 한국의 장로교 정치는 지방 교회와 그 지도자들에게 더 많은 자율적(자치적) 권리를 부여한 앤더슨주의적 회중주의와 유사했다. NRM과 기독교 민족주의의 관계는 인과관계가 아니라 상관관계였다.

자급 원리와 자본주의의 연관성을 주장한 경제역사학자

앨버트 박은 "서구 선교사들은 1885~1919년 이념적·물리적 구조를 확립함으로써 새로운 형태의 경제 사상과 실천[자본주의]을 배양하는 데 기여했다"라고 주장했다.[22] 그가 말하는 '이념적 구조'는 NM의 '자립' 원리를 뜻하며, 이 원리를 통해 교인들은 이해관계자가 되어 꾸준히 헌금을 내야 했다. 그는 이런 관행이 '생산적 자본의 한 형태로써 화폐'의 관점과 노동에 대해 금전 축적을 위한 긍정적 활동으로 정의하도록 촉진시켰다고 주장했다. 앨버트 박이 말하는 '물리적 구조'는 기독교 학교의 실업교육과를 의미했다.

교인들은 헌금, 특히 십일조를 바칠 의무가 있었다. 종종 부자나 과부는 지역 교회 개척 초기에 예배당이나 교회 건축을 위한 토지를 기

---

21 See Wi Jo Kang, *Christ and Caesar in Modern Korea* (New York: State University of New York Press, 1997), 30; Chung-shin Park, *Protestantism and Politics in Korea* (Seattle: University of Washington Press, 2003), 4; and Jacqueline Park, "Cradle of the Covenant: Ahn Changho and the Christian Roots of the Korean Constitution", in *Christianity in Korea*, ed. Timothy S. Lee and Robert E. Buswell, Jr. (Honolulu: University of Hawaii Press, 2005), 128.

22 Albert L. Park, "A Sacred Economy of Value and Production: Capitalism and Protestantism in Early Modern Korea (1885-1919)", in *Encountering Modernity: Christianity in East Asia and Asian America*, ed. Albert L. Park and David K. Yoo (Honolulu: University of Hawaii Press, 2014), 19.

부했다. 교회가 성장함에 따라 교인들은 더 큰 건물을 위해 3년 분할 납부 계획을 채택했다. 부유한 교인들이 주요 기부자였다. 농촌 지역에서는 가난한 농부와 소작인으로 구성된 지역 교회가 소수의 부유한 사람이 내는 헌금으로 유지되었다. 요컨대 NRM의 자립 원칙은 화폐에 대한 새로운 관념이나 자본주의를 위한 새로운 사회계급을 창출하지 못했다.

더욱이 초기 실업 교육은 1888년 서울의 배재학당과 1906년 송도의 한영서원에서 NRM을 채택하지 않은 감리교인들을 통해 개발되었다. 실업 교육은 네비어스 방법을 사용하지 않은 선교지에서 일반적으로 채택된 선교 정책의 일부였다. 사실 1918년 한국에서 '기독교 실업 교육의 유일한 사례'는 서울 YMCA에서 이뤄졌는데,[23] 반드시 NRM과 관련이 있는 것은 아니었다. 앨버트 박은 자신의 주장을 뒷받침하기 위해 윤치호와 그의 학교를 여러 번 인용했다. 그러나 윤치호의 학교는 남감리교 선교부 소속으로 NRM을 지지하지 않았다.

서울의 NRM은 1897년부터 변하기 시작했고, 그 초점이 점차 토착 교회 개척에서 기관 설립을 통한 기독교 문명의 진흥으로 옮겨 갔다. 1910년대 서울의 교회들은 더는 네비어스 방법 그 자체를 따르지 않았다. NRM, 개신교 윤리, 기독교 문명론 등이 근대 한국 자본주의의 발전에 기여한 것은 사실이다. 그러나 특정 선교 방법보다는 훨씬 다양한 요인이 작용했다. NRM의 자립 원리를 한국 초기 자본주의, 산업의 발전과 직접 연결 짓기는 어렵다.

---

23 Horace H. Underwood, "Industrial Training in the Far East", *Missionary Review of the World* 41 (September 1918), 677.

3. 결론

본 논문은 한국의 네비어스 방법론의 다양한 계보, 그 토착화 과정, 지역적 차이, 변화하는 정치적·교회적 맥락에서 그것의 진화 과정을 살펴보았다. 선교 방법은 그 수명이 일시적이기 때문에 상황에 따라 달라질 필요가 있다. 동시에 NM의 불변 원칙이 있다. 첫 번째 원칙인 자립(재정적 독립)은 토착화된 현지 교회의 기반이었다. 재정적으로 독립해야 교회가 성장할 수 있고, 지도자가 훈련받을 수 있다.

오늘날 한국의 350여 개 개신교 교단 가운데서 소규모 교회(교인 50명 미만)가 전체 교회의 80% 이상을 차지한다. 생존을 위한 그들의 투쟁은 오늘날 가장 심각한 '교회 중심적인' 문제 중 하나다. 번쩍이는 대형 교회의 문 앞에는 살아남기 위해 두세 가지 일을 해야 하는 가난한 목사들이 있다. NM의 자립은 '교회 중심'의 선교 방식이었다. 오늘날 작은 교회는 재정 자립을 갈구하는 선교지가 되었다. 1880년대의 네비어스처럼 우리는 선교기관과 교회가 상호의존하고 작은 교회와 대형 교회가 공존과 상생의 관계에 있는 건강한 생태계를 촉진하는 새로운 '선교 중심' 교회 방법을 창안해야 한다.

논찬

랄상키마 파추아우(Lalsangkima Pachuau)

옥성득 교수는 역사와 이론을 겸비한 본 연구에서 존 L. 네비어스의 유명한 선교 방법을 중심으로 여러 선교 계획과 방법에 대해 고찰하면서 한국과 중국의 개신교 선교 사상을 소개하는 여정으로 우리를 안내한다. 본 연구는 한국 기독교 역사, 존 L. 네비어스와 그의 유명한 선교 방법에 대해 어느 정도 지식을 갖춘 독자를 대상으로 쓰인 것으로 보일 정도로 잘 이해되지 않는 부분이 군데군데 있다. 논찬을 제대로 쓰기 위해 나는 이 글에서 다룬 선교 방법을 간략히 다룬 기타 자료(아래)를 참조했다.

존 L. 네비어스의 생애와 업적, 그의 사상이 어떻게 성공적으로 한국 선교에 구현되었고 존 로스를 비롯한 여러 사람을 통해 어떻게 보완되었는지에 대해 어느 정도 알고 있는 사람에게 이 논문은 그 복잡한 역사를 더 깊이 이해하도록 도와준다. 저자는 서로 다른 발전 경로를 '계보'라고 부르면서 토착적이고 독립적이며 자립적인 교회 개척을 우선시했던 존 네비어스를 둘러싼 선교 원칙의 두 가지 발전 과정[1]을 추적하고, 그 원칙이 어떻게 한국 개신교를 형성했는지 보여준다. 제목이 '선교를 위한 네비어스 방법'이라고 되어 있지만 네비어스의 선교 방법 자체를 상세하게 논하지는 않았다. 그러나 다른 '계보'를 논할 때 네비어스의 선교 방식이 큰 영향을 미친 것으로 되어 있다. 즉 로스가 보완한 선교 방법과 초기 장로교 선교사인 호러스 G. 언더우드와 새뮤얼 A. 모펫이 각각 서울과 평양에서 그 방법을 어떻게 수정하고 시행했는지를 자세히 다룬다.

네비어스 선교 방법은 찰스 A. 클라크[2] 등의 글을 통해 해외 선교학계에도 널리 알려졌다. 선교 역사가인 스티븐 닐이 그 선교 방법의 네 가지 핵심을 명확하게 요약해 놓은 덕분에 보다 많은 사람이 이 선교 방법을 이해할 수 있게 되었다. 닐의 요점은 다음과 같다. 첫째, 모든 기독교인은 자신의 원래 장소에서 증인이 되도록 가르쳐야 한다. 둘째, 교회의 기구와 방법은 현지 교회의 역량에 맞추어 개발되어야 한다. 셋째, 교회가 자체적으로 지원할 수 있는 범위 내에서 사역자를 선택해야 한다. 그리고 마지막으로, 교회 건축은 현지 기독교인을 통해 자체의 자원을 가지고 현지 스타일로 이뤄져야 한다.[3] 초기 연구에서는 네비어스의 방법을 존 로스의 작업과 관련짓지 않았지만 최근 학자들은 이를 결합해 '네비어스-로스 선교 방법'이라고 불러 이 명칭이 대중화되고 있다. 저자의 논문은 네비어스와 로스의 방법 간 관계와 후

---

1 계보가 2개인지 4개인지 약간 혼란스럽다. '네 계보'라고 되어 있지만 두 계보만 기록되어 있다. 4개가 2개 세트로 분류되어 있는 듯하다.

2 Charles Allen Clark, *The Korean Church and the Nevius Methods* (New York: Flemming H. Revell, 1930); "The Nevius Methods", *International Review of Mission* 24, no. 3 (1935), 229-236.

3 Stephen Neill, *A History of Christian Missions*, 2nd ed., rev. Owen Chadwick (London: Penguin Books, 1986), 291.

자가 전자로부터 어떻게 배우고 적응했는지를 잘 설명하고 있다. 그러나 한국에서의 작업에 대해서는 로스가 네비어스보다 앞선다. 이 논문은 선교 정책과 방법의 갈등 해결을 위해 언더우드 선교사가 1887년에 로스를 한국으로 초청해 도움을 청했다고 전한다. 로스의 방문은 네비어스가 한국을 방문해 개신교 선교사 공동체에 자신의 방법을 가르친 것보다 3년을 앞섰다. 그러나 한국 선교에 지속적인 영향을 미친 것은 네비어스의 가르침이었다. 네비어스와 로스의 방법 사이에 한 가지 차이점이 있다면 무엇을 강조했느냐 하는 것이다. 네비어스가 새로운 현지 교회의 독립과 자립을 우선시했다면 로스는 자전을 강조하면서 네비어스보다 더 많은 유급 전도자를 고용하도록 했다.

두 번째 계보에서 저자는 선구적인 장로교 선교사인 언더우드와 모펫을 다루면서 두 사람이 한국을 위해 로스와 네비어스의 방법을 어떻게 발전시켰는지 보여준다. 저자에 따르면 네비어스와 로스를 모두 초청하여 한국 선교사들이 좋은 선교 계획과 방법을 탐구하도록 조직한 장본인은 언더우드였다. 비록 논문에서는 명칭이 어떻게 NM(장로교회가 1891년에 채택함)에서 NRM(1893년에 채택함)으로 바뀌었는지, 둘 사이의 차이가 무엇인지 보여주지 않았지만 NRM의 생성 과정에서 언더우드와 다른 선교사들이 큰 역할을 했으리라고 추측할 수 있다. 저자가 논문에서 이 점을 이야기하고자 한 것인지는 명확하지 않다. NRM은 정말 NRM인가, 아니면 언더우드의 지휘 아래 네비어스와 로스의 작품을 활용한 한국 선교사들이 만들어낸 산물인가?

저자의 글에 따르면 언더우드는 서구 체제의 도입과 제도화를 비판하는 입장에서 이를 활용하는 방향으로 입장을 바꾼 것처럼 보인다. 토착화를 점진적으로 포기하는 경향이 보였다면 평양에서의 새뮤얼 모펫의 사역은 오히려 그 반대의 경향을 보였다. 언더우드와 마찬가지로 모펫은 네비어스와 로스를 배우기 위해 많은 노력을 기울였으며 "세계에서 가장 토착적인 선교지 중 하나"를 세웠고, 그곳은 가장 큰 선교지가 되었다. 언더우드가 문명화 선교의 경향으로 나아갔다면 모펫은 네비어스-로스 방식의 기본 요소를 고수한 것으로 보였다. 그러나 결과적으로 자립하고 독립적이며 활력 넘치는 현지 교회가 세워진 것을 놓고 본다면 둘 사이의 차이는 미미해 보인다.

논문의 후반부에서 그는 1930년대 이후 생겨난 네 가지 주요 해석('학파')을 다룬다. 저자는 왜 그런 해석이 그 시기에 시작되고, 1930년대에 특히 '사건이 많았던' 이유에 대해 언급하지 않았지만 이것이 한국 개신교 선교 50주년, 네비어스-로스 방법과 관련이 있는지 궁금하다. 네 개의 '학파' 가운데 첫 번째는 보수적인 장로교로, 이들은 직접 전도보다 개발에 투자한 감리교도의(상대적) 실패와 달리 네비어스-로스 방법을 택했기 때문에 성공할 수 있었다고 의기양양한 주장을 펼쳤다. 두 번째 해석은 처음부터 목회자의 낮은 교육 수준이 한국 기독교인의 분열을 초래했다고 주장하는 자유주의 장로교의 비판적 평가다. 이런 평가에 대해 저자는 한국 기독교인이 선교사의 수를 넘어선 상황에서 목사 안수를 받지 못한 현지 지도자들이 초신자를 인도할 수밖에 없었다고 설득력 있게 주장했다. 세 번째 학파인 정치역사가들은 "네비어스-로스 방법이 한국 교회의 민족주의에 기여한 바를 강조했다"라고 말했다. 이에 대해 저자는 다소 불명확한 주장이지만 이 관계가 인과 관계가 아니라 상관 관계라고 말함으로써 이 이론을 반박하고 있다. 네 번째 학파인 경제역사학자들은 네비어스 방법이 기독교인에게 자본주의 경제를 가르치는 데 도움이 되었다고 사회경제적 해석을 제시한다.

결론으로 몇 가지 비판적 견해를 제시하겠다. 우선 이 논문은 네비어스 또는 네비어스-로스 방법의 복잡한 발전 과정과 그 의미를 파헤치고, 그것이 어떤 영향을 끼쳤는지 밝혔다. 기타 자료를 통해 이 선교 방법에 대해 어쩌다 알게 된 입장에서 봤을 때 이 짧은 논문은 해당 주제를 깊이 있게 다뤘다는 점에서 주목할 만한 가치가 있다. 다만 해당 주제에 대해 잘 알고 있어야만 논문 내용을 명확하게 이해할 수 있다는 점에서 아쉬움이 남는다. 이미 언급한 몇 가지 외에도 '신 체제'와 '구식', '중국의 의화단 봉기 중 디오클레티아누스적인 박해' 등 뚜렷한 설명이 없는 문구를 접하게 된다. 제한된 길이의 논문에 너무 많은 이야기를 담으려고 한 것 같다.

논문 전체에서 필자가 이해하기 어려웠던 점은 NM(네비어스 방법)과 NRM(네비어스-로스 방법) 간의 관계다. 저자는 네비어스와 로스의 차이점을 보여주었지만 NM과 NRM의 차이점은 확인하기가 어렵다. 둘은 과연 어떻게 다른가? NRM에서 NM이 차지하는 분량은 어느 정도인가? 저자는 이 둘을 명확하게 구별하다가 때로는 혼용한 듯하다. 논문을 읽고 나서 한국에서 사용하는 방식은 네비어스, 로스, 한국 선교사들의 작품을 융합한 것이라는 생각이 들었다. 즉 한국 선교에서 채택한 선교 방법은 네비어스, 로스, 언더우드, 모펫 등의 선교사들이 기여한 몇 가지 이론이 아니라 하나의 통일체라고 생각해 볼 수 있다. 물론 네비어스의 기여는 다른 것보다 상대적으로 더 중요할 수 있다. 최근 들어 로스의 공헌을 포함시키기 위해 많은 노력을 기울이기는 했지만, 이론을 다듬고 다시 쓰고 새로운 적용점을 찾아낸 한국 선교사들의 공헌은 아직 인정받지 못한 듯하다. 선교 체계가 작동하려면 이론을 설계하고 결합하고 수정하고 실제로 활용한 사람들의 노력과 재능이 필요했는데도 말이다.

저자는 '네 개의 계보' 외에도 '네 개의 학파'를 언급하면서 이들은 선교 방법의 '해석에 있어 경쟁'하는 관계였다고 말했다. 그는 각각을 설명하고 두 가지(자유주의 장로교 해석과 정치-민족주의적 해석)를 강하게 반박하고 마지막(사회경제적 해석)에 의구심을 던졌다. 결국 보수적인 장로교의 해석만이 인정받는 듯하다. 그러나 그렇게 보는 대신에 이 네 가지 해석을 네비어스 선교 방법으로부터 (직·간접적으로) 파생된 다양한 결과로 보는 포괄적 관점이 가능한 것은 아닌지 궁금하다. 서로를 경쟁자로 보는 대신 보완적인 것으로 볼 수도 있지 않을까?

제3부

워크숍 논문

12
조직의 재정 책임성을 통한 선교의 최적화

발렌타인 기토호(Valentine Gitoho)

1. 맥락

첨단 기술 시대에 기술에 정통한 젊은이들은 단체나 조직이 자금의 흐름을 정확하게 파악하고 있기를 요구한다. 만약 어떤 형태로든 재정 비리 때문에 자금 유출이 생긴다면 그 소문이 소셜 미디어를 타고 퍼지면서 신용을 잃을 위험이 그 어느 때보다 높아졌다. 공식적 재판이 열리기도 전에 심판과 정죄를 받을 수 있게 된 것이다. 그런 일로 하나님이 비방을 당하고 그리스도의 몸인 교회가 대중의 신뢰를 유지하기 어려워진다는 점은 안타깝기 그지없다.[1]

이런 상황은 하나님의 부르심에 따라 비전과 사명의 영향력, 범위를

---

1 Rufus Harvey, "Fraud in Ministries: Real Examples and Red Flags", Financial Management, ECFA: Enhancing Trust in Ministries, 2021, https://www.ecfa.org/Content/Fraud-in-Ministries-Real-Examples-and-Red-Flags.

지속적으로 성장시킬 수 있는 강력한 조직을 요구한다. 이런 이유로 우리는 2015년에 AfCAA(African Council of Accreditation and Accountability)**2**를 구성했다. 이는 일련의 표준에 기반한 인증을 통해 기독교 단체들이 서로에 대한 책임성을 유지하게 함으로써 대중의 신뢰를 확보하고 선교를 최적화하기 위함이다. 마태복음 5장 16절을 중심으로 성경적 표준을 준수함으로써 아프리카 내 교회 단체들의 잠재력이 발휘될 수 있으리라고 기대한다. 이런 상호 책임 운동을 전 세계적으로 강화하기 위해 2019년에 글로벌 트러스트 파트너스(Global Trust Partners)**3**를 설립했다. 이는 AfCAA와 유사한 단체들이 함께 모여 서로 배우고 성장하며 무엇보다 새로운 단체를 조직하는 데 도움을 주기 위함이다.

필자는 AfCAA 표준을 사용하여 어떻게 재정 책임성을 통한 선교 최적화를 이룰 수 있는지에 대해 몇 가지 제안을 공유하고자 한다. 우선 이 주제와 관련된 주요 용어를 살펴보겠다.

2. 정의와 문맥 설명

최적화(Optimizing)

가능한 한 완벽하고, 효과적이고, 기능적으로 만드는 것이다.**4** 성경적 관점에서 보면 누가복음 16장 10-13절과 요한복음 15장 16-17절에서 언급되는 신실함과 열매를 많이 맺는 것의 조합은 재정 책임성을 통한 선교의 최적화를 드러낸 좋은 설명이다. 다음 말씀은 최적화에 대해

---

2 홈페이지 https://afcaa.org.

3 홈페이지 https://www.gtp.org.

4 *Merriam-Webster*, s.v. "optimize", accessed February 18, 2021, https://www.merriam-webster.com/dictionary/optimize.

주께서 우리에게 기대하시는 바를 요약하고 있다.

> 오랜 후에 그 종들의 주인이 돌아와 그들과 결산할새 다섯 달란트 받았던 자는 다섯 달란트를 더 가지고 와서 이르되 주인이여 내게 다섯 달란트를 주셨는데 보소서 내가 또 다섯 달란트를 남겼나이다 그 주인이 이르되 잘하였도다 착하고 충성된 종아 네가 적은 일에 충성하였으매 내가 많은 것을 네게 맡기리니 네 주인의 즐거움에 참여할지어다 하고 마 25:19-21

선교 단체(Mission)

봉사나 활동을 수행하기 위해 파견된 사람들의 단체다.[5] 우리는 마태복음 28장 18-20절의 지상명령을 통해 모든 족속으로 제자를 삼으라고 주님의 보내심을 받았다. 그러므로 모든 그리스도인은 어디에 있든지 선교를 하고 있다. 우리가 그분의 제자가 아니면 제자를 삼을 수 없다. 우리는 세상에서 소금과 빛의 역할을 해야 한다. 마태복음 5장 13-16절은 우리가 선교 사명을 수행할 때 "그들로 너희 착한 행실을 보고 하늘에 계신 너희 아버지께 영광을 돌리게 하라"고 강조한다. 영광을 받는 대상은 우리가 아니다.

재정 책임성(Financial Accountability)

돈이 사용되고 관리되는 방식에 대한 책임이다.[6] 성경 말씀에 보면 조직의 재정 책임성에 대한 여러 측면의 예가 나온다(왕하 12:1-16; 마 25:14-

---

5 *Merriam-Webster*, s.v. "mission", accessed February 18, 2021, https://www.merriam-webster.com/dictionary/mission.

6 *Cambridge Dictionary*, s.v. "financial accountability", accessed February 18, 2021, https://dictionary.cambridge.org/dictionary/english/financial-accountability.

30; 눅 14:28-30; 고전 16:1-4; 고후 8:20-21). 또한 성경에는 재정 책임성을 다음과 같이 요약하고 있다. "이것을 조심함은 우리가 맡은 이 거액의 연보에 대하여 아무도 우리를 비방하지 못하게 하려 함이니 이는 우리가 주 앞에서뿐 아니라 사람 앞에서도 선한 일에 조심하려 함이라"(고후 8:20-21).

3. 조직의 재정 책임성

재정 책임성은 조직 전반에 걸쳐 적용된다. 실력 있는 회계사 그 이상이 필요하다. 재정 책임성은 우리가 선교 사명을 수행하기 위해 돈을 어떤 식으로 사용하는지를 세상에 알려준다.

여기서 말하는 조직은 교회, 기독교 비영리 단체, 기독교인 소유 기업이 포함된다. 그러나 AfCAA 표준은 공동체나 조직 내의 가족에게도 적용이 가능하다. 즉 '두세 사람이 모인 곳'이라면 어디나 유효하다.

이제 기독교 단체가 재정 관리 측면에서 직면한 도전 과제를 살펴보고, AfCAA의 책임성 기준 일곱 가지를 통해 이를 어떻게 극복할 수 있는지 살펴보려고 한다. 이를 통해 재무 책임성의 여러 영역을 검토하고, 필요한 변화를 일으키는 계기가 되기를 바란다.

교리적 기초

한 단체의 교리적 기초는 그들의 신앙 선언문에 명시되어 있다.

우리가 기독교 단체로서 하는 모든 일의 최종 지침은 성경이다. 우리는 성경이 유일하게 영감을 받고 참되며 무오한 하나님의 말씀임을 믿는다(딤후 3:16). 성경이 최고이자 최종적인 권위이며 그것이 가르치고 확증하는 것에 오류가 없음을 믿는다(요 2:22; 고전 15:3-4; 벧전 1:10-12). 신앙 선언문은 모든 직원과 이사회, 기타 주요 파트너가 동의하고 서명해야 한다. 조직의 핵심 가치는 신앙 선언문과 일맥상통해야 한다. 재정 비리 행위를 포함해 분쟁이 발생할 경우 신앙 선언문에 근거해 책임을 묻는다.

필자가 기억하는 한 가지 사례에서 어느 비영리 단체의 활동에 시급히 필요한 액수를 한 기부자가 지정 기부금으로 내려고 했다. 다만 기증자가 중요하게 생각해 삽입한 조항이 기증 계약서에 있었는데, 이것이 그 단체의 신앙 선언문과 맞지 않았다. 이로 말미암아 그 단체는 갈등하게 되었다. 긍휼의 마음으로 추진하려던 활동과 주님 앞에서 재정적 성실성을 유지하려는 열망 사이에 충돌이 일어났기 때문이다. 불행하게도 활동을 추진하고 싶어 한 이들이 승리했다. 그런데 오래 지나지 않아 그 단체는 무너지기 시작했다. 안타깝게도 이 단체는 여러 나라에 영향을 끼치는 글로벌 단체였다. 자신의 말씀을 지키시는 주님은 모든 재정의 원천이시다. 우리는 사람을 의지함으로써 하나님을 제한해서는 안 된다(렘 17:5, 7).

리더십과 거버넌스

리더십은 최고경영자(CEO)를 말하며 거버넌스는 이사회(위원회 포함) 또는 이에 상응하는 조직을 말한다. 그들은 성경 말씀에서 알 수 있듯 더 높은 책임성을 요구받는다(딛 1:7-9). 또한 그들은 그리스도를 본받아 믿음직스럽고 겸손하며 근면하며 섬기는 리더십을 발휘하는 그리스도인의 모범이다. 또한 능력, 역량, 헌신, 조직의 비전과 사명에 대한 공감 등에서 조직과 결이 잘 맞아야 한다.

이해 충돌 방지 서약을 통해 그들의 독립성을 입증하는 것은 매우 중요하다. 조달 등의 재정 관련 결정에서는 특히 중요하다. 이 같은 제도는 재정 책임성을 강화시켜 준다.

리더를 임명하고 훈련, 양성하는 과정을 통해 그들이 조직의 필요에 적합하도록 도울 수 있다. 이를 통해 그들은 조직의 모든 측면에서 성장에 기여하고 정보에 입각한 결정을 내릴 수 있다. 여기에는 재무적 의사결정도 포함된다.

임기제는 연속성을 허용하면서 시대의 변화에 부응하게 한다. 친숙함으로 인한 재정 비리의 가능성을 줄이는 보호장치이기도 하다.

조직의 역할과 책임을 명확히 규정한 업무 지침서를 갖추는 것도 중요하다. 예를 들어 직무 역량 매트릭스가 포함된 거버넌스와 정책 매뉴얼, 서명된 의사록과 결의안, 전략 계획과 예산, 직원이 사용할 작업 매뉴얼 등이다. 이런 문서가 있으면 재정 비리가 발생했을 때 상호 간의 책임을 명확히 하기가 더 쉽다. 문서는 환경 변화에 부응하도록 주기적으로 갱신되어야 한다.

리더십과 거버넌스 역할을 맡은 사람은 신앙 선언문 외에도 적어도 이해 충돌 방지 서약서와 기밀 유지 서약서에 서명해 조직의 모든 운영에 대해 책임을 지도록 해야 한다.

거버넌스를 맡은 사람은 하나님이 주신 비전과 사명을 보호할 의무가 있으며, 사명으로부터 이탈하는 모든 경우에 대해 주님은 그들에게 책임을 물으실 것이다. 또한 그들은 재무 감독, 자산 보호, 법규 준수 등의 전략적 방향을 제시해야 한다.

거버넌스와 리더십 구성원에 의한 재정 관리 태만과 사명 이탈은 재무적 부실 경영의 가장 큰 두 가지 원인이다. 관리 태만은 주로 거버넌스를 맡은 사람이 일상 관리 업무(예를 들어 조달)에 개입하여 이해 충돌과 재정 비리를 일으킬 때 발생한다. 사명 이탈은 주로 자금 문제와 관련이 있다. 자금이 부족할 경우 사명 달성을 위한 자금을 마련한다는 명분 아래 핵심 사명에 쓸 예산을 빼내어 수익성이 높은 다른 활동에 전용하는 결정을 내리기 쉽다. 리더십과 거버넌스 구성원의 청렴성, 책임성이 결여되고 이해 상충이 가중되거나 헌신과 근면이 없을 때 상황은 더욱 복잡해진다.

조직의 리더십과 거버넌스는 대외적으로 조직을 대표하는 얼굴 역할을 한다. 따라서 그들이 자신의 역할에 충실하지 못하면 조직 전체가 신뢰를 잃게 된다. 이것은 그리스도의 몸을 상하게 하는 것이다. 한 지체가 고통을 받으면 모든 지체가 함께 고통을 받기 때문이다(고전 12:26). 또한 선교의 성장을 방해한다. 이것이 AfCAA에서 상호 책임성을 중요하게 여기는 이유다. 우리는 인증된 회원으로서 서로에 대해 관심을 갖고 있기 때문이다(고전 12:25).

인재 경영

인재 경영은 전적으로 직원에 대한 것이다. 우리 조직을 '예루살렘'으로 비유하면 직원은 조직의 첫 번째 제자인 셈이다. 우리가 그들을 고용하는 방법, 할당된 역할에 대한 그들의 재능, 봉급을 어떻게 지불하고 대우하고 동기부여를 하고 훈련하고 성장시키며, 그들과 그들의 가족을 돌보는 일련의 활동은 매우 중요하다(골 4:1; 3:23-24; 딤전 5:18; 벧전 5:1-5). 또한 그들은 세상에 파송할 조직의 제자다. 그들은 우리가 섬기는 사역 대상보다 훨씬 더 중요하다. 그러므로 인적 자원 정책과 매뉴얼을 갖추어 법적 요구 사항을 준수하는 채용 정책과 절차, 보상과 혜택, 성과 관리, 작업 환경, 갈등 해결, 품위 있는 해고 등을 체계화해야 한다.

필자의 경험에 비추어 볼 때 기독교 단체들이 지닌 재정 책임성의 취약점은 회계 직원의 채용에서 발생하곤 한다. 비용 때문에 유능한 회계 직원을 채용하지 못한다는 핑계를 대곤 하지만 부정확한 재무 정보에 근거해 의사결정을 내리는 데 따른 비용은 그 액수가 훨씬 더 크다.

조직 안팎에서 갈등을 일으키고 신뢰를 떨어뜨리는 또 다른 영역이 있다. 그것은 연금이나 대출 등 장기 혜택 제도를 운영하면서 직원 공제를 하다가 현금 흐름이 좋지 않아서 관련 기관에 해당 금액을 송금하지 않고도 직원들에게 그 사실을 알리지 않은 경우다. 필자가 겪은 심각한 사례는 퇴직한 직원이 연금을 수령하기 위해 갔다가 납입금이 일부 누락된 것을 발견한 경우였다. 그 단체는 제자 중 한 명을 잃게 되었을 뿐 아니라 직원의 가족과 다른 기관으로부터 신뢰를 잃었고, 개인적 손실을 입혔고, 소송에 휘말릴 가능성까지 야기했다.

학습과 혁신

선교의 영향력과 범위를 최적화하고 확장하려면 평생 학습과 연구 조직이 필요하다(호 4:6). 특히 빠른 기술 변화로 말미암아 효율성과 탁월성, 역량과 효율이 향상되는 이 시대에는 더욱 그렇다. 조직의 각 계층부터 거버넌스에 이르기까지 비판적 사고와 대화, 모범 사례, 기술 업그레이드가 이뤄질 수 있는 여건이 마련되어야 한다. 따라서 조직 전체를 관통하는 전략 계획의 일환으로 지식 경영을 위한 정책과 실행안을 갖춰야 한다. 무엇보다도 재무 관리와 신용 리스크 완화를 위해 위험 관리 정책과 실행 계획을 수립해 채택하고 지속적으로 갱신해야 한다. 리스크 완화를 위해 내부 감사인을 고용하는 안은 고려해 볼 만하다. 코로나 시국에 활동을 이어가기 위해 여러 단체는 이런 학습 기회를 도입해야만 한다.

필자가 주목한 어려움 가운데 하나는 혁신을 이해하고 이것을 관리하며 숨은 비용이나 문제가 발생하지 않도록 구매 전에 철저히 검토할 수 있는 유능한 직원이 부족하다는 점이다. 모든 것을 외주 서비스에 의존하기에는 비용이 많이 들고 원활한 운영을 저해할 수도 있다. 외주 서비스를 선택할 때는 운영에 지장이 생기는 상황에 대비해 근면성, 책임성, 지속 가능성이 확실히 보장되어야 한다.

필자가 본 또 다른 문제는 온라인 기부가 국경을 넘어 전 세계에서 쉽게 이뤄지는 오늘날 재무 결제 과정에서 보안 확인과 대조 절차를 확실히 하지 않는다는 점이다. 직원이 주기적으로 은행, 수령인과 상호 확인을 할 수 있는 감사 추적(audit trail)과 적절한 내부 통제 방안이 있어야 한다. 신용카드를 통한 기부도 남용의 위험성을 내포하고 있다. 요컨대 모든 자금 흐름과 비용 지불 내역을 확인하고 파악함으로써 자금의 청지기 역할을 잘 감당하고 관리 체계를 최적화해야 한다.

문화적 차이, 수용, 상호 의존

기독교 단체는 문화적 다양성을 존중하며 성별, 민족 또는 인종, 연령, 출신, 장애, 기타 차이에 따른 차별이 없도록 보장함으로써 하나님의 사랑과 서로의 사랑을 통해 생명을 살리는 인간관계를 키워 나가야 한다(요일 4:19-21; 창 1:27; 골 3:11). 이는 거버넌스에서 직원, 외부 관계에 이르기까지 정책과 절차와 문화적 표현을 통해 입증되어야 한다.

필자의 경험에 따르면 기부자와 수혜 단체가 고정관념에 빠질 경우 재정적으로 나쁜 결과를 초래할 수 있다. 기부자의 요구에 부응하기 위해 모금 방식과 전략을 억지로 도입한다면, 그것이 해당 단체와 사역 대상의 운영 방식과 문화적 상황에 맞지 않을 때 실행 단계에서 갈등이 생겨나고 실망감을 불러오게 된다. 단체는 흔들림 없이 자신의 사명에 가장 적합한 것이 무엇인지를 명백하게 제시해야 한다. 필자는 어느 단체의 지도부가 의존적 문화를 만들 소지가 있는 후원금을 받지 않기로 결정을 내린 바람직한 사례를 본 적이 있다. 그들의 사명 핵심은 의존이 아니라 권한 위임에 있었기 때문이다.

기독교 단체가 세계 곳곳에서 문화적 수용의 본보기가 되기를 바란다. 그럴 때 우리는 하나님 안에서 성령으로 연결되어 선교를 크게 성장시키고 재정을 성장시켜 선교의 범위를 땅끝까지 확장할 수 있다.

재무 관리와 정보 공개

조직의 재무 관리를 효과적으로 수행하려면 전략적 계획과 예산, 적절한 정책과 정확한 재무제표, 자산 보호 절차가 마련되어야 한다. 관리, 재무제표와 내부 통제는 해당 국가의 납세 요건과 기타 법적 요건을 준수하면서 경영진이 연중 정기적으로, 거버넌스를 통해 검토해야 한다. 단체의 정관을 준수하는 것도 중요하다. 성경은 위에 있는 권세들에게 복종하라고 말씀하신다(롬 13:1-7). 국가적 차원에서 주님의 명예를 훼손하는 일이 없어야 하겠다. 재정 관리 정책과 절차 매뉴얼을 마련해 둠으로써 이를 기준으로 조달 관리, 보조금 관리, 성경적 가치에 기반한 투자를 포함한 제반 문제를 해결해야 한다.

앞서 언급했듯이 재정 감독은 거버넌스의 역할이다. 전략 계획, 예산과 재무제표 등이 정확한지, 그것이 조직의 사명과 일치하는지, 적절한 시점에 실행되고 평가되는지 등을 감독하는 것이 핵심이다. 역량을 갖춘 독립된 재무위원회, 감사위원회, 내부 감사인을 두고 수행 목표를 명확히 하면 이런 작업을 수행하는 조직의 재무 책임성이 강화된다. 규정 준수 보장을 위해 전문 영역별 최신 표준에 정통하고 자격증을 갖춘 전문가를 위원회 구성원에 포함시켜야 한다.

관련 회계 기준에 따라 재무 내역을 구성원에게 공개하는 활동은 신뢰성과 책임성을 높여 준다. 이것은 자원 동원의 좋은 방법이기도 하다. 재무제표의 주요 내용을 대중에게 공개하면 책임성과 공적 신뢰도가 확실히 향상된다. 그것은 빛 가운데 행하는 것이며, 기대와 상상 이상으로 선교의 성장을 가져올 수 있다. 조직이 필요로 하는 다양하면서도 한마음을 품은 사람들이 호감을 느낄 것이다. 참으로 "빛 가운데 행하면 우리가 서로 사귐이 있고" 재정 비리에서 깨끗해질 수 있다 (요일 1:7).

세금과 법규 준수 문제는 기독교 단체에서 볼 수 있는 어려움 가운데 하나다. 이는 회계에 능한 직원이 부족하거나 현금 흐름의 어려움을 겪을 때 규정 준수의 중요성을 이해하는 리더십이 부족하기 때문이다.

재무 관리에서 또 다른 주의 사항은 자격을 갖춘 유능한 공인 외부 감사인이 감사를 수행하고, 그의 지적 사항에 대해 경영상의 조치를 취해야 한다는 것이다. 필자가 겪은 사례에서 비록 문제가 없다는 감사 의견을 받았지만 중요한 정보가 거버넌스와 외부 사용자에게 보고되지 않은 경우가 있었다. 필자가 보기에 이런 문제가 발생한 주된 이유는 기독교 단체가 비용 절감을 요구하는 바람에 회계 감사 업체에서 아직 역량이 미치지 못한 하급 감사 직원에게 일을 맡겼기 때문이다.

자원 동원

자원 동원 업무상 우리가 누구에게서 후원금을 모으는지, 어떤 식으로 모금하고 어떻게 사용하는지, 의사소통을 어떻게 하는지 등은 재정 책임성 관점에서 특히 중요하다(마 24:45-50; 딤전 6:10; 시 24:1). 자원 동원 정책과 계획에는 실행, 책임성과 관련해 앞서 언급한 정보가 포함되어야 한다. 특히 후원금이 조직의 주요 자금 출처인 경우 거버넌스 위원회의 감독이 필요하다.

요즘 글로벌 기부가 한결 쉬워졌다. 후원금 모금을 위한 플랫폼은 로컬에서 글로벌로 확장되었다. 트러스트브리지 글로벌(TrustBridge

Global)이 하나의 예다.[7] 또한 거액 기부자의 영향력 때문에 단체가 자신의 비전과 사명에서 이탈할 수 있는 위험성이 더 커졌다. 양의 탈을 쓴 늑대는 단체의 안팎에서 계속 증가하고 있다.

필자가 목격한 어려움 가운데 하나는 주요 기부자가 개인 사정으로 후원을 중단할 때 그 단체가 운영을 지속할 수 없게 되는 경우다. 그러므로 기부자는 다수여야 하며 "주는 것이 받는 것보다 복이 있다"라고 하신 주님의 말씀으로 그들을 독려해야 한다(행 20:35). 최소한의 고정비와 간접비를 충당하기 위한 재정적 지속 가능성 계획을 수립하여 조직이 존속되도록 해야 한다. 주님은 우리를 믿고 임무를 맡기셨다. 그러므로 주님의 인도하심에 따라 이 사명을 최적화하기 위해 우리는 할 수 있는 모든 일을 해야 한다. 그래서 재정적 신뢰를 잃지 않도록 해야 한다.

필자가 발견한 또 다른 문제는 지정 기금을 의도적으로 또는 모르고 다른 용도로 사용하는 경우다. 이런 일은 재무 관리에 대한 불신을 초래한다. 후원 계약의 준수, 상호 협의, 원래 합의한 사항에서 벗어나는 경우 필요한 서면 승인을 받는 것 등은 책임성과 관계성을 강화하고 더 많은 자금을 조달할 수 있는 기회를 제공한다.

4. 결론

재정 책임성은 우리의 사명 완수의 성공 여부를 좌우하는 요인 가운데 매우 높은 순위를 차지한다. 평판과 신뢰성 리스크만으로도 제

---

7 홈페이지 https://www.trustbridgeglobal.com.

자 양육 사역과 간증에 큰 영향이 미친다. 그 밖의 모든 리스크 요인(재무, 운영, 조직 등)은 평판과 신뢰성 리스크에 영향을 끼친다. 아무쪼록 조직 내 모든 영역에서 재정 관리를 성실하게 감당할 수 있기를 바란다. 내부에서 일어난 충격은 결국 외부로 드러날 수밖에 없었기 때문이다.

재정 책임성에 대한 일곱 가지 기준에 대해 귀하의 단체가 어느 수준인지 1에서 10까지의 척도로 평가해 보라. 이런 기준 아래서 재정 책임성의 발목을 잡는 제약 요인 세 가지를 꼽아 보라. 그런 제약 요인을 해소하기 위해 즉각 실행 가능한 주요 변경 사항은 무엇인가? 제약 요인 가운데는 재정 감독을 책임지는 리더십과 거버넌스의 언행에 대한 정직성 여부를 다루는 개인적 문제도 있을 수 있다. 어떤 조직도 리더십의 제약이나 프로세스, 정책, 시스템 또는 절차의 제약을 넘어 발전할 수 없음을 기억하라.

기부한 후원금이 조직의 전략, 비전과 사명에 어떤 영향을 미쳤는가? 후원금으로 말미암아 사명에서 이탈하거나 사역이 성장하는 데 방해받지는 않았는가? 조직을 이해하고 그리스도 안에서 형제자매로서의 사명을 다하기 위해 무엇을 해야 하는가?

첫째, 젊은이들이 당신의 선교 사명의 미래에 영향을 미치도록 동기 부여를 하기 위해 무엇을 하고 있는가? 둘째, 기술, 소셜 미디어와 문화적 소통 방법 등을 젊은이들로부터 배우기 위해 무엇을 하고 있는가?

우리는 제약 요인에 대한 어려운 질문을 던지고 그 문제와 마주해야 한다. 하나님은 우리를 도우시는 분이다. 선교는 하나님의 선교이며, 우리는 그 임무를 완수하도록 부르심을 받은 그분의 선택된 그릇이다. 그러므로 우리는 오직 그분께 보고할 책임이 있다.

논찬

정대서

1. 국제 선교단체의 재정적 책무의 중요성

국제 선교단체에게 재정 관리는 더할 나위 없이 중요하다. 기토호 여사가 지적하고 제안한 내용은 선교단체의 모든 리더와 후원자가 항상 참고하고 준수해야 할 중요한 지적이라고 생각한다.

저자의 여러 지적 가운데서 가장 중요하게 생각되는 것은 모든 선교단체의 지도자가 조직 관리에 대한 종합적이고 성경적 개념을 가져야 한다는 점이다. 특별히 CEO와 이사회가 이를 잘 숙지하고 솔선해서 이를 준수해야 하며, 자신은 예외로 생각하고 무소불위의 결정을 하는 경우가 없어야 한다. 그리스도의 제자를 만드는 것이 우리의 궁극적 사명이라면 조직의 모든 부분이 이에 맞추어 정렬되는 것이 바람직하다. 우선 선교단체의 리더십은 스스로가 이미 제자여야 한다. 제자가 아닌 사람이 제자의 모범을 보일 수는 없기 때문이다. 성경적 개념을 갖는다는 것은 사역 단체의 목적을 이루기 위해 항상 영적으로 깨어 있어서 하나님이 그 단체를 부르신 소명에 집중해야 한다는 것과 같은 말이다. 이것은 거액 기부자가 있는 경우 특별히 유념하여 그 기부자가 사역 단체에 지나친 영향을 미치는 일이 없어야 한다는 저자의 지적과 부합한다.

일반적으로 최고지도자를 세울 때는 선교단체의 많은 구성원이 기도하고 하나님의 뜻을 구하는 등 매우 신중하게 움직인다. 그러나 중간관리자를 세울 때도 매우 신중해야 한다. 이들은 CEO나 이사보다 실무적으로 외부에 더 많이 노출되기 때문이며, 내부적으로도 다른 실무자에게 방향을 설정하고 모범을 보임으로써 더 큰 영향을 미치는 사람이기 때문이다.

또한 저자는 재무 관리의 투명성과 재정의 목적 외 사용을 방지하는 문제를 지적했다. 다른 다섯 가지 책무와 마찬가지로 이것도 매우 중요한 부분이다. 필자는 이 두 가지 책무를 보다 더 효율적으로 달성하는 방법으로 모든 선교단체와 기독교 기관이 복식부기 방식을 도입하기를 권한다. 이미 복식부기 방식을 도입한 기관이 많을 테지만 여전히 단순한 현금출납부 정도의 기장을 하고 있는 곳도 많다. 복식부기 방식의 기장을 너무 복잡하고 거창한 시스템으로 생각하고 꺼리는 경우도 있으나 그렇지 않다. 복식부기 방식을 도입하되 계정과목 수를 최소화하면 기장은 매우 단순해진다(즉 계정과목 명세를 단체의 규모에 맞춰 짧게 유지하면 업무량이 별로 늘지 않는다). 복식부기 방식으로 기장하면 자금의 부적절한 사용이나 목적 외 사용이 잘 드러나서 이를 방지하는 효과를 얻을 수 있다. 결과적으로 이 방식은 재정의 투명한 사용과 합목적적 사용을 촉진할 것이다.

또한 당장 비용이 더 들더라도 재무 관리자를 채용할 때는 임무를 제대로 수행할 능력을 가진 사람을 고용해야 한다는 점도 중요한 지적이다. 그래야 그들이 계속 발전하고 국제화하는 금융 시스템에 발맞추어 가면서 재정을 관리할 수 있기 때문이다. 동시에 재무 관리 담당 직원이 이미 제자가 된 사람이라면 최선이다. 그리스도인의 행동 가운데 많은 부분이 비신자에게 영향을 미치지만, 그중에서도 가장 큰 영향을 미치는 것은 돈을 다루는 모습이기 때문이다.

2. 영혼 구원을 통한 제자 삼기

이미 그리스도의 제자가 된 사람 가운데서 재정 관리를 담당할 충분한 실력을 갖춘 사람은 현실적으로 구하기 어렵다. 여기에 우리의 애로 사항이 있다. 제자이면서 재무 관리 능력을 갖춘 사람을 구하기 어려울 때 우리는 어려운 선택을 해야 할 것이다. 즉 제자다운 제자를 채용한 후 재정 관리 훈련을 통해 실무에 임하도록 할 것인가, 아니면 재정 관리를 할 수 있는 사람들 가운데 기독교에 반대하지 않는 사람을 고용해 거듭나도록 기도하며 도울 것인가? 이 중에서 선택을 해야 한다. 아마도 많은 경우 후자를 선택할 수밖에 없을 것이다.

그러면 다시 선교 사역 본래의 책무, 즉 영혼 구원 사역이라는 관점에서 생각해 볼 필요가 있다. 맡은 업무를 잘한다는 뜻은 업무의 특징을 잘 알고 그것을 어떻게 관리해야 하는지를 아는 것, 리더와 정직하게 소통을 해야 하는 것 모두 포함한다. 그러나 아직 거듭나지 않았다는 것은 윤리적 측면에서 아직은 자발적으로 정직하게 행할 능력이 충분치 않고, 지도자와 온전히 소통할 수 있는 능력이 미흡함을 뜻한다. 다시 말해 기회만 있으면 가룟 유다처럼 돈궤를 맡은 자가 남몰래 이기적 행동을 할 가능성이 매우 높다는 뜻이다.

성경은 재물에 대한 탐욕을 엄격하게 말씀한다. 가룟 유다의 경우뿐 아니라 여리고 정복 전쟁 때의 아간, 엘리사의 사환 게하시, 아나니아와 삽비라 등 재물을 탐하여 고의적으로 성령을 속인 경우 성경은 예외 없이 엄중하게 취급한다. 따라서 저자가 설계하고 시행하는 것처럼 상호 견제를 비롯한 각종 장치를 잘 설치하고 가동하는 것이 유효하며, 매우 중요하다. 이런 장치가 잘 짜여 있을수록 견물생심의 기회가 적어지기 때문이다.

그러나 죄인을 다루는 데는 아무리 잘 짜인 시스템도 완전하지 않다. 돈궤에서 돈을 훔치는 방법 말고도 재정 관리를 맡은 사람이 간접적으로 자기 잇속을 챙길 방법을 많이 알고 있으며, 유능한 직원일수록 이기적 행동을 많이 하기 때문이다. 그러므로 재무 관리 시스템과 재무 관리자를 관리하는 시스템을 더욱 정교하게 설치해야 한다.

이처럼 외적 관리 시스템도 철저해야 하지만 그보다 더 중요한 것은 사람의 심성이 먼저 변해야 한다는 점이다. 인간의 타락은 총체적 타락이기 때문이다. 세상의 현자들 가운데 한 명인 중국의 공자는 "법을 엄정하게 시행하면 사람들이 그 법에 허덕이게 되고, 그러다 보면 그것을 어길 때 부끄러워할 줄을 모르게 된다(民免而無恥)"라고 했다.[1] 이것은 타락한 인간 본성의 한 면을 잘 지적한 말이라고 생각한다. 즉 엄격한 규제 장치는 더욱 교활한 범법을 촉발하는 경향이 있다는 것이다. 사도 바울도 로마서 7장에서 율법이 없을 때는 죄가 죄인 줄도 몰랐는데 율법이 탐심을 지적하자 오히려 탐심이 더 살아났다고 고백한다.[2]

---

1 BC 3세기 중국 진(秦)나라의 고위관리였던 상앙(商鞅, Shang Yang)은 법을 강화하고 백성끼리 상호 감시하도록 체제를 세웠다. 그러나 그가 만든 가혹한 법으로 말미암아 그 자신도 죽음을 당했고, 결과적으로 진나라도 망하게 되는 계기가 되었다.

2 "그런즉 우리가 무슨 말을 하리요 율법이 죄냐 그럴 수 없느니라 율법으로 말미암지 않고는 내가 죄를 알지 못하였으니 곧 율법이 탐내지 말라 하지 아니하였더라면 내가 탐심을 알지 못하였으리라 그러나 죄가 기회를 타서 계명으로 말미암아 내 속에서 온갖 탐심을 이루었나니 이는 율법이 없으면 죄가 죽은 것임이라 전에 율법을 깨닫지 못했을 때에는 내가 살았더니 계명이 이르매 죄는 살아나고 나는 죽었도다"(롬 7:7-9).

따라서 우리는 성경 말씀대로 모든 인간의 전적 타락을 현실로 받아들이고 타락한 이들을 어떻게 진실된 그리스도의 제자로 삼을 것인지를 강구해야 한다. 특히 균형과 견제를 위한 장치가 있어야 한다. 저자의 말처럼 자칫 긍휼을 앞세워(또는 은혜를 앞세워) 원칙을 무너뜨리면 결과적으로는 외부 세계(선교지)에 더 큰 불신을 가져오기 때문이다.

재무 관리자를 관리할 때 첫 번째로 중요하면서 동시에 가장 효율적인 방법은 중보기도라고 생각한다. 모든 선교단체가 대부분 기도를 많이 하고 있지만 특별히 사역을 위해서만이 아니라 그 사역을 맡아 섬기는 이들을 위해서도 기도해야 한다. 기도는 아무리 많이 해도 충분하다고 할 수 없지만 리더의 영적 감각에 의존해 기도가 부족하지 않도록 해야 하며, 조금이라도 부족하다고 느낄 때는 바로 기도해야 한다. 사역자를 위한 기도에는 리더십이 필요한 자신을 위한 기도도 포함된다. 또한 중요한 직원, 특히 재무적 책무를 맡은 직원을 위해 각별히 기도할 필요가 있다. 앞서 말한 것처럼 재물의 유혹이 성적 유혹과 함께 인간에게 주어진 가장 강한 유혹, 누구나 넘어지기 쉬운 유혹이기 때문이다.

두 번째는 앞서 살펴본 것처럼 아무리 좋은 시스템도 타락한 인간의 범죄를 100% 막을 수 없다. 여기서는 치리 시스템을 잘 세우는 것이 중요하다. 재무 책임자의 비리가 드러났을 경우 어떻게 할 것인가 하는 문제다. 비리를 문책하고 퇴사시키고 다른 직원을 채용하는 방법이 세상에서 사용하는 일반적인 방법인데, 이것은 사역 단체로서 가장 나쁜 대책이라고 생각한다. 앞서 말한 것처럼 사역 단체의 궁극적 목적은 비신자에게 복음을 전해 그가 회심하고 제자로 성장하도록 돕는 것이기 때문이다. 여기에는 당연히 비신자인 현지인 직원도 포함된다. 그리고 비신자가 죄를 지었을 때, 그것이 드러났을 때가 역설적으로 복음이 들어가기 가장 좋은 상황이기 때문이다. 자신이 죄인임을 부인할 수 없는 상황이 되었기 때문이다. 따라서 가장 성경적인 방법은 어떻게 죄를 고백하게 할 것인가, 그 영혼을 어떻게 회개하도록 할 것인가, 현실적으로 어떻게 책임을 지게 할 것인가, 어떻게 그 사람의 인격을 말살하지 않고 용서할 것인가가 중요한 문제가 된다. 이 모든 과정은 죄인을 위해 피 흘려 죽으신 예수님을 전할 수 있는 좋은 기회이며, 그리스도께서 부활하신 것같이 법을 어긴 직원의 영혼을 살릴 수 있는 최선의 기회가 될 것이다.

깊이 회개하고 거듭난 영혼은 여간해서는 다시 범죄를 저지르지 않는다. 더 강력해진 감독 체계 때문이 아니라 내면의 정직성으로 말미암아 죄의 유혹에 저항할 수 있게 된다. 법이 엄격해 두려워하며 지키는 것이 아니라 동역의 기쁨 때문에, 하나님의 백성이 되고 그리스도의 제자가 되었다는 거듭난 정체성 때문에 모든 규제를 자발적으로 지키게 된다. 또한 노예처럼 일하는 것이 아니라 소명에 따라 일할 수 있게 된다. 이렇게 함으로써 우리는 재정적 책무에 충실하고 유능한 그리스도의 제자 한 명을 얻게 될 것이다.

물론 원론적으로 제시하기는 쉽지만 구체적으로 어떤 지침을 세울 것인가 하는 것은 쉽지 않은 문제다. 각 선교지의 상황과 문화가 다르고 각자의 죄질과 교육적·정신적 수준 등 모든 부분이 각기 다르기 때문이다. 그러나 예방책을 잘 세울 수 있는 리더라면 사후 대책도 잘 세울 수 있다. 개인적으로 기대하기는 AfCAA 같은 탁월한 구상을 하고 성공적으로 시행하고 있는 저자가 이런 사후 관리 대책도 탁월하게 구상하여 전 세계 선교계에 모범을 보여준다면 선교계 전체가 크게 감사할 것이다.

3. 결론

저자는 선교단체가 선교 사역을 온전히 감당하기 위해 필요한 재정적 책무를 여러 가지 면에서 잘 지적했다. 또한 주장과 권면만 하는 것이 아니라 AfCAA를 통해 실제로 구현해 나가고 있음은 이론가들에게 실천적 모범을 보여주었다는 점에서 칭찬받아 마땅하다.

다만 저자의 탁월한 제안과 권면에 추가해서 몇 가지 더 제안하고자 한다. 첫째, 국제 선교단체의 리더는 사람을 다루는 관리 스킬을 비롯해 재정과 회계에 대한 개념을 충분히 숙지해야 한다. 둘째, 국제 선교단체는 복식부기 방식으로 기장하는 것이 바람직하다. 셋째, 재정 사고에 대한 모든 예방 조치와 함께 사고가 발생했을 때 처리 방법도 신중하게 세워 두는 것이 중요하다. 예방 조치에도 불구하고 죄인은 결국 사고를 낼 가능성이 높기 때문이다. 특별히 죄지은 영혼을 어떻게 구원할 것인가 하는 차원에서 용서 절차를 미리 구상해 놓기를 권면한다. 이렇게 함으로써 선교단체의 본래 목적인 영혼 구원의 열매를 맺을 수 있기를 바란다.

13
키르기스스탄 연합신학교의 설립과
발전의 핵심 요소

이주형 · 에밀 오스모나리에프(Emil Osmonaliev) · 홍성빈

2021년 KGMLF '선교와 돈'이라는 주제 아래 선교지에 설립된 교육기관의 한 사례로써 키르기스스탄[1]에 연합신학교(UTS)를 어떻게 설립하고 발전시키고 현지인에게 이양했는지, 특별히 재정 자립에 대한 부분에 주안점을 두어 본 논문을 발표하고자 한다.

1. 연합신학교 태동사

1996년 당시 키르기스스탄에는 이미 여러 신학교가 설립되어 있었다. 1992년 러시안 침례교회가 신학교를, 1993년 한국에서 온 두 선교사가 신학교 두 곳을 세웠다. 그 외에도 두 곳이 더 있어 총 다섯 곳의 신학교가 있었다. 그러나 대부분의 한국 선교사가 보기에 그들 신학교

---

1 공식 국가 명칭은 '키르키즈공화국'인데 외래어 표기법에 따라 '키르기스스탄'으로 표기했다 (옮긴이 주).

는 연합과 자립에 대한 비전이 없다고 판단되었다. 이에 이주형은 연합신학교의 설립을 위해 각 선교사를 설득하기로 했다.

우선 몇 명이 모여 함께 의논한 다음 이 일을 이주형에게 추진하도록 했고, 그해 여름 내내 이 일에 마음을 쏟았다. 당시 키르기스스탄에 거주하는 18명의 장기 한국 선교사를 개인적으로 만나 연합신학교의 설립에 대한 역사적 의의를 설명하고 동참해 줄 것을 호소했다.

결국 8명의 한국 선교사가 연합신학원이라는 이름으로 신학교를 시작하게 되었다(얼마 후 연합신학교로 이름이 바뀌었으므로 이후에는 연합신학교라고 하겠다).

연합신학교는 연합 정신과 함께 궁극적으로 스스로 꾸려 나갈 수 있는 자립을 그 근간으로 하고 있었기 때문에 키르기스스탄 교회의 형편에 맞는 공간과 비용으로 운영해 나가기로 했다. 그리고 외부의 영향을 받지 않도록 참여한 선교사들이 각자 생활비에서 매년 600달러를 헌금하여 운영하기로 결의했다. 그리고 학생을 보내는 교회는 학업을 이어갈 동안 일정한 생활비를 보조하고 신학교에 도서비 명목으로 매달 일정한 금액을 대납해 주어야 했다. 점심과 기숙사는 신학교에서 무료 제공하는 것으로 했다.

2. 연합신학교 마스터 플랜

1998년 연합신학교는 몇 가지 중요한 결의를 하게 되었다.

첫째, 연합신학교의 리더십을 현지인에게 이양할 일정을 계획했다. 2010년까지 현지인 학장으로 이양을 완료하는 것이다. 성공적 이양을 위해 준비해야 할 것이 있었다. 1) 자립을 위해 현지 교회들이 신학교 운영에 대한 책임 의식을 가지도록 독려하는 차원에서 교회 재정의 5%

를 신학교에 헌금하는 운동을 한다. 2) 현지인 교수 요원을 도제식으로 양성한다. 3) 학장을 비롯한 행정 요원을 양성한다.

둘째, 연합신학교의 커리큘럼은 전도자 양성에 주안점을 두었다. 부차적으로 신학적 기초를 더욱 강화시켜 나가는 차원에서 향후 대학원을 설립하는 것으로 한다.

셋째, 연합신학교 발전과 관련해 자립이라는 목표 아래 무리한 건축이나 학과 개설을 하지 않는다.

3. 연합신학교의 확대(한국 선교사에서 타국 선교사로)

1998년 6월부터 국제 단체 가운데 인터서브(Interserve), 웩(WEC)과 연결하여 연합신학교에서 강사로 섬길 의향이 있는 선교사를 섭외하고 나서 연합신학교의 마스터 플랜을 설명하고 함께할 것을 요청했다. 이에 깊이 공감하며 몇 명이 함께했는데 영국 침례교 파송 I와 F 부부, 미국 장로교 D와 E 부부가 합류했다. 그후 뉴질랜드 장로교 E가 합류하고 독일, 홍콩, 필리핀 등지에서 온 선교사들이 합류하여 2001년에는 강사의 70%가 타국 선교사로 채워졌다. 특히 E는 '선교지에 바람직한 신학교 커리큘럼'이라는 제목으로 박사 학위를 받아서 커리큘럼의 선진화가 이루어졌다. 당시 키르기스스탄의 상황으로 볼 때 전도자를 육성하는 커리큘럼으로 제자 훈련, 전도 훈련 과목을 추가했다. 한국 선교사들은 목사 출신이 많아서 주로 신학 과목을 강의했고, 타국 선교사들은 다양한 형태로 강의했다.

4. 학교 건물 건축과 재정 자립도 개선

연합신학교는 2000년까지 자체 건물이 없었다. 두 곳을 전전하다가 2000년 이사회는 당시의 시설로는 학생의 증가 속도나 학교로서의 여러 요구를 감당하지 못한다는 판단 아래 교사(校舍)를 따로 마련하기로 했다. 이에 시내 중심가에 있는 600평의 땅을 구입하여 건축을 시작했다. 건축비를 어떻게 마련할 것인지를 의논하면서 키르기스스탄에 있는 교회와 개인이 먼저 헌신하자고 결의했다. 이에 이사회 회원부터 시작해 키르기스스탄의 여러 교회와 개인이 헌금을 했다. 또한 이 사실을 알게 된 외부에서 100여 명의 개인과 단체, 교회 등이 6만 4,877달러를 헌금했다. 2001년 새 교사가 건축되면서 지방에서 올라온 학생들의 기숙사도 마련할 수 있었다.

2002년에는 남쪽 도시 '오쉬' 지역의 교회를 위해 분교를 설립해 달라는 요청이 있어 1년제 수료 과정을 설립했다. 이 분교는 2013년에 3년제로 개편되었다.

2002년 당시 연합신학교의 재정을 보면 학생을 보내는 교회의 5% 헌금이 재정의 약 15%를 차지했다. 20%는 건물 임대 수입 등이었고, 65%는 이사회원들의 회비였다. 이런 상태는 2008년까지 계속되었다. 현지인으로의 이양을 위한 다른 부분은 잘 진행되었지만, 현지 교회들의 헌금은 제자리걸음이었다. 그 이유는 2002년 이후 키르기스스탄의 교회 성장이 미미했기 때문이다.

2008년 6월 E학장이 정부와의 갈등으로 추방당하여 고국으로 돌아가게 되었다. 갑작스러운 일이었지만, 이사장을 비롯해 여러 명의 이사가 아프가니스탄에서 추방당한 이주형을 학장으로 추대하고 2010년 6월 현지인으로 이양하는 준비를 하도록 위임했다. 2008년 6월 강사들 가운데 20%가 현지인이고, 한국 선교사가 10%, 기타 해외 선교사가 70%로 그야말로 국제적인 연합을 이루었다고 하겠다.

이주형은 2년 뒤에 있을 이양까지 재정 자립도를 최대한 높이기로 하고 교회에 협조를 구했다. 2010년 이양할 때 재정 수입을 살펴보면 이사회비가 25%, 외부 후원이 40%, 주일과 평일에 신학교에서 모임을 진행하는 교회들이 지불한 임대료 수입이 20%, 현지 교회 후원은 15% 정도였다. 이에 따라 이사회는 2020년까지는 외부 후원을 최대한 줄이기 위해 10년 동안 노력하기로 했다. 지출의 35%는 상주 직원의 인건비로, 건물 유지와 운영비는 25%, 나머지 40%는 현지 강사들의 강사비와 학생들의 학업 복지를 위한 것이었다. 2008년과 2019년 건물의 리모델링 비용 15만 달러는 캐나다의 토론토 영락교회에서 헌금한 것이었다.

5. 현지 학장으로 이양과 자립 개선

2010년 1월 학교 행정 디렉터를 현지인으로 바꾸었고, 그해 3월에 현지인 학장을 선출했다. 학장은 연합신학교에서 몇 년간 강사로 섬겼고 키르기스스탄 교회들 가운데 영향력을 갖춘 카이르벡 목사가 3년 임기로 선출되었다. 전임 학장인 이주형은 이사회의 명을 받아 6개월간 새 학장이 업무를 잘 감당하도록 지원하는 역할을 맡게 되었다. 2010년 6월 이사진은 현지인 8명과 외국인 8명으로 총 16명이 되었고, 현지인 학장 카이르벡이 취임했다. 그의 9년 재임 기간 중 몇 가지 중요한 변화가 일어났다.

카이르벡 목사가 일으킨 가장 큰 변화는 아카데믹 프로그램이었다. 1) 집중 과정(intensive course)을 발전시켰다. 이 과정은 주로 지방에 있는 사역자들을 위한 것으로 두 달에 한 번씩 2주간 학교에서 집중적으로 공부하고 그 외의 시간은 스스로 공부하도록 했다. 이 과정에 대한 반응이 좋아서 10년이 지난 지금은 연합신학교의 주류가 되었다. 2) 야간 과정의 개설이다. 수도와 주변 지역에서 직장 생활을 하는 사람들이나 주간에 다른 대학에 다니는 사람들을 위한 것이다. 이 과정은 처음 몇 해 동안은 학생이 30명 정도로 유지되었으나 지금은 15명 정도로 줄었다. 3) 종일 과정의 축소였다. 집중 과정과 야간 과정에서 공부하는 학생에게는 학비를 받지만 종일 과정의 학생은 무료였다. 그런데 두 과정이 인기를 끌자 자연히 종일 과정의 학생 수가 줄고 학생의 학업 열의도 다른 과정에 비해 떨어졌다. 그리고 기숙사도 비게 되었다. 학장은 이사회에서 계속 종일반 폐지를 요구했지만, 외국인 교수들의 반대로 몇 차례 무산되었다. 그러다가 2019년 9월 종일 과정이 폐지되었다.

둘째, 재정적으로 자립하는 신학교가 되기 위해 카이르벡 목사는 큰 노력을 기울였다. 1) 교회의 성장이 멈춘 상태에서 교회에 헌금을 더 요구할 수 없는 현실적 어려움을 인정했다. 2) 연합신학교의 기숙사 두 곳을 임대하여 재정을 충당했다. 3) 현지인 이사들도 이사회비를 내도록 했다. 4) 2014년부터 집중 과정 학생들로부터 학비를 받게 되었고, 이후 2016년에 개강한 야간반도 학비를 내도록 했다. 물론 그 학비는 학생들의 점심과 교재 구입비로 사용되었다.

이런 노력의 결과로 2019년 두 번째 현지인 학장이 취임할 때 신학교의 재정 자립도는 어느 정도 개선되었다. 2020년 이사회원은 외국인이 6명, 현지인 이사는 12명이었다.

6. 현지인 리더십 이양 후 상황(2010. 6~2019. 6)

이주형은 연합신학교를 졸업한 목회자들의 교회를 돌아보면서 심각한 문제를 발견했다. 뚜렷한 목회 철학이 없다 보니 설교나 목회가 중구난방인 것을 보고 목회자를 위한 과정을 개설할 필요성을 느꼈다. 이에 몇 년간 파트너가 될 학교를 찾던 중 미국의 '마이애미국제신학교 (Miami International Theological Seminary)'와 연결되었다. 2001년 세계 각지 선교지의 신학교 교육을 위해 설립된 학교로, 각 신학 과목을 매뉴얼화하고 여러 나라의 언어로 계속 번역해 나가는 선교적 태도가 마음에 들어 연합신학교와 협정을 맺고 신학 석사 과정(MA Th. Studies)을 설치했다. 이 과정은 연합신학교를 졸업하거나 일반 대학을 졸업한 사람들이 입학할 수 있고, 총 20과목 80학점을 5년 내에 이수하고 논문을 통과하면 학위를 수여하도록 했다. 이 과정을 7년 안에 이수하지 못하면 수료증만 주는 것으로 했다.

연합신학교는 2016년부터 국제적인 신학교 인증기관에 가입하기 위해 노력을 기울여 왔는데, 2019년 유라시아 학력인증기관인 EAAA(Euro-Asian Accrediting Association)의 정회원이 되었다. 이로써 연합신학교는 3년제와 4년제로 재편되었고, 졸업하는 학생은 키르기스스탄 문교부 학위증과 EAAA 학위증을 받게 되었다. 이 외에도 다른 국제 인증기관과 접촉하면서 연합신학교의 발전과 함께 외국인에서 현지인으로의 모범적인 리더십 이양 사례로 알려지게 되었다. 이사회는 2020년 4월 카이르벡 목사를 이사장으로 선출했다. 이렇게 연합신학교는 모든 면에서 현지인 리더십으로의 이양이 완성되었다.

리더십 이양 후 연합신학교의 재정 상황 분석

연합신학교의 설립 멤버이며, 신학교의 운영에 큰 영향력을 발휘한 이주형은 "2020년 연합신학교의 현지인 이양이 완료되었다"라고 밝혔다. 신학교의 운영에 대한 모든 책임과 권한이 더는 외국인에게 있지 않고, 현지 리더십에게 있음을 확인시켜 주었다. KGMLF 2021 포럼의 주제인 '선교와 돈'이라는 관점에서 볼 때 신학교의 모든 리더십이 현지인에게 이양된 이후 재정적 상황과 자립도, 유지 발전 가능한 모습으로 변화되고 개발되고 있는지에 대한 분석과 평가가 필요하다고 본다. 이에 따라 지난 10년간 재정 출납에 대한 간략한 보고를 다루고 나서 이에 따른 분석과 평가, 몇 가지 실천 방안을 제안·정리해 보고자 한다.

지난 10년간의 재정 상황 분석을 살펴보도록 하겠다.

① 수입

[표 1] 연합신학교의 재정 수입(2010~2020년)

(단위: 미국 달러)

항목	2010~ 2011	2011~ 2012	2012~ 2013	2013~ 2014	2014~ 2015	2015~ 2016	2016~ 2017	2017~ 2018	2018~ 2019	2019~ 2020	합계
이사회	5,000	6,100	4,111	4,600	6,247	7,973	6,907	7,350	7,482	3,550	59,320
외부 후원	39,244	29,829	36,547	26,051	23,920	23,321	17,796	20,920	18,680	21,249	257,557
임대 수입	5,382	5,766	6,104	7,072	7,305	6,171	9,618	10,187	8,793	9,713	76,111
현지 교회	4,325	4,629	3,680	2,948	2,969	1,924	2,355	2,326	1,793	2,330	29,279
개인 후원	0	0	0	0	0	348	385	421	34	0	1,188
수업료	0	0	0	0	929	1,494	2,542	3,980	6,336	3,003	18,284
기타	2,538	5,861	2,543	1,725	3,543	2,064	2,343	4,300	2,517	5,515	32,949
아파트										45,000	45,000
합계	56,489	52,185	52,985	42,396	44,913	43,295	41,946	49,484	45,635	90,360	519,688

연합신학교의 회계연도는 매년 7월에 시작하여 그다음 해 6월에 마감하는 방식을 채택하고 있다. 앞에 나온 표에서 보여주듯 연합신학교의 주요 수입 항목은 이사회원들의 회비, 외부 후원(해외), 임대 수입(신학교 건물 임대), 현지 교회 헌금, 개인 후원, 수업료, 기타 항목으로 구분된다.

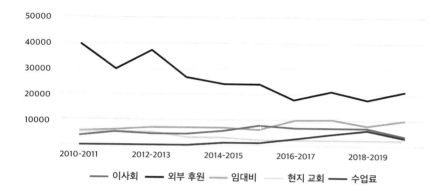

[그림 1] 연합신학교의 수입 항목별 변화(2010~2020년)

이사회 ——— 외부 후원 ——— 임대비 ——— 현지 교회 ——— 수업료

- 이사회비: 이사회는 현지인 이사와 외국인 이사로 구분된다. 현지인 이사는 7,000솜(100달러)을 납부해야 하고, 외국인 이사는 60,000솜(650달러)을 납부해야 한다. 2020년 외국인 이사는 6명이었으며, 현지인 이사는 12명으로 구성되었다. 2020년 기준 지난 10년간 이사회의 회비는 전체 수입의 약 11.4%다.

- 외부 후원금: 키르기스스탄 외의 나라에서 후원해 주는 금액이다. 현재까지 재정 후원을 해주는 교회는 6개 교회이며, 모두 한국 교회로 구성되어 있다. 앞에 나온 표에서 보듯 현지인으로 이양된 2010년 이후 외부 후원금의 액수가 점차 줄어들었다. 외부 후원은 전체 수입의 약 49.5%다.

- 임대 수입: 신학교 건물은 주중에 학교 수업 용도로 사용되며, 주말(주일)에는 몇몇 교회의 예배 장소로 사용된다. 신학교가 주관하지 않는 행사나 모임이 열릴 경우 신학교 강당과 교실 사용료를 받는다. 이를 통한 수입은 모두 신학교 수입으로 책정된다. 임대 수입은 전체 수입의 약 14.6%다.

- 현지 교회: 키르기스스탄 국내 교회가 신학교에 지원하는 후원금이다. 이주형의 신학교 현지인 이양에 대한 실천 사항 가운데 하나는 지교회가 교회 재정의 5%를 신학교를 위해 헌금하도록 독려하는 것이었다. 현재 신학교를 위한 재정 후원을 하는 현지 교회는 모두 13곳이다. 앞에 나온 표에서 알 수 있듯 2010년 현지인 리더십으로 이양된 이후 현지 교회의 후원금이 점차 줄어들었다. 신학교 회계 업무 담당자의 설명으로는 후원금 규모가 점차 감소한 가장 큰 원인은 2010년 이후 현지인 교회들의 성도 수가 감소한 것 때문이라고 한다. 현지인 교회의 성도 수가 급격히 감소한 주요 배경에는 2009년에 소개되어 발효된 새로운 종교법이 있다. 참고로 2012년 노르웨이 헬싱키 위원회에서 발표한 자료[2]는 2009년 발효된 종교법이 종교의 자유를 어떻게 제한하고 침해하는지를 다루고 있다. 현지 교회의 헌금은 전체 수입의 약 5.6%다.
- 수업료: 연합신학교의 재학생이 납부한 학비다. 특이한 사항은 2010~2013년에는 수업료를 납부하지 않았지만, 2014년부터는 수업료를 납부해 신학교의 수입이 되었다는 것이다. 수업료는 2014~2016년에는 65달러, 2017~2019년에는 100달러, 2019년 이후는 120달러로 조정되었다. 수업료 인상으로 신학교의 수입이 점차 증가되었음을 알 수 있다. 학생의 수업료는 전체 수입의 약 3.5%다.

---

2 비영리 단체인 오픈 뷰포인트의 최근 보고서에 따르면 키르기스스탄의 신앙과 종교 자유는 다음과 같다. 2009년 1월부터 이슬람교와 러시아 정교회 관련 기관을 제외하고는 그 어떤 종교 단체나 기관도 등록되지 않았다고 한다. 이 보고서의 결론 부분에는 2009년 개정된 새로운 종교법은 종교기관과 단체의 등록은 회원 수가 적어도 200명이 충족되어야 한다는 단서가 붙었는데, 각 종교기관과 단체가 합법적으로 등록되는 데 있어 큰 장애 요인이 되었다고 기록한다(https://www.nhc.no/en/law-on-religion-in-kyrgyzstan-should-be-amended-in-an-open-and-inclusive-process/ 접속일: 2021년 1월 16일).

② 지출

[표 2] 연합신학교의 재정 지출(2010~2020년)

(단위: 미국 달러)

항목	2010~2011	2011~2012	2012~2013	2013~2014	2014~2015	2015~2016	2016~2017	2017~2018	2018~2019	2019~2020	합계
교육비	14,015	15,501	17,366	12,592	15,821	12,158	9,462	15,698	13,710	15,936	142,259
월급	24,829	23,317	20,877	20,455	21,328	15,954	17,770	19,093	23,108	15,000	201,731
행정비	18,821	13,820	11,000	8,777	8,329	6,639	7,093	8,926	11,210	7,532	102,147
기타	2,686	4,274	1,007	1,288	1,143	1,183	1,060	7,418	5,795	2,014	27,868
합계	60,351	56,912	50,250	43,112	46,621	35,934	35,385	51,135	53,823	40,482	474,005

　　지출 항목은 크게 교수들의 교육비, 직원 월급, 학교 운영을 위한 행정비, 기타 항목으로 구분된다. 각 지출 항목별 요약 분석을 통해 신학교의 지출에 대한 이해를 돕고자 한다.

[그림 2] 연합신학교의 지출 항목별 변화(2010~2020년)

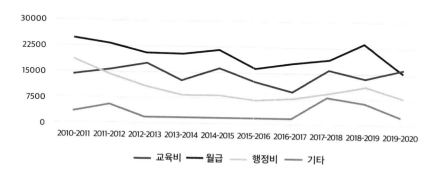

• 교육비: 교육비에는 현지인 강사들의 강사료, 통역비, 장학금, 실

습 비용 등이 포함된다. 신학교에서 현지인 강사에게 강사료를 지불한다. 외국인 자원봉사형 강사는 강사료를 받지 않고, 현지 강사진에게만 강사료를 지불하는 방식을 따르고 있다. 교육비는 전체 지출의 약 30%다.

- 월급: 신학교 학장, 디렉터 등 모든 신학교 직원에게 지급되는 월급이다. 월급 지출이 점차 줄어드는 것을 확인할 수 있는데, 이것은 직원의 감축과 연관이 있다. 완만한 감소세를 유지하다가 2018~2019년 월급 지출이 증가한 것은 장기 근속한 직원 2명이 퇴직해 퇴직금 지급이 반영되었고, 직원들의 월급 10% 인상이 반영된 것이다. 직원 월급은 전체 지출의 약 42.5%다.
- 행정비: 행정비에는 학교 사무실에 필요한 비용, 공과금, 토지 세금 등이 포함된다. 행정비는 전체 지출의 약 21.5%다.
- 기타: 건물 수리 비용, 정부 관계기관 지원, 학생들 부조금 등 기타 비용이 포함되어 있으며 전체 지출의 5.8%다.

신학교 재정 출납에 대한 감사(Accountability) 방법

신학교 재정에 대한 감사는 2019년 회계연도까지 이주형이 수행했다. 이주형의 부재 이후 이사회 회원 가운데 한 명에게 감사에 대한 것을 위임했지만 회계로부터 감사가 제대로 수행되지 않는다고 들었다. 이에 대해 이사회는 신학교 재정 출납에 대한 감사의 의무를 수행하는 데 적극적으로 관여해야 한다고 본다. 신학교 재정에 대한 투명성과 재정 사용의 건전성 확보를 위한 제도적 보완이 필요하다.

신학교 운영에 대한 지속 가능성(Sustainability) 분석

신학교 재정의 수입 항목을 살펴보면 외부 후원 의존도가 거의 50%

에 이른다는 것을 확인할 수 있다. 연합신학교는 2010년 현지인에게 리더십이 이양되어 자치(Self-governing)가 이루어지고 있지만, 재정적 측면에서 자립이 이루어졌다고 말하기는 다소 어렵다. 향후 10년은 연합신학교의 재정 자립도와 운영 지속성을 높이기 위해 매우 중요한 시기가 되리라고 생각한다. 키르기스스탄 국내외의 다양한 도전과 변화하는 선교 현장의 상황을 고려하면서 어떻게 지속 가능한 신학교로 세워 나갈지에 대한 청사진이 마련되어야 한다. 이에 대한 현지인 리더십(학장과 이사장, 행정 직원)의 남은 과업이 매우 크다고 하겠다.

7. 연합신학교의 최근 도전과 미래 발전 방향

연합신학교의 최근 도전

연합신학교는 종교 교육기관으로서 정부의 학력 인정을 받았고, EAAA의 수료 프로그램 인증을 받았으며, 학사 학위 프로그램에 대한 인증이 진행 중이다. 신학교는 키르기스어를 주로 사용하는 많은 교회 가운데서 평판이 아주 높다. 많은 신실한 사역자(목회자, 교사, 각종 선교단체에 종사하는 사람을 포함함)가 연합신학교의 졸업생이다. 지금부터 최근 몇 년 사이에 발견된 몇 가지 도전을 살펴보겠다.

첫째, 2019~2020년에 연합신학교의 정규 과정이 중단되었는데, 이는 연합신학교 역사상 처음 발생한 일이었다. 연합신학교에서 공부하는 것에 관심을 가진 학생이 지난 몇 년 사이 감소하고 있다. 이런 경향에는 키르기스스탄에 교회가 양적 성장을 멈춘 배경이 있다. 그 이유로는 키르기스스탄의 그리스도인이 신앙생활을 하기에 적합하고, 경제적으로 더 안정적인 나라로 이민 가는 경향이 증가하고 있기 때문이다. 또한 신학교 교육에 매력을 느끼지 못하고 있는데, 그 이유는 일반 세속 교육에 비해 졸업 후 경제적 필요를 채워 줄 수 없기 때문이다.

둘째, 키르기스어를 사용할 줄 아는 잘 훈련된 신학 교수 인력이 절대적으로 필요하다. 키르기스스탄에는 러시아어를 잘 모르는 인구가 계속해서 늘어나고 있는 추세다.

셋째, 키르기스 민족에게 복음을 전하기 위한 독특한 방식에 대해 문화인류학 관점에서 특별한 연구가 필요하다. 지금까지 서양과 아시아, 러시아에서 복음을 증거하기 위한 시스템이 효과적으로 통용되던 시기가 있었지만, 지금 우리는 키르기스인의 마음을 만져 주는 새로운 복음 전도 방법을 연구해야 한다.

넷째, 키르기스어로 된 신학 도서가 필요하다. 최근 도서관 장서를 살펴보았는데, 전체 1만 2,630권 장서 가운데 404권만 키르기스어로 되어 있다. 게다가 도서 대부분은 신앙 서적으로, 주로 초신자를 위한 책이다. 키르기스어 장서는 브로슈어와 초신자를 위한 소책자까지 포함한 것이다. 키르기스어로 출간된 신학 도서, 주석, 신학 논문, 해석학, 기독교 상담 도서는 찾아보기 어렵다.

작년 한 해는 코로나19로 특별히 어려운 시간을 보냈지만, 주께 감사하는 것은 온라인 과정을 통해 신학교를 운영해 학생들을 훈련시킬 수 있었다는 것이다. 지난여름과 2021년 1월에 신학교의 교수진을 대상으로 온라인 과정 개발에 대한 세미나를 개최했다. 코로나19로 인한 봉쇄령이 발효된 초기에 많은 사람이 낙담하고 힘든 시간을 보내야 했는데, 이는 신학교의 교수진도 마찬가지였다. 그런데 놀랍게도 온라인 과정이 아니었다면 우리와 연결되기 어려웠던 키르기스인들이 팬데믹 기간 중 공부를 하게 되었다. 현재 한국에서 일하고 있는 노동자 3명이 온라인 과정으로 공부 중인데, 2명은 키르기스인이고 1명은 카자크인이다. 그리고 키르기스스탄의 오지에 사는 학생 4명이 공부하고 있다. 연합신학교를 통해 공부하려는 한 학생은 그루지야에서 입학신청을 한 상태다.

발전 방향

이 같은 도전은 향후 5년이 새로운 전략으로 신학교 발전을 위해 매진해야 할 기회임을 보여준다. 첫째, 연합신학교는 온라인 프로그램 개발에 박차를 가해 키르기스스탄 시골 지역에 거주해 수도 비슈케크에 직접 와서 공부할 수 없고 가족과 직장을 떠나기 어려운 사람과 해외, 특히 러시아와 한국, 터키에서 해외 노동자로 일하는 키르기스인을 섬기려고 한다.

둘째, 키르기스어로 번역된 신학 도서를 편찬하는 일에 집중하되 특별히 현지 그리스도인을 격려하여 키르기스어 신학 도서를 편찬해야 한다. 각 단체나 교단 간에도 신학 용어에 대한 의견이 분분하고, 도서 편찬을 위한 노력이 미흡한 상태다. 그러므로 더욱 키르기스어 신학 용어 사전을 만들어야 한다. 이미 언급한 대로 키르기스어로 된 양질의 신학 도서가 없는 실정이다. 키르기스어로 된 신학 도서를 편찬한다면, 키르기스어로 진행되는 기독교 교육기관에게 큰 도움을 줄 수 있을 것이다.

8. 나가는 말

지금까지 키르기스스탄의 연합신학교 설립과 발전에 대한 핵심 요소에 대해 나누었다. 이 글을 공동 저자들의 결론으로 마무리하는 대신 포럼에 참여한 참가자들이 직접 결론을 도출하도록 몇 가지 열린 토론 질문을 던지면서 이 글을 맺고자 한다.

① 연합신학교에서 수립한 자립 계획이 너무 이상적이었는가? 그렇다면 어떤 측면을 더 고려해야 했을까? 아울러 선교지에 신학교를 세울 때 자립에 대한 마스터플랜은 어떻게 수립하는 것이 좋을까?

② 선교사들이 현지인에게 리더십을 이양한 이후 어떻게 재정적 후퇴를 하는 것이 바람직할까? 이에 대한 가장 좋은 실천 방안은 어떤 것이 있을까?

③ 조나단 봉크 박사는 그의 책에서 서양 선교단체들에 대해 날카로운 비판을 했다. "서양 선교단체들은 서양이 강조하는 독립성과 자치성, 자립성, 그리스도의 몸인 교회를 향한 성경적 가르침에 더 충실한 조직을 재편성하려는 전통에서 벗어나기 시작했다."[3] 연합신학교는 전 세계 여러 선교지에 설립된 많은 신학교 가운데 하나다. 지금은 선교사들에게서 현지인에게로 모든 리더십 이양이 완료된 신학교다. 신학교가 현지인 리더십으로 이양되었을 때 현지 리더십이 가져야 할 재정 독립을 위한 원칙은 어떤 것이 있으며, 운영 측면에서 지속 가능한 신학교가 되려면 현지 리더십은 어떤 것을 염두에 두어야 할까?

---

3 Jonathan J. Bonk, *Missions and Money: Affluence as a Missionary Problem ⋯ Revisited*, rev. ed. (Maryknoll: Orbis Books, 2006), 181.

논찬

찰스 웨버(Charles Weber)

이 논문은 최근 키르기스스탄에서 한국인이 시작한 신학교의 설립, 철학과 발전을 분석한 내용으로 신학교에 깊이 관여한 세 명의 교육자가 썼다. 그들은 신학교의 목적과 역사, 당면 과제에 대한 깊은 통찰을 제공한다.

연합신학교를 둘러싼 사회정치적 맥락을 이해하면 이 신학교가 세워지고 운영되는 환경을 더 잘 파악할 수 있다. 우선 키르기스스탄은 특히 수도 비슈케크 주변의 토착 한인 인구가 많은 것으로 유명하다. 고려인으로 알려진 이 한인 인구는 1만 5,000명에 달하며, 1930년대 스탈린이 당시 한국을 식민지배했던 일본 측에 극동 러시아의 한인들이 동화되는 것을 막기 위해 강제 이주시킨 데서 비롯되었다. 이 새로운 정착민들은 성공적인 농부가 되었고, 키르기스스탄 사회에서 이질적이고 주변적인 그룹을 이뤘다. 한편 그들은 20세기 후반 한국 선교사들에게 진입점을 제공했다. 그들의 문화는 한국의 풍습과 민속 종교의 특성이 보존되고 유지되었음에도 불구하고[1] 개신교의 시발점이자 연합신학교 설립의 기반이 되었다. 또한 연합신학교는 한인사회 안에 머무르지 않고 키르기스스탄 사람들에게 적극적으로 다가갔다.

키르기스스탄의 기독교인은 약 630만 명의 인구 가운데 소수에 불과하다. 인구의 대다수(약 87%)는 이슬람교 수니파의 최대 학파인 하나피이며, 이들의 신앙은 대체로 느슨하게 중첩된 문화적 특징을 가진다. 인구의 4.4%에 해당하는 기독교 공동체는 약 17개의 다양한 그룹으로 이뤄져 있다. 추정하기는 어렵지만 개신교와 무소속 교인은 1% 미만이며, 신도는 약 4만 명이다. 따라서 연합신학교는 1991년 국가 독립 이후 크게 증가한 이 공동체에 중요한 기여를 하고 있다.[2]

연합신학교의 기본 계획은 헨리 벤(Henry Venn)과 루퍼스 앤더슨(Rufus Anderson)이 개발하고 19세기 후반 존 리빙스턴 네비어스가 한국에서 시행한 삼자 선교 전략을 모델로 삼았다. 이 "네비어스 방법은 한국 교회의 눈부신 성장을 설명하는 요인으로 가장 많이 언급되며" 연합신학교가 추구하는 목표의 기본 바탕이기도 하다.[3] 로버트 리스(Robert Reese)는 최근 논문에서 삼자, 즉 자치와 자전, 자립이 '토착 교회의 자율성을 진지하게' 여기기 때문에 오늘날에도 여전히 유의미하다고 말한다. 또한 그는 폴 히버트(Paul Hiebert)가 주창하는 '자기신학화'를 제4의 '자기' 요소로 언급하는데, 이는 연합신학교의 사역 접근 방식과도

---

1 다음을 참조하라. Weonjin Choi, "Korean Baptist Missions in Kazakhstan", *East-West Church and Ministry Report* 18, no. 3 (Summer 2010), 6-8, https://eastwestreport.org/36-english/e-18-3/287-korean-baptist-missions-in-kazakhstan. 이 기사는 몽골-알타이족 배경을 바탕으로 중앙아시아인과 한국인 사이의 공통된 민족 언어와 문화적 유대를 설명하고 있다.

2 Todd M. Johnson and Gina A. Zurlo, *World Christian Encyclopedia*, 3rd edition (Edinburgh: Edinburgh University Press, 2019), s. v. "Kyrgyzstan", 460-462.

3 Everett N. Hunt, "The Legacy of John Livingston Nevius", *International Bulletin of Missionary Research* 15, no. 3 (July 1991), 120-124, http://www.internationalbulletin.org/issues/1991-03/1991-03-120-hunt.pdf.

관련이 있다.[4]

연합신학교의 프로그램과 연관된 '자기' 철학 요소를 살펴보자. 우선 자치와 관련해 연합신학교의 지도부는 한국과 서구 선교사 등 외국인에서 키르기스스탄 지도자로의 의도적 전환이 이뤄졌다. 실제로 국제 인증기관은 2020년 4월에 카이르벡 목사가 이사회 의장으로 선출되면서 '외국인에서 현지인으로의 이전'이 이루어진 사례를 들어 연합신학교를 모범적 사례로 인정했다. 또한 키르기스스탄 정부는 키르기스인을 리더로 세운 연합신학교의 성과와 연관 교회들을 긍정적으로 평가한다. 이런 상황은 이 나라의 정부와 정치권이 여러 종교와 맺은 관계가 변화무쌍한 가운데 이들 교회를 어느 정도 보호하는 역할을 하고 있다. 또한 연합신학교의 기본 계획에는 강사와 행정 인력을 현지인 가운데서 훈련시켜 세우도록 규정해 두었다. 이렇게 해서 설립 초기에 관계를 맺었던 인터서브와 웩(WEC)에게서 독립할 수 있도록 했다.

연합신학교는 처음부터 자전을 최우선으로 하고 키르기스인 목회자와 전도자의 훈련을 목표로 삼았다. 기본 계획에 '연합신학교의 교육과정은 주로 전도사 양성에 중점을 둘 것'이라고 명시되어 있으며, 이는 특히 제자 훈련과 전도 훈련 과정을 통해 이루어진다. 다시 말하지만, 2010년부터 연합신학교의 학장을 맡은 카이르벡 목사의 리더십은 교회와 협력하고 그들 교회가 전도를 촉진하도록 하는 인센티브를 제공했으며, 연합신학교가 현지인들에게 훈련을 제공해 외국인이 목회자와 전도자로서 키르기스인과 직접 접촉하지 않도록 했다.

자치와 자전은 자립의 원칙과 밀접하게 연관되어 있다. 자립이 선교

---

4 Robert Reese, "The Surprising Relevance of the Three-Self Formula", *Mission Frontiers* (May-June 2021), http://www.missionfrontiers.org/issue/article/the-surprising-relevance-of-the-three-self-formula1.

상황에서 달성하기 가장 어려운 목표라는 점은 널리 알려져 있다. 이 논문은 연합신학교가 여전히 개인과 교회로부터의 외부 지원에 의존하고 있기 때문에 재정 문제가 아직 해결되지 않고 있음을 인정한다. 외국으로부터의 지원은 언제나 그 나라의 종교적 상황에서 의존과 통제의 망령을 불러일으킨다. 그러나 연합신학교는 이를 피하기 위해 노력하고 있는 것으로 보이며, 지난 10년 동안 해외 지원을 50%나 줄였다. 그럼에도 한국 교회를 중심으로 해외의 실질적 지원은 여전히 필요한 상황이다. 키르기스스탄 교회의 성장이 정체되면서 연합신학교를 지원하기 위한 재정 기반이 약화되었다. 게다가 2009년 키르기스스탄 정부의 법은 종교 재정에 제한을 가했다. 다시 말하지만 이것은 신흥 기독교 공동체가 겪는 고질적 문제다. 그러나 연합신학교는 먼저 기본 계획에 현지 교회가 "신학교 운영의 소유권을 갖고 재정의 5%를 신학교에 기부해야 한다"라고 명시함으로써 이 문제에 정면으로 대처했다. 이 목표는 달성하기 어려운 것으로 판명되었다. 그러나 학장으로서 카이르벡 목사는 종일 수업 프로그램에 중점을 두기보다 집중 과정과 야간 프로그램으로 전환했고, 이는 큰 인기를 끌었다. 또한 학생들이 등록금을 내도록 의무화하여 필요한 수입을 확보했다. 결국 2019년에는 등록금이 비싼 종일 수업 프로그램이 폐지되었다. 또한 최근 발생한 팬데믹은 비용 절감 측면에서 온라인 교육의 타당성과 재정적 이점을 보여준다. 특히 먼 거리에 있는 학생에게 온라인 교육은 큰 장점을 제공한다. 아울러 본 논문은 더 나은 감사 절차의 필요성을 언급하고 있으며, 이는 아마도 Euro-Asian Accrediting Association 같은 외부 기관을 통해 이뤄져야 할 것으로 보인다.

자기신학화의 문제는 신학교 교육에 중요한 영향을 미친다. 자기신학화를 이루는 데 있어 중심 과제는 누가 신학을 하고, 누가 핵심 이슈를 결정하고, 그 과정이 어디 위치하는지에 대한 것이다. 맥락화 노력은 적절해야 하고 해당 문화적 맥락에 있는 사람들로부터 끌어내야 하며 한국, 북미, 유럽, 기타 문화적으로 다양한 지역에서 통째로 이식되는 일이 있어서는 안 된다. 연합신학교는 이런 필요성을 인식하고 있다. 한국 선교사들이 설립한 뒤 기본 계획에 명시된 대로 목회와 전도를 위해 키르기스스탄 기독교인을 훈련하고, 그들에게 일임하는 데 주력해 왔다. 연합신학교는 키르기스스탄 교육부의 인증을 받기 위해 노력했으며, 이를 달성했다. 그리고 정부의 승인을 받아 국가 교육 시스템의 일부로 통합되었다. 연합신학교의 접근 방식은 '개발 과정과 함께 외국인에서 현지인으로 리더십 이전의 모범 사례'로 인정을 받았다. 카이르벡 목사는 현지 지도자들과 이런 성과에 중요한 역할을 했다. 연합신학교가 해결해야 하는 도전은 러시아어보다 '키르기스어로 잘 훈련된 신학 교육자'의 필요성과 '키르기스어로 된 고품질 신학 서적의 필요성' 등 자기신학화와 관련이 있다. 이것은 문화 가운데서 기독교를 토착화하고, 훈련된 평신도뿐 아니라 '키르기스어를 사용하는 기독교 학계를 발전'시키기 위해 필요하다.

또한 본 논문은 기독교 전도와 관련해 문화적 이해에 대한 지침을 얻기 위해 '문화인류학자'의 의견을 요청한다. 다행스럽게도 이와 관련된 훌륭한 연구가 이미 나와 있다. 영국 세인트앤드루스대학교 국제관계학부의 마테오 푸마갈리(Matteo Fumagalli), 런던정치경제대학 인류학과의 마티아스 펄크먼(Mathijs Pelkman), 남호주대학교 사회학과의 데이비드 래드퍼드(David Radford), 키르기스스탄과 중앙아시아에서 기독교를 포함한 종교의 역할을 분석한 사회과학자들의 여러 저작을 참고하면

된다.[5] 한 가지 예로 래드퍼드가 광범위한 현장 조사를 통해 키르기스스탄 기독교인들이 키르기스스탄 고유의 가치를 보존하기 위해 어떻게 노력했는지를 분석한 연구가 있다. 이 연구에서 언급된 고유의 가치는 "환대, 어른에 대한 존경심, 의복과 음악 등 문화적 표현, 키르기스인을 자기 나라와 유목민으로서의 기원과 연결시키는 상징적 표현" 등으로, "이는 종교와 무관하게 키르기스인들을 하나의 민족으로 결속시키는 역할을 한다".[6] 이것은 연합신학교를 이끌어 온 이들의 접근 방식에 대한 인정과도 같다.

이 논문의 저자는 명확하고 투명하게 연합신학교의 기원과 발전, 현재 위상을 설명했으며, 그 점에 대해 찬사를 받을 만하다. 이 논문은 연합신학교의 지난 발자취와 함께 미래의 계획, 앞으로 무엇이 필요한지 잘 파악하고 있음을 보여준다. 그 모든 과정에서 키르기스인들과 그들의 문화에 대한 명확한 초점을 유지하고 있으며, 삼자 모델의 전통적인 접근 방식에 근거하면서도 강력한 맥락적 요소를 추가하고 있다.[7]

---

5 추천 문헌은 다음과 같다. Matteo Fumagalli, "'Identity through Difference': Liminal Diasporism and Generational Change among the Koryo saram in Bishkek, Kyrgyzstan", *European Journal of Korean Studies* 20, no. 2 (Spring 2021), 37-72; Mathijs Pelkman, "'Culture' as a Tool and an Obstacle: Missionary Encounters in Post-Soviet Kyrgyzstan", *Journal of The Royal Anthropological Institute* 13, no. 4 (Winter 2007), 881-899; Pelkman, "Frontier Dynamics: Reflections on Evangelical and Tablighi Missions in Central Asia", *Comparative Studies in Society and History* 63, no.1 (January 2021), 212-241; David Radford, *Religious Identity and Social Change: Explaining Christian Conversion in a Muslim World* (New York: Routledge, 2015) and Radford, "Kyrgyzstan", in *Christianity in South and Central Asia*, ed. Kenneth R. Ross, Daniel Jeyaraj, and Todd M. Johnson (Edinburgh: Edinburgh University Press, 2019), 70-82.

6 Radford, *Religious Identity and Social Change,* 138.

7 필자가 연구하는 과정에서 많은 사람이 자신의 전문 지식을 공유하고 권장 사항을 제시했다. 특히 윌리엄 요더(William Yoder), 마크 엘리엇(Mark Elliot), 테리 테일러(Terri Taylor), 에드워드 샌즈(Edward Sands), 박티백 압드리사예프(Baktybek Abdrisaev)에게 감사한다. 이 글에 표현된 견해는 전적으로 필자의 의견이다.

14
공적 영역에서의 교회 선교:
온누리교회의 공적 기금 사용 사례를 중심으로

———

김홍주

1. 들어가는 말

한국에 전해진 기독교는 봉건적 체제를 개혁하고 교육과 의료 등 공공 분야를 근대화하는 데 큰 공헌을 했다.[1] 그러나 사회적 책임보다 영혼 구원과 교리 수호를 우선시한 보수주의 교회와 진보적 자유주의 교회로 분열되면서 한국 교회의 주류에서는 점차 공공성을 상실해 가는 모습을 볼 수 있다.[2]

온누리교회가 개척된 1985년은 이렇게 한국 교회가 분열되던 상황 가운데서 일부 복음주의자가 성경적 진리와 사회적 책임을 모두 감당

---

[1] 이준우, "한국 기독교사회복지재단의 현황과 방향성", *Journal of Church Social Work*, vol. 19, 75-76쪽. 이재훈 목사도 교회의 사명은 복음이 공적 진리임을 세상 가운데 나타내는 것이라고 말한다. 이재훈, 《위대하지 않은, 선한 그리스도인을 찾습니다》(서울:두란노, 2019), 21-22쪽.

[2] 박용규, 《한국 교회를 깨운 복음주의 운동》(서울: 두란노, 1998), 76-79쪽.

하는 새로운 교회 운동을 펼쳐 가던 때였다. 하용조 목사 역시 이런 복음주의자 가운데 한 사람으로 교파를 초월하여 다른 복음주의자들과 연합해 한국 교회에 새로운 성경적 교회의 모델을 제시하려는 열망으로 온누리교회를 개척했다.[3]

이에 필자는 온누리교회의 복음주의적 목회 철학이 사역 구조에 어떻게 반영되었는지를 살펴보고, 온누리교회가 설립한 기관들 가운데 교회 외부의 공적 기금을 사용해 사역하는 기관의 공적 영역에서의 선교를 살펴보고자 한다. 필자는 교회가 외부 기금을 지원받아 진행하는 사업들의 의의는 단순히 재정적 측면에만 국한되지 않는다고 생각한다. 이런 재정을 통해 연결된 공적 영역에서의 사역은 교인들의 공적 책임 의식을 함양하는 훈련장이며, 기독교적 섬김과 사랑의 가치를 세상으로 확산시키는 중요한 통로가 되기 때문이다.

2. 공적 영역에 참여하는 통로로서의 교회 설립 NGO와 사회복지법인

온누리교회의 창립자인 하용조 목사는 교회가 할 수 없는 일을 교회 병행 기관(parachurch)이 할 수 있고, 교회 병행 기관이 할 수 없는 일을 교회가 할 수 있다고 믿었다.[4]

온누리교회 2대 담임목사인 이재훈 목사 역시 하용조 목사의 복음주의 신학과 목회 철학을 누구보다 잘 이해하고 계승하고 있다. 이런

---

3 하용조, 《우리는 사도행전적 교회를 꿈꾼다》(서울: 두란노, 2007), 9-10쪽.
4 하용조 목사는 영국에서 본 존 스토트 목사의 런던인스티튜트가 자신에게 파라처치의 중요성에 대한 영감을 주었다고 말한다(하용조, 2007, 81). "그곳에서 복음과 복음에 따른 사회적 책임 사이의 조화와 균형을 주로 공부했다. 런던인스티튜트를 보는 순간 앞으로 어떻게 두란노서원을 이끌고 가야 할지 비전이 보인 것이다. … 교회는 처치(church)이고, 두란노서원은 파라처치(parachurch)다. 나는 한국 사회에서 처치와 파라처치가 어떻게 공존할 수 있을지 지금도 실험 중이다."

목회 철학의 영향으로 현재 온누리교회는 여러 영역에서 다양한 사역을 펼치는 교회 병행 단체를 가지고 있다.[5] 그중에는 복음 전도와 같이 교회 고유의 사역을 활성화하기 위한 사역 단체도 있지만, 교회 밖에서 소외되고 어려운 이웃을 섬기고 공공선을 증진시키려는 사역 단체도 있다. 필자는 이런 사역 단체 가운데 정부나 세속 기관의 재정 지원을 받아 사역하는 세 기관인 더멋진세상, 온누리복지재단, 이주민을 돕는 온누리M미션(Onnuri Migrant Mission) 사역의 사례를 들어 이런 재정 사용이 교회와 공공 영역에 대해 갖는 의의를 설명하겠다.

3. 더멋진세상(A Better World)

온누리교회는 2010년 교회 창립 25주년을 맞아 하나님이 주신 축복을 이웃에게 조건 없이 나누자는 비전 아래 국제 개발 NGO인 '더멋진세상'을 창립했다. 더멋진세상은 이제 10년 된 신생 NGO다. 그러나 10년 만에 가난과 질병, 재난으로 고통받는 24개국 29개 지역에서 긴급 구호, 지역 개발, 보건, 교육 등의 활동을 펼칠 만큼 성장했다. 더멋진세상이 이렇게 짧은 시간에 성장할 수 있었던 이유에 대해 사무총장인 김창옥은 이 기관이 교회를 기반으로 사역한다는 점, 공공기관과 협력하여 사역한다는 점 두 가지를 꼽았다.[6]

---

5 온누리교회가 직접 만든 단체로는 두란노해외선교회(TIM), 더멋진세상, 복지재단, 선교재단, CMN(Christian Medical Network), BEE Korea, CGNTV, 온누리M미션 등이 있고 협력 단체로는 두란노서원, 한동대학교, 아버지학교, 경배와찬양, 에젤선교회, 창조과학회 등이 있다.

6 김창옥 사무총장 인터뷰(2021년 1월 31일).

교회 기반 NGO

한국 사회에 기독교 NGO는 많이 있지만 지역 교회 기반의 NGO는 많지 않다. 그런데 더멋진세상은 온누리교회를 기반으로 만들어졌기에 몇 가지 장점을 가진다. 첫째, 안정적인 재정 운영이다. 매년 온누리교회의 성도들은 더멋진세상을 위해 후원 약정을 한다. 현재는 1만 1,166명이 30억 7,000만 원을 매년 정기적으로 후원하고 있다. 그리고 수시로 연 3억 8,000만 원의 후원금이 모이는데, 후원자 대부분이 온누리교회의 성도다. 이는 2021년 기준 1년 예산인 72억 원의 48%에 해당한다. 온누리교회 성도의 정기적 후원금은 더멋진세상이 안정적으로 사역하고 공적 기관으로 신뢰를 얻는 데 중요한 역할을 한다.

둘째, 더멋진세상이 온누리교회를 기반으로 할 때의 장점은 교회가 파송한 900여 명 선교사의 정보와 네트워크를 활용할 수 있다는 점이다. 예를 들어 온누리교회가 파송한 정붕진 선교사는 남수단에서 활동하고 있었다. 그런데 2016년 남수단에서 다시 내전이 일어나자 수많은 난민이 우간다로 피난했고, 그도 그들과 함께 우간다로 나왔다. 그리고 그는 교회에 수단 난민들의 비참한 상황을 알렸다. 이에 더멋진세상은 2017년 우간다에 정식 NGO로 등록하고 수단 난민을 위한 본격적인 사역을 시작했다. 지금은 우간다 난민 지역에서 초·중·고등학교 건립, 급식과 식수 사업, 농업 사업 등을 펼치고 있다. 이처럼 더멋진세상은 오래전부터 전 세계에 흩어져 활동하는 온누리 선교사들의 네트워크를 활용하고 있다.

셋째, 더멋진세상이 그 기반을 온누리교회에 둔 데 따른 장점은 교회 안의 풍부한 자원봉사자를 활용할 수 있다는 점이다. 더멋진세상은 쓰나미, 지진, 태풍, 수해의 피해를 입은 전 세계 11개국으로 12회에 걸쳐 많은 긴급 구호팀을 파견했다. 그런데 이들 긴급 구호팀은 대부분 온누리교회의 청년과 성도로 구성되었다. 예를 들어 2015년 네팔에서 큰 지진이 일어났을 때 더멋진세상은 즉각 교회에 자원봉사자 모집 공고를 냈고, 2차에 걸쳐 신속한 긴급 구호를 실시할 수 있었다. 긴급 구호를 종료한 후에는 도움의 손길이 미치지 못하던 산간 지대에 있는 고레다라(Goredanda) 마을을 선정해 복구 사업을 펼쳤다. 마을의 가옥 전체가 완파되어 더멋진세상은 가옥 72채를 짓고, 학교와 교회 건물 신축, 도로 보수, 직업 교육 실시, 상수도 설치 등을 한 뒤 2017년에 재건 사업을 완료했다.

공공기관과의 협력

더멋진세상은 경험이 쌓여 감에 따라 정부나 유엔 등과 적극적인 다자기관 협력 사역을 추진했다.[7] 2013년부터 대한민국 정부의 ODA 자금을 수탁하기 시작했고, 2017년에는 UN ECOSOC 경제협력 특별 지위를 획득해 공신력을 높였다. 다음 표는 지금까지 더멋진세상이 정부와 사회단체의 자금과 매칭펀드로 펼쳐 온 사업이다.

[표 1] 더멋진세상과 한국 정부의 ODA 매칭 사업

(단위: 천 원)

No	대상 지역	사업 기간	사업명	사업비	사업비 매칭 (기관 지원: 더멋진세상)
1	르완다 (응호망과 마을)	2013.10.01~ 2014.10.30	모자보건 이동 클리닉 사업	80,000	5:5
2	세네갈 (본나바 마을)	2014.01.01~ 2021.12.31	식수 개선과 교육 사업, 농업 개발 사업(1~2단계)	2,925,000	8:2

---

7 이런 협력 사업 추진에는 외교관으로 근무했던 현 김광동 대표의 경험이 많은 도움이 되었다.

3	세네갈 (다카르주 루피스크군)	2015.04.01~ 2018.12.31	모자보건 강화와 환경 개선 사업	2,500,000	9:1
4	네팔 (고르카 고레다라 마을)	2016.03.28~ 2017.01.31	고르카 지역 고레다라 마을 조기 복구 사업	200,000	10:0
5	르완다 (무기니냐)	2018.05.14~ 2020.12.31	모자보건 영양 증진 사업과 영양 개선 사업 (월비 컨소시엄 사업)	1,060,000	7:3
6	기니비사우 (키냐멜, 블롬 마을)	2018.08.01~ 2018.10	고아원 태양광과 마을 식수 환경 개선 사업	70,000	10:0
7	우간다 (모요, 오봉기)	2018.08.13~ 2021.12.31	남수단 난민 아동 학교 급식과 교육, 마을 식수 지원 사업	1,374,000	8:2
8	몰도바 (뽀거네쉬티)	2018.12~ 2019.12	보건소 리모델링, 역량 강화와 식수 개선 사업	120,000	10:0
9	네팔(꺼이랄리 던거디 격리소 44곳)	2020.07.20~ 2020.12.31	네팔 코로나 격리소 거주자 대상 긴급 구호	160,000	10:0

더멋진세상이 정부나 외부의 자금을 지원받아 사업을 펼쳤을 때 장점은 다양하다.

첫째, 재정적 도움이다. 2021년 더멋진세상의 예산을 보면 전체 예산 가운데 외부 기관 지원금이 차지하는 비율은 12.5%에 달한다. 그리고 향후 이런 지원금의 비중을 높여 갈 예정인데, 2021년에는 UNHCR과 GGGI(Global Green Growth Institute)에도 재정 협력을 요청할 예정이다.

둘째, 사업 역량 강화, 전문성과 투명성 향상이다. 더멋진세상이 외부 기관의 재정을 수탁하려면 정부의 엄격한 평가를 거치고 책무 조건을 갖추어야 한다. 즉 재정적 투명성, 사업 실적과 전문성 등의 요구 조건이다. 더멋진세상이 이런 요구 조건을 맞추기 위해 노력하는 과정에서 자연히 더멋진세상의 사업 역량이 향상되었다.

셋째, 사업 범위의 확장이다. 더멋진세상은 기독교 NGO이기 때문에 종교적 이유로 접근이 어려운 지역이 많다. 그러나 더멋진세상은 대한민국 정부나 현지 대사관과 함께 일하기 때문에 종교와 상관없이 이슬람 지역이나 힌두 지역, 불교 지역에서도 수많은 봉사와 개발 사역을 펼칠 수 있었다.

그러나 더멋진세상이 교회 기반 NGO로서 공공기관과 협력할 때 애로점도 있다. 무엇보다 현장 스태프들은 종교적 활동을 할 수 없는 것에 대해 어려움을 토로한다. 장기적으로 직원들에게 복음의 총체적 성격과 공공성에 대한 기본 교육이 충분히 이루어져야 할 것으로 보인다. 또한 더멋진세상이 교회 기반의 NGO로서 본부 행정비를 최소화하고[8] 현장 수혜자들에게 최대한 많은 재정을 지원하려고 하다 보니 자원봉사자나 낮은 봉급의 헌신자로 운영되고 있다. 이는 장점이기도 하지만 다른 한편으로는 전문 인력이 장기적으로 헌신하지 못하고 자주 교체되는 부작용도 낳고 있다. 그러므로 장기적으로 헌신할 전문가와 젊은 세대를 확보하는 일이 앞으로의 숙제다.

4. 온누리복지재단

온누리복지재단은 1999년 8월 23일 '예수님의 사랑'을 기반으로 보다 전문적인 사회복지를 실현하기 위해 온누리교회 주도로 설립되었

---

8 더멋진세상은 현재 전체 예산에서 5.6%만이 국내외 인건비로 사용되고 있는데, 이는 다른 NGO에 비해 적은 수치다.

다. 온누리복지재단은 현재 13개 기관을 정부로부터 위탁받거나 직접 운영하고 있다.

1981년 개정된 대한민국 '정부조직법'은 "행정기관은 사무를 지방자치단체가 아닌 법인단체 또는 그 기관이나 개인에게 위탁할 수 있다"라고 규정하고 있다.[9] 이는 대한민국 정부가 국민이 원하는 모든 서비스를 직접 제공하는 것이 현실적으로 불가능함을 인정한 것으로 정부와 민간 부문 간 사회복지 서비스에 있어 책임과 역할 분담의 필요성을 공식적으로 인정한 것이라고 할 수 있다.[10] 더구나 1997년 외환위기 이후 한국 정부는 공공 부문 구조조정 수단의 하나로 이런 방법을 더욱 확장시켰다.[11]

이에 온누리교회도 1999년 노인과 청소년, 장애인을 돕기 위해 복지재단을 설립했고,[12] 2001년 최초로 장애인 공동생활 시설인 번동코이노니아소망의집과 기쁨의집을 정부로부터 수탁했다. 그 이후 경험과 전문성이 쌓여 감에 따라 수탁 기관을 늘려 갔는데, 지금은 온누리교회에서 제공되는 재정보다 정부나 외부 기관에서 조달되는 재정이 훨씬 많은 상황이다. 온누리복지재단은 1999~2020년 총 3,086억 원을 사용했는데, 그중 온누리교회의 지원금은 252억 원이었고 나머지 2,834억 원(92%)은 정부나 외부 지원금으로 충당되었다. 2019년 재정

---

9 [법률 제3422호, 1981. 4. 8., 일부 개정] 시행 1981. 4. 8. 여기서 민간위탁은 공공의 역할을 민간에게 위탁하여 수행토록 한다는 것을 뜻한다.

10 박상필, 『NGO』(서울: 아르케, 2005), 85-86쪽.

11 그러나 최근에는 정부가 사회복지 서비스에 직접적 개입을 확대하려는 움직임도 보인다. 김영종, "우리나라 사회 서비스와 민간위탁제도 연구", 〈보건사회연구(Health and Social Welfare Review)〉 37[4], 407쪽.

12 온누리교회는 복지재단과 별도로 사회 소외 계층을 자체 재정으로 직접 돕는 사회선교본부를 두고 있다. 2020년 사용 예산은 12억 8,000만 원이었다.

구조는 〔표 2〕와 같다. [13]

[표 2] 2019년 온누리복지재단의 재정 구조

(단위: 천 원)

2019년	정부 보조와 후원금			자부담, 특정 목적 적립금, 이월금 등			
	정부 보조	외부 공모사업	온누리교회 지원금 (법인전입금)	자부담	특정 목적 적립금	이월금 등	소계
법인사무처	288,472	-	568,000	-	425,884	871,013	2,153,369
군포하나로남자 중·장기청소년쉼터	445,496	35,479	112,000	5,487	-	103,601	702,062
경기남부청소년 자립지원관	248,968	-	20,200	-	-	1,162	270,330
꿈의집지역아동센터	183,118	7,400	33,000	-	-	28,209	251,727
온누리요양센터	68,969	-	50,100	3,787,016	13,062	278,196	4,197,343
시립용산노인 종합복지관	4,819,132	156,933	80,000	266,523	-	275,483	5,598,071
용산데이케어센터	48,888	-	-	313,807	31,899	27,990	422,584
용산구립청파 노인복지센터	772,418	-	15,000	22,356	-	32,931	842,705
서초구립중앙 노인종합복지관	2,360,890	2,000	50,000	430,132	-	133,855	2,976,877
서초구립 느티나무쉼터	1,501,366	-	30,000	342,262	-	1,075	1,874,703
번동코이노니아 장애인보호작업시설	437,140	-	15,158	730,206	-	227,778	1,410,282
소망의집	60,792	-	-	5,318	-	6,022	72,131
서울특별시립서울역 쪽방상담소	718,504	20,000	57,000	188,284	-	149,116	1,132,904

---

13 이 중 시립동부노인전문요양센터와 동부데이케어센터는 2019년 계약이 종료되었고, 대신 2020년 50대 이상의 인생 후반기 재교육을 돕는 서초50플러스센터를 새롭게 수탁했다.

시립동부노인 전문요양센터	147,204	1,791	90,501	4,236,186	-	728,583	5,204,265
동부데이케어센터	46,032	-	-	281,440	-	37,638	365,110
합계	12,147,389	223,603	1,120,959	10,609,017	470,845	2,902,652	27,474,465

교회가 이렇게 정부의 민간위탁제도를 활용하여 사회복지 분야에 참여하는 것은 여러 가지 의미와 장점이 있다. 우선 교회는 마땅히 대사회적 공적 책임을 수행해야 하는데, 사회복지시설을 위탁·관리하는 것은 이를 위한 좋은 방법이다. 교회는 정부에 비해 사회복지를 위해 사용할 수 있는 재정적 여유가 부족하다. 그러나 교회는 지역사회 속에 깊이 뿌리 내려 있고, 사회의 각 분야에서 경험을 쌓은 헌신적인 자원봉사자를 보유하고 있다. 반면 정부는 재정적 안정성은 있으나 관료제의 경직성 때문에 시민들에게 세심한 복지 서비스를 제공하는 데 한계가 있다. 따라서 정부와 교회가 서로 역할 분담을 하면 사회복지를 위해 동반 상승 효과를 얻을 수 있는 영역이 많다.

온누리복지재단의 대표이사 송영범은 교회가 설립한 온누리복지재단의 장점으로 책임감과 투명성을 꼽는다. 그는 온누리복지재단이 교회의 이름으로 설립되었기에 하나님의 영광을 가리지 않기 위해 더욱 정직하고 투명하게 복지재단을 운영하기 위해 애쓰고 있다고 말한다.[14] 정부가 요구하는 법적 기준을 더욱 철저히 준수할 뿐 아니라 국가·지자체 감사와 외부 회계법인의 감사, 교회로부터의 내부 감사도 받고 있다고 한다.

온누리복지재단의 두 번째 장점은 풍부한 자원봉사자다. 온누리교회는 대형 교회로 서울과 경기도 인근 각지에 성도가 거주한다. 그래

---

14 송영범 대표이사 인터뷰(2021년 2월 2일). 송영범 대표이사는 온누리교회 장로이기도 하다.

서 자연스럽게 각 시설이 있는 지역의 성도가 자원봉사자로 많이 참여하고 있다. 때로는 다른 지역에 사는 봉사자라 할지라도 시설장 회의를 통해 각 시설에 필요한 전문 봉사자를 서로 소개해 봉사 인력을 적재적소에 배치하고 있다. 복지는 단순히 재정적 도움으로만 이루어지지 않는다. 사람들은 사회적·문화적·영적 욕구도 함께 가지고 있다. 따라서 교회 공동체가 복지 실천의 주체가 될 때 이런 다양한 욕구를 충족시키는 데 훨씬 유리하다.

교회가 복지재단을 운영할 때 주의해야 할 점도 있다. 우선 교회는 복지재단 운영의 자율성과 독립성을 보장해야 한다. 즉 복지재단을 교회의 부속기관처럼 여겨 사유화를 시도해서는 안 된다는 것이다. 정부의 입장에서는 시설을 민간에 위탁할 때 이런 사유화를 가장 경계한다. 따라서 수탁 기관은 끊임없이 투명성을 높이고 서비스 역량을 향상시킴으로써 대사회적 신뢰를 쌓아야 할 책무가 있다. 무엇보다 기독교 복지재단은 다른 세속 민간 단체보다 더 나은 서비스 제공과 효율적운영을 통해 복음의 공공성과 하나님의 선한 성품을 드러내는 것 자체를 선교적 사명으로 알고 시설을 운영해야 한다.

5. 온누리M미션

한국 사회는 단일 문화에서 다문화 사회로 급격하게 이동하고 있다. 1990년대 초 한국 사회에 유입되기 시작한 외국 국적의 이주민이 이제 250만 명에 이른다.

온누리교회는 1993년부터 한국에 입국한 이주민을 섬기기 위해 온누리M미션을 설립했다. 그리고 이제는 외국 국적의 이주민이 모여 있는 안산시의 온누리M센터를 비롯해 김포시, 화성시, 평택시, 남양주시 등에 각각 M센터를 설립하고 15개 언어로 된 33개 국가별 예배 공동체와 5개 차세대 예배, 다양한 다문화 사역을 감당하고 있다. 그중 화성시의 다문화평생교육원과 안산시 온누리지역아동센터는 다문화 자녀와 이주민의 한국 사회 적응을 돕기 위해 설립되었는데, 이 일은 공익적 성격이 강해 별도의 단체로 등록하고 정부의 일부 지원금을 수령하고 있다. 아직은 적은 금액이지만 정부 재정 수탁은 향후 온누리M미션이 공적 책임을 확대해 나가S는 데 중요한 역할을 할 것으로 기대된다.

[표 3] 2020년 온누리M미션의 정부 지원금 수령 현황

(단위: 천 원)

시설	사역	교회 후원금	정부 지원금	소계
온누리지역아동센터	환경 개선 사업비	68,000	155,136	223,136
온누리다문화 평생교육원	안산시 한국어반	91,000	50,541	141,541
	경기도 동아리반			
	여성가족부 (레인보우스쿨)			
누적 총액		159,000	205,677	364,677

행정안전부 자료에 따르면 2018년 11월 한국에 거주하는 다문화 가정 자녀 수는 23만 7,506명이다. 2018년 여성가족부에서 발간한 전국 다문화가족 실태조사 연구 보고서는 이들이 일반 국민에 비해 한국 사회 적응력이 크게 떨어진다고 지적한다.[15] 한국 사회는 오랫동안 단일 문화를 유지해 왔기 때문에 다른 문화권 출신이 진입하기 어려운 점

---

15 한국여성정책연구원, 《2018년 전국다문화가족 실태조사 연구》(여성가족부, 2019), 57-60쪽.

이 있기 때문이다.

온누리M미션은 2017년부터 타 문화 사역 경험을 가진 선교사들을 다문화 가정 사역에 배치해 사역하고 있다.[16] 선교사들이 이 사역에 참여하면서 안산 온누리지역아동센터는 2019년부터 우수 센터로 지정되었고, 2020년에는 화성 다문화평생교육원이 여성가족부장관상을 수상하는 등 사역이 빠르게 성장했다.[17] 이를 통해 우리는 선교사들이 이주민/다문화 가정 사역을 위한 중요한 자원임을 알 수 있었다.

현재 이주민/다문화 가정은 대한민국 전 지역에 분포되어 있다. 그런데 6만여 개에 이르는 한국 교회 역시 전국에 분포되어 있어서 이주민/다문화 사역의 중요한 플랫폼이 될 수 있다. 한국 교회가 언어와 문화적 장벽 때문에 이주민에게 쉽게 다가가지 못하고 있지만 향후 이주민/다문화 사역에 중요한 진전이 있으리라고 기대한다. 따라서 한국 교회는 선교사들의 도움과 정부와의 협력을 통해 이주민/다문화 가정이 한국 사회에 잘 적응하도록 돕는 방법을 통해 공적 책임을 수행할 수 있을 것이다.

6. 결론

한국의 복음주의자들은 그동안 복음의 가치를 사적 영역에서 공적 영역으로 확장시키려고 노력해 왔다. 그러나 한국 사회는 여전히 교회의 공공성에 대해 심각한 의문을 표하고 있는 것이 현실이다. 이는 한

---

16 이재훈 목사는 2015년 안산M센터 건축을 기점으로 이주민/난민 사역의 중요성을 더욱 강조해 왔고, 2017년부터 경험 있는 선교사들을 이 사역에 참여시키고 있다.

17 전체 책임을 맡고 있는 노규석 목사, 안산 온누리지역아동센터의 센터장으로 섬긴 이경숙 목사, 화성 다문화평생교육원을 설립한 김정희 박사 모두 선교사 출신이다.

국 교회가 하나님이 개인적 삶의 영역뿐 아니라 사회와 모든 창조 세계 위에 구원을 가져오시는 우주적(universal) 하나님이시라는 사실을 증거하는 일에 실패하고 있음을 뜻한다.

필자는 본 사례 발표를 통해 온누리교회가 복음의 가치를 공적 영역으로까지 확장하기 위해 더멋진세상, 온누리복지재단, 온누리M센터 등 공적 성격을 갖는 교회 병행 기관을 설립한 것과 그들이 고난받는 이웃을 섬기고 공익을 실천하기 위해 어떻게 정부나 사회단체와 협력하고 있는지를 설명했다. 우리는 교회와 세상의 경계에서 사역하는 이런 단체들이 항상 세속화의 위험과 승리주의적 태도의 위험 사이에 놓여 있음을 안다. 그럼에도 교회의 공적 영역에 있어 선교는 하나님이 교회에 주신 포기할 수 없는 과업이다. 교회는 공적 영역에서 사회 문제를 해결하기 위해 정부나 사회단체들과 협력하기를 주저하지 말아야 한다. 복음이 모든 영역에서 보편적 진리임을 증명하는 일도 교회의 우선적인 사명이므로 복음에 대한 자신감을 가지고, 공적 영역에서 복음의 가치와 능력을 드러내는 일에 헌신해야 한다.

논찬

아톨라 롱쿠머(Atola Longkumer)

 '공적 영역에서의 교회 선교'라는 주제로 김홍주 목사가 준비한 논문에 응답할 기회를 주신 데 대해 깊이 감사한다. 필자는 새로운 맥락에 대해 배울 수 있는 특권에 대해 기뻐했고, 저자가 언급한 문제가 기독교 선교에 있어 시급한 문제이기에 뜨거운 관심을 가지고 읽었다. 그리고 온누리교회와 그 발자취, 그들이 다각적인 사역을 통해 그리스도를 생생하게 증거 하는 모습을 보며 새로운 것들을 배웠다. 각주를 읽으면서 인도 나갈랜드에 있는 필자의 모교회에서 이뤄지고 있는 성공적 사역인 아버지학교가 온누리교회의 사역에 뿌리를 두고 있음도 알게 되었다.[1] 이 논문의 핵심 메시지는 교회의 선교가 신자들의 공동체를 넘어 더 큰 사회로 확장된다는 것이다. 즉 선교는 영혼 구원에 국한되지 않는다. 더 나아가 선교는 전체 피조물의 복지에 관심을 가져야 한다. 이런 기독교 선교의 개념을 바탕으로 김홍주 목사는 온누리교회의 사례와 공적 자금을 활용하고 있는 다양한 집중 영역을 통해 온누

---

1 논문의 각주 5번에서 온누리교회의 여러 단체를 소개하면서 아버지학교를 언급했다.

리교회가 사회에 참여하는 사례를 제시하고자 했다.

　이 논문은 온누리교회의 역사를 간략히 설명하고 한국과 세계의 다른 지역, 특히 개발도상국의 사회경제적·문화적 도전을 다루는 더 큰 사회에서 교회의 적극적 참여를 설명한다. 1985년 하용조 목사가 서울에 설립한 온누리교회는 한국 기독교인이 기독교 선교의 상징으로써 사회적 책임을 다하도록 가르치고 가능하게 하는 것을 목적으로 했다. 이런 복음의 사회적 책임에 대한 비전은 온누리교회가 제공하는 교육, 사회복지, 이주민 돌봄, 방송 등 다양한 서비스를 통해 이루어지고 있다. 이 논문은 온누리교회의 재정 기록을 제시해 '공적 영역에서 선교를 위한 공적 기금 활용'의 건설적인 사례를 보여준다. 저자는 "이런 재정을 통해 연결된 공적 영역에서 사역은 교인들의 공적 책임 의식을 함양하는 훈련장이며, 기독교적 섬김과 사랑의 가치를 세상으로 확산시키는 중요한 통로가 된다"라고 말했다. 이 논문에서는 온누리교회의 여러 공적 참여 분야 가운데서 정부와 유엔 등 세속 조직의 공적 자금을 활용하는 세 가지 사역인 더멋진세상, 온누리복지재단, 온누리M미션(온누리 이주민 선교)을 소개한다. 온누리교회 조직의 사역 중에는 난민 재정착, 자연재해 시 긴급구호, 장애인 시설, 미혼모 돌봄, 청소년 주거지, 식수와 학교 개발, 이주민 돌봄 등이 있다.

　저자는 이 세 가지 사역과 중점 분야에 대한 간략한 설명을 제공하면서 공공기관, 공적 자원과 협력하는 교회 기반 NGO의 장단점을 언급한다. 책임성과 투명성은 조직이 추구하는 성과의 표지인 한편, 우수 인력 유지는 관리비 예산의 제약으로 말미암아 어려움으로 남아 있다. 교회의 지원을 받지만 온누리교회 산하의 NGO 단체들은 개발 등 공공 분야에 참여할 수 있다. 그러나 저자는 현장 사역자가 '종교 활동'에 참여할 때 느끼는 제약을 언급하면서 자원봉사자와 사역자가 복음의 총체성에 대한 신학적 이해를 갖도록 훈련시키는 것이 중요하다고 강조한다. 또한 온누리교회 산하 조직의 자율성을 유지하면서 복음의 표징을 반영하는 더 큰 교회의 사명과 비전 내에서 NGO의 효과적 균형을 보장하는 것이 또 다른 과제다.

저자가 설명하고 분석한 것처럼 온누리교회가 공적 자금을 활용하여 사회적 책임에 공개적으로 참여하는 것은 하나님의 모든 피조물에 대한 총체적이고 생명을 긍정하는 교회의 사명을 잘 나타낸다. 세 조직의 세부 사항과 기능에 대해서는 논문에서 이미 충분히 설명되었으므로 필자는 지역 교회와 그 사명을 이런 사례가 복음을 신실하게 증거 하는 우리의 사명을 나타내는 세 가지 시사점을 언급하려고 한다. 예수 그리스도를 통해 계시된 이 복음은 모든 피조물이 풍성하게 되기를 원하시는 하나님의 사랑이다. 1) 나사렛 예수는 가장 취약하고 소외된 사람들을 포함해 모든 사람에게 측량할 수 없는 은혜로 표현된 사랑의 본성을 지닌 삼위일체 하나님을 나타낸다. 2) 하나님 백성의 공동체인 교회는 정의와 평화의 하나님 나라를 건설하는 데 참여하도록 부르심을 받았다. 3) 교회의 선교는 하나님 백성의 즐거운 예배와 교제를 통해 시작되고 유지된다.

첫째, 하나님은 예수 그리스도 안에서 모든 피조물에 대한 사랑을 나타내셨다. 삼위일체 하나님은 생명을 창조하고 구속하고 유지하시는 분이다. 삼위일체 하나님을 생명의 근원으로 고백하는 것은 모든 존재에 대한 생명을 인정하는 것이다. 생명의 번성을 무시하는 선교는 생명의 하나님을 부인하는 것이다. 세계교회협의회(WCC)의 선교 문서는 이 내용을 다음과 같이 표현한다. "하나님은 우리를 삼위일체 하나님의 생명 살리기 선교로 초대하시고, 새 하늘과 새 땅에서 만물을 위한 풍요로운 생명의 비전을 증거 하도록 권능을 주신다."[2] 생명을 주시는 성품을 가지시고 만유를 품으시는 하나님을 믿는 근본 교리에 뿌리를 둔 신앙은 생명을 더욱 풍성하게 하는 선교에 적극적으로 참여하지 않을 수 없다. 그런 신앙은 모든 면에서 모두를 위한 생명의 번영에 대해 깊은 헌신을 나타낸다. 저자가 설명하듯이 한국의 많은 기독교인(그리고 전 세계의 다른 많은 기독교 공동체)이 '영혼 구원과 교리 수호를 우선시'하는 것은 나사렛 예수가 계시하고 살아냈던 복음의 포괄적 속성을 무시하는 것이다. 반대로 기독교인이 창의적이고 책임 있는 방법으로 공공기관과 협력하는 것은 모두의 선을 위해 인류 전체에 하나님이 개입하심을 확증하는 행동이다. 공공의 선을 소중히 여기는 행동은 만유를 향한 하나님의 선한 의도를 선포하는 것이다. 하나님의 백성으로서 우리 주변의 세상을 섬기는 것에 대해 16세기의 신비가인 아빌라의 테레사는 다음과 같이 웅변적으로 표현했다.

> 그리스도는 이제 몸이 없습니다. 당신의 몸밖에는. 그분은 손도 발도 없습니다. 당신의 손과 발밖에는. 그분은 당신의 눈을 통하여 이 세상을 연민의 눈으로 바라보고 계십니다. 당신의 발로 세상을 다니시며 선을 행하고 계십니다. 당신의 손으로 온 세상을 축복하고 계십니다. 당신의 손이 그분의 손이며, 당신의 발이 그분의 발이며, 당신의 눈이 그분의 눈이며, 당신이 그분의 몸입니다. 그리스도는 이제 몸이 없습니다. 당신의 몸밖에는. 그분은 손도 발도 없습니다. 당신의 손과 발밖에는.[3]

---

2 Jooseop Kuem, ed., *Together Towards Life: Mission and Evangelism in Changing Landscapes, with a Practical Guide* (Geneva: World Council of Churches Publications, 2013), 6.

3 DotMagis editor, "Christ Has No Body Now but Yours", IgnatianSpirituality, accessed July 14, 2021, Vimeo, https://www.ignatianspirituality.com/christ-has-no-body-now-

둘째, 하나님 백성의 공동체인 교회는 정의와 평화의 하나님 나라를 세우는 사명에 참여하도록 부르심을 받았다. 기독교 선교의 역사에는 하나님 백성이 특정 시대와 상황에서 그들이 인식하는 '선한 삶'을 세우기 위해 참여한 많은 예가 있다. 확실히 기독교 선교의 역사는 더 복잡하고 역동적이며 모호한 면이 많다. 기독교 선교와 식민제국 간의 불가피한 연결고리가 그 예다. 기독교 선교의 역사에서 이런 복잡성과 모호성은 현대 선교를 이해하는 실마리를 제공한다. '영혼 구원'을 위한 복음주의적 열심만이 선교의 유일한 초점이 아니었다. 즉 예수 그리스도 안에 계시된 복음을 전파하기 위한 열심에는 현대적인 생활 방식을 공유함으로써 삶의 질을 향상시키고 싶다는 선교사들의 인식도 포함되었다. 다시 말해 기독교 선교사들(비록 선교사들 나름의 한계와 문화적 편견이 있었지만)은 전도 대상인 원주민과 회심자들의 복지에 대해서도 관심을 가졌다. 이런 관심은 의료 선교, 교육, 비인간적인 문화적 관습으로부터 여성 해방 등 기독교 선교의 여러 사회적 측면을 통해 표현되었다. 인도에서 활동한 한 장로교 선교사의 관점은 기독교 선교에 포함된 사회적 책임을 잘 보여준다. 샘 히긴보담(Sam Higginbotham)은 그리스도 안에 있는 복음과 가난으로부터 탈출 사이의 연관성을 다음과 같이 표현했다. "빈곤의 개선 없이 인도에 하나님의 왕국은 있을 수 없으며, 이것은 더 생산적인 농업에 기초해야 한다."[4] 역사로부터 얻은 많은 통찰과 사회경제적 구조에 대한 비판적 지식이 축적된 우리 시대에 정의와 평화를 추구하며 그리스도를 증거 하려면 우리가 지지하고 참여하는 구조와 문화에 대한 비판적 관

---

but-yours/.

4 David A. Hollinger, *Protestants Abroad: How Missionaries Tried to Change the World but Changed America* (Princeton: Princeton University Press, 2017), 67.

심이 필요하다. 요컨대 오늘날 세계에서 형평성, 투명성, 공동선은 여전히 시급한 과제다.

셋째, 교회의 선교는 하나님 백성의 즐거운 예배와 교제로 시작되고 유지된다. 저자는 복음의 총체적 성격과 그것이 선교적 실천에 미치는 함의를 현장 사역자들이 명확하게 이해하도록 돕는 교육의 필요성을 적절히 지적했다. 교인들이 하나님의 선교 참여자로서 공적 영역에서 사회적 책임을 수행하도록 권한을 부여하려면 신앙 공동체 바깥에 있는 이웃에 대한 관심을 예배와 설교에 포함시키는 것이 중요하다. 필자가 받은 복음주의 교육에서는 사회적 문제를 포함하는 예배 요소가 부족했다. 예를 들어 여러 교회에서 부르는 찬송가에는 유럽과 미국이 선교를 주도한 시대에 만들어진 곡이 많다. 이들 찬송가의 내용은 '잃어버린 구원'과 '상급'에 대한 진지한 외침이 가득하다. 설교의 내용도 영혼 구원에 대한 관심과 사회적 책임에 대한 관심을 별개의 것으로 구분하곤 한다. 개인적 미덕과 확신을 중심으로 하는 설교는 복음을 부분적으로 선포할 뿐이다. 그리스도 안에 있는 복음은 포괄적이고 총체적이며, 이웃에 대한 연민과 깊은 관심을 그 특징으로 한다.

6. 결론

온누리교회와 공적 자금을 활용한 공적 영역에서 펼치는 전도에 대한 김홍주 목사의 논문은 현대 세계에서 교회의 선교에 대한 건설적 사례를 제시했다. 기독교인의 사회적 참여의 필요성을 강조하고 투명한 관리를 통한 공적 기금과의 창조적 협력을 이룬 사례는 교회가 정의롭고 자비로운 세상을 여는 데 적극적으로 참여할 수 있는 잠재력을 보여준다. 빈곤, 환경 위기, 불평등, 자민족 중심주의, 모든 종류의 근본주의자, 코로나바이러스의 영향 등 여러 차원에서 오늘날 세계가 직면한 도전은 계속해서 교회가 삼위일체 하나님의 백성으로서 예언적·공적·사목적 공동체가 되도록 요구하고 있다.

15
복음주의, 구조적 정의와 불의 ―
우리는 무엇을 두려워하는가?

───

저스틴 대커(Justin Thacker)

1. 서론

"너희의 하나님 여호와는 신 가운데 신이시며 주 가운데 주시요 …
고아와 과부를 위하여 정의를 행하시며 나그네를 사랑하여 그에게 떡
과 옷을 주시나니"(신 10:17-18). 신명기의 이 말씀은 경제적 약자에 대한
우리의 도덕적 책임의 양면성을 나타낸다. 즉 궁핍한 이들에게 "음식
과 의복"을 제공하라고 말씀하시는 한편, 이와 동시에 우리에게 '정의'
에 대한 하나님의 선교적 관심을 실천하라고 요구하신다. 필자가 본
논문을 통해 주장하는 바는 우리[1]는 첫 번째 측면에는 상대적으로 잘
반응해 왔지만, 두 번째 측면의 실천은 굉장히 부족했다는 것이다. 멜
바 메게이는 이 점을 요약하면서 이렇게 말했다. "안타깝게도 복음주

───

[1] 필자가 '우리'라고 부르는 대상은 주로 개신교를 가리키며, 더 구체적으로는 개신교 내의 백인
복음주의자를 가리킨다.

의자들은 가난한 자들에게 개별적 섬김을 제공하는 데만 열중하고, 사람들이 가난해진 이유에 대한 더 큰 맥락은 주목하지 않는다. 가난한 자들을 변호하고, 여론을 조성함으로써 가난을 정치적으로 이슈화시키는 것은 꺼려 한다."[2] 킹스턴-스미스는 한 걸음 더 나아가 자선 활동이 오히려 불의한 사회 구조를 더 악화시킬 수도 있다고 지적한다. "이웃에게 긍휼과 도움을 베풀고자 하는 우리의 손길에는 자신도 모르게 하나님 나라에 대적하는 더 큰 사회적 시스템의 일부가 될 위험이 도사리고 있다."[3]

필자는 본 논문을 통해 두 가지를 시도하고자 한다. 첫째, 경제적 정의의 구조적 문제를 논의할 책임이 있는지에 대한 성경적 근거를 제시하고자 한다. S. 오펏 등은 이 주제를 다룬 탁월한 연구에서 구조적 문제에 복음주의적 참여가 부족한 이유는 사회정치적 참여에 대한 복음주의적·신학적 논리 개발의 미흡함에 있다고 주장했다.[4] 따라서 본 논문의 초반에는 바로 이런 신학적 논리를 개발하는 데 작게나마 기여하고자 한다. 후반부에는 왜 우리가 구조적 문제를 쟁점화하기를 꺼려하는지 그 이유를 살펴보고자 한다. 결론에서는 앨런 보자크(Allan Boesak)가 '르우벤의 선택'이라고 부른 교회 비판에 주목하고, 하나님이 주신 사명에 신실하려면 우리는 다른 반응을 해야 함을 제안하고자 한다.

---

2 Melba Maggay, "Justice and Approaches to Social Change", in *Micah's Challenge: The Church's Responsibility to the Global Poor*, ed. J. Thacker and M. Hoek (Milton Keynes: Paternoster, 2008), 125. 다른 많은 작가도 동일한 주장을 했다. J. Thacker, *Global Poverty* (London: SCM Press, 2017), 156-157.

3 C. Kingston-Smith, "Caring Wisely in a Globalised World", *Encounters Mission Journal* 35 (2010), 1.

4 S. Offutt et al., *Advocating for Justice* (Grand Rapids: Baker Academic, 2016), 42ff.

2. 구조적 정의에 대한 성경적 근거

구조적 경제 정의에 대한 성경적 근거를 살펴보려면 먼저 구조적 경제 정의의 의미를 정확히 정의할 필요가 있다. 동 에우데르 카마라(Dom Hélder Câmara) 대주교는 이렇게 말했다고 전해진다. "내가 가난한 사람에게 음식을 주면 그들은 나더러 성자(聖者)라고 부른다. 그런데 어째서 가난한 사람에게 음식이 없는가 하고 물으면 그들은 나를 공산주의자라고 부른다." 물론 공산주의와의 연관성은 안타깝지만 필자가 이 말을 인용한 이유는 바로 구조적 경제 정의의 개념을 기술하는 데 도움이 되기 때문이다. 즉 구조적 경제 정의는 물질적 가난의 근본 원인을 해결하는 방법과 실천 방안을 대변해 준다. 구조적 경제 정의는 가난한 사람에게 음식과 의복이 없고 거처도 없다는 사실을 깨닫는 데 그치지 않고 "왜 그런 상황이 존재하는가?"라는 질문을 제기한다. 또한 "돈이 없어서"라는 피상적 답변에 그치지 않고 충분한 결론에 도달할 때까지 "왜?"라는 질문을 멈추지 않는다. 다음과 같은 논리를 따라가 보라.

> "탄자니아 시골에서 네 자녀를 키우는 싱글맘인 그레이스는 자녀들에게 먹일 음식이 없다."
> "왜 그런가?"
> "그녀는 수입이 없기 때문이다."
> "왜 그런가?"
> "왜냐하면 그녀는 직장이 없고 국가는 경제적 안전망을 제공하지 않기 때문이다."

"경제적 안전망이 없는 이유는 무엇인가?"[5]

"왜냐하면 정부가 채무 상환 때문에 심각한 재정 적자에 시달리고 있기 때문이다."

"왜 그런가?"

"왜냐하면 1980~1990년대에 정부는 갚지도 못할 차관을 도입하라고 권유를 받았기 때문이다."

"왜 그랬는가?"

"서방 국가들의 상업 은행은 넘쳐나는 오일머니를 어디론가 흘려보내야 했고, 남반구 국가에 대출해 주는 것이 수익을 내기에 가장 좋은 방법이었기 때문이다."

"왜 그들은 더 많은 이윤을 창출하고자 했는가?"

"왜냐하면 많은 사람은 돈을 우상으로 숭배하기 때문이다."

물론 질문 중간중간에 다른 논리가 더해질 수도 있다. 이 설명은 모든 가능성을 보여주기보다 하나의 예시를 보여주고자 한 것이다. 이런 논리를 따라가다 보면 결론은 근본적으로 죄 때문인 것으로 귀결된다. 이 경우에는 우상숭배의 죄다. 이런 문제의 해결 방안 중 하나는 복음을 전파하고 그리스도만이 주실 수 있는 인격적 변화를 기대하는 것이다. 그러나 필자의 논점은 구조적 경제 정의에 관심을 가지게 되면 급한 필요를 채우는 것, 즉 방금 예로 든 사례의 경우 음식을 주는 것 이상의 개입을 해야 한다는 것이다. 그레이스가 겪는 가난의 더 깊고 장기적 원인이 되는 중간적 문제에 개입해야 한다. 즉 가난한 이들을 빈곤에 묶어 두는 구조적 죄를 해결해야 한다. 이런 관심은 성경 곳곳에

---

5 "왜 일자리가 없는가"라는 질문으로 문답을 이어갈 수도 있지만 지면의 제약으로 안전망에 대한 질문으로 국한시켰다.

서 찾아볼 수 있다. 여러 성경적 근거를 제시할 수 있지만, 필자는 두 가지 구체적 주제에 주목함으로써 성경적 근거를 보여주고자 한다.

구약성경이 말하는 공의

구약성경은 우리에게 고아와 과부, 나그네, 가난한 자에게 도움을 주라고 거듭해서 명령한다. 이들 네 범주는 구약 전체에서 여러 조합으로 언급된다(출 22:22; 신 10:18; 24:17; 욥 24:3; 시 94:6; 사 1:17; 렘 7:6). 본 논문에서는 적어도 두 범주가 함께 언급되는 모든 구절을 분석했다. 그 분석을 통해 우리가 이 부류의 사람에게 음식과 거처를 주는 식으로 직접적 도움을 주라는 것인지, 아니면 그들의 권익을 옹호하고 그들의 억울함을 호소하는 방식으로 정의를 구현하라는 것인지 꼼꼼하게 살펴봤다. 전자의 경우를 '자선', 후자의 경우를 '공의'로 분류해 다음과 같이 정리했다. 각 숫자는 성경에서 자선/공의에 대해 각 조합이 언급되는 횟수를 나타낸다.[6]

	자선	공의
과부, 고아, 나그네, 가난한 자		1
과부, 고아, 나그네	4	9
과부, 고아, 가난한 자		2
과부, 고아	1	4
가난한 자, 나그네	3	2
합계	8	18

6 명확히 하면 ḥesed(넓은 의미에서 자선) 또는 mishpat(공의)라는 단어가 나타나는 횟수가 아니라 직접적인 구호 제공으로써 자선의 개념과 물질적 결핍의 원인 해결로써 공의의 개념이 언급되는 횟수다.

이 가운데서 두 개의 구절은 자선과 공의 양쪽에 해당되었다. 이 분석에서 중요한 점은 과부, 고아, 나그네, 가난한 자가 겪는 어려움에 대해 구약성경의 대답은 압도적으로 공의에 대한 것이라는 점이다. 그중 두 가지 구절을 예로 들어 보겠다.

> 곤궁하고 빈한한 품꾼은 너희 형제든지 네 땅 성문 안에 우거하는 객이든지 그를 학대하지 말며 그 품삯을 당일에 주고 해진 후까지 미루지 말라 이는 그가 가난하므로 그 품삯을 간절히 바람이라 그가 너를 여호와께 호소하지 않게 하라 그렇지 않으면 그것이 네게 죄가 될 것임이라 신 24:14-15
> 불의한 법령을 만들며 불의한 말을 기록하며 가난한 자를 불공평하게 판결하여 가난한 내 백성의 권리를 박탈하며 과부에게 토색하고 고아의 것을 약탈하는 자는 화 있을진저 사 10:1-2

이들 구절을 통해 하나님은 우리가 가난한 자의 상황에 반응할 때 음식과 의복, 거처를 주듯 직접적 지원도 해주기를 원하신다는 것을 알 수 있다. 또한 우리가 그들을 착취하지 않고, 공평하게 대하고, 변호하기를 원하신다는 것을 알 수 있다. 즉 우리는 자선 활동과 함께 구조적 정의를 주장해야 한다.

예수님과 성전 은행

예수님의 삶에서도 이런 사상이 분명하게 드러난다. 예수님이 당시의 구조적 불의에 도전하신 여러 사례가 있지만,[7] 가장 명확한 예시는 성전에서 하신 행동이다.

---

7 특히 다음을 참조하라. J.H. Yoder, *The Politics of Jesus* (Grand Rapids: Eerdmans, 1994).

그들이 예루살렘에 들어가니라 예수께서 성전에 들어가사 성전 안에서 매
매하는 자들을 내쫓으시며 돈 바꾸는 자들의 상과 비둘기 파는 자들의 의자
를 둘러 엎으시며 아무나 물건을 가지고 성전 안으로 지나다님을 허락하지
아니하시고 이에 가르쳐 이르시되 기록된 바 내 집은 만민이 기도하는 집이
라 칭함을 받으리라고 하지 아니하였느냐 너희는 강도의 소굴을 만들었도
다 하시매 막 11:15-17

이 말씀에서 예수님의 행동에 대해 최소 네 가지 해석이 가능하다.
어떤 사람은 예수님의 주된 관심이 성전의 종교적 성결함에 있다고 주
장한다. 다른 사람은 성전에 대한 그분의 권위를 보이신 것이라고 본
다. 또 다른 해석은 성전이 미래에 파괴될 것을 보여주는 예언적 행위
라는 것이다. 마지막 해석으로는 그것이 1세기 팔레스타인의 경제 시
스템에 대한 정치적 선언이라고 보는 것이다.[8]

많은 신학 논쟁이 그렇듯이, 각 해석에 어느 정도 일리가 있으므로
그중 하나만 선택할 필요는 없다. 따라서 다음 설명이 당시 예수님의
행동을 이해하는 유일한 관점은 아니더라도 분명 타당성이 있는 해석
이라고 생각한다.

사람들은 예루살렘 성전이 종교기관일 뿐 아니라 은행 역할도 겸했
다는 점을 종종 간과한다. 즉 그곳은 희생 제물의 값으로 돈을 받는 장
소일 뿐 아니라 로마와 유대의 세금을 징수하는 장소였다. 또한 사람들
이 저축하고 대출을 받기도 하는 장소였다. 1세기 성전 금고에는 300만
달러에 해당하는 금액이 있었다는 추정도 있다.[9]

---

8 N. Hamilton, "Temple Cleansing and Temple Bank", *Journal of Biblical Literature* 83, no.
4 (1964), 365-372; W. Domeris, "The Enigma of Jesus' Temple Intervention: Four Essential
Keys", *HTS Theological Studies* 71, no. 1 (2015).

9 Hamilton, "Temple Cleansing", 366.

따라서 우리는 성전을 단순히 종교적 장소가 아니라 상업적이고 경제적인 장소로도 생각할 수 있다. 예수님이 성전 은행의 사업을 방해하셨을 때 단지 제사장들의 제사제도를 문제 삼으신 것이 아니라 로마가 점령한 팔레스타인의 경제 체제 전반에 도전하신 것이었다. 예수님이 분노하신 이유는 이 경제 구조를 통해 사람들을 착취하는 세금을 걷고, 가장 가난한 사람에게서 이윤을 거둬 성전을 통해 부자와 권력자에게 재물을 쌓아 주었기 때문이다. 예수님이 그곳을 "강도의 소굴"이라고 부르신 것은 이 경제 체제를 통해 가난한 사람을 착취하면서 부를 축적한 사람들 때문이다.

그날 예수님의 행동은 그 체제를 하룻밤에 바꿔놓진 않았다. 예수님은 하나님의 심판을 보여주는 표적과 같은 행동을 하는 예언적 전통에 따라 하나의 예시적 행위를 보여주셨다. 가시적이고 극적인 일을 통해 사람들을 괴롭히는 구조적 불의에 주의를 환기시키시는 것이 그 목적이었다. 다음 날 성전 은행 종사자들은 원래 자리로 돌아왔다. 그러나 예수님은 그날의 말씀과 행동을 통해 성전 은행으로 대표되는 경제 체제에 하나님이 반대한다고 선언하신 것이다. 그렇게 하심으로써 예수님은 우리의 책임이 단지 가난한 자에게 자선적 도움을 주는 게 아니라 오늘날의 구조적 불평등을 드러내고 시위하라고 하신 것이다.

3. 왜 우리는 구조적 정의를 무시하는가

그럼 우리는 이 질문을 던져야 한다. "왜 우리는 구조적 불의를 두려워하는가?" 필자가 주장하는 종류의 사회구조적 변화에 여러 복음주의 운동들이 깊이 관여해 왔음을 알 필요가 있다. 그 뚜렷한 사례로 올라우다 에퀴아노(Olaudah Equiano)와 윌리엄 윌버포스(William Wilberforce)

의 노예무역 폐지 운동이 있다. 또한 존 웨슬리가 오늘날이라면 탈식민화 의제라고 부를 수 있는 운동을 격려한 것도 좋은 예다.[10] 또한 클래펌(Clapham) 파의 멤버들이 추진한 교도소, 공장, 아동노동 등의 개혁, 교육과 건강 증진 활동, 빈민가 주거환경 개선 운동 등도 좋은 예다.[11] 최근의 예로는 남반구 국가들의 부채 탕감을 위한 주빌리(Jubilee) 2000 캠페인, 미가 글로벌(Micah Global)의 반부패 활동, 짐 월리스(Jim Wallis)와 소저너스(Sojourners) 운동, 브린 스티븐슨(Bryn Stevenson)과 평등한 정의 구현(Equal Justice Initiative), 세계 조세 정의를 위한 필자의 활동 등을 들 수 있다.[12]

그러나 오늘날 주목할 것은 이런 활동이 상대적으로 변두리 사역으로 취급받고 있다는 것이다. 18, 19세기 복음주의 운동가들과 달리 오늘날 사회 정의에 관심을 가진 복음주의자들(물론 모두는 아니지만)은 마틴 루터 킹이 말했듯이 '가난뱅이에게 동전이나 던져 주는' 정도의 활동에 국한되어 있다.[13] 이렇게 된 것은 성속을 나누는 이분법적 사고, 공산주의나 자유주의, 진보신학으로 내몰리는 데 대한 두려움, 종말론적 비관주의 또는 기득권 상실에 대한 두려움 때문이다.[14] 이 논문에서는

---

10 T. W. Jennings, *Good News to the Poor: John Wesley's Evangelical Economics* (Nashville: Abingdon Press, 1990), 80ff.

11 E. Howse, *Saints in Politics: The 'Clapham Sect' and the Growth of Freedom* (Toronto: University of Toronto Press, 1952).

12 "Church Action for Tax Justice", Church Action for Tax Justice, accessed January 9, 2021, https://www.catj.org.uk/.

13 Martin Luther King Jr., "A Time to Break the Silence", in *A Testament of Hope: The Essential Writings and Speeches of Martin Luther King Jr.*, ed. J. Washington (New York: HarperCollins, 1986), 231-244. '가난뱅이에게 동전이나 던져 주는 것'은 빈곤 문제의 근본 원인을 고치지 않고 동전 몇 푼으로 동정심을 표현하는 한계를 지적한 것이다(옮긴이 주).

14 이 점에 대해 필자는 다른 문헌에서 계급 분열이 20세기 초 사회 정의에 대한 복음주의자들의 무관심에 한몫했다고 주장했다. J. Thacker and S. Clark, "A Historical and Theological Exploration of the 1910 Disaffiliation of the Cambridge Inter-Collegiate Christian Union from the Student Christian Movement" (unpublished paper, last modified 2011).

이 외에도 특별히 중요한 두 가지 다른 이유를 살펴보겠다.

개인주의 강조

로마가톨릭 교도권이 구조적 정의 문제를 대할 때 개신교, 특히 복음주의 개신교처럼 어려워하지 않는다는 점에 주목할 필요가 있다. 지역적 차원에서 가톨릭교회는 많은 개신교 교회와 비교될 정도로 은밀히 자선 행위를 많이 하는 것으로 유명하다. 그러나 본부 차원에서 가톨릭교회는 복음주의적 교회를 부끄럽게 할 만큼 사회경제적 문제에 맞서 싸운 전통을 자랑한다.

특정 결론에는 동의하지 않을 수도 있지만, 1891년 교황의 첫 회칙인 〈새로운 사태(Rerum Novarum)〉 이후 교황권이 시사적인 문제에 대해 놀랍도록 사려 깊은 성명을 발표해 온 것은 사실이다. 그 성명은 개별 사안에 대한 깊은 분석, 가톨릭 전통에 대한 충실성, 풍부한 신학적 고려가 바탕이 되었음을 잘 보여준다. 몇 가지 예외가 있긴 하지만, 복음주의 측에서 사회정치적 문제를 다루려고 했던 여러 시도에 대해 이처럼 말하기가 어렵다.[15] 이것은 가톨릭교회에 더 총명한 인물이 있거나 더 풍부한 신학적 자원이 있어서가 아니다. 이는 종교개혁의 불행한 후유증 가운데 하나로 인생의 공동체적 측면 대신 개인을 지나치게 강조했기 때문이라고 생각한다.[16] 종교개혁은 분명 절실히 필요한 것이었지만, 신학적 정정의 과정이 있을 때마다 우리는 그 과정에서 무언가를 잃어버린 듯하다. 즉 개인을 분석 단위로 지나치게 강조

Available on request.

15 다음 문헌에서 사이더의 비평을 참조하라. R. Sider, *The Scandal of Evangelical Politics* (Grand Rapids: Baker Books, 2008), 25.

16 로마가톨릭교회의 내면화된 신권적 경향 역시 이것에 기여했을 수 있다.

하는 것이 문제다. 복음주의 개신교인으로서 우리는 그리스도를 위해 개인의 영혼을 얻는 것과 교회 구조를 민주화하는 데 너무 집착한 나머지(적어도 비국교도 전통에서는 그렇다) 개인 이외의 것을 다루는 데 어려움을 겪게 되었다.

　필자가 말하려는 것은 개인의 영혼 구원과 가난한 개인을 구제하는 일에 유사점이 있다는 것이다. 즉 두 가지 경우 모두 일대일로 해야 할 일을 하면 우리는 책임을 다했다고 생각한다. 이 말은 개인 구원이 필요 없다는 뜻이 아니라 사회정치적 영역에서는 국밥 한 그릇을 나누어 주었다고 모든 문제가 해결되지는 않는다는 것이다. 카마라가 상기시켰듯이, 그들에게 먹을 것이 없는 근본적 원인이 무엇인지를 먼저 물어야 한다.

수입 감소

　우리가 불의의 구조적 문제 해결에 소극적인 두 번째 이유는 그저 돈 문제 때문이라고 생각된다. 냉소적으로 들릴지 모르지만 국제개발기구가 모금 운동을 벌일 때 어린이 사진을 자주 이용하는 데는 다 이유가 있다. 그런 사진은 지갑을 잘 열지 않는 사람들에게서 기부를 이끌어내는 데 효과적이기 때문이다. 이것은 '식별 가능한 희생자 효과'라는 이름으로 심리학 문헌에 잘 설명되어 있다.[17] 문헌에 따르면 후원자들의 마음과 생각과 지갑을 여는 게 목적이라면 불의로 고통받는 사람들의 통계 자료를 제시하기보다 한 명의 피해자를 이름까지 보여주는 편이 훨씬 효과적이라고 한다. 이것은 운동가들이 구조적 불의의 문제를 다룰 때 해당 문제를 설명하기 위해 특정 개인의 사연을 소개하는

---

17 다음을 참조하라. Thacker, *Global Poverty*, 153.

경향이 있음을 뜻한다. 이에 대한 생생한 예로, 남반구 국가들의 국가 채무 문제를 조명하기 위해 1990년대 후반에 이뤄진 주빌리 2000 캠페인을 들 수 있다. 캠페인 안내지를 보면 한 신생아의 사진이 실렸는데, 이 독창적 기획 덕분에 캠페인은 큰 성공을 거뒀다.

이것이 바로 아동 후원이 캠페인의 효과적 모델이 되고, 국제개발기구들이 이 방법을 그처럼 많이 시도하는 이유다.[18] 경제 정의의 구조적 문제를 다루는 활동은 기부를 받기가 무척 어렵다. 그 이유는 불의로 고통받는 특정 개인을 내세워 그의 사연을 전하기는 쉽지만, 구조적 문제 해결을 통해 정확히 누가 어떻게 도움을 받는지 알려주기가 훨씬 어렵기 때문이다. 개별 아동 후원과 달리 기부받은 10달러로 그 아이에게 줄 담요를 구입했다고 말할 수는 없다. 고작해야 기부받은 10달러가 특정 국가의 공정한 경제제도 정착을 지원하는 데 쓰였고, 결국 그 돈이 수천 명의 이름 없는 사람을 가난에서 구출했다고 말할 수 있을 뿐이다.

인간적 또는 심리학적 차원에서 필자는 우리가 정확히 누구를 도왔는지 알고 싶어 하는 그 심리를 충분히 이해할 수 있지만, 성경적 모델은 오른손이 하는 일을 왼손이 모르게 하는 것이다. 즉 우리가 베풀어야 하는 이유는 기분이 좋아지기 위함이 아니라 다른 사람이 얻는 유익을 위함이어야 한다. 이름을 알고 누구인지 아는 사람을 사랑하는 것만큼이나 고통받는 불특정 다수를 사랑해야 한다. 예수님이 되갚을

---

18 아동 결연 후원에 대한 비평은 다음을 참조하라. Thacker, 147-157.

수 없는 사람들을 저녁 식사에 초대하라고 하실 때, 원수를 사랑하라고 명령하실 때, 율법 교사의 질문에 대해 인종적·종교적으로 다른 사람을 예로 드시면서 이웃 관계의 본질을 가르치실 때 결국 우리의 도덕적 책임은 친숙함에 근거한 것이 아니라 부름과 필요에 근거하는 것임을 깨우쳐 주신다. 이 사실을 깨닫는다면 우리는 구조적 정의의 문제에 대해 더 큰 관심을 가질 수 있을 것이다.

4. 결론

아파르트헤이트 시대의 앨런 보자크는 교회가 너무 자주 '르우벤의 선택'을 한다는 유명한 설교를 했다. 다른 형제들이 요셉을 죽이려고 달려드는 상황에서 르우벤은 요셉을 살리기 위해 타협을 했다. 르우벤은 무엇이 옳은 일인지 분명히 알고 있었지만 그것을 따를 용기가 없었기에 쉬운 대안을 선택하고 말았다. 보자크는 교회가 똑같은 짓을 저지르고 있다고 비판한다. 근본적으로 용기가 부족하다는 것이 우리의 문제라고 말이다. 우리는 무엇이 옳은 일인지 알고 있지만 자기 밥그릇 지키기에 급급한 나머지 가장 무난한 길을 선택하는 일을 반복한다. 보자크의 주된 관심사는 아파르트헤이트에 대한 교회의 대응이었지만, 이런 말도 했다.

> 르우벤의 선택은 배고픈 아이들을 위한 프로그램을 만들고 수백만 달러를 모아 가난한 사람을 위해 사용하는 것이다. 한 자선단체의 포스터를 보면 바짝 마르고 배는 튀어나오고 얼굴은 눈물로 얼룩진 작은 흑인 아이를 보여주며 "후원하세요. 그럼 기분이 좋아집니다!"라고 적어 놓았다. 물론 맞는 말이다. 하지만 가난한 사람이 참으로 인간적인 삶을 살아갈 기회를 가질 수

없게 만들어 놓은 경제 구조를 근본적으로 바꾸기 위해 우리의 모든 에너지와 자원, 창의력을 동원해 진실되고 열린 자세로 일하는 것은 어떨까? 그러나 우리는 그렇게 하지 못한다. 우리 자신의 돈이 그 시스템을 통해 축적되었기 때문에 그 구조를 새로운 관점으로 바라보게 만드는 운동에 참여하고 싶지 않은 것이다.[19]

1970년대 '빈곤 포르노'[20]에 대한 보자크의 강렬한 묘사가 지금은 연관성이 없을 수도 있지만, 넓은 의미에서 그의 주장은 여전히 유효하다. 필자는 우리가 여전히 르우벤의 선택을 따르는 죄를 짓고 있다고 생각한다. 우리는 기후 변화가 국제적으로 가난한 국가들을 죽이고 있다는 것을 알지만, 진정한 저탄소 미래를 만들어 낼 구조적 변화에 대해서는 계속 저항한다. 우리는 현재의 국제 경제 구조가 조세 포탈을 통해 남반구 국가들로부터 매년 2,000억 달러를 도둑질하고 있음을 알지만, 더 공정한 국제 조세 구조를 만들자는 캠페인에는 아무런 지원도 하지 않는다. 우리는 아프리카가 보건이나 교육에 쏟는 돈보다 부채 상환에 더 많은 돈을 쓴다는 걸 알지만, 우리 정부에게 아프리카가 가장 어려운 시기에 부풀린 부채에 대한 책임을 지라고 하지 않는다. 특히 유럽과 북아메리카인인 우리가 식민 착취와 노예무역으로 남반구의 많은 국가를 빈곤에 몰아넣었음에도 우리가 지불해야 할 배상금에 대해서는 진지한 대화를 나누길 회피한다. 우리는 무엇을 해야 하는지 알지만 가장 무난한 대안을 선택해 왔다. 르우벤의 선택을 한 것이다. 구티에레즈(Gutiérrez)의 표현을 빌리면 르우벤의 선택은 "세계 경

---

19 A. Boesak, *Walking on Thorns* (WCC: Geneva, 1984), 39.

20 '빈곤 포르노'는 구호기관이 기부할 사람의 정서적 반응을 유도하기 위해 빈곤, 특히 굶주린 어린이를 생생하게 묘사한 이미지를 사용하는 것을 일컫는다.

제를 통제하는 나라에 사는 그리스도인의 양심을 아주 싼값에 무마시켜 주었다".

숙고를 위한 질문

1. 우리가 벌이는 자선 활동은 불의한 구조를 지속시키는 데 어느 정도로 기여하고 있는가?

2. 북반구의 국가들은 기후 변화를 일으키고, 불공정한 국제적 경제 구조를 만들고, 식민 착취의 역사를 불러온 주범이다. 그렇다면 북반구의 교회들은 남반구의 국가들에게 보내는 자선기금을 '후원금'이 아니라 '배상금'이라고 불러야 하지 않을까? 기부로 보는 관점과 배상으로 보는 관점은 신학적으로는 어떤 차이가 있을까?

3. 가난을 대물림시키는 구조가 런던과 파리, 뉴욕에서 계획되고 수립되는데, 지역사회가 구조적 변화를 일으키도록 하려면 어떻게 해야 할까?

4. 북반구 국가들에게는 소비 감소, 남반구 국가들에게는 생활 기준 상향을 요청하는 방법에는 무엇이 있을까? 가난을 종식시키고자 하는 캠페인과 기후 변화를 멈추게 하려는 캠페인 사이에 어떤 갈등이 있을까?

논찬

—

정민영

1. 들어가며

먼저 큰 가르침과 깨달음을 준 훌륭한 논문에 깊은 감사와 존경의 마음을 표한다. 자비롭고 의로우신 하나님을 반영하는, 정의의 관점에서 본 '선교와 돈'이라는 주제는 오랜 기간 논찬자의 마음에 무겁게 자리 잡은 어려운 이슈였는데, 그런 점에서 이 논문의 저자에게 큰 빚을 진 셈이다.

신학적 틀과 실천적 제안이 건강한 균형을 이루는 양질의 논문이다. 논찬자가 조사한 바에 따르면, 저자는 자신의 주장을 실제로 살아내는 분으로 탁상공론하는 학자나 골방에서 자판을 두드리는 논객과 다르다. 저자의 언행일치는 그가 쓴 논문의 진정성을 높여 준다.

따라서 이 논찬은 주로 논문의 주장을 보완하는 내용을 담았는데, 딱히 반론을 제기할 만한 이슈를 발견하지 못했기 때문이다. 저자와 독자가 반추하는 실천가로서의 여정을 계속하는 데 이 짧은 글이 생각할 거리를 제공할 수 있기를 바라는 마음이다.

2. 그릇된 이유 뒤집기 - 성경적 기초 추가

저자가 이미 거론한 내용에 잇대어 논찬자는 구조적 정의에 대한 두 어 가지 성경적 기초를 덧붙이고자 한다. 우리[1]는 저자가 분석한 두 가지 그릇된 이유, 즉 '개인주의 강조'와 '수입 감소'를 뒤집는 방식으로 구조적 정의에 대한 성경적 기초를 이끌어 낼 수 있다.

구조적 정의의 기초인 공동체

저자는 복음주의가 구조적 정의를 무시하는 이유로 '종교개혁의 불행한 후유증'과 '공산주의나 자유주의, 진보신학으로 몰리는 데 대한 두려움'의 결과에서 비롯된 개인주의 강조를 지적한다. 역사적으로 그리고 지금도 '주홍글씨'[2] 낙인을 찍는 일은 교회가 "배우고 확신한 일에 거하라"(딤후 3:14)는 성경의 가르침을 따르지 못하게 가로막는 강력한 장해물이다. "자라 보고 놀란 가슴 솥뚜껑 보고 놀란다"라는 속담처럼 많은 복음주의 교회는 전체주의 체제[3]에 대한 일종의 재난후유장애 증상을 드러내면서 '개인을 분석적 단위로 지나치게 강조하는' 경향을 보인다. 저자가 지적했듯, 개인주의에 경도된 데 따른 공동체 신학의 상실은 여러 개혁가가 "목욕물과 함께 버린 아기"인 셈이고, 알게 모르게 후대의 개신교회는 그 관점을 이어받았다.

논찬자는 복음주의 진영에 구조적 정의가 부재하거나 부족한 현상의 저변에 깔린 신학적 이슈가 곧 공동체 신학이라고 믿는다. 기독교 신앙의

---

1 첫 각주에서 저자는 논문에 나온 '우리'가 주로 '개신교회, 특히 개신교회의 백인 복음주의자'를 가리킨다고 명시했다. 그러나 논찬자는 논문에 나오는 개신교-복음주의 교회가 대부분의 한국 교회에도 적용된다고 보는데, 그간 후자가 신학적으로나 실천적으로 전자를 베껴 왔기 때문이다.
2 공산주의, 사회주의, 자유주의, 인본주의, 혼합주의, 다원주의, 이단 등의 누명을 가리킨다.
3 중세 암흑기, 쇼비니즘, 나치즘, 공산주의, 군사독재 등을 말한다.

핵심에 공동체가 있다는 신학적 정당성을 입증하기 위해 긴 지면을 할애할 필요는 없을 것이다. 우리는 상호 무관한 개인이 아닌 그리스도의 몸으로서 삼위 하나님의 교제에 동참하도록 초청을 받았다. 교회의 개념 자체는 공동체 개념을 떠나 생각할 수 없다. 선교는 그리스도인들이 개별적으로 하나님을 돕기 위해 무엇을 하는 것이 아니라 진정한 교회, 곧 거룩한 우주적 교회(the Holy Universal Church)의 완성을 향한 공동체적 여정이다. 따라서 교회는 포용성과 상호 의존성, 유기체성, 상호성, 연대성 등의 특징을 갖는 공동체다. 머리이신 그리스도의 사랑과 정의를 반영하는 공동체[4]로서 구조적 정의라는 공동체적 이슈를 비켜 갈 수는 없다.

구조적 정의의 기초로, 구조적 불의의 해독제로 급진적 공동체 신학의 회복과 재건이 절실히 요청된다. 태초에 삼위 하나님이 그분들의 공동체적 형상으로 우리 인류를 창조하시고 그분들의 사랑의 친교로 우리를 초청하셨다는 사실을 결코 잊어서는 안 된다. 우리는 사랑과 정의를 특징으로 하는 그 영광스러운 신적 교제로써 다른 사람들을 초청하도록 부름받은 선교적 공동체로 잠시 이 세상에 머무는 것이다.

구조적 정의를 요구하는 십자가 신학

구조적 정의를 무시하는 두 번째 원인으로 저자는 수입 감소의 두려움을 지적한다. 이것은 신자유주의적 자본주의 가치관에 깊이 매몰된 현대 교회의 민낯을 여실히 드러내는 현상이다. 저자는 "왜?"를 묻는 질문의 중요성을 강조하는데, 안타깝게도 한국의 학교와 교회를 포함한 많은 교육 체제에 그런 질문을 격려하는 문화가 부재하다. 다음은

---

4 존 스토트는 그것을 개별 그리스도인의 모임과 대조되는 '하나님의 새로운 사회'로 정의한다. John R. W. Stott, *Message of Ephesians: God's New Society* (Downers Grove: InterVarsity Press, 1984), 정옥배 옮김, 《에베소서 강해: 하나님의 새로운 사회》 (서울: IVP, 2007).

저자의 질의응답 방식을 흉내 내어 본 것이다.

질문 1: 우리는 왜 수입 감소를 두려워하는가?

대답 1: 우리는 사실상 물질주의적 가치를 신봉하기 때문이다.

질문 2: 우리는 왜 그런 세속적 가치에 굴복하는가?

대답 2: 십자가 신학에 제대로 뿌리 내리지 않았기 때문이다.

질문 3: 왜 우리는 십자가 신학을 고백하면서 그대로 살지 않는가?

대답 3: 너무 힘들고 세상의 흐름을 거스르는 가르침이기 때문이다. 말하기는 쉬워도 실천하기는 어렵다.

신자나 불신자를 막론하고 많은 사람이 십자가에 걸려 넘어지는 것은 결코 놀라운 일은 아니다![5] 구조적 정의를 추구하고 실천하는 게 얼마나 힘들고 번거로운지, 심지어 선한 의도를 가진 복음주의자들도 대부분 개인적 구제 차원의 선행에 머물러 있다. 저자는 이런 경향을 '르우벤의 선택'이라는 개념을 빌려 정의한다. 많은 그리스도인은 비교적 간단하고 쉬운 선행을 원한다. 마치 르우벤처럼 우리는 타협하더라도 쉬운 선행을 통해 양심을 무마시키기 원할 뿐이다. 훨씬 힘들고 종종 우리의 안전과 명성과 재산의 손해를 감수하도록 요구하는 진리를 과감하게 선택하지 못한다. 혹시 우리 복음주의자들이 구조적 정의를 원론적으로 지지한다고 해도 그것이 우리의 고통 분담을 요구하면 즉시 마음을 바꾼다. 이른바 '님비 현상'이 복음주의 진영에 팽배한 이유다.

우리는 개혁자들이 엄청난 대가를 지불하고 되찾은 십자가 신학을 회복하고 바로 세워야 한다. 십자가를 지는 것은 제자도의 본질로 결코

---

5 고전 1:18, 23; 벧전 2:8.

가볍거나 쉬운 일이 아니다.[6] 누구든지 예수님을 따르려면 자기를 부인하고 각자 자기 십자가를 져야 한다는 가르침을 세 공관복음이 모두 기록함으로써 그것이 제자의 핵심 자질임을 적시한다.[7] 자기를 부인하고 자기 십자가를 지는 것은 단순히 '선을 행하고 기분 좋아지는' 정도가 아니다. 그리스도께서 성전 뜰에서 불의한 종교-정치-경제적 권력의 책상을 뒤집어엎으심으로써 악한 체제에 맞서 엄청난 위험 부담을 떠안고 결국 십자가에서 죽으신 것처럼 그분을 따르는 우리도 개인적 정의와 구조적 정의를 포함하여 마땅히 감당해야 할 사명을 위해 자신의 권리(재물, 신분, 편안, 안전 등)를 기꺼이 내려놓아야 한다.[8]

3. 나가며

최근 해외 일정을 마치고 귀국하는 비행기 안에서 영화 〈저스트 머시(Just Mercy)〉를 보게 되었다. 인권 변호사이자 정의 구현 운동가인 브라이언 스티븐슨[9]이 자신의 경험담을 쓴 책을 영화화한 것인데, 그의 헌신적 활동으로 억울한 집행을 모면한 여러 죄수 가운데 흑인 사형수 월터 맥밀런의 사례에 초점을 맞추고 있다. 조작된 증거와 위증으로 유죄 판결을 받고 장기간 옥살이하던 그가 브라이언의 끈질긴 법정 투쟁을 통해 마침내 무죄로 풀려나게 되는데, 구조적 정의에 대해 시사하는 두어 가지 대사를 소개하겠다.[10]

---

6 바로 그런 이유로 예수님은 제자가 되겠다고 자원하는 사람을 쉽게 받아들이지 않으시고, 되레 그 대가를 계산해 보도록 도전하셨다(마 8:19-22).

7 마 10:38; 16:24; 막 8:34; 눅 9:23; 14:27.

8 자기를 부인한다는 뜻이다.

9 브라이언 스티븐슨은 '평등한 정의 구현(Equal Justice Initiative)'의 창립자이자 대표다.

10 기억을 더듬어 쓴 것으로 실제 대사와 약간의 차이가 있을 수 있다.

"정의의 적은 자포자기를 강요하는 습득된 절망감이다. 우리는 희망을 가지고 꿋꿋하게 불의와 대적해야 한다."

"빈곤의 반대말은 부가 아니라 정의다. 이 나라의 품격은 우리가 부유하고 권세 있는 자들을 어떻게 대하느냐로 드러나지 않고, 가난하고 억눌린 자들을 어떻게 대하느냐로 드러난다. … 우리 모두는 정의와 긍휼, 공로 없는 은혜가 필요하다."

숙고를 위한 질문

1. 이 주제와 연관된 다른 신학적 성찰이나 실천적 고려가 있다면 나눠 보라.

2. 예수님이 성전을 정결케 하신 사건은 더 깊은 성찰을 요구한다.

   ① 어떤 상황이나 시점이 되었을 때 상을 뒤집어엎어야 할까?[11]

   ② 다음에 인용한 저자의 주장은 현대 교회와 자본주의 체제에 어떤 이슈와 도전을 던지는가? "주께서 그토록 분노하신 이유는 세금으로 사람들을 착취하는 체제, 곧 가장 가난한 자들로부터 거둬들인 수입으로 부유하고 권력 있는 자들의 배를 불리기 위한 방편으로 성전을 사용한 데 있었다. '강도의 소굴'은 바로 그 경제 구조를 이용해 가난한 자들의 희생으로 자신의 부를 축적하는 자를 가리키신 말씀이었다."

   ③ 이 사건의 선교적 함의는 무엇인가? 특히 매매 행위가 예수께서 '강도의 소굴' 아니라 '만민의 기도하는 집'이어야 마땅하다고 말씀하신 이방인의 뜰에서 일어났다는 사실이 시사하는 바는 무엇인가(막 11:17)?

---

11 다음을 참조하라. Scott A. Bessenecker, *Overturning Tables: Freeing Missions from the Christian-Industrial Complex* (Downers Grove: InterVarsity Press, 2014).

16
정직의 환상: 타 문화의 복음 사역이 더 연약해져야 원주민이 자유롭게 자기표현을 할 수 있다

짐 해리스(Jim Harries)

"'진실을 이야기하지 말지어다'라는 말은 사실상 계명이다." 멜런드는 이 사실을 100년 전 아프리카에서 알게 되었다.[1]

1. 서론

서구인이 아프리카인을 대할 때 정직(integrity)을 강요하는 것은 아프리카인에게 낯선 인식 체계를 강요하면서 상대를 지배하려는 시도에 해당한다는 점을 지적하고자 한다. 여기서 정직은 "모든 상황에서 지켜보는 사람이 없더라도, 자신의 도덕적 또는 윤리적 신념을 따르고 옳은 일을 하는 것이다. … 자신에게 진실하고 … 자신의 명예를 실추

---

1 F.H. Melland, *In Witch Bound Africa: An Account of the Primitive Kaonde Tribe and Their Beliefs* (Philadelphia: J.B. Lippincott Company, 1923), 129. 필자가 이해한 바에 따르면 이 사실은 여러 영역에 적용된다.

시키는 일을 하지 않는 것"을 뜻한다.[2] 자신이 생각하는 정직의 기준을 보편적 가치와 척도로 여기고 이를 실천하라고 고집하는 태도는 문화적 강요일 수 있다.

문화적 기준의 차이를 보여주는 예로 아프리카인의 생활에서 중심을 차지하는 시기심을 들 수 있다. 이 시기심은 주술 행위로 연결된다.[3] 유대-기독교의 성경적 전통에 깊은 영향을 받지 않은 사람들이 주술 행위를 깊이 받아들인다는 사실은 충분히 예상 가능한 일이다. 필자는 이 주제를 연구하면서 르네 지라르(René Girard)의 작품을 높이 평가하게 되었다.[4] 20세기 주요 사상가들 가운데 한 명인 르네 지라르는 모방 욕망에 주목했다. 모방 욕망(다른 사람이 가진 것에 대한 욕망, 심지어 다른 누군가의 욕망에 대한 욕망)이 인간의 삶을 이루는 기초라는 지라르의 발견을 이해하면 아프리카인이 주술 행위에 집착하는 이유를 이해하는 데 도움이 된다. 아프리카에서 시기심은 부자에 대한 공공연한 경멸로 이어지곤 한다. 따라서 빈곤을 일종의 보호 수단으로 여기는 경우가 일반적이다.[5] 자신의 완전한 결백에도 불구하고 하나님의 아들로서 인류를 대표하는 희생 제물로 십자가에 자신을 바치신 그리스도의 모범은 주술의 공격이 주는 공포를 물리칠 수 있는, 전 세계에서 유일무이하고도 효과적인 대응책이다.[6]

---

2 Your Dictionary, s.v. "Examples of Integrity", accessed December 5, 2020, https://examples.yourdictionary.com/examples-of-integrity.html.

3 Jim Harries, "Witchcraft, Envy, Development, and Christian Mission in Africa", *Missiology: An International Review* 40, no. 2 (2012), 129-139.

4 See Jim Harries, "A Foundation for African Theology That Bypasses the West: The Writings of René Girard", *Evangelical Review of Theology* 44, no. 2 (2020), 149-163.

5 필자는 근래 미국에서 조지 플로이드가 사망한 후 일어난 인종 폭동은 부유층에 대한 아프리카인들의 시기 어린 증오가 반영된 것으로 생각한다. 일부 폭동은 많은 부를 파괴하거나 재분배하려고 했다(Rozina Sabur, Patrick Sawer, and David Millward, "Why are there protests over the death of George Floyd?", The Telegraph, UK, June 8, 2020, https://www.telegraph.co.uk/news/0/us-america-riots-george-floyd-death-protests/).

6 René Girard, *I See Satan Fall Like Lightning*, trans. James G. Williams (Maryknoll: Orbis,

잠비아 카온데족의 관습인 불룬다(bulunda)에 대한 사례 연구를 보면 정직에 대한 서구의 개념이 보편적이지 않음을 엿볼 수 있다. 불룬다의 정직은 서구의 정직 개념과 상당한 차이가 있다. 잠비아 카온데족에 대한 기사를 쓴 저술가 겸 여행가인 프랭크 멜랜드는 불룬다를 이렇게 설명한다.[7] 불룬다는 두 사람의 계약으로 "고대로부터 이어져 왔으며, 결혼에 버금가거나 거의 같을 정도로 중요한 민사상의 계약이며, 쌍방 간에 명확한 의무가 있다".[8] 불룬다는 "전쟁, 기근, 소송을 비롯한 각종 비상시에 의지할 수 있는 지원"을 얻기 위해 이뤄진다.[9] 또한 "결혼할 때 남자가 여자에게 주는 지참금처럼 동전, 물잔 또는 기타 작은 물품 등을 선물로 제공한다. 더 심각한 경우에는 총을 선물로 주기도 한다".[10] 불룬다는 피를 나눔으로써 맺어진다. "계약 당사자는 상대방의 손목이나 팔에 칼자국을 내고 거기서 나오는 피 한 방울을 마신다."[11] 불룬다는 "당사자 중 한 사람이 제기한 민사 소송을 통해 … 후회나 적개심 없이" 파기될 수 있다.[12] "물룬다의 친척에 대한 환대와 우정은 필수적"이다. '친형제가 진 물룬다의 빚'을 대신 갚는 것이 그 예다.[13] 물룬다는 동료 물룬다의 아내에게 접근할 수 있다.[14]

영어로 번역하면 단어 불룬다는 'friendship(우정)', 물룬다(mulunda)

2001).

7 프랭크 멜랜드(Frank H. Melland, 1879~1939년)는 잠비아의 치안판사로 25년간 재직하면서 그 지역사회에 대한 깊은 이해를 갖게 됐다.

8 Melland, *In Witch Bound Africa*, 109.

9 Melland, 110.

10 Melland, 112.

11 Melland, 112.

12 Melland, 110.

13 Melland, 113.

14 Melland, 113.

는 'friend(친구)'다.

앞의 내용을 읽고 약간의 충격을 받은 사람이 있을 것이다. 불룬다는 서구가 이해하고 있는 우정과는 매우 다르다. 영어가 모국어인 사람은 '사심 없는 우정', 즉 편견이 없고 이기적이지 않으며 서로 관대하고 사적 이득을 추구하지 않는 관계를 소중히 여긴다.[15] 비록 카온데족의 불룬다의 개념이 최근 들어 바뀌었다고 해도 원래의 의미가 모두 사라지지는 않았을 것이라고 생각한다. 대체로 우정은 정직의 초석이 된다. 아프리카인과 우정을 맺는 서구인은 그들이 어떤 관계에 들어서는지 알고 있을까?

필자가 단어 '우정'을 예로 들었지만 공동체, 불안정, 믿음 등의 단어에 대해 유사한 비교를 해보면 깊은 통찰을 얻을 수 있다.[16] 사용하는 모든 단어의 의미를 오해한다면 어떻게 정직을 이룰 수 있을까? 그런 상황에서 서구 선교사와 아프리카인 사이에 건전한 관계 형성이 과연 가능할까?

2. 협력 관계

정직이라는 개념의 보편성이 위협받을 때 서구는 우월한 재정적 힘을 이용한다. 재정적 관대함이 기술적 역량(예를 들면 자동차, 의복, 거울, 최근에는 전화와 전자기기)과 결합될 때 아프리카인은 서구인을 순순히 따르게 된다. 이것은 아프리카 국가들이 서구 언어를 도입한 것만 봐도 알

---

15 Ron Belgau, "What Does 'Disinterested Friendship' Mean?", Spiritual Friendship: Musings on God, Sexuality, Relationships, accessed December 5, 2020, https://spiritualfriendship.org/2015/07/03/what-does-disinterested-friendship-mean/.

16 Hermen Kroesbergen, "Religion without Belief and Community in Africa", *Religions* 10, no. 4, 292 (2019), 1-20.

수 있다. 과거 멜랜드의 관할 지역에서 영어로 교육하는 학교가 급증했다. 필자는 1988~1991년 이런 학교에서 학생을 가르쳤다.[17] 학교에서 학생이 현지어를 사용하면 벌을 받는 곳이 아프리카 내에 많았다. 유럽 언어를 사용하도록 강요한 이유는 그들이 희망하는 번영으로 청소년을 이끌기 위해서였을 것이다.[18] 번영하는 사람의 언어를 사용하면 번영할 거라는 기대감을 자연스레 갖게 된다.

그러나 다른 사람의 담론을 차용하는 데는(즉 아프리카인이 유럽인, 특히 영국인의 담론을 빌려와서 사용하게 되면) 장단점이 있다. 영어를 사용하면 아프리카인이 현지의 문제를 정확하게 설명하고 토론하기가 어려워진다. 듣는 사람이 어떤 아프리카 단어를 영어로 말한 것인지 알지 못하면 혼란이 생길 수 있다. 멜랜드가 루봄보시(lubomboshi)라고 부른 관습을 예로 들어 보겠다. 이 관습 또는 놀이("당연히 놀이다"[19])는 가랑비가 내릴 때 같은 토템 소속인 이웃의 오두막 근처에서 선물을 받을 때까지 기다리는 것이다.[20] 카온데족의 언어로 "그는 루봄보시(를 하고 있다)"라고 말하면 상황 설명이 끝난다. 이것을 (비슷하게라도) 표현할 수 있는 영어 단어는 없다. 한편 카온데족 사람이 영어로 "나는 비가 내리는 가운데 누군가의 문 앞으로 갔어", "나는 누군가의 집 앞에 있었지", "선물을 받았지 뭐야"라고 말한다면 다른 카온데족 사람은 "아, 루봄보시 말이구나"라고 금방 알아차릴 수도, 알아차리지 못할 수도 있다. 어느 쪽이든 이 이야기는 용어 루봄보시가 직접 사용되었을 때보다 의미 전달이 명확하지 않을 것이다. 카온데족의 관습을 잘 모르는 사람, 즉 비를 맞

---

17 Mukinge Girls Secondary School, Kasempa, Zambia.

18 이 문제에 대해 아프리카 내에서 많은 논쟁이 진행 중이다. 따라서 모든 사람이 내 논증에 동의하지는 않을 것이다.

19 Melland, *In Witch Bound Africa*, 253.

20 Melland, 253.

으며 문 앞에 서 있는 이 놀이를 전혀 모르는 사람은 헷갈리는 것이 당연하다(그 반대의 경우도 생각해 볼 수 있는데, 카온데족의 언어에는 서구에 알려진 '경제'라는 개념이 없어 영국인이 카온데족의 언어만으로 영국의 경제 상황을 명확하게 표현한다는 것은 어려운 일이다).

오늘날 많은 선교사와 타 문화권 사역자는 자신에게 익숙한 정직의 기준에 따라 일하는 것을 중시한다. 이런 관행에 의문을 제기한다면 그들은 상당한 위협을 느낄 것이다. 선교사가 타 문화권 사람과 의미 있는 교제를 나누기 위해 부도덕하거나 본국의 후원자들이 탐탁지 않게 여길 일을 하라는 요구처럼 느낄 것이다. 이런 타 문화 선교 상황에서 의사소통의 현실은 선교사들이 스스로 더욱 연약해지려고 노력해야 하는 이유다. '연약해짐의 선교(vulnernable mission)'[21]는 선교 또는 개척 사역을 할 때 외부에서 온 사역자가 현지 언어와 자원만을 사용하는 것을 말한다. 이렇게 하면 외부 기부자에 대한 선교사의 의존도를 줄이고, 이를 통해 외국이 아닌 원주민이 받아들인 정직의 기준을 실천할 수 있게 된다.

지금까지는 적어도 부분적으로나마 정직하다는 모습을 보여주기 위해 서구가 아프리카의 선교 상황을 지배했다. 서구 기부자 중심의 선교에 참여하는 동안 볼썽사나운 충돌을 피하기 위해 대체로 아프리카인은 진정으로 자유로운 문화적 표현과 서구 선교에 참여하는 동안 자기표현을 뚜렷하게 구별하는 방식을 취해 왔다. 이것은 도식으로 설명하면 [그림 1]과 같다.

서구 선교사들은 자신들의 활동과 일하는 방식에 아프리카인을 끌어들이려고 열심히 노력한다. 이것은 서구인의 생활 가운데 녹아 있는

---

21 원저자가 사용한 단어 vulnerable은 '상처받기 쉬운, 나약한, 취약한' 등으로 번역되지만 맥락상 '연약함'으로 옮겼다(옮긴이 주).

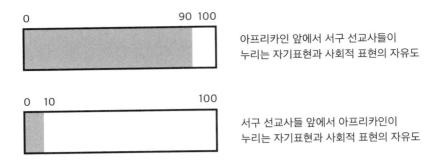

[그림 1] 선교사와 아프리카인이 만날 때 '자유로운 표현'

아프리카인 앞에서 서구 선교사들이 누리는 자기표현과 사회적 표현의 자유도

서구 선교사들 앞에서 아프리카인이 누리는 자기표현과 사회적 표현의 자유도

세속적 편견에서 비롯된다. 그리고 이 편견은 종종 서구인의 '정직' 개념에 따른 것이기도 하다. 사실 복음은 다양한 사람을 통해 다양하게 해석된다. 아마도 어떤 경우에는 복음이 말하는 정직의 개념은 광범위한 나머지 현대적 개념으로는 정직이라고 여겨지지 않을 수도 있다. 필자가 보기에 정직의 현대적 개념은 여러 문화에 걸쳐 세속주의를 정상화한다. 즉 인종차별주의자처럼 보이지 않으려면 아프리카 사람을 유능한 세속주의자로 가정해야 한다(예를 들어 아프리카 사람이 선천적으로 수학을 잘하지 못한다고 말하면 인종차별주의자로 간주된다). 필자는 복음이 말하는 정직의 개념은 이보다 광범위하다고 믿는다. 즉 복음은 사람을 은혜로 받아들이는 것이지 누구나 '똑같이 선하다'라고 하는 반인종주의의 입장에서 사람을 받아들이는 것이 아니다.

앞서 언급한 쟁점은 여러 기독교 교파 간 관점의 차이, 예를 들어 여성 설교 문제 같은 쟁점을 생각해 보면 참고가 된다. 필자는 그 같은 관점의 차이에서 비롯된 충돌을 놓고 상대방에 대해 "기독교인이 아니다"라고 폄하하는 것은 부적절한 대응이라고 생각한다. 그 충돌은 오히려 정직의 개념이 다양하다는 점을 나타내는 것일 수도 있다. 오늘날 정직을 이해하는 관점 가운데 복음에 근거하기보다 세속주의를 인간의 보편적 가치로 여기는 서구의 사고방식에 뿌리를 둔 것이 있다.[22] 만약 그런 세속적인 정직의 개념을 고수한다면 아프리카인은 기부자의 호의를 유지하기 위해 세속적 기준에 미치지 못하는 그들 고유의 모습을 감추려고 애쓸 수밖에 없다. 그들은 서구식 정직을 추구하기 위해 충분히 검증된 영어 등 서구 언어를 사용할 것이며, 그런 표현 방식이 현지의 '현실'을 제대로 반영하지 못해도 계속 그럴 가능성이 높다(서구의 기부자는 후원하는 프로젝트를 평가할 때 그 프로젝트가 현지의 맥락에서 실제로 어떻게 기능하는지를 기반으로 평가하기보다 영어로 이뤄진 설명을 듣고 평가한다).[23]

정직과 관련된 '자유로운 표현'에 대한 앞선 묘사는 타 문화 활동에 대한 의문을 제기한다. 봉사 활동을 하는 사람은 어느 정도까지 자유로운 표현을 해도 될까? 봉사의 대상이 되는 사람은 어느 정도까지 자유로운 표현을 해도 될까? 몇 가지 '극단적인' 가능성을 예로 들어 보겠다.

- 봉사 활동 참가자가 자기 생각을 100% 드러내어 표현한다면 섬김을 받는 사람이 자신들과 문화적으로 같다고 가정하는 셈이다. 봉사자들의 소통 방식에 전적으로 맞춰 주려면 섬김을 받는 사람은 자기 언어와 생활 방식의 고유한 특성을 완전히 무시해야 한다.
- 섬김을 받는 사람이 자기 생각을 100% 드러내어 표현한다면 봉

---

22 오늘날의 반인종주의적 실천 방식을 비판하는 필자의 책(출간예정, 제목 미정)에서 이 문제를 다룬다.

23 Illustrated using a theological example from, "Magic, Divine Revelation and Translation in Theological Education in the Majority World Today (with a Focus on Africa)", *Missionalia* 47, no. 2 (2019), 165-176.

사 활동의 참가자가 자기들과 문화적으로 같다고 가정하는 셈이다. 이 경우 섬김을 받는 사람은 봉사 활동 참가자가 가진 삶의 방식과 고유한 특성을 전혀 고려하지 않고 반응할 것이다.

- 봉사 활동 참가자와 섬김을 받는 사람 모두 100% 자유롭게 자신을 표현한다면, 이는 자신들이 교류하는 상대편의 고유한 문화적 특성을 무시하는 결과를 낳는다.

대체로 사람들은 이렇게 생각한다. 방문자, 즉 인원수가 적은 방문자는 인원수가 많은 원주민에게 맞춰 줘야 한다고 말이다. 단순히 숫자만으로 보면 이것이 합리적이다. 다수의 원주민이 외국 방식을 배우기보다 소수의 방문자가 현지 언어와 생활 방식을 배우는 것이 더 쉽기 때문이다. 그러나 식민주의는 이것을 뒤집어 원주민이 외부인을 모방하게 했고, 이것저것 따질 것 없이 모든 것을 따라 하도록 만드는 것을 목표로 삼았다.[24]

양측 모두 높은 수준의 '표현의 자유'를 추구한다면 둘은 하나 되기가 어려울 것이다. 그러나 앞에 나온 〔그림 1〕처럼 선교와 개척의 대상이 된 아프리카인이 심한 굴종의 모습을 보이는 상황은 우려스럽다. 필자는 오늘날 선교사와 아프리카인의 교류에서 이런 양상이 나타나는 원인이 잘못된 복음의 영향에서 비롯되었다고 생각한다. 전통적으로 아프리카 부족은 구성원이 부족의 법과 관습을 따라야 한다고 생각하는 한편 외부인을 '적'으로 간주하는 경향이 있다.[25] 반면 서구인은 역사적으로 복음의 인류 보편성에 대한 가르침을 받은 결과, 전 세계 모

---

24 서구 사회는 글로벌 표준을 세운 뒤 사람들에게 따르도록 만드는 경향이 강하다. 이런 경향은 교육 시스템 분야와 2020년의 초기 코로나19 바이러스 위기 상황에서 분명하게 드러났다.
25 영어 단어 '적'은 '외부인'을 규정하는 정확한 표현이 아니다.

든 사람이 자신이 지키고 있는 삶의 기준에 복종해야 한다고 생각한다. 개인적으로 자신에게 '올바른 것'이 인류 보편적으로 '올바른 것'이라는 관념 때문에 문제가 발생한다고 생각한다. 서구인은 복음의 보편성을 그들의 세속적 경험으로 확대 적용한다. 그러나 복음이 기록된 성경은 서구의 법 체계보다 훨씬 더 폭넓은 해석의 가능성을 지닌다. 오늘날 서구는 복음의 영향을 많이 받은 자신의 문화가 복음 그 자체만큼이나 보편적인 것이라고 은연중에 받아들이고 있다. 다시 말해 서구는 성경의 정경(canon) 범위를 확장하여 자기들의 세속적 규정까지 그 안에 모두 포함시켰다고도 말할 수 있다. 이 과정에서 서구인을 하나님의 자리에 앉힌 셈이 되었다.[26] 우리는 이런 상황에 경각심을 가져야 한다.

세속주의라는 명분 아래 현대 서구 생활의 면면을 기준으로 아프리카인이 저울질당하는 상황을 타개할 대안이 필요한 시점이다(아프리카인이 영어로 학교 교육을 함으로써 이런 상황에 이르렀다). 무턱대고 서구의 법 제도를 보편화해서는 안 된다. 서구 기독교 선교사는 복음 전파를 목표로 삼아야지, 서구의 생활 방식을 전파하려고 해서는 안 된다. 서구인이 원주민의 생활 방식에 맞추려고 애쓰는 것이 원주민을 서구인의 세속적 세계로 끌어들이는 것보다 낫다. 그 결과 원주민이 자유로운 표현을 하게 되면 서구인은 원주민 고유의 사고 체계를 통해 그들에 대해 배우고, 그들에게서 배울 수 있다(다만 그 과정이 길고 느릴 수는 있다).

객관성에 기반을 둔 도덕성을 구축하려는 서구의 오랜 노력은 허상일 수 있다. 그 이유는 전통적 아프리카 사회에서는 서구가 '객관성'이라고 부르는 것의 뿌리나 기초가 전혀 보이지 않는다는 점에서 분명하

---

26 Oludamini Ogunnaike, "From Heathen to Sub-human: A Genealogy of the Influence of the Decline of Religion on the Rise of Modern Racism", *Open Theology* 2 (2016), 785-803.

게 드러난다. 10억 명에 달하는 아프리카인이 인식조차 못하는 것이 어떻게 보편적 사실이 될 수 있겠는가? 서구가 이 점을 깨닫는다면 전 세계에 세속주의를 강요하는 대신, 그들이 알고 있는 하나님에 대한 지식을 통해 유익을 얻게 하는 데 집중할 수 있을 것이다.

인간은 단 하나의 언어를 사용하면서 '이중 문화' 속에서 살 수 없다. 유럽과 아프리카 문화처럼 차이가 큰 문화에 적응하려면 각각 별도의 '코드'를 사용해야 하는데, 이는 각각의 생활 양식과 상호 작용하는 방법을 통해 배울 수밖에 없다.[27] 그래서 다문화 간 번역은 여러 면에서 불가능하다고 생각한다. 아프리카에 살면서 사역하는 서구인이 자기가 사용하던 본래의 언어를 사용하면서 아프리카에 전반적으로 적응할 수 있다는 '이중 문화적 사고 방식'은 틀렸다. 마찬가지로 아프리카 어린이들이 영어를 배우면 유럽인처럼 기능하게 된다는 생각도 잘못되었다.

이중 정직성(bi-integrity)의 필요성을 인정하는 것은 삶의 방식에 대한 차이를 인정하고, 그 차이 가운데서 살아가는 사람들을 존중하는 방법이다. 복음의 보편성과 한 분이신 하나님이 만물을 창조하셨다는 사실은 다문화적 일치의 기초가 된다. 복음의 보편성 위에 '세속주의'를 세우는 것은 곤란하다. 타 문화 사이에서 적절한 관계와 공동체를 이루려면 상대방의 말을 경청해야 한다. 자신의 언어로는 외국의 '타자'가 하는 말을 제대로 이해할 수가 없다. 또한 서구인의 입장에서도 후원금을 유치하기 위해 '비위를 맞추려' 애쓰는 외국의 '타인'을 제대로 이해하기가 어렵다. 선교의 대상이 되는 사람은 오늘날의 선교 현장에서 흔히 볼 수 있는 것보다 더 자유롭게 자신을 표현할 수 있어야 한다.

---

27 Thorsten Pattberg, *Language Imperialism and the End of Translation* (New York: LoD Press, 2014/2015).

자유로운 자기표현의 허용, 타 문화 이해의 기초이자 예수님의 복음을 보다 효과적으로 나눌 수 있는 방법

영어는 권위 있고 부유한 후원자들이 사용하는 기본 소통 언어다. 따라서 타 문화 선교에서 영어 사용은 원활한 후원 기금 확보를 위한 기반이 되었고, 또 대체로 그래야만 했다. 힘을 가진 사람들과 그 외 여러 부류의 사람은 영어를 사용하면 영어의 투명성 덕분에 자신이 소통 내용을 알아듣는다고 생각한다. 따라서 영어를 사용하지 않으면 기부자와 연관된 사람들의 비난을 받게 된다.

우정 이야기로 돌아가 보자. 이론상으로 교회에서는 교인들이 사심 없이 서로 돕도록 되어 있지만 실제로는 그 과정에 비용이 들 수도 있다. 만약 현지 교회에서 영어만 사용할 경우 교회에서 이뤄지는 사역(치유나 축사 등)에 비용을 지출해야 하고, 이에 대해 다수의 기부자가 있는 영어권 국가에서 그런 관행을 달갑게 여기지 않는다면 기부금이 줄어들 것을 우려해 그런 사역 비용 지출을 감추거나 공식적으로 중단시킬 수도 있다. 반면 현지 언어를 사용한다면 교회가 전도와 제자 훈련을 진행할 때 실제로 이뤄지는 관행에 비추어 합리적인 의사소통을 할 수 있다. 그런 다음 교회가 영어권 세계와 소통할 때 개별 사안을 번역해 전달하거나(예를 들어 선물 주는 것을 '감사 표시'로 번역) 또는 특정 사안을 얼버무릴 수 있다(비용 지불의 필요성을 언급하지 않고 넘어간다).

앞선 예는 영어 사용 시 표현 자유에 어떻게 제약이 가해지고, 그로 말미암아 건강한 타 문화 관계 형성이 방해를 받는지 보여준다. 상황을 개선하려면 언어와 돈에 대해 다른 접근을 해야 한다. 필자는 건강한 복음 사역은 선교사가 원주민의 언어를 사용하고, 그들의 자유로운 의사 표현을 허용하고, 돈의 힘을 이용해 원주민을 끌어들이려고 하지 않을 때 이루어질 수 있다고 생각한다. 표현의 자유는 어느 정도가 적절한지 [그림 2]에 나타나 있다.

[그림 2] 선교사와 아프리카인과의 만남에서 이상적인 '표현의 자유'는?

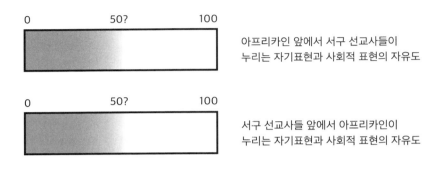

서구에서 온 타 문화의 사역자가 현지 언어와 자원을 사용해 사역하는 것을 '연약해짐의 선교'라고 부른다.[28] 서구의 지배를 가져온 두 가지 주요 요소인 유럽 언어와 자원을 앞세우지 않는 연약해짐의 선교는 아프리카인이 서구인에 맞춰 주는 것이 아니라 서구인이 아프리카인에게 맞춰 가는 것이다. 서구의 타 문화 사역자 모두가 연약해짐의 선교를 선택할 필요는 없다. 연약해짐의 선교를 실천하는 소수의 사람은 자국의 동료들을 계몽시키고 더 나은 선교 전략 개발을 도울 수 있다. 그러나 연약해짐의 선교를 실천하는 선교사에게 배우려면 어느 정도의 감수성이 요구된다. 정직의 개념은 보편적이지 않기 때문에 연약해짐의 선교를 실천하는 선교사가 그렇지 않은 선교사에게 전해 주는 통찰은 선교사들에게 경제적으로 의존하는 원주민이 영어로 전하는 내용과 다를 수 있으므로 무척 조심해야 한다. 조심성이 부족하면 연약해

---

28 "Mission Purpose Statement", Alliance for Vulnerable Mission, 2021, https://vulnerablemission.org.

짐의 선교를 실천하는 선교사의 사역이 훼손될 수 있다. 예를 들어 연약해짐의 선교를 실천하지 않는 선교사가 원주민에게 후한 급여를 주기로 했다고 하자. 그런데 연약해짐의 선교를 실천하는 선교사가 그 원주민이 도둑이라는 사실을 알려줌으로써 그가 급여를 철회한다면 그 원주민은 연약해짐의 선교를 실천하는 선교사를 원수로 여길 수 있다.

영어권 아프리카에서 영어를 사용하는 것의 이점은 너무나 분명하다. 경제적으로나 사회적으로, 심지어 교회 안에서도 영어를 사용하면 더 높은 지위를 얻는 데 도움이 된다. 그 결과 현지 언어로 사역하기를 원하는 외국인은 헤게모니적 신식민지 사고에 물든 원주민과 뜻이 맞지 않을 수 있음을 처음부터 명확히 해둬야 할 수도 있다. 그들은 외국인의 '친구'가 되고 싶어 하는 부류의 사람이다. 우리는 사람의 말을 경청하되 그들 고유의 언어로 하는 말에 귀를 기울여야 하며, 그들에게 경제적 위협을 가해선 안 된다(또한 무심코 뇌물을 건네는 일도 없어야 한다).

솔직히 아프리카를 방문하는 외국인은 그곳의 상황을 직접 보고, 평가하고, 아프리카인들의 피드백을 듣고 나서 이에 근거해 선교 활동 지원을 위해 외부 자원의 사용이 바람직하다는 의견을 내놓을 가능성이 높다. 불룬다에 대한 논의에서 보았듯 아프리카인이 친구(외국인 친구를 포함해)를 사귄다는 것은 사적 이익 추구가 핵심이다(마란츠의 책은 전적으로 이 내용을 다뤘다[29]). 시기심(지라르의 용어로 '모방 욕망')이 지배하는 공동체에서 돈을 가진 사람은 권력의 중심이 되는 동시에 사악한 공격의 대상이 된다. 이것은 주술에 대한 두려움으로 사람들이 부를 축적하지 못한 경우에 특히 그렇다.[30] 종종 주술로 알려진 이런 사악한 공격은 시

---

29 David Maranz, *African Friends and Money Matters: Observations from Africa* (Dallas: SIL International, 2001).

30 식민주의의 도래와 함께 시기심의 악영향을 무디게 하는 수단이 제공되어 일부 아프리카

기하는 사람들에게서 비롯된다.[31] 그리하여 사악한 공격으로 많은 서구인이 '최전선'에서 철수하기도 한다.

선교사들 가운데 일부는 연약해져야 한다고 생각한다. 필자는 사역에서 현지어만을 사용하기로 한 결과 주로 공동체 가운데 더 가난하고 소외된[32] 구성원 사이에서 일하게 되었다. 현지 언어에 익숙해지고 이를 사용할수록 토착 단어와 관련된 그 지역의 의미 체계를 더 쉽게 배울 수 있고, 이를 통해 보다 원활한 의사소통이 가능해진다.

선교사의 '재정적' 연약해짐(돈을 가진 사람으로 알려지기를 원하지 않음)은 원조와 기금 제공에 대한 책임을 동료에게 위임하는 것만으로도 달성할 수 있다. 자신에게 나눌 만한 자원이 없는 상태를 유지한다면 상대적으로 '가난한' 상황에 있는 사람(아프리카의 상황은 대체로 그렇다)은 상대가 가진 것 때문에 상대를 존중하는 행동을 그만둔다. 이것은 인간계의 본질에 큰 변화를 가져올 수 있다. 특히 아프리카 사람의 우정은 뭘 얻을 수 있느냐에 관심을 두기 때문에 그렇다(부룬디의 예처럼 이는 보편적인 현상이다). 원주민이 서구인의 정체성을 '그저 공동체의 일원일 뿐'이라고 규정한다면 선교사들은 현지 중심의 지속 가능한 방식으로 사역을 할 수 있다.

끝으로 아프리카 상황에 대해 한 마디 더하겠다. 대체로 외국 선교사는 재정적으로 매우 관대하다는 기대를 받지만 그가 관대하지 않은 것처럼 보여 인기가 떨어진다고 해도 선교사가 사역과는 별도의 맥락에서 자선을 베푼다면 그 점을 보완할 수 있다. 이에 대한 한 가지 예는 (필자의 경우처럼) 함께 사역하는 교회 지도자들과 별도로 고아를 돌

사람은 부자가 될 수 있었다.

31 Harries, "Witchcraft".

32 세계를 기준으로 그렇다는 말이다.

보는 것이다.

3. 결론

서구의 아프리카 선교사들 가운데 일부는 현지 언어와 자원을 사용해 사역해야 한다. 이것은 이중 정직성 또는 다중 정직성(multi-integrities)을 허용하는 방법 가운데 하나다.

숙고를 위한 질문

1. 다수 세계에서 유럽 언어를 사용할 경우 어떤 문제가 발생할 수 있는가?
2. 이중/다중 정직성은 어떤 모습일까?
3. '연약해짐의 선교'가 무엇이고, 어떤 식으로 작동하는지를 이 용어가 생소한 사람에게 어떻게 설명하겠는가?
4. 원주민들이 자유로운 표현을 하게 되면 어떤 결과가 나타날까?

논찬

김철수

    해리스 박사의 소고는 자신과 다른 문화권에서 일하는 교차문화권 선교사 모두에게 선교적으로 필수인 하나의 실천 영역을 다루고 있다. 우선 필자는 그가 실제로 자신의 현장 선교사 경험에 기초하여 얻은 날카로운 선교학적 안목으로 서구 선교사에게 예민할 수 있는 부분을 과감히 다룬 그의 인류학적 통찰력을 높이 평가한다.

    교차문화적 경험에 기초하여 해리스 박사는 선교사가 의도적이든 비의도적이든 무언가를 현지인에게 강압적으로 주입하는 것을 피할 수 있는 최선의 방법은 자신이 섬기는 현지인의 언어를 배워서 '연약해지는(vulnerable)' 입장이 되어 현지 문화에 자신을 적응시키는 것이라고 한다. 그의 이런 제안은 선교사가 외부에서 오는 자원을 멀리함으로써 현지 사람이 선교사 앞에서 자유롭게 자신을 표현하도록 해주어야 한다는 뜻을 내포한다. 해리스에 따르면 선교사의 재정적 힘과 기술적 우위는 현지 토착민이 자신보다 경제적으로 우월한 외부 선교사 앞에서 자신의 견해를 정직하게 표현하는 것을 방해한다. 그래서 '연약해짐의 선교(vulnerable mission)'는 복음을 전하는 자나 받는 자 모두에게 그 어떤 숨겨진 동기 없이 복음이 순수하게 소통되도록 해준다는 것이다.

필자 역시 동아프리카에서 현장 연구와 사역을 수행해 오고 있는데, 필자 본인의 경험에 비추어 해리스의 소고에 대해 다음과 같이 응답하고자 한다. 필자의 응답은 세 부분으로 나뉜다.

- 본고에서 해리스 박사가 여러 문화적 개념을 분석한 것에 대한 필자의 인류학적 견해
- 선교사가 현지 언어를 습득하고 자신을 현지 공동체에 순응시키는 것이 선교사의 필수 조건임을 강조한 그의 견해에 대한 선교학적 동의
- 좀 더 고려해 보아야 할 이슈들을 위한 몇 가지 질문

첫 번째, 해리스가 자신의 강조점을 설명하기 위해 사용한 사례는 인지인류학에서 '문화적 모델'이라고 부르는 것과 관계가 있다. 문화적 모델은 '한 문화권의 사람들이 공유하는 마음(mental)의 심상(representation)'을 가리킨다.[1] 필자가 다른 곳에서 설명한 적이 있는데, 한 사회의 모든 문화적 모델은 그 문화적 세계관(cultural worldview)에 기인한다.[2] 그리고 문화적 세계관은 '문화화 과정(enculturation)' 또는 전통적 교육을 통하여 형성된 문화적 믿음(assumptions; 사전적 의미인 '가정'보다는 '믿음'이 원 개념에 더 가까움)과 문화적 가치로 구성된다.[3] 해리스는 **불룬다**와 **루봄보시**라는 **카온데족**의 관습을 사용하여 서구인들이 아프리카 현지 언

1　Giovanni Bennardo and Victor C. de Munck, *Cultural Models: Genesis, Methods, and Experiences* (Oxford: Oxford University Press, 2014), 3.

2　Caleb Kim(김철수), *Cultural Anthropology from a Christian Perspective* (Eldoret, Kenya: Utafiti Foundation, 2019), 71.

3　Kim, *Cultural Anthropology*, 26.

어에 숙달하지 않으면 아프리카 현지의 문화 행위와 그 의미를 이해하는 것이 불가능함을 증명하고자 했다. 예를 들어 심지어 '정직'이나 '경제'라는 서구적 개념도 문화적 모델을 갖고 있는데, 다른 문화권의 사람은 이것을 쉽사리 이해하기 어렵다는 것이다. 아무리 어떤 문화적 가치가 인류에게 보편적인 것이라고 해도 말이다. 이런 이유로 서구 선교사를 통해 만들어지고 전달된 많은 것에 대한 정의(definitions)가 전세계적으로 보편적이거나 객관적이지 않을 수 있다는 것이다. 그것은 문화 내부자의 세계관과 예수의 복음에 대한 경험에 비춰 새롭게 해석되고 정의될 수 있다. 그렇지 않을 경우 선교사는 현지 사람이 자신의 문화적 정황에서 복음을 깨달을 수 있는 충분한 시간과 공평한 기회를 제공하지 않은 채 자신도 모르게 일방적으로 현지 사람에게 서구 또는 자신의 고향에 대한 개념을 주입시키게 된다. 그래서 해리스는 외국 선교사들이 왜 '연약해짐의 선교'적 자세를 취해야 하는지에 대해 설득력 있게 인류학적으로 증거를 제시하고 있다.

두 번째, 해리스 박사는 서구 선교사가 가졌던 재정적 우위로 아프리카 선교 역사에서 볼 수 있었던 힘의 불균형이라는 뼈아픈 역사적 사실을 지적한다. 사람들이 함께 일하는 상황에서 보통 어느 한 그룹이 다른 그룹을 통제할 때는 그 통제하는 그룹의 생각이나 가치가 다른 그룹에 주입되는 일이 발생한다. 이런 일방적 주입은 어느 한 그룹의 경제력이 압도적으로 강할 때 종종 일어난다. 해리스는 서구 선교사와 아프리카인 사이에 있던 이런 일방성의 병폐를 날카롭게 지적하고 있다. 흥미롭게도 그는 서양 선교사와 아프리카인 이 두 그룹의 재정적 차이를 서양 선교사의 현지 언어 습득에 연관시킨다. 언어학적으로 그리고 인지인류학적으로 말해 문화적 믿음과 가치는 사람의 가슴 언어를 통해 표현되고 소통된다. 그런데 누군가가 자신의 종교적 신념과 가치를 전하고자 할 때 자기가 가진 경제적 우위로 말미암아 자신의 청중에게 자기 언어를 먼저 주입시키고자 한다면, 그 전달자는 자신의 선한 의지와 전혀 다르게 자신의 청중에게서 그들의 영혼을 빼앗고 마는 것이다.

따라서 해리스 박사는 그의 동료 선교사에게 현지의 토착 언어(필자는 '가슴 언어'라고 부르고자 함)를 배움으로써 선교사로서 연약해지는 자세를 선택하는 것이 어떤지 제안하고 격려한다. 주어진 사역지에서 현지의 토착어나 그들의 가슴 언어를 배우는 일은 선교사를 연약해지게 만들어준다(하지만 이것은 선교사에게 필수적인 과정이다). 필자는 선교사가 현지의 언어를 사용하여 복음을 전하는 것이 복음을 듣는 사람이 가슴으로 그 복음을 경험하도록 섬기는 가장 결정적 요소라는 해리스의 주장에 전적으로 동의한다. 영국 선교사들이 영어를 일방적으로 주입시켰던 것은 현명한 선택이 아니었다. 해리스가 지적했듯이 서양 선교사들은 현지 사람이 가졌던 세계에 대한 이해를 자신들이 가져간 그것으로 바꾸려고 했다. 서구의 것이야말로 보편적이고 객관적이라고 여긴 채 말이다. 복음을 전하는 선교사가 현지 사람에게 성경적으로 진실된 가치를 증거한다고 해도, (서양인을 통해 이해된) 그 성경적 가치는 현지 사람의 문화적 여과 과정과 문화적 틀을 통과하지 못하고 자동적으로 수용될 수 있는 보편적 가치가 되지 못한다. 만일 선교사가 이것을 기대한다면 그의 자세나 인식은 선교학자들이 지적하는 '순진한 현실 인식(naïve realism)'이라는 범주에 빠지게 된다.[4]

해리스 박사는 이 점을 설명하기 위해 서양의 정직성(integrity) 개념

---

[4] 예를 들어 다음을 참조하라. Paul Hiebert, *Anthropological Insights for Missionaries* (Grand Rapids: Baker Book House, 1985); Charles Kraft, *Anthropology for Christian Witness* (Maryknoll: Orbis Books, 1996). 역사는 우리에게 인간은 태어나면서부터 자민족중심주의적임을 가르쳐 주고 있다. 이것은 성경이 말하는 원죄의 진리를 증거해 준다. 따라서 허버트 스펜서(Herbert Spencer)의 사회진화론에서처럼 타인에 대한 자민족 중심주의적 관점은 서구인만 가졌던 문제가 아니라 대다수 세계를 포함한 전 인류의 문제다.

을 아프리카의 주술(witchcraft) 개념에 비견한다. 이 두 가지 개념은 전혀 무관한 듯 보인다. 그러나 아프리카의 세계관을 인류학적으로 철저히 조사하면, 해리스가 보여주고자 하는 것이 무엇인지 잘 이해할 수 있다. **블룬다**와 **루봄보시** 같은 아프리카의 관습을 예증으로 사용해 저자는 외국어인 영어로 복음을 전하는 것이 복음 제시에 있어 불충분하다는 점을 보여주고자 한다. 실제로 외국어인 영어로 복음을 제시하는 일은 예수께서 성육신을 통하여 보여주시고자 했던 선교적 모델과 정반대되는 모습이다.

끝으로, 필자는 세 번째 요점을 해리스 박사가 좀 더 고찰하여 함께 토론하게 되기를 바라면서 질문 형식으로 제시하고자 한다. 필자는 저자가 발전시킨 선교사의 연약해짐이라는 선교학적 개념이 서구 선교사에게만 적용되지 않고 외부의 재정적 자원을 갖고 현지로 들어가는 비서구 선교사에게도 적용된다고 믿는다. 여기에는 한인 선교사도 포함된다. 더욱이 한인 선교사는 다른 아시아인이나 아프리카인과 무척 다른 문화적·심리적 삶의 방식을 갖고 있다. 이제 해리스 박사에게 묻는다. 해리스 박사는 교차문화권의 선교사들이 사회적·문화적 우월감이라는 과오에 빠지는 것을 막기 위해서는 연약해짐의 선교가 가장 도움이 되는 길이라고 제안했다. 그렇다면 외부적 자원을 철회하고 현지 언어를 배움으로써 선교적으로 연약해지는 것만이 교차문화권의 선교사가 인간적인 약점을 극복하는 유일한 해결책이라는 것인가? 선교사와 현지인 사이의 순전한 관계가 선교적 연약해짐의 결과라고 했는데,[5] 이런 관계가 '연약해짐이 없는 선교사들(non-vulnerable missionaries)'

---

5 해리스는 다음과 같이 말한다. "연약해짐의 선교는 선교 또는 개척 사역을 할 때 외부에서 온 사역자들이 현지 언어와 자원만 사용하는 것을 말한다. 이렇게 하면 외부 기부자에 대한 선교사의 의존도를 낮춰 외국이 아닌 현지인의 정직 개념을 실천할 수 있다."

에게도 효과적으로 형성되는 다른 길이 있지 않을까? 선교사가 섬기는 사람들의 가슴 언어를 배우면서 조나단 봉크나 크리스토퍼 라이트가 말한 것처럼[6] '의로운 부자'가 될 수 있지 않겠는가? 다시 말해 겸손함을 키워 주고 오직 주님만을 유일한 자원으로 의지하게 해주는 연약해짐(vulnerability)은 선교사가 '의로운 부자'의 삶을 순전히 실천할 때 경험하게 되지 않겠는가?

저자에게 묻는 또 하나의 질문은 외국어의 현지화에 대한 것이다(본 논의에서는 영어가 된다). 필자는 동아프리카에서 지난 30여 년간 사역하면서 많은 케냐인이 영어를 케냐 방식으로 사용하는 모습을 보았다. 케냐인은 영어를 자신의 언어 문화에 수용하면서 그들의 아프리카적 개념을 현지화한 영어를 통해 소통한 것으로 보인다. 그래서 저자에게 묻는다. 아프리카인을 통해 받아들여져 아프리카의 토착적 개념을 전달하는 문화적 기능의 수단으로 아프리카화된, 아마도 도시에서 대부분 더 많이 사용되고 있는, (영국 본토와) 다른 영어를 인정하려는 생각이 있는가?[7] 결과적으로, 그들이 현재 사용하는 영어는 영국 본토인이 처음 전했을 때 그 영어와는 많은 부분에서 다른 언어다.

이제 마지막으로 필자가 언급하고 싶은 것은 선교사의 연약해짐과 필자가 강조하는 '성육신적 자세'와의 연관성이다. 성육신은 우리 주님이 인류를 구속하기 위하여 행하신 전무후무한 역사적으로 유일한 사건인 반면, '성육신적 자세'는 문화를 교차하신(즉 바울이 빌립보서 2장 5-8절에서 묘사한 대로 하늘에서 땅으로 오신) 주님의 그 길을 따르고자 노력

---

6 Jonathan Bonk, *Missions and Money: Affluence as a Missionary Problem* ··· *Revisited* (Maryknoll: Orbis Books, 2006, Kindle) 7-8장 참조.

7 특별히 케냐의 젊은 세대가 영어와 스와힐리어를 재치 있게 섞어 사용하는 'Sheng'은 이런 예가 되지 않을까?

하는 교차문화권에서 사역하는 선교사들의 마음가짐을 가리키는 말이다. 교차문화권에서 사역하는 선교사는 그가 섬기는 사람들의 언어(와 문화)를 신실하게 배울 수는 있다. 그러나 언어 습득 하나만으로 현지 사람에 대한 선교사의 존중하는 자세를 온전히 보장하기는 어려워 보인다. 필자의 아프리카 학생은 종종 이렇게 말하곤 했다. 현지 말을 유창하게 잘하는 외국 선교사들 가운데서도 아프리카 문화에 대한 존중이 결핍된 모습을 본다는 것이다. 인간 문화 가운데 오셔서 사람의 말을 하셨던 하나님의 아들의 성육신은 하나님이 조건 없이 얼마나 인간을 사랑하시고, 언어를 포함하여[8] 그들의 문화를 얼마나 존중하셨는지를[9] 잘 보여준다. 주의 길을 따라가면서 교차문화권에서 사역하는 선교사들은 자신이 섬기는 사람들의 문화와 언어를 이해하고 존중하고자 애쓰면서 그들을 사랑하려고 노력한다. 이런 가운데 선교사는 타고난 자신의 인간적 약점, 즉 자민족 중심주의와 싸우면서 다소 자연스럽게 '연약해지게' 된다. 다시 말해 '연약해짐'은 성육신적 자세의 결과라는 것이다. 따라서 선교사는 자신이 섬기는 사람에게 영향을 끼치려고 종종 기대는 재정적 힘 뒤에 숨어 있는 위험을 항상 경계하면서 '성육신적 연약해짐'을 유지하기 위해 끊임없이 자기 내면의 자세를 점검해야 한다.

---

8 하나님이 얼마나 인간의 문화를 존중하시는지는 하나님의 말씀이 어떤 언어로도 번역될 수 있다는 번역 가능성(translatability)을 통해 잘 설명된다. Lamin Sanneh, *Translating the Message: The Missionary Impact on Culture*, 2nd ed. (Maryknoll: Orbis Books, 2009) 참조.

9 필자는 단어 '문화'를 폴 허버트나 찰스 크래프트(Charles Kraft) 등 복음주의 선교학자들이 선교인류학적으로 내린 정의에 따라 사용하고 있다. 필자의 책 《Cultural Anthropology》를 참조하라.

17
선교와 권력, 돈

━━━━

폴 벤더-새뮤얼(Paul Bendor-Samuel)

1. 서론

오늘날 선교의 실제 활동에서 돈은 필수 요소다. 개인 후원, 개발 사업, 목회자와 교회의 외부 자금 지원, 선교 구조 유지, 교회 간의 '동반자 관계' 등 각종 분야에 돈이 연관된다. 하나님의 선교에 참여하는 방법을 논의할 때 돈은 그저 사역을 위한 수단에 불과하다고 생각하는 상황을 상상해 볼 수는 있겠지만 현실은 그렇지 않다. 돈을 마련하고 분배하는 방식은 사역의 수단 차원에 머물지 않고 우리가 선교를 생각하고 실천하는 방식을 결정하기까지 한다.

선교와 돈 사이 관계에 종종 신앙적 태도와 행동이 반영된다. 하나님께 대한 의존, 믿음, 희생적 관대함, 신뢰, 성실성 등이 그 관계 안에 드러난다. 선교와 돈의 관계에서 비롯되는 어려움도 끊이지 않는다. 그런 어려움은 인간의 죄성 때문으로 볼 수 있다. 분명 그것도 맞지만 그것을 공급과 지속 가능성의 문제로 보는 관점도 있다. 공급 차원에서 덜 부유한 환경의 사람들에게 자금을 마련해 주는 방법은 무엇일까? 지속 가능성 차원에서, 기존의 선교적 자원이 고갈되는 상황에서 선교 구조가 유지되도록 보장하는 방법은 무엇일까? 죄와 공급과 지속 가능성 문제가 중요하지만 본 논문에서는 다른 점에 주목한다. 우리는 세계화되고 탈식민주의적이며 복잡성과 불확실성이 만연한 불공평한 곳에서 살고 있다. 따라서 본 논문에서는 주로 관계적이고 시스템적인 쟁점을 다루려고 한다. 모든 관계에는 권력 문제가 얽혀 있는데, 돈과 관련된 권력 문제는 한층 더 복잡하다. 본 논문에서는 우리가 속한 시스템의 내재적 속성을 깊이 이해해야만 더욱 건강한 선교 파트너십을 실현할 수 있고, 그렇게 될 때 돈이 모두를 섬기는 수단이 될 수 있다는 점을 강조하려고 한다.

2. 상황 설정: 신학적 성찰

권력은 '어떤 일을 하고, 특정한 방식으로 행동하고, 다른 사람의 행동이나 사건의 진행을 지시하거나 이에 영향을 미치거나 통제하는 능력 또는 역량'을 뜻한다.[1] 성경은 우주의 창조주이자 유지자이신 하나님께로부터 모든 권력이 나왔다고 확언한다. "생육하고 번성하여 땅에 충만하라, 땅을 정복하라"(창 1:28)는 첫 지상명령에서 볼 수 있듯 하나님은 권력을 인류와 공유하기로 선택하셨다.

온 땅을 다스리라는 명령이 주어진 것은 아담과 하와가 "하나님의 형상대로"(1:26-27) 지음을 받았기 때문이다. 학자들은 이 구절을 다양하게 해석한다.[2] 형상을 입는다는 것은 구조적으로 이성과 같은 내재

---

1 Oxford Online Dictionary, s.v. "power", accessed February 2, 2021, https://www.lexico.com/definition/power.

2 Michael Burdett, "Being Human in an Age of Technology: The Ethics of Artificial

적이고 신과 같은 특성을 나타낸다는 뜻으로 이해된다. 관계적으로는 하나님 그리고 인간끼리 관계를 형성할 능력을 가졌다는 것을 뜻한다. 종말론적으로는 "우리가 그와 같을 줄을 아는 것은 그의 참모습 그대로 볼 것이기 때문이니"(요일 3:2)라는 말씀처럼 미래에 이뤄질 일을 가리킨다. 기능적으로는 이 땅에서 우리의 역할을 뜻한다. 고대 근동의 지배자들이 자기 영토를 표시하면서 자신의 조각상을 세운 것처럼 인류도 창조주의 형상을 가지고 하나님의 다스리심을 모든 곳에 선포하고, 모든 만물에 대한 하나님의 권위를 드러낸다.[3] 고대의 왕들은 자기가 신의 형상에 따라 창조되었기 때문에 자기의 신을 드러내는 방식으로 행동해야 했다. 따라서 하나님의 형상대로 만들어졌다는 것은 각 사람에게 최고의 존엄성을 부여할 뿐 아니라 우리가 서로를 대하고 만물을 대할 때 하나님이 하시듯 해야 한다는 뜻이다.[4]

땅을 다스리는 책임과 권력은 남자와 여자에게 함께 주어진다. 두 번째 창조 기사에서는 남녀 사이에 권력의 차이가 없다는 점이 강조된다. 창세기 2장에서 "혼자 사는 것이 좋지 아니하니"(18절)라고 말씀하셨다. '돕는 배필(합당한 조력자)'이 없었으므로 남자를 재료로 사용해 여자가 창조되었다. 돕는 배필이 복종의 뜻이 아님을 나타내기 위해 성경은 우리를 돕는 자이신 하나님과 관련하여 동일한 단어('ezer)를 사용한다(예를 들어 시 46:1(여성형); 89:19]. 실제로 지시를 통해 도움을 주든, 컨설턴트나 치료사, 기증자처럼 보다 형식화된 도움 관계를 통해서든

Intelligence", Human Flourishing in a Technological World: A Christian Perspective, Merton College, Oxford, May 29, 2019, Vimeo, https://www.christianflourishing.com/blog/2019/05/29/michael-burdett-being-human-in-an-age-of-technology-the-ethics-of-artificial-intelligence.

3 Gerhard von Rad, *Genesis* (London: SCM Press, 1961), 60.

4 Myrto Theocharous, "The image of God and Justice", in *Living Radical Discipleship: Inspired by John Stott*, ed. Laura S. Meitzner Yoder (Langham Global Library, 2021).

돕는 사람이 상당한 사회적 권력을 가졌음을 알 수 있다.[5]

하나 됨과 평등은 창세기 첫 부분의 주요 주제다. 이 인간관계의 원리는 아담과 이브의 반역 때문에 극적 변화를 겪는다. 하나님과의 관계, 자연 세계와의 관계, 모든 사회적 관계에 큰 변화가 일어난다. 욕망과 지배의 유해한 작동 방식(3:16)은 빠른 속도로 멸망과 죽음을 가져왔다(가인과 아벨, 4:6-8). 인간관계에서 권력이 근본적으로 바뀌어 이때부터 권력의 문제는 모든 관계를 왜곡하고 손상시키는 위협이 된다. 예수 그리스도가 아니었다면 그 피해는 돌이킬 수 없었을 것이다.

그리스도의 사역은 모든 관계에 하나 됨의 가능성을 회복시킨다. 신약성경의 많은 부분에서 민족 간 하나 됨의 문제가 집중적으로 다뤄지는 한편 돈이라는 주제는 예수님의 가르침 안에서, 회복된 관계의 공동체인 교회 안에서 중요하게 다뤄진다. 예루살렘 교회는 급진적인 관대함(행 2:45; 4:32-35)과 공평한 분배를 위한 급진적 시스템을 보여주면서 소외된 소수가 그 과정을 통제할 수 있도록 했다(6:1-7). 하나님 나라에서는 돈의 힘이 그 소유의 규모가 아니라 급진적 관대함의 실천에서 나온다. 이방 교회도 같은 모범을 보여주었다(고후 8:1-7). 바울은 후한 헌금을 통해 하나 됨을 실천적으로 입증하는 것을 중요하게 생각했고, 자신도 그런 방식으로 살았다(행 20:33-35). 또한 그는 이를 위해 기꺼이 자신의 목숨을 걸었다(갈 2:10; 고전 16:1-4). 구속받은 공동체에서 권력과 돈 문제가 심각하게 두드러진 사건도 발생했다(행 5:1-11; 8:18; 16:19). 비록 교회가 불완전하고 성장 과정에 있는 공동체이지만, 지금 하나님 나라가 임하기를 기도하고 삶을 통해 하나 됨의 나라를 나타내도록 부르심을 받았다(요 17:20-23).

5 Edgar H. Schein, *Helping: How to Offer, Give, and Receive Help* (Oakland: Berrett-Koehler Publishers, 2011).

질문: 그리스도의 사역, 하나 됨으로의 부르심, 성령의 새롭게 하시는 능력에도 불구하고 왜 우리는 선교에서 권력과 돈 문제로 어려움을 겪는 것일까?

3. 맥락: 사회, 교회, 선교

선교와 돈에 대한 논의는 항상 맥락을 고려해야 한다. 코로나19 대유행은 전 세계가 당면한 현실을 부각시켰지만(예를 들어 사회 안에 이미 존재하는 불평등의 영향 또는 소비 중심 경제가 가져온 기후 변화의 피해를 감안해 경제적 전제를 재고할 필요성 등) 처한 맥락에 따라 그 경험은 큰 차이가 있었다. 국지적인 것은 항상 '예외적'이다. 돈과 선교의 역학 관계에서 권력을 이해하려면 다른 사람의 이야기에 마음을 열고 자기 자신을 내려놓는 과정이 필요하다. 선교와 돈, 권력에 영향을 미치는 몇 가지 주요 맥락은 다음과 같다.

탈식민주의와 신식민주의

1914년에는 지구 대륙의 85%가 유럽 열강, 특히 영국의 지배 아래 있었다.[6] 식민주의가 남긴 흔적은 자의적인 국경선, 낯선 통치 형태, 힘을 가진 엘리트, 불공정한 글로벌 경제 시스템, 문화적·심리적 손실 등의 형태로 이어지고 있다. 또한 과거의 식민 통치자와 현존하는 제국이 사용하는 수사적 표현과 행동에서도 그 흔적을 엿볼 수 있다. 신식민주의로 경험되는 세계화는 종종 종교적 불관용으로 무장한 민족주

---

6 *Encyclopaedia Britannica Online*, s. v. "The new imperialism (c. 1875-1914): Reemergence of colonial rivalries", accessed February 2, 2021, https://www.britannica.com/topic/Western-colonialism/The-new-imperialism-c-1875-1914.

의를 유발하고 정체성과 소속감을 향한 투쟁의 양상으로 나타난다. 그 것이 세계 선교 공동체 내에서의 관계에 영향을 주지 않는다고 생각한 다면 현실을 제대로 보지 못하는 것이다.

인종차별, 백인, 내재적 편견

일반적으로 '인종'은 사회적으로 구성된 관념이라는 데 동의하지만, 인류 역사에서 계속되는 불평등을 성찰해 보면 인종의 개념이 인간관 계, 공동체, 문화를 막론하고 큰 영향을 끼친다는 것을 알 수 있다. 여 러 시대에 걸쳐 성경이 인종 학살, 인종 청소, 식민주의를 정당화하기 위해 사용된 것처럼[7] 우리는 인종차별의 조직적 형태와 선교 사이의 관계를 갈수록 자각하게 된다. 조니 라미레스 존슨은 《'백인'이 구원받 을 수 있을까》에서 인종은 "국적, 민족, 피부색 분류(백인/흑인)의 동의 어로 사용되는 서양 영어권 대중문화의 포괄적 용어로, (이를 통해) 고유 한 문화적 집단의 구성원을 식별한다"라고 썼다.[8] 이 책의 제목은 제자 들의 부자에 대한 질문을 비튼 것이다(눅 18:26). 백인이라는 속성은 번 영, 권력과 깊은 관련이 있지만 우리는 이 질문을 무시해서는 안 된다. 본 논문을 쓰는 동안 필자가 소속되어 있는 선교기관의 소식지가 이메 일로 도착했다. 그 내용은 이렇게 시작한다. "한 나미비아인이 그의 친 구들에게 보낸 편지를 방금 읽었다. … 단지 피부색 때문에 그가 겪은 온갖 고통스러운 이야기가 가슴을 아프게 한다. 그를 괴롭힌 것은 어

---

7 Michael Prior, "The Bible and the Redeeming Idea of Colonialism", *Studies in World Christianity* 5, no. 2 (1999), 129-155.

8 Johnny Ramírez-Johnson, "Intercultural Communication Skills for a Missiology of Interdependent Mutuality", in *Can "White" People Be Saved? Triangulating Race, Theology and Mission*, ed. Love L. Sechrest, Johnny Ramirez-Johnson, and Amos Yong (Illinois: IVP, 2018), 253, drawing on the work of Bill Ashcroft, Gareth Griffiths, and Helen Tiffin, *Post-Colonial Studies: The Key Concepts*, 2nd ed. (New York: Routledge, 2007), 20-21.

떤 백인우월주의 단체가 아니었다. 그가 받은 괴로움은 바로 여러분과 나처럼 하나님 나라와 선교 사명에 열정적인 사람들과의 일상적인 교류 속에서 일어난 것이다!"[9]

조직 개발과 조직 문화 분야의 석학으로 알려진 에드거 샤인은 우리 주변에 존재하는 것을 알아보기가 얼마나 어려운지에 대해 썼다. 우리의 정신은 문화, 성별, 민족, 직장, 교회 등과 관련된 기존 경험을 통해 예민해진 상태다. 그는 이렇게 썼다. "우리는 정보를 수동적으로 받아들이지는 않는다. 우리는 주어진 데이터를 선별하여 그중에서 기억하고 분류할 수 있는 것을 골라낸다. 이때 우리의 언어와 문화적으로 학습된 개념과 우리의 욕구와 필요를 기반으로 그렇게 한다. … 우리는 보는 것에 대해 생각하고 설명하는 것이 아니라 생각하고 설명할 수 있는 것을 보는 것이다."[10] 최근 필자는 박사 과정에 있는 한 뛰어난 학생(백인, 여성, 미국 남부 출신)과 대화를 나눴다. 그녀는 "미국에는 제도화된 인종차별이 존재하지 않는다"라고 강변했다. 선교 시스템 안에는 백인의 권력이 경제, 교육, 역사, 평판 면에서 깊이 뿌리내리고 있다. 이런 상황에서 공평하고 상생적인 타 문화 관계 형성과 돈이 함께 번창하기는 쉽지 않다.

현대 선교 운동의 영속적 유산

19세기 교차문화적 선교 운동이 남긴 유산은 오늘날의 타 문화 선교에 대한 이해와 실천에서 힘차게 약동하고 있다. 세계가 '기독교 세

---

9 Bijoy Koshy, International Director's word in "Newslink", the internal *Interserve International Newsletter*, February 2021.

10 Edgar H. Schein, *Humble Inquiry: The Gentle Art of Asking Instead of Telling* (Oakland: Berrett-Koehler Publishers, 2013), 91.

계(Christendom)'와 '이교도 세계'로 뚜렷하게 나뉘었던 시기에 태동하여 선교사라는 특별 대리인을 통해 이뤄진 선교는 주로 교회 설립에 중점을 둔 일부 교회가 독점하는 분야였다.[11] 의심의 여지 없이 하나님은 예수님의 명령에 순종하는 마음으로 수행된 이 희생적이고 신실하고 용감한 섬김을 축복하셨다. 이 패러다임은 식민지를 확대해 나가는 환경에서 이치에 맞았고, 20세기 후반 북미 복음주의 선교를 통해 더욱 발전했다. 최근에는 브라질, 나이지리아, 한국 등 다수 세계의 새로운 선교 운동이 기존 선교 운동이 가졌던 강력한 전제와 기대, 접근 방식과 시스템을 도입했다.

하나님의 선교에 대한 교회의 참여가 항상 오늘날처럼 실천되었던 것은 아니다. 예를 들어 초대교회의 성장에 대한 연구를 살펴보면 상당히 다른 패러다임이 관찰된다.[12] 실제로 16세기 이전 '선교'라는 단어를 사용하는 것은 시대착오적이다.[13] 현대 선교 패러다임이 오늘날의 상황에 맞지 않는다는 논의를 할 자리는 아니지만, 현대 선교 패러다임 내에서 권력과 돈의 역할에 대한 몇 가지 고찰은 유용하다.

현대 선교 운동의 여러 기본 전제 형성에 영향을 준 것은 돈이다. 예를 들어 선교에 있어 일차적 역할을 하는 사람은 '보냄을 받은' 제자라고 전제된다. 이 '선교사'에게는 재정이 필요하다. 윌리엄 캐리가 생각한 선교사의 모습은 선교사(남자, 가급적 기혼자일 것)가 둘씩 팀을 이루고,

---

11 Alan Krieder and Eleanor Kreider, *Worship and Mission after Christendom* (Milton Keynes: Paternoster, 2009), 16.

12 See, for example, Carlos F. Cardoza-Orlani and Justo L. Gonzales, *To All Nations from All Nations: A History of the Christian Missionary Movement* (Nashville: Abingdon Press, 2013); Alan Kreider, *The Patient Ferment of the Early Church: The Improbable Rise of Christianity in the Roman Empire* (Grand Rapids: Baker Academic, 2016).

13 Michael W. Stroope, *Transcending Mission: The Eclipse of a Modern Tradition* (London: Apollos/IVP, 2017).

이들의 필요를 돕는 작은 팀이 합류하는 형태였다.[14] 캐리 자신은 이런 식으로 활동했으나 이 방식은 보편화되지 않았고, 파송 교회와 개인 재정 후원이 표준으로 자리 잡았다. 교단 기관들은 공동 재원으로 선교사들을 지원했지만, 초교파 선교부는 개인 후원 체계를 발전시켰다. 이처럼 파송과 돈은 공생 관계를 이뤘다.

선교 운동이 세계화됨에 따라 다수 국가라는 맥락에서 선교사에게 자금을 조달하는 방법에 큰 관심이 집중되었다. 식민주의와 제국을 기반으로 한 경제적 힘이라는 맥락에서 선교 운동이 발전되는 과정에서 선교는 파송을 전제로 한다는 인식이 굳어졌다.[15] 파송과 돈을 결합시키는 선교 패러다임에서 해방되려면 기독교 세계 이전 교회의 성장 양상과 오늘날 교회의 성장 양상을 면밀하게 검토해 보는 것이 도움이 된다.

현대 선교 운동의 특징인 과업(task)과 실용주의(pragmatism)도 주목할 필요가 있다. 1950년대 이후 미국의 복음주의자들이 세계 선교의 사상과 실천을 지배해 왔다. 미국 교회의 재정적 힘은 선교 연구를 위한 전문 센터 설립을 가능하게 만들었고, 이곳에서 선교 이론, 언어와 실천 영역의 발전이 이뤄졌다. 북미 복음주의가 가진 고도로 개인화되고, 경쟁적·관리적이며, 백인 중심의 맥락에서 발전된 선교적 관점은 다른 목소리를 배제한 채 세계 선교 운동의 표준으로 자리 잡았다. 여기에는 선교를 완수해야 할 하나의 과업으로 보는 관점, 결과를 내는 방법이 옳은 방법이라는 실용주의가 기본 전제로 깔려 있다. 과업

---

14 William Carey, "An Enquiry into the Obligation of Christians to Use Means for the Conversion of the Heathen", facsimile of the original edition issued in 1792 (London: Baptist Missionary Society, 1942), 73.

15 Duncan Olumbe, "Dancing a Different Dance", *Connections: The Journal of the World Evangelical Alliance Mission Commission* 5, no. 2/3 (December 2006), 15-17.

과 실용주의라는 동인은 선교에서 사용되는 언어(예를 들어 '과업 완수')와 '올바른 선교 전략'에 대한 끊임없는 탐색에서 그 모습이 드러난다. 돈은 선교에 대한 '전략적' 접근 방식을 이론화하고 구현하는 역량을 개발하는 중심 동인이다. 그러나 다른 관점을 키우지 못하고 다른 목소리를 내는 사람을 침묵시킨 것, 특히 교회가 연약하거나 자체적인 선교 신학과 실천을 발전시킬 자원이 부족한 지역에서 그렇게 한 것은 의도하지 않은 부작용이었다.

실용주의적 선교와 '과업으로서의 선교'는 모두 돈에 크게 의존한다. 이 경우 돈은 선교의 결정적 자원이다. 실제로 우리는 사람, 관계성, 기도, 영적 분별력, 신학, 창의성 등 다른 자원을 평가절하할 수도 있다. 이것들이 각각 고유한 힘을 가졌음에도 불구하고 선교에서 돈을 최우선 순위에 둔다면 선교 시스템 내에서 돈을 통제하는 사람에게 과도한 힘을 실어 주는 결과가 나타난다. 그 점에 대해 살펴보자.

질문: 앞서 제기된 상황적 문제에 우리가 속박당하지 않고 그것을 '다스릴' 수 있을까?

4. 인간 시스템 사고

필자는 여기서 배리 오쉬리의 저작을 참조해 논의를 진행하고자 한다.[16] 조직 개발 분야의 여러 선구자처럼 오쉬리는 2차 세계대전의 참혹상을 보고 "왜?"라고 물었다. 그의 연구는 인간 시스템, 특히 시스템 내부의 권력 역학에 초점을 맞추고 있다. 우리 모두는 가족, 이웃, 교회

---

16 시스템을 다룬 오쉬리의 저작을 간략히 살펴보려면 다음 영상 자료를 참조하라. "What Lies Beneath - A Human Systems Perspective: A Conversation with Barry Oshry", Quality & Equality, accessed February, 5, video, https://www.quality-equality.com/what-lies-beneath-a-human-systems-perspective.

공동체, 조직, 네트워크 등 여러 시스템에 참여한다. 인체가 여러 시스템(순환기, 면역, 소화기, 신경계 등)으로 구성되어 있는 것처럼 상위 시스템은 상호 연결된 여러 하위 시스템으로 구성된다. 타 문화 선교의 세계는 서로 다른 단체, 교회, 네트워크가 전체 내에서 하나의 시스템으로 기능하는 선교 생태계로 설명될 수 있다. 이런 "시스템은 단순히 개개인의 집합이 아니라 여러 관계의 양상을 띤다".[17]

진단

권력은 모든 인간관계에 존재하며 돈은 권력 역학을 더 복잡하게 만든다. 문제를 만날 때 우리는 그것을 개인적 문제(인격, 동기, 능력의 문제)로 보는 경향이 있으며, "(그들은) 항상 저런 식이라니까"라는 말로 자신을 납득시킨다. 조직 내에서 문제를 만날 때는 "우리는 항상 이래 왔다"라고 말한다.[18] 우리는 개인적 실패에 대해 책임을 져야 한다. 또한 죄가 시스템을 감염시킬 때 시스템이 악마적 세력의 요새가 된다는 것을 알고 있다.[19] 기독교 단체는 성별, 인종, 사회적 지위 등을 기준으로 제도적 불의를 행하는 장소가 될 수 있다. 시스템 사고는 개인적 특성을 인정하는 동시에 겉으로 드러나는 것 이면에 또 다른 종류의 역학이 작동함을 인식한다. 이런 역학을 이해하면 효과적인 변화를 위해 협력하는 데 도움이 된다. 오쉬리는 겉으로 드러나는 것 이면에 있는 것을 보지 못하는 시스템에 대한 무지(systemic blindness) 다섯 가지를 다음과 같이 꼽았다. 공간적 무지와 시간적 무지, 관계적 무지, 프로세스, 확실

---

17 Barry Oshry, *Seeing Systems: Unlocking the Mysteries of Organizational Life* (Berrett-Koehler Publishers: San Francisco, 2007), 121.

18 Oshry, xiv.

19 이 주제를 깊이 다룬 다음 자료를 참조하라. Walter Wink, *The Powers that Be: Theology for a New Millennium* (Doubleday: New York, 1999).

성이다.[20] 본 논문에서는 처음 세 가지를 살펴보겠다.

공간적 무지[21]

시스템 전체를 보지 못하고 자기 주변만 보는 경향을 말한다. 이를 극복하려면 다른 사람의 입장이 되어 그들의 관점에서 보는 법을 배워야 한다. 그렇게 하면 공감 능력을 키울 수 있다. 그림 전체를 보려면 열린 태도와 호기심이 필요하다. 리더의 역할 가운데 하나는 시스템 전체를 보고 다른 사람도 그것을 볼 수 있는 환경을 만드는 것이다.

시간적 무지[22]

과거가 현재에 끼친 영향을 보지 못하고 오직 현재만 보는 경향을 말한다. 한 지도자는 기독교 세계가 선교 모델에 끼친 지속적 영향에 대한 워크숍을 진행한 다음, 자신의 선교 활동 기간은 '고작 50년에 불과해서' 기독교 세계의 전제로부터 영향을 받지 않았다고 장담했다. 더 큰 선교 생태계에서 태어나고 발전한 그의 단체가 지나간 과거로부터 어떤 영향을 받았는지 깨닫지 못할 만큼 그의 공간적·시간적 무지는 심각했다. 그런 이유로 본 논문은 역사의 관점을 통한 맥락을 살펴보았다.

관계적 무지[23]

이것은 인간 시스템 사고의 중심 주제다. 여기서는 그중 몇 가지 개

---

20 Oshry, *Seeing Systems*, xxi.

21 Oshry, 14-19.

22 Oshry, 33-37.

23 Oshry, 63-80.

넘만 살펴보려고 한다. 오쉬리는 인간 시스템상의 역할에는 상위(Tops)와 하위(Bottoms), 중간(Middles), 고객(Customers) 등 네 가지 주요 유형이 있다고 한다. 이것은 당위성과 관련된 판단이 아니라 그저 '있는 그대로의 현실'을 말한다. 오쉬리는 예를 들어 시스템의 각 부분이 가진 권력이 전체의 이익을 위해 사용될 때는 상위와 하위가 계층적일 필요가 없다고 말한다. 그는 이런 용어를 특정 상황에 국한시키지 않는다. 따라서 각 역할을 가족이나 교회를 비롯한 다양한 종류의 시스템에 적용시킬 수 있다. 선교에서도 고위 지도자, 그룹 리더, 선교 사역자 안에서 이런 역할을 쉽게 찾아낼 수 있다. '고객'에는 파송/청빙 교회와 기타 단체, 단체를 통해 섬김을 받는 사람이 포함된다. 같은 사람이 동시에 여러 역할을 맡을 수도 있다. 여러 산하 조직을 둔 단체의 국제 리더는 전체에 봉사하는 '상위'이면서 때로는 전체 시스템 내에서 여러 조직의 요구에 따라 봉사하는 '중간'일 수 있다. 네 가지 유형의 역할은 그룹 내에서, 그룹 사이에서 예측 가능한 고유의 행동 패턴을 만들어낸다.

오쉬리는 그룹 간 관계에는 다음 세 가지 주요 유형이 있다고 한다. 상위-하위, 끝-중간-끝, 공급자-고객이다. 각 유형에서 핵심은 책임감의 문제다. 상위-하위 관계를 보면, 대체로 하위는 상위에 책임을 전가하고 상위는 이 책임을 떠안는다. 이로 말미암아 상위는 과도한 부담에 시달리는 한편 하위는 소외감을 느낀다. 우리는 기독교 조직에서 이런 관계 양상을 얼마나 많이 보아 왔는가! 공급자-고객의 경우에도 마찬가지로 서비스 제공에 대한 모든 책임은 공급자가 진다고 볼 수 있다. 그 결과 공급자(기부자)는 과도한 부담을 지고 고객(수혜자)은 '마땅히 받을 자격이 있다'라고 생각한다. 오쉬리는 반복되는 이런 행동 양상을 '맹목적인 반사의 춤(Dance of Blind Reflex)'이라고 부른다.[24] 왜냐하면 시스템 가운데서 인간은 이런 종류의 행동을 기본으로 반복하는 경향이 있기 때문이다. 결국 책임의 전가가 일어나면 진정한 동반자 관계를 맺을 기회가 사라진다. 시스템 내의 모든 역할자가 함께 기여하는 대신 어느 위치에 있느냐에 따라 부담을 느끼고, 지원받지 못하고, 고립되고, 찢어지고, 억압받고, 배제되고, 의견이 묵살당한다는 느낌을 받는다.

선교 시스템에서 이런 상황이 벌어지는 경우를 생각해 보라. 돈이라는 자원이 최우선시되는 상황에서는 돈을 통제하는 사람이 과도한 힘을 가진다는 것은 이미 살펴보았다. 그들은 손쉽게 '상위'의 자리를 차지할 수 있다. 선교를 위한 자금은 여전히 북미와 유럽, 호주, 지금은 아시아 일부 지역의 부유한 교회와 개인의 손에 편중되어 있다. 이것은 불평등한 관계를 설정하며, 앞서 언급한 상황적 문제로 말미암아 더욱 복잡해진다. 우리는 기증자-수혜자와 후견인-고객 관계를 시도해 보았지만 실패했다. 또한 사역의 동반자 관계 모델을 시도하고 있지만 갈등은 여전히 존재하고 해묵은 행동 양상이 불쑥 튀어나온다. 아무런 변화도 없는 것처럼 느껴질 때 우리는 문제를 개인의 탓으로 돌리는 쪽을 선택한다. 즉 '까다로운 사람'이 문제라고 말하며, 문화 간의 오해나 불량한 태도를 비난한다. 시스템 이론은 과중한 부담에 시달린 고위 리더가 갈수록 방어적이 되고 자기 영역을 지키려는 태도를 보이는 '맹목적인 반사의 춤'을 찾아낸다. 중간에 있는 사람은 고위 지도자와 선교 사역자들에게서 받는 상충되는 요구로 말미암아 갈피를 잡지 못하는 한편 선교사들은 무시당하거나 소외당한다고 느낄 수 있다. 기

---

24 Oshry, 64-68.

증자와 수혜자의 입장에서는 일이 제대로 돌아가는 동안에는 괜찮지만 시간이 지나면서 기증자는 해결책을 제공해야 한다는 부담을 느끼는 반면 수혜자는 받는 것을 당연시하는 태도를 가질 수 있다. 그렇다면 이런 상황을 타개할 방법은 무엇일까?

질문: 시스템 사고가 건전한 동반자 관계를 형성해 나가는 데 어떤 방식으로 도움이 될 수 있을까?

5. 다른 방법 선택하기

역사, 정체성, 관계성 등 심오한 문제를 다루는 상황에 대해 손쉬운 해결책이 있다고 말하는 것은 거짓말이다. 우리는 우리 안에서, 우리 사이에서 역사하시는 성령님이 우리와 우리의 공동체를 삼위일체 하나님의 형상으로 만들어 주시기를 바라고 의지한다. 이 과정은 여정이다. 우리는 이 여정에 함께하면서 소망과 용서를 삶 가운데서 실천하고 자신을 성찰하는 동시에 우리가 속한 시스템에 주의를 기울여야 할 것이다.

우리 자신에 대해

주어진 상황에서 우리 자신을 어떻게 활용할지 선택하는 것은 매우 중요하며, 그 선택은 역량과 기술, 자원보다 시스템에 더 큰 영향을 끼친다. 우리는 자신을 더 잘 활용하기 위해 자기 행동을 점검하고 감정에 주의를 기울이는 법을 배운다. 그렇게 함으로써 자신의 불안을 인식하고, 그 불안을 조장하는 전제와 신념을 파악하게 된다. 그러면 하나님이 우리 '마음의 녹음 테이프'를 바꾸실 수 있는 상태가 된다. 우리가 자신에게 반복해 들려주는 마음의 녹음 테이프는 우리와 우리 주변 사람을 향하신 하나님의 관점을 반영한 것이 아니다. 우리는 관계 가운데서 존재하기 때문에 우리의 감정은 우리 안에서 일어나는 일에 대한 단서일 뿐 아니라 우리 주변의 시스템에서 일어나는 일에 대한 단서이기도 하다.[25]

우리의 시스템에 대해

우리는 시스템 내부의 권력은 편중될 수밖에 없다고, 즉 권력은 상위에 집중되고 하위는 소외되고 무력하다고 생각할 수 있다. 그러나 꼭 그렇지는 않다. 사실 시스템 내의 모든 역할에는 고유의 권력이 있다.[26] 그룹 간의 예측 가능한 행동 양상을 이해하고 그에 따라 행동하면 시스템 내의 모든 역할자가 자기의 권력(재정 자원을 포함함)을 가지고 전체 시스템의 건강과 결실을 위해 일할 수 있다.

시스템 내의 여러 그룹 사이에 일어난 행동 양상을 더 잘 이해할수록 책임의 해로운 오용과 남용(과도한 부담을 짊어지거나 다른 사람에게 밀어붙이는 것)을 거부할 수 있다. 동반자 관계는 "우리가 참여하는 모든 수고, 업무 과정 또는 프로젝트의 성공을 위해 공동으로 헌신하는 관계"다.[27] 적절한 수준의 책임을 맡으면 시스템 내의 여러 그룹이 동반자 관계를 맺으며, 각자의 권력을 전체를 위해 사용할 수 있다.

질문: 읽은 내용에 비추어 자신의 행동 방식 가운데서 바꾸고 싶은 것이 있는가?

---

25 Oshry, 125.

26 Barry Oshry, "Total System Power: Developers, Fixers, Integrators, and Validators", GovLeaders.org, accessed February 5, 2021, https://govleaders.org/total-system-power.htm.

27 Oshry, *Seeing Systems*, 85.

6. 결론

권력은 하나님의 선물이며, 우리가 하나님의 형상대로 만들어졌음을 반영한다. 우리가 권력을 사용하는 방식은 하나님의 성품과 목적을 반영하기 위한 것이다. 권력의 문제는 모든 인간관계에 영향을 끼친다. 이는 종종 파괴적일 정도로 해로운 영향을 끼치기도 한다. 성장 과정에 있는 공동체인 교회도 그런 악영향으로부터 자유로울 수 없다. 우리의 문제를 개인적 차원으로 치부하곤 하지만 우리는 관계 속에 존재하며, 이런 관계는 시스템에 내재되어 있다. 시스템 내의 행동 양상을 이해하면 책임을 분담하면서 서로를 지지하는 데 도움이 된다. 이를 통해 우리는 하나님의 형상과 하나님의 통치를 반영하는 방식으로 함께 살아가고 일할 수 있다.

논찬

—

박종도

    현재 옥스퍼드선교대학원(Oxford Center for Mission Studies)[1]의 학장인 폴 벤더-새뮤얼 박사의 글을 읽고 논찬할 수 있는 기회와 특권이 주어진 것에 대해 조나단 봉크 교수와 김진봉 박사에게 먼저 감사한다. 필자는 이 논문을 완전히 이해하고 그에 대한 긍정적이며 비판적인 평가를 하기 위해 여러 차례 읽었다. 그의 논문은 선교에 대한 돈의 공급과 유지와 죄에 대한 문제에 초점을 맞추기보다는 관계적이며 조직적인 관점에 초점을 맞추었다고 할 수 있다. 그래서 다음과 같은 질문이 나올 수밖에 없다. 누가 권력을 가지며, 누가 선교단체에서 돈을 통제하는가? 더 건강한 선교 생태계를 위해 우리는 앞으로 어떻게 힘과 돈을 분배해야 하는가?

    이들 난제를 해결하기 위해 저자는 그의 신학적 성찰과 함께 탈식민주의와 인종차별주의의 맥락에서 배리 오쉬리의 '인간 시스템 사고' 이론을 채용해 선교 '시스템'의 문제를 해결하고자 했다. 그는 오쉬리의 인간 시스템 사고가 표면 아래의 작동 원리를 볼 수 있도록 해주며, 총

---

1 필자가 18년째 시무하는 런던레인즈파크한인교회는 옥스퍼드선교대학원을 위해 식사 대접하는 일을 수년째 하고 있다.

체적인 선교 생태계의 건강한 관계성을 위해 권력과 돈을 재분배하도록 도와줄 수 있다고 주장했다. 저자는 선교 구조에서 돈과 권력의 건강하지 못한 관계의 주된 이유가 인간의 죄에서 기원한다고 보았다. 아담과 하와의 반역 그리고 원죄로 타락한 인간은 권력을 왜곡시켜 잘못 사용하고 관계성을 파괴하는 일을 했다. 인류의 타락 이전에 하나님이 주신 권력에 대한 저자의 성경적이며 신학적인 해석에 대해 전적으로 동의한다. 하나님은 '하나 됨과 평등'을 목적으로 우리에게 권력을 주셨지만, 인류가 타락하여 권력을 잘못 사용하게 된 것을 그리스도께서 은혜와 사역을 통해 원래 기능으로 회복시켜 주셨다. 저자가 신학적으로 언급했듯이 1세기 초대 예루살렘 교회는 '철저한 친절함'을 보여주고(행 2:45; 4:32-35), 철저하고 공평하게 분배함과 소외당한 소수들이 지배권을 갖도록 권력 이양하는 본을 보여주었다(행 6:1-7). 급진적인 관용은 하나님 나라의 삶에 대한 표현이며, 현재 그리스도인의 삶은 다가올 세대를 위해 어느 정도 급진성이 반영되어야만 한다. 이 땅에서 하나님 나라의 구상은 돈과 권력의 재분배를 수반하며, 소외된 소수가 그 과정을 통제할 수 있어야 한다.

이런 비전을 구현하려면 현재의 탈식민주의와 신식민주의, 인종차별주의라는 문제를 고려해야만 한다. 저자는 "신식민주의를 통해 경험하게 되는 세계화는 종종 종교적 불관용으로 무장한 민족주의를 유발하고 정체성과 소속감을 향한 투쟁의 양상으로 나타난다"라고 날카롭게 지적했다. 신식민주의적 맥락에서 현대 선교 운동은 북아메리카 국가들과 함께 브라질, 나이지리아, 한국 등 신흥 경제대국의 지지를 받아 왔다. 화폐와 시장의 힘이 상승함에 따라 선교의 규칙과 모양이 세계 네트워크를 통해 동일화되어 가고 있지만 역설적으로 이전보다 외국인에 대한 국가적인 경계의 담은 더 높아지고 있다. 인종, 민족, 종교 간의 정체성 갈등이 전 세계적으로 발생해 격화되고 있으며, 세계는 포스트기독교 시대로 한 단계씩 나아가고 있다.

이런 맥락을 고려해 우리는 세계 선교를 어떻게 대응하고 재구성해야 할까? 저자는 시스템에서 과부하된 영역을 식별하고 시스템의 다른 부분에 책임 부담을 재분배하도록 만들어 주는 오쉬리의 인간 시스템 이론을 소개했다.

시스템이 성공적으로 작동하려면 시스템의 어떤 부분에 지나친 책임을 지우거나 과도한 업무가 없어야 한다. 어느 부분의 고장이 전체의 고장으로 이어질 수 있기 때문이다. 이를 방지하려면 오랫동안 깊숙이 묻혀 있던 시스템의 '관습'이나 '습관적 행동', '신념'을 표면에 드러낼 필요가 있다. 공간적·시간적·관계적 무지는 제거되지 않더라도 진단되어야 하며, 싸워야 하며, 완화되어야만 한다. 해결책은 오랫동안 군림하고 형성된 시스템 속의 '관습' 또는 '습관적 행동'에 변화를 주는 것이다.

이 이론을 현 주제에 적용하기 위해 다음과 같은 질문을 제기할 수 있다. 선교 생태계에서 어느 영역에 책임, 권력, 돈이 주입되어야 하는가? 시스템에 형성된 어떤 관습 또는 습관적 집단 행동이 전체 시스템에서 군림하고 있는 것은 아닌가? (시스템의 일부를 권력과 돈으로 과도하게 성장시킨 상황에서) 건강한 선교 생태계를 위해 이런 것들을 어떻게 균형 있게 재배치할 것인가?

포스트식민주의와 신식민주의, 인종주의의 맥락에서 다음과 같은 질문이 제기된다. 대부분의 선교 재정 지원이 북미의 백인 복음주의자들과 선진국에서 발생하고 있다. 그렇다면 어떻게 해야 책임과 권력, 돈을 소외당하는 비백인에게 재분배할 수 있는가? 선교 생태적 시스템에서 자원과 권력을 좀 더 균형 있게 재분배하기 위해 습관화된 행동이 어떻게 바뀌어야 하며, 우리의 선교 시스템에 크게 영향을 미치는 새로운 식민주의와 증가하는 민족주의에 대응하기 위해 어떻게 싸워야 하는가? 이것은 저자가 오쉬리의 이론을 소개하면서 우리 모두에게 던지는 질문으로, 그의 질문과 제안에 깊이 감사한다.

다른 한편으로 필자의 개인적 견해이지만 저자가 권력으로서의 돈에 대해 더 명확하게 언급해 주었으면 하는 아쉬움이 남는다. 자본주의 사회에서는 어떤 조직체든 돈의 힘이 전략적 측면이나 관계적 측면에서 시스템에 가장 큰 영향을 미친다. 특히 선교의 맥락에서 돈의 개념은 민감한 부분이지만, 사랑에서 우러난 선교와 재정적 의무에서 우러난 선교 사이의 불일치를 해결하기 위한 더 많은 기회가 주어져야 한다.

초대형 교회는 재정적으로 넉넉하지 않은 작은 교회들보다 재정적 여유가 있어 더 많은 선교의 기회를 가지게 된다. 이것이 능력이라고 정의할 수 있을까? 특히 그것이 하나님의 선교를 위한 것이라면 그 능력을 어느 정도까지 인정해야 할까? 이런 점에서 저자가 돈의 힘에 대해 좀 더 명확하게 설명해 주었으면 좋았을 거라는 아쉬움이 남는다.

우리 조직에서 형성된 습관화된 행동이 선교에 대해 지배적이고 고착화되었다고 할 수 있다. 즉 목표 지향적인 선교, 선교 파송을 돈을 보내는 것으로 보는 상징적 개념이 선교에 대한 고정 관념으로 자리 잡고 있다. 선교가 목표를 완성하기 위한 것인가? 선교 파송이 돈을 보내는 것인가? 선교에 대한 이런 잘못된 개념은 선교 생태계에 이미 깊이 뿌리 박힌 규범과 문화가 되었다. 선교 생태계의 구조조정을 위해서는 선교와 파송에 대한 잘못된 개념이 새롭게 재평가되어야 한다.

선교에 있어 전체 시스템으로 보려고 하는 우리의 노력은 파송으로써 선교라는 우리의 고정 관념과 습관적 행동에 대해 자연적 성찰이 일어나게 한다(외부적 환경이 우리의 개념을 형성하고 문화화할 수 있는 것이 사실이다).

지배욕(Libido dominandi)[2]이 여전히 세상을 지배하고, 우리의 마음과 욕망에 군림하고 있다. 권력에 대한 갈망과 힘에 대한 욕망은 안목의 정욕에서 비롯되기도 한다. 전체를 보려는 시도를 통해 때로는 전체를 통제하고자 하는 욕망에 빠질 수 있고, 다른 사람들을 더 소외시키는 결과를 가져올 수도 있다. 사람은 어느 누구도 이런 리비도(욕망)에서 자유로울 수 없다. 우리의 시야는 오쉬리가 지적했듯이 공간과 시간, 관계에 한정될 뿐 아니라 돈과 권력으로 말미암아 눈이 멀 수밖에 없다.

그러면 우리는 어떻게 해야 하는가? 성령께 우리의 지배욕을 볼 수 있도록, 다른 사람들을 섬기기 위해 자아와 싸울 수 있도록 도와 달라고 기도해야 한다. 지배욕을 성령으로 굴복시켜 성령을 통해 겸손한 마음으로 다른 사람들의 소리를 들음으로써 다른 사람을 더 낮게 여길 수 있어야 한다.

저자의 제안처럼 교회는 하나님의 형상과 하나님의 통치를 반영하는 방식으로 책임을 분담하고 함께 생활하며 사역할 수 있도록 복음에 충실해야만 한다. 우리는 교회를 그저 선교의 동인이나 선교 동인을 위한 조직체로 보는 경향이 있다. 또한 선교에서 교회와 선교사 파송을 이분법적으로 나누는 경향이 있다. 그러나 교회와 선교는 떼려야 뗄 수 없는 것, 즉 하나로 보아야 한다.

스탠리 하우어워스는 교회와 선교에 대해 새로운 패러다임을 제시했다. "교회는 선교를 하는 것이 아니라 교회가 선교다. 우리가 그리

---

2 Wikipedia, s. v. "libido dominandi", last modified November 3, 2020, https://en.wiktionary.org/wiki/libido_dominandi. 이 단어는 성 어거스틴의 《하나님의 도성》 1권에서 언급되었다.

스도의 증인으로서 증거 할 때 우리의 근본적 존재가 누구인지 알려지는 것이다. 증인이 된다는 것은 자신의 생명을 다른 사람에게 주기 위한 그리스도의 징표를 지니고 있음을 뜻한다. 선교가 자기 존재의 근본으로 자리 잡지 않은 그리스도인은 상상하기 어렵다. 누군가가 당신에게 그리스도가 누구인지 말해 주지 않았다면 어떻게 그리스도를 알 수 있었겠는가? 그것이 바로 성령의 역사하심이다."[3] 교회가 선교라는 사실을 깨달을 때 패러다임의 전환이 일어난다. 선교의 본질과 그 목적은 교회가 교회답게 되는 것이며, 교회 전체가 복음에 충실하게 되는 것이다.

결론적으로 그리스도인은 대체로 선교사 파송과 선교 사역은 부유한 나라의 큰 교회에서만 이루어질 수 있다고 이해한다. 기존 시스템에서는 가난한 나라의 작은 교회는 선교사를 파송할 능력이 없다고 단정 짓는다. 저자가 지적했듯이 현대 선교의 운동은 목표 지향과 실용 중시의 특징이 있다. 선교가 하나님의 말씀에 충실하기보다 성공에 초점이 맞춰지면 돈과 권력이 선교와 교회 활동에 지배적인 요소가 되어 버린다. 현대 교회는 돈 없이는 선교를 시도하지 않으려고 하며, 세속적인 사고방식과 타협해 "베드로가 이르되 은과 금은 내게 없거니와 내게 있는 이것을 네게 주노니 나사렛 예수 그리스도의 이름으로 일어나 걸으라"(행 3:6)는 말씀을 무시하거나 잊고 지낸다.

선교에서 우리의 모델과 패러다임은 예수 그리스도의 가르침에 초점을 맞춰야 한다. 마태복음에 따르면 예수님이 제자들을 파송하시면

---

3 Stanley Hauerwas, "Why Community Is Dangerous: An Interview", *Plough Quarterly*, May 19, 2016, https://www.plough.com/en/topics/community/church-community/why-community-is-dangerous; Stanley Hauerwas, "Beyond the Boundaries: The Church as Mission", in *Walk Humbly with the Lord: Church and Mission Engaging Plurality*, ed. Viggo Mortensen and Andreas Østerlund Nielsen (Grand Rapids: Eerdmans, 2010), 53-69.

서 "너희 전대에 금이나 은이나 동을 가지지 말고 여행을 위하여 배낭이나 두 벌 옷이나 신이나 지팡이를 가지지 말라 이는 일꾼이 자기의 먹을 것 받는 것이 마땅함이라"(마 10:9-10)고 말씀하셨다. 예수님이 제자들을 세상으로 보내시는 것은 세상적 관점으로 볼 때 아주 위험하며 무기력한 선교라고 할 수 있다. "보라 내가 너희를 보냄이 양을 이리 가운데로 보냄과 같도다"(마 10:16a).

예수님과 바울의 가르침에는 선교와 돈과 권력 사이의 문제에 대한 구체적 해결책이 주어져 있지 않다. 다만 현대 기독교계와 확대일로에 있는 자본주의 사회에서 이에 대한 토의가 진행되고 있다는 점은 다행스러운 일이다. 저자가 그의 논문에서 이런 중요한 문제를 제시한 것처럼 우리는 지속적인 대화를 통해 이 쟁점을 풀어 나가야 한다.

18

남반구 선교 운동: 사례와 성찰

앤드류 김(Andrew B. Kim)

1. 들어가며

현대 선교는 모든 곳에서 모든 곳으로 진행된다. 스티브 호크와 빌
테일러는 20여 년 전에 "21세기에 접어들면서 주님의 교회는 세계화
되며, 선교는 모든 나라에서 모든 나라로 진행될 것이다"라고 예견했
다.[1] 그들의 예견대로 남반구 교회는 급속한 성장을 이루면서 세계 선
교에 대한 더 큰 책임을 떠맡기 시작했다.[2] 이에 대해 폴 피어슨은 비
서구 선교 운동의 놀라운 성장을 "우리 시대의 가장 새로운 팩트"라고
언급한 바 있다.[3]

---

1 Stephen T. Hoke, "Paradigm Shifts and Trends in Missions Training: A Call to Servant-Teaching, A Ministry of Humility", Evangelical Review of Theology 23 (October 1999), 19.

2 David Harley, *Preparing to Serve: Training for Cross-Cultural Mission* (Pasadena: William Carey Library, 1995), 4.

3 Paul Pierson, "Non-Western Missions: The Great New Fact of Our Time", in *New Frontiers in Mission*, ed. Patrick Sookhdeo (Exeter: Paternoster Press, 1987), 9.

주님의 지상명령은 모든 기독교인에게 주어진 사명이기 때문에 남반구에 있는 사람을 포함해 모든 기독교인은 그들의 선교적 책임을 진지하게 받아들여야 한다. 그동안 남반구 교회는 선교에 적극적으로 참여하지 못했는데, 그와 관련된 몇 가지 요인을 살펴보겠다. 그동안 남반구 교회는 부족한 재정으로 선교에 참여하기 어려웠을 수 있고, 다른 나라에 대한 이해나 노출이 많지 않았기 때문에 해외 선교에 대해 생각할 여력이 없었을 수도 있다. 또한 남반구 교회는 그들에게 주어진 선교적 역할에 대한 이해가 부족했거나 자신들이 사는 지역에서 전도하는 일이 버거운 환경이었을 수도 있다.

약 40년간 필드 사역자로 일해 온 필자는 우리에게 주어진 지상명령에 비교한다면 앞서 예시한 사례는 충분히 극복 가능한 일이라고 생각한다. 필자가 직접 또는 간접적으로 참여한 몇 가지 선교 사례를 바탕으로 남반구 선교와 재정에 대해 살펴보고자 한다.

2. 남반구 교회에도 '오병이어'가 있다

남반구 교회 가운데 일부 교회가 안고 있는 문제 가운데 외부의 지원에 의존하려는 속성을 들 수 있는데, 이런 의존성은 교회를 오히려 무력하게 만들거나 연약하게 만드는 원인이 되기도 한다. 재정이나 선교 전략이 턱없이 부족했을 초대교회가 적극적으로 선교에 참여했다는 점에서 남반구 교회의 의존성을 단순히 재정이나 전략 부족이라고 하기에 무리가 따르는 것 같다.

남반구 교회 가운데 외부에 대한 의존이나 자신들이 안고 있는 연약함을 넘어 선교의 좋은 모델을 이뤄낸 사례가 있다. 남반구에서 지역교회가 복음에 대한 주인의식을 갖고 세상을 향해 담대하게 복음을 선포할 때 역동성과 건강성을 유지하는 것을 볼 수 있었다. 남반구 교회의 실제적 선교 사례를 살펴보겠다.

- 인도 동북부 미조람 장로교단(Presbyterian Synod of Mizoram in Northeast India): 미조람은 인도에서 가장 가난하고 오지에 위치한 작은 주(State)이지만 미조람 장로교단은 2,280명의 선교사를 인도의 여러 지역과 주변 국가에 파송했다. 땔감, 성미, 닭이나 돼지 등 가축 가운데서 일부를 선별하여 선교를 위해 드리고, 교회들은 바나나 선교 농장을 만들어 수익금의 전부를 선교 헌금으로 드리고 있다. 특산물이나 자원도 넉넉하지 않은 미조람이지만 그곳의 기독교인은 자신이 속한 환경에서 다양한 방법으로 선교에 참여하고 있음에 엄청난 자긍심을 갖고 있다.
- 필리핀 아시아 비전 단기 선교 프로젝트(Asia Vision Short-term Mission Project in the Philippines): 누구나 쉽게 선교에 참여할 기회를 제공하기 위해 아시아 비전 단기 선교 프로젝트에서는 '동전 깡통'을 만들어 선교 기금을 마련했다. 주일학교에 다니는 어린이는 동전 깡통에 동전을 넣으면서 선교사를 위해 그리고 미지의 영혼을 위해 기도했고, 어떤 사람은 동전 대신 지폐를 동전 깡통에 넣기도 하면서 선교에 동참할 수 있음에 감사했다. 재정적 여유가 없는 젊은 형제와 자매들은 선교지에 나가는 친구를 위해 자동차 세차를 하거나 공동으로 청소해서 얻는 수익을 선교 헌금으로 드리기도 했다. '선교를 위한 희생 만찬'이라는 프로그램을 통해 선교에 대한 도전과 나눔의 시간, 모금의 시간을 가졌는데 많은 사람의 기도와 재정적 참여를 통해 선교에 대한 지평을 넓혀 갈 수 있었다.

- 파푸아뉴기니 교회: 동남아시아 지역으로 단기 선교를 나가면서 그들은 '선교 기금 마련을 위한 세차'라는 팻말을 만들어 붙이고 지나가는 차량을 세차하면서 얻은 수익으로 현장에서 그들의 헌신과 선교적 비전을 다지는 기회를 가졌다.
- 에티오피아 교회: 최근 에티오피아 교회도 선교에 대한 열정이 뜨겁게 불타오르기 시작했는데, 에티오피아 남부에 위치한 어느 교회의 여선교회는 그들의 주식인 인제라(Injera)를 만들어 판매한 수익금 전부를 소말리아 선교를 위해 드리고 있다. 그들은 경제적으로 부유하지 않지만 자신이 할 수 있는 방법을 통해 이웃 나라에 복음을 전한다는 것에 기쁨과 감사의 마음을 갖고 있다.

예수님은 한 소년의 보리 떡 다섯 개와 물고기 두 마리가 들어 있는 작은 도시락으로 광야에서 5,000명 이상을 먹이셨다. 성경은 많은 물질이 아니라 우리의 소박한 헌신이라도 주님이 축복하시면 기적이 일어난다고 말씀한다. 우리에게는 각각의 오병이어가 있다. 남반구 교회가 선교를 위해 그들의 오병이어를 드릴 때 선교 현장에서 일어나는 놀라운 은혜를 경험할 수 있고, 무엇보다 건강한 교회상을 갖게 되는 축복도 경험하는 것을 볼 수 있다.

필자는 남반구에서 선교사로 나가려는 이들에게 "하나님의 위대하신 역사를 수동적으로 기다리기보다 하나님을 위해 적극적으로 위대한 일을 시도해 보라"고 권면한다. 현장에 나가 선교하려는 이들은 자신의 하나님이 살아계신 하나님이심을 자신의 삶 가운데서 분명하게 경험할 때 비로소 담대하게 복음을 선포할 수 있기 때문이다. 그 헌신의 출발은 그들의 오병이어를 주께 드리는 일에서 시작된다.

3. 남반구 교회의 선교 모델

남반구 교회는 우리가 일반적으로 생각하고 있는 선교 현장에 위치해 있고, 선교해야 할 나라들과 문화적 거리가 비교적 가깝다는 점 등을 고려할 때 선교에서 효과적인 측면이 있다. 몇 나라의 선교 사역에 대해 살펴보면 다음과 같다.

브라질 선교 모델

동티모르의 크리스천비전(Christian Vision): 브라질의 선교단체 크리스천비전은 같은 포르투갈어권인 동티모르를 선교 필드로 선정하고, 사전에 철저한 현지 조사를 진행한 후 2000년 '동티모르 선교 마스터플랜'을 발표하면서 사역을 시작했다. 그들이 세운 선교적 목표를 달성하기 위해 2012년까지 사역할 40명의 선교사를 선발하여 파송했다. 또한 동티모르 복음화를 위한 입구 전략과 사역 전략, 출구 전략을 아우르는 선교 마스터플랜을 만들어 동티모르의 주요 지역에 건강한 교회를 설립했다. 수도 딜리에는 24시간 테툼어로 복음을 송출하는 라디오 방송국을 설립했고, 동티모르의 상황에 적합한 목회자 훈련 학교를 바우카우에 세웠으며, 여러 유형의 전도 프로젝트를 가동했다.

동티모르 선교 사역의 종결을 목표로 삼았던 2012년, 37명의 선교사가 사역을 마치고 철수했다. 2015년 다시 2명의 선교사가 사역을 마치고 철수했으며, 2017년 크리스천비전은 동티모르 현지 교회에서 진행하던 모든 사역을 마치고 현지 교회에 리더십을 이양했다. 필자가 동티모르 전역을 리서치하면서 브라질의 선교단체 크리스천비전을 주목하게 된 것은 이들이 선교 초기부터 선교에 대한 '마스터플랜'을 갖고 사역을 시작했다는 점이다.

AMIDE(Associação Missionária para Difusão do Evangelho): 브라질의 선교단체인 AMIDE는 포르투갈어권에 선교사를 파송하는 단체인데, 수도 브라질리아 외곽에 선교사 훈련 지원 센터를 두고 있다. 이들은 기도하는 가운데 어느 특정 종족이나 지역을 선교지로 선정하면 먼저 그 지역 선교를 위한 모든 자료를 찾아 선교 정보 책자를 만들고, 그 지역에 들어가 실제로 일할 선교사를 중심으로 현장에 나가 2개월간 자신이 가진 정보와 현장에서 얻는 정보를 비교·분석하면서 자신에게 맞는 최적화된 선교 정보와 전략을 이끌어낸다. 그리고 이 일을 위해 동역할 교회 다섯 곳을 선정하여 선교사 지원과 기도를 포함한 선교의 큰 그림을 그리고 선교를 시작한다. AMIDE 선교회의 리더들은 현장 선교를 넘어 선교사들의 은퇴 후까지 아우르는 총체적 선교 플랜을 통해 사역하고 있다. 최근 AMIDE는 기도 가운데 포르투갈어권이 아닌 태국을 포함한 지역의 선교 사역을 시작했다.

C국의 선교 모델: C국 교회의 핵심 DNA와 선교

1949년 C국에는 약 50만 명의 기독교인이 있었다. 누구도 정확한 통계를 갖고 있지 않지만 C국에는 현재 최대 1억 3,500만 명가량의 기독교인이 있다고 추정한다. C국의 교회가 고난과 박해를 겪으면서도 하나님의 은혜를 깊이 경험한 것은 그들이 갖고 있는 전도, 기도, 성령 충만, 십자가(고난), 기적 등 다섯 가지 핵심 DNA의 영향이 있었을 것이라고 생각한다. C국의 교회가 지향하는 선교 방향이나 전략을 자세히 언급하기는 조심스럽지만 몇 가지 특징을 살펴보면 다음과 같다.

- 소박한 시작과 헌신: C국의 교회는 대부분 농촌 지역에서 출발했기 때문에 경제적으로 부유한 환경이 아니었지만 성도들은 하나

님에 대한 깊은 믿음을 갖고 있다.

- 전략적 관문 도시를 중심으로 한 선교: 선택과 집중이라는 측면에서 주요 권역의 관문 도시에 선교 플랫폼을 구축하고, 그곳에서 선교사를 훈련하고 케어하고 지원하면서 사역하고 있다.

- 틈새 선교: 가장 잘할 수 있는 영역에서 선교하려고 하는데, 소상공업 등의 영역을 자신에게 적합한 사역으로 보고 BAM의 영역에서 적합한 사역 모델을 개발하고 있다.

- 실패를 두려워하지 않는 정신: 한 번도 해 보지 않은 일이지만 필드에 필요한 일이라면 그들은 실수를 두려워하지 않고 움직인다. 리더들이 필드 사역자의 실수에 관대하기 때문에 현장에서 다양한 선교적 시도를 할 수 있다.

- 지도자들의 하방: 다른 사람에게 선교를 잘하라고 말하기 이전에 지도자들이 먼저 필드에 나가 선교사적 삶을 살면서 복음을 전하는 경험을 통해 선교의 모델을 제시하거나 선교를 깊이 이해하기 위해 노력한다. 지도자들은 자신이 할 수 없는 일을 다른 사람에게 하라고 권면하지 않는다.

- 현장 중심적 사고: 선교사는 자신이 사역하는 현장에서 성육신적 삶을 통해 현지인과 동일시하는 삶을 살아간다.

- 미래 리더십 개발과 투자: 미래의 리더십을 개발하는 일에 엄청난 재정과 노력을 투자한다. 실제 사례로 초기 10년간 수백 명의 젊은이를 수십 개 나라에 보내 훈련하면서 선교 리더십 구축의 압축 성장을 경험했다.

- 효율성을 지향하는 사역(예를 들면 미션엑스포): 선교대회 등의 모임이 있을 때 선교사만 모이는 것이 아니라 교회 지도자, 선교단체 지도자, 기업인, 선교사 후보자 등 다양한 사람이 참석하여 상호

협력의 길을 모색한다. 또한 축적된 경험과 통찰력, 자원을 공유하면서 그들의 선교적 역량을 극대화할 수 있도록 노력한다. 그들은 선교에 있어 하나님 왕국의 관점을 가지고 있다.

• C국 체형에 맞는 선교: 서구의 선교를 그대로 답습하기보다 그들의 문화와 상황에서 선교를 해석하고 적용하고 상황화하면서 그들의 장점을 극대화한 선교 방식을 연구·개발하고 있다.

동북인도 선교 모델

동북인도침례교협의회(CBCNEI)에는 6개 교단으로 구성된 협의회가 있으며, 그 산하에 113개 종족 총회(Associations)가 있다. CBCNEI의 선교국장으로 섬기던 졸리 리마이(Jolly Rimai)를 중심으로 2014년에 '동인도 110개 행정 지역 입양 운동' 프로젝트를 시작했다. 이는 동인도의 8개 주(States) 110개 지역(Districts)에 거주하는 약 4억 명의 영혼을 전도하려는 거대 프로젝트다. 그들은 110개 지역에 대한 철저한 현장 조사 작업을 선행하고 각 종족 총회가 제비뽑기를 통해 한 지역씩 입양하여 사역에 집중하도록 했다. 또한 종족 총회(지방회)는 자기들이 입양한 지역을 다시 세분화하여 종족 총회 산하 교회가 군/면 단위의 지역을 맡아 복음을 전할 수 있게 했다.

선교사 입국이나 사역 환경이 어려워지고 있다고 하지만 CBCNEI의 사례처럼 비자가 필요 없는 역내 기독교인의 선교적 활동을 포함한 다양한 선교적 선택지가 있다는 점에서 소망을 갖게 된다.

에티오피아 선교 모델

에티오피아는 사도행전 8장에 등장하는 국고를 맡은 내시가 복음을 받아들인 이후 약 2,000년에 가까운 기독교 역사를 갖고 있지만 선교에 적극적이지 못했다. 현재 에티오피아에는 많은 복음주의 기독교인이 있는데, 선교에 대한 새로운 인식을 바탕으로 여러 기독교 지도자가 협력하여 2020년 2월 GONEANAME(Good News to East Africa, North Africa, and Middle-East)를 창설하고 동아프리카, 북아프리카, 중동 지역에 집중하는 선교 사역을 하기로 결의했다.

에티오피아 체형에 맞는 선교 정책과 전략을 개발하고 우선적으로 현지에 거주하는 에티오피아 디아스포라 교회를 선교의 동력으로 삼아 자국에서 선교사 자원을 선발하여 파송하는 일을 시작했다.

4. 남반구 선교 운동에서 고려해야 할 몇 가지 요소

앞서 언급한 것처럼 남반구 교회가 주께 헌신하고 지상명령을 소중히 여긴다면 선교에 활용 가능한 남반구 나름의 다양한 강점이 있음을 알 수 있다. 베드로가 성전 미문에 앉아 구걸하는 사람에게 "은과 금은 내게 없거니와 내게 있는 이것을 네게 주노니 나사렛 예수 그리스도의 이름으로 일어나 걸으라"(행 3:6)고 외쳤던 것처럼 물질보다 그들의 삶에 가장 중요한 복음을 효과적으로 전할 수 있는 헌신된 선교사를 일으키고 훈련하여 필드에 배치할 필요가 있다.

남반구 교회의 선교 활성화를 위해 다음과 같은 제안을 하고자 한다.

• 남반구 교회의 체형에 적합한 지역 선정과 사역 개발: 남반구 교회는 선교에 있어 아직 초기 단계로 서구의 선교를 모방하여 사역하는 일은 거의 불가능에 가깝다. 가능하면 남반구 교회의 상황에 맞는 저비용 고효율적인 선교 사역 방법과 전략을 개발하면서 사역 효과를 극대화하도록 지역을 선정하고 적합한 사역을 찾

을 필요가 있다. 그리고 이런 사역이 가능하도록 전략적 컨설팅을 할 수 있는 자원을 개발할 필요도 있다.

- 지도자들의 선교 현장 방문: 남반구 교회 지도자와 선교 지도자는 다양한 선교 사역 현장을 방문하여 다른 나라의 사역자가 어디서 누구를 대상으로 어떻게 사역을 하고 있는지, 현장에는 어떤 사역적 필요가 있는지, 자신이 감당하기에 적합한 사역은 어떤 것인지 살펴볼 필요가 있다. 지도자와 선교사로 헌신한 사람들이 함께 선교 현장을 방문할 수 있다면 그 지역에 대한 실제적 이해와 지식, 선교적 통찰력을 갖고 선교 플랫폼 구축을 포함한 전략적 선교를 할 수 있다.

- 선교 교육: 남반구 교회에게 선교는 아직 생경한 주제일 수 있으므로 주요 지도자와 전략적 리더를 위한 선교 콘퍼런스를 활용할 필요가 있다. 자신의 상황에 적합한 선교 교육 프로그램과 자신의 체형에 적합한 독창적인 선교사 훈련 커리큘럼 개발을 비롯해 현장에 나가 있는 선교사들을 위한 재교육, 필드 리더와 본국의 선교 지도자를 위한 지속적인 교육으로 선교를 업그레이드하기 위한 학습 공동체를 형성할 필요가 있다.

- 선교의 큰 그림 설정: 남반구 교회는 선교를 시작할 때 브라질 선교단체처럼 선교의 큰 그림을 그리면서 선교사의 입구 전략, 사역 전략, 출구 전략을 아우르는 선교의 통합적 마스터플랜을 설정하고 사역을 시작할 필요가 있다. 또한 지속적으로 사역을 평가하고 분석하면서 미래를 향한 더 나은 선교 전략과 방향을 예견하도록 해야 할 것이다.

- 주요 지도자들의 선교적 역할: 필리핀, 브라질, 중국, 인도, 에티오피아의 사례를 통해 배울 수 있듯이 남반구 교회에서 지도자들

의 선교적 이해와 역할은 매우 중요하다. 핵심 지도자가 성령의 감동을 받아 선교에 대한 깊은 통찰력과 진정성, 열정을 갖고 선교하도록 다양한 기회를 만들어 가는 일은 중요하다.

- 자국 기독교인의 선교 자원화: 이제 남반구에는 엄청난 수의 헌신된 기독교인이 있다. 인도 동북부 교회가 동인도의 110개 지역을 입양하여 사역하는 것처럼 자국 내에서 문화적·인종적 장벽을 넘어 사역할 수 있는 선교 자원을 일으키는 일은 전략적이다. 자국 내 기독교가 깊이 뿌리내린 지역의 기독교인을 선교의 자원으로 삼아 그들을 훈련하여 복음이 필요한 지역에 들어가 사역하도록 선교 플랫폼을 만들어 총체적인 선교적 접근을 할 필요가 있다.
- 의존심 회피: 남반구 교회가 가진 가장 큰 자산은 결핍이다(행 3:6 참조). 결핍을 자원으로 삼아 새로운 창조를 일으키는 이스라엘의 '후츠파(Chutzpah)' 정신처럼 남반구 교회도 부족한 자원을 에너지 전환이라는 발상을 통해 선교적 과업을 이루어 나갈 수 있다. 만약 재정을 지원해야 하는 경우 그것은 펌프에 마중물을 붓듯 전략적으로 활용되어야 하고 자립(self-support), 자전(self-propagation), 자치(self-government)의 철학이 근간을 이루어야 할 것이다.

5. 남반구 선교 운동의 새로운 도전

대다수 지역의 선교사들은 이슬람, 힌두교, 불교, 기타 여러 종교 집단의 증가하는 도전과 분노에 직면해 있다. 많은 지역에서 현지인과 타 종교인은 기독교의 선교 방식이 무례하다고 지적한다. 우리는 현장에 적합한 선교의 새로운 방법과 전략을 끊임없이 이끌어내고 업그레이드해야 한다.

우리가 사는 세상 역시 계속 변화하고 있으며, 이런 변화는 미래 예측을 더욱 어렵게 만들고 있다. 코로나19는 교회와 선교사에게 예기치 못한 많은 도전을 안겨 주었고, 이런 팬데믹 상황이 진정되었을 때 어떻게 선교해야 할지 예측하기 어려운 경우나 지역도 많을 것이다.

중미 온두라스의 촐루테카(Choluteca)에 위치한 교량은 매우 상징적 의미를 담고 있다. 1930년 당대 최고의 건축 공법을 통해 세워진 촐루테카 다리는 90년이 지난 지금도 건재하다. 1998년 중미를 강타한 허리케인 미치(Mitch)로 많은 교량이 손상되었지만 촐루테카 다리는 완벽에 가까운 상태로 남아 있다. 문제는 허리케인 이후 촐루테카강의 수로가 이동했다는 점이다. 강물은 더 이상 촐루테카 다리 아래로 흐르지 않는다. 이로 말미암아 이 다리는 이제 쓸모 없는 다리가 되고 말았다.

온두라스의 촐루테카 다리[4]

---

4 Arvind Ramaswami, "Build to Adapt-A Lesson from the Bridge on River Choluteca", August 6, 2020, LinkedIn, https://www.linkedin.com/pulse/build-adapt-lesson-from-bridge-river-choluteca-arvind-ramaswami/?articleId=6697037782520598528.

촐루테카 다리는 코로나19 시대를 살아가는 우리에게 다양한 도전을 시사한다. 예를 들면 우리가 그동안 소중하게 지켜 온 전통적 선교 방법이나 전략이 앞으로 제대로 작동하지 않을 수 있다는 점이다. 코로나19 상황이 진정된다고 해도 앞으로 우리는 선교 현장에서 예측할 수 없는 다양한 변화를 경험할 것이다. 이런 VUCA〔VOLATILE(변동성), UNCERTAIN(불확실성), COMPLEX(복잡성), AMBIGUOUS(모호성)〕시대에는 효율성보다 적응성의 리더십을 고양하기 위해 더욱 노력해야 한다.[5] 다양하게 변화하는 상황에 민첩하게 대응할 수 있는 적응성을 갖춘 선교 리더십을 세워 나가야 한다.

6. 나가면서

남반구 교회가 그들의 '오병이어'를 주님께 드릴 수 있는 헌신을 가지고 있다면, 남반구 교회가 안고 있는 다양한 결핍이나 부족은 더 이상 문제가 될 수 없고 되어서도 안 된다. 남반구 교회가 선교할 수 있는 다양하고 창의적인 방법은 얼마든지 있다. 남반구 교회가 안전감을 느끼는 지대를 벗어나(창 12:1-3), 두려움과 새로운 학습의 지대를 통과하면 주님 안에서 새롭게 성장할 수 있는 은혜를 경험할 수 있다([그림 1] 참조).

재정, 인적 자원, 경험의 부족을 극복하고 어린아이의 '오병이어'로 성인 5,000명을 먹이고도 남는 역사를 일으키시는 하나님을 신뢰하고, 불가능해 보이는 상황 속에서도 '속-사도행전', '사도행전 29장'을

---

5 VUCA는 워렌 베니스(Warren Bennis)와 버트 나누스(Burt Nanus)의 리더십 이론을 바탕으로 1987년에 처음 사용된 약어로 일반적 조건과 상황의 변동성, 불확실성, 복잡성, 모호성을 설명하거나 반영한다. 이것은 1990년대 초 소련의 붕괴로 미국과 소련의 냉전이라는 위험 요인이 사라지고 새로운 관점과 반응이 요구되면서 미국 육군대학에서 도입한 개념이다 ("Leadership Skills & Strategies", VUCA-World, 2020, https://www.vuca-world.org/).

열정과 헌신으로 써내려 가고 있는 남반구 교회의 선교를 주목할 필요가 있다. 한계를 넘어 역사하시는 하나님이 계시기에 남반구 선교가 가능해진 것이다.

[그림 1] 안전 지대[6]

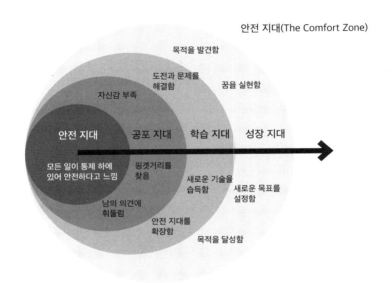

안전 지대(The Comfort Zone)

목적을 발견함

도전과 문제를
해결함

꿈을 실현함

자신감 부족

안전 지대   공포 지대   학습 지대   성장 지대

모든 일이 통제 하에
있어 안전하다고 느낌

핑곗거리를
찾음

새로운 기술을
습득함

새로운 목표를
설정함

남의 의견에
휘둘림

안전 지대를
확장함

목적을 달성함

---

6 "The Comfort Zone", TWH, www.thewealthhike.com, accessed April. 12, 2021, https://i.pinimg.com/originals/f0/3a/cc/f03acc9fdba523e46841d9d6e362a6bd.jpg.

논찬

완지루 M. 기타우(Wanjiru M. Gitau)

"우리는 그리스도의 편지다."

앤드류 김의 주된 관심사는 "남반구 교회가 그동안 선교에 적극적으로 참여하지 않았다"는 것이다. 그 이유로는 재정적으로 어렵고, 외국과 교류할 일이 적으며, 선교적 소명에 대한 이해가 부족하기 때문이라는 것이다. 이는 모두 사실이다. 그가 더욱 우려하는 것은 만성적인 의존성 문제다(다만 이 문제를 자세히 다루지는 않았다). 그는 의존성을 극복한 모범을 보인 몇몇 교회를 언급한다. 약 2,280명의 타 문화 선교사를 파견한 인도 북동부의 미조람 장로교회, 동전 깡통을 사용해 선교 자금을 지원하는 필리핀의 아시아 비전 단기 선교 프로젝트, 선교 지원을 위해 식량을 판매하는 에티오피아 교회 등이 그 예다.

그가 논의한 두 번째 문제는 남반구 교회가 자신들의 상황과 비슷한 지역에서 선교하는 데 더 효과적이라는 것이다. 그는 동티모르 선교에 대한 지속적이고 성공적인 기본 계획을 개발한 브라질 선교 모델의 사례 연구를 언급한다. 또한 전도와 기도, 성령 충만, 그리스도의 십자가 고난, 기적의 다섯 가지 DNA가 있는 소박한 C국의 선교 모델과 동북인도침례교협의회의 선교 모델, 에티오피아 교회 모델도 언급한다. 세 번째와 네 번째 문제는 선교에서 직면하는 요인과 도전인 타 종교와 VUCA(변덕스럽고 불확실하고 복잡하고 모호한 현대 세계의 상황)에 대한 것이다. 그는 헌신과 창의성, 재정적 희생이 있어야 남반구 선교가 가능하다는 핵심 주장으로 결론을 내리는데, 그의 주장에 전적으로 동의한다.

이에 대한 답변으로, 먼저 필자가 듣고 자란 속담 가운데 "나무 아래에 기대어 앉아 있는 노인은 같은 나무의 높은 가지 위에서 멀리 바라보는 소년보다 더 많은 것을 본다"라는 말이 있다. 힘들게 얻은 경험을 통해 얻은 지혜가 있기 마련이다. 외부인이 아무리 많은 것을 관찰한다고 해도 온 세상을 자신의 교구로 여기고 외부와 단절된 교회를 동원해 복음 전파를 위해 오랜 시간을 종횡무진 노력한 앤드류 김 같은 선교사의 관점을 능가할 수는 없다. 40년 이상의 선교 현장 경험을 가진 앤드류 김은 의존성, 저항, 무기력한 동원 등 도전에 대해 산전수전 겪은 사람만이 소유할 수 있는 깊은 이해를 가지고 있다. 그리고 넓은 의미에서 복음 전파에 대한 열정이 사그라지는 현상은 모든 교회가 지속적으로 직면할 수밖에 없는 어려움이기에 그의 관찰은 언제 어디서나 의미가 있다.

앤드류 김의 논문을 넘어 선교사 동원 리더십에 대한 다양한 대화의 행간을 읽을 필요가 있다. 만약 남반구 교회가 마땅히 해야 할 만큼 선교를 하지 않고 있다는 느낌이 든다면, 실제로 앤드류 김의 논문에 있는 사례는 과연 예외에 해당되는지 의문이 든다. 그가 든 예는 실제로 남반구 교회가 선교에 참여하고 있음을 보여준다. 복음 전도는 그리스도인으로서 '타고난 본능'의 일부다. 대부분의 기독교 공동체는 지역적으로나 해외에서나 복음을 전해야 한다는 인식을 갖고 있다. 또한 다음 구약성경의 말씀은 우리의 소통 역량에 영감을 준다. "오늘은 아름다운 소식이 있는 날이거늘 우리가 침묵하고 있도다"(왕하 7:9). "좋은 소식을 전하며 평화를 공포하며 복된 좋은 소식을 가져오며 구원을 공포하며 시온을 향하여 이르기를 네 하나님이 통치하신다 하는 자의 산을 넘는 발이 어찌 그리 아름다운가"(사 52:7).

또한 신약성경의 지상명령은 물론이고 다음 말씀도 우리 마음에 영감을 준다. "그리스도의 사랑이 우리를 강권하시는도다 우리가 생각하건대 한 사람이 모든 사람을 대신하여 죽었은즉 모든 사람이 죽은 것이라 그가 모든 사람을 대신하여 죽으심은 살아 있는 자들로 하여금 다시는 그들 자신을 위하여 살지 않고 오직 그들을 대신하여 죽었다가 다시 살아나신 이를 위하여 살게 하려 함이라"(고후 5:14-15), "우리가 그리스도를 대신하여 사신이 되어 하나님이 우리를 통하여 너희를 권면하시는 것같이 그리스도를 대신하여 간청하노니 너희는 하나님과 화목하라"(고후 5:20).

그러므로 우리가 가진 문제는 영감의 부족이 아니다. 영감이 부족했다면 오늘날처럼 교회가 널리 퍼질 수 없었을 것이다. 고 라민 산네(Lamin Sanneh)는 오순절주의에 대한 연구를 소개하면서 전 세계적인 기독교 부흥으로 말미암아 기독교가 한때 신앙의 테두리 밖에 있던 지역에 사는 사람들의 주요 종교가 되었음을 지적한다. 선지자 하박국은 "물이 바다를 덮음같이 여호와의 영광을 인정하는 것이 세상에 가득"(합 2:14)하게 될 이 날을 오래전에 예견했다. 오늘날 놀라운 것은 기독교 신앙이 급속도로 새로운 지역과 다양한 문화 속으로 전파되면서 오랫동안 지배적이었던 구조적·신학적 형태를 바꿔놓았다는 점이다. 선교 역사가들이 거듭 관찰한 것처럼 선교사들이 그 과정에서 촉매 역할을 하곤 했지만 대체로 선교의 진정한 주체는 지역 원주민으로 그들은 마을과 지역의 복음 전도자, 교회 개척자, 교육자, 그리스도의 임재를 구체적으로 증거하는 긍휼사역자였다. 게다가 전 세계적인 질병, 가뭄, 홍수, 전쟁 등의 재앙이 닥쳤을 때 가장 먼저 대응에 나선 것은 대부분 그 지역의 기독교 공동체임은 말할 나위도 없다. 이것 역시 그리스도를 증거 하는 활동이자 지역 문화에 대한 선교 활동이었다. 남반구 전역에서 일어나는 기독교의 빠르고 뚜렷한 성장세는 해당 지역과 국가의 기독교인이 벌이는 지역 선교 활동이 얼마나 활발한지 입증해 준다.

한편 앤드류 김이 교차문화적 선교, 국제 전방 개척 선교를 염두에 둔 것에 대해 할 말이 있다. 콘퍼런스 등에서 '선교'라는 단어를 사용할 때는 주로 이런 뜻으로 사용된다. 선교사는 문화, 국가, 지리, 언어의 경계를 넘어 외국 사람에게 복음을 전하는 사람이라는 것이다. 만약 남반구 교회가 이런 종류의 선교에 참여하지 않는다고 비난하려면 이제는 국제 선교에서 달라진 조건을 고려해야 할 것이다. 전방 개척 선교의 조건은 남반구 여러 지역으로 향하는 서구 선교사를 통해 형성되었다. 18세기 후반부터 서구 교회는 선교단체를 결성하고, 지금까지 기독교를 접하지 못한 개척지에 복음을 전하기 위해 선교사를 동원했다. 자발적 선교회는 당시로써 강력하고 혁명적인 새로운 발상이었으며, 오늘날 우리가 가진 지리적 지식이나 이동 능력이 전혀 없는 상태에서 평범한 사람이 외딴 사회에 관심을 가지도록 동원할 수 있었다는 점에서 무척 놀랍다. 그 프로젝트는 더 큰 프로젝트, 즉 현대 민족국가를 가능하게 만든 국제 이주(international mobility)와 연결되었다. 당시 국제 이주 역량은 식민지 사업과 관련된 서구인에게 주로 열려 있었다. 이는 대체로 그들이 세계 어디든 큰 제약 없이 자유롭게 갈 수 있음을 뜻했다. 그리고 20세기 내내 서구인은 비교적 쉽게 국경을 넘어 이동할 수 있는 역량을 유지했다. 오늘날 선교 동원에 대해 말할 때는 현대의 지정학과 국제 외교 정책의 영향으로 국경을 넘는 이주가 자유롭지 않다는 현실적 상황을 염두에 두어야 한다. 남반구 주민은 큰 비용을 치르지 않고는 마음대로 움직일 수 없다. 새로운 곳으로 이주했을 때 드는 거주비와 생활비는 과거 서구 선교사들이 경험한 것과 같지 않다. 이것은 '할 수 없다' 또는 '하지 않고 있다'의 문제가 아니다. 남반구 기독교인이 해외뿐 아니라 자신이 속한 지역 내에서 다른 곳으로 이주하는 데 무엇이 필요한지는 선교 지도자들이 쉽게 말할 수 있는 성격의 것이 아니다. 이 주제만을 놓고도 많은 논의가 필요하지만 이 자리에서 모두 다룰 수는 없다.

다만 여기서 주목할 것은 모든 곳에서 모든 곳으로 문화와 국경을 초월한 선교가 실제로 수행되고 있다는 점이다. 그리고 그것은 초창기 서구 선교 운동의 조건에 국한되지 않고서도 이뤄지고 있다. 사실 선교를 표방하지 않는 국제 이주의 형태로 선교가 활발히 이루어지고 있다. 난민, 이주 노동자, 국제 기업의 임원, 고등교육을 추구하는 젊은 유학생이 무명의 새로운 선교사가 되고 있다. 복음화가 잘 이뤄진 가정, 지역사회, 국가 등에서 온 그들이 새로운 전도자다. 이주에 대한 문제를 광범위하게 연구한 제후 핸슬스(Jehu Hanciles)에 따르면 이주민은 사실상 다음 세대를 제자화하고 있다. 현재 기독교적이지 않아 보이는 국가의 다음 세대의 이민자들을 기독교화하고 있는 것이다.

물론 모든 이민자가 기독교인인 것도 아니고, 기독교인이라고 해서 모두 자기 신앙을 적극적으로 나누는 것도 아니다. 그러나 이것은 예비 선교사에 대해 전략적으로 생각할 때 염두에 두어야 할 관점이다. 현대 사회에서 전 세계가 엄청난 이동성을 경험하고 있음은 명백한 사실이다. 세계 곳곳에서 사람들은 시골의 자기 집에서 마을로, 마을에서 도시로, 대도시로, 더 넓은 국제도시로 옮겨 가고 있다. 평균적으로 사람들은 사는 동안 여러 차례 이주를 경험하게 되는데, 이런 이동에는 복음 전파의 가능성이 내재되어 있다. 그러므로 교회는 선교사를 파송하는 것으로만 생각하던 통념에서 벗어나 이동성을 복음 전파의 수단으로 생각해야 한다. 그리스도를 따르는 남녀 모두 문자 그대로 그리스도의 편지다. 바울은 "너희는 우리로 말미암아 나타난 그리스도의 편지니 이는 먹으로 쓴 것이 아니요 오직 살아 계신 하나님의 영으로 쓴 것이며 또 돌판에 쓴 것이 아니요 오직 육의 마음판에 쓴 것이라"(고후 3:3)고 말했다. 따라서 선교를 위한 동원이 문제의 핵심이 아니다. 중요한 것은 모든 교회의 모든 사람을 제자화하여 어디에 있고, 어디를 가든 자신이 복음의 전달자임을 깊이 인식하도록 만드는 것이다. "아름답도다 좋은 소식을 전하는 자들의 발이여"(롬 10:15).

여기서 강조할 또 다른 요점이 있다. 과거에 '선교'는 복음을 나누기 위해 여행한다는 분명한 목적을 가진 단체, 조직, 공식적으로 구성된 선교 운동 등을 보내는 것으로 이해되었다. 믿음의 "아름다운 것을 지키는"(딤후 1:14) 그릇으로 기능하기 위해 교회가 조직 구조를 필요로 하듯 선교를 위한 조직과 기관은 존속할 것이다. 그리스도의 선교에 대한 세계적 감수성을 돋우는 대규모 단체도 존속할 것이다. 세계 복음주의자들을 결집시키는 로잔 운동이나 학생 운동 가운데 IFES(International Fellowship of Evangelical Students)처럼 특정 인구통계학적 집단을 동원하는 단체가 그런 예다. 월드비전 같은 전문 선교단체도 특별한 방법으로 전도하고 있다. 그러나 이전 세대의 선교 흔적인 이런 종류의 조직이 가진 자본집약적 기반 시설은 이들을 오히려 예외적인 것으로 만든다. 남반구에서 일어나는 많은 선교 활동은 그런 재정 동원의 요구를 감당할 수가 없다.

물론 인프라가 필요하지 않다는 것은 아니다. 필요한 것은 관점이다. 여기서 우리는 신약성경에 나오는 바울과 그의 동료 선교사들을 생각하게 된다. 그들은 선교를 위해 로마의 도로망, 선박과 교점 도시 등 상업 연결망을 활용했고, 필요할 때는 로마법까지 활용해 자신을 보호하며 선교에 참여했다. 그런데 주의 깊게 관찰하면서 그들이 그 기반 시설을 결코 본질화하거나 과대평가하지 않았다는 점에 놀라지 않을 수 없었다. 선교의 기반 시설은 우발적이고 잠정적이며, 사용 가능한 경우 유용하고 제공되지 않는 경우 무의미하다. 그러므로 바울은 감옥에서 증거 하고, 멀리 있는 사랑하는 교회에 편지를 보내고, 스스로 갈 수 없을 때 사자를 보내고, 심지어 짐승의 뱃속인 로마에 가서 마지막까지 증인으로서 순교할 수 있었다. 이 모든 것은 복음 사업을 위한 견인차 역할을 했다. 우리가 바울과 그의 동료들에게서 일관되게 발견한 것은 이스라엘의 메시아인 예수님이 온 세상의 메시아이며, 이 메시아를 믿고 영접함으로써 온 세상이 더 나아진다는 변함없고 진실한 확신이다. 그들은 그 사실을 알리고 싶었으며, 이를 위해 필요한 모든 수단을 동원했다.

과거에 교차문화적·지리적 전방 개척 선교의 황금기를 경험한 것은 좋은 일이다. 그러나 상황이 변했다면 우리는 파송 단체, 돈이 많이 드는 훈련 기관, 많은 인력으로 구성된 네트워크, 복잡한 다년간의 계획 등으로 선교의 짐을 늘릴 필요가 없다. 하나님이 허락하신다면 그런 구조를 유지할 수도 있다. 그러나 적어도 현대 교회는 이동성과 VUCA로 특징지어지는 세상 가운데서 그리스도의 메시지를 전파할 '그리스도의 편지'인 깊이 헌신된 제자를 육성해야 한다.

19
코로나 팬데믹과 지역 교회 목회자의 도전

———

이몽식

1. 들어가는 말

코로나바이러스의 세계적 확산은 인류의 삶에 엄청난 고통과 함께 큰 변화를 가져왔다. 코로나는 지구촌의 정치, 경제, 사회, 문화, 교육 등 어느 하나 영향을 주지 않은 곳이 없다. 전 세계적으로 많은 사망자와 확진자를 발생시키면서 선교지의 상황을 최악으로 만들었다. 국내에도 다수의 확진자와 사망자를 내면서 한국 사회를 송두리째 바꿔놓았다. 이로 말미암아 한국 교회는 한 번도 경험해 보지 못한 위기를 맞았다. 교회는 방역에 앞장 섰지만 코로나 전파의 주범으로 몰려 세상 사람들에게 비난받고 매도당했다. 교회들은 예배를 비대면으로 전환해 온라인으로 드리면서 모든 사역과 모임이 중지되었다. 이로 말미암아 재정적 어려움을 겪으면서 교회가 폐쇄되기도 하고 사역자가 교회를 떠나는 일도 생겼다. 빚이 많은 교회는 부도의 어려움에 처하게 되었으며, 교회 건물이 경매로 나온다는 신문 기사도 접하고 있다.

선교계도 마찬가지다. 선교지에서는 이동이 중단되면서 사역이 멈추거나 축소되었다. 선교지에서 진행되던 사역이 교회 지원이 끊기면서 멈춰 섰다. 2020년에는 한국 교회에서 그토록 많이 나가던 단기 선교팀이 코로나19로 나가지 못했다. 그로 말미암아 진행되던 많은 사역이 멈춰 섰고, 코로나19가 장기화되면서 선교사가 선교지에 머물 수 없게 되어 한국에 입국했다. 한국세계선교협의회(KWMA)가 2020년 5월 실시한 설문조사에 따르면 5월 20일 현재 설문에 응답한 470명의 선교사 가운데 79.1%는 선교지에 남아 있으나 18.1%는 한국으로 임시 귀국했고, 2.8%는 제3의 지역에 체류하는 것으로 나타났다.

교단 선교부와 선교단체의 통계를 분석해 보면 선교사의 20~30%가 코로나19로 임시 귀국한 것으로 예상된다. 2만 7,000여 명의 한국 파송 선교사 가운데 코로나19로 5,000여 명이 한국에 입국한 것으로 보인된다. 한국에 입국했다가 상황이 좋아져 선교지로 돌아간 선교사도 있지만, 선교지로 돌아가지 못하는 선교사가 상당수 된다고 한다. 선교지로 돌아가지 못하는 것은 선교지 상황이 코로나19로 회복되지 않고 있기 때문이다. 또한 한국 교회의 재정이 어려워지면서 선교 후원이 줄어들고, 때로는 선교사 후원이 끊겨 선교지로 돌아가지 못하는 경우도 있다.

2. 코로나19 시간의 의미

코로나19는 우리의 모든 것을 멈추게 했다. 그 멈춤은 자연스럽게 지나온 시간을 돌아보게 하고, 지난 시간 우리가 감당해 온 선교 사역을 돌아보게 했다. 즉 하나님 앞에 기도하면서 우리의 목회와 선교가 본질에 충실했는지 반추하게 되었다. 하나님은 그간 너무 바쁘게 달려

온 우리에게 성찰의 시간을 주었다. 지역 교회는 어려운 가운데 교회로서의 정체성을 돌아보고 선교 사역의 방향을 점검하는 시간을 갖고 있다. 또한 선교계는 코로나 직격탄을 맞으면서 위기 관리 상황에서 대응책을 마련하고 새로운 전략을 세우는 시간을 갖고 있다.

필자는 지역 교회 목회자로서 코로나19로 지역 교회가 겪는 어려움을 들을 기회가 많다. 그 이야기를 들으면서 코로나 시대에 지역 교회가 어떻게 선교 사역을 계속 감당해야 되는지 고민하게 되었다. 또한 작은 선교단체를 섬기는 단체장으로서 선교사와의 소통을 통해 선교지의 상황을 파악하면서 위기 관리에 따른 코로나19 이후 대응책에 나서게 되었다. 필자는 이 글을 통해 코로나19로 변화를 겪고 있는 교회와 선교지를 보면서 전체적인 선교 전략의 변화를 피력하고 지역 교회 목사로서 재정과 관련해 크게 두 가지 도전을 하려고 한다.

3. 코로나 시대 선교 전략의 변화

지금 우리는 코로나19 이후 시대에 대비해 새로운 선교 전략을 세워야 한다. 코로나19 이후 국제 상황은 민족주의, 고립주의, 외국인 혐오, 자유주의 세계 질서에 대한 공격이 일어날 것으로 예견되는데, 이는 기독교에 큰 도전이 되고 있다. 세계화는 주춤하고 자국 이익만 추구하는 지역화 물결이 일어나고 있다. 코로나19가 확산되면서 대부분의 나라가 외국인을 대상으로 입국 제한 조치를 취하고 있는 상황이다. 이런 현상은 당분간 계속될 것으로 보인다. 예전에 누렸던 개방적 상황으로 돌아가려면 상당한 시간이 걸릴 것으로 내다보고 있다. 전문가들의 공통적 견해는 코로나19 이전으로 돌아갈 수 없다고도 한다. 그렇게 보면 우리는 지금까지 했던 선교 사역에 묶여 있을 것이 아니라 이런 변화에 능동적으로 대처하며 선교 사역을 준비해야 할 때가 되었다.

지금까지 전통적 선교 방식은 선교사가 땅끝까지 직접 나가 복음을 전하고 교회를 세우는 것이었다. 그러나 코로나19로 나라마다 외부인에 대한 기피 현상이 강하게 일어나고 있다. 그렇게 보면 이제 선교는 원심적 선교에서 구심적 선교로 방향 전환이 요구된다. 즉 모이는 교회에서 흩어지는 교회의 중요성이 대두되고 있다. 모이는 교회에서 성도가 흩어져 각 삶의 현장에서 이루어지는 교회가 강조되는 것이다. 선교지에서 일반적인 교회 개척은 건물을 짓고 교회를 세운다. 그런데 이제 선교지에서 가정 단위의 모임, 작은 소그룹 단위의 모임을 교회로 보는 시각을 받아들여야 한다. 교회 개척 개념이 건물과 지역에서 사람으로 바뀌는 패러다임의 대전환이 올 것이다.

코로나 시대에 건물 위주의 프로젝트 선교는 어렵게 되었다. 교회의 재정 후원이 줄어들거나 끊기면서 선교 센터 사역이 중단되거나 축소되고 있다는 소식이 들려온다. 큰 재정이 들어가는 사역은 진행하기 어려워지고 있다. 그래서 진행 중인 프로젝트 사역은 비용 절감을 모색해야 하며, 계속 진행되어야 하는 프로젝트 사역은 자립할 수 있도록 새로운 방향을 찾아야 한다. 더 나아가 재정이 많이 들어가는 프로젝트 사역보다 현지인 제자 훈련, 현지인 교육 사역으로 방향 전환이 필요하다. 선교사는 현지 교회와 현지 사역자를 잘 세우고 멋진 파트너십을 이루어 가는 쪽으로 집중해야 한다. 그리고 가급적 헌신적인 현지 사역자를 세우고 이양을 준비할 필요가 있다.

코로나 시대에 교회 선교비가 줄어들면서 텐트메이커, NGO 선교, 비즈니스 선교가 크게 증가할 것이다. 좋든 싫든 교회의 후원이 어려워지면서 자비량(Tentmaker) 선교가 대두될 것이다. 지금의 젊은이들은 전통적인 목사 선교보다 비즈니스 선교, 전문인 선교에 더 큰 관심을 갖고 있다. 특히 평신도 전문인 선교가 많이 증가하리라고 본다. 이제는 자비량 정신을 가지고 현장에서 어떻게 효과적으로 선교할 것인지 구체적인 적용 방안을 찾아야 한다. 코로나19 이후 선교 동원의 문제는 교회와 파송 단체가 종합적으로 고민하고 함께 풀어 나가야 할 한국 선교의 우선 과제가 될 것이다.

코로나19 사태를 겪으면서 가장 큰 변화는 온라인으로의 전환, 즉 대면하지 않고 비대면으로 만남을 이어가는 것이었다. 한국 교회는 코로나19로 교회가 모이지 못하면서 온라인으로 예배를 드렸다. 대면 예배가 불가능한 상황에서 온라인 예배는 선택의 여지가 없었다. 선교지에서도 이것은 중요한 이슈다. 물론 인터넷 사정이 나라마다 달라 일반화하기는 어렵지만 코로나 시대에 대부분의 선교지에서 온라인 대면은 피할 수 없는 현실이다. 미디어로 소통하고 온라인상에서 복음을 전하는 선교는 더 이상 미룰 수 없는 과제다.

지금까지 대부분의 선교사는 IT의 효과와 가능성을 알고 있었지만, 코로나19가 닥치기 전까지 적극적으로 활용하지 못했다. IT는 어렵다고 하는 막연한 두려움이 있었고, IT와 선교의 접목에 대한 부정적 시선이 있었기 때문이다. 영상을 활용한 비대면 접촉은 신학적으로 맞지 않는다거나, 구제 사역 등의 형태로 현지인들과 부대끼던 기존 선교 방법과 어울리지 않는다는 인식이 존재했다. 그러나 이제 IT를 이용한 예배는 선택이 아니라 필수다. 선교사가 선교지에서 IT를 활용할 수 있도록 한국 교회와 선교기관이 적극적으로 지원해야 한다. 한국 교회와 기관은 재정 후원뿐 아니라 영상 콘텐츠를 만들어 주는 후원 방식도 고려해야 한다.

선교지에서는 IT 기술을 통한 다양한 선교 방법을 시도해야 한다. 일부 단체는 이미 줌(Zoom)을 통해 선교지에서 영상 회의, 훈련을 적극적으로 실시하고 있다. 멀리 떨어져 있어도 비대면으로 훈련과 양육이 가능한 시대에 관련 기술을 적극적으로 활용해야 한다. 선교지에 있는 젊은이들을 복음으로 붙들기 위해 그들이 사용하는 유튜브를 선교의 도구로 활용할 때가 된 것이다. 그 나라의 문화에 맞는 훌륭한 복음적 콘텐츠를 개발해 선교지에 보급할 수 있다면 그 효과는 엄청날 것이다. 이것은 현장 선교사에게만 맡길 일이 아니라 모든 교회와 단체가 함께해야 한다.

4. 도전 1, 공동체성을 회복하는 선교

우리는 코로나19로 교회가 모이지 못해 사역이 중단된 위기라고 생각했는데, 사실은 공동체성의 위기임을 발견한다. 모여서 예배를 드리지 못하니까 교회가 전부 중단되었다는 느낌을 받았다. 단지 주일 예배 모임이 중단되었을 뿐인데 모든 일이 중단되었다는 생각이 든 것이다. 물론 모든 교회 사역이 주일 예배 기준으로 이루어져 왔기에 그렇게 느낄 수 있다. 그러나 교회는 단순히 주일에 예배만 드리는 곳이 아니다. 모여서 예배를 드리지 못한다고 교회가 사라진 것은 더더욱 아니다. 그럼에도 모든 것이 중단되었다는 느낌이 드는 이유는 그동안 한국 교회가 주일 교회에 모여 드리는 예배를 교회라고 생각했기 때문이다. 이것이야말로 한국 교회가 얼마나 공동체성에 취약했는지를 보여주는 대목이다. 코로나 위기를 통해 우리가 진정 회복해야 할 부분은 바로 공동체성이다.

교회는 공동체다. 교회는 건물이나 시스템 정도가 아니라 주님의 몸으로, 성령으로 연결된 공동체다. 초대교회의 성도들은 로마의 핍박으로 제대로 모이지 못했어도 뜨거운 교제가 있는 살아 있는 교회의 모습을 보여주었다. 그들의 교회는 살아 있는 유기적 공동체였기 때문이다. 살아 있는 공동체는 어떤 어려움이 닥쳐도 중단되지 않는다. 주일에 함께 예배드리지 못해도 성도들의 개인 예배가 있고, 작은 소그룹 예배와 교제가 얼마든지 가능하다. 코로나 위기에도 혈연 중심의 가족 공동체가 멈추지 않듯이 코로나의 위협에도 교회 공동체를 멈출 수 없다. 모이는 예배가 없으니 교회가 무너졌다는 생각은 교회의 본질인 공동체성을 놓친 것이다. 따라서 교회는 단지 주일에 모이는 집단으로서가 아니라 어떤 상황에서도 살아남을 수 있는 예수님의 공동체로의 인식 전환이 필요하다.

공동체성은 선교지에서도 동일하다. 코로나19로 선교가 멈추어야 하는가? 물론 방역을 위한 셧다운 또는 통행금지 조치로 사역이 중단되기도 했다. 그러나 외형적 사역은 축소되거나 멈추어도 그동안 공동체성을 기초로 세워진 선교지의 교회는 여전히 살아 움직였다. 즉 관계 중심으로 사역하는 선교지는 코로나 위기 상황에서도 소모임과 나눔을 통해 더 끈끈한 관계를 유지했다. 집회식의 선교, 조직을 동원한 선교는 중단되었지만 선교지에서 현지인들과 인격적 교제와 만남으로 이루어진 사역은 코로나 상황에서 멈추지 않았다. 우리는 코로나 위기 가운데서 선교 사역에 있어 공동체성의 위기를 보아야 한다. 코로나 위기는 우리가 그동안 선교지에서 사람들과 어떤 관계를 맺었는지 보여준다. 즉 위기의 시간에 사람 중심의 유기적 공동체 사역을 한 선교지와 일 중심의 프로젝트 사역을 한 선교지가 극명한 대조를 보인다.

이제부터 선교지에서는 관계 중심의 공동체 사역으로 전환을 해야 한다. 즉 사역 중심에서 사람 중심으로 옮겨 가야 한다. 하나님 나라의 가치와 질서를 담아 내는 공동체, 살아 있는 코이노이아 공동체를 만들어야 한다. 소그룹 중심의 공동체 사역이 활성화되어 소그룹 공동체

안에서 현지 리더들이 세워져야 한다. 또한 가정 사역의 중요성을 발견하고 소규모 가정 공동체가 훌륭한 교회 공동체로 세워질 수 있도록 해야 한다. 4차 산업혁명의 도래로 모든 사람이 연결되어 있는 것 같지만 실제로는 너무나 많은 사람이 소외되어 있다. 사람은 미디어로 연결되는 것이 아니라 그리스도의 사랑 관계로 이어진다. 이는 비대면 선교 시대에 역설이기도 하다. 언택트(Untact)에서 딥택트(Deep tact)로 전환하여 비대면 시대에도 개인 관계를 통해 복음을 전하고, 그리스도 공동체를 세워 나가야 한다.

5. 도전 2, 선교비의 청지기 정신 회복

코로나19는 교회의 예산 감소를 가져왔다. 2020년 5월 28일부터 6월 1일까지 예장통합 소속 담임목사 1,135명을 대상으로 코로나 사태 관련 설문조사가 지앤컴리서치를 통해 진행됐다. 그 결과에 따르면 응답자의 68.8%가 코로나로 헌금이 줄었다고 답했다. 적어도 2020년 기준으로 보면 대략 30~40% 감소했다. 이 통계는 코로나로 헌금이 줄어 교회 선교비의 예산 조정이 불가피함을 보여준다.

2020년 5월 KWMA는 회원 단체와 교단 내 선교 담당자를 대상으로 '코로나19로 인한 선교사의 필요'라는 제목으로 조사를 진행했다. 응답자 470명 중 선교지에 있는 선교사 372명과 제3지역에 있는 선교사 13명, 코로나19 이후 개인적 이유로 일시 귀국한 선교사 85명에게 동일한 질문을 했다. 선교지에 있는 선교사에게 한국 교회나 후원자에게서 오는 선교 후원금에 대해 물었다. 55%(213명)는 코로나 이전과 달라진 것이 없다고 응답했으며, '늘었다'는 선교사도 13명(4%) 있었다. 반면 후원금이 줄었다는 선교사가 41%(159명)나 됐다. 그중 절반 정도는 반토막이 났다고 응답했다. 2명은 후원금이 끊기다시피 했다고 한다. 임시 귀국한 선교사의 후원금 현황도 비슷했다. 후원금이 줄었다는 선교사가 응답자 중 37%(31명)였다.

이 조사를 통해 교회마다 2021년도 선교비 예산 감축이 충분히 예상된다. 필자는 최근 중대형 교회 몇몇을 중심으로 2021년도 선교비 예산을 조사했다. 코로나19 여파로 교회의 전체 예산이 대부분 작년 대비 30~40% 정도 축소되었다. 그런데 전체 교회 예산은 축소되었지만 선교비는 작년 예산을 유지하는 교회가 많았다. 그 이유는 선교를 계속해야 한다는 사명감 때문이다. 물론 주변의 소형 교회는 대부분 선교비를 축소하거나 예산을 세우지 못한 교회도 많았다. 물론 중대형 교회 가운데서도 무리한 건축으로 재정 상태가 어려운 교회는 선교비를 전액 삭감하는 경우도 있었지만, 대부분은 코로나 위기에서도 선교비를 삭감하지 않고 유지하는 경우가 많았다. 그것은 교회의 전체 수입은 줄었지만 행사를 할 수 없어 교회 경상비 지출을 줄일 수 있었기 때문이다.

필자가 섬기는 주향한교회는 상가 임대 교회로, 코로나 여파로 2020년 교회 전체 헌금이 전년 대비 20% 줄었다. 2021년도 예산 편성 시 교회 경상비는 축소되었지만 선교비는 전년도 예산 그대로 유지했다.

많은 교회가 다른 예산은 축소하더라도 선교비 예산은 유지하려고 노력한다는 점은 고무적이다. 교회의 최우선 순위가 선교라고 생각하기에 선교비 예산을 지켜 내는 것이다. 이런 배경에는 성경적 관점의 청지기 정신이 있다. 청지기는 주인이 맡긴 자산을 주인의 뜻에 따라 잘 관리하는 자다. 교회가 자신의 청지기 직분을 잘 인식하고 주인의 뜻을 살펴 집행한 결과 선교비를 유지할 수 있었다.

그러나 코로나19가 장기화되고 출석 교인의 감소 추세를 감안하면 전체적으로 교회 선교비의 축소는 불가피해 보인다. 이렇게 선교비가 줄어들면 선교 사역의 구조조정이 일어나 선교 사역이 축소되거나 중단될 수도 있다. 더 심한 경우 선교사가 사역을 중단하고 귀국해야 하는 경우도 생길 것이다.

코로나19로 재정 위기를 만난 선교, 과연 우리는 어떻게 해야 되는가? 우리는 하나님이 주신 돈에 대한 철학과 정신을 생각해야 한다. 선교에서 돈이 차지하는 비중은 얼마나 될까? 분명 돈으로 선교하는 것은 아니지만 돈이 없으면 선교가 불가능하다. 돈과 선교는 분리될 수 없다. 이제 코로나 위기 가운데 돈과 관련해 선교 사역을 돌아보지 않을 수 없다.

교회와 선교사의 소통을 통한 신뢰 회복

재정 위기 가운데서 먼저 교회와 선교사는 코로나로 말미암아 변화된 선교지의 상황을 진술하게 나눌 수 있어야 한다. 현재의 선교지 상황을 잘 파악하고 대응해야 되기 때문이다. 그런데 코로나 상황에서 한국에 입국한 선교사들은 의외로 교회와의 소통이 어렵다고 호소했다. 파송 교회와 후원 교회 목사나 성도들을 만나기가 어렵다는 것이다. 물론 방역 조치로 직접 만나기 어렵다는 현실도 하나의 이유다. 그러나 한편으로 교회가 선교사를 만난다는 것은 돈 문제와 관련된 것이라는 부담이 배경으로 작용하고 있음도 부인하기 어렵다. 코로나19로 재정이 어려운 상황에서 선교사와 만나기가 부담스러울 수 있다는 것이다. 그러나 지금이야말로 교회와 선교사가 만나 긴밀한 소통을 통해 선교지의 상황을 파악하고 기도하고 함께 대응책을 마련해야 할 때다.

교회와 선교사는 선교 사역의 동역 관계이기에 상호 신뢰가 중요하다. 그런데 교회와 선교사가 선교비를 주고받는 과정에서 신뢰가 깨지는 경우를 종종 본다. 몇 가지 사례 가운데 첫 번째는 교회가 선교사에게 선교비를 약속해 놓고 이행하지 못할 때다. 교회 후원 약속에 따라 선교사는 모든 준비를 하고 있는데, 교회가 아무 설명 없이 선교비를 취소하는 경우다. 교회에 피치 못할 사정이 생긴 것일 테지만 선교사에게 충분한 이해를 구하지 않고 교회가 일방적으로 선교비를 취소할 때 선교사는 상처를 받는다.

두 번째는 첫 번째와 반대로 교회가 후원한 선교비를 선교사가 제대로 집행하지 않은 경우다. 한 가지 예로 어느 선교사가 선교지의 필요를 설명하고 교회에 목적 헌금을 요청했다. 교회는 그 요청대로 헌금했지만 나중에 선교지에 가 보니 목적 헌금대로 집행되지 않았다는 것을 발견했다. 내막을 알아보니 선교사가 교회와 상의하지 않고 용도를 임의로 변경하여 지출한 것이다. 더 시급한 용처가 있었던 것이다. 물론 급한 경우 선교비가 다른 용도로 쓰일 수는 있지만 헌금한 교회를 존중한다는 뜻에서 상의해야 서로의 신뢰가 깨지지 않는다. 비록 작은 예지만 이런 종류의 사건을 자주 접한다.

세 번째는 선교사가 프로젝트 사역을 위해 모금할 때 여러 교회에서 했을 경우 일어나는 일이다. 이때 사역 모금 목적과 헌금 집행 내역이 투명하게 보고되면 문제가 없지만 보고되지 않는 경우가 많다. 이때 헌금한 교회는 자신의 헌금이 어디에 사용되었는지 알 수 없어 신뢰에 금이 간다. 이는 모금할 때 정확한 설명 없이 모금하고 교회는 무작정 헌금하는 경우가 많기 때문이다. 또한 선교비가 즉흥적으로 모금되고, 즉흥적으로 헌금하는 문화의 부작용이기도 하다. 교회와 선교사가 선교 사역의 동역자로서 신뢰 관계를 다지려면 반드시 구체적이고도 정확한 소통이 필요하다. 그리고 소통에는 반드시 교회와 선교사 모두 돈의 청지기로서 투명성과 윤리성을 기초로 해야 한다.

프로젝트 사역 재고

코로나로 교회 선교비가 축소되는 상황에서 교회와 선교사는 선교 재정에 대해 솔직하고 진지한 평가와 반성을 해야 한다. 특히 프로젝트 사역을 하는 경우 더욱 그렇다. 여기서 프로젝트 선교는 선교지에 교회당을 짓고, 선교 본부를 건축하고, 교육기관과 병원과 학교 등을 세우는 사역을 말한다. 주로 선교지에 땅을 매입하고 건물을 짓고 선교 기반을 닦는 일이다. 한국 선교는 선교 역사가 짧기에 특히 낙후된 선교지에서는 선교지의 기반을 닦는 프로젝트 선교가 필요하다. 또한 현지 선교 동원을 위해서는 이런 프로젝트 사역이 요긴하고 효과적이다. 그러나 프로젝트 사역은 많은 돈이 들어간다. 재정이 어려워진 코로나 상황에서 프로젝트 사역을 계획할 때는 반드시 그 사역의 목적성과 지속성을 점검해야 한다.

우선 프로젝트 사역은 건축에 많은 비용이 든다. 그러나 그것이 끝은 아니다. 건축 다음에는 건물 운영을 위해 현지인을 고용해야 하고, 시스템 운영을 위해 많은 비용이 지속적으로 요구된다. 그래서 어느 정도 운영하다가 운영비를 감당하지 못해 문을 닫는 센터나 학교, 병원을 종종 본다. 코로나 상황에서 이런 사역은 더욱 취약하다. 후원 교회가 어려워져 후원이 끊기거나 축소되면 당장 문을 닫는 경우도 있다. 이런 이유로 프로젝트 사역은 신중함이 요구된다.

또한 프로젝트 사역은 현지 교회의 외부 의존성을 높이고, 자립 정신을 약화시킬 수 있다. 이미 서구 교회는 지난 수 세기에 걸쳐 그런 사례를 남겼다. 선교지에 많은 투자를 해서 좋은 결과도 얻었지만, 현지 교회가 선교사를 의존하도록 만드는 결과도 낳았다. 그래서 밑 빠진 독에 물을 붓는 것처럼 끝없이 재정 지원을 되풀이하는 구조를 만들었다. 나중에 현지 교회에 이양되어도 그것을 운영할 수 없는 경우가 많고, 권한 이양이 일부 현지 교회에 돌아갔을 경우 그 혜택을 받지 못하는 현지 지도자들의 시기와 질투는 현지 교회의 하나 됨을 깨뜨리는 요소로 작용하는 등 문제가 많다.

그리고 프로젝트 사역에서 운영비를 선교비로 지원하지 못하게 될 때 그 사역의 목적성이 희석되곤 한다. 그 원인은 운영비 충당에 초점이 맞추어지기 때문이다. 한 가지 예로 선교지에 기독학교를 세워 사역을 시작한 선교사가 있었다. 유치원부터 시작해 초등학교, 고등학교까지 세워 운영했다. 학교 건축에 많은 비용이 들어갔고, 학교 운영에도 계속해서 많은 비용이 들어갔다. 초기에는 학교 운영비가 본국에서 보내 온 선교비로 채워졌지만 갈수록 후원이 줄어 운영 위기를 맞았다. 결국 학교 운영비를 채우기 위해 수준 이상의 학비를 받아 학교를 운영하기에 이르렀고, 이 과정에서 학생들을 그리스도인으로 양육하려던 원래 목적은 희석되었다. 학교 사역을 계획할 때 운영의 목적성과 자립성이 균형을 이루어 효과를 거둘 수 있을지 미리 점검하고 사역을 시작했어야 한다. 많은 재정을 투입하고도 사역의 열매를 거두지 못하는 사역은 후원 교회나 선교사 모두에게 큰 짐이 된다. 우리는 프로젝트 사역을 시작할 때 청지기적 책무의 중요성을 염두에 두고, 사전에 충분한 기도와 논의를 해야 한다.

6. 나가는 말

코로나 팬데믹은 우리에게 큰 시련을 주는 동시에 엄청난 변화를 요구하고 있다. 이는 분명 큰 위기다. 그러나 확실한 것은 코로나 상황에서도 주권자이신 하나님은 여전히 그분의 백성을 사랑하시며, 여전히 일하신다. 그 주님의 일하심을 따라 교회와 선교사는 두려워할 것이 아니라 기도하면서 선교의 본질을 찾는 성찰의 시간을 가져야 한다. 지금 교회가 코로나19로 모이지 못하고 예산이 줄어드는 상황에서 선교의 각 동역 주체는 기도하면서 머리를 맞대고 솔직하고 진지한 소통을 해야 한다. 그 가운데서 위기의 본질을 찾고 대응책을 마련해야 한다. 지금은 코로나 이후의 선교 전략을 능동적으로 세워 나가야 할 때다.

그 대응책의 본질은 잃어버린 공동체성의 회복이다. 이것은 교회와 선교사가 소통을 통해 신뢰를 회복하는 모습으로 나타나야 한다. 먼저 교회와 선교사는 선교비를 주고받는 관계에서 신뢰를 회복해야 한다. 이 신뢰의 회복은 교회나 선교사가 모두 돈의 청지기임을 인식할 때 이뤄진다. 청지기 정신이 결여된 채 선교비가 집행될 때 목적과 수단이 전도되고, 결국 모두에게 짐이 된다. 선한 청지기는 주인의 뜻을 잘 살펴서 주인의 뜻대로 집행한다. 코로나19로 교회마다 재정이 어려워지는 상황에서 청지기 정신으로 이 위기를 슬기롭게 극복해 나가야 하겠다. 코로나 팬데믹은 교회나 선교계에 큰 위기이지만 새롭게 변할 수 있는 기회임을 선포하고 싶다.

논찬

김선만

1. 코로나19 위기와 기회: 선교사 라이프스타일의 재점검

코로나 팬데믹은 역사상 유례없는 전염병이다. 그러나 성경은 전염병이 말세의 징조 가운데 하나라는 것을 이미 경고했다(눅 21:11). 이런 상황에서 이몽식 목사가 본 논문을 통해 전반적인 선교 전략의 변화 필요성을 제기한 것은 적절했다. 저자는 선교와 선교적 삶은 우리 기독교인의 태생적 언어이며, 하나님 나라의 완성을 위해 행하는 교회와 기독교인의 모든 행위라고 확신한다.[1] 그는 코로나 팬데믹 시간의 의미를 교회 정체성 확립과 선교 전략에 대한 변화의 기회로 삼고, 동시에 교회가 얼마나 선교의 본질에 충실했는지 성찰하는 데서 찾기를 원한다.

---

[1] JesusHeart. org, January 17, 2020, YouTube, http://www.jesusheart.org/index.php?mid=juil_sermon&page=2&document_srl=1034162, 이몽식 목사는 2020년 1월 17일 '선교적 삶의 새해'(마 28:18-20) 설교에서 선교는 전략적 용어이며, 예수님이 성육신하셔서 사람 가운데 오신 것처럼 기독교인도 세상에서 하나님 나라의 완성을 위해 파송 받아 선교적 삶을 살게 하신 것임을 강조한다.

2. 코로나 시대 선교 전략의 변화 필요성

랄프 윈터는 대위임 명령의 본질은 엄청나게 많은 사람의 생존이 그 성취에 달렸다는 데 있다고 했다. 그럼에도 대위임 명령에 복종하느냐 하는 문제는 그 어떤 것보다 부유함을 통해 계속 중독되어 왔음을 지적했다. 그러나 그는 "부유함은 아시시의 프란시스로 하여금 그 시대에 맞서는 행동을 멈추게 하지는 못했다"라고 하면서 여기서 벗어나는 길은 '재헌신'임을 강조했다.[2] 그렇다면 코로나 팬데믹 시대 교회와 선교 역시 사탄과의 영적 전쟁에 걸맞은 생활 방식의 선택을 놓고 고민해야 한다.

1990년대 한국 교회의 선교가 한창일 때 치밀한 선교 전략의 필요성이 제기되어 그에 따른 세미나와 연구가 진행되었다.[3] 2000년대에 들어서도 선교 신학의 정립, 선교비 모금 방법, 선교비의 상한선과 하한선, 선교사의 자녀 교육, 안식년과 은퇴 후 연금 대책, 선교비 재정 보고와 감사 등 선교 전략과 선교 책무에 관련된 수많은 이슈를 망라하여 다루어 왔다.[4] 팬데믹 시대 선교 전략의 방법론은 물론 필요하다.

---

2 Ralph D. Winter, "Reconsecration to a Wartime, Not a Peacetime, Lifestyle", *Perspectives on the World Christian Movement*, Edited by Ralph D. Winter, Steven C. Hawthorne(Pasadena, California: William Carey Library, 1981), 814.

3 옥한흠, "한국 교회의 선교 전략", 《한국 교회와 세계 선교》, 손봉호 외 4인 지음(서울: 도서출판 엠마오, 1990), 72쪽.

4 예를 들면 매 KGMLF 포럼을 통해 2011~2019년 다음과 같은 영한 출판물이 발간되었다. Jonathan J. Bonk et al., eds., *Accountability in Missions: Korean and Western Case Studies* (Eugene: Wipf & Stock Publishers, 2011); Jonathan J. Bonk and Dwight P. Baker, eds., *Family Accountability in Missions: Korean and Western Case Studies* (New Haven: OMSC Publications, 2013); Jinbong Kim et al., eds., *Megachurch Accountability in Missions: Critical Assessment through Global Case Studies* (Pasadena: William Carey Library, 2016); Jinbong Kim et al., eds, *People Disrupted: Doing Mission Responsibly among Refugees and Migrants* (Littleton: William Carey Library, 2018); Jonathan J. Bonk et al., eds., *Missionaries, Mental Health, and Accountability: Support Systems in Churches and Agencies* (Littleton: William Carey Library, 2019).

그러나 사역의 영적 결실을 위한 근본 이슈는 예수님의 제자로 사는 것이 무엇인가 하는 것이다.

데이비드 애드니는 "우리는 주 예수의 진정한 제자로서 삶과 연관된 것을 한층 더 배워야만 하며, 다른 상황을 받아들일 수 있어야 한다"[5] 라고 말했다. 그는 선교지에 다시 간다면 가정 교회에서 사람들과 삶을 나누고 싶으며, 그리스도를 위한 고난의 의미를 수많은 고난을 경험한 현지 사람들로부터 배우겠다고 했다. 복음을 전하기 전 그들에게 먼저 배우면서 그 자신을 드리는 선교사의 생활 방식이 하나님의 목적을 이룰 수 있는 길이라고 에세이 〈선교사들의 생활 방식〉의 결론을 지었다.[6]

유례없는 팬데믹에 따른 불이익과 도전을 과소평가해선 안 된다. 그러나 우리의 고민은 선교사의 생활 방식이 예수님의 성육신과 얼마만큼 관계되어 있느냐에 하는 점이다. 이 점에서 조나단 봉크는 "그리스도는 가난한 사람을 위해 그리고 가난한 사람 가운데 한 명으로 오셔서 가난한 사람과 동일한 입장이 되셨다"[7]라고 선교사의 생활 방식에 대해 일갈했다. 성육신적 생활 방식은 어떻게 보면 지혜롭지 못한 선교 전략일 수도 있다. 그러나 예수께서 말씀하고 보여주신 것이 예수를 전하는 자들의 삶을 이루는 원리와 기초가 되어야 한다.

---

5 David H. Adney, "Lifestyles for Missionaries", in *Perspectives on the World Christian Movement*, Edited by Ralph D. Winter, Steven C. Hawthorne (Pasadena, California: William Carey Library, 1981), 808.

6 앞의 책, 812.

7 조나단 J. 봉크, 이후천 옮김,《선교와 돈: 부자 선교사, 가난한 선교사》(서울: 대한기독교서회, 2010), 60쪽.

3. 교회와 선교사의 소통을 통한 신뢰 회복

선교기관과 교회, 선교사의 영적·재정적 책무 관계는 보완되고 강화되어야 한다.[8] 몇 년 전 필자의 선배 목사가 어느 선교사를 칭찬했다. 그 선교사가 집회를 마치고 돌아갈 때 개인적으로 받은 선교 헌금 명단과 액수를 적어 주었다는 것이다. 그런데 같은 선교사가 필자가 섬기는 교회에서 집회하고 돌아갈 때는 그렇게 하지 않았다. 기대감을 가졌다가 그냥 떠나는 모습을 보면서 의아했다. 재정 모금의 일관성은 언제나 유지되어야 한다.

2021년 1월 동남아시아 M국의 C선교사는 예수비전센터 건축을 마치고 후원자들에게 재정 보고를 했다. 전년도 4월 코로나가 한창일 때 시작했던 건축이다. 30군데의 후원자 가운데는 선교사 부부의 헌금이 3번, 무명으로 5번, 파송 교회, 전도회, 협력 교회 등과 헌금 액수, 아주 적은 경비 지출까지 결산한 내역과 영수증을 첨부했다.[9] C선교사의 재정 보고에는 투명성과 정직성이 나타나 있었고, 생활비와 사역비의 구분도 반영되어 있었다. 김종성 교수는 선교지 재산권의 공공성에서 우선순위는 선교 사역의 부르심에 있어야 하고, 사역과 재정 보고에 대한 정직성과 투명성이 있어야 한다고 지적하면서 선교사 사유재산의 검증에 대한 필요성을 제기했다.[10]

---

8 이반석, "한국 선교단체들 사이의 책무 이슈들", 《선교 책무》, 조나단 봉크·문상철·성남용·박용규 외 22인 저 (서울: 생명의말씀사, 2011), 259쪽.

9 M국 C선교사, "예수비전센터 건축결산 보고", 2021. 1. 19. 이메일.

10 김종성, kmq.kr/forum/677.

4. 프로젝트 사역의 재평가

이몽식 목사는 선교지의 묻지마식 건축 프로젝트 사역은 코로나 시대의 경제 위기를 감안하여 재평가해야 한다고 제안했다. 선교지의 필요에 따른 프로젝트 사역은 불가피하다. 그는 프로젝트 사역의 '목적성과 지속성'의 점검과 투명한 재정 계획을 주문한다. 이런 부분의 불균형과 결핍은 피선교지의 선교사 의존성을 높이며, 더 심각한 것은 현지 지도자들의 시기와 질투로 선교지를 분열시키고 선교사를 타락시킬 수도 있다는 점이다.[11]

프로젝트 선교는 팬데믹 시대라고 할지라도 필요하면 해야 한다고 생각한다. 팬데믹 시대가 아니라 해도 성과주의나 물량주의에서 하는 프로젝트 선교는 삼가야 한다. 1885년 6월 메리 F. 스크랜턴 선교사가 한국에 와서 교육 선교를 시작한 장소는 선교사 사택이었다. 정부 관리의 첩에게 석 달 동안 영어를 가르친 것이 교육 선교의 시작이었다. 이어서 등록한 학생은 생계를 해결하려고 온 극빈 집안의 딸이었으며, 또 다른 학생은 조그만 거지 소녀였다. 초가집을 사들이고 빈터에 새집을 건축하여 '여자학당과 부녀원'을 개설한 것은 그로부터 4개월 후였다.[12]

메리 스크랜턴 선교사의 아들 W. B. 스크랜턴 박사는 "우리는 한국

---

11 B국 K선교사 전화 인터뷰(2021. 3. 12). 남미 B국에 미국 한인 이민 교회가 세운 선교 센터와 부속 건물, 땅은 수백만 달러의 자산 가치를 가지고 있다. 과거 선교사가 그 센터를 중심으로 현지 지도자들을 사병화함으로써 현지 지도자들 사이에서 문제를 야기시켜 결국 연고 해제당했다. K선교사는 "많은 선교사가 순수한 믿음과 헌신으로 시작하지만 재정과 현지 소유가 늘어나면서 본질이 비본질로, 비본질이 본질로 둔갑하게 되더라"고 탄식했다. 2010년 필리핀 선교사 50가정이 선교지 재산포기각서를 작성하여 투명한 선교지 재산 이양을 시도했다. 반대로 선교지 재산을 타 교단 선교사에게 매도하거나 은퇴할 때 교단을 탈퇴하여 사유재산화하는 일도 있다(이지희, "선교지 재산권 관리와 이양 어떻게 하나?", *Christian Today*, 2019. 7. 29. http://www.christiantoday.co.kr).

12 백낙준, 《한국개신교사:1832-1910》 (서울: 연세대학교 출판부, 1991), 133-134쪽.

인을 보다 나은 한국인으로 만드는 것만을 기뻐한다. 우리는 그들이 한국적인 것을 자랑스러워하기를 바라고, 더 나아가 그리스도와 그분의 교훈을 통해 한국이 더 훌륭한 나라가 되기를 원한다"[13]라고 본국에 보고했다. 그녀가 한국에서 처음 섬기며 가르쳤던 사람은 고관대작의 딸이 아니라 첩, 극빈 소녀, 거지 소녀였다. 이것이 이화여자대학교의 시작이었다.

문제는 성육신적 삶의 방식이다. 이로써 선교사들은 피선교지 백성을 스스로 프로젝트에 참여하게 하고, 사역을 맡아 운영하게 하고, 자국민을 전도하여 일어서게 해야 한다. 박용규 교수는 한국 교회와 네비어스 선교 정책의 핵심은 제자 훈련 성격의 성경 공부에 뿌리를 두고 있다고 지적했다. 그 결과 자립과 자치, 자전은 성경에서 배운 것을 삶에 적용했을 때 나타난 결실이었다는 것이다.[14] 시간이 걸리더라도 그들이 주인의식을 갖도록 하는, 성경에 근거한 선교 리더십을 발휘해야 한다. 시대와 상황은 많이 변했다. 그러나 하나님의 뜻에 맞는다면 언제 어디서라도 프로젝트는 할 수 있다.

결론적으로 예수님의 대위임 명령은 시대와 상황을 초월하여 따라야 할 과제다. 그것을 주께서 맡기셨으니 이루실 분도 주님이다. 다만 주께서 보여주신 영적 원리를 삶과 사역에 적용해야 한다. 선교지에서 파송 교회와의 사이에서 아픔을 겪은 한 선교사가 "한 마디로 다 돈이더라고요"라고 한 말을 잊을 수가 없다. 어떤 일을 많이 하느냐 적게 하느냐 하는 문제가 아니라 나 자신이 먼저 어떤 사람이 되어야 하느냐 하는 것이 진정한 청지기의 정신이다. "이 모든 것이 이렇게 풀어지리니 너희가 어떠한 사람이 되어야 마땅하냐"(벧후 3:11상반절). 누구도 완

---

13 W. B. Scranton, "Notes from Korea", *The Gospel in All Lands*, August 1888, 373.
14 박용규, 《한국기독교회사 I: 1784~1910》 (서울: 생명의말씀사, 2004), 614쪽.

전할 수는 없다. 다만 우리를 구원하기 위해 죽었다가 다시 사신 "그리스도 예수께 잡힌 바 된 그것을 잡으려고" 나아가는 것이다.[15] 화려한 프로젝트보다 예수의 제자를 길러내는 검소한 청지기로 남는 것이 더 아름답다고 확신한다.

조나단 봉크 교수의 말로 논평을 마치고자 한다. "결국 그리스도인의 청지기직은 우리가 무엇인가 행하는(do) 것이 아니라 우리가 무엇인가 되는(become) 것이다. 어떤 기술이 아니라 어떤 생활 방식이 문제인 것이다."[16]

---

15 "내가 이미 얻었다 함도 아니요 온전히 이루었다 함도 아니라 오직 내가 그리스도 예수께 잡힌 바 된 그것을 잡으려고 달려가노라"(빌 3:12). "우리가 다 하나님의 아들을 믿는 것과 아는 일에 하나가 되어 온전한 사람을 이루어 그리스도의 장성한 분량이 충만한 데까지 이르리니"(엡 4:13).

16 조나단 J. 봉크, 이후천 옮김, 《선교와 돈: 부자 선교사, 가난한 선교사》(서울: 대한기독교서회, 2010), 326쪽.

20
코로나 위기와 선교의 기회: 이베로아메리카 사례

레비 데카르발류(Levi DeCarvalho)

본 논문은 2020년 초반 코로나19 바이러스 확산과 그에 따른 정부와 제도적 조치가 이베로아메리카[1]의 교회와 선교기관에 가져온 위기의 영향을 분석하기 위한 첫 시도다.

선교사 파송 단체인 교회와 선교기관은 전대미문의 이번 사태가 가져온 위기의 영향, 그중에서도 특히 경제적 영향에 놀랐다. 이 사태로 모금과 감독을 위한 현지 방문 여행 외에도 다양한 프로젝트 관리, 후보자 교육 프로그램, 현지 사역자 지원 등이 영향을 받았다. 동시에 교회와 선교기관은 같은 믿음의 가족이든 아니든 이번 사태로 인명 피해를 당한 사람들의 고통에 동참했다.

하나님은 그 어떤 것에도 놀라지 않으시며, 우리의 모든 상황을 다스리시는 주권자다. 우리는 마음대로 이동할 수도 없는 상황 가운데서 이베로아메리카 교회, 선교기관과 접촉해 현 위기에 대한 그들의 반응

---

1 이베로아메리카는 스페인과 포르투갈의 식민지였던 아메리카 대륙의 나라들을 가리킨다(옮긴이 주).

과 의견, 행동 등을 공유해 달라고 요청했다. 본 연구의 목표는 다음과 같다. 첫째, 현 위기가 그들의 활동에 미치는 직접적인 영향을 파악하고자 한다. 둘째, 이 새로운 시대에 하나님이 그분의 선교를 어떻게 인도하시는지를 함께 배운다.

본 연구는 COMIBAM의 총무 데사오 데 카르발류(Decio de Carvalho)의 지시로 시작되었다. 우리는 그의 주선으로 연구 도구 설정과 분석에 참여할 수 있었음에 감사한다. 우리는 조사에 참여한 모든 이베로아메리카 교회와 선교기관, 연구원[2]에게 감사를 표한다.

부디 본 연구가 하나님이 맡기신 선교 과업에 최선을 다해 참여하는 이베로아메리카의 여러 파송 단체에게 도움이 되기를 바란다.

1. 연구

다음 질문과 답변은 코로나19 위기가 미친 긍정적 · 부정적 영향을 파악하기 위해 COMIBAM 인터내셔널이 진행한 설문조사와 이에 참여한 85개 이베로아메리카 파송 교회와 선교기관의 응답 내용을 요약한 것이다. 설문조사에는 총 85개 이베로아메리카 교회(기관)가 참여했으며, 그 구성은 다음과 같다.

- 스페인어 사용 응답자: 61개 교회(기관)
- 포르투갈어 사용 응답자: 포르투갈 2개 교회(기관), 브라질 22개 교회(기관)

---

2 Edilson Renzetti, Fabio Rocha, Sonia Mendes, Levi DeCarvalho, PhD, Coordinator.

참여 국가:

아르헨티나	도미니카공화국	파라과이
볼리비아	에콰도르	페루
브라질	엘살바도르	포르투갈
칠레	과테말라	푸에르토리코
콜롬비아	온두라스	스페인
코스타리카	멕시코	(히스패닉) 미국
쿠바	파나마	

2. 응답과 분석

질문 1. COVID-19는 귀하의 파송 교회나 선교기관에 어떤 영향을 미쳤는가? 귀하가 보기에 가장 관련성이 높은 세 가지를 표시하시오.

다음은 설문조사를 통해 받은 다수 의견 중 대표적인 응답이다. 팬데믹 초기에 어떤 영향이 있었는지에 대해 응답자들은 다음과 같이 답했다.

1. 재정난
2. 불안감(사역자들과 후원자들)
3. 재정 할당 조정
4. 더 많은 소통
5. 대면 활동 중단
6. 위기 상황으로 인한 선교사 귀국
7. 미래에 대한 두려움
8. 현장 사역의 제한(기동성)
9. 개인적 관계가 제한됨
10. 식량 부족

11. 행사와 현장 프로젝트 중단

12. 걱정이 많아진 후보들

13. 훈련 프로그램 연기

14. 선교사 파송 연기

15. 교회 동원력 저하

16. 단기 선교 중단

17. 자국 통화 가치 하락

18. 사역자 해고

19. 사역자 가족이 더 많은 정보 요청

20. 교회에 대한 관심 증가와 선교에 대한 관심 저하

21. 미전도 종족 전도 가능성의 불확실성

코로나19는 대부분의 교회와 파송한 기관에 부정적 영향을 줬다. 그러나 다음에서 알 수 있듯 위기에는 긍정적 측면도 있다. 부정적 측면은 주로 사역자의 재정 지원 감소와 관련이 있다. 또 다른 부정적 영향은 위기 이전에 약속한 내용을 지킬 수 없게 된 것이다. 특히 후보자 입주 훈련, 신규 사역자 파견, 교회 및 후원자와의 직접적 접촉 등이 그 예다. 일부 국가 통화의 평가절하는 본국에 남은 사역자 가족의 걱정은 물론 교회와 파송기관의 재정에도 추가적인 부담이 된다. 지금과 같은 경제 위기가 닥쳤을 때 선교 사업을 위해 배정된 재정이 가장 먼저 영향을 받는다는 것은 널리 알려진 사실이다. 여기에 더해 본인의 뜻에 반하여 일부 사역자가 강제 송환(강제 귀국)되기도 한다. 이때 절망적이지는 않지만 복잡한 일이 발생한다. 그 점에 대한 것은 다음과 같다.

질문 2. 귀하의 교회 또는 기관은 사역자들 간의 COVID-19 확산 방지를 위해 어떤 조치를 취했는가? 세 가지 주요 조치를 표시하라.

여러 교회(기관)에서 다음과 같은 감염 예방 조치를 다양한 조합으로 채택했다.

1. 보건 당국과 정부기관의 정책과 규정 준수
2. 건강한 식습관 권면
3. 보호 장비 지원
4. 모든 대면 만남 취소
5. 사역자, 행정 직원과의 지속적인 연락
6. 모든 국제 여행 취소
7. 위기대응팀 구성
8. 페이스북을 통한 그룹 모임 진행
9. 재택 근무
10. 온라인 또는 영상 성경 공부와 훈련 진행
11. 사무실 교대 근무(순번을 정해 근무)
12. 위생과 보호 장비 배부
13. 현지인 지역에 대한 접근 제한(현지인의 면역력이 낮으므로)
14. 비상 계획 수립
15. 보호 대책과 감염 예방에 중점을 둔 교육, 훈련 실시

기본적으로 교회와 기관 내의 전염병 확산 방지, 현장 사역자 감염 방지를 위해 정부와 기관의 조치를 따른 것으로 나타났다.

질문 3. 현장 사역에 코로나 위기가 미친 영향은 무엇인가? 하나 이상의 대답을 선택할 수 있다.

총 85명의 응답자 가운데서 다음 응답 결과는 직면한 문제의 다양성을 나타낸다(둘 이상의 답변을 선택할 수 있다).

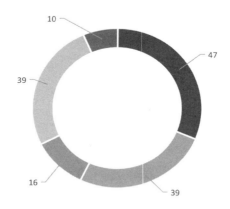

- 47명의 응답자는 현장 사역을 계속할 수 없다고 보고했다.
- 39명의 응답자는 위기가 현장 사역에 미치는 영향에 대한 추가 정보를 알아보는 중이다.
- 16명의 응답자는 사역자 가운데 일부가 외국인이라는 이유로 차별을 받았다고 한다.
- 39명의 응답자는 현지 기독교인을 포함해 대규모 실업이 발생했다고 한다.
- 10명의 응답자는 감염과 사망으로 현장의 의료 시스템이 붕괴되었고, 선교사와 교회 지도자들 가운데도 피해자가 있다고 보고했다.

절반 이상인 47개 교회(기관)가 현장 사역을 지속할 수 없다는 사실이 현재 위기 가운데서 우리 모두가 직면한 상황의 심각성을 나타낸다.

여러 가지 이유로 데이터를 아직 확보하지 못했기 때문에 구체적 보고를 미룬 이들도 있었다(39개). 감염과 사망(10건) 소식이 새삼스러운 것은 아니지만, 대규모 실업(39개)과 의료 시스템 붕괴에 따른 문제가 또 다른 어려움을 가중시키기 때문에 우려스러운 것이 사실이다. 여기에 외국인(16개)이라는 이유로 차별을 받는 사역자도 있었다. [3]

질문 4. 현장 사역자들은 위기에 어떻게 대응했는가?

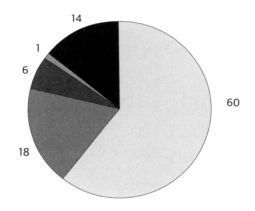

- 응답자 60%는 대다수의 사역자가 제한적 상황에도 불구하고 자신의 자리에서 계속 일하도록 격려를 받고 있다고 답했다.
- 응답자 18%는 여전히 현장 상황에 대한 정보를 알아보고 있다.
- 응답자 6%는 사역자 가운데 일부는 계속 일하도록 격려를 받고 있지만 다른 일부는 낙담하여 귀국하고 싶어 한다고 답했다.
- 응답자 1%는 사역자 가운데 대다수가 낙담하여 일할 수 없다고 답했다.

---

3 질문이 둘 이상의 답변을 허용하기 때문에 응답자의 합이 100%를 초과한다는 점에 유의하라.

- NA[4] = 14%

설문조사 응답자의 60%가 현장 사역자들이 긍정적 태도를 가졌다고 보고한 것은 고무적이다. 32%(18+14)는 아직 신뢰할 만한 정보를 취합하지 못했거나 답변을 유보한 것으로 보인다.

질문 5. 이 상황은 현장 선교사들을 재정적으로 지원하기로 했던 귀하의 교회 또는 기관의 결정에 어떤 영향을 주는가?

조사에 응한 85개 교회(기관) 가운데 6개 기관에는 현장 사역자가 없다. 나머지 79개는 다음 상황 중 하나에 해당된다.

- 전체의 19%인 15개 기관은 "재정 상태가 양호하거나 향후 2개월에서 6개월 동안 사용할 저축액이 있다"라고 답했다.
- 전체의 16.5%인 13개 기관은 아직 자료를 취합 중이라고 답했다.
- 전체의 64.5%인 51개 기관은 "재정 상태가 나쁘다"라고 답했다.

파송 기관의 19%는 대체적으로 재정이 양호한 상태다. 그러나 64.5%의 파송 기관과 교회에서는 이 위기가 부정적 영향을 미쳤다. 현재 재정 상태에 대해 아직 자료를 수집하는 중인 16.5%의 교회와 기관이 향후 답변해 줄 것을 기대해 본다.

다음은 응답자들 가운데 일부가 보내준 의견이다.

- 일부 사역자는 현지 사역으로 조기 복귀할 수 있도록 지원금을 요

---

4 NA는 '해당 없음(Not Applicable)'의 약자다.

청했지만, 이를 위해 책정된 예산이 없었다. 또 몇몇 사역자는 응급 물품 구매를 위한 추가 지원금을 요청했고, 현지에서 요구하는 격리 조치를 따르기 위한 지원금을 요청하기도 했다.

- 돈을 송금할 수 있는 온라인 서비스가 더 필요하다.
- 선교 홍보가 중단됐다.
- 교인들이 실직으로 어려움을 겪고 있다.
- 지원금 전액을 보낼 수 없어 최소한의 지원금만 보냈다. 이로 말미암아 일부 사역자는 낙심했다.
- 달러 가치 상승으로 교회와 네트워크가 지원하는 데 차질을 빚고 있다. 또 코로나 초기에 교회가 셧다운되면서 선교사를 위한 지정 헌금이 눈에 띄게 줄었다.
- 선교사를 후원할 자원이 없어 교회가 재정난을 겪고 있다. 교회는 국내 목회팀 지원을 우선순위에 두고 있다.
- 우리 수입이 줄어 예전만큼의 후원금을 보내지 못할 수도 있다.
- 본국과 선교 현지에 아직 심각한 재정 위기는 오지 않았다. 정부가 곧 국가적 재정 위기를 예견하고 있으므로 향후 몇 달 내로 문제가 생길 수도 있다.

후보자들의 의견:
- 현재 교육 중인 후보들은 향후 몇 달간은 후원 상태가 괜찮지만 이후에는 재정 위기가 오리라는 것을 알고 있다. 교회 헌금이 줄거나 긴급 자금이 바닥나면 말이다.

극적인 사례:
- 현재의 위기는 이미 부정적 영향을 미치고 있다. 아르헨티나에서

는 헌금의 80%가 현금으로 걷히는데, 교회의 헌금이 많이 줄었다.

긍정적 의견:

- 교회는 사역자의 품성을 잘 키워 왔다. 게다가 성숙한 교회 덕분에 우리 지역은 큰 영향을 받지 않았다. 교회와 사역자, 후보생 모두 긍정적으로 미래를 바라보고 있으며, 예전과 똑같거나 오히려 더 긍정적이 되었다.
- 우리는 큰 영향을 받지 않을 것으로 믿는다. 올해를 버티기 위한 충분한 저축액이 있다. 하지만 내년에는 선교 예산에 어떤 영향이 미칠지 알 수 없다.
- 우리 선교 분과의 행정적·목회적 필요를 위한 수입이 약 50~60% 줄어든 것은 사실이지만, 하나님의 공급하심을 보기 시작했다.
- 우리의 정보와 상황 분석에 따르면 가까운 미래, 즉 5~7월에 수입이 줄어들 것이 예상된다. 하지만 온라인 송금이 늘고 있으며, 사람들은 헌금과 십일조를 송금해 오고 있다. 우리의 재정 후원 헌신이 이 위기로 중단되지 않으리라고 믿는다.

질문 6. 급격한 경제적 변화가 일어날 경우, 귀하의 기관 또는 교회는 소속 사역자를 위한 대안적 지원 방안이 있는가?

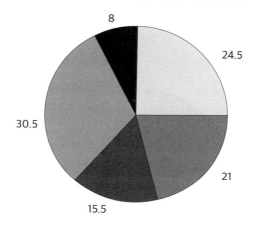

- 응답자 가운데 24.5%는 긴급 자금이 있기 때문에 재정 상태에 문제가 없다고 답했다.
- 현재 어려움에 처한 기관 가운데 21%는 재정 위기 대책이 없었기 때문이라고 답했으며, 15.5%는 긴급 자금 부족 때문이라고 답했다.
- 30.5%는 소속 사역자와 프로젝트를 위해 재정적 대안을 찾고 있다고 답했다.
- NA = 8%

전체 응답 기관 가운데 67%에 해당하는 교회와 기관은 재정난에 처했다고 답했다. 위기 상황을 타개하려면 많은 고민과 설계와 진행이 필요하다. 따라서 이어지는 질문들은 대단히 중요하다.

참고: 5번과 6번 문항에 대한 답은 비슷한 형태를 보였다. 5번 문항에서 총 64.5%의 응답 기관은 재정 상태에 문제가 있다고 답했으며, 6번 문항에서는 67%에 육박했다. 즉 응답자 가운데 3분의 2는 코로나

위기로 예상치 못한 재정적 어려움을 겪고 있다.

**질문 7. 현재 상황은 소속 사역자들이 현지에 머무르는 것에 어떤
영향을 미치는가?**

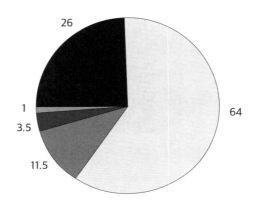

- 교회와 기관의 64%는 기본적으로 소속 사역자가 현지 사역지에
  머무르기를 원한다.
- 11.5%는 소속 사역자 가운데 소수를 귀국시켜야 할 수도 있다
  고 답했다.
- 3.5%는 소속 사역자들을 귀국시키거나, 다른 사역지로 이동시
  킬 수 있다고 답했다.
- 1%는 대부분의 사역자를 귀국시켜야 한다고 말한다.
- NA = 26%

설문에 응한 대다수의 교회와 기관의 태도는 긍정적이다. 64%는 소
속 사역자가 현지에 계속 남아 사역하기를 원한다. 사역자를 귀국시켜
야 하는 가능성은 높지 않다. 귀국시키는 것을 고려하는 기관을 합하

면 16%가 된다. 귀국시키는 대신 위기가 지나갈 때까지 사역자를 좀 더 안전한 다른 사역지로 옮기는 방안도 있다. 하지만 NA라고 표기한 기관이 응답했다면 다른 수치가 나왔을 수도 있다. 앞으로 교회와 기관의 결정을 주의 깊게 관찰해야 한다.

질문 8. 다른 위기 상황에서 배운 교훈 가운데 현 상황에 적용할 만한 것 세 가지가 있다면 무엇인가?

응답 기관은 과거의 다양한 위기 상황에서 배운 교훈을 나눠 주었다. 다음은 그 교훈을 요약한 것이다.

1. 내부(그룹 내) 친목이 중요하다.
2. 소통이 핵심이다.
3. 위기는 피해 갈 수 없다.
4. 위기는 기회다(현지인이 더 마음을 열 수 있다).
5. 위기는 배움의 기회다.
6. 위기를 통해 하나님과 친밀해질 수 있다.
7. 하나님을 의지한다.
8. 유연성
9. 비상금은 필수다.
10. 겸손
11. 중보기도가 반드시 필요하다.
12. 타 기관과의 연계가 중요하다.
13. 프로젝트보다 사역자가 더 중요하다.
14. 위기 대응 계획이 있어야 한다('플랜 B').
15. 사람이 행사보다 중요하다.

16. 하나님은 주권자이시다.

17. 폭풍 가운데서도 마음의 평화가 있어야 한다.

응답 기관의 의견:

- "지속적이고 유동적인 소통은 필수적이다."
- "위기는 하나님을 위해 무언가를 하기보다 하나님 안에 거하는 시간이다."
- "상호 지원을 위해 다른 기관과의 연합은 필수다."
- "위기는 항상 새로운 기회를 가져오고 사명을 감당할 창의적 아이디어를 생각나게 한다."
- "위기가 닥쳤을 때 극적인 변화를 추구할 수 있도록 유연해야 한다."
- "현지에 머무르기 위해 교회 헌금에만 의존하지 마라."
- "나아갈 길을 정확하게 파악하기 위해서는 하나님과의 친밀한 시간을 더 많이 가져야 한다."
- "사역은 하나님의 것이다. 위기는 우리에게 프로젝트보다 하나님을 의지하게 해준다."
- "사역자들을 케어해 주고 지도할 수 있는 현지 파트너는 필수다."
- "현지 팀과 사역자에게 밀접한 도움이 제공될 때 그들은 위기의 순간에 더 안정적일 수 있다."
- "선교사로 나가고 싶다면 반드시 이중 직업을 가져야 한다."
- "변동이 심한 긴급 상황에서는 주도적으로 행동하는 것이 중요하다."
- "성전 기반의 영성을 너무 강조하지 말아야 한다."
- "위기의 순간에는 사람에게 소망을 두지 마라."

- "겸손"
- "감사"
- "우리는 그 어떤 상황에서도 주님을 섬길 수 있다."
- "사역자에게 재정 지원을 신실하게 보내라."
- "우리는 세상을 바꿀 계획을 세우지만, 궁극적 해답은 하나님께 있다."
- "하나님이 상황을 통제하고 계신다. 그 어느 때든지 말이다."

위기로 말미암아 취하게 된 조치 가운데 핵심적인 것은 소통이었다. 사역자, 후원자, 중보자 사이에는 소통이 필요하다. 소통은 투명한 대화를 촉진시키고, 사역자와 후원자가 경험하는 필요와 상황에 대해 서로 정보를 공유하는 것을 뜻한다. 이 모든 것 위에 당연히 하나님을 의지함이 있어야 한다. 하나님은 추수의 주인으로서 어떤 상황에서도 그분의 백성을 파송하고 붙드시기 때문이다. 여기서도 소통이 핵심이다. 기도와 간구와 중보를 통해 말이다.

질문 9. 기관 또는 교회로서 현재의 제한적 상황이 풀리고 나면 어떤 새로운 선교적 사역을 시작하려고 하는가? 주요 계획 세 가지를 적어라.

현재 위기의 결과로 나온 주요 계획은 다음과 같다.

1. 가상 다문화 훈련 학교
2. 온라인을 통한 재정 후원에 대한 강조
3. 보안이 우수한 (통신) 소프트웨어 개발
4. 현지에서의 대안적인 보건 계획 탐구

5. 본부 운영 비용 감축

6. 전문 인력 양성

7. 가상 선교 여행

8. 웹 세미나 진행

9. 가상 중보기도 모임

10. 굿즈 판매를 통한 수익 창출(커피, 머그잔, 티셔츠)

11. 가상 선교 제자화 훈련 개발

12. 차세대 리더 훈련 강조

13. 인터넷을 통한 관리

14. 선교 동원의 새로운 모델 개발

15. 선교에 초점을 둔 성경 공부

16. SNS를 통한 선교사와의 인터뷰 송출

17. 종합적 선교사 케어 프로그램 강화

18. 기관 투명성 증대(개방성)

19. 국가에서 제공하는 사회적 지원 프로그램에 기관 차원에서 참여함

20. 인터넷을 통한 선교

21. 모든 사역자가 2~3개월간의 비상 자금을 갖췄는지 확인함

22. 직업 훈련과 제공 기관을 만들어 선교사가 이중 직업을 가질 수 있도록 함

23. 후보자를 극한 상황에 대비하도록 훈련함

현재의 위기 상황 가운데서도 교회와 기관은 사역자를 모집하고, 훈련시키고, 파송하고, 지원하는 사역을 중단하지 않았다. 오히려 이 위기는 교회와 기관 리더로 하여금 사역 계획을 줄이기는커녕 선교적 사역을 확장하기 위한 새로운 아이디어와 계획을 찾도록 만들었다. 이들

의 태도는 전반적으로 현실적이면서도 긍정적이었다.

질문 10. 귀하의 기관이 새로운 선교 사역 계획을 성취하는 데 CO-MIBAM이 어떤 도움을 줄 수 있을까? COMIBAM이 귀하를 도울 수 있는 한두 가지 방법을 제시하라.

COMIBAM은 이베로아메리카 세계에서 선교적 사역의 연합과 증진을 일으키는 전략적 위치에 있다. COMIBAM은 각 나라 파송 기관의 필요에 따라 도움을 줄 수 있는 역량을 갖추고 있기 때문이다. 본 연구는 국지적, 전 세계적으로 겪고 있는 이 위기 가운데서 COMIBAM의 지원적 역할을 잘 보여주고 있다. 응답자가 보낸 주요 지원 요청은 다음과 같다.

1. 가상 교육 이벤트 개최
2. 자원과 웹 세미나 제공
3. 전체 선교사 공동체 사이에 활발한 대화의 장을 열어 줄 것
4. 사역을 카피하지 말고 배가시켜 줄 것(전략적 동맹)
5. 사역자를 위한 건강보험 정보와 긴급 피난 정보 제공
6. 디지털 네트워크 관리와 원격 통신 보안에 대한 교육 제공
7. 선교사를 위한 종합적인 원격 케어에 대한 훈련 제공
8. 건전한 기관 정책, 비상 계획, 위기 대응(보건, 안전/보안 등), 재정 문제, 종합 케어 정책 등을 모아 배포
9. 기관이 참고할 만한 모범 매뉴얼 제공
10. 아이디어를 교환할 수 있는 포럼 개최
11. 미전도 종족 선교를 위한 홍보와 동원
12. 우리 선교사들의 사역을 널리 알려 더 많은 기도를 받게 해줄 것

13. 시대 변화에 비추어 이베로아메리카가 가진 잠재력과 한계에 대한 전망을 제시해 줄 것

14. 국가적 차원의 운동에서 기인한 혁신적 전략 제시

15. 현 시대에 맞는 디지털 도구 제공

16. 재정 후원 증진을 위한 혁신적 방법을 논의할 수 있는 세미나와 워크숍 개최

17. 비즈니스 선교 사역이 더 성숙하고 공동체 지향적이 되도록 도울 것

18. 교회야말로 선교 사역의 위대한 후원자라는 메시지를 강화시켜 줄 것

19. COMIBAM 리더들이 훈련 프로그램에 와서 가르쳐 줄 것

20. 온라인 미팅을 통해 여러 국가의 선교 지도자가 경험과 배움과 협력을 나누게 할 것

21. 교회가 하나님의 선교에 대해 어떤 태도를 가지고 있는지에 대한 연구를 촉진할 것

22. 현 위기 상황에 대처하는 방법에 대한 아이디어를 공유할 수 있는 가상 공간 마련

23. 이중직 사역자와 지역 개발 프로젝트를 위한 가상 훈련 제공

24. 전문인을 고용하는 사역 단체와의 연계

25. 비즈니스 선교와 지역 개발 프로젝트에 관심을 가진 후원자와의 연결

26. 선교사 중보기도를 위한 가상 공간 마련

27. 선교사 행정과 케어에 대한 구체적인 훈련 제공

28. 위기 대응 계획과 보안 프로토콜 공유

29. 현재의 위기에 대해 현지 선교사를 대상으로 설문조사 진행

30. 팬데믹 시대에 어떻게 선교사 동원을 하는지에 대한 연구 수행

31. 위기 상황에서 의사 결정에 도움이 되는 국제적 경로와 정보 소스 제공

3. 참고

① 이 연구는 파송 기관, 즉 교회와 선교단체 리더들의 관점에 국한되어 있다. 현지 사역자의 관점에서 현 위기가 그들의 삶과 사역에 어떤 영향을 끼쳤는지에 대한 연구는 진행 중이다.

② 본 설문조사는 파송기관에 코로나19가 미친 초기 영향을 측정했다. 팬데믹의 초기 충격이 지나고 파송 기관들이 '뉴노멀'에 어떻게 적응했는지 이해하려면 추후 연구가 필요하다.

③ 전 세계적 차원에서 이베로아메리카 선교 운동의 현실을 이해하려면 파송기관과 현지 사역자의 관점을 모두 비교할 필요가 있다.

④ 남반구 국가들이 이와 유사한 연구 프로젝트를 진행하고 팬데믹에 대한 우리의 반응에 대해 의견을 나눌 수 있다면 바람직할 것이다.

논찬

이병수

1. 서론

그리스도인인 우리는 코로나 위기를 어떻게 보아야 하는가? 그리스도인은 코로나 위기에 대해 두 가지 태도를 가져야 한다. 첫째, 이 위기를 하나님의 심판으로 보고 성찰과 회개의 삶을 살아야 한다. 하나님의 백성이 범죄할 때 하나님은 세 가지 벌을 주셨는데, 그것은 칼과 기근과 전염병이었다. 둘째, 우리에게 일어나는 모든 일은 하나님의 주권과 섭리 아래 일어난 것으로 보고 코로나 위기를 적극적 관점에서 선교에 새로운 패러다임 변화를 촉구하는 기회로 삼아야 한다. 그런 관점에서 본 논문은 코로나 위기를 이베로아메리카 교회와 선교단체가 어떻게 잘 극복하는지 다양한 사례를 통해 보여주었다.

2. 본론

이 보고서는 코로나 위기가 발생한 2020년 초기 이베로아메리카 세계에서 사역하는 지역 교회와 선교단체에게 코로나19가 미친 영향에 대해 분석한 사례 연구다. 이 연구서가 사용한 방법은 여러 교회와 기관에 종사하는 이들에게 질문을 제공하고 응답한 내용에 기초해 코로나가 초래한 위기에 대한 교회와 선교단체, 선교사가 겪은 어려운 점 그리고 대안과 '위기를 기회'로 삼는 대응책을 제시했다. 이 사례 보고서의 이점은 코로나 위기에 직면한 많은 나라의 교회와 선교기관이 겪는 영향이 이베로아메리카의 상황과 거의 비슷하기 때문에 이 연구의 보편성이 적실하고 한국 교회와 선교기관, 선교사에게 실질적 도움을 준다.

보고서의 간략한 스케치

이 보고서 작성에는 85개 교회와 선교단체가 참여했다. 이 보고서는 열 가지 질의와 응답과 요약으로 이루어졌다. 이 보고서의 내용을 주요 순서대로 살펴보면 다음과 같다. 첫째, 경제적 위기와 어려움, 그에 대한 대응책이 주를 이루었다. 둘째, 코로나 위기에 대처하기 위한 국가적·집단적·개인적 의료 방역 수칙과 건강 관리의 중요성을 강조한다. 셋째, 위기에서 오는 현재와 미래에 대한 심리적·정신적 불안과 두려움을 해소하기 위한 선교사 케어의 중요성을 강조한다. 넷째, 이런 경제적·육체적·정신적 어려움을 극복하기 위해 교회와 선교단체, 선교사 간 상호 소통의 중요성을 강조한다. 다섯째, 선교 사역에서 프로젝트보다 사람 중심의 선교, 행사 중심보다는 하나님과의 교제와 경건, 영성의 중요성을 강조한다. 여섯째, 가상 공간 활용과 인터넷을 통한 기도회, 코로나 위기 대응 전략 회의, 선교사의 재교육과 지도자 양성, 선교사 후보생 발굴과 그들을 위한 교육 및 대안적 프로그램 등을 제시했다. 마지막으로 이 보고서는 이 모든 위기와 변화가 하나님의 주권과 섭리 가운데 있음을 인정하고, 그 위기를 기회로 사용하는 적극적이고 유연하고 긍정적 자세가 필요함을 강조했다.

강점

① 상기 보고서는 코로나 위기 같은 미증유의 사태에서 여러 지도자에 대한 질문과 답을 통해 교회와 선교기관이 겪는 다양한 문제점을 살펴보고 해결책을 제시했다. 특히 선교사가 겪는 어려움을 경제적·심리적 관점에서 접근하고 그것을 해결하는 구체적 방안을 제시하고 있다. 코로나19로 이동과 대면이 제약을 받는 상황에서 가상 공간의 적극적 활용이 그 예다. 논찬자의 판단으로는 가상 공간을 적극적으로 사용하는 선교 사역이 코로나 시기와 그 이후에도 중요하겠지만, 그것이 가진 한계도 인식하면서 경건과 영성이 함께 가는 선교의 균형이 필요하다. 따라서 미래의 선교 사역에서는 영성과 기술을 융합한 홀테크(Holy+Technology)가 매우 중요하다고 판단된다.

② 이 보고서를 보면서 우리 교회와 선교단체는 코로나 위기와 관련해 하나님의 주권과 인간 책임[1]의 균형을 잘 유지할 필요가 있다. 이 보고서는 하나님은 어떤 상황이나 사람으로 말미암아 영향을 받지 않으시며, 끊임없이 변하는 선교적 상황 가운데서 만물과 역사의 주인이신 하나님은 주권적이시고 코로나 위기 상황에서도 일하신다는 점을 강조한다. 이것이 우리가 선교를 멈출 수 없고 지속적으로 선교를 수행할 수 있는 성경적·신학적 근거다.

따라서 현재 상황에서 교회와 선교단체, 우리 모두에게 가장 중요한 것은 기도다. 인간이 가진 이성과 물질 등 모든 것을 동원해 인간의 힘

---

1 J.I. 패커, 조계광 옮김,《제임스 패커의 복음전도란 무엇인가(Evangelism and the Sovereignty of God)》(서울: 생명의말씀사, 2012).

으로 무엇이든지 할 수 있다는 계몽주의 영향[2]을 받은 사고방식을 내려놓고 모든 것이 하나님의 주권에 달려 있음을 인정하고 성령의 능력으로 기도하는 것이 가장 중요하다. "이는 힘으로 되지 아니하며 능력으로 되지 아니하고 오직 나의 영으로 되느니라"(슥 4:6).

첫째, 교회와 선교사는 선교지를 위해 기도한다. 둘째, 교회는 선교사와 선교지를 위해 기도한다. 셋째, 선교사는 자신의 가족과 영성을 위한 것뿐 아니라 교회를 위해 기도한다. 그 이유는 교회도 코로나 위기 가운데 영적·수적·경제적으로 심각한 어려움에 직면해 있기 때문이다. 사도 바울은 골로새 성도에게 이렇게 요청한다. "기도를 계속하고 기도에 감사함으로 깨어 있으라 또한 우리를 위하여 기도하되 하나님이 전도할 문을 우리에게 열어 주사 그리스도의 비밀을 말하게 하시기를 구하라"(골 4:2-3). 하나님이 전도할 문을 여셔야만 우리는 선교할 수 있다. 선교에서는 하나님의 주권에 절대적으로 의존하며 기도해야 한다.

그러나 이 보고서에서 우리가 주목해야 할 것은 하나님의 주권을 강조할 뿐 아니라 인간의 책임도 강조한다는 점이다. 그것이 보고서의 두 가지 목적에 잘 나타나 있다. 첫째, 선교 사역의 활동에 미친 현재 위기의 직접적 영향을 이해한다. 둘째, 이런 새로운 시대에 하나님이 그분의 선교에서 우리를 어떻게 인도하시는지 함께 배우는 것이다. 영국 역사학자 A. J. 토인비는 《역사의 연구》에서 인류 역사는 도전과 응전의 역사라고 했는데, 이 보고서는 코로나 위기의 도전에 교회와 선교단체가 인간 책임으로써 응전하는 모습을 잘 보여주었다. 따라서 이 보고서는 이베로아메리카 교회와 선교단체가 하나님이 그들에게 맡기

---

2 David J. Bosh, *Transforming Mission* (Maryknoll: Orbis Book, 1991). 특히 Chapter 9를 참조하라.

신 선교적 책무를 잘 마치도록 돕는 역할을 했다는 점과 그들이 현재의 위기 상황에 대처하면서 얻은 경험과 통찰, 행동을 그리스도의 몸으로서 보편적 교회, 즉 동서양 교회와 함께 나눴다는 점에서 중요한 기여를 했다.

질문

이 연구는 코로나 위기가 선교사를 파송하는 교회와 선교단체에 미친 재정적 영향이 매우 크다는 것을 설명하고 있다. 그것은 85개 교회와 선교단체의 질문과 응답에서도 구체적으로 나타난다. 코로나 위기가 초래한 경제적 영향에 대한 구체적 설명과 답변에 대해 논찬자의 반응이 몇 가지 있는데, 그것에 대해 발표자의 답변을 듣고 싶다. 첫째, 서구 선교사의 재정에 대한 반응이 한국인의 관점에서 볼 때 매우 솔직하고 정직하다는 생각이 든다. 둘째, 한국인의 선교적·사회문화적 관점에서 볼 때 코로나로 서구 선교사가 겪는 재정적 어려움에 대한 언급이 약간 지나치지 않나 하는 점(한국 선교사도 재정적 문제를 그렇게 생각한다면 그들도 포함해)과 그것이 그들이 자본주의 문화에 경도되어 있음을 보여주는 것은 아닌지 묻고 싶다. 그리고 조나단 봉크는《선교와 돈》[3]에서 이런 면을 강조했는데, 그의 견해에 대해 어떻게 생각하는지 묻고 싶다. 마지막으로 초대교회가 극도의 물리적·경제적 어려움 가운데서도 십자가와 부활의 능력으로 넉넉히 감당한 것을 볼 때 코로나 위기에서 우리는 사도 바울과 사도행전적 선교의 모습으로 돌아가야 하는 것은 아닌지, 선교의 본질로 돌아가야 하는 것은 아닌지 묻고 싶다. 그리고 이에 대한 견해를 듣고 싶다.

---

3 조나단 J. 봉크, 이후천 옮김,《선교와 돈(Missions and Money)》(서울: 대한기독교서회, 2010).

3. 결론

　사례 연구로써 본 논문은 이 땅의 모든 교회와 선교단체가 코로나 위기 상황에서 공통적으로 겪는 어려움, 대안, 위기를 기회로 삼는 방안을 제시했다는 점에서 한국의 상황에도 적용할 수 있는 적실성 있는 발표다. 무엇보다도 구체적 대안을 제시했다는 점에서, 모든 교회와 선교단체에 큰 유익을 준다는 점에서 연구의 공헌도가 높다. 논찬자는 좋은 사례 연구를 발표한 연구자들의 노고에 깊은 감사와 경의를 표한다.

21
선교와 재정적 책임, 환경보호

앨리슨 하월(Allison Howell)

1. 서론

필자는 SIM 가나 선교사로 처음 가나 북부를 방문했을 때 그곳에 펼쳐진 아름답고 광대한 숲, 깨끗한 마을의 모습에 깊은 인상을 받았다. 깨끗한 바다에서의 수영은 즐거웠다. 그러나 해가 갈수록 숲속의 크고 오래된 나무는 빠르게 사라졌다. 해변은 해수면 상승으로 파괴되고 바다와 육지 모두 쓰레기, 특히 플라스틱 폐기물로 오염되었다. 심지어 일부 교회와 성경 학교의 운동장 주변, 공터도 플라스틱 폐기물로 더럽혀졌다.

불법 채광으로 가나의 강과 숲, 농지가 오염되고 파괴되었다. 기독교인과 교회마저 이런 활동에 가담하기도 했다. 일부 교회는 광범위한 환경 파괴로부터 직접적인 이득을 챙겼으며, 그 자금은 교회 프로젝트에 사용되었다.[1]

---

1 Christopher Affum-Nyarko, "Theology, Human Need and the Environment: An Evaluation of Christian and Traditional Responses to Illegal Mining in Ghana", (MTh diss., Akrofi-

인류의 자원 소비는 지속 가능하지 않으며 경제적 영향을 넘어 생태학적으로 큰 피해를 준다. 거주 지역이 어디든 선교사는 소비문화의 일부분이다. 이런 소비문화는 환경뿐 아니라 가난한 사람에 대한 불의에도 크게 한몫한다.

데이브 부클레스는 "성경적으로 볼 때 선교가 만물을 향한 하나님의 관심을 드러내지 않는다면 하나님 백성의 선교 사명은 미완성 상태에 머무르고 왜곡되고 무력화된다"라고 주장한다.[2] 그러나 점점 고갈되는 세상에 선교사가 살고 있음에도 불구하고 환경 문제가 거론될 때마다 선교계와 교계가 자주 하는 대답은 복음 사역은 말씀 전파, 영혼 구원, 개인 전도, 제자도라는 것이다. 환경보호는 오히려 "정부나 구호단체가 관심을 갖고 해결해야 할 일이다"라고 말한다. 심지어 환경보호에 자원을 사용하는 것을 선교 재정의 무책임한 사용이라고 생각하기도 한다.

필자는 창조 세계의 돌봄에 대한 성경적·선교적 근거를 살펴보고, 환경 관련 활동의 접근 모델과 선교 역사상 몇 가지 사례를 조사하고자 한다. 마지막으로, 소비자인 우리가 복음 선포와 제자도의 중요한 일부로써 환경을 보살피면서 어떻게 책임감 있게 행동할 수 있는지를 검토할 것이다.

Christaller Institute of Theology, Mission and Culture, Akropong-Akuapem, 2016), 56-57, 100-105, 115.

2 Dave Bookless, "Context or Content? The Place of the Natural Environment in World Mission", in *Missional Conversations: A Dialogue Between Theory and Praxis in World Mission*, ed. Cathy Ross and Colin Smith (London: SCM Press, 2018), loc. 397 of 5170, Kindle.

2. 만물을 돌보는 것에 대한 성경적·선교적 근거

하나님의 말씀은 창조에서 새로운 창조로 이어진다. 환경보호 문제를 논할 때 사람들이 창세기 1장과 2장 하나님의 창조 이야기를 먼저 거론하는 것은 마땅하다. 하나님의 창조는 좋았다. 인간과 동물은 같은 날에 창조되었다. 그들은 모두 '생물(nephesh ḥayah)'이었고 동일한 생명의 호흡을 가졌다. 차이점이 있다면 인간이 하나님의 형상대로 창조되었고 어떤 책임이 부여되었다는 것이다(창 1:28). 단어 '정복하라'와 '다스리라'에 담긴 뜻 때문에 어떤 사람은 그리스도인이 환경 착취에 가담했다고 비난한다.[3] 이 단어를 깊이 연구하면 오히려 책임감 있는 보살핌이 어떤 것인지를 더 잘 이해할 수 있다. 특히 하나님이 사람을 에덴동산에 두어 "경작하며 지키게" 하신 것과 연결시킬 때 그렇다(창 2:15). 이것은 만물에 대한 인류의 책임을 강조한다. 따라서 우리는 이 과업의 성격을 설명하기 위해 청지기 직분이라는 표현을 사용한다.

욥기 38-41장에서 욥과 하나님의 대화를 자세히 읽으면 더 깊은 이해가 가능하다. 새뮤얼 발렌타인은 하나님이 폭풍우 가운데서 하신 말씀은 견책이 아니라 "인류가 하나님의 형상대로 창조되었다는 것의 의미를 새롭게 깨우치시려는 급진적 소환"이었다고 한다. 하나님은 침묵과 복종을 요구하시는 것이 아니라 "불의와 무고한 고통이 있는 곳마다 진지한 탄식과 거침없는 저항"을 요구하신다. 발렌타인은 욥을 "하나님이 양육하고 붙들기로 작정하신 인류의 최고의 모델"이라고 묘사한다.[4]

---

3 Lynn White, "The Historical Roots of Our Ecologic Crisis", *Science* 155 (1967), 1203-1207.

4 Samuel Balentine, "What Are Human Beings That You Make So Much of Them?" in *God in the Fray: A Tribute to Walter Brueggemann*, ed. Tod Linafelt and Timothy Beal (Minneapolis: Fortress Press, 1998), loc. 3338-3344 of 5172, Kindle.

이 모델의 핵심적 측면 하나를 베헤못에 대한 계시에서 볼 수 있다. 하나님은 욥에게 "… 베헤못을 볼지어다 내가 너를 지은 것같이 그것도 지었느니라"고 말씀하셨다(욥 40:15). 이 거대한 피조물은 욥을 상징한다. 욥은 베헤못처럼 장엄한 자질과 힘, 생명을 낳는 능력을 부여받았다.[5] 하나님은 이 피조물을 사용하여 하나님과 욥 간의 합당한 동반자 관계의 모델을 보여주시고, 이를 통해 하나님과 인간의 관계를 암시하신다. 하나님의 계시에 대한 욥의 반응에서 우리는 억울한 고통을 겪은 사람을 본다. 그러나 욥에게는 말할 기회가 주어졌다. 하나님과 교제하고 그분의 동반자가 될 수 있는 자유와 자신감이 주어졌다. 인간의 불의가 발생하는 모든 환경에서 이 모델은 청지기 직분을 넘어 만물을 돌보는 일에서 우리가 하나님과 책임 있는 동반자 관계에 있음을 암시한다.

창세기와 욥기를 통해 하나님이 모든 만물을 소유하고 붙들고 계심을 알 수 있다. 피조 세계의 모든 것은 서로 연관되어 있다. 인간과 만물 간의 관계도 마찬가지다. 한 가지 측면에 문제가 발생하면 모든 관계에 영향이 미친다. 아담과 하와가 하나님께 불순종했을 때 만물을 잘못 사용할 수 있는 가능성이 생겨났다. 모든 피조물이 고통을 겪고 있다는 증거는 로마서 8장 18절 이하 말씀에 묘사되어 있다. 그러나 하나님의 사명 안에서 예수님의 죽음과 부활의 영향은 단지 인류만을 위한 것이 아니다. "그의 십자가의 피로 화평을 이루사 만물 곧 땅에 있는 것들이나 하늘에 있는 것들이 그로 말미암아 자기와 화목하게 되기를 기뻐하심이라"(골 1:20). 화목하게 되는 것은 인간과 하나님만이 아니라 모든 피조물을 포함한다.

---

5 Walter Brueggemann, *Gift and Task: A Year of Daily Readings and Reflections* (Louisville: Westminster John Knox Press, 2017), 303.

하나님의 동반자로서 인류는 만물, 다른 사람들과 화목하게 되는 일에 참여해야 한다. 모든 인류가 화목으로의 부르심을 이해하는 것은 아니다. 그 부르심을 이해하고, 그 명령을 받아들이고, 실제로 그것을 수행하는 사람만이 하나님이 만물과 화평을 이루시는 것이 환경보호와 무슨 관계가 있는지 깨닫게 된다. 이것은 화목하게 하는 직분을 맡은 사람들(사신들)에게 주어지는 심오한 메시지다(고후 5:11-21). 또한 이것은 언젠가 소멸될 지구를 보살피는 것은 아무 소용이 없다는 일부 기독교인의 인식에 선교사들이 대응할 수 있게 해준다. 그런 인식은 특히 베드로후서 3장 10-13절과 요한계시록 21장 1절에 나오는 '새'를 오해한 것이다. 여기서 '새'는 '갱신하다', '변화시키다'라는 뜻의 새로운 피조물을 말한다. 그때가 되면 만물의 탄식하는 소리가 그치고, 하나님의 아들들의 속량을 기다리는 것이 그치고 하나님이 만물을 자신과 화목하게 하심을 온전히 이루실 것이다.

그러므로 하나님과의 동반자 관계의 모델을 통해 기독교 선교가 만물을 돌보는 일에 참여하는 것이 성경적 근거가 있음을 강조해야 한다.

3. 선교의 환경 참여

선교 역사에서 교회와 선교단체는 환경 문제와 만물을 보살피는 일에 꾸준히 관여해 왔다. 에티오피아 정교회 테와헤도교회는 경쟁적 토지 이용과 기후 변화로 말미암아 삼림이 파괴되는 상황에서 신성한 숲을 수 세기 동안 보존해 왔다. [6]

---

6 David K. Goodin, Alemayehu Wassie, and Margaret Lowman, "The Ethiopian Orthodox Tewahedo Church Forests and Economic Development: The Case of Traditional Ecological Management", *Journal of Religion and Society* 21 (2019), 1-23. 다음을 참조하라. Dana L. Robert, "Historical Trends in Missions and Earth Care", *International Bulletin of*

1970년대 후반부터 기독교 선교단체와 교회는 환경보호에 더 많은 관심을 갖게 되었다. 교황 요한 바오로 2세는 아시시의 성 프란치스코를 생태학의 수호성인으로 지명하고 그리스도인에게 "모든 창조물의 원래 가치를 회복"하라고 촉구했다.[7] 이때부터 개시된 가톨릭교회의 활동은 2015년에 프란치스코 교황이 '공동의 집을 돌보는 것에 관한 회칙'《찬미받으소서》를 반포하면서 더욱 확대되었다.[8]

1989년 세계교회협의회(WCC) 소속 교회들은 '정의, 평화, 창조 세계의 보전'이 서로 얽혀 있으며 교회의 실천이 필요하다는 점에 동의했다.[9] 2004년 미국 복음주의 지도자들은 "창조물을 돌보는 것을 우리 기독교 제자도의 범위에 항구적으로 포함시키겠다"라고 약속했다.[10] 2010년 케이프타운에서 열린 3차 로잔대회와 에든버러 2010 세계선교대회에서 참가자들은 창조 세계의 돌봄이 복음 증거의 일부임을 확인하는 다짐을 했다.[11] 2018년 WCC 아루샤선교대회 참가자들은 "소비주의와 탐욕을 위한 인간 중심의 무자비한 환경 착취에 대항하여 기후

Missionary Research 35, no. 3 (July 2011), 123-129; Lowell Bliss, "Environmental Mission: An Introduction", in *Creation Care and the Gospel: Reconsidering the Mission of the Church*, ed. Colin Bell and Robert S. White (Peabody, MA: Hendrickson Publishers Marketing LLC, 2016), 73-92, Kindle; (Sam) R. J. Berry, "Creation Care: A Brief Overview of Christian Involvement", in Bell and White, *Creation Care and the Gospel*, 140-159.

7 Quoted in Allan Effa, "The Greening of Mission", *International Bulletin of Missionary Research* 32 (October 2008), 171.

8 Pope Francis, *Laudato Si': On Care for Our Common Home*, encyclical letter, Vatican website, May 24, 2015, http://www.vatican.va/content/francesco/en/encyclicals/documents/papa-francesco_20150524_enciclica-laudato-si.html.

9 Effa, "The Greening of Mission", 172.

10 Effa, 173.

11 "The Cape Town Commitment", Third Lausanne Congress 2010, Lausanne Movement, accessed November 18, 2020, https://www.lausanne.org/content/ctcommitment; "The Common Call", Centenary of the 1910 World Missionary Conference, Edinburgh 2010, accessed November 18, 2020, http://www.edinburgh2010.org/fileadmin/Edinburgh_2010_Common_Call_with_explanation.pdf.

변화로 심각한 영향을 받는 국가들과 연대하고 하나님의 창조물을 돌보겠다"라고 다짐했다.[12]

1980년대에는 기독교인과 작은 단체가 환경 문제에 대응하면서 기독 자연보호단체 A Rocha[13]와 지역사회 발전과 농업에 중점을 둔 기독교 단체인 ECHO[14] 등의 단체를 설립했다. 월드비전, 티어펀드(Tearfund)와 크리스천에이드(Christian Aid) 등의 기독교 구호와 개발 단체도 기후 변화와 환경 문제를 다루기 시작했다.

선교단체와 교회가 국제적 논의를 통해 창조 세계, 환경보호에 관여하는 내용을 구체적으로 다룬 문헌이 늘어나고 있다.[15] 로잔 운동은 세계복음주의연맹(World Evangelical Alliance)과 협력하여 창조 세계 돌보기 네트워크를 구축했다.[16]

---

12 "The Arusha Call to Discipleship", Conference on World Mission and Evangelism 2018, World Council of Churches, accessed November 18, 2020, https://www.oikoumene.org/resources/documents/the-arusha-call-to-discipleship. 그리고 다음을 참조하라. Kenneth R. Ross, *Mission Rediscovered: Transforming Disciples, A Commentary on the Arusha Call to Discipleship* (Geneva: WCC Publications and Globethics.net, 2020), 59-68.

13 "Projects", A ROCHA INTERNATIONAL: Conservation and Hope, accessed November 18, 2020, https://www.arocha.org/en/projects/. Further examples are in Bell and White, *Creation Care and the Gospel*; and Amy Ross, "Creation Care Around the World: Grounded Engagement", in *Missional Conversations: A Dialogue Between Theory and Praxis in World Mission*, ed. Cathy Ross and Colin Smith (London: SCM Press, 2018), loc. 617-640 of 5170, Kindle.

14 Bell and White, *Creation Care and the Gospel*, 217-218.

15 Bell and White. See also Andrianos Louk et al., *Kairos for Creation: Confessing Hope for the Earth*, The "Wuppertal Call" — Contributions and Recommendations from an International Conference on Eco-Theology and Ethics of Sustainability, Wuppertal, Germany, June 16-19, 2019 (Solingen: Foedus, 2019), 259-261, Vereinte Evangelische Mission (website), accessed January 31, 2020, https://www.vemission.org/fileadmin/redakteure/Dokumente/JPIC/Cairos_for_creation.pdf.

16 "Creation Care", Lausanne Movement, accessed November 19, 2020, https://www.lausanne.org/networks/issues/creation-care를 보라.

4. 농가 관리형 자연 재생 사업(FMNR) 운동

1980년대 초 니제르의 SIM 선교사들은 수십 년간의 잘못된 관행으로 심하게 황폐해진 삼림과 농지 문제를 놓고 고심했다. 여러 프로젝트로 토지 상황이 악화되었을 뿐 아니라 가뭄으로 기근마저 발생했다. 이에 선교사들은 종합 대책 기구를 출범시켜 나무 심기, 에너지 절약형 화로, 소규모 정원, 구덩이 변소, 멀칭(바닥 덮기), 퇴비화, 카사바 재배, 식재 구덩이(planting pits) 등을 시도하고 보급했다.

재조림 사업은 그 효과가 미미했다. 지역 주민은 반발과 무관심으로 일관했고, 혹독한 환경에서 묘목을 기르는 것도 무척 힘들었다. 더욱이 묘목을 키우고 심는 데 비용이 많이 들었다. 당시 니제르의 재조림을 담당한 SIM 선교사 토니 리나우도는 자신들의 노력이 소용없음을 깨달았다. 절망적인 상황이었다. 그러던 어느 날 그가 묘목을 싣고 마을로 가던 중 타이어 공기를 빼기 위해 잠시 차를 멈췄다. 그는 황량한 풍경을 바라보며 기도했다. "하나님의 선물인 아름다운 만물을 파괴한 것에 대해 나는 하나님께 용서를 구했다. 사람들이 겪는 고통과 굶주림을 잘 알고, 그것이 환경 파괴의 직접적 결과라는 것도 알기에 눈을 열어 주셔서 어떻게 할지 알게 해주시기를 기도했다."[17] 그 순간 리나우도의 눈에 자신이 서 있는 자리 근처에서 자라는 작은 덤불이 보였다. 자세히 살펴보니 그것은 잘려진 나무였다. 그런데 싹이 돋아나고 있었다. 그는 해결책이 떠올랐다. 수백만 그루의 비슷한 수풀은 "황량한 지표면 아래에 광대한 숲이 존재함"을 증명해 주었다.[18] 사실은 새

---

17 Tony Rinaudo, "Discovering the Underground Forest", in *Tony Rinaudo-The Forest Maker*, ed. Johannes Dieterich (Zurich: R ffer & Rub, 2018), 60-61.

18 Rinaudo, 60.

로 나무를 심을 필요가 없었던 것이다.

리나우도는 '농가 관리형 자연 재생 사업(FMNR, Farmer Managed Natural Regeneration)'을 홍보하기 시작했다. 교회 및 농부들과 협력하면서 재조림의 기술적·사회적/문화적·정책적 차원에 참여할 필요성을 깨달았다. 사람들의 관행과 태도를 바꾸기는 쉽지 않았다. 더 중요한 것은 '프로젝트'가 아닌 하나의 운동이 시작되었다는 점이었다. 충분한 수의 농부가 이 방식을 받아들이면서 이 운동은 계속 퍼져 나갔다. 다른 단체들도 이 방식의 장점을 인정하고 장려했다.

1999년 리나우도가 호주로 이주했을 때 그는 이 방식이 니제르에 끼친 영향을 모두 알지 못했다. 20년이 지나서야 그것이 엄청난 변화를 이뤘다는 사실을 알게 되었다. 2016년까지 FMNR은 니제르 전역의 600만 헥타르에서 시행되었다. 재식림 외에도 다른 혜택이 있었다. 독립 연구에 따르면 니제르에서 광범위한 재식림이 발생했고, 그 뿌리에는 한 기독교 선교사의 기도로 시작된 운동이 있었다. 부가적 혜택은 작물 생산을 위한 토지 재생, 토양 비옥도 개선, 일부 야생동물군의 귀환, 나무종의 다양성 증가, 수확량 증가, 새로운 식품 수출 시장, 소득과 자립도 증가(특히 여성의 경우), 여성의 사회적 지위 향상 등이다.[19]

리나우도는 이렇게 말한다. "니제르에서 일어난 일은 기술적 돌파구나 막대한 자금 투입에 의존한 것이 아니었다. 그것은 사람을 통해 찾은 돌파구였다."[20] 그는 호주 월드비전에 이 방식을 전수하면서 함께

---

19 Manish Bapna, "Turning Back the Desert: How Farmers Have Transformed Niger's Landscapes and Livelihoods", in *World Resources 2008: Roots of Resilience-Growing the Wealth of the Poor*, UNDP, UNEP, World Bank and World Resources Institute - July 2008, 143, https://www.wri.org/publication/world-resources-2008, September 7, 2020.

20 Rinaudo, "Discovering the Underground Forest", 91.

일했고, 전 세계 여러 나라에 이 방식을 알렸다.[21]

이 방식은 살아 있는 나무 그루터기와 씨앗이 토양에 남아 있는지 여부에 달려 있지만, 그 운동 자체는 기독교의 선교 맥락에서 큰 잠재력을 가진다. 왜냐하면 그것은 하나님과 동역하는 기독교인의 모습을 드러냈기 때문이다. 현재 FMNR에서 만든 자료에서는 이 방식을 복음과 구체적으로 연결하지는 않지만 FMNR 아이디어의 확산은 하나님 나라의 복음을 선포하고 신자들을 양육하며 도움이 필요한 사람에게 사랑의 보살핌을 베풀고 사람의 복지를 저해하는 불의한 구조를 바꾸는 것에 대한 기반을 제공했다. 이것은 환경을 보살피는 기독교 선교의 한 모델이다.

5. 21세기 기독교 선교의 모델

1990년 성공회 자문위원회(the Anglican Consultative Council)는 선교에 대한 정의를 확장하여 "창조 질서의 보존과 지구 생명의 유지와 회복을 위해 분투한다"라는 다짐을 포함시켰다.[22] '선교의 다섯 가지 표지(Five Marks of Mission)'[23]로 알려진 이 정의는 선교 모델의 틀을 제공한다. 그 다섯 가지는 다음과 같다. 첫째, 하나님 나라의 기쁜 소식을 선포한다. 둘째, 새 신자를 가르쳐 세례를 주고 양육한다. 셋째, 사랑의 섬김으로 이웃의 필요에 응답한다. 넷째, 불의한 사회 구조를 변혁시키기 위해 노력한다. 다섯째, 창조 질서의 보존과 지구 생명의 유지, 회

---

21 https://fmnrhub.com.au/resources/를 보라.

22 Jesse Zink, "The Five Marks of Mission", *Journal of Anglican Studies* 15, no. 2 (June 2017), 145.

23 Andrew F. Walls and Cathy Ross, eds., *Mission in the Twenty-first Century: Exploring the Five Marks of Global Mission* (Maryknoll, NY: Orbis, 2008).

복을 위해 분투한다. [24]

　각각의 개별 항목으로 제시되는 이 표지는 결정적인 것은 아니다. 또한 이 다섯 가지는 본질적으로 서로 얽혀 있다. 예를 들어 "창조 질서의 보존과 지구 생명의 유지, 회복을 위해 분투"하는 것은 하나님 나라의 기쁜 소식을 선포하는 일의 일부가 될 수 있다. 많은 기독교인과 교회는 복음 선포와 이 땅의 천연자원을 돌보는 것의 접점을 잘 이해하지 못하고 있는 듯하다. 실제로 이 둘은 하나님의 창조 질서를 구성하는 요체다. 어떤 사람은 '선포'되는 복음의 의미를 지옥으로부터 영혼 구원, 전도 집회, 개인 전도, 철야 기도회, 거액의 헌금 등으로 국한시키곤 한다. 그러나 예수님은 모든 피조물의 주인이시며 예수님이 만물을 자기와 화목하게 하려고 오셨다는 바로 그 소식이 복음이다. 이 기쁜 소식이 선포될 때 청중이 복음을 받아들이든 받아들이지 않든 그들은 주 예수 그리스도께 응답할 필요와 피조물을 돌보아야 할 책임에 대해 듣게 된다.

　새 신자를 가르치고 양육할 때 창조 세계의 돌봄에 대한 가르침은 제자 훈련의 중요한 부분이다. 그러나 사람은 배우지 않은 것을 가르칠 수 없다. 새 신자를 양육할 때 창조 세계의 돌봄에 대한 내용을 생략하는 경우가 많은데, 교사들도 그것에 대해 잘 모르기 때문이다. 각 연령대를 위한 성경 교육 자료를 개발할 때 하나님의 관점으로 창조 세계를 더 깊이 이해하도록 돕는 내용을 포함시켜야 한다. 또한 인간이 하나님과 파트너가 되어 창조 세계를 돌보는 방법을 가르쳐야 한다. 농촌 지역 사람을 위한 성경 교육 자료에 농작물의 생산성을 높이고 토지와 초목, 물을 돌봄의 자세로 이해하는 농업 관행에 대한 교육을 통

24　Zink, "The Five Marks of Mission", 145.

합할 수도 있다. 도시 지역에 있는 교회는 오염된 땅을 되살리기 위해 노력하거나 환경 파괴를 막기 위한 보호 활동에 참여할 수 있다. 창조 세계의 돌봄에 기여하는 활동에 참여하는 것은 예수님의 제자로 성장하는 과정에서 중요한 부분이다.

사람이 사는 환경을 다른 사람이 착취하는 경우가 많기 때문에 창조 세계를 돌보는 것은 인간의 필요에 사랑으로 대응하는 방법 가운데 하나다. 니제르에서의 경험에 이어 리나우도는 돌봄의 중요성을 이렇게 말한다. "우리는 전 세계의 황폐된 농지와 숲을 회복시킬 수 있다. 그런 땅에 생존이 달린 사람들과 협력하고, 그들과 함께 그 땅을 고치고 유지하는 방법을 배운다면 그 일이 가능해질 것이다. 그 과정에서 그들은 자부심과 자존감을 회복할 것이다."[25] 이 이야기는 농촌 지역과 열악한 도시 환경 모두에 적용된다.

창조 세계의 돌봄은 불의한 사회 구조를 바꾸는 데도 기여한다. 윌리스 젠킨스는 '선교의 생태학'을 주창한다.[26] 그중 한 가지 과제는 사람에게 고통을 주는 무자비한 환경적 대응(예를 들면 복지를 위한 배려와 논의 없이 주민을 내쫓고 자연공원을 만드는 것)의 문제점을 지적하는 것이다. 그런 개발로 영향을 받는 사람들이 그 프로젝트의 계획 단계에 참여할 수 있다면 상황은 달라질 것이다. 또 다른 과제는 인간의 존엄성과 환경의 질을 연결하는 것이다. 선교단체와 교회는 인간과 사회의 붕괴를 초래하는 죄의 구조에 맞서는 역할을 해야 한다. 그런 죄의 구조는 대기와 수질 오염, 유해 화학 물질 사용, 토양 침식 등을 가져온다.[27] 그들

---

25 Rinaudo, "Discovering the Underground Forest", 91.

26 Willis Jenkins, "Missiology in Environmental Context: Tasks for an Ecology of Mission", *International Bulletin of Missionary Research* 32, no. 4 (2008), 178.

27 Jenkins, 178.

은 인간의 존엄성을 회복하는 방식으로 이런 문제에 대응할 책임이 있다. 또한 환경 착취를 유발하는 정부 정책과 기업 부패에 대응하는 예언적 목소리를 내는 일도 가능하다. 리나우도는 니제르에서 FMNR을 실행하는 이들에 대한 차별을 막으려면 법률 개정을 위한 보호 활동이 필요하다는 사실을 깨달았다.[28]

성경적·선교적 관점에서 우리의 역할은 창조 세계를 보호하고 유지하며 새롭게 하는 일에서 하나님과 협력하는 것이다. 우리 자신만의 능력으로 이 모든 작업을 수행할 수 없다면 다른 사람들과 동반자 관계를 맺고 정책 수립과 실행에 도움을 줄 수 있는 사람들과 협력하여 창조 세계의 돌봄, 하나님 나라의 복음 선포와 관련된 과업을 수행해야 한다.

6. 환경과 선교사의 재정 행동

예수 그리스도의 복음은 문화와 환경에 영향을 미친다. 우리가 선교사로서 이런 영적 파급력의 범위를 이해한다면 환경보호를 위한 인력 훈련이나 자료 제작에 필요한 자금은 보다 큰 목적을 위한 일부분임을 깨달을 수 있을 것이다. 그것은 어떤 맥락에서든 하나님의 선교에 효과적으로 기여할 수 있는 자원이다.

선교, 환경, 재정 행동과 관련해 몇 가지 문제가 있다. 첫 번째는 재정적·환경적 어려움을 겪는 호스트 커뮤니티에서 살아가는 선교사가 생활 방식, 주거 형태, 자녀 교육 등에서 무책임한 소비주의의 모습을 나타내는 경우다.[29] 개인과 가족의 행동에서 드러나는 소비자의 모습

---

28 Rinaudo, "Discovering the Underground Forest", 74.

29 Jonathan J. Bonk, *Missions and Money: Affluence as a Missionary Problem … Revisited*,

은 다른 사람에게 영향을 끼치기 마련이다. 또한 소비자로서의 행동은 우리가 사용하는 자원과 주거 유형 등 기본 문제를 다루는 방식에도 영향을 미친다. 선교사는 책임 있는 소비주의의 본보기가 되어야 하며, 하나님의 창조 세계를 돌보는 '합당한 선교사 제자'[30]임을 보여주는 생활 양식을 구현해야 한다. 이를 통해 다른 사람에게 하나님을 알리고 그들 역시 검소한 생활 방식을 가지도록 이끌 수 있다.

두 번째는 선교단체와 교회의 건물 형태에서도 책임 있는 소비주의의 본보기가 되는 것이 중요하다는 점이다. 주변의 자연환경과 어울리는 재료로 지은 친환경적 건물을 지어야 한다. 숲속에 기도원을 만든다고 각종 수목과 표토를 불도저로 밀어 버리고, 정원을 위한 새로운 표토를 트럭으로 운반해 와서 콘크리트로 건물과 도보를 만드는 것은 무책임한 행동이며 창의적 설계의 부재를 반영하는 것이다.

세 번째는 지구의 생명을 유지하고 새롭게 하라는 선교적 소명에는 재정적 자원이 필요하다는 것이다. 리나우도가 보여줬듯이 환경 문제 해결에 항상 큰돈이 드는 것은 아니다. 지식이 풍부한 사람과의 토론, 기도를 통해 창의적인 해결책을 찾아야 한다.

기독교인에게 환경적으로 책임 있는 행동을 하도록 교육하기 위한 훈련 자료와 교육 과정에 대한 투자는 필수적이며, 하나님 나라를 확장시키는 중요한 부분이다. 선교단체, 교회, 신학대학 등의 연간 예산에 이를 포함시켜야 한다.

더 나아가 선교사가 살고 있는 지역사회와 협력하기 위해 창조 세계

rev. ed. (Maryknoll: Orbis Books, 2006), 173-175.

30 Risto Jukko and Jooseop Keum, eds., "The Arusha Conference Report", in *Moving in the Spirit: Report of the World Council of Churches Conference on World Mission and Evangelism*, March 813, 2018, Arusha, Tanzania (Geneva: WCC Publications, 2019), 11.

의 돌봄 문제에 숙련된 인력을 고용하고 필요한 재정을 확보하는 것이 중요하다. 기독교인이 주님과 그분이 창조하신 세상을 사랑하기 때문에 무언가를 하려는 동기가 강한 곳에서는 자발적으로 나서서 주변 환경을 청소하고 회복시키고 재창조하기 위해 시간과 노력을 기울일 것이다. 교회와 선교단체는 지역사회와 신앙이 다른 사람과도 협력할 수 있으며, 이를 통해 그들과 그의 세계에 대한 하나님의 사랑을 보여주고 창조 세계 안에서 화해를 모색할 수 있다.

마지막으로, 역사에서 만물을 다스리신 하나님의 행하심과 성령의 역할을 통해 우리는 화해가 기독교 선교의 중심 목적으로 자리 잡은 운동이 성장하는 모습을 보게 된다. 하나님의 모든 창조 세계를 유지하고 새롭게 하며 돌보는 것을 포함하는 것이 이런 선교의 특징이다.

논찬

이명석

1. 들어가는 말: 저자에 대해

필자는 개인적으로 이 논문의 저자 앨리슨 하월 교수를 ACI(Akrofi-Christaller Institute)에서 박사 과정을 하면서 논문 지도교수로 만났다. 하월 교수는 아프리카 가나 북부의 카세나(Kassena) 부족을 위해 SIM 여성 싱글 선교사로 오랜 세월 사역해 왔다. 그녀가 선교사로 사역하면서 직접 보고 체험한 경험이 본 논문에 잘 녹아 있다. 우선 그녀는 가나에서 일상적으로 자행되는 수많은 환경 파괴를 목격했다. 이로 말미암아 현실을 타개할 방법을 진지하게 고민했고, 본인이 옳다고 생각하는 바를 실천에 옮겼다. 하나님의 창조 세계 보전에 대한 그녀의 남다른 열정은 사람을 끌어당기는 힘을 가지고 있다.[1] 이번에 발표한 글도 그 점에 있어 예외가 없다.

---

[1] 그 한 가지 예가 하월 교수가 살던 지역(Kuottam Estates in Oyarifa, Accra)은 원래 쓰레기가 뒤덮인 곳이었으나 주민들이 작은 호수를 끼고 쉴 수 있는 아름다운 공간으로 변화되어 하월 교수의 이름을 따서 'Allison's Green'으로 명명되었다. https://www.facebook.com/AustralianHighCommissionGhana/videos/2779250912092983.

2. '하나님과 협력한다(Partner with God in Creation Care)'는 새로운 인식

저자는 이 논문의 목적을 세 가지로 밝히고 있다. 그것은 '창조 세계 의 돌봄에 대한 성경적·선교적 근거를 살펴보고, 환경 관련 활동의 접 근 모델과 선교 역사상 몇 가지 사례를 조사'하는 것이다. 필자는 이 세 가지에 대해 하나씩 논찬하고자 한다. 저자가 성경적·선교적 근거로 삼 은 성경 구절은 창세기 1-2장과 욥기 38-41장이다. 현재의 생태학적 위 기가 기독교 전통에 따른 것이라는 역사학자 린 화이트의 지적에 자극 받은 성경학자들과 기독교 생태신학자들은 창세기 1-2장의 본래 의미 를 되찾고자 노력했다.[2] 그 결과 기존의 성경 해석 방식과 달리 창조 세 계에 대한 인간의 '청지기적 사명'을 재발견했다. 창조 세계에 대한 인 간의 청지기적 사명은 그동안 성경 해석에서 생긴 오해와 그로 말미암 아 발생한 생태적 오류를 바로잡는 역할을 해오고 있다. 즉 무분별한 자 연 자원 낭비와 훼손이 비성경적인 인간의 소유 의식과 그릇된 욕망에 서 발생한 것에 대한 반성으로써 청지기적 사명 의식은 생태 보전에 대 한 새로운 동력을 가져다주었다. 이 사명은 창조 세계의 주인처럼 행동 하는 것이 아니라 하나님의 소유를 맡아 관리하는 신실한 청지기적 지 위를 재확인하는 윤리적인 안전 장치 역할을 하고 있다.

그동안 기독교 생태신학자들은 창세기 1-2장에 비해 욥기 38-41장 을 덜 주목했다. 저자는 새뮤얼 발렌타인의 글을 인용하면서 욥기서의

---

2 Lynn White, Jr., "The Historical Roots of Our Ecologic Crisis", Science, Vol. 155, No. 3767 (March 10, 1967), 1205-1207; Willis Jenkins, "After Lynn White: Religious Ethics and Environmental Problems", *Journal of Religious Ethics*, Vol. 32, No. 2 (2009), 285; James B. Martin-Schramm and Robert L. Stivers, *Christian Environmental Ethics* (Maryknoll: Orbis Books, 2003), 18.

'베헤못(Behemoth)'이라는 피조물을 통해 하나님이 욥에게 보여주시려는 메시지를 새롭게 해석하고 있다. 발렌타인은 베헤못이 가진 고유한 창조적 특성의 렌즈를 통해 창조 세계에 대한 인간의 새로운 책임 의식을 읽어내고 있다.[3] 그는 욥기서에 묘사된 베헤못에 조영된 특성을 통해 인간을 하나님과 협력하기에 충분한 가치를 지닌 존재로서 새로운 창조 질서 보전 모델로 본 것이다. 하나님이 인간을 협력자의 위치로 부르신 것은 욥기만의 독특한 표현은 아니다. 이사야 41장 8절에서도 하나님은 파격적으로 아브라함을 "나의 벗"이라고 부르셨다. 요한복음 15장 15절에서 예수님도 그의 제자들을 부르실 때 종으로 부르지 않고 "친구"로 부르셨다. 야고보서 2장 23절에서도 동일한 증언을 하고 있다. 베헤못의 역할에 대한 새로운 발견은 삼위일체 하나님이 인간에게 스스로 선택할 수 있는 자유의지를 주시고 그로 말미암아 하나님과 협력할 수 있는 존재로 창조하셨다는 발전된 이해다. '청지기'가 하나님과의 수직적 관계를 강조한다면, 베헤못의 이미지로 투영된 인간은 하나님과 협력하는 능동적 역할을 더 강조한다.

이런 발상의 전환은 여러 가지 기대 효과를 유발한다. 우선 동역자는 피동적 가담자가 아니라 생각의 유연성을 가진 적극적 참여자가 된다. 부수적으로는 계몽주의 사상에서 유래된 하나님과 자연과 인간 사회의 분리 상태를 극복하도록 하는 중요한 실마리를 제공한다. 하나님과 협력하는 인간의 베헤못적 관계는 인간의 능동적 역할을 더 강조하고 보다 적극적인 책임 의식이 내포되어 있음을 보여준다. 그러나 하나님과 협력하는 베헤못적 인간으로서의 개념은 아직 전통적인 위계

---

3 Samuel Balentine, "What Are Human Beings That You Make So Much of Them?" in *God in the Fray: A Tribute to Walter Brueggemann*, ed. Tod Linafelt and Timothy Beal (Minneapolis: Fortress Press, 1998), loc. 3340-3415 of 5172, Kindle.

질서 같은 상하 관계 문화가 남아 있는 동아시아적 문화 배경에서는 낯설 수 있다. 또한 유교 사상적 배경이 남아 있는 한국에서 하나님을 동역자로 여기는 생명 운동이 청지기적 사명에 비해 더 나은 해법을 제공하느냐 하는 문제는 아직 풀어야 할 숙제다.

두 번째로 저자는 국제 교회 연합 기구들의 협력 움직임과 A Rocha, ECHO, 월드비전, 티어펀드, 크리스천에이드 등이 표방하는 국제적 협력을 예를 들고 있다. 이는 창조 세계와의 조화로운 삶을 위해 하나님과 협력하는 교회로써 의미를 확대시켜 가는 데 중요한 역할을 할 것으로 기대된다. 즉 하나님의 포도원에서 주어진 일만 하는 종으로서만이 아니라 하나님의 소유된 창조 세계를 보다 창의적으로 책임지는 교회의 역할을 요청하는 것이기 때문이다.

세 번째로 하월 교수는 SIM 선교사였던 토니 리나우도가 펼친 FMNR을 소개하고 있다. FMNR의 특징은 리나우도의 기도로 이 운동이 시작되었다는 점이다. 그동안 여타 일반 생태 운동이나 학술 활동은 기독교의 기도 영성과 거리가 있었다. 오히려 현대의 생태 운동은 일부러 기독교적 영향을 배제하는 방향으로 전개되었다. 리나우도의 기도가 중요한 이유는 하나님과 창조 세계와 인간 사회가 서로 연결되어 있음을 표현하기 때문이다. 이런 기독교 영성은 계몽주의 시대 이전 아시시의 성 프란치스코(St. Francis of Assisi)가 주장했던 생태 영성과 맥을 같이한다.[4] 이는 하늘과 사람과 자연의 공존을 추구했던 동양적 생태 사고방식과도 잘 어울린다.[5]

---

4 Johannes Jörgensen, T. O'Conor Sloane (tr), *St. Francis of Assisi: A Biography* (New York: Longman, Green and Co., 1957), 314-315.

5 Yo Han Bae, *The Divine-Human Relationship in Korean Religious Traditions* (Saarbrcken: VDM Verlag Dr. M ller Gmbh & Co. KG, 2010), 63-77.

리나우도가 경험한 도전은 아프리카인이 가진 산림 자원에 대한 태도와 전통이다.[6] 이는 땅의 소유권과 무관하게 지역민 가운데 그 누구도 산림 자원의 이용에서 배제되어서는 안 된다는 원리로, 이는 아프리카만의 독특한 전통이 아니라 한국의 왕조 시대에도 있었던 전통이다.[7] 이런 전통은 산림 자원이 풍부할 때는 무난하게 작동하는 원리다. 그러나 수요와 공급에 불균형이 발생했을 때는 심각한 부조화가 따른다. 문제는 이런 부조화가 발생하고 있을 때 어떻게 해야 수급불균형의 악순환 고리를 끊어낼 수 있느냐 하는 것이다. FMNR은 이 부분에서 중요한 원리를 찾아냈다. 산림 녹화 프로젝트에서 현지 주민과의 협력을 이끌어내려면 주민에게 실제적 혜택이 주어져야 함을 강조한 점이다. FMNR은 생태 자원의 재생과 보전을 위한 주민의 자발적 참여를 독려하기 위해 주민에 대한 인센티브와 교육과 주민의 자체 거버넌스를 활용하고자 했다.

FMNR의 주목할 점은 외부 재정에 대한 의존도가 낮다는 점이다. 대부분의 서구 주도 생태 보전 프로그램이 세계의 다수 지역에서 결실을 보지 못하는 이유는 지속적인 재정 투입을 전제로 하기 때문이다. 이런 접근은 경제 규모가 열악한 아프리카 국가에서 진행되는 사막화를 막아내기에는 역부족임이 증명되었다. 외부의 재정적 도움 없이도 아프리카 내에서 자체적으로 운영 가능한 생태 보전 프로젝트의 시행은 또 다른 정서적 의미를 가져다주었다. 그것은 현지 주민의 자긍심이

---

6 Tony Rinaudo, "The Development of Farmer Managed Natural Regeneration," *Leisa Magazine*, 23/2. (June 2007), 33.

7 조선 후기 때 '산림천택' 정책은 다른 사회적 요소와 산업 발달에 따른 수요 증가와 겹쳐져 산림 자원의 급속한 고갈을 가져왔다. 또한 규제 위주의 조선 후기 산림 정책은 산림 자원의 효율적 이용 측면에서 실효성을 거두지 못했다. 김선경, "조선 후기 산림천택(山林川澤) 사점(私占)에 관한 연구", 경희대학교대학원 박사 논문(1999), 14-61쪽.

다. 동역하는 주민에게 자긍심이 생겨났을 때 비로소 지속 가능한 환경 운동이 될 수 있다. 이런 면에서 리나우도의 새로운 접근 방식이 아프리카에서도 자체적으로 지속 가능한 방법을 찾아냈다는 점에서 의미가 크다고 하겠다.

저자는 1990년 성공회 자문위원회가 선교의 정의에 대해 새롭게 주창한 '선교의 다섯 가지 표지'를 예시하며, 복음 선포에서도 새로운 차원이 포함되어야 한다고 강조한다. 기존의 복음 선포에는 환경 보전을 위한 복음적 선포와 그에 따르는 책임 있는 행동이 간과되었기 때문이다. 이제 복음 선포는 개인의 영혼 구원이라는 차원을 넘어 우리의 연약한 이웃인 생태 환경까지 포함하는 새로운 시도가 모델화되어야 한다는 주장이 포괄적인 설득력을 얻고 있다.

제자도(discipleship)에 있어서도 하월 교수는 "사람이 배우지 않은 것은 가르칠 수 없다"라고 중요한 지적을 하고 있다. 이 점에서 저자는 학교 강단에서 가르치는 것뿐 아니라 필자의 서론에서 언급했듯이 도시 환경을 개선하는 데 몸소 삶의 모델이 되었다. 이는 "제자는 스승을 뒷모습을 보고 배운다"라는 동양의 격언처럼 말의 성찬이 아닌 삶의 모델을 제시하는 교육으로 전환되어야 함을 보여준다.

주거 환경의 개선이 그곳 주민의 자긍심 상승과 관련이 있다는 점은 특기할 만하다. 이는 교회 공동체만의 힘으로 할 수 있는 일이 아니라 정부의 정책과도 긴밀히 연관되어 있다. 즉 교회와 세속 정부와의 지속적 협력도 빠뜨릴 수 없는 교회의 선교적 요소가 되고 있다.

저자는 '환경과 선교사의 재정 행동'에서 선교사의 소비 패턴과 재생 불가능한 건축 자재 남용에 대해 지적하고 기도와 의논을 통한 현지 주민과의 협력 증대, 교육을 위한 투자, 공동체 내에서 자원봉사를 위한 인력 개발 등을 제안한다. 이 부분에 대해 비판적으로 언급하자면,

지역 토착 거버넌스와 정부와의 산림 자원과 토지 사용에 있어 불협화음에 대한 지적이 빠졌다는 점이다. 한 가지 예로, 최근 중국인에 의한 불법적인 금 채취는 가나 지역에 심각한 환경 파괴를 가져오는 큰 골칫거리 중 하나다.[8] 교회 공동체는 지역 토착 거버넌스와의 신뢰 가운데서 단기적인 금전의 이익보다 환경 파괴에 따른 장기적 손실을 지역 구성원에게 알리고 대안을 제시하는 역할을 해야 한다. 또한 거시적으로 교회 공동체는 세속 정부를 선교의 대상이자 환경보호를 위한 하나님의 중요한 협력 파트너로 삼아야 한다. 그렇게 해서 교회가 세속 정부의 바람직한 환경 정책 수립에 제대로 된 역할을 하는 것이 코로나 사태가 우리 시대에 주는 교훈이다.

3. 나가는 말

아무리 훌륭한 환경보호 정책이라고 해도 그곳에 사는 현지 주민의 협력 없이는 성공할 수 없다. 지속 가능한 환경 보전을 위해서는 기존처럼 외부 재원을 끌어들이는 방법이 아니라 내부적·자발적 운동으로 일어나야 한다는 지적은 참신하다. 그러기 위해 해당 지역 주민이 결정 과정에서 소외되지 않고 협력 파트너로서 함께 의논하며 공유 재산 보호에서 나오는 이득을 공유하는 제도적 장치가 뒤따라야 한다.

이제 교회의 역할은 복음 선포와 제자도에 대한 적용의 폭이 창조 세계와의 평화로운 공존에 있어 지역 토착 거버넌스와 세속 정부를 하나님의 협력 파트너로 포괄하는 차원으로 넓어져야 할 것이다.

---

8 James Boafo, Sebastian Angzoorokuu Paalo, and Senyo Dotsey, "Illicit Chinese Small-Scale Mining in Ghana: Beyond Institutional Weakness?", *Sustainability*, Vol. 11, 5943 (2019), 1-18.

22

돈과 선교사의 관계 모델: 한국 선교사의
경험적 자료에 따른 근거이론 방법론적 연구

엄주연

1. 서론

이 연구의 목적은 돈이 한국 선교사의 생활과 사역에 미치는 영향을
이론적으로 설명하는 것이다. 이 목적에 도달하기 위해 이 연구는 돈
과 선교사의 관계에 있어 작용과 상호작용 유형을 발견하고, 돈이 선
교사의 생활과 사역에 미치는 영향에 대한 상황 모형(contextual model)
을 제안할 것이다. 돈이 선교사의 생활과 사역에 미치는 영향에 적합한
개념적 틀이 아직 명확하게 규명되지 않았고, 이 분야에 대한 선교학
적 탐구가 충분히 이루어지지 않아서 적절한 변수와 부적절한 변수를
결정하기 어려운 상황으로 판단하여 이 연구에서는 질적 연구방법론
가운데 하나인 근거이론(grounded theory)을 연구 방법으로 채택했다.

2. 연구에 필요한 질문

이 같은 연구 문제에 접근하기 위해 다음과 같은 연구 질문과 하위 질문을 설정했다.

연구 질문

돈이 선교사의 생활과 사역에 어느 정도로 영향을 미치는가?

하위 질문

① 한국 선교사가 인식하는 조건 아래서 돈의 문제적 특성과 역동성은 무엇이며, 그 기저 요인은 무엇인가?

② 돈의 문제적 특성과 역동성을 관리, 처리, 실행, 대응하기 위해 고안된 전략은 무엇인가?

③ 특정 상황에서 발생하는 전략을 형성, 촉진 또는 제한하는 요인은 무엇인가?

④ 돈에 대한 선교사의 반응을 반영하는 돈과 선교사의 관계 모델은 무엇인가?

3. 연구 방법론

근거이론 방법론(grounded theory methodology)은 질적 연구의 한 분야로, 연구자가 참여자의 관점(Birks 2015; Bryant and Charmaz 2007; Charmaz 2006; Strauss & Corbin 1990)을 기반으로 특정한 과정이나 행동에 대한 일반적이고 추상적인 이론(Strauss and Corbin 1998)을 도출해 내는 사회과학적 분석 방법을 말한다. 연구자는 개방 코딩(open coding), 축 코딩

(axial coding), 선택 코딩(selective coding)의 단계를 통해 경험적 자료를 분류하고 해석했다(Mackenzie 2006). 마지막으로 연구자는 맥락적 조건(인과적 조건, 맥락적 조건, 중재 조건)이 작용과 상호작용을 통해 결과에 어떤 영향을 미치는지를 규명하는 상황 모델을 제안한다.

4. 자료 수집

이 연구에서 참가자는 이론적 샘플링(theoretical sampling) 방법에 따라 선택되었다(Glaser and Strauss 1967; Strauss and Corbin 1990). 따라서 연구자는 10명의 연구 참여자를 대상으로 실시한 1차 표본 분석 결과를 바탕으로 다음 인터뷰 대상자를 선정하는 방법을 채택했다. 연구자는 연구의 1차 인터뷰 대상자로 해당 주제에 대한 상당한 정보가 있을 것으로 예상되는 응답자를 선택했다. 이때 등장한 개념(concepts), 하위 범주(subcategories), 범주(categories)가 대표성이 있는지 확인하기 위해 연구자는 참여자의 주요 특성을 바탕으로 2차 인터뷰 대상자를 선정했다.

5. 이론적 포화

개념화(conceptualization)와 범주화(categorization)가 포화 상태에 이르게 되면 범주 간의 관계가 안정화되어 연구 자료가 더 이상 필요하지 않고 하위 범주가 더 이상 추가되지 않는다. 이 경우 연구자는 인터뷰를 종료할 수 있다. 47명을 대상으로 인터뷰한 자료를 분석한 결과, 연구자는 이 목표를 달성했다고 판단해 추가 인터뷰를 중단했다.

6. 연구의 신뢰성과 타당성

질적 연구에서는 연구의 신뢰성(reliability)과 타당성(validity)을 향상시켜 연구의 엄격성과 신빙성, 적절성을 확보한다. 연구자는 본 연구의 신뢰성과 타당성을 높이기 위해 다음과 같은 조치를 취했다. 첫째, 연구자와 인터뷰 자료의 주관적 가치에 묻히지 않도록 관련 전문가들과 개별 토론을 진행했다. 이 과정에서 연구자는 획득한 경험적 자료의 논리적 약점을 찾으려고 노력했다. 둘째, 연구자는 기존의 문헌이나 연구 보고서와 비교 작업을 했고, 분석 대상에 대한 민감도를 유지하기 위해 노력했다. 셋째, 분석 초기부터 분석적 메모와 도형을 이용하여 분석 과정 전체를 관찰했다. 마지막으로, 상호 주관성(inter-subjectivity)을 확보하기 위해 해당 분야의 전문가와 학자의 의견을 경청하고 연구에 반영했다. 구체적으로 이 목표를 달성하기 위해 동료 선교학자 두 명과 신학자 한 명이 본 연구의 절차와 방법, 자료 분석과 해석을 모니터링하고 자신의 견해를 제시했다.

7. 연구 윤리 지침

연구자는 연구의 목적과 방법을 설명하고 연구 참여자가 언제든지 인터뷰를 철회할 수 있음을 알렸다. 이 연구 동의서에는 고의든 과실이든 연구자가 연구 참여자의 비밀을 공개하지 않아야 할 책임이 있다는 진술도 포함되어 있다. 면담 내용은 사전 동의를 받아 녹음했으며, 전사된 면담 자료 중 연구와 관련이 없는 부분은 삭제했고, 모든 연구 참가자의 이름을 가명으로 변경했다. 연구원은 연구 참가자가 서명한 연구 동의서를 받은 후 심층 인터뷰를 진행했다.

8. 연구 결과

개방 코딩

경험적 근거 자료 분석을 통해 54개 개념을 도출했고, 유사한 개념을 범주화한 결과 28개 하위 범주와 11개 범주가 도출되었다.

축 코딩

축 코딩은 개념과 하위 범주, 범주를 연결하여 패러다임 모델을 구축함으로써 연구 자료를 새로운 방식으로 재조합하는 것이다. 〔표 1〕은 돈과 선교사의 생활과 사역 관계에 대한 패러다임 모델을 요약한 것이다.

[표 1] 돈이 선교사의 생활과 사역에 미치는 영향에 대한 조건 매트릭스

개념	하위 범주	범주	패러다임
검소한 생활	이상과 현실	선교 재정 만족도의 양면성	인과적 조건
예상치 못한 지출에 대한 우려	이상과 현실	선교 재정 만족도의 양면성	인과적 조건
풍요로운 삶에 대한 갈망	탐욕과 만족	선교 재정 만족도의 양면성	인과적 조건
감사하는 삶 추구	탐욕과 만족	선교 재정 만족도의 양면성	인과적 조건
목표 지향적 사역	적극적 모금과 믿음 선교	선교 재정 만족도의 양면성	인과적 조건
관계 지향적 사역	적극적 모금과 믿음 선교	선교 재정 만족도의 양면성	인과적 조건
죄책감	물질적 풍요	생활비 만족도	맥락적 조건
회의적 태도	재정 결핍	생활비 만족도	맥락적 조건
염려	재정 결핍	생활비 만족도	맥락적 조건
성육신적 영성	재정 결핍	생활비 만족도	맥락적 조건
갑을 관계	우월감과 열등감	생활비 만족도	맥락적 조건
우월감	우월감과 열등감	생활비 만족도	맥락적 조건
부실한 은퇴 계획	불안정	생활비 만족도	맥락적 조건
이타주의	자선에 대한 사명감	생활비 만족도	맥락적 조건
사회 참여	자선에 대한 사명감	생활비 만족도	맥락적 조건
권력 관계	풍부한 재정으로 사역하고자 하는 갈망	생활비 만족도	맥락적 조건
가부장적 접근	풍부한 재정으로 사역하고자 하는 갈망	생활비 만족도	맥락적 조건

현재의 재정 상황에 대한 만족감	긍정적 결과	정서적 양가감정	중심 현상
미래의 불확실성에 대한 염려	부정적 결과		
사치에 대한 경계	선교사로서 사역 철학과 신념	선교사의 정체성	중재적 조건
선교사의 사명 재점검			
재정 보고 의무	정책과 규정		
조직의 재정 정책 준수 의무			
하나님에 대한 신뢰	기도와 묵상	영적 대응	작용, 상호작용 전략
하나님의 뜻 추구			
하나님의 공급 간구			
종의 도	청지기 직분		
절약			
하나님의 영광을 위한 재정 사용			
감사의 마음 유지	감정 조절	정서적 대응	
내면적 평안 유지			
반성적 성찰	진실성	관계적 대응	
떳떳한 양심			
의와 공의			
수입과 지출 재조정	자기 평가	실제적 대응	
긴축 재정	재조정		
분노	염려	부정적 결과	결과
좌절			
회의			
의존성의 악순환	의존성		
가부장주의			
물질주의	승리주의		
위선과 자만			
기회주의			
자신감 상실	패배주의		
자존감 상실			
하나님의 약속에 대한 신뢰	하나님의 공급에 대한 신뢰	긍정적 결과	
검소한 삶	선교사로서 삶의 방식 확립		
저비용·고효율 삶의 방식			
정보 교류	현명한 지출		
전문가 자문	선교사 복지		
은퇴 계획 수립			
모범적인 그리스도인의 삶	모범적인 삶		
모범적인 그리스도인의 사역			

다음 〔그림 1〕은 돈에 대한 선교사의 관점을 설명하는 패러다임 모델이다. 이 패러다임 모델은 〔표 1〕의 범주들을 하나의 범주에 연결하여 이론적으로 결합한 것이다.

[그림 1] 돈이 선교사의 생활과 사역에 미치는 영향에 대한 패러다임 모델

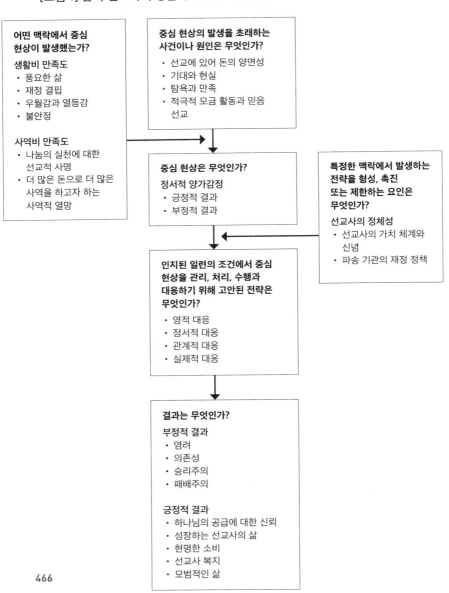

선택 코딩: 돈과 선교사의 관계에 대한 근거이론 제시

선택 코딩 단계에서는 돈이 선교사의 생활과 사역에 미치는 영향에 대한 근거이론을 제시하기 위해 돈과 선교사의 관계에 대한 스토리를 만들었다. 그다음에는 두 가지를 결합하여 통합된 서술적 개요를 제시하고 핵심 범주를 선정했다. 경험적 자료의 분석 절차를 거쳐 통합된 스토리의 개요는 다음과 같다.

① 스토리라인

선교사는 일반적으로 그들이 받는 정기 선교 헌금에 만족한다. 그들은 하나님이 그분의 사명에 참여하도록 부르셨다는 신학적·정서적 확신을 가지고 있다. 또한 선교사를 부르시는 하나님이 그들의 재정적 필요를 채워 주실 것이라는 확고한 믿음이 있다. 그러므로 그들은 교회 또는 선교기관이 매월 보내주는 선교 재정을 하나님의 공급이라고 믿으며 만족해하면서 감사하는 마음을 갖고 있다. 또한 선교지에서 일반 사람보다 더 부유한 삶을 살고 있다는 사실에 연민과 죄책감을 가지고 있다.

그러나 선교사는 실생활과 사역에서 그들에게 주어진 선교 재정이 부족하다고 느낀다. 일상생활에 필요한 재정은 충분하지만 주택 임대료와 자녀 교육비는 턱없이 부족하다는 것이다. 선교 재정의 가장 큰 문제는 세 가지로 요약될 수 있다. 첫째, 예기치 못한 상황에 대처하기 위해 준비된 재정이 충분하지 않다. 둘째, 생활비와 사역비가 명확히 구분되지 않아서 사역비를 생활비로 충당하는 경우 둘 다 부족하다고 느낀다. 마지막으로, 선교사는 현재의 선교 기금에 만족하지만 은퇴 이후의 삶에 대해 상당한 우려와 불안을 느끼고 있다.

돈과 관련해서 선교사는 완전히 행복하거나 불행하다고 느끼지 않는다. 선교사는 만족감과 감사함을 느끼지만 불안과 초조함에서 완전히 자유로운 것은 아니다. 때때로 그들이 느끼는 만족감과 감사함도 순전히 자신의 것이 아니라 신학이나 가치를 통해 강요된 신념일 수 있다.

그러나 선교사는 이런 금전 문제에 직면하여 발생하는 부정적 감정을 극복하기 위해 다양한 대응 전략을 실행에 옮긴다. 또한 영적으로는 하나님의 공급하심에 대한 감사의 마음을 유지하고 하나님이 재정적 필요를 채워 주실 것을 간구한다. 정서적으로는 감사와 내면의 평안을 유지함으로써 재정적 결핍과 불안정에서 오는 감정을 조절하려고 노력한다. 관계적으로는 깨끗한 양심, 하나님의 의와 공의를 반영하는 소비, 자기성찰을 통해 후원자와의 관계에 대한 온전함을 강화하기 위해 노력한다. 그리고 실제적으로 우선순위에 따라 수입과 지출을 재조정하고 지출 규모를 줄임으로써 돈에 대한 인식과 습관을 개선하려고 한다. 선교사의 정체성은 돈과 관련된 제반 문제를 극복하기 위한 대응에 영향을 미친다. 구체적으로 그들의 다면적 대응은 선교사로서 추구하는 가치와 신념, 돈에 대한 파송 기관과 교회의 정책과 규칙을 반영한다.

그럼에도 이런 다양한 방식의 대응이 언제나 긍정적 결과를 가져오는 것은 아니다. 상당수의 선교사가 여전히 돈 문제에서 자유롭지 못한 삶을 살고 있다. 어떤 선교사는 하나님을 의지해 돈을 공급받기보다는 돈에 의지한 채 살아가고 있다. 또한 어떤 선교사는 돈이 많으면 승리주의에 사로잡히고, 돈이 부족하면 패배주의에 빠지기도 한다.

그럼에도 대다수의 선교사는 돈과 관련된 문제에 직면했을 때 다양한 방법으로 대응하며 긍정적 결과를 얻고 있다. 선교사는 과거보다 하나님의 공급하심을 더 신뢰하게 되었고, 생활과 사역의 모든 영역에서 신실한 청지기가 되어 간다. 전문가의 자문을 받아 선교 기금 지출을 조정하여 미래에 대한 계획도 수립한다. 그리고 선교지에서 만나는 일반 사람에게 모범적인 생활과 나누는 삶과 사역을 실천하고자 한다.

앞선 통합된 이야기 개요에서 돈이 선교사의 생활과 사역에 미치는 영향의 핵심 범주는 '영적·감정적·관계적·실제적 대응에 따른 돈과 선교사의 인식론적·실천론적 관계의 변화'다.

② 잠정적 근거이론

연구자는 경험적 근거 자료의 분석을 통해 도출된 요인들을 도식화하여 '돈과 선교사의 관계 모델'을 개발하고자 한다. 이를 위해 앞서 도출한 다양한 범주와 속성 가운데서 돈과 선교사의 관계를 도식화하기에 적합한 요소를 파악했다.

[그림 2] 돈과 선교사 관계 모델

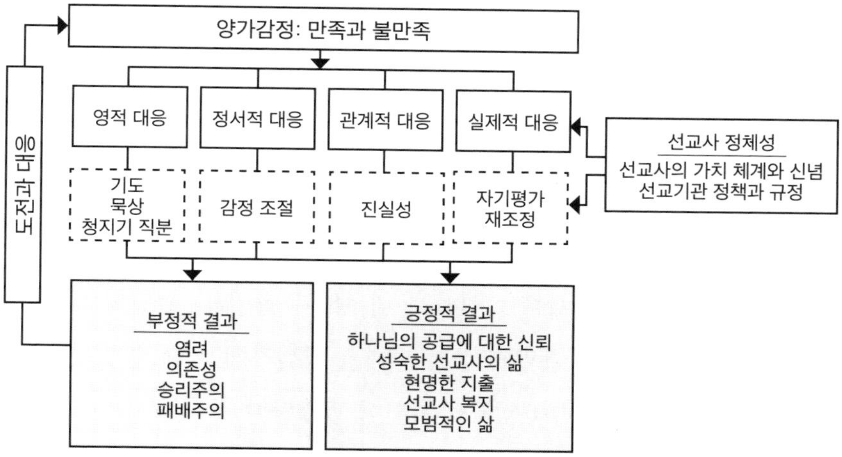

연구자는 선교사의 돈에 대한 정서적 만족과 불만족 사이의 양면성을 중심 현상으로 선정하고, 이 중심 현상을 돈과 선교사의 관계 모형에서 최상위에 두었다. 또한 선교사의 다양한 반응을 네 가지로 분류하여 이 모형의 중간에 배치했다. 그 이유는 이런 범주와 각 범주에 속하는 하위 범주를 구별하기 위한 것이다. 이 네 가지 주요 범주는 모두 선교사의 정체성에 의해 영향을 받는다. 연구자는 이런 의미에서 화살표를 사용해 이 항목을 오른쪽 가운데 배치했다. 연구자는 이런 응답의 결과를 두 개의 넓은 범주로 나누어 하단에 배치했다. 또한 이 결과는 화살표를 통해 상단의 핵심 범주와 다시 연결되는데, 이는 돈에 대한 선교사의 양가감정에 반복적으로 영향을 미친다는 의미다. 이 화살표는 이 모델의 왼쪽에 위치해 있다.

- 만족과 불만족의 내적 갈등

선교사는 돈에 대한 탐욕에서 벗어나 하나님의 공급하심에 감사하는 마음을 갖도록 교육을 받았다. 경험적 근거에 따르면 그들은 하나님의 공급하심을 진정으로 인식하고 있다. 동시에 어떤 재정적 상황에서도 만족해야 한다는 의무감을 가지고 있다. 이런 현상은 만족의 진정성과 의무감이 얽히고설켜 실제로 만족할 수 없는 상황에서도 걱정하지 말고 감사해야 한다는 양가감정으로 이어진다. 많은 선교사가 정서적 양가감정의 심리적 스트레스를 겪고 있지만 적절하게 표현하지 못하는 것이 이 문제를 해결하는 데 어려움을 겪는 원인이 되기도 한다. 선교사가 돈과 관련된 감정 상태를 정직하게 말할 수 있는 환경과 분위기 조성에 선교 공동체의 지원이 필요하다.

- 재정적 공급의 방법론적 갈등

선교사는 일상생활과 사역을 위한 하나님의 공급하심에 대한 이상적 기대를 유지하고 있다. 그러나 그 기대가 현실과 다를 때 적극적인 모금 활동과 기도를 통한 하나님의 응답을 기다리는 이른바 '믿음 선교(faith mission)' 사이 긴장 가운데 처하게 된다. 이 근거이론 연구에 따르면 선교사는 재정적 필요를 충족시키기 위해 추가적인 모금 활동을 적극적으로 실행하기보다 기도로 하나님의 공급하심을 기다리거나 현재의 재정 상황을 검토하고 조정하는 것을 선호한다.

이 연구의 일부 참가자는 하나님의 공급하심과 기도 응답에 전적으로 의존하는 것이 적극적인 모금 활동보다 선교사가 추구해야 할 더 성숙한 영성이라고 믿었다. 이런 경향은 한국 선교사가 사역의 구체적 목표, 전략, 재정적 필요를 파악하고 모금 활동을 통해 확보된 기금 내에서 체계적으로 실행하기보다 비정기적인 사역 기금에 의존하는 편을 선호한다는 것을 반영한다. 적극적인 모금 활동과 믿음 선교 사이 오랜 갈등과 논쟁이 여전히 한국 선교사들에게 혼란을 주고 있는 것으로 사료된다. 이 연구는 이 두 가지 방법을 두고 선교사 사이에서도 대립과 갈등이 나타난다는 것을 보여주었다. 이런 혼란을 최소화하기 위해 선교사와 선교기관, 교회, 선교학자 등을 포함하는 선교 공동체는 선교 재정 모금과 관련된 신학적·선교학적·전략적 관점과 구체적 실천 방안을 논의할 필요가 있다.

- 도전에 대한 역동적 대응

선교사는 돈과 관련된 문제에 직면했을 때 다양한 방식으로 대응한다. 선교사는 영적·감정적·관계적·실제적 차원으로 대응하면서 이 도전을 극복하려고 시도한다. 이런 다면적 대응은 재정 문제를 해결해야 하는 당사자로서 자기성찰을 통해 구체적 해법을 찾는 데 초점을 맞추고 있다. 더욱이 이런 추세는 돈과 관련된 문제가 하나의 단편적 대응만으로는 해결하기 어려운 신학적·선교적·경제적·철학적 측면을 포함하는 복잡성과 전체성을 함축하고 있음을 시사한다. 선교사는 〔그림 2〕에 언급된 네 가지 응답을 동시에 사용하지 않는다. 돈과 관련하여 직면하게 되는 문제의 특성에 따라 이런 대응 방법 가운데 일부를 선택하여 대응하는 것이다.

• 선교사의 정체성

선교사의 존재론적·관계적 정체성에 기반을 둔 재정 문제의 재해석은 이런 다면적 반응에 영향을 미친다. 정체성에 대한 존재론적 성찰은 선교사로서의 사역 철학, 사역자로서의 핵심 가치, 영적 지도자로서의 도덕적 책임, 신학적 신념의 상호작용을 포함한다. 또한 교회에서 파견되어 선교기관의 재정 정책을 준수할 의무가 있는 회원으로서의 관계적 정체성은 다각적 대응으로 이어지는 핵심적인 중재 조건 가운데 하나다. 이런 근거이론에 기초한 본 연구는 선교사가 존재론적·관계적 정체성을 확립하고 그 정체성에 충실할 때 다양한 대응 방안을 사용하여 돈과 관련된 어려움을 극복할 수 있음을 보여준다.

• 다양한 결과

돈과 관련된 문제에 대한 선교사의 대응이 항상 긍정적 결과로 이어지는 것은 아니다. 돈과 선교의 관계에 대한 선교사의 믿음과 실천에 따라 결과는 크게 달라진다. 다양한 대응에도 불구하고 선교사들은 여전히 금전적 문제에서 자유로울 수가 없다. 이런 우려는 분노, 좌절, 선교사 정체성에 대한 회의적인 견해로 이어질 수 있다. 어떤 연구 참여자는 자신이 돈에 상당히 의존하고 있었다는 사실을 진술하기도 했다. 선교사의 이런 의존이 선교지에서 현지인들의 물질적 의존성과 비교했을 때 어떤 공통점과 차이점이 있느냐에 대한 후속 연구가 필요하다. 어떤 선교사는 다른 선교사에 비해 더 많은 선교 재정이 확보되면 승리주의에 사로잡히고, 그 반대의 경우 패배주의에 빠지기도 한다. 비록 이런 부정적 결과가 나타남에도 불구하고 대다수의 선교사는 정도의 차이가 있긴 하지만 각자의 방식으로 대응한다. 돈과 관련된 도전을 극복하기 위한 다각적 대응 없이 즉각적으로 부정적 결과를 초래하는 선교사는 거의 없다.

대다수의 경우에 돈과 관련된 문제를 극복하기 위한 선교사의 다면적 대응은 긍정적 결과를 낳는다. 선교사는 일반적으로 물질적 필요를 공급하시는 하나님을 더욱 신뢰하게 된다. 이런 영적 결과를 반영하여 선교사는 검소하고 소박한 생활 방식을 유지하기 위해 그들 자신의 소비 경향을 평가한다. 또한 저비용, 고효율의 생활과 사역 방식에 대한 정보를 수집하여 일상생활에서 구현하기 위해 노력한다. 선교사는 은퇴 이후의 삶에 대한 불안을 해소하기 위해 전문가의 조언이나 관련 정보를 검토하여 구체적으로 은퇴 대책을 수립한다. 또한 돈으로 말미암아 발생한 어려움에 대한 선교사의 대응 과정과 결과는 선교지의 관련된 사람들이 따라야 할 모범을 보여주기도 한다.

- 순환 구조

선교사로 살아가는 동안 돈과 관련된 문제는 계속된다. 따라서 돈의 도전과 선교사의 다면적 대응은 순환적 구조를 이루며 평생 지속된다. 돈과 관련된 시련을 겪었거나 돈에 대한 신학적 견해가 확고한 선교사도 이런 순환 구조에서 완전히 벗어날 수는 없다. 그럼에도 선교사의 자기성찰이 깊어질수록 이런 구조는 단순화될 수 있다.

9. 후속 연구를 위한 제안

① 세계의 경제 구조가 그 어느 때보다 빠르게 재편되고 있는 만큼 선교와 돈의 관계에 대한 연구도 이런 변화하는 시대적 상황을 반영할 수 있어야 한다. 이런 특성을 감안할 때 이 주제에 대한 연구는 변화하는 선교지의 상황 중심, 연구 참여자 중심, 현상학적 탐구에 초점을 맞춰야 한다.

② 돈이 인간의 감정, 생활 방식, 사고방식, 문화, 경제, 가치관에 미치는 영향을 고려한 연구는 선교학, 성경신학, 사회학, 경제학 등 학제 간 경계를 넘나드는 협력을 통해 진행되어야 한다.

③ 선교사를 동질적인 집단으로 간주하여 돈과 선교사의 관계 모델을 구축한다고 해서 지나친 일반화의 오류에 빠질 위험을 완전히 배제시킬 수는 없다. 이를 위해서는 각 선교사의 성품 특성과 신념, 민족적 특성, 선교기관과 교회에 대한 관점과 기대, 선교지의 사회문화적 환경 등의 요소를 포함하는 다각적 연구가 필요하다. 따라서 이런 연구는 개인과 소그룹에 대한 심층적인 참여 관찰 연구와 대규모 설문조사가 결합되어야 돈과 선교사의 관계에 대한 진실에 더 가까워질 수 있다.

④ 그리스도인 사역자이며 동시에 인간으로서 선교사에게 끊임없이 닥치는 돈 문제에 대해 만족과 불만족을 동시에 느끼는 것은 선교사의 정상적인 정서적 반응이다. 따라서 암묵적이든 명시적이든 누구도 선교사에게 돈과 관련된 도전에 초월적으로 응답하도록 요구하거나 강요할 수 없다. 이런 도전에 직면한 선교사가 전적으로 개인의 능력에 의지해 긍정적 결과를 가져오기를 기대하기보다 이해관계자인

공동체의 지원이 필요하다.

⑤ 이 연구에서 제시된 돈과 선교사의 관계 모델은 47명 한국인 선교사의 경험적 자료를 분석하고 해석한 결과다. 또한 연구자에게 주어진 시간과 공간의 제약으로 말미암아 별도의 보완 연구를 수행하기 어려운 한계가 있었다. 따라서 이 모델은 보편적인 현상으로 일반화시킬 수 없다. 돈과 관련된 문제에 대한 선교사의 반응은 이 모델이 효과적으로 반영할 수 없을 정도로 다양하다. 연구자는 이 모델이 여러 후속 연구를 통해 지속적으로 보완되기를 희망한다.

⑥ 돈과 선교사의 역동적 관계를 깊이 있게 다루는 선교 교육이 강화되어야 한다. 이 선교사 교육에는 다음 질문에 대한 효과적인 논의가 포함되어야 한다. 선교사는 돈으로 어떤 어려움을 겪게 되는가? 선교사는 이 도전에 어떻게 대응해야 하는가? 예상되는 결과는 무엇인가? 도전과 대응이 어떻게 선순환을 이룰 수 있는가?

⑦ 전 세계 다양한 유형의 선교사와 선교지의 상황을 고려하여 선교와 돈에 대한 연구를 장려하고 활성화하는 선교 공동체가 필요하다.

10. 맺음말

돈과 선교사의 관계에 대한 연구는 연구 자체의 목적이 아니라 한국 선교사 공동체의 변화와 성숙에 초점이 맞춰져야 한다. 따라서 이런 연구는 연구자와 선교사 사이의 긴밀한 상호작용과 협력을 통해 이루어져야 한다. 더 나아가 이 연구가 이 주제와 관련해 앞으로 있을 선교 공동체의 논의와 연구에 작지만 의미 있는 기여를 할 수 있기를 기대한다.

참고문헌

- Birks M. and Mills J., *Grounded theory: A Practical Guide,* 2nd ed. (London: SAGE, 2015).

- Bryant A. and Charmaz K., "Grounded theory research: methods and practices", in Bryant A, Charmaz K. (eds) *The SAGE handbook of grounded theory* (Thousand Oaks, CA: SAGE, 2007), 1-28.

- Charmaz, Kathy, "Grounded theory: Objectivist and constructivist methods", N.K. Denzin & Y.S. Lincoln Eds., *Handbook of qualitative research,* 2nd ed. (Thousand Oaks, CA: Sage, 2000), 509-535.

- ＿＿＿＿, *Constructing grounded theory* (London: Sage, 2006).

- Glaser B. and Strauss A., *The discovery of grounded theory: strategies for qualitative research* (New York: Aldine de Gruyter, 1967).

- Mackenzie N. and Knipe S., "Research dilemmas: paradigms, methods and methodology", *Issues Educ Research* 2006, 16, 193-205.

- Strauss, A. and Corbin, J., *Basics of qualitative research: Grounded theory procedures and techniques* (CA: Sage Publications, Inc., 1990).

- Strauss A. and Corbin J., *Basics of qualitative research: techniques and procedures for developing grounded theory,* 2nd ed. (Thousand Oaks, CA: SAGE, 1998).

논찬

루스 맥스웰(Ruth Maxwell)

1. 서론

이 중요한 주제에 대한 훌륭한 연구와 선교사-돈 관계 모델 설계에 대해 엄주연 박사에게 감사한다. 이 연구와 모델 모두 재정적 스트레스가 주는 어려움의 양상을 잘 보여준다. 이런 스트레스를 겪고 있는 사람을 반드시 이해하고 도와야 한다.

연구 질문

이 논문에서는 "돈이 선교사의 삶과 사역에 어느 정도 영향을 미치는가?"라는 질문을 주의 깊게 살펴보았다.

방법론

근거이론을 사용하여 이 질문을 살펴보았으며, 작업 이론과 모델을 개발하기 위해 체계적·귀납적 연구를 진행했다. 연구자는 당사자들의 이야기에 귀 기울여 듣고 이해했다. 또한 그들의 경험을 연구하여 선교사와 돈의 관계를 도식화했다.

연구

이 연구를 위해 47명의 한국 선교사를 인터뷰했다. 인터뷰를 통해 수집된 데이터를 통해 다양한 현실적 응답이 도출되었다. 이 응답을 여러 범주로 정리했고, 응답과 요인의 관계성을 드러내기 위해 더 상위 범주로 그룹화했다. 그리고 이 상위 범주를 기반으로 모델을 구성했다.

스토리

이들 범주는 스토리로 짰였고, 그 이야기에는 여러 요인과 재정적 스트레스가 유발하는 다양한 반응이 반영되었다. 진정으로 신앙에 기초하고 봉사에 최선을 다하는 개인이나 가족이 재정적 스트레스에 대처하는 방식은 저마다 다를 것이다. 또한 기본적인 기여 요인도 다를 수 있다.

작업 모델과 잠정적 근거이론

여기서 제시한 역동적 모델은 각 개인이 가진 다양한 관점에 따라 필연적으로 발생하는 상호작용의 흐름을 묘사한다. 논문의 잠정적 근거이론 섹션은 모델에 내재된 역학을 설명한다.

제안

저자의 논문은 결론에서 후속 연구를 위한 몇 가지 제안을 제시하고 있다. 이 논문의 연구 범위는 제한적일 수밖에 없지만 분석 내용은 논의를 위한 기초를 제공한다. 또한 각 제안 사항은 고려할 가치가 있다.

후속 연구를 위한 기반을 다져 놓았다고 할 수 있다.

2. 그럼 이제 무엇을 해야 하는가

본 논찬의 나머지 부분에서 필자는 "그럼 이제 무엇을 해야 하는가?"라는 질문에 초점을 맞추려고 한다. 사역 중 스트레스로 인한 양가감정을 겪는 선교사들에게는 도움이 절실히 필요하다. 아무쪼록 본 연구와 모델 그리고 "그럼 이제 무엇을 해야 하는가?"라는 질문과 그룹 토의를 통해 적극적인 실행안이 도출되기를 바란다. 자신의 문화에 대해서는 여러분이 바로 전문가다.

이 연구를 살펴보고 나서 이런 질문이 생겼다. "돈과 관련하여 선교사의 복지에 관심을 가진 우리는 불가피한 재정적 어려움과 앞으로 겪을 양가감정에 직면할 때 어떻게 그들을 지원하고 적절히 보살필 것인가?" 연구는 필요하다. 그러나 무엇을 연구할 것인지 결정하려면 지혜가 필요하다. 하나님이 지혜로운 이들을 이 논의의 장에 데려오셨다고 믿는다. 그래서 필자의 질문을 여러분 앞에 기꺼이 내놓으려고 한다.

모델에 내재된 원칙과 잠정적 이론, 성경이 이 중요한 주제를 다루는 관점은 우리 신앙 여정의 다른 측면과 교차한다. 재정적 스트레스에 대처하는 방법은 신앙 여정에서 겪는 다른 어려움에 대처하는 방법과 겹치기도 하고, 심지어 전자가 후자에 영향을 줄 수도 있다. 그런 이유로 "그럼 이제 무엇을 해야 하는가?"는 더욱 시급히 다뤄야 할 질문이다.

"돈과 선교에 대한 연구는 연구 자체가 아니라 한국 선교사 공동체의 변화와 성숙에 초점이 맞춰져야 한다. 따라서 이런 연구는 연구자와 선교사의 긴밀한 교류와 협력을 통해 이루어져야 한다"는 저자의 결론에 감사한다. 관계 내에서의 변화와 성숙도 "그럼 이제 무엇을 해야 하는가?"라는 질문으로 연결된다.

이런 현실을 안고 살아가는 사람들을 위한 신뢰할 수 있는 연구에서 창의적 자원으로 이동하기 위해 다음 범주의 질문과 생각이 새로운 사고와 현명한 응답을 이끌어내리라고 믿는다.

① 중심 현상인 만족과 불만족/불안 사이의 양가감정을 진지하게 살펴봐야 한다.

- 이런 혼란스러운 어려움을 겪는 타 문화 사역자를 격려하고 지지할 수 있는 방법은 무엇인가?
- 한국의 타 문화 사역자가 양가감정의 혼란을 뚫고 생존하고, 열매를 맺으며, 회복력을 가지도록 하려면 어떤 종류의 관점과 지원이 있어야 할까?

② 이 모델과 역동이 발생하는 더 큰 맥락이 있다. 이 모델이 다루는 어려움 가운데서 문제의 원인이 돈이 아니라 훨씬 더 심오한 원인이 있다면 무엇인가? 그런 상위 범주는 이 어려움에 어떤 영향을 미치는가?

- 지역 교회 차원에서 실천되는 고난과 번영, 신앙, 공동체의 신학은 선교지로 향하는 선교사의 인격을 형성한다.

③ 이 모델에서 그리는 믿음과 사역의 건전한 조화는 어떤 모습인가? 어떻게 하면 그런 조화로운 모습을 공동체라는 맥락에서 가르칠 수 있고, 격려되고, 검증되고, 모범적으로 보여지고, 지지받을 수 있을까?

- 기금 마련은 신앙의 아름다운 표현이라는 개념을 기금 마련의 정신에 포함시키는 것이 가능한가? 그러기 위해선 어떻게 하면 될까?
- 신앙을 가장 잘 표현하는 방법 가운데 하나가 겸손한 자세로 다른 사람을 팀의 일원으로 초대하는 과정이라는 개념을 기금 모금에

포함시키는 것이 가능할까?

④ 우리 정체성의 더 큰 맥락은 무엇인가? 이 모델에서 선교사의 정체성은 돈에 대한 가치와 신념에 비추어 정의되며 조직의 절차, 정책과 결합된다. 어떤 형식으로든 저자의 논문에 정체성이 포함되어야 한다. 모든 격정적 상황의 스트레스를 다스릴 더 큰 닻을 제공하는 또 다른 수준의 정체성이 있는가?

• 그리스도를 믿는 신자라는 정체성은 이런 도전에 어떤 영향을 미치는가?
• 그리스도 안에서 우리의 정체성을 다른 사람을 향해 휘두르는 망치로 사용하기보다는 그 정체성으로 우리가 양가감정, 도전, 반응, 성장, 불완전성 등을 너끈히 다루도록 하려면 어떻게 해야 하는가?

⑤ 이 연구에는 많은 정보가 담겨 있다. 더 이상의 연구가 수행되지 않더라도 어떻게 이 정보를 있는 그대로 활용할 수 있는가? 이 연구의 개념과 범주에 이미 포함된 교훈은 무엇인가?

• 현재 필요한 지원 구조가 무엇인지를 파악하기 위해 이 연구에서 언급된 개념과 하위 범주 정보를 어떻게 활용할 수 있는가?

⑥ 저자는 스토리를 제시했다. 우리 각자에게는 스토리가 있다. 당신의 스토리는 무엇인가? 필자는 40년 이상의 전임 사역을 마치고 은퇴를 고려하는 상황에서 자신의 스토리를 생각해 본다. 감사하게도 그것은 필자를 더욱 하나님께로 향하게 만든다. 필자는 한 친구와의 대화에서 선교사였던 그의 부모가 특별히 가진 것 없이 은퇴하는 것을 지켜보았다는 이야기를 들었다. 그 이야기는 하나님이 주신 축복과도 같았다. 친구의 이야기에 따르면 그의 부모는 평생 검소하게 살았기에 필요한 것이 거의 없었다. 그 이야기는 필자에게 희망을 불러일으킨다.

은행 계좌는 준비되어 있지 않지만 생활 양식은 어느 정도 준비가 되어 있다고 말이다. 필자가 겪고 있던 심각한 어려움에 대해서도 한 지혜로운 친구 부부의 도움을 받았다. 그들은 마음을 열고 다가와 뜻깊은 이야기를 들려주고 하나님이 필자를 사랑하신다고 격려해 줬다. 그들은 검소한 생활 양식이 필자의 삶 가운데 자리 잡을 수 있게 해주신 것도 하나님의 사랑임을 깨닫게 해줬다.

- 갈등을 겪은 진솔한 이야기, 남을 포용할 수 있을 정도로 성장한 이야기, 선교사로서의 열등감에 휩싸였던 이야기 등을 모아 그와 비슷한 어려움을 겪고 있는 사람에게 격려가 되도록 하는 것은 어떨까?
- 그 이야기들이 단순히 '위대한 믿음의 이야기'가 아니라 돈, 사역, 선교의 영역에서 '하나님과 동행하는 위대한 이야기'라면 어떨까?
- 문제를 해결할 수 있는 답을 몰라도 괜찮다면 어떨까? 또한 양가감정만 있는 것 같을 때도 잘살면서 하나님이 주시는 평안을 느낄 수 있다면 어떨까?

⑦ 이 모델은 이런 어려움의 주기적 특성을 보여준다. 이것은 '한 번으로 완결되는' 여정이 아니다. 쭉 이어지다가 끝나는 것이 아니라 거듭 반복되는 도전이다.

- 선교사가 갈등할 수도 있고, 개인적으로 불완전할 수도 있고, 여정이 순탄하지 않을 수도 있고, 과정 가운데서 시련을 만나기도 하는 것이 용인되는 분위기를 어떻게 해야 조성할 수 있는가?
- 어떻게 이런 경험을 성장의 실패가 아니라 성장의 기회로 재구성할 수 있을까?
- 이런 역동성을 정규화하는 방법은 무엇인가?

⑧ 저자는 이 문제에 직면한 사람을 지원하는 공동체가 필요하다고

말했고, 필자도 그에 동의한다. 지원 공동체를 만드는 데 방해가 되는 것은 무엇인가?

- 이것을 지원하거나 방해하는 문화적 경향은 무엇인가?
- 이런 문제는 어떻게 해야 해결할 수 있는가?
- 선교사가 위기 상황에서 도움을 청하도록 미리 준비해야 하는 것은 무엇인가?
- 문화와 스타일, 경제, 개인 재정의 차이가 강조되고 더 분명해질 수 있는 다문화팀 내의 지원 공동체는 어떤 모습일까?

3. 결론

어떤 날은 산을 옮길 수 있을 만큼 믿음이 충만하다고 느낀다. 또 어떤 날은 하나님이 기도를 들으시고 응답하신다는 느낌, 아니 확신이 든다. 그러나 어떤 날은 적막 가운데서 질문과 의심이 마음속을 맴돈다. 어디서든, 어떤 주제에 대해서든 격정적인 혼란의 폭풍이 휘몰아칠 수 있다.

이런 폭풍을 헤쳐 나가는 데 어떤 사람이 도움을 줄 수 있는가? 그 답은 폭풍을 만난 주변 사람을 은혜와 충만한 마음으로 따뜻하게 감싸주는 사람에게 있다고 생각한다. 하나님은 그런 따뜻한 은혜의 마음을 가진 사람이 더 많아지게 하실 것이다. 당신이 그 출발점이 될 수도 있다.

23

캄보디아 교회 개척 사역에 나타난
아버지로서의 후견인(갑) 역할

———

오석환(Robert Oh)

1. 서론

필자가 박사 학위를 할 때 탐구한 질문은 "한국 선교사와 캄보디아 교회 개척자 간의 갑-을 관계가 선교 연구 담론 내에서 재정 의존성에 대한 대안적인 이해를 어떻게 제공할 것인가?"였다. 사회인류학 연구에서 후견인-수혜자 관계는 익숙한 개념이지만 선교 연구에서는 그 가치와 효과가 충분히 탐구되지 않았다. 특히 한인 선교사와 캄보디아 교회 개척자 간의 재정 의존성은 집중 연구 대상이 아니었다. 필자의 논문에서는 사례 연구 방법론을 통해 캄보디아성경대학(CBC)[1]의 교회 개척 프로젝트에서 후견인-수혜자 관계의 중요한 영향을 살펴봤다.

초기 연구 자료에 따르면 건강하든 건강하지 않든 후원 의존성 문제는 후견인-수혜자 관계에 중요한 영향을 미치는 요인 가운데 하나로

---

1 연구 참여자들의 요청에 따라 모든 이름과 명칭은 가명을 사용했다.

확인되었다. CBC 교회 개척 과정에서 확인된 바로는 후견인(갑)이 세 가지의 고유한 통시적이고도 단계적인 역할을 수행한다. 즉 첫 번째는 아버지로서의 후견인, 두 번째는 스폰서로서의 후견인, 세 번째는 파트너로서의 후견인이다. 마찬가지로 수혜자(을)도 세 가지 역할을 수행한다. 첫 번째는 자녀 역할을 하는 수혜자, 두 번째는 지원받는 자로서의 수혜자, 세 번째는 파트너로서의 수혜자다.

오늘날 사회학은 주로 물질적·정치적 용어로 후견인-수혜자의 역학을 표현하지만, CBC 설립자와 CBC 목사 사이에서는 무형의 관계 자산인 '아버지로서의 후견인' 관계가 관찰되었다. 이 논문에서 '후견인 아버지'는 CBC 목회자가 교회 개척자로 성장하는 데 중요한 역할을 하고, 초기 단계에서 교회 설립에 필요한 자원에 접근하도록 돕고, 경제적인 면보다 관계적 개념에서 후원 의존성의 다른 면을 제공한다고 주장한다.

2. 아버지로서의 후견인(갑)

CBC 교회 개척자들의 인터뷰 자료에서는 CBC 설립자인 테드(Ted)와 CBC 목사들이 수행한 세 가지 역할이 드러난다. 본 논문은 테드의 아버지 역할, 후견인-수혜자 관계 문헌과 자료를 논의할 것이다. 필자가 보기에는 테드와 CBC 목사 사이에 한국의 위계적 갑-을 관계[2]가 존재하며, 테드는 잠재적 갑질[3]을 하는 자로 드러난다. 그들이 수행하는

---

2 갑과 을은 순서, 우열을 가리키는 의미로 사용되는 표현이다. 또한 갑을병정무기경신임계처럼 1에서 10까지를 나타내며 영어 a, b, c, … 와 비슷한 역할을 한다.

3 갑질은 갑-을 관계에서 상대적으로 우위에 있는 '갑'이 권력을 남용하는 행동을 가리키는 말이다.

역할은 복잡하고 역동적이며 과도기적이다. 후견인이 아버지 역할을 하는 경우의 이점과 부작용을 제시하고, 그 주요 영향으로 후원 의존성 문제를 조명하고자 한다.

3. 후견인 아버지로서의 테드(갑)

테드가 아버지의 역할을 취한 것은 특히 그의 선교 초기 단계에서 받아들여졌고, 전체 CBC 학생들에게 어느 정도 환영을 받았다. 그러나 캄보디아와 서양의 많은 학자는 갑-을 관계의 위계적 측면을 부정적으로 본다

CBC의 경우 이런 위계적 사회 등급은 테드와 CBC 목사 사이에, CBC 목사 간에는 CBC에 들어온 시기와 나이와 성별을 기준으로 나타났다. 그러나 캄보디아 목회자들이 자신들과 테드 사이 위계적 관계를 선호하는 경향도 보였다. 프놈펜에 있는 성경대학을 담당하는 미국인 선교사에 따르면 캄보디아 학생 가운데 상당수는 그가 학생들을 '친구'로 대할 때 불편하게 느끼며, 그를 '선생님'이라고 부르면서 사회적 거리를 유지하고 싶어 했다고 한다.

아이젠슈타트와 로니거는 동남아시아 맥락에서는 "후견주의적(clientelistic) 애착의 기본 구성 요소로써 개인적 헌신과 개인의 중요성보다는 상호 의존성과 호혜적 교류에 중점을 둔다"라고 말한다.[4] 그러나 CBC에서는 처음 두 단계 동안에는 개인적 헌신이 더 강조된다.

그리고 세 번째 단계부터는 호혜적 교류가 강조된다. 또한 아이젠슈타트와 로니거는 불교 환경에서 "권위에 대한 태도에는 양면성이 있

---

4 S.N. Eisenstadt and L. Roniger, *Patrons, Clients and Friends: Interpersonal Relations and the Structure of Trust in Society* (Cambridge: Cambridge University Press, 1984), 122.

다. 이는 윗사람이 (아무리 강하더라도) 자애롭고 관대한 아버지 대리인으로서 혜택을 제공할 경우에만 극복되는 양면성"이라고 주장한다.[5] 이것이 테드가 첫 번째와 두 번째 단계에서 CBC 학생들에게 친절하고 관대한 아버지 대리인 역할을 한 것에 해당한다.

4. 갑과 을

본 논문은 테드가 CBC 학생들에게 아버지 역할을 하는 맥락에서 갑-을 관계 문제를 다룬다. 인터뷰에서 테드는 갑-을 관계 문제를 정확한 용어를 사용하여 7번이나 언급했다. 그는 갑-을 관계가 "선교 현장(캄보디아)의 역동성을 아주 잘 표현한다"라고 말했다. "갑-을 관계는 좋은 표현이다. 다른 표현이 있다면 사용하겠지만, 어쨌든 갑-을 관계는 사실이다." 또한 그는 "이에 동의하는 한국 선교사가 많으며, 현지인을 어릴 때부터 직접 가르쳤고, 병들었을 때 치료를 도와주었기 때문에 수퍼갑이 될 가능성이 있다"라고 언급한다.

테드는 갑질하는 한국 선교사가 "캄보디아에 많은 문제를 일으키고 짜증의 주요 원인이 되지만 많은 사람이 그 문제를 인식하지 못한다"라고 인정한다. 그는 "누군가 이 주제를 다루어야 한다. 이따금 다른 한국 선교사에게 이런 점을 시정해야 한다고 이야기한다"라고 했다.

테드는 한국 선교사의 갑질에 대해 CBC 목사들을 포함하여 캄보디아 목사들의 불만을 알고 있다. 그러나 그는 "이런 문제가 하나의 과정이기를 소망한다. 그리고 한국 선교사가 이 문제를 인식하고 바꾸지 않으면 갑질은 끝나지 않을 것이다"라고 말한다. 그는 한국 선교사가 물

---

5 Eisenstadt and Roniger, 122.

질주의에 길들여 있고, 한국이 "더 많은 물질과 교육과 국력을 갖고 있기 때문에 갑질을 하는 것이다"라고 생각한다.

일본에서는 갑-을 관계와 유사한 것으로 오야붕-코붕(상사와 부하) 관계가 있다. 아이젠슈타트와 로니거는 일본의 후견인-수혜자 관계에 대해 이렇게 말한다. "오야붕-코붕 사이의 연결은 매우 감정적이고 경계가 불분명한 이원적 관계라는 특징이 있다. '상사'는 '부하'를 자기 수하에 두고, 부하는 상사의 장기적 권위를 인정하며, 서로의 공적·사적 문제에 대해 장기적이고 개별화된 상호 관심을 유지한다."[6] 이 일본어 표현은 한국 사회에서도 쓰였는데, 특히 한국 범죄 세계에서 두목과 부하 사이의 관계를 설명하는 데 쓰였다.

존(John)은 갑-을 관계에 대한 자신의 경험을 설명하면서 이렇게 말했다. "기독교인은 외국인이 동역자가 되기를 바란다. 그리고 외국인은 선교사답게 행동해야 한다. 그들은 '선교사'라고 불리지만 선교사가 아니라 보스 행세를 한다." "외국인이 와서 캄보디아인을 지도자가 되도록 가르치고 떠나겠다고 하지만 그게 아니다. 그들은 보스가 되려고 온 것이다!" 존은 선교사를 포함한 외국인은 캄보디아 목회자가 지도자로서 성숙하고 사역을 인수할 준비가 된 후에도 캄보디아를 떠나기를 원하지 않는다고 주장한다. "그들이 캄보디아에 와서 보스가 되고 캄보디아인은 그들의 일을 하는 노예가 된다는 것이 공식이다."

그는 교회 이름을 지을 때 겪었던 문제를 언급했다. 한국 후견인은 교회 이름을 'Bright Church(밝은 교회)'로 정했는데, 그와 교인들에게는 아무런 의미가 없는 이름이었다. 그는 덧붙이기를 "사역자는 보스를 거스를 수 없고, 수혜자는 후견인에게 '아니오'라고 말할 수 없다"라

---

6 Eisenstadt and Roniger, 146.

고 했다. 그는 교회 개척 사역이 선교사가 요구하는 열매를 맺지 못할 때 종종 캄보디아인만 탓한다고 주장하며 이렇게 말했다. "캄보디아는 미성숙한 아기처럼 약하고, 그리스도 안에서 아기다. 우리는 아직 약한데 그들은 캄보디아인을 비난한다. 직원이 잘못할 때는 상사에게도 반은 잘못이 있는 법이다." 존은 선교사가 캄보디아 문화에 잘 맞지 않은 방법을 시도한다고 했다. "선교사가 우리를 도우러 오긴 했는데, 그들 고유의 문화를 가지고 와서 그들 고유의 문화적 방법대로 하기 때문에 우리는 캄보디아를 찾아온 보스와 선교사와 외국인에 의존한 채 그들의 문화를 따라야 한다."

한국 기독교 C-채널이 제작한 2부작 다큐멘터리에서도 비슷한 예를 제시했다.[7] 이 다큐멘터리에서 많은 캄보디아 목회자는 한국의 엄 선교사에게서 급여 받을 차례를 기다리고 있었으며, 엄 선교사는 그런 관행이 필요한 이유를 이렇게 설명했다. "이것은 한국의 모교회가 캄보디아 스태프들에게 주는 사역 기금이다." "우리는 148개 마을에 교회를 세웠는데, 급여 내역을 정확하게 기록해야 하는 이유는 이 목사들이 자금을 받은 후에도 자기 몫을 받지 못했다고 주장하곤 하기 때문이다." 그는 교회를 개척하는 캄보디아 목회자를 재정적 측면에서 신뢰할 수 없음을 간접적으로 내비치고 있었다.

조 씨는 "갑-을 관계로 보이지만, 한국에는 조선 시대부터 갑-을 관계가 존재해 왔다"라고 주장한다. 그러나 요즘은 "권력 이동에 따라 을이 갑이 되는 경우도 있다"라고 말한다. 그는 을의 역할을 하던 캄보디아 목회자가 강해지면서 갑이 되고, 1차 중개자(FOB, first order broker)가

---

7 T. Um, *Shining Hope in Cambodia*, Part 1 (Vision! World Mission, Episode 12, C Channel, 2014), accessed August 21, 2015, http://tinyurl.com/jx4p2bo; T. Um, *Shining Hope in Cambodia*, Part 2 (Vision! World Mission, Episode 13, C Channel, 2014), accessed August 21, 2015, http://tinyurl.com/z4zt6gq.

되어 교인들의 후견인 역할을 하는 것을 보기도 했다.

또한 조 씨는 한국 선교사는 갑질하는 파송 교회에 대해 을 역할을 하며 "전체 시스템이 개교회와 담임목사 또는 선교부 국장의 뜻에 따라 구축된다. 선교사는 그들의 지시를 따라야 한다"라고 주장한다. 조 씨는 필자도 알고 있는 어느 한국 선교사가 을 취급을 받은 경우에 대해 이야기했다. 조 씨는 "그 선교사에 대해, 그의 파송 교회에 대해 잘 알고 계시는 줄 압니다. 캄보디아 현지 교회 이름을 지을 때 후원 교회와 똑같은 한글 이름으로 지을 수 없다고 했더니 곧바로 후원이 중단되었습니다"라고 설명했다. 힘도 없고 목소리를 낼 수 없는 수혜자는 을 역할을 할 수밖에 없다. 이는 을인 CBC 목사들이 후견인 테드의 갑질에 대항할 수 없었던 것과 마찬가지다.

조 씨는 선교사와 캄보디아인 간의 위계적 갑-을 관계에 대해 이렇게 주장한다.

캄보디아의 기존 위계적 갑-을 관계는 이미 사회 구조의 일부이기 때문에 유지하는 것이 낫지 않을까? 서양 선교사는 '친구 관계'를 주장하지만 실상은 친구 관계가 형성되지 못한다. 그것은 단지 표현에 불과하다. 캄보디아 고유의 갑-을 관계를 살려서 부정적인 갑-을 관계의 남용을 막는 것이 좋지 않을까? 양측의 관계가 완전히 부정적인 경험으로 남지 않도록 해야 한다.[8]

CBC의 경우 갑-을 관계가 아버지(부모)와 자식 관계를 기본으로 하고 있기 때문에 그 관계가 계속 유지되고 있다.

---

8 2015년 7월 8일자, 조 씨와의 인터뷰(연구 참여자 자료 중 인터뷰 85번).

5. 아버지로서의 테드와 자녀로서의 CBC 목사들의 영향

필자는 아버지로서의 테드와 자녀로서의 CBC 목사들 간에 긍정적 영향과 부정적 영향을 모두 관찰했다. 찬과 쳉은 후견인이 수혜자보다 더 많은 혜택을 누린다고 수혜자가 느낄 때 갑-을 관계에 역효과가 나타난다고 주장한다.[9] 따라서 필자는 인터뷰에서 테드와 CBC 목사들이 한 말을 면밀하게 비교하고 대조했다. 연구 자료 분석 결과에 따르면 테드가 CBC 목회자들에게 후견인 아버지 역할을 수행함에 따라 장기 의존성, 수혜자의 동기 부족이라는 심각한 부작용이 발견되었다. 이런 영향은 상당히 복잡하다. 필자는 관계 역학에 관련된 각 영향과 요인에 대해 자세히 살펴보았다.

관계 의존성과 장기 의존성

CBC는 테드와 그의 아내가 미션하우스에서 젊은이들을 사랑하고 돌보는 가운데 부모와 자식의 관계를 이룬 것을 바탕으로 부모-자식 관계를 구축했다. 대부분의 캄보디아 소년들은 가족을 떠나 미션하우스에서 살고 있었다. 예를 들어 톰(Tom)은 "가출해서 갈 곳이 없었어요"라고 말하면서 당시 절망적인 상황을 솔직하게 털어놨다. 그래서 미션하우스는 그의 집이 되었고, 미션하우스의 구성원은 그의 가족이 되었고, 테드는 그의 아버지가 되었다. 그의 어조와 표정에는 테드에 대한 진심 어린 감사가 깃들어 있었다.

미션하우스 학생인 루크(Luke)도 솔직하게 말했다. "테드가 노방 전도를 하다가 저를 만나서 자기 집에 오라고 했어요." 루크는 가족이 있

---

9 R. Chan and V. Chheang, "Cultural Challenges to the Decentralization Process in Cambodia", *Ritsumeikan Journal of Asia Pacific Studies* 24 (2008), 9.

었지만 학교에 갈 형편이 되지 않아 온종일 마을을 배회하다가 마을의 큰길에서 노방 전도 중인 테드를 만난 것이었다. 그는 미션하우스로 이사한 후 목사가 되기 위한 훈련을 받았다.

이어 또 다른 학생인 존(John)은 "나는 중학생이었고 가난했어요"라고 말했다. 처음에는 영어 교육을 받기 위해 미션하우스에 합류했다. 그는 테드와 그의 싱가포르 후견인들의 후원을 받아 싱가포르에서 학사 학위를 마쳤다고 말했지만, 테드는 존이 비자 문제로 싱가포르에서 학사 학위를 마치지 못했음을 나중에서야 알게 됐다. 결국 존은 CBC에서 신학 학사 학위를 받았고, 그와 그의 아내는 CBC 직원으로 일하고 있다.

미션 하우스 학생이었던 다니엘(Daniel)은 테드를 칭송하며 "저는 그를 목사님이자 선생님으로 존경해요. 저는 그분에게서 태어난 셈입니다. 그분은 여러 영적 은사를 저에게 나누어 주십니다"라고 말했다. 그는 현재 캄보디아에 있는 한 신앙 기반 단체의 대표다. 그는 테드가 CBC에서 했던 것과 유사하게 궁핍한 아이들을 먹이고 교육하기 시작했다. '그분에게서 태어났다'는 것은 테드에 대한 감사의 표현이다.

이런 개인적이고 장기적인 부모-자식 관계에서 CBC 학생들과 테드는 CBC 사역 초기 단계에서 의존 관계를 형성했다. 이는 테드가 아버지 역할을 하는 긍정적 영향으로 이어졌다. 그러나 이런 인간관계에서는 장기 의존 경향이 생겨날 수 있다. 건강하지 못한 후원 의존성에 대한 필자의 정의는 다음과 같다. "교회 지도자가 교회를 위한 의제와 계획을 세울 수 없고 교회가 외부 지원과 꾸준한 자금 공급 없이는 직원과 사역을 유지할 수 없는 심리적·재정적 상황으로, 이 어려운 상황의 반복에도 불구하고 교회가 자립하는 데 도움이 되지 못하는 것이다." 2016년 현재 CBC의 21개 교회 개척 중 어느 한 곳도 자립하지 못했는데, 테드는 이것을 자신의 교회 개척 사역의 중대한 결점이라고 말했다.

미션하우스 학생들에게서 장기적 의존의 징후가 관찰되었다. 예를 들어 톰은 싱가포르에서 학사 학위 과정을 마치고 어디든 취직할 수 있는 자격을 갖추었지만 CBC에서 '마음의 빚'을 갚으려고 일했다. 법적 책임은 없었지만 감정적으로 테드에게 인정을 받고 싶었던 것이다. 톰이 CBC에서 보낸 기간 때문에 그의 직업과 경력에서 발전이 수년간 지연되었다. CBC가 교수로서의 역할을 더 이상 지원할 수 없게 되자 그는 CBC를 그만두었다.

루크는 CBC 교회의 목사였지만 야간 과정으로 영어 석사 학위를 취득했다. 인터뷰를 하는 도중 그가 사역하고 싶어 하지 않는다는 것을 알게 되었다. 미션하우스에 들어왔을 때 그는 공동체의 사람들이 모두 목사가 되기 위해 훈련을 받았고, 그도 그렇게 배웠다. 그에게는 다른 선택의 여지가 없었다. 졸업 후 몇 년 동안 목회 생활을 한 후 그는 자신이 지역 교회 목사로서 적합하지 않음을 깨달았다. 그래서 다른 NGO의 지원을 받아 새로운 직업 기회를 찾기 위해 스스로 훈련했다.

다음으로 존과 그의 아내는 서류상으로는 CBC 직원이다. CBC의 재정 구조를 통해 싱가포르 교회가 존의 사역을 지원하기 때문이다. 인터뷰 당시 그는 CBC로부터 독립하려고 노력하는 중이었지만 비윤리적 수단을 사용했다. 그는 CBC를 거치지 않고 다른 사람들의 후원을 받으려고 했는데, 이 과정을 CBC에 보고하지도 않았다.

테드는 이런 건강하지 못한 의존성 문제를 인지하고 다음과 같이 말했다. "캄보디아 사람들은 받는 것에 익숙해져 있다. 물론 가난하기 때문에 받아야 한다. 리더부터 모든 사람이 받는 데는 전문가다." 그는 CBC 목사들을 비난하는 것이 아니었다. CBC 교회 개척 프로젝트의 초기 단계에서 자급자족은 교회를 개척할 때 추구하는 목표가 아니었기 때문이다. 테드는 이제 CBC 교회 개척자들과 함께 이 건강하지 못한 의존성을 해결하려고 한다.

일부 CBC 목회자는 특히 나이가 많고 어느 정도 자리를 잡은 교회 개척자들의 장기적 의존 문제에 대해서도 언급했다. 피터(Peter)는 "후원을 받는다는 것은 100년간 후원해 준다는 뜻이 아니다. 처음에는 걷는 법을 가르쳐 주지만 걷는 법을 익히고 나서도 계속 붙잡아 주고 균형을 유지하도록 도움을 주어야 할까? 아니다. 우리는 스스로 걸어야 한다"라고 말했다. 그는 이 점을 강조했지만 그룹 인터뷰에 참여한 많은 젊은 목사는 이 주제에 대해 언급하기를 꺼렸다. 피터만큼 아직 교회가 발전 단계에 이르지 않아 낯설게 느껴져 토론에 참여할 준비가 되어 있지 않은 것 같았다. 캘빈(Calvin)은 재정적 의존성을 극복하기 위해 십일조에 대해 설교해야 한다고 결론지었다. "저는 적어도 한 달에 한 번은 십일조에 대해 설교합니다. 캄보디아인에게는 십일조하는 방법을 설명해야 합니다. 그러니 십일조에 대해 설교해야 하는 거죠." CBC 졸업생인 그와 그의 아내는 캄퐁참(Kampong Cham) 지역에서 교인 100명이 넘는 교회에서 사역한다. 그러나 그의 교회는 헌금이 부족해 매달 외부의 후원을 받고 있다. 그와 그의 아내는 향후 외국 후원으로부터 독립할 것을 목표로 하고 있다고 힘주어 말했다.

동기 부족

연구 자료에 몇 가지 예외가 있지만 많은 CBC 목회자에게서 동기가 부족함을 보았다. 우리는 "이것이 CBC 목사와 테드 사이의 관계 구조 때문인가?"라고 물어볼 필요가 있다. 보슈는 캄보디아의 뿌리 깊고 신성불가침인 위계질서 때문에 당국의 권위에 도전하는 것은 실현 가능성이 없다고 주장한다.[10] 교회 개척과 관련된 대부분의 중요한 결정 (위치, 시기, 직원 채용, 심지어 교회 이름까지)은 후견인인 테드가 결정하거나 한인 또는 싱가포르 교회가 세운 신앙 기반 단체를 통해 결정되었다.

리저우드와 바이겐에 따르면 캄보디아의 후견인-수혜자 관계를 이해하는 것은 지역 공동체의 지도자와 그 지역 사람 간의 의사 결정 역학을 이해하는 데 도움이 된다. "다른 동남아시아 국가와 마찬가지로 캄보디아는 모든 사회적 관계를 규제하는 매우 강력한 후원 시스템이 내재된 사회다."[11] 찬과 쳉도 리저우드와 바이겐의 견해에 동의하면서 이 캄보디아의 후원 모델은 캄보디아 마을 사람들이 어떻게 결정을 내리는지 설명해 준다고 말한다.[12]

알렉스(Alex)는 동기가 부족한 CBC 교회 개척자의 한 예다. 그는 초기 일곱 교회 가운데 한 곳에서 목회하고 있다. 필자가 일곱 교회를 모두 다녀본 결과, 그의 교회는 건축 자재 전체를 한국에서 컨테이너로 싣고 와 그 마을에서 조립한 덕택에 훌륭한 건물을 소유하고 있었다. 그 교회는 큰 마을의 가장 좋은 위치에 있는 넓은 땅에 자리 잡았다. 그러나 인터뷰 시작부터 끝까지 그는 낙담한 듯 보였다. 그는 울타리가 없는 것부터 시작해 (대부분 어린이인) 새 방문자들에게 뭔가를 줄 예산조차 없는 것까지 사사건건 불평했다(어린이 사역은 CBC 교회의 개척 전략에 포함되어 있지도 않다).

인터뷰 도중에 필자는 교회 주변의 땅을 보고 교회를 유지하기 위해 망고나무를 키울 수 없는지 물었다. 그는 넓은 땅을 둘러 울타리를 칠

---

10 D. J. Bosch, *Transforming Mission* (Maryknoll: Orbis Books, 1994), 11.

11 J. Ledgerwood and J. Vijghen, "Decision-Making in Rural Khmer Villages", in *Cambodia Emerges from the Past: Eight Essays*, ed. J. Ledgerwood (DeKalb: Center for Southeast Asian Studies, Northern Illinois University, 2002), 143.

12 Chan and Chheang, "Cultural Challenges", 4.

돈이 없다고 잘라 말했다. 이웃의 소와 동물이 와서 망고나무 잎사귀를 먹으면 묘목이 죽는다고도 했다. 그러나 다른 캄보디아 이웃들은 망고나무 주위에 망으로 울타리를 치는 것만으로 그런 문제를 해결하고 있었다. 이 방법은 수입 재료가 필요하지도 않다. 대부분의 학생은 이렇게 울타리를 치면 과일나무를 보호할 수 있다는 것을 알았다. 나는 알렉스가 그 교회의 위치는 자신의 선택이 아니라 테드의 단독 결정이었다고 말했을 때 그의 시큰둥한 태도의 원인이 무엇인지 알 수 있었다. 그는 여러 교회 개척 프로젝트를 맡아 이리저리 옮겨 다녔다. 알렉스가 의욕이 없는 것은 사역 장소와 방법에 대해 주도적으로 결정을 내리지 않았기 때문일 수도 있다.

마찬가지로 다른 인터뷰에서 루크는 교회 사역과 유치원 사업에 대한 "모든 결정이 테드와 그의 아내 세라(Sarah) 선에서 내려졌어요"라고 말하면서 단어 '모든'에 힘을 주었다. 그는 테드와 세라가 모든 봉사 활동과 재정에 대한 결정을 내리고, 그들은 어떤 의사 결정 과정에도 참여하지 않는다고 주장했다. 루크가 자신의 사역을 주도하는 데 동기가 부족하고 주저했던 이유는 이런 문제를 자신이 통제할 수 없다고 생각했기 때문이다.

테드는 CBC가 설립되고 학생 수가 100명이 넘으면서 더 이상 학생들의 삶에 깊이 관여할 수 없다고도 말했다. CBC 교회 개척 프로젝트의 성장과 조직 변화의 요구를 충족시키려면 테드의 역할은 아버지로서의 후견인에서 스폰서 또는 일차 중개자로 전환되어야 했다. 직업 선택과 교회 개척 장소 선정 등 중요한 결정을 테드가 내림으로써 수퍼갑 역할을 하게 되고, 자신도 모르게 갑질을 했을 수도 있다.

6. 요약

이 논문에서 필자는 먼저 갑-을 관계 문헌을 바탕으로 아버지 역할을 하는 테드에 대해 논의했다. 이어 아버지-자녀 관계 역학의 맥락에서 갑-을 문제에 대해 논의했다. 연구 자료를 바탕으로 필자는 아버지 역할을 하는 몇몇 후견인의 전반적인 영향을 살펴보고, 건강한 관계 의존성과 건강하지 못한 의존성을 정의했다.

CBC 학생 수가 늘어나자 CBC 교회 개척은 다른 단계에 이르렀다. 테드는 더 이상 아버지의 역할을 할 수 없었고, 충분한 관여와 직접적인 돌봄을 제공할 수 없게 되었다. 이로 말미암아 CBC 목사들의 동기부여도 약해졌다. 돈독한 관계가 없음에도 직업 선택과 개척 교회 장소 선정 등 그들에게 중요한 결정을 대신 내림으로써 테드는 수퍼 갑의 역할을 하게 되었고, 자신도 모르게 갑질의 형태를 취했을 수도 있다.

숙고를 위한 질문

1. 갑-을 관계를 목격한 적이 있는가?
2. 갑질의 대상이 된 적이 있는가? 그때 어떻게 대응했는가?
3. 갑-을 관계가 갑질로 가지 않도록 어떻게 보호할 수 있을까?

논찬

소크렉사 힘(Sokreaksa Himm)

필자는 학자가 아니므로 오석환 박사의 발제에 대해 실천적 관점에서 논찬하려고 한다.

캄보디아 정부가 기독교 사역에 대해 관문을 개방하자 한국, 미국, 캐나다, 싱가포르 등지에서 선교사들이 각자의 방법론과 교회 개척 전략을 가져와 전국적으로 시행했다. 이런 방법론과 전략은 다른 지역에서는 성공을 거두었을지 몰라도 캄보디아에서는 달랐다. 선교사들은 자기들의 교회 개척 전략에 따라 캄보디아에 많은 생각을 쏟아 부었지만 문화에 대한 이해와 감수성이 부족했다. 캄보디아에 있는 대부분의 외국 선교사는 사역 과정에서 다양한 형태의 건강하지 못한 의존성을 들여왔다. 이로 말미암아 발생한 문제는 서로 연결되어 있지만 특별한 순서 없이 열거하겠다.

1. 임금 의존성

캄보디아에 도착한 선교사들은 하루속히 교회를 개척하고 싶었다. 이 목표 달성을 위해 사용한 전략 가운데 하나는 지역 사람들을 교회로 끌어들이기 위해 많은 돈을 쏟아 붓는 것이었다. 그 예로 지역 주민을 고용해 교회와 기타 센터를 지었다. 대체로 돈을 더 많이 뿌릴수록 지역 사람들의 관심을 더 많이 받았다. 많은 한국 선교사는 현지인이 그들을 위해 일하도록 동기부여를 하기 위해 돈을 사용했다. 그들은 현지 지도자들이 한국의 재정 지원에 의존하도록 하는 시스템을 만든 것이다. 이것은 의존성으로 이어질 수밖에 없다. 또한 선교사들은 인기를 얻거나 유지하기 위해 서로 경쟁하는 것처럼 보일 수 있다. 현지인의 관점에서는 한국 선교사와 함께 일하면 더 나은 급여를 받을 수 있다 보니 캄보디아에서 사역하는 여러 국적의 선교사들 가운데서 한국인 선교사가 가장 인기가 많다.

2. 외국 지도자 의존성

선교사는 캄보디아 역사에 끼친 외국인의 영향을 이해해야 한다. 현지인은 외국인을 자신이나 그들의 지도자보다 훨씬 낮고 존경할 만한 사람으로 여겼다. 이 현상은 오늘날 캄보디아의 선교사와 교회 현장에서 되풀이되고 있다. 선교사는 지적으로나 경제적으로 우월한 사람으로 여겨진다. 외국에서 온 큰 보스가 현지 보스보다 훨씬 낫다. 큰 보스는 일의 성과를 만들어 내지만 현지 지도자는 존경받지 못한다. 그러므로 선교사는 그들이 훈련하는 현지 지도자들보다 더 큰 영향력을 지닌다. 문화적 관점에서 현지 지도자들은 윗사람인 선교사가 하라는 대로 해야 한다. 그러나 선교사는 캄보디아 문화 내에서 자신의 행동과 구조를 상황화하지 못하기 때문에 캄보디아에서 양육하는 현지 지도자들에게 권한을 부여하지 못한다. 선교사가 현지인에게서 존경을 받는 동시에 현지 지도자들의 사회적 영향력을 강탈하는 폐단이 존재하는 것이다.

3. 외부 자금 의존성

선교사는 실제로 현지인의 사회적 영향력을 훔치고 있다. 이것은 선교사가 캄보디아에서 철수한 후에 교회가 살아남을 수 있는지에 대한 의문을 제기한다. 캄보디아에서 사역한 대부분의 선교사는 교회에 많은 자금을 쏟아 부었다. 이 단계에서 현지 교회는 자체 헌금으로 존속될 수 없다. 대부분의 현지 리더는 외부 후원 자금이 필요하고, 외부 후원금 의존을 끊기 어렵다 보니 악순환이 계속되고 있다. 더 많은 자금을 필요로 하는 사역 프로젝트가 확장되면서 더 많은 자금이 필요해졌다. 필자가 틀릴 수도 있지만 외부 자금에 대한 이런 의존성은 매우 우려스러운 수준이다. 외부 자금이 차단되면 현지 교회는 결국 죽게 된다. 만약 정부가 하루아침에 모든 외국 선교사를 추방한다면 현지 교회가 살아남을 수 있을지 의문이다.

4. 후원 의존성

캄보디아에 들어간 선교사들은 현지인이 후원에 의존하도록 만들었다. 그것은 건강할 수도 있고 건강하지 않을 수도 있다. 후원은 현지 주민들의 관심을 끌기에 좋다. 캄보디아 현지인이나 현지 지도자들은 후원을 축복으로 여긴다. 처음에 그들은 예수 그리스도의 구원의 복음보다 후원에 이끌려 교회에 나온다. 그들은 구원이 무엇을 의미하는지 전혀 모른다. 누구나 돈, 물질, 교육 기회 등 어느 형태로든 도움을 받기 원한다. 선교사는 후원 없이 아무것도 세울 수 없다. 현지 교회는 외부의 도움에 의존하며, 이런 지원 없이 현지 교회는 장기적으로 존속할 수 없다.

캄보디아인은 빈곤 때문에 육체적 필요를 충족시킬 수 있는 것을 찾고자 한다. 이것은 인간의 자연스러운 본능이다. 다만 안 좋은 점은 선교사가 후원을 중단하거나 현지 교회에 대한 지원을 중단해야 하는 시점과 방법을 알지 못한다는 것이다. 일단 공동체에 후원이 시작되면 중단하기가 어렵다. 사회 사업을 많이 시행할수록 더 많은 돈이 필요하다. 현지 지도자와 교회는 전적으로 외부의 재정적 지원에 의존하고, 선교사는 이런 해로운 의존성을 만든다.

5. 건물 유지 관리 의존성

선교사는 종종 교회 건축을 사역의 성공으로 여긴다. 그러나 일반적인 함정은 건축을 너무 일찍 시작한다는 것이다. 대부분의 선교사는 현지 신자가 건물 유지의 개념을 명확하게 이해하기도 전에 교회 건축을 시작한다. 근사한 교회 건물은 사람들을 교회로 끌어들인다. 교회는 몇 년 안에 유지·관리가 필요하지만 현지에서는 필요한 자원을 구할 수 없다. 결국 외국의 지원을 받은 교회 건물에 큰 문제가 발생하면 캄보디아 기독교인과 그들의 지도자들은 선교사나 단기 선교팀이 와서 도와주기를 기대한다. 시골 교회의 경우, 선교사가 건축한 교회 건물을 현지 신자들은 유지하고 관리할 여력이 없다. 그래서 그들 역시 전적으로 외부 자금에 의존하게 될 것이다.

교회 건축이 잘못이라고 말하는 것이 아니다. 다만 선교사가 현지인에게 외부의 재정 지원에 의존하지 않고 교회 건물을 유지하고 관리할 책임을 지도록 분명히 가르칠 필요가 있음을 지적한 것이다. 현지 교회 지도자들과 신자들이 건물 유지·관리의 개념을 이해하는 데는 시간이 걸린다. 필자는 선교사들을 데리고 여러 교회를 방문하곤 했는데, 교회 건물을 유지·관리할 돈이 부족하다는 현지 교회 지도자들의 불평을 자주 들었다. 대체로 그들은 교회 유지를 위해 더 많은 돈을 요구했다. 그러다가 교회를 유지할 돈을 확보하지 못하면 의욕을 잃고 낙담한다. 필자는 선교사가 교회 건물을 지을 때 조심하라고 권하고 싶다. 사역의 성공은 교회 건축이 아니라 현지 교회 지도자들의 탄탄한 성경 훈련에 달려 있다. 현지 지도자들이 자신의 교회를 갖고 싶다면 건물을 세우고 유지하기 위한 자신만의 전략을 개발하게 해야 한다. 다만 시간이 걸릴 것이다. 캄보디아의 교회 지도자들 가운데 미래를 어떻게 계획해야 하는지 아는 사람이 많지 않다는 점에 유의하라. 그들 대부분은 장기적인 비전을 세울 수 있는 사람이 아니다.

6. 교사 의존성

선교사는 흔히 '교사'로 불린다. 캄보디아 문화에서 선교사가 교사로 불릴 때 학생들에게는 제2의 부모가 될 가능성이 크다. 이것은 일부 현지인이 선교사를 제2의 부모로 높이 존경하면서 지나치게 의존할 수 있음을 뜻한다.

교사로서 선교사는 현지 지도자들과 가까워지는 데 어려움을 겪을 수 있다. 어떤 경우에는 형제처럼 매우 가까워질 수도 있지만, 다른 경우에는 교사-학생 관계로 말미암아 사회적 거리감이 생겨 현지 지도자의 입장에서는 선교사를 어려워할 수도 있다. 선교사는 그런 상황을 파악하기가 어렵다. 어떤 문제가 생겨 선교사가 해결해야 할 때 현지 지도자가 이를 수용하기 어려울 수 있다. 이때 현지 지도자는 선교사에 대해 기분이 나쁠 수도 있다. 만약 관계가 깨진다면 교회는 분리되고, 선교사를 떠난 현지 지도자는 사람들을 부추겨 선교사를 공격할 수도 있다. 이런 경우 화해하기가 굉장히 어렵다. 과연 선교사는 어떻게 해야 현지 지도자와 좋은 관계를 맺을 수 있을까?

좋은 해결책을 찾기는 어렵다. 현지 교회 지도자와 신뢰를 쌓는 것은 선교사에게 가장 중요한 요소다. 그러나 교사로서의 선교사는 현지 교회 지도자와 쌍방이 명확하게 이해하는 경계를 그어야 할 수도 있다. 현지 교회 지도자가 외국 선교사에게 전적으로 의존하는 것처럼 보이지 않게 하는 것이 중요하다. 그런 의존은 외부 재정 지원과 자원을 끝없이 요구하도록 만든다. 선교사가 도와주지 못할 때, 최악의 경우 현지 지도자들은 자기들을 도울 다른 후원자나 선교사를 찾아 나설 수 있다. 캄보디아 교회 지도자들이 가장 많은 돈으로 도와주는 선교사에게만 충성을 다하고 있으니 참으로 슬픈 일이다.

7. 교단 의존성

캄보디아에서 사역하는 선교사들 사이에는 많은 갈등이 있다. 그들은 이 나라에서 한 주님을 섬기기 위한 공동의 해결책을 찾는 대신 서로 경쟁한다. 이는 건강한 상황이 아니다. 선교사들을 통해 캄보디아 사회에 여러 교단이 들어와 캄보디아 교회 개척에 큰 문제를 일으켰다. 캄보디아 교회는 매우 어리고 연약하다. 여러 교단의 갑작스러운 진출은 캄보디아 사회에 많은 혼란을 불러왔다. 이로 말미암아 현지 지도자들 사이에 불신과 불화가 생겨났다. 캄보디아에서 다양성이 통하지 않는다는 말이 아니다. 캄보디아 교회가 교단 간의 분열이라는 개념을 이해하기에 너무 어리다는 점을 지적하고 싶은 것이다.

끝으로 캄보디아에서 사역하는 선교사에게 작은 제안을 하고 싶다. 캄보디아인의 심리적 관점에서 대부분의 선교사가 인식하지 못하는 문제 가운데 하나는 선교사가 교회 지도자로 키우는 현지 지도자들 가운데 해결되지 않은 슬픔이 있다는 것이다. 그들에게는 보이지 않는 상처가 많고, 억눌린 감정도 많다. 이 상처받은 지도자들이 이끄는 회중은 심각한 연약함과 실패에 취약해지게 될 것이다.

24

단기 선교 여행은 과연 도움이 되는가?
그리스 아테네 단기 선교의 기회와 함정

─────

대런 M. 칼슨(Darren M. Carlson)

요약

매년 수천 명의 단기 선교사가 아테네를 방문한다. 이들은 유럽연합에 정착을 시도하는 중동과 아프리카 출신 이주자의 필요를 채워 주기 위해 여러 교회에서 파송된다. 이 글에서는 단기 선교팀에게 주어진 기회를 조명하는 동시에 이들이 그리스도를 섬기려는 노력에 따른 후유증에 대해 언급하고 있다.

1. 상황

단기 선교의 문제점을 지적하는 글이 많이 나오고 있다. 사실 그럴 만도 하다. 선교학자들이 이미 이 주제에 대해 많은 글을 썼는데, 거의 24억 달러(약 2조 6,000만 원) 규모에 달하는 단기 선교 산업이 과연 어떤 영향을 미쳤는지 의심스럽다. 커리큘럼은 계속 제작되고, 《When

Helping Hurts》등 단기 선교의 문제점을 다룬 인기 도서의 개정판이 나왔다. 참가자 대다수의 치기 어린 열정과 경험 부족은 교차문화적 의사소통, 서로 다른 기대에 따른 문제와 결합되어 참가자들이 보고하는 내용과 단기 선교를 전문적으로 연구하는 이들의 평가가 서로 상충되는 결과를 만들어 냈다.

단기 선교 여행은 참가자들을 위한 것인가, 아니면 섬김을 받는 이들을 위한 것인가? 남을 섬기려는 욕구와 비용 조달 능력만 있으면 참가 자격을 갖췄다고 말할 수 있는가? 단기 선교 여행이 사라진다면 선교단체의 입장에서는 장기 선교사, 후원자 수의 감소를 겪게 되는가? 단기 선교 참가자들의 삶은 과연 확연하게 변화되는가? 단기 선교팀을 장기 선교사들에게 줄줄이 보내는 행태는 과연 선교사의 사역에 보탬이 되는가, 아니면 방해가 되는가? 둘 중 어느 쪽인지 어떻게 알 수 있을까? 이런 질문에 대해서는 의견이 분분하고, 그 해답은 좀처럼 찾기 어렵다.

이 논문은 좁은 범위의 문제에 집중한다. 즉 가장 많은 사람이 찾는 단기 선교지 중 한 곳인 그리스 아테네에서 겪는 구체적인 어려움 몇 가지에 초점을 맞추려고 한다. 필자는 2015~2018년 이주민 신앙 공동체를 연구하고 그들을 섬기는 동안 여러 단기 선교팀과 교류했다.[1] 언제든 아테네 시내에 나가기만 하면 어렵지 않게 단기 선교팀과 마주치곤 했다.

그리스의 역사와 문화는 단기 선교팀에게 매력적 요소임에 틀림없다. 여러 기독교 대학에서는 봄 방학 동안 그리스 역사와 신약성서를 배우기 위한 여행을 기획하면서 봉사의 요소를 덧붙이기도 한다. 단기

---

1 더 자세한 논의는 다음을 참조하라. D. Carlson, *Christianity and Conversion between Migrants: Moving Faith and Faith Movement in the Transit Area* (Boston: Brill, 2021) and *Jesus in Athens*, director by Peter Hansen (2019: Hansen Productions), Amazon Prime Video.

선교팀은 아테네의 아레오바고 언덕(마르스 언덕)이나 고린도의 베마 단상(Bema Seat) 같은 유적지에 오르기도 한다. 그리스는 대학 음악 그룹과 미국 기독교 밴드가 콘서트를 개최하는 인기 장소이기도 하다. 단기 선교팀은 종종 그리스인이 이끄는 파라처치 선교단체와 함께 숙식하고, 선교단체는 단기팀에게 비용을 청구하여 사역 기금으로 사용한다.

2015년 아테네는 세계 위기의 중심에 서 있었다. 1월부터 9월까지 48만 7,000명의 이주민이 유럽 해안에 도착했는데, 이는 2014년 전체 이주민 수의 두 배에 달했다.[2] 이런 사실과 기타 요인으로 유럽위원회는 이를 "2차 세계대전 이후 가장 큰 세계적인 인도주의적 위기"라고 불렀다.[3] 독일 총리 앙겔라 메르켈은 이 위기가 2010년대를 대표하는 사건이 될 것이라고 말했다.[4] 유럽연합에 유입된 모든 이주민의 92%는 그리스를 통해 들어왔는데, 2015년 1월부터 2016년 3월까지 총 92만 4,105명의 난민이 그리스의 여러 섬에 상륙했다. 2016년 국제이주기구(IOM, International Organization of Migration)의 추정에 따르면 그리스로 입국하는 이주민 수는 하루 2,000명으로 증가했는데, 이는 전년도에 비해 10배나 증가한 수치였다.[5] 이주민과 난민의 그리스 유입은 갑자기 일어난 일이 아니다. 터키와의 근접성 그리고 여러 섬이 불과 몇 킬로미터 거리에 있다 보니 그리스는 유럽으로 가는 관문으로 선호도가 높다.

---

2 N. Banulescu-Bogdan and S. Fratzke, "Europe's Migration Crisis in Context: Why Now and What Next?", Migrationpolicy.org, September 24, 2015, http://www.migrationpolicy.org/article/europe-migration-crisis-context-why-now-and-what-next.

3 Syrian Crisis (Brussels: European Commission Humanitarian Aid and Civil Protection, 2016), 1, http://ec.europa.eu/echo/files/aid/countries/factlets/syria_en.pdf.

4 W. Hutton, "Angela Merkel's Humane Stance on Immigration Is a Lesson to Us All", The Guardian, August 29, 2015, https://www.theguardian.com/commentisfree/2015/aug/30/immigration-asylumseekers-refugees-migrants-angela-merkel.

5 International Organization for Migration, "Mediterranean Migrant Arrivals in 2016 Pass 76,000; Deaths Top 400", press release February 9, 2016, http://www.iom.int/news/mediterranean-migrant-arrivals-2016-pass-76000-deaths-top-400.

이런 현상에 주목한 복음주의 기독교인은 매우 적극적으로 대응했다. 선교단체, 난민 센터, 교회 등이 생겨났다. 그리스인은 오랫동안 그리스 정교회를 통해 문제 집단(cult)으로 분류되어 온 그리스 복음주의자들에 대해 의구심을 품고 있다. 그러나 정교회에 비해 수적으로는 훨씬 적지만 난민에게 손을 내밀어 도와주려는 복음주의자들의 활동은 정교회에 비해 훨씬 활발하게 이루어지고 있다.

그리스 복음주의자들은 여러 장기 선교사와 연합을 이뤘는데, 이들 대부분은 서방 국가와 한국에서 왔다. 이들 가운데 일부는 그리스 파라처치 선교단체에서 일하고, 어떤 사람은 그리스 기독교인들과는 별도로 활동한다. 난민 센터는 주로 이슬람교도 이주민에게 음식과 서비스를 제공한다. 그들 가운데 일부는 기독교로 개종했다. 그래서 개종자들을 위한 개척 교회도 있다. 일부 그리스 복음주의 교회는 자체 프로그램을 운영하면서 이슬람교도를 대상으로 전도하고, 난민 공동체 내에 그리스어를 사용하는 교회를 개척하기 위해 노력 중이다. 이런 선교단체와 교회 덕분에 아테네는 정교회 중심의 도시가 아니라 복음주의적이고 오순절파(charismatic) 중심의 도시가 되어 가고 있다.

기독교와 이슬람교도 난민을 섬기면서 예수님의 복음을 전하려는 열정을 가진 단기 선교팀들은 이런 상황 속으로 들어가는 것이다. 이들 가운데는 학교에서 후원하는 선교 여행 또는 방학을 이용해 참가한 신학생과 대학생, 교회에서 파견된 팀, 장기 선교사 확보를 위해 사람들을 아테네로 파견한 선교단체, 도시 주변에 팀을 상주시키곤 하는 YWAM 같은 단체가 포함된다. 그러나 그들이 경험할 거라고 생각하는 내용과 실제로 일어나는 현실이 항상 일치하는 것은 아니다.

2. 예수의 이름으로 사람들에게 침례를 주다

아테네에 있는 기독교인은 이슬람교도에게 환대를 표현하려고 다양한 방법을 시도한다. 그중 하나가 복음 전도이며, 그 결과 많은 사람이 개종하고 있다. 이슬람교에서 새로 개종한 사람에게 침례를 주는 일은 미국이나 한국 사람이 쉽게 목격할 수 있는 일이 아니다. 그러나 아테네에서는 그런 일을 흔하게 볼 수 있다. 단기 선교팀은 복음을 전하면서 개종자에게 기꺼이 세례를 준다. 이것이 신학적으로 적절한지 여부는 차치하더라도 여기에는 복잡한 현실이 존재한다. 이주민은 기독교로 개종하면 망명 신청이 받아들여질 확률이 높아진다는 것을 알고 있다.

여기에는 다음과 같은 모순적 현실이 뒤엉켜 있다. 즉 많은 이슬람교도가 개종하는 척하는데, 개종에 따른 대가가 상당해서 종종 신체적 위험을 감수해야 한다. 이슬람교도는 회심한 후에도 명예 살인을 내세우며 배도에 대한 처벌은 죽음이라고 믿는 문화권 출신의 이슬람교도와 함께 살아야 하기 때문이다. 그럼에도 사람들은 위험을 무릅쓴다. 한 페르시아인 여성은 다음과 같이 설명했다.

제가 아는 두 명의 이란인에게는 영국에 사는 형이 있는데, 그 형이 전화를 걸어 "영국에 도착하면 그들에게 기독교인이라고 말해야 추방당하지 않을 거야. 그러니 예수님이 우리의 구세주이고 예수님이 우리를 구원하셨다고 말해야 해"라고 했어요. 저는 이 모든 대화를 듣고 한국 여성을 만났을 때 "저도 기독교인인데 성경을 가질 수 있을까요?"라고 거짓말을 했어요. 나는 성경

을 받았는데, 그것이 나를 영국에 보내줄 거라고 생각했기 때문에 그랬어요.[6]

단기팀, 특히 그리스 내의 선교단체와 별도로 활동하는 팀은 대부분 이런 현실을 알지 못했다. 사실 일부 장기 선교사도 마찬가지다. 한 리더는 망설이지 않고 이 문제의 원인을 후원자들에게 수치화할 수 있는 성공 사례를 보고해야 하는 탓으로 돌렸다.

후원금을 모을 필요가 없다는 점을 무척 감사하게 생각합니다. 그러니까 저는 숫자를 보고하는 걸 싫어한다는 뜻이에요. 덕분에 저는 그런 압박감에 시달리지 않습니다. 제 말이 아니라 다른 선교단체에서 일하는 친구들이 그러던데, 침례 증서를 받아가는 사람들 대부분은 기독교인이 아니라고 하더군요."[7]

그러나 순수한 의도를 가진 단기 선교사들은 들뜬 마음으로 사람들을 에게해로 데려가 기꺼이 침례를 베풀었다. 때로는 이주자를 교회로 데려와 목사에게 새로운 개종자에게 침례를 베풀어 달라고 요청하기도 했다. 그러나 목사가 후속 조치를 취하려고 하면 이주자에게 소식이 닿지 않는다.

단기 선교팀은 귀국하면서 강렬한 간증 거리를 들고 갈 것이다. 그러면 더 많은 젊은이를 선교 여행에 동참시킬 수 있다. 개종과 침례에 대한 간증은 후원금 모금 편지를 쓰기에 딱 좋은 소재다. 아테네 여행을 다녀온 이들의 페이스북에는 사람들의 얼굴이 흐릿하게 처리된 채

6 페르시아 여인 1, 저자 인터뷰, 2017년 3월 21일.

7 서양 지도자 1, 저자 인터뷰, 날짜 비공개(특정 인물의 익명성 유지를 위해 경우에 따라 날짜와 성별을 공개하지 않음).

개종과 침례를 축하하는 장면의 사진이 가득하다. 그러나 침례를 받은 사람들의 현실은 달랐다. 다음 사례를 보자.

저는 그저 침례 증서를 받고 싶어서 제가 기독교인이라고 말했을 뿐이에요. 그들이 교회에서 침례를 주던 날, 날씨는 춥고 물은 얼음장 같았어요. 한 남자가 "침례를 받고 싶은 사람이 있습니까?"라고 말했을 때 저는 다른 사람들이 몸을 담근 물에 들어가고 싶지 않았기 때문에 가장 먼저 받겠다고 했어요. 끔찍하다고 생각해서 재빨리 손을 들은 거죠. 그는 "내가 하는 말을 따라 하세요"라고 말했어요. 저는 뭐라고 말하는지 제대로 이해하지 못했어도 그의 기도를 따라 했고, 그가 어떤 질문을 하든 "예"라고 대답했어요. 사실 저는 교회에 데려온 남편에게 화가 났어요.

2주 동안 그들과 공부했고 그다음에 그들은 침례를 줬어요. 그후 저는 두 번 다시 가지 않았죠. 같은 날 함께 세례를 받은 모든 이란인은 그저 서류를 받기 위해 침례를 받았던 거예요. 게다가 기독교인들이 세례 증서를 이렇게 빨리 발급해 주는 곳은 그리스밖에 없기 때문에 여기서 받아야 한다고들 말했어요. 침례를 받으러 함께 온 모든 이란인, 그러니까 그곳에 있던 모든 사람은 믿는다고 거짓말을 한 거예요. 한방 먹인 셈이죠. 저는 자신이 침례를 받고 있다는 걸 믿을 수 없었어요. 침례가 끝난 후 모두 나가서 취하도록 술을 마셨어요.[8]

이런 상황을 모두 피할 수 있었을까? '모두' 피할 수는 없다. 성령이 역사하실 때 마귀가 이를 훼방하고, 마귀가 종종 성령의 역사를 흉내 내는 일이 세상에서 일어난다. "이는 마귀가 자기의 때가 얼마 남지 않

---

8 페르시아 이주민 1, 저자 인터뷰, 날짜 비공개.

은 줄을 알므로"(계 12:12). 이 점을 염두에 두고 우리는 거짓이 행해지고, 절박한 이민자가 살아남기 위해 무슨 일이든 하는 상황에 놀라지 말아야 한다.

그러나 이것은 단기 선교팀에게 중요한 쟁점, 즉 단기 선교 여행에서 과연 복음을 전해야 할 것인지에 대한 문제에 주목하게 만든다. 그들은 통역사에게 전적으로 의존하지 않고서는 복음을 전하지 못한다는 사실을 알고 있다. 기독교인 통역사를 동원함으로써 그들은 이미 '모국어'로 이주민과 난민에게 복음을 전하고 있는 이들의 시간을 빼앗는 것이다. 하던 일을 멈추고 단기팀의 발표를 통역해 달라고 부탁하는 것은 현명한 일도 아니며, 꼭 필요한 일도 아니다. 실제로 단기 선교팀과 같은 외부인의 말은 그 내용이 절반밖에 전달되지 않는다. 일부 지도자는 순진한 단기 선교사들이 선택한 단어가 불필요하게 모욕적이라는 이유로 통역할 때 일부 내용을 생략해 버린다고 말했다.

일부 팀은 장기 선교사의 이슬람교도 친구들을 소개받기도 하는데, 이는 이슬람교를 이해하고 이슬람교도로부터 환대를 받을 수 있는 기회를 얻기 위한 것이다. 이런 방식은 보다 깊은 교류를 경험하기 위해 이뤄지는데, 이것은 종종 장기 선교사들에게도 유익하다. 이슬람교도 친구들에게 단기 선교팀을 환대하고 자신들의 신앙과 삶을 나눌 수 있는 기회를 주면 평소 이슬람교도와 관계를 맺고 일상생활에서 복음을 나누고 있는 장기 선교사들의 전반적인 사역에 긍정적 효과를 가져온다.

이런 유형의 만남은 단기팀에게 엄청난 영향을 미치는데, 특히 그들의 자민족 중심주의를 해체하는 데 도움이 된다. 이슬람교도는 더 이상 두려워할 외부의 위협이 아니라 함께 식사를 나눌 수 있는 이웃으로 인식된다. 본국에서는 이민을 둘러싼 중대한 정치적 논쟁이 벌어지고 있지만 이들 미국인은 사람들의 필요에 직면하게 된다. 많은 장단기 선교사가 본국으로 귀국하여 아테네에서 하나님이 하시는 일을 간증하지만 오히려 교인들은 이들이 이슬람교도를 도왔다고, 이슬람교도 때문에 유럽이 망해 간다는 이야기로 이들을 조롱하곤 한다. 이슬람교도로부터 받은 환대는 단기 팀원들에게 도움이 될 뿐 아니라 더 중요하게는 이슬람교도 친구들을 그리스도께 인도하려는 장기 선교사들의 노력에도 도움이 된다.

3. 돈

대체로 이주자와 난민은 아테네에서 절박한 상황에 처해 있다. 정부에 등록되어 있지 않으면 그들이 직접 들고 왔거나 웨스턴유니언(Western Union)을 통해 송금받는 방법 외에는 돈을 손에 넣을 수 없다. 그런데 정부에 등록하면 유엔은 음식을 살 수 있는 약간의 돈을 준다. 도시 전역의 난민 센터를 방문해 사람들은 어떻게든 살아남으려고 노력한다. 일부 이주자는 일자리를 얻는다. 전단지를 나눠 주는 일을 하면 하루에 20유로를 벌 수 있다. 구걸하는 사람도 있다. 일부, 특히 보호자가 없는 미성년자는 강제 성매매 조직에 붙잡히기도 한다. 이주자는 일자리를 얻더라도 한 곳에 오랜 기간 머물기가 어렵다. 그 이유는 소득이 일정 수준을 초과하면 그리스 기업이 정부에 소득을 보고하고 세금을 내야 하기 때문이다.

이런 상황을 알고 있는 복음주의 기독교인들은 다양한 방법으로 대응하는 한편, 과연 무엇이 이주자를 돕는 최선의 방법인지에 대해서는 기독교 사역 단체 사이에 이견이 일부 존재한다. 선교와 돈이라는 주제에 대해서는 많은 참고문헌이 있으며, 사람들은 이 중요한 주제에 대한 글을 계속 펴낼 것이다. 조나단 봉크는 많은 사람이 느끼는 바를 대변하듯 다음과 같이 썼다. "부와 함께 찾아오는 독립, 분리, 고립은 사회적 왕래가 불가능할 정도로 빈민과 부자를 갈라놓는다."[9] 서방 국가의 단기 선교팀과 중동 출신 난민 사이의 문화적 장벽을 감안한 현실은 정말 이처럼 극명하게 갈리는가? 또는 그보다 더 심각한 상황인가?

단기 선교 여행을 하다 보면 돈을 나눠 주는 행동이 옳게 느껴지는 때가 종종 있다. 대체로 섬김의 대상이 되는 이들은 절박하고 큰 도움이 필요한 상황이다. 대부분의 참가자가 본국에서는 상당한 고민 없이는 결코 하지 않았을 행동이지만, 선교지에서는 이들에게 돈을 쥐어 주는 것이 손쉬운 해결책처럼 느껴진다. 단기팀은 이런 행동을 한다고 널리 알려져 있다. 20대 나이의 대학생들은 도움이 필요한 이주자를 보고 선의로 돈을 건넨다. 그들은 난민 센터에서 이주민이 들려주는 끔찍한 사연을 듣고 기부할 수밖에 없다는 강박을 느낄 수도 있다. 그런 행동이 장기 사역자에게 어떤 영향을 미칠 것인지에 대해 생각하거나 사연을 말하는 사람이 거짓말을 한다는 가능성을 염두에 두지 않은 채 좁은 안목으로 눈앞에 있는 사람을 당장 도울 방법을 생각하느라 그렇게 하는 것이다.

이것은 단기팀에만 국한되는 문제가 아니다. 돈을 나눠 주는 일에 장기 사역자가 관여하는 경우도 있다. 한 사역 단체가 이주민에게 직접 돈을 주는 행동이 다른 방법으로 사람들을 섬기려는 사역 단체에게 어려움을 가져다주는 경우가 종종 있다. 그런 행동이 만들어 내는 기대감을 모두 만족시킬 수는 없기 때문이다.

최근 한 사역 단체가 금액이 충전된 비자카드를 난민에게 제공하는 바람에

---

9 J. J. Bonk, "Missions and Mammon: Six Theses", *International Bulletin of Missionary Research* 13(4), 176.

우리는 엄청난 어려움을 겪었습니다. 남들이 돈을 건네는 상황에서는 우리의 사역이 하찮아 보이는 거죠. 지난 주에 저는 스위스에서 온 팀을 데리고 나갔습니다. 저는 두 명과 함께 다녔는데 그들은 일곱 명 정도의 아프간인에게 가서 말을 걸었습니다. "안녕하세요? 저희는 여러분을 돕기 위해 왔어요. 저희의 사역을 소개하는 책자를 드릴게요." 아프간인들은 그들의 말을 끊고 물었습니다. "당신은 그 카드를 갖고 있습니까? 돈을 주나요?" 그러자 그들은 놀라 말했죠. "뭐라고요?" 스위스 팀은 저더러 "우리도 다른 교회처럼 그들에게 돈을 줘야 합니다"라고 말했습니다. 우리는 아프간인들에게 돈을 주지 않는다고 말했더니, 그들은 화를 내며 말하더군요. "가세요, 우리는 당신과 이야기하고 싶지 않아요. 가라고요."[10]

단기 팀원들은 아테네에서 박해받는 기독교인에게 돈을 주는 것이 그들을 돕는 방법이라고 생각한다. 단기 선교팀들은 본국으로 돌아가 아테네에서 박해받는 교회를 자기들이 어떻게 섬겼는지 보고한다. 필자가 접촉한 대부분의 사역 센터 직원들은 그런 행동이 기독교 이주민에게 거의 도움이 되지 않았으며, 단기팀들이 기독교인인 척하는 사람들에게 자주 속았다는 데 의견 일치를 보았다. 난민 센터 지도자들은 많은 이주민이 결국 그 돈을 마약과 성매매에 써 버린다고 보고했다. 간혹 서양 교회에서 온 기부금이 성매매 조직 활동을 돕는 데 쓰인 경우도 있었다.

2016년 한 미국인 남성이 아테네에 3개월간 머물면서 기존 단체나 교회와의 연대 없이 독자적으로 난민 센터를 세울 계획을 세웠다. 그는 그 센터를 향후 여러 단기 선교팀이 머물면서 사역할 수 있는 기지

---

10 서양 지도자 2, 저자 인터뷰, 날짜 비공개.

로 만들 생각이었다. 그는 모임 장소로 사용하는 동시에 이주민을 수용할 수 있는 대형 건물을 구입하는 데 기부금을 사용하면서 다른 단체와는 아무런 협의를 하지 않았다. 그러나 몇몇 이주민에게 이것은 순진한 서양 기독교인에게서 한몫 챙길 수 있는 기회였다. 필자가 인터뷰한 사람들에 따르면 그 이주민들은 다른 센터에서 문제를 일으켰던 전력이 있었다. 그들은 침례를 받겠다는 사람들을 선교사에게 데려오기 시작했다. 그러면 그 선교사는 사진을 찍고 더 많은 후원금을 모았고, 결국 기독교인인 척하는 이슬람교도들을 직원으로 채용하기까지 했다. 그 미국인은 그런 내막을 몰랐거나, 적어도 알고 싶지 않은 듯했다. 그는 후원금을 모을 수 있었고 이주자에게 더 많은 돈을 줄 수 있었다. 이런 상황을 비관적인 시선으로 바라보던 한 아프간인이 내게 말했다. "만약 이곳에서 사역을 시작하면 나는 부자가 될 거예요. 여긴 장사가 아주 잘 되는 곳이니까요."[11]

우리는 이곳에서 권력과 돈, 기만 등 다양한 문화적 요소가 서로 얽히고설킨 것을 본다. 난민 센터의 지도자들과 많은 페르시아인, 아프간 지도자들은 거짓말이 일상다반사라고 말했다. 많은 사람이 어린 시절부터 거짓말을 하도록 교육을 받았다. 그것을 미덕으로 생각하는 사람까지 있었다. 사람들은 알라가 사람들을 속인다면 자기들도 그렇게 해야 한다고 생각했다. 타로프(Tarof)라고 불리는 그런 관행은 누군가와 함께 식사하고 싶지만 같이 먹고 싶지 않다고 말하는 수준부터 노골적인 거짓말까지 포함된다. 개종하는 척하면서 사람을 속이는 행위는 자신의 영리함을 입증하는 것이었다. 여러 곳에서 후원금을 받았음에도 자금의 출처를 밝히지 않아도 문제 삼지 않았다.

---

11 아프간 이주민 1, 저자 인터뷰, 2017년 4월 13일.

아테네에 온 예수전도단(YWAM)의 한 팀은 빅토리아공원에서 그리스어로 '당신의 꿈을 해석해 드립니다'라고 쓰인 팻말을 들고 서 있었다. 기독교로 개종한 이슬람교도들이 꿈에서 예수님을 보았다고 간증하는 일은 흔한 일이었다. 빅토리아공원에서 오후를 보내고 나서 그 팀은 그리스 복음주의 교회에 들러 목사에게 꿈을 해석하여 이슬람교도 14명을 그리스도를 믿는 신앙으로 인도했으며, 그 이주자들이 침례를 받으러 교회에 올 것이라고 말했다. 이 팀은 근사한 간증 거리와 후원금을 모을 만한 사례를 가지고 본국으로 돌아갔지만 그들이 말한 이슬람교도들은 교회를 찾아오지 않았다. 그리스 목사들은 이주자들이 꿈의 이야기에 매료된 젊은 미국인들을 이용했다고 믿었다.

(언제든 원하면 떠날 수 있는) 권력과 (고통을 겪지 않고도 돈을 나눠 줄 수 있는) 부를 가진 입장에서 선교지에 오는 단기 선교팀이 어떻게든 생계를 이어가려는 절박한 사람들의 표적이 되는 이런 상황을 지혜롭게 마주하는 방법은 무엇일까? 여러 해결책을 글로 나열하기는 쉽지만 실천하기는 어렵다. 그런 해결책은 무대 뒤에서 섬겨야 함을 뜻한다. 또한 더 긴 준비 기간이 필요하다. 이는 장기 선교사들이 시간을 들여 열망하는 신자들에게 지혜를 전수하고, 기본적인 제자도를 가르치며, 돈이 가져오는 복잡성과 난민 센터에 들어오고 나가는 팀을 이주민이 어떤 눈으로 보는지에 대해 깨우쳐 줘야 함을 뜻한다. 단기팀을 사역의 '최전선'이 아닌 후방에 배치함으로써 그들이 이용당하지 않도록 지켜주면서 아테네에 상주하는 선교사들의 사역을 돕게 만들 수도 있다.

4. 하나님은 여전히 일하신다

단기 사역자들이 직접 메시지를 전하기보다 장기 선교사의 지시에 따라 단순한 봉사에 집중한다면 상당한 유익을 끼칠 수 있다. 그저 '단순한 행동'도 문화에 따라 다른 의미로 전달될 수 있다. 나는 봉사가 계기가 되어 이슬람교도가 기독교인이 되는 다양한 사례를 보았다. 단기팀이 직접 메시지를 전하기보다 조용히 섬기는 역할을 기꺼이 수용하고, 최전선에서의 활동보다 후방 지원을 맡고, 자신이 도움을 주려는 상대방이 주는 환대를 받아들인다면 그런 사역이 장기적으로 발휘하는 효과에 대해 놀랄 것이다.

20대의 한 젊은 서양 선교사는 그가 기독교인이라는 이유로 언어폭력을 가한 어느 이슬람교도 남자에 대한 이야기를 해줬다. 나중에 그 이슬람교도는 자신이 사용하는 화장실을 청소하는 사람이 바로 그 기독교인임을 알게 되었다. 이슬람교도는 충격을 받았고, 그리스도에 대한 이야기를 들어 볼 마음이 생겼다. 미국인이 난민의 공중 화장실을 청소한다는 것을 그 이슬람교도는 도저히 상상하기 어려웠던 것이다.[12] 단기팀의 겸손한 봉사 활동 덕분에 장기 선교사가 이주민과 깊은 대화를 나누는 기회를 가질 수 있었다는 것을 기억하라.

또 다른 예로, 한 젊은 아프간인은 자신에게 치과 치료가 필요했던 이야기를 들려주었다. 어느 날 그는 그리스 단기 선교사로 봉사하는 한국인 치과 의사를 빅토리아공원에서 만났다.[13] 그는 치과 치료를 받으면서 생전 처음 기독교인을 만난 셈이 되었다. 숙련된 기술을 가진 사역자를 통해 큰 성공을 거둔 선교단체가 많다. 한 단기팀이 만난 난민들 가운데 치과 의사였던 사람도 있었다. "제 환자들이 모두 죽는 바람에 이곳에 오게 되었어요." 그들은 이 치과 의사에게 도움을 베푸는 대신 그를 팀에 합류시켜 그들이 동역하던 그리스 파라처치 사역과 연

---

12 난민 센터 리더 1, 저자 인터뷰, 2017년 3월 8일.
13 아프간 남자 1, 저자 인터뷰, 2017년 4월 3일.

결시켜 주었다. 이에 대해 한 그리스 선교사는 이렇게 말했다. "그 사람이 웃는 모습을 처음 봤어요."[14] 치과 의사는 결국 그들과 함께 교회에 오기 시작했고, 아일랜드로 이주하게 되었을 때 일할 기회를 준 것에 대해 그리스 복음주의자들에게 깊이 감사했다. 그는 그들이 자신이 생각했던 그리스도인의 모습과 달랐다고 말했다.

어느 페르시아인 부부는 한 그리스도인이 선물한 신발이 자신들이 이슬람교로부터 돌아서게 된 계기가 되었다고 말해 주었다.

터키에서 지낼 때 제가 신고 있던 신발 한 켤레와 배낭 안에 운동화 한 켤레가 있었어요. 터키의 호텔에서 한 이란 소년과 함께 있었는데, 그의 신발이 완전히 젖어 있더군요. 남편은 그 소년에게 운동화를 주자고 했습니다. 우리는 배를 타고 그리스에 도착했고, 배 안에 물이 반이나 들어차면서 거의 익사할 뻔했어요.

소년은 발이 정말 커서 운동화 뒤를 납작하게 꺾어 신었어요. 그는 우리와 함께 보트에 있었고, 캠프에 도착했을 때는 젖은 운동화를 말리려고 히터 옆에 두고 잠들었어요. 저는 남편에게 "운동화를 다시 돌려받고 싶어"라고 말했어요. 남편은 그 소년이 잠든 것을 보고 히터에서 운동화를 가져다가 제게 돌려주었어요. 날은 몹시 추웠고 저도 완전히 젖은 상태였어요. 그 소년은 잠에서 깨어 기독교인들이 주는 수프를 얻으려고 맨발로 캠프 밖으로 나갔어요.

밖에서 수프를 먹고 있던 남편은 그 소년이 맨발로 걸어오는 모습을 보았어요. 바닥이 온통 젖어 있어 그는 종종걸음으로 수프를 얻으러 갔어요. 그는 수프를 안으로 가져가고 싶다고 했지만, 수용소 경비원들은 실외에서 먹어

야 한다고 허락하지 않았죠. 그는 자기가 맨발이어서 춥다고 호소했어요. 그때 나는 쓰레기통을 들고 있던 한 기독교인이 자신의 신발 끈을 풀기 시작하는 것을 보았어요. 그 기독교인은 신발을 벗어 그 소년에게 주고 다시 돌아가서 맨발로 서 있었어요. 이 모습을 본 남편이 제게 말했어요. "저거 봐. 우리는 다른 사람에게 좋은 일을 하기 위해 운동화 한 켤레도 포기할 수 없는데, 저 기독교인은 같은 나라 출신도 아니고 우리 말도 모르면서 기꺼이 신발을 벗어 주었어. 기독교인들은 뭔가 특별한 것 같아." 그때가 사람들 속에 있는 하나님의 사랑을 처음 본 순간이었어요.[15]

물론 단기 선교팀의 사역을 통해 이슬람교도가 기독교인이 된 경우도 있었다. 단기 선교로 온 시카고 출신의 목사가 있었는데, 경찰은 그가 감옥을 방문해 누구든 영어가 통하는 사람에게 말씀을 전할 수 있도록 허락했다. 그 방문을 통해 그는 한 페르시아 사람을 그리스도께로 인도했다. 8개월 후에 다시 감옥을 방문한 선교사는 개종한 그 페르시아인이 여전히 감옥에 있음을 알게 되었다. 시카고에 있는 그의 교회는 그 사람의 석방을 위해 기도하기 시작했고, 2년 후 그는 자유의 몸이 되었다.

또 다른 예로, 한 아프간 여성은 여정 중에 꿈을 꾸었는데, 그것이 그녀의 개종의 주된 이유가 되었다.

섬에 도착했을 때 꿈을 꿨어요. 꿈에서 누군가 제 뒤에서 봉투를 건네 줬어요. 나중에 그리스와 마케도니아 국경을 통과할 때 누군가가 제게 와서 꿈에서 본 것과 똑같은 디자인의 봉투를 줬어요. 그 안에는 복음 전도 책자가

---

15 페르시아 여인 2, 저자 인터뷰, 2017년 3월 21일.

들어 있었어요.¹⁶

꿈에서는 아무 말 없이 선물만 건네졌을 뿐이다. 그녀가 선물로 받은 봉투는 디자인이 특별해서 그 모양을 기억할 수 있었다. 몇 달 후 그녀가 그리스를 떠날 때 어느 한국 기독교인이 다가와 꿈에서 본 것과 똑같은 봉투에 담긴 복음 전도지를 건네 주었다. 그녀는 그 전도지를 통해 개종하게 되었다.

주님은 단기 선교사를 사용하기를 기뻐하신다. 특히 자신들의 영향력에 한계가 있음을 알고 배우려는 준비된 자세로 장기 선교사나 본국의 리더들이 제공하는 제자 훈련을 받은 뒤 무대 뒤나 눈에 띄지 않는 곳에서 섬긴다면 더욱 바람직할 것이다. 단기 선교팀에 대해 비판적으로 생각하는 사람이 있다면 한발 물러나 우리의 비판에도 영원하고도 선한 열매가 맺히고 있음에 감사해야 할 것이다. 이런 열매들은 결코 사소한 사건이 아니며, 연구자들은 이를 무시해서도 안 된다. 이를 보면서 우리는 단기 선교 여행을 통해 문화의 경계를 넘어 그리스도를 섬기려는 열정을 가진 기독교인을 돕는 일에 더욱 박차를 가해야 할 것이다.

---

16 아프간 여성 3, 저자 인터뷰, 2017년 3월 30일.

논찬

강철

필자의 교회가 단기 선교를 하게 된 동기는 두 가지 관점에서다. 하나는 예수 그리스도의 피로 값 주고 사신 교회의 관점이고, 또 하나는 신앙의 관점이다. 목회하면서 그리스도인이 믿는다고 고백하면서도 삶의 현장에서 사랑의 실천이 제대로 이루어지지 않는 모습을 보곤 한다. 오늘날 한국 교회가 비난당하는 위기 상황에 처한 것은 그리스도인이 믿는다고 하면서 탐욕을 버리지 못하고 이기적 욕망을 추구하기 때문이라고 본다. 세속적인 그리스도인의 삶 가운데서 어떻게 하면 교회를 세우고, 어떻게 하면 그리스도인으로서 본질을 회복하고 그리스도인으로서의 사명을 감당할까 고민하는 가운데 단기 선교를 계획하게 됐다.

필자는 대런 M. 칼슨의 귀한 글을 읽으며 문제 제기부터 큰 도전을 받았다. 단기 선교는 참가자들을 위한 것인가, 아니면 섬김을 받는 이들을 위한 것인가? 남을 섬기고 싶은 욕구만 있으면, 돈만 있으면 단기 선교를 해도 되는 것인가? 그리고 단기 선교 여행 참가자들의 삶이 확연하게 변화되었는가? 단기 선교팀을 줄줄이 보내는 것은 과연 선교사의 사역에 보탬이 되는가, 오히려 방해가 되는가?

그리스의 여러 섬에 난민 92만 4,105명이 상륙했다면 얼마나 많은 문제가 파생될지 불을 보듯 뻔하다.

1. 예수의 이름으로 그들에게 세례를 주다

그리스 아테네에 몰려드는 수많은 사람에게 '환대와 구원'[1]을 위해 세례를 준다. 그러나 난민의 입장은 세례받는 목적이 예수를 그리스도로, 나의 하나님으로 고백하기 위함이 아니라 난민 망명 신청을 하는 데 있어 유리하기 때문이다. 이런 상황에서 이슬람교도는 별로 망설이지 않고 거짓으로 개종한다.

2. 선교에 필요한 돈, 그 유용성

난민은 절박한 사람들이다. 단기 선교를 나선 사람들이 난민의 어려운 처지를 보면 이들을 돕기 위해 선의로 돈을 주게 된다. 사실 돈을 주는 것이 손쉬운 해결책이 되기도 한다. 그러나 장기 선교 사역을 하는 선교사에겐 이런 것들이 어떤 영향을 끼칠지는 보지 않아도 알 수 있다. 장기 선교사에게도 당연하게 돈을 요구할 것이고, 필요한 돈을 받지 못했을 때 그들의 부정적 비난은 더욱 거셀 것이다.

한국 교회에서 해외 단기 선교를 다녀와서 단순히 여행하고, 원주민들에게 돈을 주고 오는 것이 선교하는 것이냐고 실망하는 청년들의 말을 들을 때와 같은 상황이라고 본다.

---

1 Joshua W. Jipp, *Saved by Faith and Hospitality*, 송일 옮김, 《환대와 구원》 (새물결플러스 2019), 20쪽.

단기 선교팀이 돈을 제공하는 것은 선교 사역에 도움이 되지 않는다. 차라리 선교사에게 돈을 주는 것이 현명하다. 돈을 주는 것으로 더 많은 사람을 모으고, 그들과 사진을 찍고, 많은 실적을 쌓았다고 홍보해 더 많은 돈을 모으고, 이것이 선교의 업적인 것처럼 자랑할 때 그 돈을 받은 사람들이 그 돈을 술과 마약과 성매매에 써 버린다면 하나님 나라의 확장이 아니라 세상을 사탄의 소굴로 만드는 데 일조한 것에 불과하다.

대런 M. 칼슨의 글은 국제적인 단기 선교이지만, 필자가 목회하며 경험한 단기 선교는 한국 내 변방의 극히 미약한 교회를 섬기며 경험한 일이다. 그러나 국제적인 일이든 국내의 일이든 느끼는 바가 동일하고 유사한 것에 깜짝 놀랐다.

먼저 교회의 존재 목적에 대해 오토 베버는 이렇게 말했다. "교회는 하나님의 영원한 선택의 경륜 안에 있는 것이지 개인이나 개인 집합체의 결정에 근거하지 않는다. 그리고 교회는 그리스도의 통치와 성령의 새롭게 하심으로 하나님 나라가 확장되는 데 있으며, 이것을 위해 교회가 존재한다."[2]

스탠리 J. 그렌츠는 "왜 그리스도는 처음으로 교회를 제정하셨는가? 그리고 무슨 목적으로 성령은 오늘날 계속해서 교회를 세우시는 것인가? 이런 질문에 대한 명확하고 최종적인 답변은 무엇인가?" 등의 질문에 대해 "하나님의 영광을 위하여"라는 대답을 할 수밖에 없다고 주장한다. "교회는 궁극적으로 삼위일체 하나님의 영광을 위하여 존재한다"고 말이다.[3]

---

2 Otto Weber, *Die treue Gottes in der Geschichte der Kirche*, 김영재 옮김, 《칼빈의 교회관》 (합신대학원 출판부, 2008), 40쪽.

3 Stanley. J. Grenz, *Theology for the Community of God*, 신옥수 옮김, 《조직신학》 (서울,

교회가 존재하는 목적은 하나님의 영광을 위해서다. 그렇다면 어떻게 하는 것이 하나님께 영광이 되는가? 강단에서 선포된 말씀을 가지고 지극히 작은 자와 섬길 수 있는 현장으로 가는 것은 어떨까? 그 현장을 보고 어떻게 섬길 것인지 대책을 세우고 할 수 있는 일을 해 보자는 취지에서 필자가 사역하는 교회의 단기 선교 사역이 시작되었다.

그다음 신앙의 관점은 요한일서의 '사귐'에서 찾았다. 성경은 "우리의 사귐은 아버지와 그의 아들 예수 그리스도와의 더불어 누림"[4]이라고 정의한다. 그러면 이 사귐이 제대로 이루어지고 있는지 질문하게 된다. 하나님과의 사귐이 온전히 이루어지고 있는지, 지금까지 목회자로서 말로만 사랑하라고 외치고 있는 건 아닌지 깊이 성찰하게 되었다.

"우리가 하나님과 사귐이 있다 하고 어둠에 행하면 거짓말을 하고 진리를 행하지 아니함이거니와."[5] 우리는 믿는다고 하면서, 하나님과 사귄다고 하면서 스스로 거짓말하고 있지 않았는지 깊이 고민하게 되었다.

사귐은 헬라어로 '코이노니아(koinonia)'다. 코이노니아는 '공통된'이라는 의미를 가진 형용사에서 유래했으며 상호 간에 공통점을 발견하고, 공통된 정서를 나누며, 공통된 목표를 지향하며 살아가는 것을 교제라고 한다.[6] 그렇다면 그리스도인이 누려야 할 서로의 공통점, 공통된 정서, 공통된 목표는 과연 무엇일까? 그것은 하나님이시고, 그 하나님이 우리에게 무엇을 하셨는지 아는 것에서 출발한다.

하나님이 하신 일은 무엇인가? 하나님은 우리를 살리려고 그 아들

크리스천다이제스트, 2003), 696쪽.

4 요일 1:3.

5 요일 1:6.

6 Oxford Bible Interpreter 128, 《옥스퍼드 원어성경대전》, 제자원 바이블네트, 352쪽.

을 세상에 보내셨으며,[7] 하나님은 우리를 사랑하사 우리 죄를 속하기 위해 아들을 화목제물로 삼으셨다.[8]

그러므로 누구나, 특히 그리스도인이라면 서로의 공통점, 공통된 정서, 공통된 목표는 하나님 아버지와 그 아들 예수 그리스도여야 한다.

하나님과 그 아들 예수 그리스도와 사귐을 온전히 가지기 위해 어떻게 해야 할지 깊이 생각하게 되었다. 예수님은 "지극히 작은 자 하나에게 한 것이 곧 내게 한 것이니라"[9]라고 말씀하셨다. 또한 주님은 요한을 통해 이렇게 말씀하셨다. "자녀들아 우리가 말과 혀로만 사랑하지 말고 행함과 진실함으로 하자."[10]

4. 의정부 동부교회의 국내 단기 선교

이 말씀 앞에서 작은 교회로서, 적은 예산으로 무엇을 할 수 있을까 생각했다. 그래서 의정부 동부교회는 우리보다 더 작은 교회로 단기 선교를 가서 예수님을 섬기고, 행함과 진실함으로 하자고 했다. 그리고 이런 취지로 제주 단기 선교, 남해 단기 선교, 서해 단기 선교라는 이름으로 땅끝 변방의 교회를 섬기기 시작했다.

시골 교회는 성도들의 나이가 보통 75세 이상인 경우가 많다. 75세 정도이면 젊은 층에 속한다. 그래서 예배당을 수리하지 못하고 방치하는 경우가 있어 성전을 보수하고, 방을 만들고, 방수하고, 전기장판을 깔고, 샤워실을 만들고, 독거노인을 위한 방을 만드는 등 여러 가지

---

7 요 3:16.
8 요일 4:10.
9 마 25:40.
10 요일 3:18.

일로 섬기게 되었다. 이렇게 봉사하다 보니 10년 동안 제주도의 하도교회 3회, 남해 창원의 욱곡교회 1회, 서해 신안의 증도제일교회 2회, 충남의 유곡교회 2회, 충북의 노티교회 1회, 성민교회 1회 방문했다.

이 일을 할 때 우리는 이름을 알리지 않고 섬기자, 오른손이 하는 일을 왼손이 모르게 하자, 어떤 대가도 바라지 말자, 그 교회에서 수고와 감사의 표시로 식사 대접을 하는 것일지라도 부담을 주지 말자 등의 지침과 방향성을 가지고 섬겼다.

그 과정에서 우리는 재정적으로 어려워 길이 막혔다고 생각했는데, 돈이 없다고 해서 선교가 끝나는 것이 아니라는 사실을 선교 현장에서 체험했다. 우리가 그리스도 안에만 있으면, 하나님과 사귐만 있으면 무엇이든 구하는 것을 하나님이 준비해 주시고, 새 길이 열리는 것을 체험했다.

주님은 장기 선교, 단기 선교 사역에 힘쓰는 모습을 보며 기뻐하신다. "어떤 이들은 투기와 분쟁으로, 어떤 이들은 착한 뜻으로 그리스도를 전파하나니 이들은 내가 복음을 변증하기 위하여 세우심을 받은 줄 알고 사랑으로 하나 그들은 나의 매임에 괴로움을 더하게 할 줄로 생각하여 순수하지 못하게 다툼으로 그리스도를 전파하느니라 그러면 무엇이냐 겉치레로 하나 참으로 하나 무슨 방도로 하든지 전파되는 것은 그리스도니 이로써 나는 기뻐하고 또한 기뻐하리라."[11]

단기 선교 현장에서 교회의 존재 목적과 신앙의 본질을 회복한다면 사면초가의 상황에서도 오병이어의 기적이 단기 선교 현장에, 오늘 우리 가운데서 다시 일어날 것이다.

---

11 빌 1:15-18.

25
전주안디옥교회의 재정 정책과
바울선교회 현지인 선교사 훈련 정책

———

이동휘·이승일

1. 서론

필자는 본 논문을 통해 선교회의 선교 철학은 선교회의 재정 정책을 결정하고, 이 재정 정책은 선교지에서 사역의 방향성과 질을 결정한다는 것을 주장하고자 한다. 이를 위해 필자가 소속된 바울선교회의 설립을 주도한 전주안디옥교회의 재정 정책과 바울선교회의 현지인 선교사 훈련 정책을 그 예로 들겠다.

이 연구를 통해 필자는 선교 재정은 "선교사로부터 피선교지에 수직적으로 흐르는 것이 아니라 하나님 나라의 교회 간 상호 신뢰와 유기성 가운데 수평적으로 흘러야 한다"라고 주장하는 바다. 또한 유기적 수평성을 이루는 요소를 '핵심 가치 공유'와 '유기적 신뢰와 책무'로 제시하고자 한다. 본 논문은 한국에 위치한 전주안디옥교회와 한국 토종 선교단체인 바울선교회를 사례로 삼았기에 연구를 위한 1차 사료는 전주안디옥교회와 바울선교회의 정기간행물을 참고했음을 밝힌다.

2. 전주안디옥교회와 바울선교회

전주안디옥교회와 바울선교회의 역사

전주안디옥교회는 1983년 3월 해외 선교를 교회의 사명으로 삼고 시작한 선교적 교회이며, 바울선교회는 1986년에 조직된 한국 토착 선교단체다. 두 기관 모두 이동휘를 통해 설립되었다. 전주안디옥교회가 바울선교회의 산파 역할을 했으나 2020년 12월 현재 31개 교단 소속 921개 교회가 후원 교회로 등록되어 있는 초교파 선교단체로 성장했다.[1] 2006년 이동휘는 전주안디옥교회 담임목사직에서 은퇴했으나 전주안디옥교회 선교 목사로 사역 중이고, 현재 바울선교회의 대표이사 직책을 맡고 있다.

전주안디옥교회와 바울선교회의 유기적 관계

이동휘는 전주안디옥교회와 바울선교회에 대해 뼈와 살의 관계라고 말하면서 이 둘을 떼어놓으면 "공멸하고 만다"라고 했다.[2] 이 유기적 관계를 네 가지 측면에서 설명하고자 한다.

첫째, 선교에 대한 이해의 일치점이다. 이동휘는 선교를 '구원받은 사람이 구원의 예수를 전하여 사람들을 구원시키는 일'이라고 정의한다.[3] 이동휘는 선교가 교회를 위해 있는 것이 아니라 교회가 선교를 위

---

1 바울선교회, 〈2020년 정기 이사회 보고 자료〉.

2 이동휘, 《불편하게 삽시다 선교하며 삽시다》(전주: 바울, 2007), 126-127쪽.

3 이동휘, "바울선교회 7대 정신", 〈바울선교〉 77호(2002년 7-8월), 1쪽.

해 존재한다고 강조⁴하면서 그 구원을 달성하기 위한 수단은 오직 '전도와 선교'라고 말한다. ⁵ 이동휘는 복음이 가는 곳에는 반드시 교회의 설립이 뒤따랐고, 교회(유기체적 조직 교회와 성도들)는 하나님 나라 확장의 본부로써 천국 건설의 사명을 가진다고 말한다. ⁶ 이동휘의 하나님 나라에 대한 이해는 G.E. 래드가 말한 하나님 나라의 개념, 즉 '하나님의 주권이 임하는 곳'과 닮았다. 그런데 하나님 나라의 백성에 대해 이동휘는 전투적이면서 급진적(radical) 관점을 취한다. 그는 하나님 나라의 백성을 하나님의 군대로 다음과 같이 동일시한다. "우리는 틀림없이 하나님 나라의 군대들이다. 어명처럼 내리신 선교 명령에는 재론의 여지가 없다. 혼수 상태에 빠진 영혼을 쾅쾅 두들겨 회생시켜야 한다"⁷라고 했다. 이동휘는 영혼 구원에 대해 군사적 용어 '어명(御命, Royal Command)'을 사용하는데, 그 어명을 이루는 하나님 나라의 백성은 하나님의 통치와 주권 아래 있는 삶과 가치관을 소유해야 한다는 의미로 본다. 결국 이동휘는 선교를 '영혼 구원을 통한 하나님 나라의 확장을 위해 하나님 백성이 하는 모든 일'이라고 이해하고 있으며, 이는 전주안디옥교회와 바울선교회의 선교에 대한 정신적·사상적 근간(기초)을 이룬다. ⁸

둘째, 유기적인 협력과 상호 공존이다. 전주안디옥교회와 바울선교회는 영적·사역적 공존을 이루고 있다. 양자 간 유기적 협력은 24시간

---

4 이동휘, "하나님의 팔 길이, 결코 짧아지지 않았다", 〈바울선교〉 183호(2020년 3-4월), 1쪽.

5 이동휘, 《천국은 가득 차고 지옥은 텅텅 비어라》 (전주: 바울, 2009), 199쪽.

6 이동휘, "필리핀 100개 교회 개척", 〈바울선교〉 6호(1987년 9월), 1쪽.

7 이동휘, "총사령관의 군령을 따르라", 〈바울선교〉 116호(2008년 1-2월), 1쪽.

8 이동휘의 '하나님 나라의 확장'이라는 선교 개념은 G.E. 래드가 말한 '통치'와 '하나님 나라의 백성들'과 일치한다. See, G.E. Ladd, *The Gospel of the Kingdom* (Grand Rapids: Eerdmans, 1959), 22.

기도실을 통해 더욱 명백하게 증명된다. 전주안디옥교회에서 24시간 기도실은 1995년부터 시작되었다. 매 시간 정해진 기도 담당자가 1시간 동안 1개월에 걸쳐 참여한다. 기도자는 기도실 벽면에 부착된 선교사들의 기도 제목을 보면서 기도한다. 선교지의 긴급 기도 제목은 실시간으로 안디옥교회에 제공되며, 이를 통해 전주안디옥교회와 바울선교회의 영적 연합은 실재적인 것이 된다.[9] 사역적 공존은 전주안디옥교회의 조직을 통해 설명할 수 있다. 전주안디옥교회는 교회 조직을 각 나라 이름으로 지정하여 각 나라의 선교사를 후원하고 기도하도록 했다. 예를 들어 각 주일학교 학년별로 나라가 지정되어 그 나라의 복음화와 선교사를 위해 기도하고 헌금한다. 바울선교회는 전주안디옥교회에 정기적인 선교 자료를 제공하고, 전주안디옥교회의 선교학교와 선교 헌신자 훈련을 제공하며, 단기 선교를 안내한다. 이 두 기관을 지난 35년간 상호 유기적인 관계로 유지시켜 주는 요소가 있다면 그것은 바로 상호 신뢰성과 투명성이다. 전주안디옥교회는 바울선교회를 신뢰하고 바울선교회는 재정의 책무, 보고의 책무, 교회의 선교운동을 돕는 책무를 가지고 있다. 이 두 가지 요소는 전주안디옥교회의 해외선교위원회와 바울선교회 국제 본부의 행정팀 간 협력을 통해 유지되고 있다.

셋째, '믿음 선교'를 상호 핵심 가치로 여긴다. 이것은 믿음 선교다. 이동휘는 믿음 선교에 대해 '예수님을 열망하는 선교사가 하나님은 선교에 필요한 전체를 빠짐없이 주실 것을 믿는 확신'이라고 했다. 또한 '하나님의 절대주권'과 '성령의 창의성', '하나님으로부터 주어진 권세와 능력'이 삶과 사역의 현장에서 생동감 있게 구현되는 선교 원리다.[10] 이동휘

---

9 이동휘, 《깡통교회 이야기》(서울: 두란노, 2004[17th edn.]), 53-60쪽.
10 이승일, 〈바울선교회 미래준비위원회 기획보고서〉(전주: 바울선교회, 2013), 46쪽. 미출간 간행물임

의 믿음 선교는 기독교 선교의 근본 정신이자 모든 그리스도인이 품어야 할 선교적 영성으로 보인다. 하나님과의 깊은 교제, 세상을 향한 섬김, 모든 사람을 구원하기 위한 자발적인 낮아짐이 삶의 현장에서 명확하게 드러나는 균형 잡힌 총체적 영성이다. 삼위일체 하나님의 주권을 인정하고 삶 가운데서 매일 영적·육체적 기적을 경험하는 선교사의 '매일의 삶에 대한 방식'이다.

넷째, 전주안디옥교회와 바울선교회는 '모든 그리스도인은 선교사다'라는 선교사적 정체성을 공유하고 있다. 이동휘는 사도행전 1장 8절을 모든 그리스도인에게 주어진 선교 명령이라고 주장하며 '만인선교사론'을 주장한다.

승천하시기 직전 발을 땅에 붙이고 내리신 예수님의 마지막 부탁은 사도행전 1장 8절 말씀이다. 최후 명령, 유훈, 유언, 대위임이라는 점에서 명령의 '엄중성'을 발견하게 된다. 예루살렘과 온 유대, 사마리아 그리고 땅끝까지 네 곳의 선교지를 지정해 주셨다는 점에서 교회가 마땅히 감당해야 할 선교의 '본질성'을 깨닫게 한다. 이 네 지역을 동시에 해야 한다는 점에서는 사명의 '현재성'을 강조한다. 제자들은 이스라엘의 해방과 독립을 우선적으로 인식하고 나라 회복을 간청했으나 땅끝까지 이르러 증인이 되라는 일을 우선순위 1번으로 해야 한다는 점에서 선교의 '긴급성'을 파악하게 된다. 가히 어명(御命)이라고 할 것이다. … 예수님을 구주로 영접하여 성령님이 내 안에 계신다고 믿는다면 그 순간 증인(선교사)의 신분이 되는 것이고, 네 지역의 선교사로 소명 받는 순간이다. 그러므로 주님의 백성들은 "나는 선교사다. 나는 선교사다"라고 외쳐야 한다. … 예루살렘은 중심 도시다. 자기가 사는 지역을 뜻한다. 서울 교회들은 서울이 예루살렘 선교지다. … 온 유대는 대한민국의 복음화를 위한 사역이다. 사마리아는 특수 지역에 속한 소외 계층과 북

한 선교 등 특수 선교다. 땅끝은 해외 선교다. 세계 모든 교회와 성도가 선교
사가 되는 거사를 일으켜야 한다.[11]

이동휘는 사도행전 1장 8절이 선교에 대한 '엄중성' '본질성' '현재성'
'긴급성'을 포함하고 있다고 보았다. 이동휘는 사도행전 1장 8절을 '만
인선교사론'의 성경적 기초로 보는 것과 동시에 '여덟 가지 선교사론'을
전주안디옥교회와 바울선교회가 사역하고 있는 나라들에 전파했다. 여
덟 가지 선교사론은 하나님이 각자 부르신 영역에서 그리스도인이 선
교사로서의 삶을 살자는 일종의 선언문이었다. 다음은 여덟 가지 선교
사다. 첫째, 고국이 아닌 타국에서 복음을 전하는 해외 선교사다. 둘
째, 자기 자녀를 선교사로 바치는 부모 선교사다. 셋째, 선교사와 선교
지의 영적 부흥을 위한 기도에 헌신하는 기도 선교사다. 넷째, 자신의
재정과 물질을 세계 선교를 위해 내어놓는 물질 선교사다. 다섯째, 자
신의 직장에서 정직함과 그리스도인의 고귀함을 보여주는 직장 선교
사다. 여섯째, 자신의 가족과 친척을 구원하는 가족 선교사다. 일곱째,
기독교적 세계관과 가치관을 예술적 은사를 통해 드러내는 문화 선교
사다. 여덟째, 자신이 속한 모든 삶의 영역에서 구원받은 자로서의 정
체성을 명백하게 드러내고 일상생활에서 그리스도의 인격과 인품을
드러내어 사람을 감화시키는 길거리 선교사다.[12] 이동휘는 이것을 해
외로 나가는 선교사뿐 아니라 전주안디옥교회 성도들을 교육하고, 각
자 자신이 있는 곳에서 이 여덟 가지 선교사론에 입각해 선교사로서의

---

11 이동휘, "사도행전 1장 8절은 어명이다", 〈바울선교〉 88호(2004년 5-6월), 1쪽; 이동휘, "크리스천
   모두 선교사가 되어라", 〈바울선교〉 89호(2004년 7-8월), 1쪽.

12 이동휘, "선교사가 되는 8가지", 〈바울선교〉 51호(1998년 3-4월), 1쪽; 이동휘, 《불편하게
   삽시다 선교하며 삽시다》(전주: 바울, 2007), 148-153쪽. 이동휘의 여덟 가지 선교사론은
   아브라함 카이퍼의 '영역 주권'과 닮았다.

정체성을 가지고 살아가도록 교육했다.

이상에서 전주안디옥교회와 바울선교회의 유기적 연합을 살펴보았다. 이 둘은 지난 35년 동안 상호 투명성과 신뢰성을 기초로 '사상'과 '관계', '조직' 면에서 뼈와 살의 관계를 유지했다. 또한 이것은 모달리티와 소달리티 상호 간 공존의 좋은 예를 보여주는 것이라고 볼 수 있다.[13]

3. 전주안디옥교회의 재정 정책

안디옥교회의 재정 정책은 명문화된 정책과 관습으로써 정책 두 가지가 공존한다. 하나는 명문화된 재정 정책이고, 다른 하나는 관습적 정책이다.

명문화된 정책

명문화된 재정 정책은 전주안디옥교회의 '실천 강령'에 잘 나타나 있다. 실천 강령은 전주안디옥교회가 설립된 날부터 교회의 사명과 비전을 표방한 것이다. 실천 강령은 다음과 같다.

첫째, 안디옥 성도는 자신의 삶을 거룩한 산 제물로 드리는 참된 예배자(worshiper)가 된다. 둘째, 안디옥 성도는 주님을 따라가는 그리스도의 제자(disciple)가 된다. 셋째, 안디옥 성도는 해외 선교, 농촌 선교, 특수 선교, 교육 선교에 파송받은 선교사(missionary)가 된다. 넷째, 안디옥 성도는 교회

---

13 Chul-Yong Kim, "A critical evaluation of the two structures theory of Ralph Winter: with special reference to the Paul Mission and the Antioch Church and missionary pastor Dong-Hwee Lee's leadership philosophy", Ph.D. Thesis. William Carey International University, 2013, 62-63.

재정의 60% 이상(giver)을 선교 사역에 사용한다. 다섯째, 안디옥 성도는 선교적 조직 체제에 참여(participant)하며 자립을 원칙으로 한다. 여섯째, 안디옥 성도는 모든 봉사에 자발적으로 참여하며, 희생 봉사(servant)를 원칙으로 한다. 일곱째, 안디옥 성도는 교회의 모든 사역과 집회에 책임감을 가지고 참여한다.

여기서 강조된 것은 예배자(worshiper), 제자(disciple), 선교사(missionary), 주는 자(giver)다. 즉 전주안디옥교회는 교회의 존재 목적 자체가 선교이며, 그리스도인의 정체성은 제자이며 선교사이며 각자 있는 곳에서 하나님 나라를 확장하는 예배자로 선언하고 있다. 이 중 넷째는 재정에 대한 것으로 '안디옥 성도는 교회 재정의 60% 이상을 선교에 사용한다'이다. 전주안디옥교회는 공식적으로 교회 재정의 60%를 선교비로 사용한다고 말한다. 이동휘는 선교비의 비중을 60%로 정한 이유에 대해 다음과 같이 말한다.

회개한 삭개오가 주께 한 첫 결단은 "내 소유의 절반을 가난한 자들에게 주겠사오며"(눅 19:8)였다. 이는 구원받은 자의 생활 패턴이라고 본다. 우선 교회는 이 정신을 앞장서서 따라야 한다고 믿는다. 주께 바친 이상 헌금은 내 것도 아니고, 교회 것도 아니며(교회는 관리할 뿐임), 하나님의 재산이다. 하나님의 재산은 하나님 뜻대로 쓰셔야 한다. 하나님의 뜻은 세상 구원이다. 하나님은 온 세상 구원을 위해 쓰라고 하실 것이다. 적어도 반절은 남을 위해 쓰라고 하실 것이다. 마지막 날 하나님은 제직들(목사, 장로, 권사, 집사)에게 이렇게 물으실 것이다. "내 재산을 어떻게 사용했느냐?" 대답을 준비

해야 한다.[14]

삭개오의 예를 재정 정책의 근간으로 삼은 것은 '하나님 나라의 일에 더 비중을 두고 싶은' 열정이었던 것으로 보인다.[15]

전주안디옥교회의 선교는 국내, 특수, 해외 선교로 구분되어 있다. 국내 선교는 농어촌 미교회 지역에 교회를 개척하고, 섬 지역에 교회를 개척하고, 농어촌 교회 지도자를 위한 세미나를 정기적으로 개최한다. 특수 선교는 소외 계층 선교로 노인 복지 사역, 고아원 지원, 북한 선교 등을 담당한다. 해외 선교의 경우 바울선교회 소속 선교사를 포함해 100개 나라에 500명의 선교사를 후원하고 있다.[16]

다음 표는 전주안디옥교회의 지난 20년간 선교 재정 결산표다.

[표 1] 전주안디옥교회의 선교 재정 결산표

(단위: %)

연도	2001	2004	2007	2011	2019	2020	평균
일반 경상비 (인건비, 행정비, 건축비)	24.4	23.1	38.8	33.8	29.99	37.1	31.3
선교 재정 (국내, 특수, 해외)	75.6	76.9	61.2	66.2	70.01	62.9	68.7
총계	100	100	100	100	100	100	100
담임목사	이동휘		박진구		오성준		

---

14 이동휘, 《깡통교회 이야기》 (서울: 두란노, 2004[17th edn]), 54쪽.

15 이동휘는 전주안디옥교회 헌금의 약 60%가 십일조이며, 십일조 전부를 선교비로 사용한다고 말한다.

16 "Introduction to JAC's overseas missions", JAC's Overseas Missions Committee, updated January 24, 2021, http://antiochia.org/main/sub.html?mstrCode=3.

2001년부터 2020년까지 교회 재정의 경상비(인건비, 건물 유지비, 사업비 등)는 평균 31.3%였으며,[17] 국내 선교, 특수 선교, 해외 선교를 포함한 전주안디옥교회의 선교 재정 비율은 평균 전체 재정의 68.7%를 차지하는 것으로 나타났다. 전주안디옥교회는 담임 목사가 바뀌었음에도 선교 재정 지출에 일관성을 유지하고 있는 것으로 보인다. 이는 2020년도 전주안디옥교회의 재정 지출을 통해 확인할 수 있다.

라이프스타일 재정 정책

앞서 말한 명문화된 선교 정책과 비교했을 때 이 라이프스타일 재정 정책은 전주안디옥교회의 정신(attitude)이며, 교회의 구호(표어 또는 슬로건)로 전주안디옥교회 성도들 삶의 체계와 방식으로 자리 잡은 것들이다.

첫째, 교회는 예산을 세우지 않는다. 이동휘 목사의 재임 기간(1983~2006년) 전주안디옥교회는 교회의 예산을 세우지 않았다.[18] 개척 교회가 예산을 세우지 않는다는 것이 전통적인 교회의 관점에서 볼 때 무모한 것일 수 있었지만, 이런 결정은 이동휘 목사의 철학을 이해하고 동의한 교회 성도들의 협력이 있었기에 가능했다.[19] 이동휘 목사는 이렇게 말한다.

기존 교회에서 목회할 때 농촌 교회 한 곳을 돕자고 제안했는데, 당회에서 "예산을 세우지 않았다"는 이유로 거절당한 일이 있다. 하나님의 사업이 일년 예산 안에 갇혀 있음을 보고 예산 없이 지내기로 했다. 하나님이 성령의 감동으로 명령하실 때 "아멘"으로 실천하기 위해 예산 없이 지낸다. 매월 결

---

17 이동휘, 《깡통교회 이야기》 (서울: 두란노, 2004[17th edn]), 82쪽.

18 이동휘, "믿음 선교", 〈바울선교〉 12호(1989년 3월), 1쪽.

19 이동휘, "하나님의 시각으로 세계를 응시하라", 〈바울선교〉 69호(2001년 3-4월), 1쪽.

산만 보고할 뿐이다. 믿음 선교(Faith Mission)에 근거를 두고 있기도 하다. 이 결과 하나님은 선교 사역의 증가를 주셨고, 1월보다 3, 5, 7월로 갈수록 선교비는 증액되었다. … 선교 사역도 일 년 예산을 세웠다면 그런 큰 확장이 없었을 것이다.[20]

예산을 세우지 않는 교회 재정 정책은 하나님의 완전하고 완벽한 공급하심에 대한 믿음에 기초하고 있으며, 이런 믿음은 선교지에서 필요가 발생했을 때 즉각적으로 선교 재정을 보내는 융통성을 발휘할 수 있다. 다음은 1983~2011년 전주안디옥교회의 선교비 증가표다.

[그림 1] 전주안디옥교회의 선교비 지출 현황

(단위: 달러)

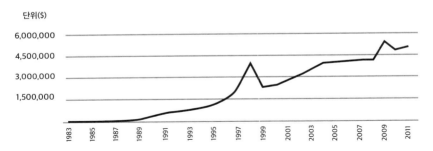

1983년 선교비로 1만 305달러를 지출했고 2011년에 510만 5,433달러를 지출했다. 2006년을 기점으로 교회 성장세가 정체로 돌아선 것을 감안할 때 2006년 이후에도 선교비가 지속적으로 증가한 것은 안디옥교회가 전투적이고 적극적으로 선교 사역에 임한 것으로 평가할 수 있다.

---

20 이동휘, 《깡통교회 이야기》, 55쪽.

둘째, 불편하게 살자. 이동휘는 선교를 위해, 선교사들의 사역을 위해, 현지인들의 교육을 위해 불편을 즐기자고 말한다. 이동휘는 "예수님은 말 구유에서 출생하며 불편을 겪으셨다. 가난한 목수의 집에서 불편하게 사셨다"[21]라고 하면서 "선교보다 긴급하지 않은 사항은 과감히 뒤로 미뤄라. 먼저 생명 구원부터 시켜야 한다. 현재 벌이고 있는 것을 다하고 나서는 선교를 못 할 것이다. … (불편하더라도) 헌금은 하나님의 재산이므로 오직 선교만을 위해 쓰도록 하라"고 말한다. 이런 태도는 '권리는 없고 의무만 있는' 전주안디옥교회의 사상으로 발전한다.[22] 즉 주(主, Lord) 되신 그리스도께서 가장 원하시는 영혼 구원을 위해 잠깐의 불편함을 즐거움으로 받아들이라는 것이다. 이런 가치관에 기초하여 2020년 현재 전주안디옥교회는 양철로 만들어진 창고 건물에서 5,000여 명의 성도가 예배를 드리고 있다.

셋째, 전주안디옥교회의 헌금은 전주안디옥교회의 것이 아니라 하나님 나라의 것이다. 이동휘 목사는 2016년 전주안디옥교회에서 열린 바울선교회 30주년 기념 예배에서 "전주안디옥교회의 헌금은 하나님 나라의 것이기에 우리 교회의 이름으로 선교비가 나간다고 해서 자랑하지 말고 자부심을 가지지도 말라"고 했다. 하나님께 드린 헌금은 더는 전주안디옥교회의 소유가 아니라 하나님의 재산이라는 것이다.[23] 이런 물질관은 곧 물질의 소유권이 하나님께 있으므로 선교재정을 소유주의 마음에 들게 정직하게 사용해야 한다는 물질의 청지기 정신으로 발전했다. 즉 전주안디옥교회는 순전한 마음으로 헌

---

21 이동휘, 《사람을 내놓아라》, 211-212쪽.

22 이동휘, "권리는 없고 의무만 있는 사람들", 〈바울선교〉 186호(2020년 9-10월), 1쪽.

23 이동휘, 《깡통교회 이야기》, 54쪽; 이동휘, '세 겹줄 선교,' 〈바울선교〉 173호(2018년 7-8월), 1쪽.

금을 하고, 하나님의 뜻대로 헌금이 사용되기를 기도하며, 선교사들은 수도사적 자세로 절제하며 절약하고 청빈하게 물질을 대하라고 하는 것이다.[24]

이상에서 필자는 전주안디옥교회의 재정 정책은 전주안디옥교회의 선교 철학을 분명하게 반영하고 있음을 언급했다. 더 나아가 전주안디옥교회의 재정 정책은 성도들이 헌금을 드리는 것에 그치지 않고, 그들 삶의 모든 영역에서 선교사로 살아갈 것을 규명하는 방향성을 지녔음을 보여주었다.

4. 바울선교회 현지인 선교사 정책

다음은 전주안디옥교회와 바울선교회의 긴밀한 선교 정신(DNA)이 현지인 선교사 정책에 어떻게 적용되는지를 살펴보고자 한다.

바울선교회의 현지인 선교사 현황

2021년 1월 현재, 활동 중인 바울선교회 선교사는 92개국 496명이다. 한국 선교사는 전체 선교사의 82%를 차지하고 있다. 현지인 선교사는 4개 대륙(아시아, 아메리카, 유럽, 아프리카)에서 사역하고 있으며, 바울선교회 소속 전체 선교사의 18%을 차지한다.

바울선교회 내의 현지인 선교사 훈련은 필리핀과 브라질에서 이루어지고 있으며, 현지인 선교사들은 국제바울선교회 내 현지인 선교 본

---

24 이동휘, "수도사적인 선교사", 〈바울선교〉 39호(1995년 11월), 1쪽; 이동휘, "너희가 먹을 것을 주어라", 〈바울선교〉 63호(2000년 3-4월), 1쪽; 이동휘, "그리스도인(선교사)의 윤리", 〈바울선교〉 168호(2017년 9-10월), 1쪽.

[그림 2] 바울선교회 선교사 구분

현지인 선교사
18%

한국인 선교사
82%

부에 소속되어 활동하고 있다.[25] 2022년부터 세네갈(프랑스어) 현지인 선교사 훈련원, 멕시코(스페인어) 현지인 선교사 훈련원, G국(러시안)현지인 선교사 훈련원, J국(아랍어) 현지인 선교사 훈련원, C국(중국어) 현지인 선교사 훈련원을 개원하여 현지인 선교사들을 동원하고 훈련하고 파송할 계획을 가지고 있다.

바울선교회의 현지인 선교사 정책

바울선교회의 현지인 선교사 정책은 크게 세 가지로 볼 수 있다. 그것은 현지 교회와의 협력, 선교 가치 공유, 재생산성이다.

첫째, 동역자들과의 유기적 협력이다. 바울선교회의 현지인 선교 본부는 현지인 선교사 훈련원이 설립된 곳에서 사역할 때 '현지 교단'과 현지에서 사역하는 국제 선교단체들과의 협력, 현지에서 사역하는

---

25 현지인 선교 본부(Frontier Mission Headquarter)는 필리핀에 있으며 국제적 네트워킹과 선교사 멘토링, 훈련, 관리를 담당하고 있다.

한국 선교사들, 현지인이 설립한 선교단체들과 선교사 발굴, 강사 교류, 사역 훈련 등에서 협력을 유지하고 있다. 예를 들어 바울선교회의 필리핀 선교사 훈련원은 필리핀 남침례교단(SBC, Southern Baptist Convention)의 선교부인 OSB(One Sending Body)와 업무 협약을 맺고 OSB에서 추천하는 선교사를 본 바울선교회의 현지인 선교사 훈련원에서 훈련한 후 OSB가 파송하는 선교 지역으로 공동 파송한다. 바울선교회의 필리핀 선교사 훈련원은 오엠국제선교회(Operation Mobilization), 예수전도단(Youth With a Mission), 어린이전도협회(Child Evangelism Fellowship), 필리핀 새부족선교(New Tribe Missions Philippines) 등과 같은 국제 선교단체들과 협력해 강의 교환, 위탁 훈련 등을 실시하고 있다. 바울선교회의 필리핀 선교사 훈련원은 주필리핀한국선교사협의회(KMAP, Korea Missions Associations in the Philippines)와 협력하여 한국 선교사들과 기관이 추천한 선교사 후보생을 훈련하여 공동으로 파송하고 있다. 또한 바울선교회의 필리핀 선교사 훈련원은 필리핀선교단체협의회(PMA, Philippine Missions Association)에 소속되어 있고 PMA의 인증을 받았다. 바울선교회는 현지 교회와의 협력을 통해 현지 교단과 교회가 스스로 선교 역량을 구비하고, 스스로 선교의 주체가 되도록 돕고 있다.

둘째, 선교 DNA 공유다. 바울선교회의 현지인 선교 본부는 현지 교단, 현지 선교단체들과 영적 가치, 삶의 가치, 전략적 가치 등 세 가지 상호 가치(shared value)를 공유하고 있다.

먼저, 영적 가치(spiritual value)로써 믿음 선교다.[26] 이 믿음 선교는 선교사 훈련 가운데 하나님의 공급하심과 보호를 체험하기 위해 기

---

26 앞서 나온 "전주안디옥교회와 바울선교회의 유기적 관계"에서 정의한 '믿음 선교'를 보라.

[그림 3] 전주안디옥교회

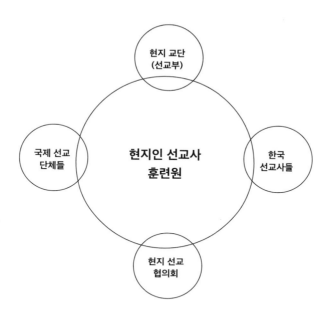

현지 교단
(선교부)

국제 선교
단체들

현지인 선교사
훈련원

한국
선교사들

현지 선교
협의회

획된 '믿음 여행'을 통해 훈련한다. 훈련생들은 훈련원에서 7시간 떨어진 도시 바기오에서 훈련원이 위치한 안티폴로까지 6일 동안 전도하면서 돌아온다. 여행을 시작할 때 돈과 음식 없이 오직 하나님의 공급하심과 도우심을 기대하면서 여행을 한다. 훈련생들은 음식과 교통편, 숙소, 사역지를 때에 따라 적절하고 정확하게 공급하시는 하나님을 경험하고 돌아온다. 이 훈련을 통해 선교사 후보생들은 선교 사역에 필요한 것을 하나님이 공급하신다는 사실을 실재적·실존적으로 경험하게 된다.

다음으로는 삶의 가치(life value)로써 선교사 7대 정신이다.[27] 이것은 절대 구원의 확신, 절대 소명, 절대 기도, 절대 감사, 절대 복종, 절대 헌

---

27 이동휘, "바울선교회 7대 정신", 〈바울선교〉 77호(2002년 7-8월호), 1쪽.

신, 절대 사랑이다. 이동휘는 "'그리스도의 복음은 전하는 자를 통해 실증된다"라고 했다.[28] 결국 이 7대 정신은 하나님 나라의 확장을 이루는 전인적인 선교사적 삶(wholistic missionary life)의 체계라고 볼 수 있다.

마지막으로 전략적 가치(strategic value)로써 선교적 토착 교회 설립(indigenous missionary church planting)이다.[29] 바울선교회는 설립부터 현지인(토착민)을 선교사로 발굴하고 훈련하여 파송하는 전략과 정책을 표방했다.[30] 바울선교회 소속 선교사들은 사도행전 1장 8절을 '만인선교사론'의 근거로 보고, 사역하는 모든 곳에서 여덟 가지 선교사론을 가르치고 강조하고 교육하고 있다. 바울선교회는 '선교 국가'와 '피선교 국가'의 이원론을 거부하고, 모든 곳에서 모든 곳으로 선교가 이루어지도록 현지인을 훈련하여 그들이 또다시 문화적 경계를 넘어 복음을 전하도록 하고 있다.[31]

셋째, 현지 교회와의 이중 멤버십 파송이다. 바울선교회는 선교지 현지 교회들과 조직적 협력 체계를 갖추었다. 선교사의 행정적인 감독권, 징계권, 재정 감독권은 현지인 선교사가 소속된 단체에 있으며 바울선교회는 선교사의 정착, 언어와 문화 적응 지도, 돌봄과 멘토링에 집중한다. 현지인 선교사들은 매 2개월마다 선교사 편지와 재정 보고서를 바울선교회와 본인이 속한 교단 선교부에 제출하도록 되어 있다. 파송 후 선교 재정은 매칭펀드(matching fund) 정책에 따라 상호 50%의 재정을 부담하게 된다. 재정은 한국에서 필리핀 협력 단체에 보내며,

---

28 이동휘, "바울 선교의 성서적 조명", 〈바울선교〉 1호(1986년 5월), 1쪽.

29 Seung-Il Lee, "Mission Planting Beyond Church Planting", in Globalization and Mission, ed. Timothy K. Park and Steve K. Eom (Seoul: EWCMRD, 2017), 575-584.

30 앞서 말한 나가는 선교사, 부모 선교사, 기도 선교사, 물질 선교사, 직장 선교사, 가족 선교사, 문화 선교사, 길거리 선교사 등 여덟 가지 선교사를 참조하라.

31 이동휘, "식민주의적 선교를 중단하라", 〈바울선교〉 42호(1996년 5월), 37쪽.

현지인 선교사 소속 단체가 필리핀에서 모금된 선교비를 현지인 선교사에게 보내도록 하고 있다. 이것은 필리핀 교회가 더 큰 책임감과 책무를 가지고 선교사를 돕도록 하는 목적을 가진다. 필리피노 선교사의 경우 3년간 타 문화권 사역을 한 뒤 필리핀으로 귀국하여 6개월간의 디브리핑(Debriefing) 기간을 가진다. 그후 선교사가 소속된 단체의 주도 아래 장기 선교사로 재출국하거나 경력 전환을 하게 된다. 3년 사역을 마치고 나서 현지인 선교사는 현지 교단 소속 선교사로 활동하게 되며, 바울선교회는 준회원으로 자격이 변동된다. 바울선교회는 재정 지원을 중단하고 현지인 선교사는 바울선교회에 대한 선교사 편지, 사역보고서, 재정 보고서 제출의 의무로부터 자유로워진다. 그러나 바울선교회는 현지인 선교사들에 대한 멘토링 같은 도덕적 지원은 유지한다.

[그림 4] 선교 훈련과 파송 과정

이상에서 본 바와 같이 '상호 존중'에 기반한 바울선교회와 현지 교단의 협력은 모든 단계에 반영되며, 이런 과정을 통해 바울선교회는 현지인 선교사들을 통해 자국민을 선교사로 훈련하는 자발적인 선교 운동이 일어나기를 기대하고 있다.

바울선교회 현지인 선교사 정책의 긍정적 효과

첫째, 장기 선교사 증가(Increase of Long Term Missionaries)다. 필리피노 선교사들의 경우 3년 사역 후 자비량 선교사로 선교지로 복귀하는 비율이 증가하고 있다. 다음은 3년 사역 후 필리피노 선교사의 향후 진로를 분석한 결과다.

[그림 5] 3년 사역 후 필리피노 선교사의 향후 진로

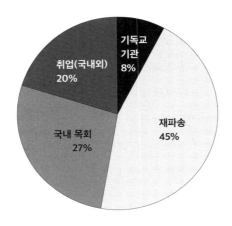

FMT 1-9기 선교사로 파송 받은 51명 선교사 가운데 23명이 장기 자비량 선교사로 재파송되었다. 즉 3년 사역 후 바울선교회의 재정 지원이 중단되었음에도 장기 선교사로 재파송되는 비율이 45%에 이른다는 것을 보여준다. 이것은 필리피노 선교사들에게 경제적 어려움은 그들의 선교 사역에 큰 장애가 되지 않음을 보여준다. 더 고무적인 것은 장기 선교사로 재출국한 필리피노 선교사들이 그들의 선교지에서 현지 그리스도인을 선교사로 발굴하여 필리핀에 보내 타 문화권 선교사로 훈련받게 하는 것이다. 아울러 3년 사역을 마치고 필리핀에 돌아와 국내 목회를 하는 사람이 14명으로 전체의 27%를 차지한다. 이들은 국내에서 선교 중심적 목회를 하고 있으며, 이들을 통해 새로운 선교 자원이 배출되고 선교 후원이 이루어지고 있다. 결국 바울선교회 DNA가 지속적으로 필리피노 선교사와 필리피노 교회 사이에 전수되고 있

으며, 바울선교회의 정신이 생동감 있고 역동적으로 뿌리내리고, 동일한 현지인 선교 운동이 재생산되고 있다는 점에서 고무적이라고 말할 수 있다. 이를 통해 앞으로 더욱 역동적이고 적극적인 현지인 선교 운동이 일어나리라고 기대한다.

둘째, 자비량 전문인 선교사로서의 자리매김이다. 필리피노 선교사들의 장기 사역 형태가 다양화되고 있다는 점은 고무적이다. 일반적으로 필리피노의 경우 영어 교습 등을 통해 자비량 선교사로 사역하는 것으로 알려졌으나 단독 목회를 비롯해 BAM, 학교 교육 사업, 국제 단체 소속 사역, 신학교에서의 교수 사역 등으로 사역의 범위가 확장되고 있다.

이것은 곧 성령께서 다양한 사역의 문을 창조적으로 여시고, 필리피노 선교사들을 효과적으로 사용하고 계신다는 것을 알 수 있다. 다른 말로 하면 필리피노 외의 다른 현지인 선교사들도 재정적으로 자립해 해외 선교를 감당할 수 있다는 긍정적 신호로 볼 수 있다. 실례로 L국에서 사역하는 필리피노 선교사는 필리피노 음식 사업을 하면서 L국의 산지 미전도 종족 사역을 감당하고 있다. C국에서 사역하고 있는 필리피노 선교사들은 국제 학교 교사, 컴퓨터 엔지니어, 영어 교사, 지역 개발 등과 같은 사역을 C국의 현지 교회들과 진행하고 있다. 가장 고무적인 일은 필리피노 선교사들이 지금 사역하고 있는 현지인들에게 세계 선교의 중요성을 교육하고, 그들의 제자가 있는 그곳에서 선교사의 삶을 살도록 훈련하고 있다는 것이다.

셋째, 디아스포라 선교의 역량이다. 필자는 바울선교회 현지인 선교사들의 사역에서 가장 두드러진 부분이 바로 디아스포라 선교 사역이라고 생각한다. 예를 들어 필리핀 훈련원에서 훈련을 받고 아시아권에서 사역한 베트남 선교사들은 2차 사역으로 한국에서 한국 주재 베트남 유학생 사역을 감당하고 있다. 이 베트남 선교사들의 비전은 베트남인들을 해외 선교사로 훈련하여 파송하는 것이다. L국에서 사역하고 있는 필리피노 선교사는 L국에 주재하고 있는 필리피노들을 위한 예배 공동체를 시작했다. B국에서 사역하고 있는 필리피노 선교사 부부는 국제 교회(International Church)를 시작하여 B국에 거주하고 있는 외국인들에게 복음을 전하고 있다. 다문화 사회와 이주민 시대에 현지인 그리스도인을 선교 동력화하는 일이야말로 효과적인 선교 전략이라고 평가된다.

5. 결론

이상에서 필자는 선교회의 선교 철학은 선교회의 재정 정책을 결정하고, 이 재정 정책은 선교지에서 사역의 방향성과 질을 결정한다고 주장했다. 전주안디옥교회와 바울선교회는 현지 그리스도인이 자신들의 정체성을 선교사로 인식하고 자신이 속한 문화권뿐 아니라 타 문화권의 선교사로 살아가는 미션 플랜팅을 표방하고 있다. 이를 위해 전주 안디옥교회와 바울선교회의 핵심 가치를 현지 그리스도인과 공유하고 있다. 이런 정책은 바울선교회가 현지 교회 중심, 현지 교회와의 연합과 협력 중심 사역을 하도록 이끈다.

또한 하나님 나라의 신학에 근거한 수평적인 흐름의 재정 정책을 낳고 있다. 재정 정책은 한 선교회의 철학과 성품을 표방한다. 수평적 재정 흐름은 선교지와 피선교지의 이분법적 구분을 무너뜨리고, 이 세상의 모든 교회가 한 형제로 세계 복음화의 공동 목표를 가지고 전진하는 동반자(동역자)라는 공동체 의식을 불러온다. 이런 측면에서 전주안디옥교회와 바울선교회 현지인 선교사 정책은 그리스도인의 '만인선교사론'을 실질적으로 실행할 뿐 아니라 하나님 나라의 신학을 기반으로 현지 교회와 함께 하나님 나라를 확장해 가는 전 우주적 교회의 협력 모델을 제시할 수 있을 것으로 보인다.

논찬

데이비드 S. 림(David S. Lim)

이 논문은 전주안디옥교회(JAC)와 바울선교회를 설립한 이동휘 목사의 간증이다. 현재 바울선교회 부속 선교 훈련원(PTMC)은 이승일 박사가 이끌고 있다. 이동휘 목사는 그들의 선교사 DNA와 정신에 입각해 어떤 재정 정책을 수립했고 이 정책이 어떻게 파송 선교사의 자질과 비전을 결정하는지를 설명하며, 이승일 박사는 PMTC가 운영하는 원주민 선교사 훈련 프로그램에 대해 설명한다.

첫 문단에서 "선교 재정은 선교사로부터 피선교지에 수직적으로 흐르는 것이 아니라 하나님 나라의 교회 간 상호 신뢰와 유기성 가운데 수평적으로 흘러야 한다"라고 말한다. 이 주장이 논문을 통해 검증되었을까? 필자는 SWOT(강점과 약점, 기회, 위협) 분석을 통해 논의를 진행하고자 한다.

1. 긍정적 측면

이들의 재정 정책에는 많은 긍정적 측면(강점과 기회)이 있다.

강점

네 가지 강점을 강조하겠다.

① 비전이 있는 열정적인 리더십: 무엇보다 이동휘 목사의 비전과 열정적 리더십이 강점이다. 그리스도에 대한 급진적 순종과 '전시 생활 방식'에 대한 그의 요청은 희생적인 헌신과 선교 헌금으로 이어졌다. 그는 교인들이 "모든 그리스도인은 선교사다"라는 믿음에 따라 행동하도록 여덟 가지 범주를 창의적으로 만들었다. 양철로 만들어진 창고 건물을 5,000여 명의 교인이 모이는 교회 예배당으로 계속 사용한다는 것은 개척 선교의 '느낌'을 체험하는 데 정말 도움이 된다. 그 결과 교인들은 확신을 품고 정규 교회 헌금의 무려 60%를 선교 사업에 할당하고 있다.

② 기도 동원: 선교 동원 성공의 밑바탕에는 1995년에 개설한 기도실이 있었다. 수시로 기도 제목을 올림으로써 교인들은 후원 선교사들의 상황을 즉각 확인할 수 있었다. 또한 이를 통해 선교를 위한 인적 자원과 재정 자원을 더 많이 모을 수 있었다.

③ 별도의 선교기관: 교회와 별도로 선교기관을 세운 것은 지혜롭다고 생각한다. 역사적으로 교회 구조 내에 선교위원회를 두는 교단적 방법은 그들의 지원을 받는 선교사들이 급변하는 포스트모던 시대에 맥락화가 필요한 선교 현장에서 케케묵은 전통을 따르도록 압력을 가하는 결과를 가져왔다. 선교를 전문으로 하는 별도의 거버넌스 위원회를 만든 것은 최전선 선교사들에게 더 많은 자유와 유연성을 허용하고, 문화에 보다 민감한 리더십 팀을 개발하도록 만들 것이다. 이렇게 함으로써 교회의 방침과 차이가 날 때 후원이 끊기는 일을 막을 수 있으며, 선교 현장에서 맥락화된 창의적 활동과 프로그램을 갖도록 독

려할 수 있다.

④ 자립 선교사: 바울선교회 선교훈련원의 연수생은 훌륭한 자립 정책을 교육받았고 이를 실천에 옮겼다. 그들은 최대 한도를 3년으로 정해 장기적 재정 지원을 기대하지 않도록 훈련받았다. 이것은 선교 훈련생이 창의적이고 다양한 경제적 생활 방식과 직업을 갖도록 이끌었다(따라서 많은 선교 현장과 달리 의존성을 피할 수 있었다). 이들 가운데 거의 절반이 제한된 지역에 더 쉽고 효과적으로 접근할 수 있는 텐트메이커(자립 선교사)의 길을 선택했다는 점이 가장 기쁘다.

기회

두 가지 기회가 있다.

① 현지인 선교: 최근 예산의 18%가 '현지인 선교'에 사용되었다는 사실이 놀랍다. 사람들이 군중 속에서 길을 잃지 않기 위해 자신의 사회문화적 정체성을 확인하려고 노력하는 세계화된 세상에서 '현지인이 현지인을 전도하는 것'은 민족들과 지역사회, 국가를 복음화하고 제자화하는 데 있어 비용적인 면에서 더 효율적이고 효과적인 방법이다. 필리핀과 브라질 외에도 새로운 훈련 센터를 설립하여 현지인 선교사를 훈련시키려는 그들의 계획은 선교 예산의 보다 전략적 사용으로 이어질 것이다.

② 지역 선교 봉사: 노동 시장과 비즈니스 시장의 세계화로 말미암아 사람들이 대거 이주하는 세상에서 타 문화 사역은 선교를 우리 손이 닿는 곳으로 가져왔다. 바울선교회 선교훈련원이 각자의 지역에 있는 베트남 학생과 필리핀 노동자를 대상으로 사역을 시작하고 주변의 타 종교인에게도 다가가게 되어 기쁘다. 유학생, 사업가, 외국인 노동자 등 디아스포라 민족에 대한 봉사 활동이 더 증가하고 전략적으로 새

로운 개종자를 그리스도의 제자로 삼아 (상황화 훈련을 통해) 고향에 있는 친척, 친구들과 그리스도를 나누게 되기를 바란다.

2. 도전적 측면

이 논문에서 언급된 재정 정책에는 몇 가지 미비점 또는 문제점(한 가지 약점과 두 가지 위협)이 있다.

약점

한 가지 약점을 지적하고자 한다. 바로 전략 기획이다. 필자는 미전도 종족(특히 중국, 불교, 이슬람 국가)에게 선교사를 파송하여 하나님 나라의 복음을 전파하려고 여러 교회를 동원한 경험을 통해 개척 선교를 할 때 올바른 선교 전략을 선택하는 것이 가장 중요한지를 알게 되었다. 오늘날 선교는 두 가지 방식으로 하나님의 자원을 계속해서 잘못 할당하고 있다. 첫째, 대부분의 선교사는 미전도 종족과 직접적 접촉 없이 사역을 이어간다.[1] 둘째, 미전도 종족 내에서 사역하는 교단 선교사는 상대적으로 많은 재정 지원에도 불구하고 효과적으로 교회 개척을 하지 못하고 있다. 그렇다면 우리 주님의 풍성한 추수는 환상에 불과한 것인가? 백 배를 거두기가 어렵다면 적어도 삼십 배는 거둘 수 없을까?

필자는 10년 전에 〈교회 증식과 내부자 운동을 위한 효과적인 파트너십〉이라는 제목의 논문을 발표했다.[2] 그 글에서 여러 교회와 단체에

---

1 조슈아 프로젝트에 따르면 2021년 2월 현재 선교사의 10% 미만이 미전도 종족 가운데서 사역하고, 미전도 종족의 81%가 기독교인을 알고 있으며, 모든 유형의 기독교인이 세계 인구에서 3분의 1가량을 차지하지만 절대적 숫자로 보면 비기독교인이 증가하고 있다. https://joshuaproject.net/assets/media/handouts/status-of-world-evangelization.pdf.

2 Paul de Neui (ed.), *Complexities of Money and Missions in Asia* (Pasadena: William

서 파송된 여러 선교사가 최전선 사역에서 자금을 조달하고 사역할 수 있는 방법을 다음 네 가지 요점으로 설명했다. 1) 핵심 내용: 전략의 공통성. 2) 주요 관계: 대등한 우정. 3) 주요 목표: 지역 주민/현지인에게 권한 부여. 4) 주요 태도: 외국인들의 봉사. 원주민 선교사가 받는 선교사 훈련은 마지막 세 가지 요점을 따르는 것 같지만 첫 번째 요점은 놓치고 있는 듯하다. 그 요점은 바로 미전도 종족 가운데서 마을과 부족 전체를 전도하는 '포화 전도'를 위해 제자와 교회를 효과적으로 증식시키는 최상의 선교 전략을 찾고 자금을 조달하는 것이다.

따라서 이동휘 목사가 38년 동안 후원한 500여 명의 선교사(특히 미전도 종족 가운데서 살고 섬겼던 선교사) 가운데 최고의 교회 개척자와 그들이 수행한 모범 사례를 그들의 재정 후원 방식과 함께 소개하는 또 다른 논문을 쓰기를 기대한다. 이것은 복음을 제대로 접해 본 적 없는 이들에게 전략적으로 다가가기 위해 선교사를 배치하고 지원을 집중해 지상명령을 완수하려는 이들에게 큰 도움이 될 것이다. 특히 한국전방개척선교학회를 비롯한 다른 선교 지도자와의 대화, 교류를 통해 새로운 깨달음을 얻을 수 있을 것으로 기대한다. 이를 통해 선교 기금의 예산 편성을 보다 전략적으로 풍부하게 할 수 있을 것이다.

위협

두 가지 주요 위협 요인이 있다.

① 연간 예산이 없음: 그 결과 평균 31%가 '운영비'로 사용되었다. 선교기관을 포함한 다양한 조직에서 일반적으로 기대하는 '행정 비용'은 20%다. 특히 코로나 이후 세상의 '뉴노멀'을 마주하고 있는 우리에

Carey Library, 2012), 121-190.

게 선교 예산에서 '정상'이 달성될 수 있는지 확인하는 데 노력을 기울이면 좋겠다.

② 청소년 동원: 포스트모던적 사고(모든 절대적인 것과 모든 제도적 권위의 해체)와 소셜 미디어의 지배적 사용(거의 모든 것이 인터넷과 스마트폰으로 이동) 확산과 영향력이 가속화되면서 모든 교회는 젊은이들의 대규모 이탈을 목격하고 있다. 유튜브와 틱톡을 통해 홍보되는 글로벌 문화를 공유하는 우리 젊은 세대의 비전과 사명을 포착해 내는 승자는 과연 누구일까? 한국 청소년과 전 세계 청소년에게 다가갈 수 있는 새로운 프로그램을 연구 개발하는 데 일부 예산을 할당하는 것은 우리 교회와 선교 프로그램을 유지하고 확장하는 가장 전략적인 방법이 될 수 있다.

3. 결론

교회와 선교단체가 '소위 동역자 관계'라고는 하지만 실제로는 수직적(위계적 상하 관계)인 경우가 많다. 이런 가운데 동등한 수평적 관계라는 훌륭한 파트너십의 모범을 보여준 전주안디옥교회와 바울선교회의 감동적인 사례에 대해 하나님께 감사드린다. 이 글에서 필자가 지목한 긍정적 측면이 우리 교회, 선교단체, 선교사 훈련원에서 더 많이 실천되기를 바란다. 또한 이 글에서 언급한 도전적 측면을 참고로 삼아 기도하면서 선교 기금을 더 잘 관리할 수 있는 방법을 찾고, 이를 통해 열방의 미전도 종족 가운데서 하나님의 풍성한 수확을 거둘 수 있기를 바란다.

숙고를 위한 질문

1. 당신의 교회나 선교기관은 전주안디옥교회와 바울선교회의 재정 정책을 따를 수 있는가? 당신이 처한 상황에 맞춰 어떻게 수정해야 하는가?

2. 이 논찬에 언급된 재정 정책에 대한 긍정적 평가에 동의하는가? 어떤 긍정적 측면을 추가해야 할까?

3. 이 논찬에 언급된 발전을 위한 제안에 동의하는가? 무엇을 더 추가해야 할까?

제4부

간증

26
하나님을 향한 믿음

조학현

선교지로 나가기 전, 선교사 후보자 훈련을 받고 있을 때 허드슨 테일러의 전기를 읽고 많은 감동과 격려를 받았다. 특히 하나님에 대한 그의 끈끈한 신뢰가 깊이 와닿았다. "그분께 의존하십시오. 하나님의 방식대로 행하신 그분의 일에는 하나님의 공급하심이 결코 부족하지 않을 것입니다. 지혜로운 하나님이시기에 재정이 부족해 그분의 목적을 좌절시킬 수 없고, 그분은 나중과 마찬가지로 쉽게 미리 공급하실 수 있고, 그렇게 하는 것을 훨씬 더 선호하십니다."[1]

허드슨 테일러의 책에서 선교사가 가져야 할 중요한 원칙을 발견했는데, 그것은 하나님을 신뢰함으로써 우리의 모든 필요를 하나님께만 구하고 사람에게 구하지 않는다는 재정 원칙이다. 허드슨 테일러의 그런 재정 원칙은 강력한 도전을 주었고, 동시에 그가 세웠던 선교회의 후신인 OMF에 지원하는 중요한 계기가 되었다. 하지만 선교사

---

1 J. Hudson Taylor, *Hudson Taylor: The Autobiography of a Man Who Brought the Gospel to China* (Baker Publishing Group: Michigan, 1987), 124.

로서 이 원칙을 구체적으로 적용하기가 쉽지 않다는 것을 나중에서야 깨닫게 되었다.

　나와 아내는 한국의 광주에 있는 한 교회에서 1998년 5월 파송을 받았다. 파송 예배 후 우리는 선교지인 캄보디아로 바로 가기 전에 호주로 가야 했다. OMF는 국제 단체로 선교회 내에서 주로 영어를 사용하는데 우리의 영어 실력이 충분하지 않아 영어 훈련이 필요했기 때문이다. 우리가 호주로 영어 훈련을 떠날 때쯤 한국 경제는 큰 어려움에 직면해 있었다. 1997년 아시아의 경제 위기가 마침내 한국에도 영향을 미쳐 국가 경제 전체가 흔들리고 한국의 많은 기업이 연쇄적으로 도산하며 노동자들이 해고되었다. 또한 환율이 최악이어서 해외 송금을 하려면 두세 배의 돈이 더 필요했다. 한국의 경제 위기는 우리의 재정 후원에도 영향을 미쳐 후원을 약속했던 교회들과 후원자들이 재정 후원을 포기할 수밖에 없었다. 호주에서 영어를 열심히 공부하던 어느 날 한국 OMF 사무실에서 편지가 도착했다. 현재 캄보디아에서 OMF 선교사로서 필요한 전체 후원 금액의 60% 정도만 후원을 받고 있는데, 적어도 후원 목표액의 80%가 되어야만 캄보디아에 들어갈 수 있다는 내용이었다. 그때부터 나는 염려와 걱정에 사로잡혀 마음이 어려워지기 시작했다. 후원이 충분하지 않다면 한국으로 돌아가 다시 재정 후원을 일으켜야 하는가 하는 고민도 했다. 교회들에게 더 많은 후원을 요청하더라도 그들 역시 재정적으로 어렵기 때문에 우리를 후원할 수 없음을 잘 알고 있었다.

　그런 염려에도 불구하고 평소대로 기도하면서 말씀을 읽어 나가기 시작했다. 그러다가 성경 말씀 한 구절이 마음을 강하게 사로잡았다. "그러나 내가 이스라엘 가운데에 칠천 명을 남기리니 다 바알에게 무릎을 꿇지 아니하고 다 바알에게 입 맞추지 아니한 자니라"(왕상 19:18). 엘리야가 주위에 자신을 도와줄 사람이 없다고 불평하자 하나님은 이렇게 답해 주셨다. 이 말씀을 읽기 전 내 마음이 엘리야와 같았다. 그런데 엘리야에게 주셨던 하나님의 말씀을 통해 내게도 답해 주신 것이었다.

하나님은 먼저 우리에게 약속의 말씀을 주셨고 나중에 하나님의 방법으로 우리의 어려움을 해결해 주셨다. 호주 시드니에 있는 우리가 잘 알지 못하고 관계도 거의 없던 한 한인 교회에서 연락이 왔는데, 캄보디아로 들어가면 그때부터 후원하겠다는 것이었다.

캄보디아에 도착하자마자 선교회가 제공한 필드 오리엔테이션 과정에 참석했다. 그 과정은 우리가 어떻게 캄보디아 문화와 언어를 배워 나갈 것인지를 알려주고 선교회의 필드 정책에 대해서도 알게 되는 시간이었다. 선교회가 제공한 필드 핸드북에서 말하는 선교회의 재정 정책은 우리가 성육신의 태도를 가지고 선교사의 삶을 살아야 한다는 것이었다. 보다 구체적으로 우리의 생활 규모는 캄보디아 고등학교 선생님의 생활 수준을 참고하면 되었다. 그래서 우리 선교회는 신임 선교사에게 새로운 가구나 전자제품 등을 주기보다 기존의 선교사들이 사용하다가 안식년을 위해 떠나면서 남겨놓은 물건을 주었다. 심지어 선교사들이 집을 임대할 때도 임대비 총액의 상한선을 두어 화려한 집을 임대하지 못하도록 했다.

우리는 나름 선교회의 지침을 준수하기 위해 한동안 차를 구입하지 않고 현지인의 주요 교통 수단인 오토바이를 타고 다녔으며, 10년 동안 세탁기나 에어컨 없이 현지인처럼 목조 주택에서 지냈다. 그러나 한국인인 우리와 캄보디아 형제자매들과의 경제적 격차는 너무 컸다. 1999년 당시 캄보디아와 한국의 1인당 국민총생산(GDP)을 비교해 보면 캄보디아는 294달러, 한국은 1만 667달러로 약 50배가 넘는 차이를 보였다. 당시 살던 지역에서 우리만이 유일하게 냉장고를 가지고 있었다. 또한 대부분의 사람이 컴퓨터가 무엇인지조차 모르는데 우리는 랩탑 컴퓨터를 보유하고 있었다. 이런 부유함이 때때로 부끄러움과 죄책감을 느끼게 만들었다.

20년이 지난 요즘 캄보디아의 경제가 발전함에 따라 현지인의 생활수준도 많이 향상되었다. 캄보디아 국민의 상당수가 최악의 빈곤 상황을 벗어난 것은 사실이다. 하지만 부에 대한 불평등한 재분배로 캄보디아 사회의 양극화는 심화되었고, 가난한 사람들은 그들의 권리마저 보호받을 수 없는 경우가 종종 발생했다. 2018년 두 번째 교회 개척을 위해 옮겨 온 새로운 지역은 태국 국경과 가까이 있어서 주민 대부분이 태국의 이주 노동자로 일하고 있다. 캄보디아에 남아 있는 가족을 대상으로 교회 개척을 하는 것이 현재 우리의 사역이다. 가족을 경제적으로 부양하기 위해 어쩔 수 없이 분리된 가정들을 하나님의 말씀으로 위로하고 그들의 새로운 가족과 친구가 되는 것이 우리가 걸어가야 할 성육신적 생활 방식이었다.

2001년부터 나와 아내는 캄보디아의 남동부 한 시골 지역에서 교회 개척을 시작했다. 교회 개척 사역에서 우리의 목표는 현지인 교회가 스스로 자립하도록 돕고 교회의 리더십을 현지인 지도자들에게 이양한 뒤 결국에는 선교사들이 철수하는 것이었다. 그 목표를 달성하려면 무엇보다 교회가 재정적으로 자립해야 하고, 이를 위해 선교사나 외부로부터 오는 의존을 줄여야 했다. OMF 선교회는 사역할 때 재정 정책에서 우리가 가진 원칙보다 더 엄격했고, 선교사에게 정책을 지키면서 사역하라고 격려했다.

OMF 캄보디아는 교회 개척 사역을 할 때 선교사가 현지인 전도자나 목사를 고용할 수 없다는 정책을 가지고 있었다. 따라서 나를 비롯해 교회 개척팀에 속한 세 명의 선교사는 직접 전도하며 현지인 교인들에게 성경을 가르치고 훈련하면서 교회를 개척해 나갔다.

교회 개척 초기에 비록 교인 수는 적었지만 선교사들은 교인들이 교회에 필요한 적은 지출도 선교사의 재정에 의존하지 않고 그들이 헌금한 재정으로 하도록 격려했다. 선교사들은 외부 재정 의존도를 줄이기 위해 여러 가지를 실천에 옮겼다. 예를 들어 우리는 매 주일 헌금을 할 때도 선교사들의 헌금이 현지인의 헌금과 비교해 지나치게 많지 않도록 주의했다. 그것은 선교사들의 헌금이 전체 헌금에서 상당 부분을 차지할 경우 선교사들의 헌금으로 교회가 유지되고, 교회의 재정 자립을 방해하기 때문이었다. 처음에는 선교사와 현지 교인 모두 이런 원칙을 이해하고 실천하기가 쉽지 않았다. 선교사들은 더 많이 헌금할 수 있음에도 적게 헌금함으로써 혹시라도 인색하다는 오해를 받지 않을까 하는 염려가 있었다. 한편 현지 교인들은 자신들의 수입이 원래 적어서 헌금도 당연히 적을 수밖에 없는데 선교사들이 더 많은 헌금을 하면 교회 재정에 어려움이 없을 텐데 하는 아쉬움을 가지고 있었다.

우리가 항상 하는 고민이자 동시에 주님이 주시는 지혜를 구했던 것은 현지 교인들이 선교사에게 재정적으로 의존하지 않게 하면서 선교사들이 더 많이 가진 자원을 어떻게 나눌 것인가 하는 문제였다. 우리의 재정 원칙을 위협했던 일이 사역 중에 일어났다. 교인 수가 조금씩 늘어나면서 더 큰 교회 건물이 필요했다. 그동안 동네의 작은 방을 임대해 사용했는데, 우리 교회만을 위한 건물이 필요한 시점이 되었다. 하지만 교인 수와 그들의 재정 능력을 감안하면 큰 건물을 구입하거나 새로 지을 상황은 아니었다. 그럼에도 선교사들과 현지 교인들은 일단 기도로 시작하면서 건물 마련을 위한 일종의 건축위원회를 구성했다.

교회가 위원회를 구성한 지 얼마 되지 않아 기존 교회에서 그리 멀지 않은 곳에 넓은 대지를 포함한 건물이 매물로 나왔다는 소식을 들고 가격을 알아보았다. 하지만 현지 교인들만의 능력으로는 구입하지 못할 만큼 큰 금액이었다. 건물 구입에 너무 큰돈이 필요했지만 그 건물을 포기할 수 없었다. 결국 외부의 도움을 끌어와야 했다. 결국 우리의 재정 정책을 포기하고 타협할 수밖에 없었다. 하지만 동시에 우리는 현지 교인들의 참여를 최대한으로 이끌어내기 위해 노력했다. 교인들이 건물 구입에 필요한 전체 예산의 약 12%인 6,000달러를 헌금했다. 당시 교인들 가운데 학교 교사의 월급이 60달러였음을 감안하면 현지 교인들의 헌금이 얼마나 큰 헌신이었는지 짐작할 수 있다. 현지 교인들은 최선을 다해 헌금했다. 선교사에게 의존하는 의존성은 현지인에게서 시작된 것이 아니라 선교사의 잘못된 동기와 욕심 때문에 생긴다는 것을 이 일을 통해 배우게 되었다.

선교사들이 교회 개척을 시작하고 14년이 지나 현지인 지도자들에게 리더십을 이양했다. 교인들은 교회 건물을 구입할 때 대부분 교회 외부의 도움을 받았지만 그들 스스로 주인 의식을 가지도록 훈련을 받았고, 목회자를 후원하며 교회에 필요한 재정을 스스로 후원할 수 있을 만큼 성숙해졌다. 캄보디아에는 선교사를 통해 시작된 교회가 많지만 현지인 스스로 자립과 책임을 맡아 선교사로부터 독립하는 교회는 소수다. 선교사의 건강한 사역 원칙이 건강한 현지 교회를 세운다는 것을 배울 수 있었다.

우리가 배운 재정 원칙을 지켜 나가는 것은 여전히 선교사의 삶과 사역에 큰 도전이다. 선교사로 살면서 여러 번의 실수를 통해 새로운 교훈을 배우고 경험했다. 지금까지 우리의 필요를 신실하게 공급해 주신 하나님께 감사와 찬양을 드린다.

27
나의 간증

소크렉사 힘

내 이름은 렉사 힘(Reaksa Himm)이다. 캄보디아 시엠립(Siem Reap) 주의 작은 마을 푸크(Pouk)에서 11남매 중 한 명으로 태어났으며, 불교 의식을 준수하는 불교 문화권에서 자랐다. 우리 가족은 행복한 삶을 누렸지만 그 행복은 오래가지 못했다. 1975년 4월 17일, 크메르루주가 캄보디아 전역을 점령했고, 며칠 만에 나라를 전복시켰다.

도시 주민은 모두 시골로 이주해야 했고, 식량이 부족한 상황에서 중노동으로 힘겨운 시간을 보냈다. 당시 반항하는 사람은 '학교'로 보내졌는데, 이는 처형을 당한다는 뜻이었다. 열세 살이었던 나는 종일 물소와 소를 돌보면서 그 대가로 하루 두 끼 식량을 얻었다. "일하지 않는 자는 먹지도 말라"는 것이 크메르루주의 정책이었다. 매일 아침 물소와 소를 돌보기 위해 마을을 떠날 때 도시락으로 쌀과 건어물을 바나나 잎에 싸서 가져갔다. 어느 날 오후 강변 그늘에 혼자 앉아 있는데, 낯선 사람이 다가와 도시락을 나눠 먹을 수 있겠느냐고 물었다. 겨우 혼자 먹을 만큼의 도시락을 나눠 먹는다면 배를 곯을 수밖에 없었지만 나눠 주지 않고 혼자 먹는 것은 이기적인 행동이라고 생각했다. 부모님은 항상 이기적이어선 안 된다고 가르치셨다. 아무런 답을 하지 못하고 주저하면서 그 사람과 도시락을 번갈아 쳐다보았다. 결국 그의 간절한 요청을 거절할 수 없었다. "조금 드릴게요. 그런데 제가 먹을 만큼은 남겨 주세요"라고 말한 뒤 도시락을 건네주었다. 그리고 그가 먹는 것을 옆에 앉아 지켜보았다.

그는 정말 굶주려 있었다. 반쯤 먹고 돌려주기를 기대했지만 먹는 손을 멈추지 않았다. 내 도시락을 다 먹어치우고 나서 그가 말했다. "넌 착한 아이구나. 나를 위해 도시락을 주다니, 너는 참 좋은 아이야." 사실 그의 칭찬 따위에는 관심이 없었다. '정말 고맙다면 내 몫을 조금이라도 남길 것이지'라고 마음속으로 그를 원망했다. 그는 내가 얼마나 화가 났는지 모르는 듯했다. 도시락을 먹어치운 그가 이야기를 해 주겠다고 해서 잠자코 귀를 기울였다. 그는 "앞으로 6개월 안에 네 가족 모두가 죽겠지만 너는 정글에서 살아남을 거야. 너는 죽지 않겠지만 많은 고통을 견뎌야 할 거야"라고 했다. 그의 말을 듣고 난 순간 너무 화가 났다.

그의 말을 더는 듣고 싶지 않았다. 말도 안 되는 이야기를 지껄이는 것이 분명 미쳤다고 생각했다. 처음에는 측은하게 여겼는데 나중에는 화만 날 뿐이었다. 내 도시락을 먹어치우고 나서 저주 같은 악담을 퍼붓다니 말이다! 나는 홱 돌아서서 빠른 걸음으로 그 자리를 떠났다. 중간에 뒤돌아보았을 때 그는 이미 사라진 뒤였다. 그날 저녁 귀가해서 아버지께 말씀드리고 싶었지만 좋은 이야기가 아니어서 말씀드리기가 두려웠다.

시간이 지나고 어느 이른 아침에 군인들이 모여 앉아 칼과 도끼, 곡괭이를 가는 모습을 보았다. 나는 끔찍한 불행이 닥칠 것을 예감하고 속이 울렁거렸다. 몸에서 힘이 빠지면서 두려움에 휩싸였다.

십대 나이의 소년이 찾아와 아버지가 어떤 모임에 나와야 한다고 알려주었다. "동무, 앙카르 뢰우(상급 조직)가 지금 집회소로 나오라고 해요." 아버지는 바로 가겠다고 대답했다. 나는 무슨 일이 일어날지 보려고 아버지의 뒤를 따라갔다. 집회소에 도착하자마자 한 군인이 아버지를 붙잡아 팔을 등 뒤로 묶고 이렇게 말했다. "너는 앙카르 뢰우의 원수, CIA 미국 정부의 앞잡이다. 나라를 배신한 너는 오늘로 끝이야." 마침내 그날이 왔음을 깨달았다. 나는 집으로 달려가 동생들에게 아버지가 붙잡혔다고 말하고 나서 어찌할 바를 몰랐다. 사지가 떨려 이러지도 저러지도 못하고 있는데 온몸의 힘이 다 빠져나간 듯했다. 동생들을 안았을 때 그들 모두 떨기 시작했다. 처형에 대한 공포가 이렇게 무서울 줄은 미처 몰랐다. 곧이어 군인들이 아버지를 집으로 끌고 와서 우리에게 나오라고 했다. 그들은 내 손을 등 뒤로 묶었지만 어린 동생을 안고 갈 사람이 없자 나를 풀어 주었다. 그런 다음 그들은 명령했다. "앙카르 뢰우의 원수인 너희를 학교에 보내주마. 아버지를 따라가!" 그들은 아이 여섯 명을 소달구지에 태웠고, 아버지와 두 명의 교수를 마을 밖으로 끌고 갔다.

저 멀리서 소달구지에 실려 오는 다른 아이들의 모습이 보였다. 여자들은 모두 이른 아침부터 논에 일하러 나가 어머니들의 모습은 보이지 않았다. 다른 아이들도 나처럼 무서움에 떨고 있었다. 나는 막냇동생을 끌어안았지만 팔의 떨림이 멈추지 않았다.

처형 전 그들이 구덩이를 다 파기까지 20분 정도 기다려야 했다. 나는 달구지에서 내려 막냇동생을 아버지께 데리고 갔다. 아버지는 무릎을 꿇고 우리에게 입을 맞췄다. 나는 아버지를 끌어안았지만 아버지는 팔이 뒤로 묶여 있어서 안아 주지 못했다. 말을 잇지 못하고 눈물만 흘리는 아버지께 말했다. "아버지, 저희 아버지가 되어 주셔서 감사해요." 눈물로 목이 메어 더는 말이 나오지 않았다. 아버지는 이렇게 말했다. "렉사야, 아빠는 마음이 갈기갈기 찢기는 것 같구나. 나는 충분히 살았지만 너희는 죽기에 너무 어리구나."

구덩이를 다 판 군인들은 우리를 그쪽으로 밀쳤다. 나는 울먹거리며 "아빠, 사랑해요"라고 외쳤다. 아빠는 고개를 끄덕이며 대답했다. "우리 모두 죽을 때가 되었구나. 너희 모두를 사랑한다!" 그 순간 여동생이 소리를 지르기 시작했다. "아빠, 살려 줘요! 무서워요, 아빠!" 아버지의 대답은 들리지 않았다. 그 역시 처형을 앞둔 힘없는 인간일 뿐이었다. 나는 팔을 내밀어 동생을 꽉 껴안았다.

아버지는 구덩이를 향해 서 계셨다. 군인들은 뒤에서 다리를 쳐서 무릎을 꿇렸다. 아버지가 고개를 돌려 나를 쳐다보았을 때 군인들은 곡괭이로 그를 내리쳤다. 비명소리와 함께 그는 구덩이 안으로 꼬꾸라졌다. 나도 신께 도와 달라고 비명을 질렀지만 아무 소용이 없었다. 군인 한 명이 구덩이로 내려가 마지막 일격을 가했다. 다음은 우리 차례였다. 우리는 구덩이 앞에 무릎을 꿇었다. 나는 목에 가격을 당해 아버지 위로 떨어졌다. 그는 아직 살아 있었지만 곧 마지막 호흡을 내쉬고 조용해졌다. 내 동생들과 다른 아이들이 내 위로 떨어졌다. 끝으로 그들은 내 어린 막냇동생을 내리쳤다. 세 번 내리칠 동안 내 막냇동생은 소리를 질렀고, 네 번째 몽둥이질 이후에는 조용해졌다. 나는 아직 의식이 있었지만 움직일 수 없었다. 다른 아이들도 아직 숨이 붙어 있었기에 군인들은 구덩이로 내려와 마지막 일격을 가했다. 날카로운 칼날 소리와 함께 뜨거운 피가 내 몸 위로 흘러내렸다.

칼날과 도끼를 휘두르는 살육을 끝내고 그들은 구덩이 위로 올라갔다. 누군가가 "저 놈 아직 안 죽은 것 같은데"라고 말했다. 군인 한 명이 다시 내려와 내 위의 시체를 옆으로 치우고 나를 향해 곡괭이를 휘둘렀다. 굉장히 세게 맞았지만 죽을 정도는 아니었다. 그래도 가만히 죽은 척을 했다. 그때 조금이라도 움직였다면 살아남지 못했을 것이다. 우리 위에 흙이 떨어지기 시작했을 때 누군가가 말했다. "아직 덮지 마. 해치울 원수들이 더 있어."

그들은 구덩이를 놔두고 논에서 벼를 수확하던 어머니와 누나, 다른 여자들을 데리러 갔다. 내 감각은 모두 마비된 채 죽음의 쓴맛만 느껴질 뿐이었다. 코와 입에서 흐르는 피 때문에 숨쉬기가 힘들었고, 몸은 가족과 친구들의 피로 범벅이 되었다. 도망치고 싶었지만 군인들이 모두 떠나기 전에는 손 하나 까딱해서는 안 된다는 것을 알았다. 내 아래에 있는 아버지의 시신을 마주 보고 있는 동안 고통과 공포가 나를 사로잡았다. 나는 침착해지려고 노력했다. 아직 흙을 덮지 않을 테니 그들이 보지 않을 때 도망갈 수 있었다. 눈으로 직접 상황을 파악할 수 없어 들려오는 소리에 온 신경을 집중했다. 죽은 자든 산 자든 아무 소리도 들리지 않았다. 적막이 흐르고 10분을 기다린 뒤 조심스럽게 몸을 움직였다. 남아 있는 기력이 거의 없었기에 나를 짓누르는 시체 더미를 헤치고 기어 나오는 데 거의 30분이 걸렸다. 나는 흙먼지 날리는 땅 위로 올라와 구덩이를 돌아보았다. 이미 모두 죽었고, 몇몇은 목에 칼자국이 있었다. 세 남동생의 갈라진 머리에서는 뇌가 흘러나와 있었다. 막냇동생의 머리는 몽둥이질로 짓이겨져 있었고, 눈알 하나가 튀어나와 있었다. 아버지의 목에는 칼자국이 있었고, 갈빗대가 몸을 뚫고 나와 있었다. 그의 부릅뜬 눈은 나를 쳐다보고 있는 것 같았다. 나는 조심스레 구덩이로 내려가 아버지의 눈을 감겨 드렸다. 혹시 나처럼 살아있는 가족이 있는지 실낱같은 기대감을 가지고 한 명씩 살펴보았지만 소용없었다.

다음 순간 나는 사랑하는 어머니와 누나, 몇몇 여성이 무덤을 향해 비틀거리며 다가오는 모습을 보았다. 그들의 얼굴은 평소 착용하는 스카프인 크라마로 덮여 있었다. 그 모습을 보고 입을 벌렸지만 마비된 것처럼 아무 소리도 나오지 않았다. 어떤 힘이 나를 짓눌러 목소리를 막은 듯했다. 군인들은 여자들을 모두 죽이고 구덩이를 흙으로 덮은 뒤 집으로 돌아갔다.

저녁 어스름이 깔릴 무렵 나는 숨어 있던 곳에서 기어 나와 구덩이로 향했다. 나는 흙에 머리를 파묻고 소리쳤다. "어머니, 저를 같이 데려가 주세요. 살고 싶지 않아요." 어머니를 향한 외침은 허공을 울릴 뿐이었다. 외치고 울고 한탄했지만 아무 대답도 없었다. 그 정글에는 나의 부르짖음을 들을 사람이 아무도 남아 있지 않았다.

나는 구덩이 앞에서 무릎 꿇고 가족에게 세 가지 약속을 했다. "살아 있으면 이 원수를 꼭 갚을게요. 그렇게 하지 못한다면 승려가 될게요. 이 두 가지 약속을 지키지 못하게 되면 캄보디아를 떠날게요." 이 약속을 하고 나서 주저앉아 한없이 울다 보니 갈증과 허기가 느껴졌다. 주위는 이미 캄캄했다. 정글에서 혼자 있어 본 적이 없어서 겁이 났다. 들짐승이 피 냄새를 맡고 찾아올까 봐 근처에서 잘 수는 없었다. 그래서 그곳에서 무릎을 꿇고 기도했다. "무고한 희생자 33명의 영혼이여, 오늘 밤 들짐승으로부터 저를 보호해 주십시오. 사는 동안 여러분 모두를 기억하고 존경과 감사의 마음을 품겠습니다." 이렇게 기도하고 나서 마지막 인사를 하고 그곳을 떠났다.

그토록 참혹한 비극을 겪은 인생은 심리적 외상과 정서적 위기에서 자유로울 수 없다. 나는 가족과 함께 정신도 잃었다. 내게는 이중적인 비극이었다. 첫 번째 비극은 가족을 영원히 빼앗긴 것이었다. 이 비극이 덮쳤을 때 아직 십대였던 나는 이어지는 심리적 트라우마를 감당할 만큼 성숙하지 못했다. 정신을 차려 보니 가족들의 시체 위에 엎드린

10대 청소년이 바로 나였고, 내 삶에 무슨 일이 일어나고 있는지 도무지 알 수 없었다. 나는 감정적으로, 심리적으로, 지적으로, 영적으로 죽은 상태였다. 느낄 수도, 생각할 수도, 뭔가 따져 볼 수도 없었다. 마치 좀비가 된 것 같았다. 10대 소년이 어떻게 그런 비극을 감당할 수 있겠는가? 그럼에도 불구하고 나는 결국 살아남았다.

1979년 초 베트남군이 캄보디아를 점령했다. 1979년 말 나는 숙모와 함께 도시로 돌아갔고, 다시 학교에 다녔다. 1983년 초 나는 시엠립 시에서 경찰에 입대했다. 1984년 중반 나는 태국으로 탈출해 카오이당 난민 캠프에서 5년간 있었다. 1989년 5월 15일, 캐나다 이민국이 내 신청을 받아들여 캐나다 토론토로 향했다. 그리고 일 년 후 예수 그리스도를 나의 구세주로 영접했고, 10년 넘게 캐나다에서 공부했다.

1999년 5월 캄보디아로 돌아와 프놈펜성경학교에서 상담과 심리학을 강의했다. 2002년 말 나는 크메르 기독교 센터를 세우기 위해 고향 시엠립으로 돌아갔다. 2020년 3월 초에는 캄보디아를 떠나 캐나다로 돌아와서 가족과 합류했다.

한 가지 질문을 하겠다. 당신이 내 입장이라면 가족을 죽인 살인자들을 용서할 수 있겠는가? 용서는 쉽게 이루어지지 않았다. 거의 불가능한 이 임무를 완수하려면 강한 정서적 에너지와 결단력이 필요했다. 용서는 순수하고 진실한 마음에서 우러나와야 한다. 용서하지 못하는 마음에 뿌리를 내리고 살아선 안 된다. 가문의 명예를 세우려고 복수하는 일로 내 시간을 낭비해서는 안 된다. 그리스도 안에 있는 내 소망은 더 밝은 내일을 위한 것이다. 내 죄는 용서를 받았다. 나는 더 이상 과거의 어두운 심연에 갇혀 지내지 않기로 했다.

살면서 충분히 괴로움을 겪었고, 그리스도께서 새로운 목적을 주셨기 때문에 나는 계속 나아가야 했다. 나를 파멸시키는 영혼의 암에 계속 시달린 채 살 수는 없었다. 인생은 그리스도 안에서 즐거운 여행이어야 하므로 나를 비참하게 만든 모든 부정적 감정을 제거해야 했다. 주께서 나를 죽음의 구덩이에서 살리시고, 내 가족을 살해한 사람들을 향한 용서와 화해의 직분을 주셨다고 믿는다. 우리 가족이 살해된 지 20년이 넘은 2003년 6월, 아직 살아있는 두 살인자에게 내 용서를 표시하기 위해 마을로 돌아갔다. 내 삶에 나타난 예수 그리스도의 은혜에 대한 살아있는 간증을 선포하기 위해 그곳에 간 것이다.

마을이 가까워지자 가슴을 찌르는 고통스러운 기억이 강하게 되살아났다. 심장이 점점 더 빠르게 고동쳤다. 입술이 얼어붙고 얼굴이 붉어졌다. 마음속에는 두려움, 슬픔, 분노, 고통 등 복합적인 감정이 차올랐다. 초조함이 내 영혼을 흔들기 시작했다.

마침내 부모님을 죽인 두 남자를 만났다. 용서의 상징으로 캄보디아 스카프를, 사랑의 상징으로 셔츠를, 축복의 상징으로 성경을 그들에게 선물했다. "아버지 저들을 사하여 주옵소서 자기들이 하는 것을 알지 못함이니이다"(눅 23:34). 나는 이 구절을 소리 내어 읽고 "당신을 용서합니다"라고 선포했다. 이를 통해 나는 가족을 죽인 사람들을 제압할 힘을 얻었고, 내 아버지를 죽인 사람을 껴안았다. 나는 그가 떨고 있음을 느꼈다. 떨고 있는 그에게 말했다. "28년 전 당신이 내 가족을 정글로 끌고 갔을 때 내 느낌이 바로 이랬습니다. 하지만 오늘 나는 당신을 자유롭게 하기 위해 예수 그리스도의 대사로 돌아왔습니다." 그 순간 자유로워진 것은 나였다. 용서는 매우 어려웠지만, 하나님의 은혜로 내 인생에서 용서의 사명을 완수했다.

용서는 과거에 잃은 것을 되찾는 것이 아니라 하나님의 은혜에 의지해 우리 삶의 상처와 고통을 이겨내고 상실을 감내하며 사는 것이다. 나는 오래전 그들에게 되갚고자 했던 일을 포기하고 인생을 다시 시작하기로 결심했다. 증오를 사랑으로 바꾸기로 한 것이다. 원수를 사랑하라는 메시지는 예수 그리스도의 가장 근본적 가르침이다. "너희 원수를 사랑하며 너희를 미워하는 자를 선대하며 너희를 저주하는 자를 위하여 축복하며 너희를 모욕하는 자를 위하여 기도하라"(눅 6:27-28). 이것은 험난한 길이며 많은 사람이 반가워하지 않는 길이다. 그러나 용서는 앞으로 나아갈 자유를 준다. 원수를 사랑하라는 메시지가 내 삶을 변화시켜 미움의 억압으로부터 벗어나도록 해주었다. 이제 나는 그리스도 안에서 자유롭다.

내 이야기를 여러분과 나눌 수 있었음에 감사한다.

28
선교사 지원을 통해 하나님의 신실하심을 체험하다

폴 오그바두(Paul Ogbadu)

1. 여행의 시작

> 말씀하시되 나를 따라오라 내가 너희를 사람을 낚는 어부가 되게 하리라 하
> 시니 마 4:19

선교 사역에 부름받았다는 사실을 부모님께 알렸을 때, 주님이 나
보다 앞서 길을 예비하셨음을 모르고 있었다. 특히 내 아버지의 마음
을 준비하셨음을. 아버지는 내가 태어나기 직전의 이야기를 해주셨다.
아버지는 이해할 수 없는 꿈을 꾸셨다. 그 꿈 이야기를 친구인 성공회
목사에게 들려줬고, 그 목사는 꿈을 해석하려고 애썼다. 자녀 가운데
한 명이 주님을 섬기게 되리라는 것이 그 목사의 해석이었다. 아버지
는 그 말을 마음에 간직하고 자녀 가운데 누가 주님을 섬기도록 택함
을 받았는지 유심히 살펴보셨다. 아버지는 내가 바로 그 자녀라는 사
실에 놀라지 않았다고 말씀하셨다. 예수님에 대한 내 헌신을 눈여겨보

고 계셨던 것이다. 아버지는 나와 함께 기도하면서 지지와 격려를 약속하셨다. 내 삶에 대한 하나님의 부르심을 아버지도 알아보셨다는 것은 큰 기쁨이었다. 아버지는 1994년 3월 소천하실 때까지 나와 내 아내를 위해 늘 기도해 주셨다.

2. 부름과 명령

여호와가 너를 항상 인도하여 메마른 곳에서도 네 영혼을 만족하게 하며 네 뼈를 견고하게 하리니 너는 물 댄 동산 같겠고 물이 끊어지지 아니하는 샘 같을 것이라 네게서 날 자들이 오래 황폐된 곳들을 다시 세울 것이며 너는 역대의 파괴된 기초를 쌓으리니 너를 일컬어 무너진 데를 보수하는 자라 할 것이며 길을 수축하여 거할 곳이 되게 하는 자라 하리라 사 58:11-12

1987년 7월, 나이지리아 정부 규정에 따라 일 년간의 NYSC(National Youth Service Corps) 의무 복무를 마친 뒤 주님은 나를 타 문화 선교사로 부르셨음을 확신시켜 주셨다. 주님은 나이지리아의 한 도시로 가서 다음 지시를 기다리라고 말씀하셨다. 그곳에 도착한 후 나는 갈보리미니스트리(CAPRO, Calvary Ministries)의 지부 회원들을 찾아갔다(CAPRO의 파송 담당팀은 선교 정신을 가진 그리스도인 모임으로, 정기적으로 모여 기도하고 현장 선교사들에게 자원을 공급하는 활동을 하는데 일명 CAST(CAPRO Sending Teams)라고도 함). 나는 그들을 만나 선교를 위해 기도하기 시작했다. 그 만남을 통해 선교 현장의 상황을 파악하고, 특히 CAPRO의 현황을 알 수 있었다. 내가 주님의 추가 지시를 기다리는 동안 주님은 국제 출판사에서 교육과 판매 담당자로 일할 수 있는 기회를 열어 주셨다. 그곳에서 나는 나이지리아 두 개의 주에서 회사의 활동을 조정하는 업무를 맡았다.

1989년 12월 주님은 믿음의 발걸음을 내디뎌 선교지로 들어갈 때임을 알게 해주셨다. 그래서 나는 자연스럽게 CAPRO에 합류하게 됐다. 당시 CAPRO는 15년간 믿음 선교를 실천하는 단체로 활동해 온 상태였고, 나는 이 단체에서 파송팀(Sending Arm)의 일원으로 2년 넘게 활동했다.

3. 피곤하나 추격하며

기드온과 그와 함께한 자 삼백 명이 요단 강에 이르러 건너고 비록 피곤하나 추격하며 삿 8:4

1990년 1월 CAPRO 선교 학교에서 다시 공부를 시작하기 전날, 친구 몇 명과 함께 밤새워 기도했다. 다음 날 아침 나는 짐을 든 채 버스를 타고 수업을 들으러 갔다. 나와 함께 기도했던 친구 한 명이 주님이 나를 위해 주신 말씀이라고 하면서 사사기 8장 4절을 전했다. 선교 현장에서 피곤하고 좌절하고 낙담하는 가운데 주님은 이 구절을 통해 나를 격려하셨다. 열방 가운데 하나님의 영광을 선포하라는 그분의 부르심은 우리가 하나님으로부터 받은 유업이며, 우리는 이 유업을 어떤 상황에서도 수호해야 한다.

CAPRO 선교 학교에서 훈련을 받는 동안 주님이 나를 서부 아프리카 프랑스어권의 미전도 종족에게 보내어 선교 여행을 시작하게 하실 것임이 분명해졌다. 따라서 나는 미래의 사역을 위해 프랑스어 공부에 관심을 가진 몇몇 학생과 함께 대학에서 프랑스어를 전공한 강사의 수업을 들었다. 훈련을 받고 나서 처음에는 나이지리아 카치나주의 하우사 사람들 가운데서 일하도록 파견되었지만, 이것은 주님이 내 앞에 두

신 더 큰 비전으로 가는 디딤돌임을 알았다.

4. 후원은 어떻게 받나요

너희를 부르시는 이는 미쁘시니 그가 또한 이루시리라 살전 5:24

CAPRO에 합류했을 때 리더들과의 첫 만남에서 받은 질문 가운데 하나는 이 조직과 함께 일하도록 하나님이 나를 부르신다는 것을 얼마나 확신하느냐였다. 이 질문의 목적은 나(와 여러 사람)에게 이 선교단체의 재정 정책을 상기시키기 위한 것이었다. CAPRO는 믿음 선교를 실천하는 단체로, 이 단체와 소속 선교사들은 모두 하나님 백성의 관대한 기부를 통한 하나님의 공급하심에 의존한다. 선교사 가운데 급여를 받는 사람은 없다. 이 단체에 들어오는 모든 기부금은 지정된 대로 사용된다.

"후원은 어떻게 받나요?"라는 질문은 언제나 대답하기 어렵다. 내가 그들에게 "우리를 후원하시는 분은 하나님이십니다"라고 대답하면 대체로 더 어려운 질문이 이어진다. 우리를 계속 후원해 주신 분이 주님이심은 사실이다. 주님은 우리가 알지 못하는 사람을 사용하시기도 하고, 아주 오랫동안 만나지 않을 수도 있고 영원히 만나지 못할 수도 있는 사람들도 사용하신다. 또한 주님은 우리가 잘 아는 사람도 사용하신다. 가족, 친구, 내가 속했던 CAST, 사역의 동료들이 다양한 방법으로 우리를 도왔다. 수년 동안의 사역 과정에서 하나님은 우리의 필요를 채워 주시기 위해 선교사 동료들을 일으키시곤 했다.

우리 일행이 1992년 10월 기니 코나크리에 도착했을 당시 나는 차가 없었기 때문에 운전면허증을 갱신하지 않았다. 우리와 가깝게 일했던 선교사 부부가 고국으로 귀국하는 상황이 되어 그들의 차를 우리에게 주었다. 2004년 카메룬공화국으로 이주하면서 다른 선교사 부부에게 그 자동차를 넘겨주기 전까지 11년 동안 우리는 그 차를 잘 사용했다.

5. 하나님 나라의 확장을 위한 전략적 파트너십

때가 아직 낮이매 나를 보내신 이의 일을 우리가 하여야 하리라 밤이 오리니 그때는 아무도 일할 수 없느니라 내가 세상에 있는 동안에는 세상의 빛이로라 요 9:4-5

1985년경 기니 코나크리는 나라를 개방하여 선교사가 입국해 그 땅에서 사역할 수 있도록 허락했다. 그 땅에서 무엇을 할 것인지 결정하기 위해 WEC 인터내셔널과 CAPRO 선교사들은 각각 설문조사를 실시했다. 그들은 서로의 자료를 비교하면서 주님이 그들에게 기본적으로 동일한 사역 방향을 보여주심을 깨달았다. 즉 먼저 해안 지역과 수수족, 특히 젊은이들에게 초점을 맞추도록 하셨다. 전략은 비슷했다. 즉 코나크리시에서 청소년 센터를 시작하고 종족 그룹을 전도와 제자도에 참여시켜 토착적이고, 지속성 있고, 자력으로 전도하는 교회로 성장하도록 하는 것이었다.

두 선교단체는 기니에서 한 팀으로 협력하며 주님을 섬기기로 결정했다. 국제적 수준에서 두 단체 사이에 이미 공식적인 협력 합의가 존재했기에 한 국가 내에서 공동 사역을 진행시킬 수 있었다. 우리는 기니의 미전도 종족에게 주님의 영광을 드러내는 다국적 다문화팀이었고, 하나님 나라의 확장을 위해 서로를 지지하고 격려했다. 호주, 뉴질랜드, 나이지리아, 영국, 스위스, 미국, 프랑스, 한국, 브라질, 코트디부

아르, 기니 등에서 온 선교사들이 여러 영역에서 팀으로 봉사했다. 나와 내 아내는 이들 나라에서 온 선교사들과 한 팀이 되어 섬겼다.

1987년 말부터 MEIG(Mission Evangélique Internationale en Guinée)라는 명칭 아래 본격적으로 시작된 사역은 배경과 성장 과정이 서로 다른 평범한 사람들이 하나님께 온전히 복종하기를 선택했을 때 하나님이 어떤 일을 하실 수 있는지를 보여줬다. 비록 국내 공동 사역은 나중에 취소되었지만, 이런 전략적 파트너십을 통해 코나크리 콜로마의 청소년센터, 두브레카의 미니청소년센터, 프리아의 타비타센터, 푸타 잘롱(Futa Djallon)에 있는 수수족과 풀라니족을 위한 몇몇 교회가 탄생했다. 이들 모임은 오늘날까지 계속 번성하고 있다. WEC과 CAPRO는 국제적 수준에서 파트너십을 계속 이어가고 있으며, 국내 차원에서도 같은 마음으로 우애 가운데 활동하고 있다. 이 모든 사역은 결국 기니 전역에서 사역을 이어가고 있는 CAPRO 선교사들에게 맡겨졌다는 것만으로도 서로의 관계를 알 수 있다.

6. 발전을 위한 휴식

이르시되 너희는 따로 한적한 곳에 가서 잠깐 쉬어라 하시니 이는 오고 가는 사람이 많아 음식 먹을 겨를도 없음이라 막 6:31

카메룬에서 수년간 사역한 후 우리에게 휴식이 필요하다는 것이 분명해졌다. 그래서 미국 코네티컷주 뉴헤이븐에 있는 안식년 선교사들을 위한 연구센터인 OMSC(Overseas Ministries Study Center)에 2018/2019 상주 선교사와 연구원으로 지원해 승인을 받았다. 주님은 카메룬의 야운데 주재 미국 대사관에서 여러 차례 거절을 당했음에도 비자를 받을 수 있는 길을 기적적으로 마련해 주셨다. 2018~2019년 OMSC에 머물면서 새로운 힘을 얻을 수 있었다. 이 기간에 우리는 더 많이 기도하고, 성경을 읽고 연구하고, OMSC 직원뿐 아니라 상주하는 다른 선교사들과 교제를 나눌 수 있었다. 여러 강의와 수업을 통해 우리는 지나간 현장 경험을 되돌아보고 기도하는 마음으로 앞날을 계획할 수 있었다. OMSC에서 우리는 몇 년 전 기니 코나크리에서 함께 사역했던 한국 선교사 부부인 김진봉과 정순영을 다시 만났다. 참으로 아름답고 즐거운 깜짝 선물이었다. OMSC에서의 체류가 끝나 갈 무렵 주님은 우리가 카메룬으로 돌아가 그곳의 사역을 하나로 통합하고 나서 그곳을 떠나 다른 사역을 맡길 원하신다는 확신이 들었다.

7. 결론

나의 하나님이 그리스도 예수 안에서 영광 가운데 그 풍성한 대로 너희 모든 쓸 것을 채우시리라 빌 4:19

수년에 걸쳐 하나님은 금전적·물질적 후원에 대한 보장 없이 모든 것을 버리고 기꺼이 자신의 안락한 지대에서 벗어나고자 하는 젊은 남녀를 계속 일으키셨다. 그들은 오늘날까지 험난한 지역에서 미전도 종족을 대상으로 희생적인 봉사를 해오고 있다. 그들 가운데 일부는 우리가 기니와 카메룬에서 수고한 결과로 얻어진 열매였다.

비록 부족한 것이 많지만 우리는 영광 가운데 그 풍성한 대로 우리의 쓸 것을 채우시는 하나님의 신실하심을 계속 체험했다. 여러 해 동안 우리의 필요를 채워 주시고 선교 현장에 머무를 수 있게 해주신 하나님과 하나님이 사용하신 모든 형제자매에게 깊이 감사한다. 그들이 무릎을 꿇고 기도하고 물질적 지원을 제공함으로써 우리는 열방에 그리스도의 사랑을 선포할 수 있었다.

하나님은 불의하지 아니하사 너희 행위와 그의 이름을 위하여 나타낸 사랑으로 이미 성도를 섬긴 것과 이제도 섬기고 있는 것을 잊어버리지 아니하시느니라 히 6:10

29
서머나교회의 간증

신학균

2009년 7월 31일, 15년간의 군목 생활을 마쳤다. 사실 군목 시절 여러 성도를 통해 개척 권유도 받았지만 교회를 개척할 생각이 없었다. 제대하고 나서 2년 동안 청빙을 위한 노력을 기울였지만 문이 열리지 않았다. 답답하던 차에 기도해 주시던 어느 목사님으로부터 '7일 금식 기도'의 권유를 듣고 양평금식기도원에 들어갔다. 그런데 그곳에서 천국(?)을 경험했다. 7일 동안 배가 고프지 않았다. 심지어 스스로를 시험하고자 저녁 시간에 식당에 들어갔지만 음식 냄새가 코끝에 전해질 뿐 마음에 전혀 요동이 없었다.

하나님이 역사하심을 깨닫고 산책을 하는데, 전방 10미터쯤 이름 모를 새 한 마리가 내려앉더니 바로 날아오르는데, 그때 귀에서 소리가 들리는 것이 아닌가! "하물며 너희일까 보냐!" 너무나 선명한 음성이었다. 그런데 그것이 하나님의 음성이라고 생각하지 못했다. 마태복음 6장 26절 이하는 어릴 때부터 암송하던 말씀이라서 마음속으로 '아는 말씀이 떠오른 것이겠지' 하고 다시 산책하기 시작했다. 2~300미터를 더 걸어가니 아까와는 다른 새 한 마리가 전방 10미터쯤에 내려앉더니 바로 날아오르는데 귀에서 똑같은 소리가 들리는 것이 아닌가. "하물며 너희일까 보냐!" 그런데 이번에는 음성이 바로 해석되어 들리는데 "개척이다"라고 들리는 것이었다. 결국 개척하라는 하나님의 음성을 들은 것이다.

금식을 마치고 나니 불같은 시험이 기다리고 있었다. '하나님의 음성도 들었으니 개척해야지'라고 마음먹고 있는데, 한 선배 목사님이 본인 교회의 부목사로 오라는 것이었다. '하필이면 지금….' 그리고 부목사로 올 경우 사례는 얼마며, 보너스는 몇 번이고, 주택 보조금은 얼마고 등을 말씀하셨다. 나는 '이게 뭐지? 선악과의 시험이 이런 것이었겠구나'라는 생각이 들었다. 그 목사님은 선하고 좋은 의도로 말씀하셨지만 내게 그것은 선악과의 시험이었다. 왜냐하면 당시 우리 가정의 재정 상태가 바닥이었기 때문이다. 약 2년간 퇴직금과 저축한 돈으로 살다가 은행 잔고가 거의 바닥이 난 상태였다. 당시 큰아들(고등학교 3년)과 둘째 아들(고등학교 2년, 성악 레슨을 받느라 한 달에 150만 원가량의 레슨비가 들어갈 때)에게 적지 않은 돈이 필요했는데 말이다.

그때 '내가 직접 하나님의 음성을 들었는데 그것을 거부하면 목사는 못 하겠구나'라는 생각이 들어 "말씀은 고맙지만 개척을 해야겠습니다"라고 말씀드렸더니 "한 달 동안 기도해 보자"라고 하셔서 그러겠다고 했다. 그 한 달은 개인적으로 지옥 같은 시간이었다. 주변 사람은 물론 심지어 가족까지도 그런 자리를 거절했다고 압박을 가해 왔다. 그 선배 목사님께 거절 답변을 드리려고 하기 전날 갑자기 아내가 목소리를 높이더니 눈물을 흘리면서 부목사로 가자고 하는 것이 아닌가. "지금 우리 형편이 어떤지 알지 않느냐. 먹고 살아야 하지 않겠느냐. 아이들 학교는 보내야 하지 않겠느냐. 3~4년만 부목사로 있다가 그때 가서 개척하자." 그때 아내의 얼굴은 마귀(?)의 형상이었다. 참으로 힘든 시간이었다. 아무런 대꾸도 하지 못하고 듣고만 있는데 아내의 전화벨이 울렸다. 둘째 아들로부터 전화가 온 것이다. 아내가 전화를 받았다. 전화기 너머로 "엄마, 죄송해요…"라는 아들의 음성이 들렸다. 전화 내용은 아들이 쉬는 시간에 야구공을 주고받고 놀다가 날아온 공을 놓쳐 앞니에 공이 맞았고, 앞니 두 개가 일부 깨진 것이었다. 아들의 전화를 받고 나서 나를 쳐다보는 아내의 표정이 순간 천사처럼 바뀌어 있었다. 그러고는 "개척합시다"라고 말하는 것이었다. 나중에 하는 말이 아들의 "엄마, 죄송해요"라는 첫 마디가 "하나님, 죄송해요"로 해석되어 아내의 마음속에 크게 울리더라는 것이다. 그리고 '아, 내가 하나님의 뜻에 불순종하면 아이가 죽겠구나'라는 생각이 들었다고 한다.

그렇게 해서 다음 날 선배 목사님께 개척하겠다고 말씀드린 뒤 개척을 시작했다.

개척의 시작은 선배 목사님이 노숙자 봉사하는 곳을 소개해 주셔서 주말에만 예배 처소로 사용하게 되었다. 2011년 9월 첫째 주, 서머나 교회의 첫 번째 주일 예배가 드려졌다. 성도는 두 명, 목사와 사모였다. 그러나 기쁨으로 예배를 드렸다. 한 달 뒤, 하나님이 알고 지내던 한 집사님 가정을 보내주셔서 네 명이 예배를 드렸다. 오가는 사람은 있었지만 정착하지 않고 네 명의 인원으로 예배를 드렸다.

개척을 시작하고 나서는 믿음의 전쟁이었다. 어디서 그런 마음이 들었는지 '하나님이 말씀하셨으니 책임져 주시겠지'라며 어느 누구에게도 후원을 부탁하지 않았고 후원 요청서를 보낸 적도 없다. 목사인 나는 하나님이 아주 튼튼한 몸을 주셨지만 돈 벌 생각을 안 했고, 아내도 마찬가지였다. 아내는 피아노를 전공했지만 돈 벌 생각을 하지 않았다. 둘 다 하나님 앞에 엎드려 기도만 했다. 이것은 우리 믿음의 자세와 태도였지만 현실은 점점 어려워져 갔다.

　2011년 말 큰아들이 대전의 한 대학에 합격했다. 합격의 기쁨도 잠시, 현실적인 문제가 생겼다. 당시에는 먹는 것도 문제였는데 등록금을 어떻게 마련해야 할지 걱정스러웠다. 게다가 대전에서 학교를 다니면 생활비까지 보내주어야 하는 상황이 된 것이다. 그 와중에도 둘째 아들의 성악 레슨비는 계속 들어가는 상황이었다. 돈을 구하려고 가능한 모든 방법을 강구해 보았지만 방법이 없었다. 기도 외에는 할 수 있는 것이 없었다. 등록금 마감일이 내일로 다가온 어느 날, 아내가 돈을 구해 보겠다고 나갔다가 돈을 구하지 못한 채 차를 몰고 오다가 주어진 현실이 너무 답답해 차 안에서 소리를 질렀다고 한다. "하나님, 아들이 대학에 합격했는데 학교는 보내야 하지 않겠습니까? 차라리 합격을 시키시지 말든지, 합격시켜 놓으시고는 등록금을 주시지 않으면 어떻게 합니까?" 나중에 들으니 눈물을 흘리며 바락바락 소리를 질렀다고 한다. 그런데 그때 갑자기 전화가 걸려 왔다. 우리 부부가 영적으로 돌봐주던 치과의사에게서 온 전화였다. 그러고는 다짜고짜 이렇게 말했다는 것이다. "하나님이 며칠 전 사모님께 돈을 보내라고 감동을 주셨는데, 바쁘다는 핑계로 보내지 못했어요. 그런데 조금 전 다시 강하게 감동을 주셔서 돈을 보냈습니다. 확인해 보세요." 깜짝 놀란 아내가 은행에 가서 확인해 보니 1,000만 원이 입금되어 있는 것이었다. 하나님은 "하물며 너희일까 보냐"라는 말씀으로 부르시고 신실하게 그 약속을 지키신 것이다. 다만 하나님이 준비하신 까마귀들이 제때 순종을 안 해서 타이밍이 조금 맞지 않았을 뿐이다(2012년 말 둘째 아들이 대학 성악과에 합격했다. 이때도 물론 하나님의 공급이 있었다).

　개척 초기 하루하루 버티며 지낼 때 개인적으로 힘들었던 일 가운데 하나가 카드 회사의 메시지였다. 아끼고 또 아끼고 살았지만 정말 필요한 것은 카드를 사용했는데, 지불 날짜를 넘기는 경우가 있었다. 그러면 어김없이 문자 메시지가 뜬다. "카드 금액이 연체되었습니다. 카드를 사용하지 못할 수도 있으니 빠른 시간에 입금하시기 바랍니다." 그러면 하나님 앞에 엎드려 "하나님, 너무 힘드네요"라고 기도했다. 그때 하나님은 이런 감동을 주셨다. "너는 평생 빚을 져 본 적이 없지 않니? 앞으로 만나게 될 성도들 가운데 카드 빚이든 무슨 빚이든 빚을 진 사람이 많을 텐데, 그 사람들의 마음을 헤아릴 수 있어야 하지 않겠니?" 하나님의 마음을 깨닫고 평안을 되찾은 뒤 며칠 지나면 카드 빚을 청산할 수 있었다.

네 명이 예배를 드린 지 일 년 뒤 예배 장소에서 나와야 했을 때 하나님이 대안학교의 한 교실을 허락해 주어 그곳에서 예배를 드렸다. 그리고 다시 일 년이 지났다. 2013년 11월 어느 날 하나님이 한 사람을 통해 4,000만 원, 또 다른 사람을 통해 300만 원을 보내주셨다. 4,000만 원은 아내의 친구가 보내준 것이었다. 이 일에도 놀라운 하나님의 섭리가 있었다. 우리가 개척하기 몇 년 전 군목으로 있을 때 아내가 친구와 전화를 하던 중 십일조 이야기를 했다고 한다. 아내의 친구 남편은 사업하는 분이었는데, 돈을 잘 벌었다. 이 부부는 교회에 십일조를 드리고, 십의 이조는 떼어 많은 사람을 도왔다. 그런데 돕는 데 한계가 온 것이다. 그때 아내에게 조언을 구했고, 아내가 친구에게 "십의 이조를 저축하면 어떻겠니? 그 돈이 모이면 하나님이 쓸 곳을 주시지 않겠니?" 라고 말했다고 한다. 이 소리를 듣고 친구는 십의 이조를 저축하기 시작했다. 그리고 몇 년이 흘렀다.

어느 날 아내의 친구가 기도하는 중에 하나님이 그 모은 돈을 서머나교회에 보내라는 감동을 주셨다. 그래서 아내에게 전화해서 이 내용을 말하고 돈을 보낸 것이다. 그때가 2013년 11월이었다. 하나님은 서머나교회를 위해 몇 년 전부터 계획하고 준비해 주신 것이었다. 또 300만 원은 몇 년 전 영적으로 돌봐줬던 형제가 있었는데 뜬금없이 "감사합니다"라고 말하더니 이유도 없이 돈을 보낸 것이다. 그때가 2013년 11월이었다. 하나님의 타이밍은 그저 놀라울 따름이다.

갑자기 4,300만 원이라는 거금이 생겨 "하나님, 이 돈을 어떻게 해야 할까요?"라며 기도했다. 그때 하나님이 교회 설립 자금이라는 감동을 주셔서 교회를 할 만한 장소를 알아보러 다녔고, 지금의 장소에 자리를 잡게 되었다. 2014년 1월 11일, 상가를 계약하고 인테리어를 해서 서머나교회 간판을 처음으로 걸게 되었다. 하나님은 정확하신 분이다. '왜 4,300만 원이었을까?' 궁금했는데, 계약하고 인테리어를 다 하고 났더니 몇 만 원이 남았다. 하나님은 이처럼 다 계획이 있으시다. 그 외에도 힘든 순간은 많았다. 어느 날 너무 힘들어 하나님께 하소연했더니 "밥 굶었냐?"라고 말씀하시는데 정신이 번쩍 들었다. 그때까지 힘은 들었지만 정말로 밥을 굶은 적은 단 한 번도 없었던 것이다. 반찬으로 김치 하나 놓고 먹을 때도 있었지만 밥을 굶은 적은 없었다. 그래서 다시 감사하고 하나님만 바라보는 생활을 오늘까지 해오고 있다. 개척 10년째를 맞이하는 2021년 5월 현재, 월 임대료와 관리비 등 고정 지출을 합하면 월 재정의 45% 정도를 차지한다. 적은 수의 성도들이지만 하나님이 각 가정마다 재정을 풀어 주셔서 감당하게 하신다. 그 결과 서머나교회는 빚도 없고 임대료 걱정도 없이 오직 하나님의 기쁨이 되기 위해 힘쓰고 있다.

서머나교회를 개척하고 몇 년이 흐른 뒤 아내에게 개척한 것에 대해 어떻게 생각하느냐고 물었다. 그러자 "개척하기를 정말 잘했어요. 개척하지 않았으면 이처럼 많은 하나님의 살아계심과 역사하심을 어떻게 경험했겠어요!"라고 대답했다. 정말 감사한 일이다. 하나님은 교회를 개척시키시면서 분명히 하신 것이 있다. "서머나교회의 주인은 나고 너는 내 종이다." 100% 인정한다. 서머나교회의 주인은 하나님이시고 나는 순종할 뿐이다. 하나님의 부르심에 순종하고 믿음으로 버텼더니 하나님은 행복한 목사가 되게 하셨다. 그래서 내 목회는 행복한 목회다. 서머나교회의 교인들은 지겹도록 듣는다. "나보다 행복한 목사가 있으면 나와 보라고…." 오늘도 하나님의 역사하심은 계속되고 있다.

"이스라엘이여 너는 행복한 사람이로다 여호와의 구원을 너같이 얻은 백성이 누구냐"(신 33:29). 이 말씀을 나는 이렇게 해석한다. "신 목사야, 너는 행복한 사람이로다!" 할렐루야!

제5부

마무리

30
요약 결론

─────

박기호

1. 들어가는 말

선교 사역에 돈은 필수다. 그러나 문제는 돈을 어디에 어떻게 사용하느냐 하는 것이다. 잘 사용하면 선교 사역에 도움이 되지만, 잘못 사용하면 선교 사역에 장애가 된다. 선교지 교회에 대한 외국 교회의 지혜롭지 못한 재정 지원은 선교지 교회에 유익을 주기보다 해가 될 때가 많다.

근대 선교는 주로 부유한 나라에서 가난한 나라에 파송된 선교사를 통해 수행됐다. 부유한 나라의 교회에서 온 선교사의 온정주의는 결과적으로 현지 교회를 의존적인 교회로 만들었고, 그 교회가 토착 교회가 되는 데 방해 요소로 작용했다. 오늘날의 선교는 지구촌 모든 교회가 참여하는 선교 시대가 됐다.

지금까지 선교 운동에 참여한 교회의 선교 사역에 돈이 어떤 영향을 미쳤는지 살펴보고, 보다 건강한 선교를 위해 돈을 어떻게 사용해야 할지 숙고할 필요가 있다. '선교와 돈(Missions and Money)'이라는 주제로 열린 이번 KGMLF 포럼에서 선교와 돈에 대한 총 22개 논문과 각각에 대한 논찬이 발표됐다.

예외는 있지만 각 발표자가 선교와 돈에 대해 각각 다른 관점에서 의견을 피력했으며, 대체로 주제에 충실한 것으로 보여진다. 본 결론 요약에서 나는 발표된 글의 주요 내용에 대해 논평하고, 선교와 돈에 대한 내 생각을 성경적 관점, 선교학적 관점, 역사적 관점 또는 상황적 관점에서 나누도록 하겠다.

브라이트 G. 마우도르(Bright G. Mawudor)는 〈신앙 기반 단체와 선교에 대한 투자: 전아프리카교회협의회의 사례를 중심으로〉에서 아프리카 교회가 외부 자원에 의존하는 경향이 있는데, 이 외부 자원에 대한 의존은 자치, 자립, 자전의 원리에 위배된다고 말한다. 그리고 교회가 외국의 재정 지원을 받는 방식에 대한 새로운 사고, 새로운 신학적 사고와 성장이 요구되며, 선교를 지속하기 위해 내부의 강점과 자원을 극대화시키는 전략을 세워야 한다고 한다.

외부 자원에 의존하는 경향은 아프리카뿐 아니라 다른 대륙의 교회가 가진 문제이기도 하다. 이 외부 자원에 대한 의존은 현지 교회로 하여금 진정한 토착 교회가 되는 데 방해 요소가 되고 있다. 찰스 트라우트맨은 재정적 온정주의를 우리가 국가 교회에 가할 수 있는 "최악의 저주다"라고 불렀다.[1] 그리고 윌리엄 J. 콘필드는 "경제적 온정주의의 증가, 이와 함께 따라오는 복음의 서구화는 오늘날 세계 선교에서 우리가 직면한 가장 중요한 두 가지 문제다. 우리는 선택해야 한다. 이런

---

[1] Charles Troutman, "Paternalism", in *Everything You Want to Know About the Mission Field But Are Afraid You Won't Learn Until You Get There* (Downers Grove: InterVarsity Press, 1976).

문제를 묵과하고 현상을 유지하여 문제가 해결되기를 바라거나, 고백하고 회개하면서 더 나은 방법을 찾기 위해 이 문제를 정직하게 직면하는 것이다."[2] 자치, 자립, 자전하는 건강하고 재생산하는 토착 교회를 세우기 위해 내부의 강점과 자원을 극대화시키는 전략을 세워야 한다는 저자의 주장에 전적으로 동의한다.

조상리아나 콜니(Zosangliana Colney)는 〈미조람 장로교회의 헌금 방식〉에서 미조람 교회가 외부의 도움에 의존하지 않고 어떻게 지역사회와 타 문화권 선교 사역을 수행해 오고 있는지에 대해 말한다. 인도 북동쪽에 위치한 미조람주는 연 평균 소득이 150달러인 가난한 주이지만 그 지역의 교회는 자치, 자립, 자전하는 토착 교회를 이루어 외부의 후원 없이 인도 국내외에 2,741명의 사역자를 후원하는 선교 교회가 됐다. 어떻게 가난한 교회가 그토록 많은 사역자를 후원할 수 있었을까? 미조람 사람들은 기독교를 받아들이자마자 국경 너머로 복음을 전파하는 책임을 재빨리 떠맡았다. 그들은 십일조를 드리고, 성미를 드리며, 선교를 위해 농장을 운용하고, 닭을 키우며, 땔감을 모으는 등 자신들이 할 수 있는 최선의 노력을 기울여 선교비를 충당한다.

오늘날의 선교는 "모든 곳에서 모든 곳으로" 가는 선교이며, 경제적으로 가난한 남반구 국가들의 교회도 참여하는 선교 시대다. 남반구 교회의 선교 참여에 가장 큰 걸림돌은 그들이 가난하다는 생각이다. 미조람 교회 신자들의 헌금 관행은 오늘날 선교에서 돈에 지나친 강조점을 두는 남반구의 교회뿐 아니라 북반구의 교회에게도 도전이 된다. 미조람 교회 교인들이 선교할 수 있다면 선교 운동에 참여하지 못

---

2 William J. Kornfield, "What Hath Our Western Money and Our Western Gospel Wrought?", *Mission Frontiers* (January 01, 1997), http://www.missionfrontiers.org/issue/article/what-hath-our-western-money-and-our-western-gospel-wrought.

할 교회가 어디에 있겠는가. 미조람 교회 성도들의 모습을 보며 하나님께 감사한다.

지나 A. 즐로우(Gina A. Zurlo)는 〈선교와 돈: 글로벌 관점에서 본 기독교 재정〉에서 이렇게 말한다. 모든 기독교 활동의 기본 자원은 돈이며 돈은 교단과 교회, 선교, 전도에서 중요한 역할을 한다. 유럽과 북미에는 세계 기독교인의 33%만 거주하고 대다수는 아시아, 아프리카, 라틴아메리카, 오세아니아에 살고 있다. 북반구에는 돈이 있지만 남반구에는 사람이 있다.

북반구의 교회는 나름의 독특한 자산을 가지고 있으며, 남반구의 교회도 마찬가지다. 땅 위의 교회는 예수 그리스도 한 몸의 지체다. 바울은 "그에게서 온몸이 각 마디를 통하여 도움을 받음으로 연결되고 결합되어 각 지체의 분량대로 역사하여 그 몸을 자라게 하며 사랑 안에서 스스로 세우느니라"(엡 4:16)고 말한다. 우리 몸에 여러 지체가 있고 각 지체가 서로 독특한 기능을 발휘함으로써 몸을 자라게 하듯 각 교회가 가진 자산으로 협력할 수 있다면 선교의 시너지 효과가 나타날 것이다. 땅 위에 있는 교회는 한 몸의 지체다. 서로 다른 은사를 가진 북반구와 남반구 교회가 각자의 은사를 사용해 공동의 목적을 위해 일해야 한다.

벤 토레이(Ben Torrey)는 〈예수원: '믿음 재정' 사례 연구〉에서 '믿음 재정'에 대해 이야기한다. 예수원의 구성원들은 믿음 재정을 '다른 곳이나 누구의 도움도 구하지 않고 물질적 공급을 위해 하나님을 신뢰하는 삶의 방식'이라고 정의한다. 그들은 개인이든 기업이든 돈을 벌거나 선물 받는 것을 금하지 않는다. 회원이 수령한 자금은 커뮤니티의 공동 기금으로 들어가며 선물은 개인이 가질 수 있다.

다른 사람이나 기관의 도움을 구하지 않고 물질적 공급을 위해 하나님을 신뢰하는 삶을 사는 예수원의 생활 방식은 모든 그리스도인, 특히 타 문화권 선교사에게 좋은 모델이 되고 있다. 믿음 재정은 우리로 하여금 더욱 철저하게 하나님을 의존하게 만들고, 우리 삶과 사역이 더 신앙적이 되도록 하며, 하나님께 영광이 될 것이다.

김진봉은 〈신뢰성과 투명성, 책무를 통해 본 GMS 구조와 재정 운용 정책 고찰〉에서 GMS의 재정 사용에 대한 문제점과 그 해결 방안을 논한다. GMS는 한국에서 가장 큰 선교단체이자 세계 2위의 선교사 파송 단체다(101개국에 2,574명의 선교사 파송). 그러나 그는 설문조사를 통해 GMS 선교사의 53%는 GMS의 재정 관리를 신뢰하지 않고 있다고 보고한다. 그는 선교 사업을 성공적으로 수행하기 위해 GMS는 신뢰할 수 있고 투명하며 재정 관리에 책임감을 가져야 한다고 강조한다. GMS 선교사의 75%가 자기의 의견이 GMS의 정책 결정에 제대로 반영되지 않았다고 생각한다는 사실을 지적하며, 저자는 선교사 대표를 GMS 이사회에 포함시킬 것을 제안한다. 그리고 조직 내규의 결정, 실행, 해결 등 전 과정에서 투명성을 유지하고 제3자 전문가 감사 보고서를 모든 선교사에게 공개함으로써 신뢰성과 투명성, 책임성을 얻을 수 있다고 한다.

한국에서 가장 큰 선교단체인 GMS는 직간접적으로 한국 선교에 영향을 주고 있다. 한국 교회 선교의 밝은 내일을 위해 GMS는 특히 재정 사용 면에서 다른 한국 선교회의 모범이 되어야 한다. 나도 저자인 김진봉과 함께 GMS에 속해 있다. 그동안 GMS 이사들의 잘못된 재정 사용으로 큰 어려움을 겪었던 것이 사실이다. 한때 선교사 대표들이 GMS 이사회의 회원으로 참여했으나 후원 교회 목사들로 주로 구성된 GMS 이사회는 선교사 대표들을 이사회에서 제외시켰다. 저자가 제안한 대로 GMS는 선교사 대표들을 정책을 결정하는 이사회에 포함시켜 선교사들의 의견을 반영하고 투명하게 재정을 사용해야 할 것이다.

앨리슨 하월(Allison Howell)은 〈선교와 교육〉에서 선교와 교육에 있어 돈에 대해 말한다. 오늘날 선교회와 교회는 지속적으로 교육기관을 세우고 관리한다. 선교사가 갑자기 현장을 떠나거나 은퇴하면 교육 시설의 존속 가능성, 지속 가능성, 유용성을 제어하는 수많은 합병증이 제기된다. 선교사가 세운 모든 기관은 실행 가능하고 존속 가능한 기관이 되도록 해야 한다.

적지 않은 수의 선교사가 선교지에서 교육기관을 세우지만 그 규모는 일반적으로 현지인이 감당할 수 있는 수준이 아니다. 그 교육기관을 세운 선교사가 은퇴하거나 현장을 떠나면 생존 가능성이 희박해지고 생존한다고 해도 운영에 어려움을 겪는다. 선교사는 이 문제를 신중하게 고려하여 처음부터 현지인도 운영할 수 있는 존속 가능한 수준의 교육기관을 세워야 한다.

J. 넬슨 제닝스(J. Nelson Jennings)는 〈부동산 등기: 전후 일본 내 신학교 설립을 위한 공동 노력의 핵심 요소〉에서 일본 교회와 신학교의 분열에 대해 이야기하고 분열의 원인이 주로 신학적 차이와 재산 등기 문제 때문이라고 했다.

선교지에서 선교사가 취득한 재산의 소유권 문제로 말미암아 발생하는 문제가 너무 많다. 현지인의 주도로 기금이 조성되고 선교사가 그들을 도왔다면 선교사는 소유권을 주장하지 않았을 것이다. 선교사가 기금을 마련하고 집행했기 때문에 결국 선교사가 소유권을 주장하게 되어 현지인과 갈등을 빚게 된다. 선교사가 처음부터 혁신가가 아니라 옹호자가 되어 일본 지도자를 길러 그들이 모금, 재산 등기, 프로그램 운영 등을 주도하고 선교사들이 조력자로 남았다면 교회와 학교가 분열되지 않았을 것이다.

옥성득은 〈돈과 자립: 한국 개신교회와 선교를 위한 네비어스 방법의 도전적 원리〉에서 한국에 적용된 네비어스 방법의 다양한 계보를 소개한다. 그는 네비어스 방법의 일시적인 면과 불변의 원칙이 있음을 이야기하며 상황에 따라 달라질 필요가 있음을 강조한다. 자립은 토착 지방 교회의 기초가 됐지만, 오늘날 한국은 소규모(50명 미만) 교회가 80% 이상을 차지한다고 지적하며 이런 작은 교회들의 생존은 가장 심각한 '교회 중심적인' 문제 중 하나라고 지적한다. 선교와 교회가 상호 의존하는 생태계, 작은 교회와 대형 교회는 상생의 관계에 있음을 강조한다.

한국에 적용된 네비어스 방법의 다양한 계보 소개는 토착 교회의 설립에 관심을 가진 우리에게 좋은 통찰력을 제공한다. 나 자신이 오랫동안 타 문화권 교회 개척과 관련된 강의를 하고 토착 교회의 설립을 위해 노력했지만 토착 교회의 설립 원리를 가르침과 실천에 있어 융통성이 없었다. 그러나 네비어스 방법의 일시적인 면과 불변의 원칙이 있음을 이야기하며 상황에 따라 달라질 필요가 있음을 강조한 저자의 발표는 선교와 교회가 상호 의존하고 상생 관계에서 서로 살아가는 관계 발전에 도움이 된다.

발렌타인 기토호(Valentine Gitoho)는 〈조직의 재정 책임성을 통한 선교의 최적화〉에서 "조직의 리더십과 거버넌스는 대외적으로 조직을 대표하는 얼굴이다. 따라서 그들이 자신의 역할에 충실하지 못하면 조직 전체가 신뢰를 잃는다"라는 사실을 이야기한다. 그는 지정 헌금을 의식적 또는 무의식적으로 다른 용도로 사용하는 것이 선교회의 평판과 신뢰성에 대한 위협이 되고, 선교 사역에 부정적 영향을 미친다고 경고한다. 그리고 그는 재정의 바른 관리와 투명성을 위해 비용이 많이 들더라도 좋은 회계 직원을 두어야 한다고 한다.

저자의 말은 매우 옳다. 재정 사용을 잘못하거나 재정 사용에 투명하지 않는 선교사나 선교단체를 누가 후원하겠는가? 후원자는 청렴성과 책임성을 가진 선교사와 선교단체를 도우려고 할 것이다. 그러므로 바른 지도자를 세우고, 그 지도자가 재정 사용을 바르고 투명하게 하도록 제도적 장치를 마련하는 것이 중요하다.

이주형·에밀 오스모나리에프(Emil Osmonaliev)·**홍성빈**은 〈키르기스스탄 연합신학교의 설립과 발전의 핵심 요소〉에서 외국 선교사들이 키르기스스탄에 세운 연합신학교를 새로운 환경에서 어떻게 효율적으로 운용할 수 있는지에 대해 이야기한다. 키르기스스탄 인근 지역의 사람들에게 원격 교육을 제공하기 위해 온라인 프로그램을 개발하고, 신학 서적을 키르기스스탄어로 번역하고, 현지인이 신학 책을 쓰도록 격려할 것을 제안한다. 현지인 지도자를 세우고 학생들이 등록금을 지불하도록 하는 것이 지속 가능한 방법일 것이다. 선교사는 자기들의 수준이 아닌 현지인의 수준에서 지속 가능한 신학 교육을 할 수 있게 해야 한다.

나 또한 필리핀에서 신학교를 세워 필리핀인들과 다른 남반구 교회 목회 후보생을 위한 신학 교육에 힘쓴 바가 있다. 나도 저자들이 키르기스스탄에서 경험한 것과 비슷한 경험을 했다. 키르기스스탄인뿐 아니라 주변 국가의 목회 후보생과 목회자를 경제적으로 교육하기 위해 온라인 프로그램을 개발하고, 신학 서적을 키르기스스탄어로 번역하고, 현지인이 신학 책을 쓰도록 격려하자는 제안은 매우 잘하는 일로 여겨진다. 외국 자금에 의존하지 않고 지속 가능한 교육을 위해 학생에게 등록금을 지불하도록 하는 것 역시 매우 잘하는 일로 여겨진다. 선교사는 자기들의 수준이 아닌 현지의 수준에서 지속 가능한 신학 교육을 할 수 있도록 해야 한다.

김홍주는 〈공적 영역에서의 교회 선교: 온누리교회의 공적 기금 사용 사례를 중심으로〉에서 공적 영역을 향한 하나님의 선교는 교회가 절대 간과하거나 포기할 수 없는 과업이라고 말한다. 또한 교회는 도움이 필요한 이웃에게 영향을 주는 공공 영역의 사회 문제를 해결하기 위해 주저하지 말고 정부와 기타 외부 기관과 협력해야 하며, 나라의 공적 자금을 사용할 수 있다고 말한다.

교회가 공적 영역을 향한 하나님의 선교에 참여하는 일과 사회문제 해결을 위해 교회가 직접 그리고 정부, 외부 기관과 함께 교회의 자금을 비롯해 공적 자금을 사용하는 것은 한국에서 흔히 볼 수 있는 일이 아니다. 그러나 온누리교회는 이 분야에서 한국 교회의 모범이 되고 있다. 이런 일들을 성공적으로 수행하기 위해서는 교회가 청렴성과 책무성을 가지고 행해야 할 것이다.

저스틴 대커(Justin Thacker)는 〈복음주의, 구조적 정의와 불의-우리는 무엇을 두려워하는가?〉에서 경제적으로 취약한 사람들에 대한 도덕적 책임에는 두 가지 측면이 있음을 강조한다. 우리는 궁핍한 이들에게 '음식과 의복'을 제공하도록 부름을 받은 동시에 '정의'에 대한 하나님의 선교적 관심을 이행해야 한다고 말한다. 그의 주장은 "너희의 하나님 여호와는 신 가운데 신이시며 주 가운데 주시요 ⋯ 고아와 과부를 위하여 정의를 행하시며 나그네를 사랑하여 그에게 떡과 옷을 주시나니"(신 10:17-18)라는 말씀에 근거한 것이다. 그는 복음주의자들이 복음을 전하는 일을 하면서 고아와 과부와 나그네를 사랑하여 그들에게 먹을 것과 입을 것을 제공하며, 그들을 위한 정의를 행하는 일을 해야 한다고 한다.

나는 오랫동안 복음을 전하며 잃어버린 자들을 구원하는 것을 교회의 사명으로 여기고, 복음을 전하는 사역에 전념했다. 복음을 전하여 잃어버린 자들을 구원하는 일이 매우 중요한 것은 사실이다. 그러나 이웃 사랑 실천도 매우 중요한 일이다(약 2:8; 갈 5:14). 또한 사람을 사랑하여 그들의 필요를 채워 줄 뿐 아니라 가난하고 약한 자들을 위해 정의를 행하는 것이 하나님이 원하시는 매우 중요한 선교 사역의 일부임을 새삼 깨닫게 됐다. 솔로몬은 "공의와 정의를 행하는 것은 제사 드리는 것보다 여호와께서 기쁘게 여기시느니라"(잠 21:3)고 말한다. 사랑의 실천뿐 아니라 정의 구현의 중요성을 상기시켜 준 저자에게 감사한다.

짐 해리스(Jim Harries)는 〈정직의 환상: 타 문화의 복음 사역이 더 연약해져야 원주민이 자유롭게 자기표현을 할 수 있다〉에서 건강한 복음 사역은 그들이 관계하는 사람들의 언어를 사용하고 사람들을 끌어들이기 위해 재정을 사용하지 않음으로써 그 언어로 자유롭게 자신을 표현할 수 있도록 하는 선교사를 통해 이루어진다고 한다. 우리는 경제적인 위협(또는 의도하지 않은 뇌물 공여)을 하지 않으면서 사람들의 말에 귀를 기울여야 한다. 타 문화권 선교사는 현지인의 삶의 방식이 다름을 인정하고 그들을 존중해야 한다.

선교사가 현지인과 바른 관계를 맺고 바른 의사소통을 하려면 현지의 언어와 문화를 습득하는 것이 매우 중요하다. 그리고 그들을 섬기는 마음과 자세를 가져야 한다. 현지인에 대한 선교사의 재정적 후원은 때때로 현지인의 의사 표현의 자유를 박탈한다. 나는 필리핀에서 사역하는 동안 선교사들이 현지인에게 재정 후원을 하는 동안에는 현지인이 선교사에게 의사 표시를 자유롭게 하지 못하다가 선교사의 재정 후원이 중단되고 나서 자유롭게 의사 표시를 하는 것을 보았다. 외국의 돈이 현지인의 자유와 존엄성을 도둑질하지 않게 해야 한다.

폴 벤더-새뮤얼(Paul Bendor-Samuel)은 〈선교와 권력, 돈〉에서 우리 몸의 많은 시스템이 상호작용하듯 선교 사업의 수행도 마찬가지라고 말한다. 선교 실천에서 돈은 없어서는 안 될 요소이지만 사람, 관계, 기도, 영적 분별, 신학, 창조성 등 선교의 다른 요소도 있고 이들 각각은 고유한 힘의 역동성을 가진다고 말한다. 그는 선교에서 돈의 우선순위는 그것을 통제하는 사람에게 선교 시스템 내에서 과도한 권력을 준다고 지적하며, 우리가 돈에 대해 강조하는 것처럼 다른 요소도 똑같이 강조해야 한다고 말한다.

저자의 지적은 지극히 타당하다. 선교 사역을 수행할 때 돈이 필요한 것이 사실이지만 어쩌면 기도와 성령의 역사 같은 요소가 돈보다 더 중요하다. 사도들의 선교는 돈에 의존한 선교가 아니라 성령의 능력에 의존한 선교였다. 성전 미문에 앉아 돈을 구걸하던 걸인에게 베드로가 한 말을 기억할 필요가 있다. "은과 금은 내게 없거니와 내게 있는 이것을 네게 주노니 나사렛 예수 그리스도의 이름으로 일어나 걸으라"(행 3:6).

앤드류 김(Andrew B. Kim)은 〈남반구 선교 운동: 사례와 성찰〉에서 가난한 남반구 교회도 선교에 대한 올바른 이해를 가지면 그들이 가진 자산으로 선교 사역을 수행할 수 있다고 주장한다. 비록 남반구 교회가 서구 교회에 비해 상대적으로 빈곤하고 서구 교회에 의존적이었지만 그들 고유의 자산이 있으므로 그것을 사용하고 그들이 가진 것을 주께 드리면 얼마든지 선교 사역을 성공적으로 감당할 수 있다고 말한다. 그는 예수께서 한 소년의 소박한 도시락으로 광야에서 5,000명을 먹이신 사건을 상기시키면서 빵 다섯 개와 물고기 두 마리, 곧 주께서 우리의 단순한 헌금을 축복하시면 기적의 축복이 있을 것이라고 한다. 남반구 교회도 자신의 '빵 다섯 개와 물고기 두 마리'를 가지고 있다. 베드로처럼 "은과 금은 내게 없거니와 내게 있는 이것을 네게 주노니 나사렛 예수 그리스도의 이름으로 일어나 걸으라"(행 3:6)고 말할 수 있어야 한다. 남반구 선교에서 우리가 헌신하고 성령 충만하며 민족을 위한 마음을 가질 때 돈은 문제가 아니며, 결코 문제가 되어서도 안 된다.

한국 교회가 타 문화권 선교 사역을 시작했을 때 한국 교회는 막 조직된 어린 교회였고, 한국은 일본의 식민 통치를 받는 세계 최빈국 중 하나였다. 한국 교회가 그런 상황에서도 선교 사역을 감당했고, 인도의 미조람 교회가 그토록 가난한 가운데서 선교 사역을 감당할 수 있었다면 아무도 가난 때문에 선교 사역을 할 수 없다는 핑계를 댈 수 없을 것이다. 어린아이의 도시락을 주께 드렸을 때 5,000명 넘는 사람을 배불리 먹이고 열두 광주리를 남길 수 있었다면 어느 민족 교회든지 그들의 경제적 상황에 상관없이 선교 사역을 감당할 수 있다. 하나님의 일은 돈을 통해서가 아니라 성령의 능력으로 감당하는 것이기 때문이다.

이몽식은 〈코로나 팬데믹과 지역 교회 목회자의 도전〉에서 코로나19 전염병은 모든 교회와 선교지에 엄청난 위기이지만 여전히 우리를 사랑하는 주권자이신 하나님은 우리 안에서 분명히 일하고 계신다고 말한다. 교회와 선교사는 위기를 두려워하지 말고 본질을 묵상하며 기도해야 한다. 지금은 선교 전략을 적극적으로 개발해야 할 때이기도 하다. 전염병 위기 동안 교회가 재정적으로 어려움을 겪을 때 청지기 정신으로 도전을 극복해야 한다.

우리 하나님은 선교하시는 하나님이다. "사람으로는 할 수 없으나 하나님으로서는 다 하실 수 있느니라"(마 19:26)는 말씀처럼 그분께는 불가능이 없다. "모든 것이 합력하여 선을 이루느니라"(롬 8:28)는 말씀처럼 하나님은 모든 것을 합력하여 선을 이루실 것이다. 하나님은 코로나19 대유행과 같은 위기 가운데서도 일하시는 분이며, 이 위기를 선교의 기회로 바꾸실 것이다. 대면 사역 외에 다른 대안을 가지고 있지 못하고 돈에 의존하지 않고는 사역할 수 없다고 생각했던 선교사들이 비대면 사역도 하고 돈 없이도 사역할 수 있는 창의적 방안을 고안

해야 할 것이다.

레비 데카르발류(Levi DeCarvalho)는 〈코로나 위기와 선교의 기회: 이베로아메리카 사례〉에서 코로나19 위기가 라틴아메리카 세계의 교회와 선교기관에 미치는 영향을 분석했다. 그는 교회와 선교단체 모두 바이러스의 부정적 영향으로 고통을 겪지만 하나님은 그 어떤 것에도, 누구에게도 놀라지 않으신다고 하면서 하나님이 우리의 모든 상황에 대해 주권자이심을 주장했다. 그는 현재의 위기 기간에 교회와 기관은 사역자를 모집하고 훈련하고 파송하고 유지하는 사역에 마비되지 않았고, 오히려 교회와 기관 지도자들이 위기를 통해 그들의 활동과 계획을 단축하기보다 선교 사업 확장을 위한 새로운 아이디어와 전략을 찾도록 촉발했다고 보고했다.

우리는 주권을 가지고 일하시는 하나님을 찬양하고 하나님께 감사한다. 하나님은 이 위기 가운데서도 하나님 나라의 도래와 그분의 뜻이 이루어지도록 계속 일하실 것이다. 우리는 주님을 신뢰하고 담대해야 한다. 우리는 선교의 인도자이신 성령의 인도를 구하고 기도해야 한다.

앨리슨 하월(Allison Howell)은 〈선교와 재정적 책임, 환경보호〉에서 "성경적으로 볼 때 선교가 만물을 향한 하나님의 관심을 드러내지 않는다면 하나님 백성의 선교 사명은 미완성 상태에 머무르고 왜곡되고 무력화된다. 그러나 선교계와 교계가 자주 하는 대답은 복음 사역은 말씀 전파, 영혼 구원, 개인 전도, 제자 양육이며 환경보호는 오히려 정부나 구호단체가 해야 할 일이라고 말한다"라고 썼다. 성경적·선교학적 관점에서 볼 때 선교에서 우리의 역할은 피조물을 보호하고, 유지하고, 새롭게 하는 일에서 하나님과 동역하는 것이다.

복음주의자들은 복음을 전하고 교회를 개척하는 일, 학교를 세워 사람들을 교육하는 일, 병원을 세워 사람들을 치료하는 일 등을 위해서는 돈을 사용했지만 환경을 돌보는 일을 위해서는 돈을 사용하지 않았다. 그런 일은 정부가 하는 일로 간주하고 환경을 돌보는 일에 대해는 별다른 관심을 갖지 않았다. 그러나 선교는 사탄을 멸하고, 잃어버린 사람들을 구원하고, 세상을 새롭게 하는 하나님의 사역에 동역하는 것이어야 한다.

엄주연은 〈돈과 선교사의 관계 모델: 한국 선교사의 경험적 자료에 따른 근거이론 방법론적 연구〉에서 선교사들은 일반적으로 자신들이 받는 정기 선교 기금에 만족하지만 실제 삶과 사역에 제공되는 선교 기금이 부족하다고 느낀다고 말한다. 그들은 돈에 탐심을 가져서는 안 되며 하나님의 공급하심에 감사하는 마음을 가져야 한다고 가르침을 받아 왔다. 그런 이유로 부족한 돈을 채우기 위해 모금을 해야 하는지, 하나님의 공급하심에 만족해야 하는지 갈등한다. 이 혼란을 최소화하기 위해 선교사, 선교기관, 교회, 선교학자의 공동체가 함께 모여 선교 재정 제공을 위한 신학적·선교학적·전략적 관점과 대안을 논의해야 한다.

사도 바울은 "그러나 자족하는 마음이 있으면 경건은 큰 이익이 되느니라"(딤전 6:6)라고 말했다. 선교사에게는 생활을 위한 기본적 필요가 채워져야 하고 파송 교회는 타 문화권 선교사에게 필요한 생활비를 채워 줄 필요가 있다. 다만 사람들의 욕심에는 한계가 없다. 자신의 욕구를 만족시키기 위해 선교사가 모금 활동에 나서기보다 기도하고 하나님이 공급해 주시는 것으로 자족하는 모습이 더 필요하지 않을까? 나는 '믿음 선교'를 더 선호한다. 하나님이 불러 일을 시키시는 선교사에게 모든 필요를 채워 주시리라고 믿는다(마 6:33; 빌 4:19).

오석환(Robert Oh)은 〈캄보디아 교회 개척 사역에 나타난 아버지로서의 후견인(갑) 역할〉에서 후견인-수혜자 관계 관점으로 볼 때 교회 개척 사역에서 외국 선교사와 현지 목사의 관계에 대해 논의했다. 후견인-수혜자 관계에는 건전한 관계 의존성과 건강하지 않은 의존성이 있다. 선교사와 현지 목사의 관계는 겸손과 희생 정신으로 사랑의 보살핌이 수혜자에게 주어질 때는 건강하지만 후견인이 수혜자를 통제하려고 할 때는 건강하지 않다.

선교 현장에서 선교사와 현지인과의 관계는 후견인-수혜자 관계가 되고 있으며, 이 관계는 선교사 편에서는 간섭을, 현지인 편에서는 의존성을 유발한다. 선교사는 현지인 목사를 돈의 힘으로 주장할 것이 아니라 사랑과 겸손과 희생 정신으로 보살필 필요가 있다.

대런 M. 칼슨(Darren M. Carlson)은 〈단기 선교 여행은 과연 도움이 되는가? 그리스 아테네 단기 선교의 기회와 함정〉에서 "24억 달러 규모의 단기 선교 사업이 얼마나 효과가 있는가?"라는 질문을 하면서 순수한 동기로 난민에게 무분별하게 돈을 나누어 주는 것을 선교라고 생각해서는 안 되며, 배우는 자세와 겸손한 봉사로 선교지 주재 사역자에게 지장을 주지 않고 도움을 주는 방향의 선교를 해야 한다고 강조한다.

오늘날의 선교 환경에서 단기 선교는 필요하다. 단기 선교는 잘 운용된다면 현재 진행되는 선교에 도움이 될 뿐 아니라 새로운 선교 지도력 개발에도 매우 유익하다. 단기 선교에 참여하는 사람들은 선교지에 가서 무슨 일을 할 것인가 보다 먼저 배우는 기회로 삼아야 하며, 현장에서 사역하는 선교사와 협력하고, 현장 선교사를 돕는 사역을 해야 한다. 나는 이것이 건강한 단기 선교라고 믿는다.

이동휘 · 이승일은 〈전주안디옥교회의 재정 정책과 바울선교회 현지인 선교사 훈련 정책〉에서 바울선교회가 타 문화권 선교 사역에 현지 교회를 참여시키기 위해 현지인을 선교사로 훈련하여 파송하고, 지역 교회와 동반자 관계를 맺어 훈련과 재정 지원을 어떻게 하는지에 대해 말한다. 바울선교회가 현지 교회에 매칭펀드로 50%를 지원하면 현지인 교단이 50%를 보태어 선교사를 지원하는 책임을 지는 것이다.

교회 전체 예산의 절반 이상을 해외 선교를 위해 사용하는 전주안디옥교회는 한국에서 지역 교회 선교 운동의 좋은 모범이 되고 있다. 전주안디옥교회가 주축이 된 국제 바울선교회 소속 선교사들은 직접 타문화권 선교 사역에 종사할 뿐 아니라 현지 교회를 위한 선교사 훈련원을 세워 현지인을 선교사로 세우는 일을 하고 있다. 그리고 경제적으로 약한 선교지 교회의 선교 운동을 격려하기 위해 매칭펀드 방법을 사용하는 것이 좋은 방법이라고 생각한다.

2. 마무리 짓는 말

우리는 선교 사업을 수행하기 위해 돈이 필요하다. 그러나 돈을 어떻게 사용하는지가 중요하다. 선교 사역에서 외부 자금은 현지 교회의 의존성을 키우지 않고 건강한 토착 교회가 이루어지도록 돕는 범위 내에서 사용되어야 한다

31
요약 결론

조나단 J. 봉크(Jonathan J. Bonk)

여러 논문을 수천 단어 이내로 요약하고 결론을 정리한다는 것은 대단히 어려운 작업이다. 그런 어려운 작업을 맡아 준 박기호의 수고에 감사하며, 나는 크리스토퍼 J.H. 라이트의 성경 강해에 중점을 두고, 본서에서 이미 다뤘거나 더 구체적으로 다뤘어야 하거나 전혀 다뤄지지 않고 간과된 몇 가지 주제에 초점을 맞추고자 한다. 또한 선교학적 논평에 그치지 않고 21세기 개신교 선교 운동이 이뤄진 역사적·정치적·윤리적·경제적 배경에 대해 언급하려고 한다. 우선 성경 강해부터 살펴보겠다.

크리스토퍼 J.H. 라이트는 역대상 말씀 강해 〈하나님 앞에서 온전한 모금 활동〉에서 다윗이 솔선수범을 통해 막대한 헌금을 모금한 감명 깊은 이야기를 들려주었다. 그 헌금은 다윗의 아들 솔로몬이 완성할 성전 건축을 후원하기 위한 것이었다. 우리는 다윗의 이야기를 통해 한 나라의 왕, 선교사 또는 목회자의 사심 없는 관대함이 후하게 베풀고자 하는 마음을 불러일으킬 수 있음을 보았다.

그러나 이 감명 깊은 이야기의 이면에는 비극이 드리워져 있다. 다윗의 아들 솔로몬은 성전 건축이라는 위업으로 명성을 얻었지만 결국 독재적이고 자기과시적이 되었다. 그의 이론적 지혜는 점차 모습이 드러난 내적 부패로부터 자신과 백성을 보호하지 못했다. 우리는 솔로몬의 이야기를 기억하고 각성해야 한다. 비록 그는 '전 세계'의 유력 인사와 통치자들에게 감명을 주었지만 자기 백성에게는 압제적인 독재자가 되었고, 명성과 여성을 향한 그의 집착은 백성을 노예로 만들었다. 또한 그의 아들 르호보암은 비틀거리던 나라를 파괴하고 백성을 흩어지게 만드는 결정타를 날렸다(왕상 11-12장). 선교사로서 우리는 시작부터 일이 순조롭게 풀리고, 좋은 기회가 열리고, 눈부신 성취가 뒤따르더라도 그것이 반드시 의롭고 지속적인 결과를 보장하는 것이 아님을 이 이야기를 통해 알 수 있다. 다윗이 꿈꾸고 기도하고 희생을 치른 원대한 목표가 후계자인 솔로몬 왕의 '모든 영광' 중에서도 불륜, 탐욕, 태만 때문에 탕진되고 파괴되었음을 기억해야 한다.

기독교계의 지도자 위치에 있는 우리는 T. S. 엘리엇의 걸작 《대성당의 살인(Murder in the Cathedral)》에 묘사된 토머스 베켓 대주교의 현명한 고찰을 새겨들어야 한다.[1]

> 마지막 유혹이 가장 무서운 반역.
> 그릇된 이유를 위해 택하는 올바른 행위 …
> … 앞서의 힘이 쇠잔했을 때,
> 또한 더는 모든 것이 가능하지 않음을 발견할 때
> 어떤 야심이 오는 법.

---

1 잉글랜드의 국왕 헨리 2세는 베켓을 캔터베리 대주교로 임명했다. 그런 다음 이 음흉한 왕은 1155년 자신의 기사 4명을 시켜 캔터베리 대성당에서 베켓을 잔인하게 살해했다.

야심은 뒤에서 눈에 띄지 않고 오는 법.

죄는 선을 행하는 것과 더불어 자란다 …

… 신의 종이 되는 것은 결코 내 소원이 아니었다.

신의 종이 되는 것은 왕을 섬기는 자보다 더 큰 죄와 슬픔의 기회를 갖게 되는 것.

보다 큰 명분을 섬기는 자들을 위해 그 명분은 그들을 섬길 수 있다.

여전히 올바른 행위를 함으로써, 또한 정치적인 사람들과 투쟁함으로써 그 명분을 정치적으로 만들 수 있다.

그들이 하는 행위의 내용이 아니라 그들이 어떤 존재인가에 따라서.

나는 역사란 항상 가장 동떨어진 원인으로부터

가장 기묘한 결과를 끌어낸다는 것을 알고 있다.

그러나 너희는 모든 죄악과 신성모독과

범죄와 오류와 압박과 도끼날과 무관심과 착취로 말미암아

벌을 받아야 하리라. 너도 또 너도. [2]

크리스토퍼 J.H. 라이트의 두 번째 성경 강해는 〈하나님의 은혜를 맡은 청지기의 책임〉(고후 8:16-9:5)의 중요성을 언급했다. 바울은 유능한 모금 활동가였다. 그러나 그는 자신이나 자신의 사역을 위해 기금을 모으지 않았다. 자신과 동료의 필요를 채우기 위해 그는 손수 일했다. 에베소 교회의 장로들과 눈물을 흘리며 헤어질 때 그가 상기시킨 내용을 오늘날 선교사들은 숙고해야 한다. "내가 아무의 은이나 금이나 의복을 탐하지 아니하였고 여러분이 아는 바와 같이 이 손으로 나와 내 동행들이 쓰는 것을 충당하여 범사에 여러분에게 모본을 보여

---

2 T.S. 엘리엇, 김한 옮김, 《대성당의 살인》 (서울:도서출판 동인, 2007), 137-141쪽.

준 바와 같이 수고하여 약한 사람들을 돕고 또 주 예수께서 친히 말씀
하신 바 주는 것이 받는 것보다 복이 있다 하심을 기억하여야 할지니
라"(행 20:33-35).

바울은 평생 경제적 자립 정신을 실천하고 자신이 얻은 것을 후하
게 나눔으로써 모금 활동가이자 복음의 청지기로서 성실성을 인정받
았다. 그가 "하나님의 말씀을 팔아서 먹고 사는 장사꾼"(고후 2:17, 새번
역)이 아니었기에 사람들은 그를 신뢰했다. 지난 150년 동안 선교사들
이 짊어진 가장 성가신 윤리적 부담 중 하나는 외국으로부터 흘러들어
오는 경제적 지원이었다. 이것은 토착 교회가 경제적으로 자립해야 한
다는 선교사들의 주장을 받아들이기 어렵게 만들었다. 선교사들 자신
은 경제적으로 자립하지 못했음이 분명했고, 경제적 자립의 의미를 현
지에서 모범으로 보여줄 수 없었기 때문이다. 바울에게는 그런 부담이
없었다. 그가 돈에 대해 말할 때는 심오하고 성실함을 인정받으며 할
수 있었다. 이 포럼의 여러 사례 연구와 워크숍은 '믿음 재정'에 따른 고
유한 도전을 제시했다. 특히 벤 토레이와 조상리아나 콜니, 옥성득 등
의 사례 연구와 앤드류 김의 워크숍 발표가 그랬다.

바울이 실천한 일은 라이트가 밝힌 기부금 관리에 대한 바울의 다섯
가지 원칙에 우리가 세심한 주의를 기울여야 하는 좋은 이유다. 기독
교계에 만연한 금융 사기는 최근 갑자기 일어난 일이 아니다. 세계기독
교연구센터(Center for the Study of Global Christianity)의 연구에 기반을 둔
추정치에 따르면 2019년 전 세계 기독교 단체에서 680억 달러 이상의
금융 사기가 발생했다. 이는 같은 기간 교회가 선교 사업 지원에 지출
한 총액(600억 달러)보다 많다.[3] 오늘날 교회와 선교 지도자에게 특별히

---

3 "Fraud against Churches Exceeds What Churches Give to Missions", Brotherhood Mutual,
  October 10, 2019, https://www.brotherhoodmutual.com/resources/safety-library/

요구되는 원칙이 있다면 그것은 하향적 책임이 우리의 주된 책임이며, 그것이 "내 형제 중에 지극히 작은 자 하나"(마 25:40)와 자신을 동일시하시는 예수께 책임을 지는 유일하고도 참된 방법이라는 것이다. 행정 영역에서의 하향적 책임을 의도적으로 실천했다면 GMS의 재정 관리에 대한 김진봉의 발표에서 언급된 여러 문제를 피할 수 있었을 것이다.

라이트의 마지막 강해는 사역의 존속 가능성 문제를 다뤘다(전 11:1-6). 자기 자신과 환경, 역사, 공동체에 대한 넓고 깊은 이해에서 나오는 관점이 지혜다. 라이트의 가르침이 상기시키듯, 죽은 파리가 향기름에서 악취를 내게 만드는 것처럼 '사소한' 문제가 최고의 계획과 평판을 뒤엎을 수 있으며, 돈의 힘은 신중함을 짓밟고 정의를 왜곡할 수 있다. 우리는 경험과 관찰을 통해 이것이 사역의 현실임을 안다. 사역 현장에서는 '좋아 보이는' 것이 실제로 '좋은' 것을 밀어내곤 하기 때문이다. 전도서는 '경건한 기회주의'가 어떤 것인지를 묘사하고 이를 칭송한다. 그러나 기업가들이 사익을 위해 약자를 착취하는 것을 정당화시키기 위해 '경건한 기회주의'를 남용하는 것은 잘못일 뿐 아니라 영적으로도 치명적이다.

믿음을 고백하는 그리스도인이 부자가 되려고 애쓰느라 재물의 속임수와 이 세상 염려에 그들의 영적인 삶이 질식된 경우가 얼마나 많은가. 그러나 자원이 풍부한 기업가이든 헌신적인 목회자이든 비전 있는 선교 책임자이든 의식이 깨어 있어야 하고, 시기가 잘 맞아야 하고, 노력을 기울여야만 이득을 취할 수 있다. 전도서 9장 10절에서 전도자가 말한 내용은 신약성경의 교훈과 일맥상통한다. 다만 우리 모두 결

---

risk-management-articles/administrative-staff-and-finance/finances/fraudsters-target-churches/#:~:text=According%20to%20the%20current%20Status%20of%20Global%20Christianity,worldwide%20mission%20work%20during%20the%20same%20time%20frame.

국 죽을 운명이니 살아있는 동안 최선을 다하자는 것이 아니라 우리가 재벌이든 비천한 종이든 모두 하나님을 위해 일하기 때문에 그렇게 해야 한다. "또 무엇을 하든지 말에나 일에나 다 주 예수의 이름으로 하고 그를 힘입어 하나님 아버지께 감사하라"(골 3:17; 전 9:10). 우리 각자는 하나님의 장엄한 창조와 구속 이야기의 일부다. 이 땅에서 우리의 형편이 비천하거나 고상하거나, 알아주는 사람이 있거나 없거나 하나님의 이야기는 그보다 훨씬 더 크다.

글로벌 기독교 재정에 대한 지나 즐로우의 전문가다운 개관에 관련한 몇 가지 논평을 하고 나서 결론으로 넘어가겠다. 온 우주에 펼쳐진 무한히 많은 태양계 중 하나에 불과한 우리 태양계 내에서도 '지구'라는 이름의 작디작은 행성의 규모를 배경으로 생각해 보면 인간의 존재는 미세한 티끌의 수준에도 미치지 못한다. 그럼에도 우리가 이해하는 세상은 사람, 문화, 국가, 인종 또는 종으로서 인간이 모든 것의 중심이라는 개념을 축으로 돌아간다. 지나 즐로우는 전 세계 기독교의 인구통계학적·언어학적 변화를 볼 때 그 무게 중심이 유럽과 북미, 유럽 언어에서 아프리카, 아시아, 라틴아메리카 대륙으로 이동한다는 개략적인 그림을 잘 보여주었다. 전 세계 인구에서 기독교인이 차지하는 비율이 1900년 34.5%에서 2021년 32.3%로 감소했음을 감안하더라도 이런 변화는 인상적이다.[4]

그러나 또 다른 상황이 구체화되기 시작하고 있다. 즐로우의 마지막 질문에서 암시되었듯이 세계 기독교 공동체 내의 물적 자원에 대한 엄청난 불평등이 그것이다. 조대식은 논찬에서 이런 불평등에 대해 언급

---

4 Gina A. Zurlo, Todd M. Johnson, and Peter F. Crossing, "World Christianity and Mission 2021: Questions about the Future", *International Bulletin of Mission Research* 45, no. 1 (2021), 15-25, https://journals.sagepub.com/doi/pdf/10.1177/2396939320966220.

한다. 이처럼 문제 많은 불평등을 일으키고 영속시키는 요인은 무엇인가? 내 이해 부족으로 이런 질문에 천착하는 것처럼 느껴진다면 인내심을 가지고 읽어 주기를 바란다.

선교사와 교회 지도자도 예외 없이 우리를 둘러싼 거대한 시스템에 영향을 받고, 제약을 당하고, 그것과 타협하고, 그것으로부터 기회를 얻는다. 사건, 날조된 기억, 가망 없는 정치적 야망, 착취 등이 포함된 이 거대한 시스템의 영향은 너무나 포괄적이어서 존재를 의식하기조차 어렵다. 대체로 이런 것은 베드로가 "너희 조상이 물려준 헛된 행실"(벧전 1:18)이라고 말한 범주에 속한다. 이 시스템 안에서 태어나고 교육을 통해 문화의 가치, 신념, 생활 방식 등을 물려받은 우리는 그것을 삶 속에서 체현할 수밖에 없다. 복음은 문화의 포로인 동시에 해방자이기 때문에 우리가 물려받은 문화적·물질적 유산은 우리가 전하는 복음의 일부분이 된다. 즉 이런 문화적 유산은 우리가 어디로 가든지 하나님의 보배를 담은 '질그릇'에 해당한다(고후 4:7). 인간이라는 그릇 안에 이 보화를 담고 다니지만 다행스럽게도 우리가 물려받은 헛된 행실은 하나님의 영을 통해 속량될 수 있으며, 그 헛된 행실의 실체를 파악하고 마음을 새롭게 함으로써 삶의 방향을 바꿀 수 있다(롬 12:1 이하).

주께서 이 땅에 계셨던 시대와 마찬가지로 오늘날에도 종교기관의 요직을 차지한 이들 가운데서 하나님의 선지자가 나오는 경우는 드물다. 적어도 북미에서는 복음주의 계열의 영향력 있는 목회자들 가운데 많은 사람이 거짓 예언자로서 실재하지도 않았던 가공의 과거를 미화하며 '미국 제일주의'의 우상화를 부추기곤 한다. 그들은 미 대륙에서 일어난 인종 차별, 대량 학살, 불의, 정복, 강탈, 노예제도 등의 폭력적 현실에 눈을 감았다. 그 대신에 야만적인 '인디언'을 통해 생존에 위협받는, 가난하지만 법을 잘 지키는 가족이 사는 '초원 위의 작은 집'을 칭송한다. 하지만 그들의 작은 농장이 있는 땅은 다름 아닌 인디언에게서 강탈한 것이다.

이번 포럼의 사례 연구와 워크숍에서는 돈의 사용과 남용에 대한 교훈이 공유되었고, 발표 내용을 읽고 토론하면서 큰 유익을 얻었다. 그러나 우리가 계승하고 참여하고 우리의 자손에게 물려줄 세상은 참으로 문제 많은 세상이다. 저스틴 대커, 짐 해리스, 앨리슨 하월 등은 논문을 통해 이 세계의 다양한 측면을 다뤘다. 우리가 원하든 원하지 않든 앞으로의 선교와 재정에 대한 모든 논의와 정책은 인류가 스스로 만들어 낸 실존 위기의 맥락에서 이루어질 것이다.

흔히 '서구'라고 부르는 문명은 인종 학살의 토대 위에 세워졌음이 지난 수십 년에 걸쳐 점점 더 분명해졌다. 스벤 린드크비스트는《모든 야만인을 멸절시켜라(Exterminate All the Brutes)!》라는 그의 책 제목 그 자체가 현대 문명의 중심 사상을 이룬다고 주장한다.[5] 이 표현은 지금까지 기독교 선교가 일익을 담당한 유럽의 인종차별적 '문명화 선교'의 수단과 결과를 요약해 보여준다. 그 전령들은 미친 듯 쉬지 않고 부를 축적해야 한다는 삶의 관점을 전 세계에 심기 위해 바다와 육지를 누비고 다녔다. 물불을 가리지 않는 사명감으로 세계를 지배하려는 서구 문명이 가져온 것은 전례 없는 규모의 인종 학살, 노예화, 전쟁, 재생 불가능한 자원의 과다 소비, 탐욕스러운 소비자 욕구에 이용되어 생물과 해양, 토양, 대기를 파괴하는 환경적 재앙을 가져오는 제품의 생산 등이다.[6]

---

5 Sven Lindqvist, *"Exterminate All the Brutes": One Man's Odyssey into the Heart of Darkness and the Origins of European Genocide* (New York: New Press, 1992). 국내에도 번역되어 출간되었다. 김남섭 옮김, 《야만의 역사》 (한겨례출판사, 2003).

6 유럽인의 '발견'과 대륙 전체의 강제 점령, 토착민에 대한 강탈과 말살의 뿌리는 경제적·인종적·종교적으로 합리화되었다. 19세기에 과학적 인종 차별은 생명이 어떻게 생겨났고, 어디로 가는지를

앞으로 선교와 관련된 돈 문제의 복잡성과 씨름하려면 현대 선교 운동을 싹틔운 서구 문명에 대해 우리가 이해하는 최소 세 가지 진실을 재검토하고 재구성해야 한다.

첫째, 서구에 사는 우리가 어떻게 해서 그 위치에 서게 되었는지에 대한 질문이다. 경제적으로나 사회적으로 서구는 세계 경제의 운전석에 앉아 혁신의 주체이자 선망받는 모범으로 인정받는 것에 익숙해졌다. 또한 서구적 삶의 우월성을 입증해 주는 생활 방식에 익숙해졌다. 심지어 그렇게 된 것은 우리 생활이 성경에 뿌리를 뒀기 때문이라고 생각하게 되었다. 이것은 아무리 좋게 보더라도 부분적으로만 맞는 생각이며, 실은 거짓임을 받아들여야 한다. 서구의 선교사와 서구의 영향을 받은 이들이 향후에도 이처럼 안락한 생활 방식을 유지할 수 있을지 낙관하기 어렵다. 이제 우리는 그 뿌리를 갉아먹는 인간의 탐욕으로 지구의 생존이 위태로워졌음을 인식하게 되었다. '더 많은 것을 향한 끝없는 욕망'의 정신은 재생 불가능한 자원을 고갈시키고, 강과 바다를 오염시키고, 각종 생물을 멸종시키고, 대기를 오염시켜 인간과 같은 생명체를 질식시킨다.

둘째, 서구의 생활 방식에 동의하는 전 세계 사람들이 서구의 소비 방식을 모방할 수 있고 모방해야 한다는 생각은 위험하다. 상품, 서비스, 재생 불가능한 원자재의 소비를 통해 무한한 경제 성장을 이룰 수

이해하는 진화론적 모델의 일부였다. Arthur de Gobineau, *The Moral and Intellectual Diversity of Races* (1816-1882), 1856; Charles Darwin, *On the Origin of Species* (1809-1882), 1859; William Winwood Reade, *Martyrdom of Man*(1838-1876), 1872; Herbert Spencer, *Social Statistics* (사회적 다윈주의, 1820-1903). 이들 지적 거장은 그동안 종교에 속박되어 있던 서구의 사고를 풀어 나가기 시작했다. 이들은 삶의 위대한 목적이 진화와 적자생존이론을 통해 가장 잘 설명된다고 했다. 즉 약자는 죽고 강자는 살아남는다는 이 이론은 백인우월주의의 증거이자 정당화로 활용되었다. 약한 종족의 멸종은 불가피했으며, 삶의 의미는 진화 그 자체였다. 적합한 종은 살아남고 약자는 죽는다는 것이다. 이 대량 학살에 대해 가장 잘 기록된 연대기 중 하나는 다음 저서다. David E. Stannard, *American Holocaust: Conquest of the New World* (New York: Oxford University Press, 1993).

있다고 믿는 자본주의나 마르크스주의 또는 기타 경제 모델을 채택한 국가들처럼 소비하면서 오염을 만들어 내는 사람을 이 지구는 감당할 수가 없다. 현재의 정치적·사회적 형태를 가진 북미는 인류 역사상 가장 큰 대량 학살과 그 뒤를 이은 가장 지독한 형태의 노예제도라는 악을 통해 탄생하고 유지되었음을 결코 잊어서는 안 된다. 이 모든 것은 피정복자와 노예였던 사람들을 말살하거나 그들의 권리를 박탈하는 법률과 관행을 가진 체제를 통해 오늘날까지 정당화되고 유지되었다. 오늘날 세계의 어느 나라가 소위 '발전'을 구실로 그런 관행을 도입할 수 있을까? 사실 대량 학살과 노예제도는 미국과 캐나다의 설립 기반이었다. 그리고 서구에 살고 있거나 경제적·군사적으로 서구의 위성 국가에 살고 있는 우리는 결코 되돌릴 수 없고 다시는 모방해서도 안 되는 악의 수혜자다.

세계에서 가장 '기독교적인' 국가에서 이에 대해 회개하는 모습을 보이고 있는가? 오히려 명백히 존재하는 과거에 대해 입을 다문 사람이 많다. 나는 최근 〈가디언〉에서 미국 남부의 여러 학교에서 일어나는 진실 억압에 대한 구태의연한 행태를 지적한 기사를 읽으며 당혹감을 느꼈다. 그 제목은 '미국의 인종차별적 과거를 가르치지 못하도록 흑인 교사들을 제지하다'였다.[7]

하나님의 도덕 세계에서 진리가 중요하지 않고 하나님을 업신여겨도 형벌을 받지 않는 것처럼 '성경 벨트'[8] 도처에서 거짓말과 반쪽짜리 진실이 조장되고 그것에 자금을 지원하고 있음은 얼마나 아이러니한

---

7 Melinda D. Anderson, "'These are the Facts': Black Educators Silenced from Teaching America's Racist Past", *The Guardian*, September 14, 2021, https://www.theguardian.com/education/2021/sep/14/black-us-teachers-critical-race-theory-silenced.

8 미국 남부 지역을 중심으로 근본주의 개신교와 복음주의가 강세를 보이는 지역을 가리킨다(옮긴이 주).

일인가! 물론 이런 일이 전례가 없지 않다. 이사야는 당대의 그 같은 현상을 이렇게 묘사했다. "그들이 선견자들에게 이르기를 선견하지 말라 선지자들에게 이르기를 우리에게 바른 것을 보이지 말라 우리에게 부드러운 말을 하라 거짓된 것을 보이라 너희는 바른 길을 버리며 첩경에서 돌이키라 이스라엘의 거룩하신 이를 우리 앞에서 떠나시게 하라 하는도다"(사 30:10-11). 오래전 이사야의 말을 연상시키듯, 미국 남부 지역의 주요 정치 지도자들(모두는 아닐지라도 대부분이 '기독교인'이었음)은 비판적 인종 이론(critical race theory)을 학교 교과 과정에 통합하려는 노력을 보류하도록 연방 정부에 압력을 넣고 있다. 비판적 인종 이론은 수 세기에 걸친 미국의 노예제도와 조직적인 인종차별주의 문제를 인식하고 다루기 위한 노력의 일환이다.

한 저명한 상원 의원은 "미국의 가정들은 이런 분열적인 헛소리를 요구하지 않았다. 유권자들은 이것을 위해 투표하지 않았다. 미국인은 미국이 본질적으로 악하다고 자녀에게 가르쳐야 한다고 결정한 적이 없다"라고 했다. 그는 보수 백인 유권자의 정서를 정확히 대변하고 있었다. 그러나 하나님은 업신여김을 받지 않으신다. 국가와 백성이 무엇을 심든지 그대로 거둘 것이다(갈 6:7). 그들이 진리를 부인하든, 억압하든, 은폐하든 상관없이 말이다. 이런 종류의 진실 억압을 조장하고 칭송하는 백인 종교 지도자와 정치인은 부패와 기만의 내적 프레임과 토대를 덮은 화려한 외관에 불과한 사회적·물리적 구조물에 가해질 심판을 자녀들에게 물려주는 셈이다. "선지자들은 거짓을 예언하며 제사장들은 자기 권력으로 다스리며 내 백성은 그것을 좋게 여기니 마지막에는 너희가 어찌하려느냐…"(렘 5:31-7:8).

셋째, 과소비가 지구 환경에 미치는 영향이다. 지구가 따뜻해지고, 빙하와 만년설이 녹고, 바다가 산성화되고, 수면이 상승하고, 인구 전체가 이주하거나 사망하게 되는 불안정하고 예측할 수 없는 시기에 들어서고 있다. 조상이 물려준 헛된 행실이 이런 불가피한 결과를 낳았다.[9] 하월은 자신의 글에서 중요하지만 종종 무시되는 이런 현실을 다룬다. 아이슬란드의 안드리 스나이르 마그나손은 이 문제의 심각성을 파악하는 데 도움을 준다.

> 과학자들은 생명의, 지구 자체의 토대가 무너지고 있음을 드러내고 있다. 20세기의 주요 이념들은 땅과 자연을 값싸고 무한한 원자재로 간주했다. 인류는 대기가 배출가스를 끊임없이 받아들일 수 있고, 대양이 쉬지 않고 폐기물을 받아들일 수 있고, 대지가 비료만 주면 끝없이 재생될 수 있고, 인간이 점점 더 많은 공간을 점유하면 동물은 계속해서 딴 데로 이동할 것이라고 생각했다.[10]

이 거대한 기후 변화의 상당 부분은 인간의 선악 간 모든 충동을 증폭하고 증식시키는, 탐욕스러울 정도로 찬란한 서구 문명이 가진 능력에서 기인한다. 이런 문제가 해결은 고사하고 파악조차 어려운 이유를 그는 다음과 같이 설명한다.

> 지구상의 모든 물, 모든 지표면, 전체 대기에 영향을 미치는 문제들도 너무 거대해서 모든 의미를 흡수해 버린다. 이 주제에 대해 글을 쓰는 유일한 방법은 그 너머로, 옆으로, 아래로, 과거와 미래로 가는 것, 개인적이면서도 과

---

9 최근에 읽은 가장 가슴 아픈 출판물이다. 안드리 스나이르 마그나손 지음, 노승영 옮김, 《시간과 물에 대하여》 (북하우스, 2020).

10 앞의 책. 12-13쪽.

학적인 태도로 신화의 언어를 구사하는 것이다.[11]

이런 불가피한 현실은 선교 재정, 선교 정책 또는 선교의 개념 자체에 어떤 영향을 미치는가? 물고기는 물을 떠나서는 살 수 없지만 자신이 사는 환경의 본질을 이해하지는 못한다. 다만 물이 생명의 불가결한 조건이라는 것만 알 수 있을 뿐이다. 이처럼 오늘날 인간은 자신이 살아가는 환경을 간신히 이해하는 형편이다. 우리의 생활 방식이 생존에 치명적 영향을 미친다는 사실을 알게 되더라도 우리에게는 환경을 통제할 능력이 없다. 즉 우리는 이 질문에 대한 해답을 가지고 있지 않다. 그러나 우리가 답을 찾든 못 찾든 다가오는 이 현실이 제기하는 질문은 그대로 남아 있을 것이다. 이것은 해수면이 올라가고, 사막화가 진행되고, 빙하가 녹고, 생물 종들이 소멸하는 것을 지켜봐야 하는 암울한 이야기다. 우리는 서구 사상을 구현하고 모델로 삼는 식의 기독교 선교는 해결책의 일부가 아니라 문제의 일부임을 인식해야 한다.

그럼에도 좀 더 긍정적으로 결론을 내리겠다! 이 세상에는 하나님의 구속 목적이 남아 있다는 반가운 소식이 그것이다. 하나님의 구속 목적은 자신들의 부주의와 탐욕으로부터 지구를 구할 방법을 인간이 발견하는지 여부에 의존하지 않는다. 그분의 목적은 부유한 교회와 개인의 후한 헌금에 의존하지도 않는다. 이것은 조상리아나 콜니의 고무적인 미조람 사례 연구에서 분명하게 드러난다. 선교학자들이 '전략'이라고 부르기 좋아하는 신성한 독창성은 예수님에 대한 열정으로 충만한 개인과 공동체에 나타나는 공통적 특징이다. 이 사례 연구를 숙고해 보면 바울이 "하나님께서 … 주신 은혜를 우리가 너희에게 알리노니 환

---

11 앞의 책. 15쪽.

난의 많은 시련 가운데서 그들의 넘치는 기쁨과 극심한 가난이 그들의 풍성한 연보를 넘치도록 하게 하였느니라"(고후 8:1-2)고 표현한 마게도냐 성도들의 남다른 관대함을 미조람 교회에서 볼 수 있다. "적게 심는 자는 적게 거두고 많이 심는 자는 많이 거둔다"(고후 9:6)라는 바울의 말이 이들을 통해 아름답게 실증된 것이다!

이 글에서 내가 쓴 것은 인간이 고안한 '육체의 가시'로, 교회적으로나 정치적으로 우리 몸에서 빼내기가 매우 어렵다. 그러나 이런 우리의 연약함은 하나님의 은혜의 문을 연다(고후 12:9).

주 예수 그리스도의 은혜와 하나님의 사랑과 성령의 교통하심이 너희 무리와 함께 있을지어다 고후 13:13

KPM의 선교 리더십 구조와
재정 정책(투명성, 신뢰성)에 대한 책무

———

박영기

1. 리더십 구조

고신총회세계선교회(KPM, Kosin Presbyterian Mission)는 고신총회의 선교 업무를 담당하는 공식 기관으로 1956년부터 사역하고 있다. 대만에 첫 선교사를 파송한 이후 현재까지 660명의 선교사를 파송했고, 현재 56개국에서 약 500명의 선교사가 사역하고 있다. KPM은 "예수님의 지상명령에 순종하여 전 세계에 선교사를 파송하고 가능한 모든 방법을 동원하여 개혁주의 교회를 설립해 하나님께 영광을 돌린다"라는 분명한 목적을 가지고 있다. 이 목적을 효과적으로 달성하기 위해 고신총회는 KPM에 그 책무를 맡겼다. 이 글에서는 KPM의 리더십 구조와 재정 정책의 내용을 소개하고자 한다.

KPM의 리더십 구조

KPM은 고신총회의 공식 기구이지만 해외 선교를 관장하는 독특성을 가짐으로써 준이사회 구조를 가지고 있다. 총회는 3년마다 선교 후원협의회와 선교 전문가, 장로, 목사 대표들로 구성된 17명의 이사를 선임한다. 그중 선교사회 회장과 선교정책위원장, KPM 본부장은 당연직으로 이사회의 멤버가 된다. 이렇듯 KPM은 많은 교단의 유관 기관, 전문가, 본부와 현장의 선교사가 함께 거룩한 관계를 가지는 구조로 되어 있다.

① 이사회

이사회는 다음의 책무를 가진다. 고신총회의 선교 전략과 정책 결정에 관한 사항, 정관과 제규정에 관한 사항, 이사의 선임과 해임 건의에 관한 사항, 사업 계획과 추진 실적 승인에 관한 사항, 예산과 결산의 승인에 관한 사항, 재정 운용에 관한 사항, 본 선교회의 사역 지도 감독에 관한 사항, 본부장이 제청한 인사에 대한 의결, 선교 발전을 위한 연구·훈련·포럼·대회 등을 결정, 선교사의 선발·파송·재파송 등을 결정, 선교단체 협력에 관한 사항, 재산의 취득·처분·교환·기부 채납·관리에 관한 사항, 선교정책위원회와 멤버케어위원회, 선교사회, 현지지도자양성전문위원회를 지도한다.

이처럼 이사회는 KPM의 거의 모든 일을 함께하며, 선교의 주인이신 하나님의 의도와 계획과 목적과 전략이 바른 방향을 향해 가도록 책무를 다하고 있다. 이사회는 이 책무를 감당하기 위해 격월로 정기 모임을 가진다. 이사회가 판단하기 어려운 안건은 이사회 아래에 상설 정책위원회를 두어 연구하게 한 후 그 내용을 근거로 결론을 내리고 있다. 현재의 KPM 이사회는 관리형 이사회(managing board)와 통치형 이

사회(governing board) 두 가지 역할을 모두 감당하고 있다. 이처럼 교단 전체가 함께 선교하는 구조로 되어 있는 KPM의 리더십 구조는 그 자체로써 투명성과 신뢰성을 가지는 방편이기도 하다.

② KPM 선교 본부

KPM은 원활한 업무 수행을 위해 선교 본부를 설치하며 본부 업무의 제반 사항은 정관 및 시행 세칙을 정해 선교 업무를 수행하고 있다. 본부장은 고신총회세계선교회 선교 행정을 총괄하고 선교 본부를 대표하며 직원들과 선교 본부, 지역 선교부, 선교사를 지도·감독하고 있다. 본부의 행정 사무를 분장하기 위해 훈련원, 멤버케어원, 행정국, 사역지원국, 연구국, 동원홍보국을 두고 있다. 각 원과 국은 KPM 정관과 시행 세칙, 매뉴얼에 따라 사역하고 있다.

성육신적 선교는 KPM의 선교 신학이다. 성육신은 선교의 주체로써 성부께서 우리가 선교할 수 있는 유일한 근거로 세상에 드러내신 방법이다. 삼위 하나님의 선교를 우리가 어떻게 풀어 나갈 수 있는지에 대한 답이 바로 성육신 사건인 것이다. 그러므로 KPM의 모든 선교 영성, 선교 목적과 정책에는 성육신적 사역 원리가 녹아 있다. 성육신적 선교의 가장 큰 원리는 섬김이다. 본부에는 본부장과 16명의 선교사, 9명의 직원이 함께 사역하며 서로를 섬기는 것이 가장 큰 사역임을 강조하고 있다. 먼저 본부가 행복한 본부, 친정 같은 본부가 되기 위해 모든 사역자가 인사, 소통, 기도를 생활화하고 있다. 모든 본부 가족은 매일 아침 경건회를 통해 말씀을 묵상하고 깨달은 은혜를 서로 나누며 여러 가지 기도 제목으로 중보하고 있다. 16명의 선교사는 금요일마다 주간 업무 회의로 모여 원과 국의 사역을 보고하고, 한 주간의 계획을 서로 확인하며, 각 원과 국 그리고 각 지역부에서 올라오는 여러 가지 안건을 성령의 인도와 도움을 간구하면서 의논하고 결정하고 있다. 또 한 달에 한 번씩 본부의 모든 가족이 확대 회의로 모여 직원들과 선교사들이 선교 본부의 행복을 위해 서로 소통하며, 생일을 축하하고 함께 식사의 교제를 나누고 있다.

본부 리더십과 모든 사역은 현장 선교사와 교단의 교회를 섬기기 위한 것임을 분명히 하고 있다. KPM은 교단의 교회와의 관계에서 상호 신뢰성과 투명성을 높이기 위해 동역노회제도를 실시하고 있다. 각 노회와 현장의 지역부를 서로 매칭해 현장의 선교사와 교회가 서로에 대해 더 깊이 이해하고 알아가게 하는 제도다. 이 제도를 통해 노회의 교회가 매칭된 선교지를 더 자주 방문하고 있다. 그래서 자연스럽게 인적·물적 자원의 교류가 활발해지고 있다. 이것은 이 제도를 통해 교회와 현장의 선교사 간 상호 신뢰성과 사역 보고와 재정에 대한 투명성이 높아진 결과로 여겨진다.

또한 KPM은 본부와 현장 선교사와의 상호 신뢰성을 높이기 위해 본부 리더십의 힘을 현장으로 옮기는 작업을 몇 년째 해오고 있다. 이를 위해 다음과 같은 목표를 지향한다. 본부 중심의 행정 위주에서 지역부 중심 행정으로, 본부 의존적에서 지역부 자율적 운영으로, 본부 재정 결정권을 지역부 재정 결정권으로, 직위 중심 지역부 리더십에서 기능 중심 지역부 리더십으로의 전환을 꾀하는 중이다. 즉 본부가 일방적으로 행정을 하지 않고, 현장의 선교사와 서로 신뢰하는 리더십 구조를 추구한다.

본부 리더십 구조 중 특별히 본부는 선교사 가족을 케어하기 위한 책무를 다하기 위해 멤버케어원을 두고 있다. 멤버케어원의 사역은 MK 지원과 예비 은퇴 선교사 지원, 군 복무 자녀 지원, 선교사 부모 지원, 의료 지원, 결혼과 장례 지원, 코로나와 같은 비상시 지원, 안식년 선교사 재파송을 위한 준비와 리트릿 프로그램 운영 등이다. 먼저 약 560명의 모든 MK는 대학원까지 학비 지원을 받게 된다. 중·고등학생까지는 미화 500달러, 대학생(대학원생)은 1,000달러의 장학금을 매년 받는다. MK들은 SNS로 연결되어 상호 교제를 하도록 격려받는다. 또한 수련회를 통해 서로 위로하고, 미래의 선교 자원으로 성장하도록 격려받는다. 대한민국의 특성상 군대에 입대한 자녀를 위해 정기적으로 선물을 보내고 있다. 530여 명 선교사의 양가 부모님께 정기적으로 선교사를 대신해 선물을 보내는 프로그램을 운영해 부모님들이 선교사인 자녀를 자랑스럽게 생각하도록 하고 있다. 지역별로 부모님들을 초청해 위로회를 열고, 자녀들의 선교지 사정을 알리고 함께 기도하는 시간을 가진다. 선교사 직계 가정의 경조사를 주관하거나 참석해 위로하는 일도 멤버케어원이 선교사 가정을 돕는 책무에 포함된다. 선교사의 재파송을 앞두고 멤버케어원은 전문가를 통해 정신, 심리 상담을 실시하며, 사역에 대한 심도 깊은 대화를 통해 지속적인 사역이 가능한지, 사역 또는 사역지의 재조정이 필요한지 파악하고 나서 본부 리더십과 교감한다. 안식년 선교사를 위한 리트릿을 준비해 쉼과 재충전을 가지도록 하고 있다. 선교사들의 편지를 읽고 답신하고 후원 교회에 보내는 일과 투병 중인 선교사를 케어하는 일도 주요 직무다. 멤버케어원은 코로나 위기처럼 선교 현장이 비상 상황에 처했을 때를 대비해 비상 매뉴얼을 가지고 있으며, 지침에 따라 모든 가능한 비상 조치를 취한다. 특히 코로나 위기 상황처럼 현장 의료 지원이 필요할 때를 대비해 교단 소속 고신복음병원과 협력해 원격 진료 시스템을 운영하고 있다. 이번 코로나19 사태로 30명의 KPM 선교사가 확진되었는데, 이 원격 진료 시스템은 매우 유용하게 작동하고 있다. 은퇴를 앞둔 시니어 선교사의 모임인 S65 모임을 주관해 은퇴를 앞둔 선교사의 노후 준비를 함께하는 것도 멤버케어원의 책무다. 소천한 선교사를 위한 기념관 건립이 현재 계획된 프로젝트다.

2. 재정 정책: 투명성과 신뢰성, 책무(accountability)

선교사는 자신의 삶과 사역을 주님의 인도하심에 따라 충실하게 꾸려 나갈 책무를 지닌다. 게다가 자신의 삶과 사역을 하나님과 파송 단체나 후원 교회 앞에 솔직하게 드러내야 할 책무도 잘 감당해야 한다. 이것은 자신을 위해, 선교의 역사성을 생각할 때 매우 중요한 일이다. 선교단체의 본부 역시 이와 유사한 책무를 가진다. 선교단체의 본부는 재정과 관련해 재정 정책 수립, 재정 관리 시스템 개발과 운용, 물적 자원의 동원, 재정의 효과적인 현장 배분, 사용된 선교비에 대한 평가, 이사회 보고와 감사의 책무 등을 가진다.

KPM의 재정 정책: 세미풀링제도 안에 나타난 영적 동지로서 선교사 간의 재정 책무

성육신적 선교의 원리는 재정 정책에도 마찬가지로 적용된다. 삼위 하나님의 내적 관계(perichoresis)는 예수 그리스도의 성육신을 통해 무엇보다 뚜렷하게 세상에 공개된다(요 14:9). 삼위의 상호 내재성은 삼위 하나님의 위격이 서로 간에 거주하고, 일할 공간을 서로 간에 열어 주는 아주 특별한 개념이다. 삼위 하나님 사이의 무한한 상호 신뢰와 상호 협력이라는 상호성의 원리는 성자 예수의 성육신에서도 그대로 드러난다. 성육신적 사역의 원리인 상호성에 따라 KPM은 세미풀링제도를 통해 서로 간에 재정을 함께한다. 세미풀링제도를 통해 맴버 간의 상호 신뢰성과 동지애를 극대화한다.

KPM은 한때 적자 재정 선교사들이 늘어나 세미풀링제도를 그만두고 개인 모금 시스템(YGWYG system; You get what you get)을 수용하자는 요청을 교단으로부터 받았다. 개개의 선교사가 모금한 것은 해당 선교사가 모두 가져가 사용하는 시스템은 적자생존 원리에 기초해 선교사 간의 재정 모금 경쟁을 부추긴다. 결국 KPM 선교사들이 개인 모금 시스템을 반대해 현재는 세미풀링시스템이 그대로 시행되고 있다. 적자 계정의 선교사들이 전체 평균 40%에 이르지만, 선교사의 '사랑의 계정 이동 운동'을 통해 흑자 계정의 선교사들이 자발적으로 적자 계정 선교사들에게 재정을 지속적으로 흘려보내고 있다. 매년 적자와 흑자 선교사들의 계정을 결산해 보면, KPM 전체적으로는 부족함 없이 채워 주시는 하나님의 손길을 경험하게 된다. 물론 본부는 적자 선교사들의 재정 건전성을 유지하기 위한 책무를 위해 강화된 세미풀링제도를 시행하고 있다. 적자폭이 심한 선교사에게는 조기 안식년을 권장해 국내에서 모금하도록 유도한다. 또한 선교사 재파송 심사를 할 때 일정 금액 이상의 적자가 있는 선교사는 생활비 70% 송금과 사역비 송금 제한 등에 동의하도록 유도한다.

재정 관리의 투명성을 위해 본부는 재정 관리 전산 시스템을 운영하고 있다. 신뢰성을 위해 예산 수립부터 결산과 감사까지 여러 유관 기관과 함께하고 있다. 재정 수립은 선교사회와 이사회와 함께하며, 선교사의 재정에 대한 사안은 반드시 지역부 리더십의 논의와 결제를 통해 본부 전자 결제 시스템으로 올라온다. 연말 재정 보고를 할 때 각 선교사의 재정 보고를 지역부 리더십이 평가해 본부에 보고하게 한다. 선교사가 현지에서 생성한 재산은 지역부 명의로 해야 하며, 은퇴 후에는 모든 선교 현장의 재산에 대한 권리도 지역부로 넘어간다. 지역부를 통한 재정 결제와 보고 시스템은 선교사 개개인의 재정 투명성을 높여 준다. 선교사 개개인의 모금에 대한 신뢰성을 위해 본부가 허락한 통장 외에 선교사 개인이 후원을 받기 위해 별도의 은행 통장을 개설하는 것을 불허한다. 그러나 재정의 투명성과 신뢰성에 관련해서 KPM은 우리 선교 영성의 핵심인 '하나님 앞에서(Coram Deo)'의 삶을 살아가는 선교사들의 영성에 기댄다.

동역 노회와 함께하는 공교회적 재정 책무의 실행

성육신적 사역의 원리는 우리 KPM이 공교회적 선교를 하도록 요청한다. 교단의 공식적인 선교 기구로서 KPM은 재정 책무에 있어 공교회성을 가지려고 노력한다. 선교사 각 개인도 개인적으로 '내가 모금한 재정은 나의 선교비다'라는 의식에서 벗어나 모든 재정은 교단의 재정이라는 공교회적 재정 책무를 가진다. 또한 KPM은 정책적으로 고신총회 산하 노회들과 각 지역부를 서로 매칭해 많은 부분에서 공교회적인 선교 사역의 책무를 함께 감당하고 있다. 이 방식을 통해 선교지에 중복 투자하는 것을 막을 수 있다. 또한 노회에 소속된 작은 규모의 교회도 선교에 쉽게 참여할 수 있다. 오늘날 교회의 생태계도 공동체성이 점차 사라지고, 교회도 무한 경쟁을 하는 시대다. 선교도 예외가 아니어서 선교의 인적·물적 자원을 가진 중대형 교회 중심으로만 선교가 진행되고, 소형 교회는 교회의 본질인 선교에서 소외된다는 것이다. 결국 이것은 고신교단 전체의 선교를 약화시키는 결과를 가져온다.

매칭된 노회는 함께하는 지역부의 선교 현장을 보다 자주 방문하고, 선교지의 필요를 알게 됨으로써 재정적 책무도 함께 진다. 또한 KPM과 동역 노회가 해당 노회 안에서 신임 선교사를 선발하고, 훈련하고, 파송하는 단계를 함께하려고 한다. 그리고 신임 선교사의 선교비 모금도 동역 노회가 함께 책무를 다하는 정책을 가지고 있다.

강철은 제주대학교 해양과학대학을 졸업하고 한국 해운회사에서 5년 간 항해사로 일했다. 하나님의 부르심을 받은 후 장로회신학대학교 신학대학원에 입학했고, 1993년 목회를 시작하여 여러 교회에서 섬겼다. 2004년부터 의정부 동부교회 담임목사로 섬기고 있다. 2008년 장로회신학대학교 신학대학원에서 목회학 박사 학위를 받았다.

권성찬은 현재 GMF 대표로, 1992년 성경번역선교회(GBT, 위클리프 회원 단체)에 허입되면서 선교의 여정을 시작했다. 이슬람 국가에서 6년 동안 번역 사역과 지역사회개발 사역을 감당했다. 이후 한국으로 돌아와 7년간 GBT 대표를 역임했다. 싱가포르로 이주한 후 위클리프(Wycliffe) 아시아·태평양 대표를 역임했다. 2019년 OCMS(Oxford Center for Mission Studies)에서 박사 학위를 받았으며, 요한복음을 선교적 관점에서 연구했다. 아내 김자화와 슬하에 두 아들을 두고 있다.

완지루 기타우(Wanjiru M. Gitau)는 글로벌 리서치 전문가다. 그녀는 성공 지향적인 젊은이들이 세상을 헤쳐 나갈 때 오늘날의 종교 공동체가 어떻게 도움을 줄 수 있는지에 대한 좋은 사례를 탐색하는 일을 한다. 지역사회의 이야기를 국가, 지역, 세계 역사와 연결한다. 팜비치애틀랜틱대학교에서 세계 기독교와 실천 신학(World Christianity and Practical Theology) 분야의 조교수로 있다. 저서《Megachurch Christianity Re-

considered: Millennials and Social Change in African Perspective》
(IVP)는 극찬을 받았으며, 이 책은 아프리카 젊은이들과 전 세계 대형 교회에 대한 사회적 역동성에 대한 인식을 높였다. 케냐에서 태어나 교육을 받았지만 여러 곳에서 살았고 봉사와 연구를 위해 환태평양 4개국을 포함한 모든 대륙을 여행했다. 언어학과 문학 학사(나이로비대학교), 선교학 석사(NEGST), 세계기독교학 박사(아프리카국제대학교/에든버러대학교) 학위를 받았다.

발렌타인 기토호(Valentine Gitoho) [(FCA(ICAEW), FCPA(K), CPS(K), MBA, BCom)]는 케냐 나이로비에 거주하며 40여 년 재무와 관리 전문가로, 20여 년 영리 및 비영리 단체 이사회 경험을 가졌다. 처음 14년간은 영국 Binder Hamlyn(공인회계사, 1979~1983년), Price Waterhouse Kenya(1983~1989년), 케냐의 Diners Club International Limited와 Diners Finance Limited(1989~1993년) 등에서 영리 기업 관련 업무를 담당했다. 다음 18년은 여러 분야의 전문가팀과 CORAT 아프리카(1993~1995년), 아프리카 전역의 세계교회협의회(WCC, 1995~2002년), 세계은행 파키스탄 사무소(1997~2002년), 세계은행 인도 사무소(2004년), 세계은행 동부 아프리카 사무소(2006~2010년) 등 비영리 단체에서 일했다. 아프리카 전역에서 책임성과 지속 가능성 훈련 임무를 가진 세 회사인 EEDS 파운데이션(2012년), LEEDS 컨설팅(2014년), 아프리카인증및책임위원회(2015년)의 공동 설립자이자 디렉터다. 제임스와 결혼해 두 명의 기혼 자녀와 두 명의 손주를 두고 있다.

김선만은 텍사스주 맥키니에 있는 샬롬장로교회를 설립한 목사로, 댈러스 한인 네트워크 라디오 방송에서 '오늘의 묵상' 프로그램을 통해 설교하고 있다. 2012~2015년 코네티컷주 뉴헤이븐에 있는 OMSC에서 이사로 봉사했다. 2014년 코네티컷 한인교회협의회 회장을 역임했다. 또한 코네티컷주 맨체스터에 있는 하트포드제일교회(2006~2016년)에서 섬겼으며, 뉴욕주 플러싱에 있는 Reformed Presbyterian Theological Seminary of the East에서 교수와 이사회 이사로 섬겼다(2010~2015년). 저서로는 《요한계시록 강해설교》(기독교문서선교회, 2014)가 있다.

앤드류 김(Andrew B. Kim)은 인도북동부침례교회협의회(CBCNEI)의 선교 컨설턴트다. 1984년 선교부에 합류해 캘리포니아주 패서디나에 있는 풀러신학대학교(Intercultural Studies, ThM)와 아시아침례대학원신학대학원 홍콩-필리핀 지부(선교학, ThD)에서 선교를 연구했다. 1991년 아내와 함께 한국에 기반을 둔 선교단체인 개척선교회(Global Missions Pioneers)에 합류하여 공동 대표(1999~2000년)를 역임했다. 필리핀 침례신학대학(Philippine Baptist Theological Seminary)과 아시아침례대학원신학대학원(Asia Baptist Graduate Theological Seminary, 2000~2012년)에서 가르친 후 중국으로 이주하여 2018년까지 가족과 함께 살았다. 현재 필리핀, 중국, 인도네시아, 에티오피아, 지부티 등을 섬기는 몇몇 선교단체의 선교 컨설턴트로 활동하고 있다. 그와 아내 리디아는 두 명의 장성한 자녀를 둔 축복을 받았다.

김인수는 1991년 농촌 선교를 위해 설립된 민들레공동체의 설립자이자 대표다. 경상대학교 농업과를 졸업하고 서울대학교에서 농촌성인교육으로 박사 학위를, 한국의 아세아연합신학대학교(ACTS)에서 MDiv를 취득했다. 교회 개척과 지역사회 개발 선교 관련 활동에 풍부한 경험을 가지고 있다. 민들레공동체는 히말라야 선교와 캄보디아(ISAC)를 지원하고, 민들레학교를 운영하며, 선교 중심의 지속 가능한 마을 형성을 추구한다. 그와 아내는 두 명의 아들과 한 명의 딸, 여섯 명의 손주를 둔 축복을 받았다.

김진봉은 조나단 봉크가 원장으로 있던 OMSC에서 국제 교회 관계 스태프로 섬기면서 2008년 KGMLF 포럼을 건의하고, 그때부터 코디네이터로 섬기고 있다. 2016년 6월 OMSC를 떠나 봉크, 제닝스, 베이커 박사 등과 GMLF라는 새로운 선교단체를 코네티컷주 정부에 등록, 대표로 섬기면서 지속적으로 KGMLF 사역을 감당하고 있다. 그는 1990년 코트디브아르 단기선교사를 시작으로, 1994년 GMS에서 아내인 정순영과 아프리카로 파송을 받았고, 1998년에는 WEC 국제선교회에도 가입해 기니(Guinea)의 풀라니 무슬림 사역을 감당했다. 그는 한국을 비롯 영국, 프랑스, 미국에서의 선교학 공부와 선교지에서의 여러 경험을 통해 선교사 멤버케어와 한국 선교의 국제 네트워크에 지대한 관심을 갖고 있다. KGMLF에서 발행한 영문 서적을 전 세계에 보급하는 일에 힘쓰고 있는 그는 아내, 두 아들과 함께 미국에 거주하고 있다.

김철수(C.S. Caleb Kim)는 1989년부터 동아프리카에서 섬기고 있는 한인 선교사다. 그는 풀러신학대학교에서 박사 학위(2001년)를 취득한 후 2002년 케냐 나이로비에 있는 아프리카국제대학교〔AIU, 이후 나이로비복음주의신학대학원(NEGST)〕교수진에 합류했다. 저서로는 《Islam among the Swahili in East Africa》(Acton Publishers, 2004, 2016), 《Cultural Anthropology from a Christian Perspective》(Ufafiti Foundation, 2019), 《선교학총론》(GMS, 2020) 등이 있다. 현재 AIU에서 ISAR(The Institute for the Study of African Realities) 디렉터로 재직하고 있다. 2021년

AIU에서의 안식년을 맞아 자신이 속한 선교단체(Global Mission Society) 산하 연구센터인 선교연구개발연구원(IMRD, Institute for Mission Research and Development)의 디렉터 책임을 맡게 됐다. 그와 아내는 딸 두 명을 두고 있다.

김홍주는 2014년부터 온누리교회 2000선교본부 본부장을 역임하고 있다. 총신대학교에서 목회학 석사와 신학 석사를 마치고 말레이시아침례신학교(MBTS)에서 선교학 박사 과정(DMiss)을 밟고 있다. 한국에서 4년 반 동안(1998~2002년) 인도네시아 이주민을 섬기다가 2002년 온누리교회에 와서 이주민 사역을 총괄했다. 2004년에는 아내, 두 자녀와 함께 인도네시아로 가서 10년간 선교사로 봉사했다. 그곳에서 남부 수마트라의 미전도 이슬람교도인 코메링족을 섬겼다.

저스틴 대커(Justin Thacker)는 영국 크리스천에이드의 Just Scripture 고문이자 영국의 감리교 훈련 기관인 클리프대학의 연구원이다. 이전에는 학부, 대학원, 연구 책임자로 활동했을 뿐 아니라 대학의 학장을 역임하기도 했다. 그의 첫 번째 직업은 소아과 의사였다. 신학 연구를 시작하기 전 케냐에서 소아과 의사로 일했다. 왕립소아과어린이보건대학(Royal College of Paediatrics and Child Health)의 국제 운영 책임자, 복음주의연합(Evangelical Alliance)의 신학과 과장, 세계복음주의연합 신학위원회의 대표 등을 역임했다. 가장 최근 저서는 《Global Poverty: A Theological Guide》(SCM Press, 2017)이다.

레비 데카르발류(Levi DeCarvalho)는 COMIBAM 인터내셔널의 연구 분야 디렉터다. 풀러신학대학교의 인터컬처스쿨(School of Intercultural Studies)에서 공부하고 일했다. 그의 연구 분야는 문화인류학, 선교학, 문화 간 커뮤니케이션, 언어학, 성경 번역, 신학(신약과 그리스어) 등을 망라한다. 현재 COMIBAM(www.comibam.org)과 함께 '이베로아메리카 선교 운동의 강점과 약점' 프로젝트를 진행하고 있다.

마이클 디스테파노(Michel G. Distefano)는 구약과 셈어파 언어(Semitic language) 분야에서 석사 학위를 받았으며, 1990년대에는 간호학을 공부하고 신생아 집중 치료실 간호사로 일했다. 2000년대에는 맥길대학교에서 박사 학위를 받고 동 대학교에서 고대 근동 종교와 히브리어 성경을 가르쳤다. 현재 독립 연구자다. 2019년 KGMLF에서 워크숍을 진행했으며, 이번 포럼에서는 영문 편집자로 섬겼다. 40년간 알고 지낸 조나단 봉크를 '아빠'라고 부르며, 선교와 돈에 대한 조나단 봉크의 글과 사상의 영향을 많이 받았다. 이번 출판 프로젝트를 통해 봉크 이하 여러 동료와 작업할 수 있었음을 특권으로 여긴다. 그와 아내 헤더(Heather)는 세 명의 성인 자녀, 아들과 며느리, 손녀를 두고 있다.

크리스토퍼 라이트(Christopher J.H. Wright)는 선교학자이자 성공회 성직자이며 구약학자다. 랭함파트너십인터내셔널(Langham Partnership International)의 국제 사역 디렉터이며 국제 여행과 연설, 기독교 학자이자 작가로서 집필 사역을 통해 전 세계에서 랭함의 비전과 일을 대표하고 홍보하며 조직의 영적·전략적 리더십에 참여한다. 영국 성공회에서 사제로 서품을 받은 그는 인도에서 5년 동안 구약을 가르쳤고, 13년 동안 영국의 올네이션스기독교대학 학장과 교장으로 일했다. 영국 런던 랭함플레이스에 있는 올소울즈교회의 명예 회원이다. 그는 수많은 책과 기사를 출판했으며, 아마도 복음주의와 선교학 분야에서 가장 널리 읽히고 영향력 있는 저자 중 한 명일 것이다.

아톨라 롱쿠머(Atola Longkumer)는 인도 북동부의 나갈랜드 출신이다. 인도 본토의 신학교에서 15년 넘게 세계 종교와 선교 역사를 가르쳤다. 인도와 미국에서 신학 교육을 받았다. 현재 남편 카이팜 캄랑(Khayaipam Khamrang) 목사가 목회하는 마니푸르의 임팔에 거주하고 있다. 가르치는 것 외에도 선교, 젠더, 토착 기독교에 대한 논문을 기고했다.

제프리 리(Jeffrey Lee)는 16개국 21개 법인으로 구성된 SfK네트워크의 설립자이자 CEO이다. SfK는 아시아와 아프리카의 선교적 비즈니스가 세 가지 유형의 자본(지식, 재정, 가치사슬)을 갖추고 역량을 발휘하도록 돕는 일을 목표로 한다. 미국과 르완다의 3개 은행에서 CEO로 재직한 17년을 포함하여 37년 동안 은행 업무를 수행했다. 또한 콜로라도대학교와 한국의 한동대학교에서 겸임교수로 강의했다. 비즈니스 경영, 리더십, 혁신 등의 다양한 영역에서 금융 기업가, 교사, 트레이너, 코치이자 멘토다. 그와 아내 크리스틴은 두 딸과 한 명의 손자를 두고 있다.

데이비드 S. 림(David S. Lim)은 필리핀 메트로마닐라에 거주하는 중국계 필리핀인이다. 변혁적 선교를 위한 대학원 학위와 훈련 프로그램을 제공하는 ASDECS(Asian School for Development and Cross-Cultural Studies)의 총장이다. 또한 120명 이상의 텐트메이커 선교사를 중국에 파견한 China Ministries International-Philippines의 회장이기도 하다. 또한 Lausanne Philippines 이사회 의장, 아시아 로잔과 아시아국경선교협회(Asia Lausanne and Asian Society of Frontier Missions) 집행위원회 위원, 불교 세계에 다가가기 위한 글로벌 네트워크인 SEANET의 운영 그룹 위원을 역임하고 있다. 서울에 있는 아세아연합신학대학원에서 신학 석사, 풀러신학대학교에서 신학 박사 학위를 받았다. 최근 아시아선교협회(Asian Society of Missiology) 콘퍼런스의 논문집《종교 다원주의 사회에서의 기독교 선교(Christian Mission in Religious Pluralistic Society)》를 공동 편집했다.

브라이트 가브리엘 마우도르(Bright Gabriel Mawudor)는 AACC(All Africa Conference of Churches)의 부사무총장(재정 및 행정 담당)이며 다양한 기관에서 공공 재정과 비즈니스 관련 주제의 강사를 맡고 있다. 케냐의 데이스타대학교평의회(Daystar University Council)에서 투자와 자원 동원에 대한 위원회 소위원회 의장, 여러 기독교 단체의 이사로 활동하고 있다. 런던회계경영대학원에서 전문 회계 자격증을 취득했으며, 맨체스터대학경영대학원에서 MBA(재무), 다르에스살람(Dar es Salaam)에 있는 탄자니아개방대학교에서 박사 학위(경영 관리)를 받았다. 독일 개신교대학교(부퍼탈/베텔)의 Diaconic Science and Diaconic Management 연구소에서 비즈니스 관련 주제의 선임 연구원/방문 교수이기도 하다.

루스 맥스웰(Ruth Maxwell)은 SIM에서 지도자 케어, 목회 케어, 코칭을 제공한다. 나이지리아에서 부모가 동료 사역자들을 따뜻하게 돌보는 것을 보며 자랐으며, 어린 시절 마을 생활과 기숙 학교를 경험했다. 교통사고로 부모를 잃고 매우 힘든 시기를 겪었지만 하나님의 위로와 긍휼을 직접 체험하는 기회가 되었다. 캐나다의 프레리대학 성경학교에서 하나님과 제자도에 대한 사랑이 자라났다. 프레리대학에서 교수로 5년 동안 일하면서 팀워크, 제자도, 리더십에 있어 귀중한 경험을 했다. SIM에서 36년 동안 멤버케어, 지도자 케어, 멘토링, 제자 훈련, 코칭, 훈련,

환대, 기독교 사역자들을 돌보는 다른 사람들을 지원하는 일에 종사해 왔다. 사역을 위해 캐나다, 라이베리아, 케냐, 남아프리카, 아시아-태 평양 여러 곳을 방문했고 인터넷을 통해 그 밖의 여러 지역을 접했다. 코로나 기간 전 세계 SIM 사역자들을 지원하는 SIM의 목회자 돌봄 연 합팀(Pastoral Care Alliance Team)에 합류했다.

박기호(Timothy Kiho Park)는 1981년부터 1996년까지 15년간 GMS 파송 필리핀 선교사로 섬겼으며, 1996년부터 현재까지 풀러신학교 아시아 선교 교수로 섬기고 있다. 필리핀 주재 선교사로 사역할 때에는 중 부 루손섬에서 필리핀 장로교단(Presbyterian Church of the Philippines) 교 회개척 사역과 필리핀장로회신학교(Philippines Presbyterian Theological Seminary)에서 신학 교육에 힘썼다. 풀러신학교에서는 아시아 선교학 교수, 한국학부 원장, 글로벌커넥션 대표로 사역하였으며, 현재는 풀 러신학교 아시아 선교 원로 교수로 섬기고 있다. 그는 또한 아시아 선교연구소(Institute for Asian Mission, 1997-2018) 대표, 아시아선교학회 (Asian Society of Missiology, 2003-2009) 설립 회장, 아시아선교협의회 (Asia Missions Society, 2010-2016), 그리고 동서선교연구개발원 (East-West Center for Missions Research & Development, 2004-2022) 회장으로 아시아 선교 발 전에 기여하였다.

박영기는 고려신학대학원(MDiv)을 졸업하고 동경기독교신학대학원을 수 료했다. 2016~2020년 한인세계선교사회 공동위원장을, 2018~2021년 고신총회세계선교회 본부장을 역임했다. 37년 전 선교사로 일본에 가 서 개척한 신삿포로성서교회는 현재 7개 지교회를 두고 있다.

박종도는 2003년 런던 레인즈파크한인교회를 설립한 후 현재까지 담임목사로 섬기고 있다. 부산대학교에서 철학을 공부한 후 총신대신학대학원에서 교육을 받았다. 그런 다음 애버딘대학교에서 이안 토랜스 박사 밑에서 공부해 2001년에 박사 학위를 받았다. 아내 박숙희와 함께 총회세계선교회(Global Mission Society) 회원이 되어 영국에서 활동하고 있다. 이 부부는 18년 동안 레인즈파크한인교회에서 섬기며 그리스, 우크라이나, 시리아, 부르키나파소, 중앙아프리카공화국 등에 여러 선교 프로그램을 설립했다. 두 자녀(딸 1명, 아들 1명)를 두었고 '두부'라는 이름의 개를 키우고 있다.

폴 벤더-새뮤얼(Paul Bendor-Samuel)은 2016년 옥스퍼드선교대학원(www.ocms.ac.uk)의 학장으로 임명되었다. 그는 다양한 배경을 가지고 있다. 어린 시절을 브라질과 서아프리카에서 보냈고 영국에서 의사로 훈련을 받았다. 2년간의 신학 훈련 후 아내, 네 아들과 함께 12년 동안 북아프리카에서 교회 개척 사역을 했다. 2003~2015년에는 말레이시아에서 인터서브(Interserve) 사역을 이끌었다(인터서브는 아시아, 중동, 북아프리카 선교에 초점을 맞춘 초교파적 글로벌 선교기관이다. https://www.interserve.org/). 개인의 삶과 선교에서 제자도에 중점을 두고, 오늘날 개인과 단체가 하나님의 선교에 참여하는 것이 무엇을 의미하는지 탐구하고, 건강한 조직과 조직의 영성을 세우는 데 열정을 품고 있다.

조나단 봉크(Jonathan J. Bonk)는 보스턴대학교의 선교 연구 교수이자 아프리카크리스천인명사전(DACB, www.dacb.org)의 창립자다. 1997년부터 2013년 7월 은퇴할 때까지 해외선교연구센터(www.omsc.org) 대표를 역임했다. 5권의 책을 저술했고 9권의 공동 작업 책을 편집했으며 100개 이상의 학술 기사와 책 챕터, 수많은 리뷰와 사설을 기고했다. 가장 잘 알려진 책은 《선교와 돈: 부자 선교사 가난한 선교사》(대한기독교서회, 2010)다. 글로벌선교리더십포럼(GMLF)의 이사장이며, 2011년 첫 KGMLF 때부터 중요한 역할을 하고 있다. 그와 아내는 캐나다 매니토바주 위니펙에 있는 포트게리메노나이트 펠로십(Fort Garry Mennonite Fellowship) 교회에서 섬기고 있다. 부모님이 선교사로 에티오피아에서 자랐다.

캐런 쇼(Karen L. H. Shaw)는 《The Wealth and Piety: Middle Eastern Perspectives for Expat Workers》의 저자다. 레바논 Mansourieh al-Metn에 있는 아랍침례신학교의 타 문화 사역 부교수였던 그녀는 현재 호주 시드니에서 타 문화 사역에 종사하고 있다. 페리 쇼(Perry Shaw) 박사와 결혼했으며, 두 명의 성인 자녀가 있다.

신학균은 고신 3대 기독교 집안 출신이다. 한국에서 고신대학교와 고려신학대학원을 졸업했다. 1994-2009년 한국 군목으로 사역했다. 하나님의 인도하심을 따라 2011년 서머나교회를 개척했다. 2014년부터는 기도의 용사인 아내 그리고 두 아들과 함께 경기도 용인시에 위치한 상가교회에서 목회하고 있다. 그는 자신을 하나님께서 붙들고 계셔서 세상에서 가장 행복한 목사라고 말한다.

엄주연은 1986년 서울에 설립된 복음주의 선교 훈련 기관인 한국선교훈련원(GMTC, Global Missionary Training Center)의 교수다. 영국 옥스포드선교대학원(OCMS)에서 선교학 박사(Ph. D) 학위를 받고 오랫동안 한국 선교사 훈련에 전념해 왔다. 또한 한국선교정책연구소(Mission and Policy, MaP)의 소장으로 교회와 선교단체의 선교 정책을 연구하고 자문하는 활동을 펼치고 있다. 아내인 손경화는 글로벌리더십포커스(GLF) 산하의 여성리더십포커스(WLF) 디렉터로 한국 여성 선교사의 리더십 역량을 강화하는 사역에 참여하고 있다.

폴 오그바두(Paul Ogbadu)는 나이지리아 교차문화 선교사로 약 12년 동안 기니 코나크리에서 사역한 후 2005년에 카메룬공화국으로 이주했다. 현재 중부아프리카 카메룬공화국에서 CAPRO(Calvary Ministries)의 국가 디렉터로 섬기고 있다. 수도인 야운데에서 선교사팀을 이끌고 카메룬의 풀라니족과 음부메레족을 대상으로 전도, 제자도, 동원, 훈련, 교회 개척 사역을 하고 있다.

오석환(Robert Oh)은 Korean American Global Mission Association의 디렉터다. 미국 UC버클리에서 철학 학사, 풀러신학대학교에서 목회학 석사를 받은 후 아내와 함께 20년 동안 로스앤젤레스 지역에서 아시아계 미국인 교회 다섯 군데를 개척했다. 2000년부터 캄보디아에서 선교 사역을 했고, 2009년에는 옥스퍼드선교대학원(Oxford Centre for Mission Studies)에서 박사 학위 연구를 시작했다. 이들은 캄보디아에 오아시스 하우스상담센터(Oasis House Counselling Centre)와 캄보디아연구및자원센터(Cambodia Research & Resource Centre)를 설립했다. 그와 아내는 세 명의 성인 자녀를 두고, 토끼 두 마리를 키우고 있다.

에밀 오스모나리에프(Emil Osmonaliev)는 현재 키르기스스탄 비슈케크에 있는 그레이트그레이스교회의 담임목사이자 연합신학교(United Theological Seminary)의 총장으로 섬기고 있다. 그의 교회는 전 세계에 퍼져 있는 Greater Grace World Outreach의 소속이며 그의 신학교는 초

교파이며 현지화된 종교 교육기관이다. 그는 키르기스스탄 국립의학 아카데미에서 의사로서 훈련을 받았고 메릴랜드바이블칼리지&신학교와 제휴한 현지 성서학교에서 신학 훈련을 받았다. 그와 아내는 모두 20년 동안 지역 교회에서 봉사해 왔다. 15년 전 담임목사로 안수를 받았고, 2년 전 신학교의 총장이 되었다. 두 딸과 세 아들을 둔 축복을 받았다.

옥성득은 서울대학교와 장로회신학대학원에서 공부했다. 1988~1992년 온누리교회 전도사/인턴 목사로 섬겼다. 1993년 장로교 목사 안수 직후 아내 진혜경, 세 자녀와 함께 미국으로 건너가 프린스턴신학교에서 신학 석사 과정을, 보스턴대학교신학대학원에서 박사 과정을 밟았다. 2002년부터 UCLA에서 일하면서 한국 기독교사, 한국 종교, 한국 현대사, 한국과 서양의 만남 등을 가르치고 있다. UCLA 한국학센터에서 한국기독교학과의 임동순, 임미자 프로그램과 한인/한국계 미국인 기독교의 캘릭스(Calyx) 프로그램을 맡고 있다. 그와 아내는 캘리포니아주 시미밸리에 살고 있다.

찰스 웨버(Charles W. Weber)는 일리노이주 휘튼대학의 역사학과 명예 교수다. 그는 시카고대학교에서 석사와 박사 학위를 받았다. 45년 동안 휘튼대학에서 현대 아시아와 아프리카의 역사와 문화, 특히 국가적 정체성에 미치는 기독교의 역할, 유럽 식민주의와 관련된 교육과 연구를 전문으로 했다. 또한 이런 주제에 대한 연구, 출판, 논문 발표 등을 하고 국제적인 교육 활동을 펼쳤다. 현재 미국역사학회(American Historical Society)의 평생 회원이며 CFH(Conference on Faith and History), 시카고 중국계 미국인 박물관, 침례교세계연맹(Baptist World Alliance)의 유산위원회와 코너스톤국제대학교 설립 등의 활동에 참여하고 있다. 그와 아내 린다는 일리노이주 휘튼에 살고 있으며, 전 세계 종교의 자유와 인신 매매에 대한 우려를 공유하고 있다.

이동휘는 전주안디옥교회와 국제바울선교회의 설립자다. 1961~2006년 한국의 여러 교회에서 담임목사를 역임했다. 은퇴 이후 국제바울선교회 이사장으로서 전국, 전 세계적으로 선교 동원에 힘쓰고 있다. 그의 집안 은 호남에서 가장 먼저 예수님을 영접한 집안 중 하나이며, 3대째 기독 교 집안이다. 한신대학교와 아세아연합신학대학원에서 신학 교육을 받 았다. 아내와 결혼한 지 60년이 되었고, 선교사인 장성한 자녀 4명과 손 주 10명을 두고 있다.

이명석(Bright Myeong-Seok Lee)은 20여 년간 가나의 청년에게 ICT 지식을 전하는 가나 선교사로 사역했다. 가나 ACI(Akrofi-Christaller Institute)에 서 한국의 생태신학 역사로 박사 학위를 취득했다. 현재 공동 회장으 로 한국얍스펠로십을 이끌고 AMRIConnect(the Alliance of Mission Re-searchers and Institutions)의 코디네이터로 있으며, 장로회신학대학교와 횃불트리니티대학원에서 강의하였고, 지금은 아신대학교에서 실천신 학 교수 및 국제교육대학원 채플린을 겸하고 있다. 그와 아내 그레이 스 미애 사이에 아들 에녹과 자부 김현지가 있다.

이몽식은 현재 주향한교회 담임목사로 섬기고 있다. 또한 한국인으로 서 프랑스어를 사용하는 선교기관인 한국불어권선교회(CCMF)의 대표 로 활동 중이다. 총신대학교와 총신대학교신학대학원에서 교육을 받 았다. 선교의 소외된 지역인 불어권 선교의 비전을 보았고, 1992년 한국불어권선교회를 설립하여 불어권 선교 동원과 선교 교회를 섬기게 되었다. 세 자녀가 있다.

이병수는 대한민국 부산에서 태어났다. 고려신학대학원(MDiv)에서 공부했으며, 미국 미시시피 잭슨에 있는 리폼드신학교에서 조직신학과 선교학을 공부했다. 대만 국적의 아내와 결혼해 3명의 아들과 3명의 손주를 두고 있다.

이승일은 국제바울선교회 선교훈련원 디렉터이자 선교사 훈련 강사다. 합동신학교, 아세아연합신학대학원, 웨일스복음주의신학교에서 신학 교육을 받고, 영국 웨일스대학교에서 박사 학위를 받았다. 2005년 그와 아내 샤론 혜원은 국제바울선교회에 가입하여 한국, 필리핀, 나이지리아, 코트디부아르, 베트남, 방글라데시, 미국 등지에서 온 선교사 후보자들을 대상으로 선교 개척, 목회 훈련, 신학 교육, 선교 훈련을 하고 있다. 그와 아내는 세 자녀를 둔 축복을 받았다. 그의 장남인 동혁은 데이터 수집과 번역을 통해 이번 포럼 발표에 기여했다.

이주형은 2020년부터 부산 사상교회의 담임목사로 섬기고 있다. 고려신학대학원(MDiv)에서 공부한 후 교회를 설립했고, 1993년 선교사로 아내와 두 딸과 함께 키르기스스탄으로 갔다. 그곳에서 교회 세 곳을 개척했고, 1997년 연합신학교(United Theological Seminary)를 설립했다. 2010년 '현지인 이양을 위한 마스터 플랜'을 수립하고 총장(1998~2002년, 2008~2010년)과 강사(2020년까지)를 역임했다. 연합신학교에 석사 과정(ThM)을 개설하고, 디렉터로 재직했다(2011~2020년). 또한 2003~2007년 아프가니스탄에서 선교사로 봉사했다. 미드웨스턴침례

신학교(DMin)에서 공부했다. 아내와 행복한 결혼 생활을 하고 있으며, 세 자녀를 두었다.

지나 즐로우(Gina A. Zurlo)는 고든콘웰신학교의 글로벌기독교연구센터 공동 소장이다. 그녀의 연구는 종교의 인구 통계, 세계 기독교, 종교에 대한 사회과학적 연구의 역사 사이 교차점에 중점을 둔다. 보스턴 대학교의 문화종교세계문제연구소(Institute on Culture, Religion and World Affairs) 방문 연구원으로 있으며, 그곳에서 〈Journal of Religion and Demography〉의 공동 편집장이며 World Religion Database(Brill) 작업에 참여하고 있다. 또한 《세계 종교 데이터베이스》(World Religion Database, Brill)의 공동 편집자이자 《세계기독백과사전》(World Christian Encyclopedia) 3판(Edinburgh University Press)의 공동 저자다. 《Christianity Around the World》(Zondervan)와 《Women in World Christianity》(Wiley-Blackwell) 두 권을 출간할 예정이다.

정대서는 한국전쟁이 한창이던 1952년에 태어났다. 1975년 서울대학교 경제학과를 졸업한 뒤 1975~1976년 공군에서 복무하고, 15년간 (1974~1990년) 대한항공과 동남증권에서 근무했다. 1992년에 미국 MIT 슬론경영대학원을 졸업했다. 1992년 매사추세츠주 케임브리지에 있는 케임브리지한인교회에서 세례를 받았다. 1992년부터 GMD Korea 대표이사, 2006년부터 서울 온누리교회 장로, 2015년부터 BEE Korea 이사, 2017년부터 한국로잔위원회 임원 겸 회계를 역임하고 있다. 이혜정과 42년 동안 행복한 결혼 생활을 하고 있으며, 슬하에 두 딸과 세 손녀를 두고 있다. 부부 상담 중심의 가정 사역, 일본과 인도네시아에 중점을 둔 세계 선교에 전념하고 있다. 또한 현재 횃불트리니티신학대학원에서 가장 나이가 많은 2학년 학생이다.

정민영은 아내 재진과 함께 1980~1990년대 인도네시아 파푸아 부족 성경 번역 프로젝트에 참여했으며, 위클리프 글로벌 얼라이언스(Wy-cliffe Global Alliance) 리더십팀에 합류해 2017년 말에 은퇴했다. 현재 프리랜서 컨설턴트다. 그와 아내는 세 나라에 살고 있는 세 자녀를 두고 있다.

정순욱은 2019년에 이어 KGMLF의 번역에 참여했다. 서울대학교에서 공학박사(1995년), 텍사스대학교(오스틴)에서 MBA(1999년) 학위를 받았다. 한국어와 영어, 일본어를 구사하며 《프레젠테이션 디자인》(가르 레이놀즈 저, 에이콘출판, 2008), 《공감으로 소통하라》(낸시 두아르테 저, 에이콘출판, 2013) 등 프레젠테이션 디자인 관련 도서를 다수 번역했다.

정지문은 한국인으로서 현재 요코하마에서 교회 개척에 참여하고 있다. 한국의 총신대신학대학원과 MTI, GMTC에서 훈련을 받은 그와 아내 김은옥은 1989년 OMF 인터내셔널에 합류했다. 홋카이도와 치바에서 일본인 목사들과 함께 주님을 섬겼다. 그와 아내는 1명의 딸과 1명의 아들, 4명의 손주를 둔 축복을 받았다.

J. 넬슨 제닝스(J. Nelson Jennings)는 한국글로벌선교리더십포럼 부이사장과 서기를 맡고 있다. 지난 6년간 서빙고 온누리교회의 선교 목사이자 컨설턴트, 국제 연락 담당자로 활동했다. 또한 〈Global Missiology - English〉의 편집자이기도 하다. 에든버러대학교에서 박사 학위를 받았다. 그와 그의 가족은 일본에서 13년간(1986~1999년) 교회 개척을 했고,

동경기독교대학교에서 가르쳤다. 이어 커버넌트신학교에서 12년 동안 세계 선교를 가르쳤고, Overseas Ministries Study Center(2011~2015년) 에서 디렉터로 섬겼다. 다수의 책과 논문을 출판했으며, 〈선교학(Missiology): An International Review and International Bulletin of Missionary〉(현재 〈Mission Research〉)의 편집자로도 활동했다. 그와 아내는 모두 미국인이며, 미국 코네티컷주 햄든에 살고 있다.

조대식은 국제개발협력 민간협의회(KCOC) 사무총장으로 활동 중이다. KCOC는 국제개발협력을 전문으로 하는 국내 CSO(시민사회단체) 140여 곳으로 구성된 비정부기구다. KCOC는 한국에서 440만 회원을 보유한 140개 NGO 단체를 대표한다. 직업 외교관 출신으로, 주캐나다 대한민국 대사와 외교부 기획조정실 차관을 역임했다. 개발도상국의 빈곤과 개발에 깊은 관심을 가졌으며, CSO를 포함하여 공공 부문과 민간 부문에서 폭넓은 경험을 갖고 있다. 현재 온누리교회 장로로 섬기고 있으며 USC(University of South Carolina)에서 사회학 석사 학위, 고려대학교에서 사회학 학사 학위를 취득했다. 그는 결혼하여 두 아들을 두고 있다. 대한민국 정부는 그에게 2008년과 2013년 공로훈장을 수여했다.

조학현은 1999년부터 OMF 인터내셔널에서 선교사로 봉사해 왔다. 그와 아내는 지난 22년 동안 캄보디아 시골에서 교회를 개척하고 있다. 개척한 교회를 현지 지도자들에게 넘겨준 후 태국 국경 근처로 이사해 지금은 또 다른 교회를 개척하는 중이다.

대런 M. 칼슨(Darren M. Carlson)은 2009년 설립된 Training Leaders International의 대표이며, 현재 전 세계에 흩어진 50여 명의 직원과 함

께 신학 교육과 훈련이 필요한 지역에서 신학 교육을 제공하고 있다. 아테네의 난민 위기 한가운데서 하나님의 일에 대한 이야기를 담은 영화 〈아테네의 예수〉의 총괄 프로듀서이자 제작자다. 현재 보즈먼자유복음주의교회(Evangelical Free Church of Bozeman)에서 목사로 섬기고 있으며, 〈Journal of Global Christianity〉의 편집장이기도 하다. 그는 트리니티복음주의신학교에서 두 개의 석사 학위와 런던신학교에서 박사 학위를 받았다. 결혼 18년 차를 맞은 아내 에이미와의 사이에 5명의 자녀를 두고 있다.

조상리아나 콜니(Zosangliana Colney)는 미조람 장로교회 시노드(인도 장로교의 한 단위)의 은퇴 장로다. 미조람 장로교회 시노드의 선교 서기를 역임했고(2001~2006년), 나중에는 시노드 사무총장과 재정 담당관을 역임했다(2007~2012년). PCI 총회(2010~2014년) 서기, 북동인도기독교협의회(NEICC) 부회장(2012~2014년)과 회장(2014~2016년)을 역임했다. 교회에서 은퇴한 후 미조람주 정부에 회원으로 합류했으며, 나중에는 미조람 공공서비스위원회 위원장으로 일했다. 2019년 11월 정부기관에서 은퇴했으며, 2020년 4월부터 인도 미조람주 아이자울에 있는 English Congregation School의 교장으로 섬기고 있다.

벤 토레이(Ben Torrey)는 태백 네번째강프로젝트(The Fourth River Project)의 디렉터다. 한국에서 자랐고 부모님인 대천덕(Archer Torrey) 신부와 현재인(Jane) 사모와 함께 강원도 태백산에 위치한 기도 공동체인 예수원(Jesus Abbey)을 개척했다. 초창기 예수원 건설에 참여하면서 삼수령 지역의 건물 중 일부를 설계하고 작업에 참여했다. 갈데아파교회 한국 선교 신부로 섬기고 있다(https://syrochaldeanchurch.wixsite.com/syrochaldeanchurch, https://www.facebook.com/syrochaldeanchurch). 1975년 사라 로렌스대학을 졸업했다. 2003년 삼수령센터 디렉터로 임명되어 네번째강프로젝트를 시작했다. 그와 아내는 예수원의 일원으로 삼수령센터에 살고 있다. 또한 미국에 사무실과 거처를 갖고 있다.

랄상키마 파추아우(Lalsangkima Pachuau)는 존 웨슬리 비슨(John Wesley Beeson)의 기독교 선교학 교수이자 애즈베리신학교의 Advanced research 프로그램 학장이다. 인도장로교(Mizoram Synod) 목사 안수를 받았으며, 이전에 인도 방갈로르에 있는 연합신학교(United Theological College)에서 가르쳤다. 그는 미국 뉴저지주 프린스턴 소재 Center of Theological Inquiry의 회원이며, 이전에 〈Mission Studies: Journal of the International Association for Mission Studies〉의 편집자로 일했다.

앨리슨 하월(Allison Howell)은 가나에 있는 Akrofi-Christaller 신학, 선교 및 문화연구소의 부교수이자 겸임 직원이며, 현재 호주에 거주하고 있다. 또한 현재 카세나 지역 목회자들이 카셈 언어로 요한복음 성경 주석을 저술하는 프로젝트를 인도하고 있다. ACI(Akrofi-Christaller Institute)에서 일하기 전에 SIM 가나 소속으로 카세나의 Upper East 지역에서 선교사로 섬겼다. 일찍이 그녀는 스위스의 유니세프, 인도와 네팔의 프로젝트에 참여했다. 호주인으로서 콩고민주공화국(구 벨기에 콩고)에서 태어났으며, 부모님은 CMML(Christian Mission to Many Lands) 선교사였다.

짐 해리스(Jim Harries)는 영국 태생으로 영국 버밍엄대학교에서 신학 박사 학위를 취득했으며, 1988년부터 잠비아와 케냐에서 주로 아프리카 현지 언어를 사용한 신학 교육을 실천하고 있다. 현재 케냐의 콥트정교회 소속이다. 그는 영국 침례교유니온교회에서 파견되었으며, 패서디나에 있는 윌리엄캐리국제대학교의 겸임교수다. Alliance for Vulnerable Mission의 의장을 맡고 있으며, 11권의 책(3권의 소설)과 다수의 논문을 출간했다.

홍성빈은 WEC 인터내셔널 소속으로, 결혼하여 두 자녀를 두고 있다. 그와 아내는 다문화 교회 개척팀에서 일하면서 키르기스스탄의 이슬람교도를 섬기고 있다. 총신신학대학원에서 목회학 석사, 사우스캐롤라이나의 컬럼비아대학교에서 Intercultural Studies 석사, 풀러신학대학교에서 Intercultural Studies 박사 학위를 받았다. 그는 국외 거주자, 교회 개척자, 다문화 교회 개척자팀 등의 리더로 섬기고 있으며, 2022년부터 지역 책임자로 섬길 예정이다. 중앙아시아의 이슬람교도 전도, 지역 교회 지도자, 국외 거주자 훈련에 열정을 품고 있다.

홍현철은 중국 선교사 출신으로, 2020년 1월 1일자로 서울 소재 한국선교연구원(KRIM) 원장을 맡고 있다. 한국항공대학교, 합동신학대학원대학교, 홍콩 Alliance Bible Seminary를 졸업했다. 2005~2018년 중국에서 사역하면서 중국 목사들에게 성경 해석학을 가르쳤다.

소크렉사 힘(Sokreaksa Himm)은 캄보디아의 작가이자 교사이자 교회 개척자다. 캄보디아 시엠립시의 대가족 출신으로, 1975년 4월 17일 크메르루주에 나라가 함락되었을 때 강제로 정글 마을로 이주당한 후 온 가족이 한 명씩 살해당해 집단 묘지에 묻히는 처참한 상황을 겪었다. 형제자매들의 시신으로 뒤엉킨 상황 가운데서 어린 소크렉사는 중상을 입었지만 살아남았고, 시간이 흘러 킬링필드를 탈출해 태국 난민 수용소로 도피했다. 그리고 캐나다로 망명한 뒤 예수 그리스도를 자신의 주님과 구주로 영접했다. 1999~2019년 교회 개척을 위해 캄보디아로 돌아갔다. 그는 자유, 믿음, 목적을 향한 여정을 그린 《The Tears of My Soul》과 가족을 죽인 사람들에 대한 용서와 화해의 여정을 그린 《After Heavy Rain》을 저술했다. 2021년 선한 목자이신 주님의 치유 은총을 통해 PTSD를 극복한 그의 여정을 기록한 《Shepherd of My Soul》이 출간되었다.

참가자

강철
의정부 동부교회 담임목사
대한민국 의정부

권성찬
GMF 대표
대한민국 서울

완지루 M. 기타우(Wanjiru M. Gitau)
팜비치애틀랜틱대학교(Palm Beach Atlan-
tic University) 조교수
미국 플로리다

발렌타인 기토호(Valentine Gitoho)
아프리카인증및책임위원회(African Council
for Accreditation and Accountability) 의장
케냐 나이로비

김선만
충현장로교회 담임목사
미국 텍사스주 댈러스

앤드류 김(Andrew B. Kim)
남반구 선교협력기구(GCA) 대표
중동

김인수
민들레공동체 설립자, 대표
대한민국 산청군

김진봉
GMLF 대표
KGMLF 코디네이터,
미국 코네티컷주 셸턴

김철수(CS Caleb Kim)
아프리카국제대학교(Africa International
University), ISAR(Institute for the Study
of African Realities) 소장,
케냐 나이로비

김홍주
온누리교회 2000선교본부 본부장
대한민국 서울

저스틴 대커(Justin Thacker)
영국 클리프대학 연구원
크리스천에이드, Just Scripture 고문
영국 체스터필드

레비 데카르발류(Levi DeCarvalho)
COMIBAM 인터내셔널 연구 분야 디렉터
브라질 상파울루

마이클 G. 디스테파노(Michel G. Distefano)
독립 학자
캐나다 매니토바주 홈우드

**크리스토퍼 J.H. 라이트(Christopher J.H.
Wright)**
랭함파트너십 국제 사역 디렉터
영국 런던

아톨라 롱쿠머(Atola Longkumer)
SAIACS 방문교수,
인도 벵갈루루

제프리 리(Jeffrey J. Lee)
SfK 대표
미국 사우스캐롤라이나주 그리어

데이비드 S. 림(David S. Lim)
Asian School of Development and
Cross-Cultural Studies 총장, 대표
필리핀 파라냐케

브라이트 가브리엘 마우도르(Bright Gabriel
Mawudor)
AACC(All Africa Conference of Churches)
부사무총장(재정과 행정)
케냐 나이로비

루스 맥스웰(Ruth Maxwell)
SIM 리더 케어와 목양 케어
캐나다 브리티시컬럼비아주 애보츠포드

박기호(Timothy Kiho Park)
풀러신학대학교 아시아 선교학 교수
미국 캘리포니아주 패서디나

박영기
신삿포로성경교회
일본 홋카이도 삿포로시

박종도
레인즈파크한인교회 담임목사
영국 런던

폴 벤더-새뮤얼(Paul Bendor-Samuel)
옥스퍼드선교대학원(Oxford Centre for
Mission Studies) 학장
Regnum Books 디렉터
영국 옥스포드

조나단 J. 봉크(Jonathan J. Bonk)
OMSC 명예원장
아프리카크리스천인명사전(Dictionary of
African Christian Biography_ 창립자
보스턴대학교 신학대학원 연구 교수
캐나다 매니토바주 위니펙

캐런 쇼(Karen L. H. Shaw)
SIM/MECO Australia 선교사이자 저자
오스트레일리아 글렌데닝

신학균
서머나교회 담임목사
대한민국 용인

엄주연
한국선교훈련원(GMTC) 교수
대한민국 서울

폴 오그바두(Paul Ogbadu)
갈보리미니스트리(CAPRO) 선교사
카메룬 야운데

오석환(Robert Oh)
캄보디아연구및자원센터(Cambodia
Research & Resource Center) 공동 설립자
캄보디아 프놈펜

에밀 오스모나리에프(Emil Osmonaliev),
MD, BBS
연합신학교(United Theological Seminary)
담임목사
키르기스스탄 비슈케크

옥성득
UCLA 한국기독교학과 부교수
미국 캘리포니아주 로스앤젤레스

찰스 웨버(Charles W. Weber)
휘튼대학 역사학과 명예교수
미국 일리노이주 휘튼

이동휘
국제바울선교회 이사장
대한민국 김제

이명석(Bright Myeong-Seok Lee)
아신대학교 교수
대한민국 서울

이몽식
주향한교회 담임목사
한국불어권선교회(CCMF) 대표
대한민국 서울

이병수
고신대학교 교수
국제다문화연구소 소장
대한민국 부산

이승일
국제바울선교회 선교훈련원 디렉터
필리핀 리잘 카인타

이주형
사상교회 담임목사
대한민국 부산

지나 즐로우(Gina A. Zurlo)
고든-콘웰신학교 글로벌기독교연구센터
공동 소장
미국 매사추세츠주 사우스해밀턴

정대서
한국로잔위원회 사무국장
지엠디코리아 대표이사 회장
온누리교회 장로
대한민국 서울

정민영
선교 컨설턴트
대한민국 서울

정순욱
번역가, 독립 연구자
대한민국 성남

정지문
OMF 인터내셔널 선교사
일본 가나가와현 요코하마시

J. 넬슨 제닝스(J. Nelson Jennings)
온누리교회 선교 목사, 컨설턴트
〈Global Missiology〉 편집자
미국 코네티컷주 햄든

조대식
국제개발협력 민간협의회(KCOC) 사무총장
온누리교회 장로
대한민국 서울

조학현
OMF 인터내셔널 선교사
캄보디아 시엠립

대런 M. 칼슨(Darren M. Carlson)
Training Leaders International 대표
미국 미네소타주 미니애폴리스

조상리아나 콜니(Zosangliana Colney)
전 미조람 장로교회 총회재무관
인도 미조람주 Aizawl

벤 토레이(Ben Torrey)
네번째강프로젝트 디렉터
대한민국 강원도 태백

랄상키마 파추아우(Lalsangkima Pachuau)
애즈베리신학교 존 웨슬리 비슨(John Wes-
ley Beeson) 기독교 선교학 교수
미국 켄터키주 윌모어

앨리슨 하월(Allison Howell)
Acrofi-Christaller Institute of Theology,
Mission and Culture 부교수
가나 Akropong-Akuapem

짐 해리스(Jim Harries)
Alliance for Vulnerable Mission의 의장
케냐 키수무

홍성빈
WEC 인터내셔널 선교사
키르기스스탄 비슈케크

홍현철
한국선교연구원(KRIM) 원장
대한민국 서울

소크렉사 힘(Sokreaksa Himm)
전 캄보디아 선교사
캐나다 온타리오주 토론토